自强不息

独树一帜

兰州大学校史

医学编（1933—2004）

周正荣　主编

LANZHOUDAXUEXIAOSHI

兰州大学出版社

图书在版编目(CIP)数据

兰州大学校史·医学编 /周正荣主编. —兰州:兰州大学出版社,2009.8

ISBN 978-7-311-03474-0

Ⅰ.兰… Ⅱ.周… Ⅲ.①兰州大学—校史②兰州大学医学院—历史 Ⅳ.G649.284.21 R-40

中国版本图书馆 CIP 数据核字(2009)第 150826 号

责任编辑 文 实
封面设计 张友乾

书　　名 兰州大学校史·医学编
作　　者 周正荣 主编
出版发行 兰州大学出版社 （地址:兰州市天水南路 222 号 730000）
电　　话 0931-8912613(总编办公室) 0931-8617156(营销中心)
　　　　 0931-8914298(读者服务部)
网　　址 http://www.onbook.com.cn
电子信箱 press@onbook.com.cn
印　　刷 兰州新华印刷厂
开　　本 710×1020 1/16
印　　张 28.25 （插页 12）
字　　数 530 千
版　　次 2009 年 9 月第 1 版
印　　次 2009 年 9 月第 1 次印刷
书　　号 ISBN 978-7-311-03474-0
定　　价 58.00 元

《兰州大学校史》编写领导小组

组　长	王寒松	周绪红
副组长	甘　晖	景　涛	徐生诚
成　员	陈次珀	刘先春	张继革	于安丽
	赵　平			

《兰州大学校史》编写委员会

王寒松	周绪红	阎孟辉	李恒滨	甘　晖
周　玲	郑晓静	何晓东	景　涛	安黎哲
陈发虎	徐生诚	李正元		

（以下按姓氏笔画排序）

于安丽	马志刚	王　玉	王　龙	王　锐
王　骢	王乃昂	王开学	王玉明	王兰喜
王希营	王希隆	王学俭	王秋林	王俊铅
王振鹏	玉春子	石生仁	石兆俊	宁　强
田中禾	白　天	白德成	包国宪	冯煜业
乔晨生	刘　宏	刘小晰	刘先春	刘亚军
刘同昌	刘伟生	刘志坚	刘志超	安俊堂
许鹏飞	孙　龙	严　祥	李凤民	李玉民
李玉忠	李永春	李发元	李红玉	李学军
李炳毅	李留浩	李硕豪	李维勇	沙勇忠
杨　毅	杨永建	杨克虎	杨建文	连　珩
邱　山	余占海	余亚佳	宋江山	张天俊
张文科	张正国	张民华	张世伟	张迎梅
张和平	张连珠	张晓木	张海波	张跃进
张继革	张新文	陈卫东	陈文江	陈文波

陈熙萌	范宝军	周又和	郑炳林	赵　平
赵元丽	赵社文	赵泽斌	胡　斌	胡万军
南志标	南忠仁	药丽雯	钟福国	姚泽恩
贺德衍	秦　锐	秦理斌	袁九毅	袁洪庚
倪广平	倪舒平	贾宝全	高新才	涂永强
黄飞跃	黄建平	曹爱辉	崔　明	梁祖强
梁顺福	程金城	黎　军	黎　家	潘保田
薛德胜				

《兰州大学校史》编写顾问委员会

（以姓氏笔画为序）

丑纪范	史柳宝	任继周	刘中立	刘有成
刘众语	刘　冰	刘家声	安常福	汤中立
苏致兴	李发伸	李吉均	李　希	李裕林
杨　正	杨建新	杨　峻	何天祥	汪志诚
张代经	陆润林	陈文岷	苗高生	周芹香
郑国锠	赵健雄	赵俪生	胡之德	柯　杨
段一士	聂大江	钱伯初	徐躬耦	郭正田
崔乃夫	詹　秀			

《兰州大学校史》编写组

张克非	徐生诚	王俊铅	汪映海	黄飞跃
张新国	赵　平	周正荣	卢毓钢	霍红辉
杨建文	杜生一	芦小兵	刘亚军	李留浩
杨宏庭	杨　平	玉春子	范　迪	张友乾
黄国柱	刘长智	刘继华	吴万佩	张毓人
靳职雄				

历任党委书记

党委书记白彦博
（1956—1960）

党委书记董宏杰
（1960—1961）

党委书记吴中
（1963—1970）

党委书记韩丰
（1972—1983）

党委书记裴江陵
（1983—1985）

党委书记廖世伦
（1986—1989）

党委书记郭正田
（1990—1999）

党委书记阎孟辉
（2001—2004）

历任院长

院长、党支部书记、
党总支书记
谭道先（1954—1969）

院长、微生物学
教授王文义
（1979—1983）

院长、病理学
教授王扬宗
（1983—1985）

院长、呼吸内科
学教授邢祖林
（1985—1990）

院长、血液病学
教授王镜
（1990—1999）

院长、中西医结合
教授赵健雄
（1999—2004）

国立兰州大学医学院院长
兼附设医院院长乔树民
（1948—1949）

兰州大学附设医院、兰州
医学院附属医院院长
杨英福（1949—1980）

贺兰堂（国立兰州大学时期的医学院教学楼）

1948年国立兰州大学医学院附设医院

1949年国立兰州大学医学院附设医院住院部

1953年医学院全体师生欢送毕业结业同学合影

1954年4月7日，兰州医学院校区破土动工，谭道先院长等挥锹奠基

1954年11月庆祝兰州医学院建院合影

建设新校舍

独立建院时的学生宿舍楼

1957年兰州医学院附属医院住院大楼

独立建院时的医学教学楼

1957年谭道先院长在学院第一次教学经验交流会上作报告

1964年5月学院召开中国共产党第三次党员代表大会

王文义院长带领教职员工下乡采药

1977年恢复高考后，学生学习热情空前高涨

同学们在上实验课

师生课后交流

临床课教师在认真解答同学的问题

病解、形态学教学

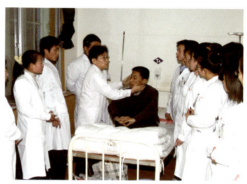

教师指导临床见习

著名神经外科专家
韩哲生教授

放射影像学专家张令珊教授在作影像诊断

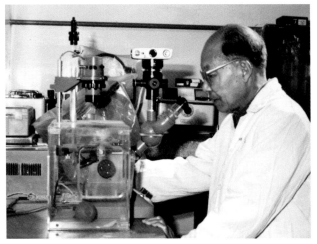

药理学专家张培枞教授

药用植物学专家赵汝能
教授指导学生上实验课

基层医疗服务

为各族群众义诊

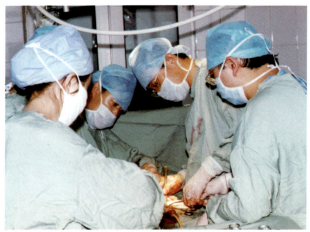

膀胱癌根治小肠原位膀胱替代
手术

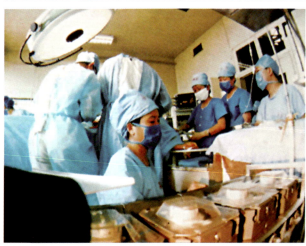

体外循环下的心脏手术

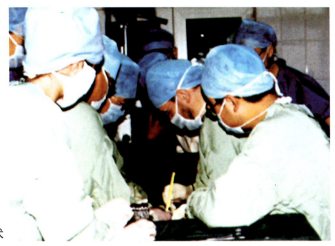

下腔静脉肾癌根治手术

心脏介入治疗进入
国内先进行列

口腔医师职业技能考核

基础医学教学大楼

实验中心

药学、公卫教学大楼

GLP实验楼

可同时容纳7000人上课的教学大楼

附属一院门诊部

附属二院外科大楼

兰州医学院校部全景

2004年11月18日，兰州医学院并入兰州大学

序

2009年,兰州大学已走过了自己不平凡的百年历程。回首学校一百年的历史,总结几代人积累的宝贵经验,继承长期凝练的学校精神和优良传统,继往开来,实现创建一流高水平大学的宏伟目标,再创新的百年辉煌——这是面对历史和前辈,我们全校师生员工的唯一选择!

——

兰州大学的历史,是历经坎坷、艰难跋涉、竭力奋进的一百年;是推进教育、发展学术、服务社会的一百年;是广纳贤能、本学育人、英才辈出的一百年;也是包容并蓄、志存高远、追求卓越的一百年!

今天的兰州大学,始于1909年初在清末新政和预备立宪过程中所创办的甘肃法政学堂。从那时起,经历了清末、民国、中华人民共和国三个时代,见证了西北高等教育从无到有、发展壮大的艰辛历程。1913年,学校改为省立甘肃法政专门学校;1928年2月,改设兰州中山大学;1931年改称甘肃大学,很快又改称省立甘肃学院;1944年6月,改为国立甘肃学院;直到1945年底,它仅仅是在近代贫困落后的黄土地上苦苦坚持的一所地方性小学校,始终面临经费、生源和优秀师资严重不足的巨大困难,在校学生长期维持在一百余人的规模,1942年以后,才逐渐增至二三百人,历年毕业学生总共千人左右;其专业设置仅有法律、国文、教育等本科专业和几个专修科。尽管如此,在1937年之前,它仍是甘宁青地区唯一的高等院校和整个西北仅有的几所高校之一。

1945年12月,国民政府行政院决定将甘肃学院、西北医学院兰州分院等国立院校合并设立国立兰州大学,并很快建成一所设有文理、法学、医学、兽医四个学院(1947年10月,兽医学院独立建校,成为国立西北兽医学院;文理学院也分为文学院、理学院)的全国性综合大学,得到国民政府、教育部的支持。辛树帜校长从国内外广聘贤才,师资力量显著增强;学校开始在兰州以外的西安、武汉、南京招考新生,生源质量明显改善,在校学生数量增至八百多人。同时,大量采购图书资料、仪器设备,大规模兴建校舍,使学校在各方面初具规模;进入了一个前所未有的新阶段。

1949 年新中国建立后,学校进入了一个新的发展时期。1954 年直属中央政府高等教育部;1955 年被列为高教部重点建设的综合性大学,得到国家在人力、财力上的支持,一批留学归国的学者和来自复旦大学、南京大学、北京大学、南开大学等高校的专家、教师和毕业生,陆续来到兰大,成为学校教学、科研的骨干力量。1959 年初,著名教育家江隆基被任命为兰州大学校长;1960 年10 月,中共中央将兰州大学确定为国家重点大学。1966 年,学校有教师 628人,在校本科生、研究生共 2950 人。

在上世纪五六十年代,尤其是“文化大革命”期间,政治运动对学校各方面的工作都造成了很大的消极影响,尽管如此,历任学校领导仍带领广大师生员工,克服各种障碍,尽最大可能做好教学、科研工作,出色地承担起国家赋予自己的重托;并为学校在“文革”后的腾飞奠定了重要的基础。截至 1976 年,不仅培养各类毕业生近万人,而且在十分困难的条件下,完成了一大批高质量的科研成果,在 1978 年全国科学大会上,兰州大学就有 25 项成果受到表彰。

“文革”结束后,停顿多年的高考招生得到恢复,中共中央派刘冰同志任兰州大学党委书记兼校长,学校开始拨乱反正,平反大量冤假错案,重新恢复正常的教学、科研秩序。特别是随着 1978 年十一届三中全会的召开和党的工作重心的转移,改革开放的全面展开,知识分子政策的全面落实,科教兴国战略的实施,中华民族真正迎来了自己历史上一次新的解放,其意义怎样估计都不会过分。在此情况下,学校的广大师生员工终于可以在相对安定的环境里,最大限度地发挥自己的聪明才智和创造力,一心一意地投身于教学、科研、人才培养和建设现代化祖国的伟大事业,兰州大学也真正进入了自己历史上发展速度最快、质量最高的新阶段。短短三十年来,学校面对东西部发展不平衡和人才流失的新问题,团结、组织广大师生员工,通过奋力拼搏,仍然使学校的教学、科研水平稳步提高,科技创新、服务社会和地方的能力不断增强,办学规模迅速扩大、办学条件显著改善、学校的综合实力和竞争力大幅提升。1995 年 11月,美国《科学》杂志评出中国 13 所最杰出的大学,兰州大学名列第六。1996年,兰州大学成为首批进入“211”工程的高校;2001 年,又跨入了国家“985”高校行列,成为国家重点建设的数十所高水平大学之一。2002 年,甘肃省草原生态研究所并入;2004 年,被调整出去单独设校五十年的兰州医学院整体并入。

今天的兰州大学,其二十余万名各类毕业生已分布于五洲四海和全国各地,在校本科生、研究生已从 1978 年的 2593 人,发展到 2008 年的四万多人。

学校现设有 84 个本科专业,涵盖了哲学、文学、历史学、经济学、法学、教育学、管理学、理学、工学、农学、医学 11 个学科门类;拥有 6 个国家级、5 个省部级、2 个校级人才培养基地;3 位教师先后获国家教学名师奖、8 门国家级精品课程、63 门省级精品课程。兰州大学高度重视本科教学和学生培养质量,形成了"勤奋、求实、进取"的良好学风,受到用人单位和社会各界的广泛好评。上世纪 80 年代,在选拔物理、化学等专业赴美留学生的全国考试中,兰大学生多次夺得第一名的好成绩。2005 年在由教育部组织的本科教学工作水平评估中,兰州大学获得"优秀"。2008 年,由中国校友会网排出的国家杰出青年基金获得者本(专)科培养学校排行榜 100 强中,兰州大学以 46 人名列全国高校第九位。

在研究生培养方面,兰州大学的理学、法学 2 个学科门类拥有博士学位授权一级学科 7 个,在经济学、法学、文学、历史学、理学、工学、农学、医学、管理学 9 个学科门类的 21 个一级学科下拥有博士学位授权专业 56 个;硕士学位授权一级学科 28 个,在除军事学以外的 11 个学科门类的 45 个一级学科下拥有硕士学位授权专业 187 个。学校有研究生导师 995 人,其中博士生导师 318 人;研究生培养质量稳步提高。在 1999 年首届全国百篇优秀博士论文评选中,兰州大学就有 2 篇博士学位论文入选;2007 年、2008 年,又各有 1 篇博士学位论文入选。兰州大学培养的一些优秀毕业研究生已陆续成为院士、长江学者、杰出青年和跨世纪人才,在各自的专业领域做出了重要的贡献。

在科学研究方面也不断取得丰硕成果。1992 年、1993 年,学校被 SCI(《科学论文索引》)收录的论文,连续两年在全国高校中居第三位;1994 年居第六位。上世纪八九十年代,兰州大学有多项科研成果分别获国家级奖励;2007、2008 年,兰州大学又有 6 项科研成果分别荣获国家自然科学二等奖、国家科技进步二等奖。通过多年的建设,学校已拥有国家和省部级重点研究基地 16 个,包括 1 个国家重点实验室、5 个教育部重点实验室、1 个农业部重点开放实验室、2 个甘肃省重点实验室,4 个教育部工程研究中心、1 个甘肃省工程技术研究中心,2 个教育部人文社会科学重点研究基地。另外,还有 4 个教育部网上合作研究中心,1 个自然科学基金委国际合作研究中心,1 个农业部检验测试中心。

学校一百年来的发展,尤其是在近三十多年来的繁荣,首先归功于全校师生员工的不懈努力,归因于他们对学校的热爱和奉献,凝聚着几代兰大人的心血和汗水。特别是蔡大愚、邓春膏、辛树帜、辛安亭、林迪生、江隆基、刘冰等著名校长和领导,朱子清、王德基、周慕溪、黄文魁、陈耀祖、聂崇礼、叶开沅、刘天怡、赵俪生、李天祜等许多已经仙逝的著名学者,以及徐躬耦、郑国锠、刘有成、任继周、李吉均、丑纪范、段一士、陈文嵘、钱伯初等很多仍在教学、科研工作中发挥重要作用的著名学者和优秀教师,他们都在不同的时代和条件下,尽了自己最大的努力,为学校的发展做出了杰出的贡献,为一代又一代兰大人树立了学习的典范。面对历史和今天,饮水思源,我们不能不向他们致以最崇高的敬意!

学校经过一百年的发展,能够形成现在的规模和业绩,同样离不开党和国家、各级政府及教育主管部门的关心、支持。从上个世纪50年代以来,邓小平、胡锦涛、江泽民、贾庆林、李长春、习近平、李岚清等党和国家领导人先后到学校视察,并在各种场合勉励兰州大学继续保持、发扬自身的优势和特色,把学校办得更好!国家教委或教育部、甘肃省委、省政府历届领导,多次亲临学校指导工作,帮助解决各种困难和问题。所有兰大人,都会永远铭记他们对学校发展、建设的关怀、指导和帮助,并以之作为对自己的鞭策。

追昔抚今,我们还应该牢记、感谢遍布在海内外的历届校友和始终关心、帮助学校的各界朋友、组织及众多合作伙伴们。他们或以自己在各方面的成功,给母校增光添彩、赢得良好声誉;或通过学术交流、讲学、合作研究、联合培养人才等多种方式,从专业、智力、经验等各个方面给予学校极其宝贵的支持和帮助;或慷慨解囊、急公好义,在经济、精神等许多方面资助兰大优秀学生和家庭经济困难学生,在不同时期、以不同方式对学校的发展倾之以情、援之以手。这些极为珍贵、雪中送炭的帮助、友谊和崇高精神,我们同样是心中藏之,何以忘之。

总之,面对学校一百年的历史,一种浓郁的感恩之心、感怀之情荡漾胸臆,使我们久久地难以平静。

二

学校一百年来的沧桑变化,呈现出许多显著的阶段性和历史特点,需要我们很好地认识和把握。

早先,它是诞生于清末甘肃的一所地方性法科专门学校,并在其后一百年间,始终扎根、坚守在深厚但又相对贫瘠的黄土地上。西部欠发达的特殊环境,迫使学校必须探索、破解在相对落后的地区和先天不足的条件下,发展近现代高等教育、建设高水平大学的独特道路和难题。因此,与发达国家、发达地区的大学相比,它缺少许多得天独厚的优越条件;但却必须克服许多别人没有的困难,如地区差距、人才缺乏和易于流失、远离经济和文化中心、经费来源相对单一等诸多不利因素,它们在过去、现在,甚至今后很长的时期,都始终困扰、影响着学校的发展。

但是,1945年设立国立兰州大学的决策,却使它由一所地方性小学校,一跃成为国家设立在最西端、但却是中国陆上版图几何中心的重点综合性大学，并从此肩负起坚守西北、引领区域社会文化、培养优秀人才、研究和解决西部问题，促进西部经济繁荣、社会进步、民族团结的特殊历史使命；从而也赋予它存在的价值和光荣的责任。一百年来，兰州大学既始终与国家、与西北、与脚下的这片黄土地同呼吸、共命运；又始终牢记和履行着自己的历史使命，为国家的昌盛、民族的复兴、西北的发展和安定，做出自己特有的贡献，同时实现了自身由小到大、由弱到强的发展，成功地破解了在落后地区办高等教育、办高水平大学的难题，走出了一条"做西部文章，创一流大学"的发展之路，形成了学校的办学思路、目标定位和显著优势、特色，赢得了国内外的广泛认可和国家、地方的大力支持。

正是在相对困难的环境、条件和努力履行自身使命的过程中，兰大历任领导和广大师生员工，培育、凝练出"自强不息，独树一帜"，艰苦奋斗、争创一流的兰大精神和"勤奋、求实、进取"的良好学风。它们不仅是以往兰大发展、成功的内在保证，而且也已成为学校最为宝贵的独特精神财富和生命之源，鼓舞我们再接再厉，创造学校更加辉煌的第二个百年！历史雄辩地证明，一所好的大学，不仅要有大师，而且需要有自身独特的精神、传统和风范，要有源源不断地培养和造就优秀人才的校园环境、土壤及文化氛围。这才是任何一所好学校长盛不衰、青春永驻的内在原因。因此，我们一定要倍加珍惜兰大百年历史所孕育出的学校精神、校风和学风，使之发扬光大、薪火永传。

三

回顾学校一百年的历程，还有许多宝贵的经验和特点值得总结。其中最为重要的，一是始终关注国家目标，满足战略需要；二是立足西部，胸怀全国，放眼世界；三是尊重人才，本学育人，精心治教；四是尊重规律，崇尚学术，突出特色；五是艰苦奋斗，恪守定见，独树一帜。这些经过几代人积累、创造的历史经验，既是我们的立校之本，也是我们在西部地区生存、发展的成功之路。

在迎接学校百年华诞、继往开来的重要时期，我们需要更加珍视历史的经验，并且通过制度的创新，努力营造一个更为和谐的校园，使之成为黄土地上充满希望的绿洲，即便是在沙尘暴的天气里，也要让所有师生员工感受到阳光的和煦和鲜花的芬芳，使每个人都能最大限度地得到尊重、实现自己的价值和追求。

面对人才的缺乏和易于流失，我们不仅要尽可能地为一切人才的成长、工作、生活创造条件，而且要以海纳百川的胸怀和气度，以事业、情感、宽容、理解和良好的人际关系，吸引人才、凝聚人心；同时，我们还要最大限度地打造有竞争力、影响力的科研团队，建立良好的学术场域，以此来吸引和稳定优秀人才，加快人才群体的培育和成长，形成可持续发展的竞争优势和核心竞争力。学校的地学、有机化学、生命科学、敦煌学、民族学等优势学科发展的成功经验，已充分地证明了这是一条重要的可行之路。

与发达国家、发达地区的高校相比，我们在客观条件、经费来源和数量、吸引人才的地域环境等许多方面，都无法与之竞争。这种局面在短时间内又很难改变。因此，穷则思变，我们只有在观念创新、制度创新上先行一步，敢为天下先，科学发展，以人为本，切实创造真正尊重人才、重视人才，最有利于人才施展才华和抱负的校园环境；加上学校一百年来积累的有形和无形资产，优良的学风、校风和精神、传统，再有科学、合理、高效、富有人情味的管理，才能够形成和打造学校自身具有强大竞争优势的软实力，并以此来带动学校有形资产的增值和生存环境的改善，更好地承担国家、历史赋予兰州大学的光荣使命。实际上，上世纪40年代后期辛树帜校长、60年代前期江隆基校长的重要贡献，学校在当时极其困难的条件下能够凝聚人才、异军突起并形成自身明显优势的往事，就已经为我们树立了成功的典范，提供了有益的启示。

一百年的艰辛创造了兰大不可磨灭的成就，但是，它们也都将成为过去、载入史册。"九万里风鹏正举"，当今的中国和世界，都正在发生急剧的变化，科技创新、人才竞争，推动着中华民族的复兴和西部地区的振兴。这为兰州大学新的发展提供了更为广阔的空间和机遇，也提出了更高的要求和目标，需要全校师生员工进一步团结奋进，树雄心、立壮志，将百年历史作为新的坚实起点，通过加倍的努力，实现在新世纪、新阶段创建高水平大学的宏伟目标，书写学校历史新的辉煌篇章！

在《兰州大学百年校史》即将付梓和百年校庆来临之际，我们愿以此与全校师生员工共勉！

王寒松　周绪红

2009 年 8 月

前 言

参天之木,必有其根;怀山之水,必有其源。

本编记载了这样一条线索:1933 年甘肃学院医学专修科—1942 年国立西北医学专科学校—1945 年国立西北医学院兰州分院—1946 年国立兰州大学医学院—1949 年兰州大学医学院—1954 年兰州医学院—2004 年医学院并入兰州大学。

72 年历程之流长,渊源于 30 年代初之开路志士。

50 年历史之去脉,来龙于 50 年代初之开篇功臣。

兰州医学院——甘肃大地历史最悠久的高等医学院校,黄河上游第一家高级医才摇篮。她在黄河母亲的怀抱中孕育诞生,在丝绸古道上的明珠——金城成长壮大。

饮水思源掘井苦,乐业忆初布道难。如今的腾达,都源于昔日的艰苦创业。倘不是邓春膏等创始人教育决策之冲动,便不曾有 72 年的变迁;倘不是谭道先等奠基人建业精神之感召,便不曾有 50 年的发展;倘不是新中国成立后共产党教育卫生方针之指引,便不曾有医学院的成就。

指点桃李喜满园,怀恋园丁庆收获。如今的甘甜,都根植于昔日的辛勤栽培。若没有一代代教职工敬医重教之耕耘,就不会有享誉陇原的芬芳;若没有一批批医学生开花绽放之争艳,就不会有满枝头的硕果;若没有一队队建设者赤胆忠心之奉献,就不会有医药事业的繁荣。

兰州医学院的历史,是以往和现在的创业功臣、知名专家、建树学者、敬业教师、实验技工、研究人员、开发人员、管理人员、工勤人员,以及学院毕业的各级各类学生共同创造的。他们是学院物质文明的铸造者,精神文明的灵魂塑造者,变革发展的主体推动者。正因为如此,他们成为主角被请上了学院历史的舞台。

"师者,传道授业解惑。"兰州医学院有史以来,教育工作者以主人翁的姿态,完善自身人格,优化专业知识,学高人之师,身正人之范。在数十年树人育才生涯中,为人师表,传救死扶伤之道;教书育人,授医疗技术之业;诲人不倦,解心身疾苦之惑。春蚕蜡炬的自我牺牲,白衣天使的崇高职责,书斋案头的呕心沥血,课堂医院的挚言教诲,换得了大批德才兼备的合格医学人才。

"青出于蓝而胜于蓝"。学院半个多世纪以来,已有万余名医学毕业生。他们撒向全国、布满西北、扎根陇原;他们是各级各类医院的支柱栋梁,医疗卫生战线的精兵良将;他们为社会主义经济建设和人民健康事业所作出的贡献,远远超出了课堂所学、书本所得、教师所授;他们中有不少前辈已闻名国内,功成身退,诸多学长著作等身,建树卓著。

本编是编年史,我们从中触摸到历史的脉搏,与时俱进以发展;

本编是经验录,我们从中感觉到历史的沉浮,立足现在以振兴;

本编是教育传,我们从中认识到历史的大计,着眼未来以树人;

本编是人物志,我们从中搜索到历史的楷模,继往开来以超越;

本编是座右铭,我们从中领悟到历史的启迪,借史为镜以鞭策;

本编是活化石,我们从中寻找到历史的底蕴,置身其中以富有。

岁月不居,天道酬勤。兰州医学院从一个医学童话开始,在沧海如烟的漫漫长河中筚路蓝缕,历尽艰辛,已写完一段历史;如今,在社会主义市场经济的汹涌大潮中,重新回归兰州大学的怀抱,再将续写新的篇章。值兰州大学百年华诞之际,谨以本编献给曾经在兰州医学院工作和学习过的员工和校友以追溯历史的沉思和弄潮冲浪的鼓舞!

周正荣

2009 年春于金城

目　录

第一章　诞生与沿革

　　兰州医学院，从上世纪 30 年代初甘肃学院的医学专修科艰难起步，到 1942 年一个幼小的身躯诞生开始，饱受旧中国风雨飘摇，幸遇新中国雨露阳光。她在黄河母亲怀抱中孕育，共苦于旧中国风云变幻，同甘于新中国雨露滋润；五度嬗变诉说成长艰辛，六段发展谱写新旧历程……

第一节　民国时期的变迁(1933—1949)

一、甘肃学院医学专修科时期(1933—1942)

　　20 世纪二三十年代的甘肃，政局动荡，军阀割据，战乱频仍，旱灾肆虐，民生凋敝。特别是甘肃农村可以说是经济枯竭，十室九空，各种疾病流行蔓延，缺医少药已到十分严重的程度，民众处于水深火热之中。

　　为了造就医学人才，解决甘肃急需，1928 年在筹建兰州中山大学时就有人提出设立医学高等教育的想法，但未能实现。30 年代初，教育部通令"各省设立农学专科学校与医学专科学校"。时任甘肃学院院长的邓春膏认为，"农、医各专科学校之设立，重在实用，各项试验场之设备，需款甚巨，而据当时甘肃教育现状，另立规模，创设专科学校，似为实所不许，而甘肃学院对于农科的设置，积极进行……医科亦在计划筹办之中"。[①] 1931 年 10 月 8 日，他又呈请甘肃省政府将设农医专科学校之款拨归甘肃学院设立农科与医科，如此"一则不负教部之功令，再则适应甘肃之现状"。[②]

---

　　① 甘肃学院档案，6-(2)-19。
　　② 甘肃学院档案，6-(2)-208。

1932年11月19日,甘肃学院呈请教育部增设医科。同年12月16日,教育部答复"姑候据请转咨财政部核复后,再行核办"。次年1月10日,教育部训令甘肃学院,"查甘肃国地收支,尚未划分。甘肃国税收入,亦均未解中央。增设农、医两科,自应请由省款筹拨,似未便由中央另行补助"。1933年,甘肃学院转而向甘肃省政府申请开办医科、农科,并论证道:甘肃学院"为西北文化之重心,成立以来,业经六载,向以建树大陆文化,救济地方凋敝为进行之目标。睹此情形,恻然心伤,深觉责任所在,义无旁假,爰拟开办农、医各科,期养成挽救西北之专门人才,以为补牢善后之计"[①]。

省政府于1933年3月正式批准甘肃学院设立本省历史上第一个"医学专修科",首任医科主任宋子安。院址在兰州市西关萃英门院内。

医学专修科成立后,由于甘肃省地方财政空虚无力筹拨款项,成立后即面临停办的危险。于是邓春膏、宋子安遂向西安绥靖公署驻甘行署主任邓宝珊力呈开办之艰难,邓先生即函请国民党中委张继帮助,后得国民政府拨发开办费1.5万元。邓春膏院长又派事务长朱铭心到南京、上海等地募集经费,并为此致函行政院和蒋介石等民国政要,请求出面说情,请中英庚款董事会拨庚款息金5万元予以协助。经过多方努力,得其捐助医疗设备费2万元,为学院医学专修科购置了X光机、太阳灯和一批医疗器械、药品等,这些也是甘肃学院当时最为昂贵的设备。

1933年,医学专修科首届招生46名,入学程度为高中毕业,学制5年。共开设16门课程,即解剖学、生理学、医化学、病理学、卫生学、药物学、内科、精神病、儿科、妇产科、外科、眼科、耳鼻喉科、皮肤花柳、法医、理疗等。教育部指示"在未实行6年制以前,因达不到本科学制,毕业生不得授予学士学位"。

在申办医学专修科过程中,为解决医科学生临床实习的需要,1932年11月27日,甘肃省政府将省属中山医院划归学院,作为甘肃学院附设医院"专供医科学生实习,并办理诊治疾病及公共卫生、紧急救济、预防时疫等事宜"。1936年甘院医专因办学经费困难等暂时停办,附设中山医院也由省政府收回,归并于甘肃省立兰州医院,直属民政厅领导。

1933—1941年的9年间,甘肃学院医学专修科因受经费、师资、生源方面的严重制约,分别于1933年、1937年、1939年招收三届学生共81人,前两届仅毕业18人。据1941年12月18日该科奉令独立设校前的统计,共有医学专任教师13人,其中教授、副教授5人,讲师5人(其中女1人),教员3人。

甘肃学院医学专修科的建立,虽然在很多方面并不完全具备办学的条件,

---

① 甘肃学院档案,6-(2)-208。

开办的过程也十分艰难曲折。但它的出现对于甘肃高等医学教育的发展却具有划时代的意义,标志着甘肃高等医学教育从无到有迈出了重要一步。

二、国立西北医学专科学校时期(1942—1945)

1941年1月,宋恪接任甘肃学院院长后,认为学院系科设置杂乱,文、教、法、医都办,却办得不精,医科应呈请另设专门学校。宋恪的主张得到省内外有关人士的赞许,遂于1941年11月29日呈文上报教育部。1942年4月8日,教育部下令"为培养医学专门人才,以适应西北环境之需要,决定于三十一学年度在兰州设立'国立西北医学专科学校',由部派王允臣、于光元、张查理为筹备委员,指定于光元为筹备主任进行筹备,为谋集中人力、物力,以期办理完善,应将该院原有医学专修科归并办理"。1942年8月,国立西北医学专科学校正式成立,不分科,校长齐清心,教务长于光元,校址选定在兰州市上西园。

兰州西郊上西园的国立西北医专校址,仅有一座大院落,东西长约50米,南北宽约30米。当年春季开始筹建,秋季即张榜招收了两班学生:一班招收的是高中毕业学生,学制4年;一班招收的是初中毕业生,学制6年,前两年补习高中课程。原甘院医科学生也全部转入,计有三、五年级学生各一班,五年级11名学生已到毕业时间,仍由省立甘肃学院发给毕业证书。教学设备也极为简陋,仅有三架显微镜及少量仪器,实验课利用教室进行,临床实习在当时的兰州小西湖中央医院(即现在的兰州军区总医院前身)。由于校舍简陋狭小,上课教室与学生宿舍均不敷用,低年级学生搭通铺住在校内,高年级学生则在小西湖梁庄租住民房。

1942—1945年,国立西北医专举步维艰,缓慢行进。共招生269人,其中4年制48人,6年制177人,还有一年制调剂班、法医班44人。

三、国立西北医学院兰州分院时期(1945—1946)

1945年夏,国民政府教育部决定,将国立西北医学专科学校建制撤销,并入设在陕西的国立西北医学院,改名为国立西北医学院兰州分院。国立西北医学院院长,著名生理学教授侯宗濂亲自从西安来兰州接管,并兼任兰州分院院长。

1945年夏到1946年夏,国立西北医学院兰州分院除了学校更名、体制改变和领导更换外,其他与原西北医专皆无变化。其时共有在校学生140名。

1946年夏,教育部电令国立西北医学院停办兰州分院,将其并入新成立的国立兰州大学。

四、国立兰州大学医学院时期(1946—1949)

1946 年 3 月 26 日,国民政府行政院会议决定成立国立兰州大学,任命辛树帜为筹建中的国立兰州大学校长。辛树帜校长到任后即根据教育部的意图,多次约请当地专家学者商议,并于 1946 年 6 月 26 日,向教育部提交筹办国立兰州大学的计划大纲①。大纲指出:"兰大今后规模,拟就甘肃学院改并之法学院,与西北医学分院改并之医学院,并按大学章程,调整增设之文学院、理学院与特设之兽医学院五院而成。"同年 7 月 15 日,教育部批准了这份计划大纲,并电令国立西北医学院,停办兰州分院,将国立西北医学院兰州分院归并于刚成立的国立兰州大学, 并将西康技艺专科学校的医科学生 32 名转入该院,改名为国立兰州大学医学院。

1946 年 7 月,新设的国立兰州大学医学院,属院级建制,仍不分系科,首任院长于光元。1948 年于院长辞职东去后,由乔树民接任院长,直到 1950 年。招生对象为高中毕业生,学制 6 年。招考科目为国文、英文、数学、生物、史地、理化、公民 7 门,笔试录取后进行体格检查和口试。1946 年 11 月 29 日,国立兰州大学召开第二次行政会议,呈报教育部将医学院学生全部列为公费生。

1946 年 8 月,由于刚成立的兰州大学校舍不敷使用,医学院在由兰州市上西园迁回到西关萃英门院内时, 只能暂借原省立兰州高级助产职业学校旧址。当时的兰州大学辛树帜校长在给教育部部长朱家骅的信中谈到医学院的情况时说"医学院现在地址极简陋,设备全无,图书无几,一切不成规模"。

1947 年春,辛树帜校长为积极发展西北医学教育,将教育部特拨兰大购置费 1.5 万美元的三分之二, 专作购置医学院前期教学实验仪器设备之用。教育部医学教育委员会也来函,将美国医药助华会捐助兰州医事中心 3 万美元中的 2.4 万美元,作为医学院购置仪器、药品及图书等项费用。此后,1948 年 10 月 20 日,教育部通知将联合国教科文组织紧急援助捐款分给兰大医学院 3 080 美元,并将原调拨给上海英士大学而对方未领取的一批医疗设备改拨兰大医学院,美国医药助华会驻沪办事处还捐赠医学院一批新旧杂志及药品。通过这些渠道,到 1949 年初,医学院教学、实验中所急需的图书、仪器、药品和设备基本得到保证。

1947 年 5 月,国立兰州大学天山堂、祁连堂、贺兰堂建成后,医学院遂由省立兰州高级助产职业学校旧址搬入贺兰堂,集教学、实验、办公为一体。1948 年衡山堂、嵩山堂、华山堂、泰山堂、恒山堂 5 栋学生宿舍楼建成,医学院学生又搬进华山堂集中住宿。至此,国立兰州大学医学院的办学条件大为改善。

---

① 见《国立兰州大学校讯》,1947 年 1 月 1 日。

1946年,在国立兰州大学医学院加紧建设的同时,其附设医院的设立和建设也列入了议事日程。在兰大校长辛树帜、医学院院长于光元的积极呼吁下,1948年4月1日,教育部批准国立兰州大学医学院建立附设医院。同年12月,附设医院宣告成立。

第二节　共和国建立初期的成长(1949—1953)

1949年8月26日上午八时许,兰州解放。8月30日,兰州市军管会发布通告,宣布接管兰州地区各级公立学校,并对私立学校进行登记,要求"迅速建立学校的新秩序,正式开始上课"。

1949年9月1日,中国人民解放军西北野战军军代表辛安亭、陆润林、孙达可三人进驻兰州大学。全校师生员工大会即日召开,军代表宣布:立即解散学校内国民党、三青团、青年党及其他党团组织,停止其在学校的一切活动;立即取消国民党的训导制度和有关课程(如公民、党义、军训等)及其他教材中的反动内容;立即清查全部财产、器具、图书、仪器、卷宗、表册及其他公共财产,据实缮具清册;开设新的政治理论和思想教育课,对师生进行革命常识和革命人生观的教育;在学校建立校务委员会、教职员学习委员会和学生会等组织,实行民主管理,团结广大师生员工建设新学校。

兰州大学校务委员会随之成立,主任委员辛安亭,副主任委员陆润林、徐褐夫,委员由各院院长、各系主任及学生代表1人组成,其中,医学院委员为乔树民、张爱诚。

随着中华人民共和国的成立,原国立兰州大学医学院,正式改为兰州大学医学院,乔树民继任院长。1950年初,乔树民调离兰大之后,兰州大学校长曲正兼任医学院院长,1952年由王文义任院长。

1950年6月,第一次全国高等教育会议明确了高等教育的目标:"以理论与实际一致的教育方法,培养具有高度文化水平掌握现代科学技术成就的全心全意为人民服务的高级建设人才"。1950年8月,第一届全国卫生会议根据全国政协第一届全体会议通过的《共同纲领》及中央教育部有关精神,提出"医学教育要培养德、智、体全面发展的医药卫生人才,进行学制改革,统一管理招生","高等医药院校实行统一招生与分配"。1951年4月,中央卫生部和中央教育部联合提出"要建立适应中国人民需要的新的卫生教育制度,逐步改革旧的卫生教育"。与此同时,中央还制定了面向"工农兵"、"预防为主"、"团结中西医"、"卫生工作与群众运动相结合"的卫生工作四大方针。这些为医学院的改造和发展,指明了方向。

建国初期的 3 年,兰州大学医学院在学校分党总支和校务委员会的统一领导下,首先完成了党和人民政府对学校的接管,取缔了反动党团组织和国民党的"训导"制度,开设了马列主义课程,建立了党团基层组织和思想政治工作制度。当时,针对在知识分子中间不同程度存在的个人主义和轻视工农的思想,以及一部分人中存在的崇美、恐美、亲美思想,除了组织师生员工参加政治时事学习,接受抗美援朝、土地改革、镇压反革命三大运动的教育外,还根据中央的统一部署,开展了思想改造运动。从此,在学校中开始确立马克思列宁主义、毛泽东思想的指导地位,在知识分子中开始树立为人民服务的思想。

在思想改造的基础上,学院进一步抓了工作整顿:整顿行政管理作风,整顿教学医疗作风,清理财务账目,清理药品器械,进行学制改革、教学改革等等。这一切都有效地增强了教职工为祖国培养医学人才的热情和责任感,使其思想面貌焕然一新,为日后的院系调整、教学改革,作了重要的思想准备。其间,学院各项工作有了明显的起色,新的教育思想和新的教学秩序逐步形成。例如结合国家恢复与发展国民经济的需要,遵照教育部、卫生部的要求,进行了学制改革,将原来的 6 年制学制缩短,改为 5 年制。同时为了解决甘肃医疗卫生界护士的来源问题,创办了附属护校。1951 年根据卫生部颁布的医药各专业教学计划,制定了学院第一部统一的医学教学计划,各门课程也开始制订教学大纲与教学进度表等。

第三节 建院初期的发展(1954—1959)

一、独立建院的筹备概况

1950 年 6 月,第一次全国高等教育会议决定:"在统一的方针下,按照必要和可能,初步适当调整全国公私立高等学校或其某些院系,以便更好地配合国家建设。"接着,中央教育部结合高校的接管、整顿与改造,学习引进苏联高等教育经验,陆续在全国范围内开展有计划、有重点的院系调整。

1952 年 5 月,在中央教育部、西北教育部的统一部署下,甘肃省对省内高等学校、系科进行调整。11 月,兰州大学医学院独立建院的问题进入议事日程。

1953 年 3 月 2 日,中央卫生部电示兰州大学:"医学院领导关系将有改变,希你校王文义院长携带人事、经费等移交资料赴京开会"。3 月 23 日,中央教育部、卫生部联合通知:兰州大学医学院应即独立改名为兰州医学院,自本年 4 月 1 日起归中央卫生部直接领导,指定甘肃省卫生厅负责协助组织建校委员会及进行接洽设计监督本年基建工作,并指示必须尽快组织建校委员会,抓紧时间,进行设计、采购、修建等工作,务期在当年 10 月底以前完成。同时,中央卫生部下达医学院该年基建面积 7 000 平方米,投资总额 114.8 亿元,每平方米建筑费平均为 144 万元(旧币,即第一代人民币;新币即第二代人民币,新币 1 元=旧币 1 万元)。首批建设项目有学生宿舍楼 1 栋,学生饭厅及厨房 1 栋,教授宿舍楼 1 栋,职工宿舍楼 1 栋。

1953 年 4 月 25 日,根据中央教育部、卫生部指示,兰州医学院建校委员会成立,主任委员为甘肃省卫生厅厅长刘允中,副主任委员为兰州大学医学院院长王文义,委员有曹诚儒、杨英福、唐家琛、杨浪明、李端严、马馥庭、赵创。建校委员会下设办公室,主任由王文义兼任,暂设秘书及财务组,随后又相继建立了办公室、人事组、会计组、基建组、教务组。建校委员会的主要任务是新校址的选定和规划,新校舍的设计和建设,教职员工的人事安排,各类财产的清理造册,以及当年基建费、维持和发展经费的使用和审核报销等等。为了做好这次分离独立建院工作,建校委员会还组织专人赴沈阳中国医科大学、哈尔滨医科大学等校学习考察,组织专家教授对学校近期建设与长远发展座谈咨询,在此基础上提出了建校工作的 6 项基本原则:①征地的基本原则。以兰州市城市规划为基点, 学院征购土地面积以 500 亩左右为宜。②校舍建设的基本原则。从适用、经济和在可能条件下讲求美观出发,10 年内应建设完成建筑面积 6 万平方米,2 年内实现 2 万平方米。③师资分配统筹兼顾的基本原则。除医学专业教师外,争取兰大支援选派一些公共课、专业基础课教师,同时吁请中央教育部、西北教育部适当增大新建院校的教师干部编制计划,并争取从全国选派医学专任教师充实医学院教师队伍。④学生转移学籍的基本原则,学生不得在筹建期间要求转院或转专业。⑤图书、设备、仪器管理与移交的基本原则。⑥教职员工思想政治教育的基本原则。

鉴于筹备建校任务重、时间紧,干部极为缺乏,兰州大学呈请上级即速选派干部充实筹建工作队伍。此后,谭道先、丁自生、谢承忠、王光清、李硕光及一般干部 15 人、教师 24 人先后被派往兰州大学,负责筹备和组建兰州医学院的各项工作。兰州大学也积极配合支持独立建院,责成兰大秘书长高诚斋为基建委员会主任委员,谭道先、王文义为副主任委员,抽调其他一些后勤人员组成设计组、备料组、财务组,积极配合基建工作。调朱允尧负责筹建图书馆,并将部分医学图书杂志划拨医学院。兰大团委书记赵明祥也是最早调派的办公室负责人,除兰大医学院原有的各科成建制划归兰州医学院外,还调化学系的张从辛、乔德俊老师筹建医用化学教研室,调生物系由天老师筹建医用生物学教研室,调漆荫棠、郑志诚老师筹建体育教研室,调何裕、薛保善老师筹建政治课教研室。

1953 年 4 月起,卫生部陆续抽调高级师资进修班①的裴正礼、侯家骥、刘华、顾子凤、吴纬、陈广华、王良明、朱寿彭、梁重栋、王云发、劳伟宁、王宗泉、曹和洵、赛书元等 15 位优秀学生,充实和加强兰州医学院的师资力量。他们分别来自北京、上海、浙江、山东、广西和同济、湘雅、中山、华西等医学院,很快成为承担学院各门主要专业课的青年教学骨干。

建校的选址征地工作是在省卫生厅统一领导下进行的,鉴于当时省综合医院、兰州卫生学校也在计划筹建之中,1953 年 7 月,省卫生厅、兰州医学院、省综合医院、兰州卫生学校联合组建了选址征地委员会。征地委员会按照当时兰州市政府城市规划及新都市教育卫生区划要求,在政府的积极配合下,反复与当地农民推出的 14 人地价评价委员洽谈(按地段不同分为四等评价),共征地 786 亩(部分公地由政府划拨,下同)。征地单位以林荫大道(现东岗西路主干道)为界,以北划为省综合医院院址约 281 亩,多为民居和耕地,以南划为兰州医学院及兰州卫生学校校址约为 505 亩。兰州医学院校址位于当时的兰州东郊东稍门外下镇东路(后称兰州城关区东岗西路),占地面积 408.76 亩,约 27.223 416 万平方米,东西长 668 米,南北宽 505.5 米,地价 5.089 亿元(旧币、包括附属医院基地 135 亩)。地势呈南高北低状,低处低于林荫大道 0.6米,原是一大片凹凸不平、贫瘠荒芜之地,野草覆盖、垃圾成堆,除少数民房、耕地外多为墓地。据老人们说,夜间时常有狼出没。

考虑到当时筹建工作的实际状况,1953 年 6 月 25 日,卫生部、高教部又联合通知:兰州大学医学院本年因基本建设及行政干部等条件准备不够,暂不独立建校,行政领导仍由兰州大学负责,该院业务由中央卫生部通过兰州大学进行指导。

这一段时间学院虽未独立,但各项实际工作却处在逐渐剥离中,已相继进入独立运行状态。最早进行的是财务工作,当年中央高教部、卫生部核定的基建费、维持及发展经费共 124.21 亿元(旧币),已开始由甘肃省卫生厅代发及审核报销。11 月,教务工作实行剥离。1953 年 11 月 9 日,兰州大学第 68 次行政会议决议,并发出通告:医学院教务组业已成立,并自本月 9 日起在贺兰堂办公。今后凡医学院师生办理与该组业务有关事项时,即直接向该组接洽。

①该进修班是卫生部于 1952 年创办的,当时从全国各医学院校调集一批高年级优秀学生,按专业需要分别派到北京、上海、广州和山东、湖南等地师资力量强、设备条件好的医学院校,进修 1 年基础医学专业,再作为各门专业课的师资分配至各医学院。该进修班共开办了两届,先后培训了数百名优秀学生,使他们尽快成长为各医学院校的教学骨干。

　　原本计划于 1953 年开工建设的新校址,由于当时条件限制,并未如期进行。直到 1954 年 4 月 7 日,新院址才破土动工。其时,兰州大学林迪生校长、陈时伟副校长、兰州医学院谭道先院长参加开工典礼并讲话。

　　1954 年 8 月 6 日,西北行政委员会教育部通知:"接中央高等教育部(54)厅秘崔字第二二〇号通知:今年暑期全国高等学校院系调整方案业经政务院批准,兰州大学医学院独立建院,日期为 9 月 1 日。"

　　在西北教育部尽快独立建院的催促声中,在首批建设项目尚未全面竣工、教学楼建设尚未开工的状态下,1954 年 7 月 21 日,学院即成立迁校委员会,全面部署迁校工作。8 月 20—26 日,除附设医院和第一学期无教学任务的病理、药理等科及四、五年级 110 名见习、实习学生暂留萃英门兰大原址外,其余 141 名教工、377 名学生(附属护校学生 200 人)及大部分教学设备材料等迁入新院址。

　　迁校工作基本就绪后,1954 年 11 月 17 日,学院召开成立庆祝大会,宣布兰州医学院正式成立,教职员工与来宾互相致贺。谭道先院长在致辞中向社会各界对兰州医学院建设的支持表示感谢,希望全院教职员工同心同德,团结一致,艰苦奋斗,把学校办好、建设好。后将每年 9 月 1 日定为院庆日。

二、艰苦创业,努力改善办学条件

　　1954 年刚刚独立建院的兰州医学院并不完全具备办学的条件,主要面临的困难是:教学实验场所没有,办学经费短缺,教师干部严重不足,图书设备匮乏,管理机构、规章制度不健全,临床实习基地条件较差,教职员工思想混乱等等。

　　为解决校舍严重不足和校园环境恶劣的问题,在谭道先等人的多方奔走呼吁下,1955 年—1959 年在上述 7000 平方米校舍的基础上,又兴建了 3 万平方米建筑,同时还接收兰州卫生学校土地 97 亩,建筑面积 1.4 万平方米,校园面积增加到 370.74 亩,校园建筑面积达到 47 694.20 平方米。

　　为了改变凹凸不平、杂草丛生的校园,在经费极度困难的情况下,学院号召全院教职工和学生艰苦创业,利用课余时间,自己动手大力进行校园绿化、平地整修校园。共平整坟荒地 40 余亩,栽种松柏、丁香树、梨树、苹果树、核桃树、槐树等 1 000 余株,栽植柏树篱笆墙 5 000 余株,修建校园道路、自建体育场 3 000 余平方米。同时,学院还想方设法筹措经费,以增加图书资料和教学、体育设施,1955 年先后获中央高教部、西北卫生部专项补助经费 16 万元。到 1959 年,学院图书已发展到 5 万余册,较 1954 年的 9 000 余册,增加了 5.5 倍,800 元以上仪器设备达到 263 台件,较 1954 年的 37 台件,增加了 7 倍。

　　为了解决师资缺乏、干部不足的问题,学院十分重视延揽专业人才,充实、加强师资力量。建校之初,学院领导数次奔走于中央卫生部和西北卫生部,或函报争取增加教师职数和干部职数,恳请中央和内地兄弟院校支持兰州医学院的建设。1955—1957年三年间,兄弟院校支援甘肃建设而来的教师就有12人,其中教授、副教授4人,讲师8人,如韩哲生、郑效蕙、刘凤岗、刘逢举、邝华俊、刘德山、张苓芝、陈瑾、宫敬忠、马兰芳、李炳生等。接收支援开发大西北建设的北京、山东、陕西、河南、四川、湖北、湖南等高等学校的优秀毕业生27人,如王莲初、张仰太、蒋次鹏、冯孝义、陈鸿宾、邝耀中、裘明德、刘保厚、陈庆和等。选留本校优秀毕业生17人充实基础及临床教师队伍,如李崇高、李亢宗、李新伟、刘筱坤、邵景福、吴国祥、倪才贤、戚俐珠、罗文翰、崔有基、刘国栋、沙鹏图、郭景岳、李多福、马崇德、刘筱坤、恩和巴图等。根据中央卫生部制定借聘教授办法,在兰州还聘请了一批医学专业人员及兰州大学公共课专业教师来院任教兼课。到1957年,学院各类教师的数量已达118人。在稳定原有师资和积极引进师资的同时,学院还注重师资培养。1954—1957年共选送5名教师赴苏联留学,选送75名各专业教师到国内先进高校进修培训,其间院内还开办了俄文夜校,举办巴甫洛夫讲习班多期。

　　为了解决甘肃生源不足问题,1954—1957年从甘肃、陕西、河南、四川招生,当时外省生源占到了学生总数的30%左右,这也为后来学院解决长期存在的生源单一问题做出了积极的探索。

　　为了解决临床教学、实习基地的问题,学院在原兰大附设医院的基础上,建设了兰州医学院附设医院,1959年又发展成为两所附属医院,两所附属医院由不足3 000平方米,发展为占地336亩、建筑面积6.908 9万平方米的现代化教学医院,同时接收兰州卫生学校作为学院中专部。

　　1955年以后,学院师资、办学条件、学校管理、教学质量等方面明显改善,使学院很快在当时全国36所医学院校中占有了一席之地,并在此后数十年间一直作为甘肃医学高等教育的象征而独存。

三、适应新的教学任务和要求,推进教育教学改革

　　1954年8月,恰逢卫生部召开全国第一届高等医学教育会议,这次会议充分估计了建国5年来高等医学教育的成绩和缺点,确定了医学教育的具体方针和任务,拟定了专业设置、培养目标,制定了统一的教学计划和编写教学大纲的原则。会议之后,学院结合具体情况,认真贯彻会议精神,提出了五个努力方向:进一步明确教学改革的方针、性质和基本内容;切实改进教师的培养与提高工作;加强学生政治思想教育,特别是对工农学生学习的指导;更好地

学习苏联先进经验,提高教学质量,并配合国家经济建设,有计划、有步骤地逐步开展科学研究工作;健全学校行政机构,发挥潜在力量,逐步建立必要的教学工作制度。

　　教育教学改革大致分为两个阶段:1954年冬—1955年4月,主要组织教师、职工学习全国第一届高等医学教育会议精神,提高对医学院校办学的方针、任务和培养目标的认识;学习研讨教学改革的性质和基本内容;学习研究统一教学计划和教学大纲以及苏联教材。在深入领会其精神实质的基础上,开展了有针对性的讨论,使教师们对学院的定位和任务有了较明确的认识。同时,还组织对建国以来的教学工作进行深入回顾和检查,制定了《教研组工作改革的意见》《关于今后四年师资培养工作的初步意见》。

　　1955年下半年后,则以改革教育内容为中心,以苏联教育制度、教学内容和教学方法、教材为参照,陆续开展了一系列教育教学改革。如加强教学制度的计划性和统一性,开始修订教学计划,这个过程比较长,到1959年共反复修订了6次;规范教学进度,编制教学日历;贯彻和推广苏联四项教学原则;实行助教专责制,推广高级教师系统包班讲课;改进实验实习方法,提高学生动手能力;开展课外辅导答疑活动,提高教学质量等。

四、教学组织的改革

　　教研组的建立,是学习苏联专业教学带有方向性的一项改革,也是教学上发挥集体智慧与教师个人积极性相结合的组织措施。1954年独立建院后,在招生任务大、新开设课程多的情况下,单干的方式、旧的组织涣散的教学组织形式——科,已经不能适应客观发展的要求。为了贯彻执行新的统一的教学计划,全院教学人员学习并讨论了苏联专家高尔琴科的“苏联高等学校教学研究指导组的基本任务及其工作方法”。此后,前后期教学组织废除了分散的自由散漫的“学科”组织,而代之以有组织性、纪律性、思想性和创造性的教学指导组(简称“教研组”),成立了基础各科教研组15个,其他条件尚不具备的则暂时成立教学小组。1955年下半年,又对临床各教研组进行了调整,建立临床各科教研组8个。至1959年,全院共设28个教研组。所有课程都按其性质编入适当的教研组。

　　教研组调整、组建完成后,首先解决了某些课程开设的困难,开设了原未开设的课程,如拉丁文、物理化学与胶体化学、病理生理学、法医学等课程。其次,教研组的建立使教师思想和工作方法得到根本改变。教研组成立之初,人们因被旧的习惯势力束缚,不善于集体工作,如1954—1955年中85%的教研组没有定期开会或很少开会,编写的讲义一般不经讨论,同一课程由各成员分编分讲,各搞一套的做法比较普遍。有的轻易变更工作计划,甚至不按规定的时间完成教学进度。随着教学组织的发展和完善,从 1956 学年开始,教师们在实践中逐步对发挥集体力量搞好教学的重要性有所领会,特别是在集体讨论讲稿、钻研教材方面发挥了较大的作用。各教研组在每学期开始之前都制订有工作计划,同时要求教师也制订个人教学工作计划;有的教研组结合教材、教法作了较认真的讨论和研究,使有些课程不正确的观点得到纠正,不必要的材料得到精简,讲授的方法也得到提高;有的教研室还采取集中听课、重点试讲、教学检查等有效措施,教研组的集体主义精神逐渐高涨。在教学科研等工作上,单干的情况已经完全改变,各教研组互相协作共同进行教学科研协作的局面开始体现。

五、积极推行中医教学及西医学习中医活动

1954 年第一次全国高等医学教育会议以后,全院师生学习党的中医政策,开始对形形色色轻视、歧视中医的资产阶级思想展开了初步的批判。1955 年,学院曾先后三次组织前后期教师、医师较系统地学习中医理论。1956 年,调派中医师参加北京中医研究院医学史进修班学习。1957 学年,在临床医学一、二、四、五年级开设了"医学史"及"针灸学"课程。从 1958 年起,中医课讲授"祖国医学",包括"医学史"及"针灸学",并正式成立祖国医学教研组,教学时数增加到 110 学时。1958 年,在工农业全面大跃进的形势下,全国医学教育范围内形成了一个声势浩大的学习中医的高潮。1959 年 1—4 月,根据卫生部保定中医中药会议和西安现场会议精神,全院师生集中学习祖国医学 3 个月,参加学习人数 1 374 人,其中学生 864 人、教师 100 人、党政干部及医护人员 410 人。在"边学、边用、边研究、边提高"的口号下,许多师生学后到临床上实习应用,或互相在身体上练习针灸操作方法,有的教研室深入农村访贤求方,办中医中药展览,有力地推动了学习中医工作的开展。全院有 19 个教研组参与中医药科研工作,在 1959 年 5 月的经验交流会上,宣读近 50 篇中医药研究报告或总结论文。例如针刺人中穴,对挽救狗输血性休克的实验研究,证实了人中穴的急救效果。实验性肿瘤的治疗试验,证明了神农丸浸剂对小白鼠艾氏腹水癌及 S180 肉瘤的生长有抑制作用。电刺激狗百会穴对胃运动的影响,针刺神门穴对心电图的影响,经络与内脏的关系研究等,均证明某些经络与一定的内脏确有明显的相互联系。通过一段时间的集中学习及中医科研的成果,进一步坚定了全院师生学习研究中医的信心,为进一步进行医学教育改革创造了有利条件。1959 年新修订的教学计划中把中医理论学习的时数增加到 272 小时,并在毕业生产实习中继续实行 1 个月的祖国医学实习。在临床工作中,

1955 年聘请中医师参加医院工作,设立了中医门诊部,接着成立中医科及针灸室。在临床各科除请中医会诊外,初步开展了中医中药治疗方法。为配合中医科工作的开展,1957 年附属一院还开设了中药房和中药加工厂。

六、开展科学研究

1954 年 12 月,根据全国卫生科学研究委员会的指示,学院成立了科学研究委员会。1955 年,正式有计划地开始了科学研究工作。当年拟定的研究计划有 6 个题目,其中 2 个列入国家计划。1956 年,党提出"向科学进军"的口号,并提出文教工作"百花齐放、百家争鸣"的方针,学院在科学研究工作上也向前进了一步。拟定的研究计划中包括 20 个题目,此后数年均有增加,题目中列入国家计划的题目数量也逐年增加。到 1958 年,科研题目已增至 26 个,其中国家题目 16 个,参研教师人数 1955 年为 17 名,占当时教师总数的 22%;1958 年上升到 55 名,占教师总数的 42%。1954—1959 年,已完成和正在进行的课题占到项目总数的 70%。发表各类论著共 179 篇(部),其中原著 39 篇,病例报告 51 篇,著述 9 种。1956 年以前,除进行临床病例讨论会和少数教研组内的读书报告会以外,没有进行全院性的学术报告会或学术讨论,1956 年以后此项活动逐渐展开。

七、关于 1957 年的整风"反右"运动

1957 年 4 月 27 日,为贯彻党的八大会议精神,迎接社会主义各项建设事业的任务,加强执政党的建设,正确处理各种人民内部矛盾,党中央发出《关于整风运动的指示》,要求在全党范围内进行一次普遍深入的反官僚主义、宗派主义和主观主义的整风运动,以提高全党的马克思主义思想水平,改进作风,适应社会主义建设的需要。《指示》指出,这次整风运动是一个恰如其分的批评和自我批评的运动,要坚决执行"知无不言,言无不尽;言者无罪,闻者足戒;有则改之,无则加勉"的原则,从而达到"惩前毖后,治病救人"的目的。根据党中央这一部署,学院 5 月 18 日开始进行整风运动。一时间校园内大鸣、大放、大字报轰轰烈烈,"砸烂人事制度"、"教授治校"、"挽留教授"、"光复综合医院"等各类大小字报、漫画一直贴到校门口和对面的省综合医院(省人民医院)墙上。学院停课、停止办公,连大门的警卫也不管了,结果多数校外的群众拥进校园。开始是一些街上行人看热闹,十多天后附近工厂的工人和雁滩公社的农民也闻风而来,每天围观人员拥入校园,为了一些大字报过火的内容,开始了整天的辩论,辩论从早晨直到晚上开灯。后来发展到双方过激的学生和群众开始推搡动手,以至于乱打成一团,不可收拾。事情越闹越大,越来越复杂,成心起哄者有之,追打学生者有之,挤入宿舍看热闹者有之,各种冲突时有发生,酿成

了轰动省城的所谓"六·七"事件。后来省委派宣传部部长吴坚同志来学院做了大量工作后,事态才基本得到控制。1957年6月8日,中共中央发出《组织力量反击右派分子的猖狂进攻》的党内指示后,全国又开展了反击右派分子向党进攻的斗争。根据党中央的指示,学院同全国各界,特别是知识分子聚集的教育界、科技界、文艺界、卫生界一样,于6月25日也开始了反右派斗争,到7月19日暑假前,共召开全院大会15次,各种小组会32次。后来这场斗争被严重地扩大化了,70名教师、干部、职工、学生被错划为"右派分子",占教工总数的5.01%;22名干部、职工被下放劳动,其中教师12人、职员4人、技术员2人、附属医院4人。这场斗争不仅伤害了一些同志,使他们蒙受不白之冤,而且还导致学院原有的和谐局面被破坏,科研课题被耽搁,学生荒废学业,教学质量急剧下降。

八、关于1958年的"教育革命"

1958年的"教育革命"使50年代逐渐形成的教育教学制度受到冲击,这一年在中央"鼓足干劲,力争上游,多快好省地建设社会主义"总路线的指引下,为贯彻执行中共中央、国务院《关于教育工作的指示》及甘肃省关于《贯彻中共中央、国务院〈关于教育工作的指示〉的规定》,学院发动群众,破除迷信,解放思想,发扬敢想敢说敢干的创造精神,在上级党政的领导下,开展了一系列的"教育革命"。

1.专业设置冒进

1958年在教育事业也要"大跃进"的口号下,学校专业设置迅速发展,但由于受到"左"的指导思想和高指标、浮夸风的影响,专业发展脱离了主客观条件的可能,超越了国民经济的负担能力。影响主要表现为:专业增设上的冒进,1958年为赶"大跃进"浪潮,在尚不具备基本条件的情况下,学院增设了卫生、药学两个系和放射医学专业。1959年接受师资设备极缺、教学质量很差的张掖、天水地区及陇西县刚成立半年多即撤销的医专转入的学生,同时还接受撤销的兰州卫校,改为学院的中专部。

2.大力开展工农业生产劳动和勤工俭学活动

在开展"双反"运动之后,学院党委在抓红与专问题的同时,还集中领导了1958年的勤工俭学和勤俭生产运动。1958年3月,院党委提出勤工俭学方针并成立"勤工俭学指导委员会"以后,全院师生员工根据不同情况和工农业生产建设上的需要,各类勤工俭学小组纷纷建立,参加社会和校内各种生产性和服务性的劳动共计79 821个劳动日。勤工俭学的内容主要有四个方面:一是作包工活,包括筛沙子、翻地、到建筑工地做小工、移植树苗等,收入11 019.64

元;二是成立勤工俭学小组,如仪器维修、摄影、理发、洗衣、钉鞋、针织、打土坯、饲养、推销书刊等,共盈利 200 元;三是在校内种地 34 亩,夏季收获蔬菜13945 斤,约 300 元;四是整修校内外大小道路,修建了一条长约 400 米的水泥路,从设计到施工全部自己承担。

7 月以后,在全民大办工厂的新形势下,全院又进入大办工厂的新阶段。10 天之内,师生员工倡议兴办 120 个工厂,立即开工生产的 60 余个,产品有钢、人体骨骼标本、石灰、人造棉、糨糊、粉笔等。其他如砖窑厂、地霉素厂、细菌肥料厂、化学试剂厂也陆续投入生产,以后经过整顿合并为 30 个。到 12 月底,仅剩化学试剂厂、细菌肥料厂、地霉素厂、标本模型厂等 15 个骨干厂,生产的产品有 51 种,共计产值 152.815 6 万元。

3.大炼钢铁和兴办农场

1958 年秋季开学,生产劳动正式列入学校课程。在党中央发出为生产 1 070万吨钢的战斗口号以后,全院立即掀起了大炼钢铁的热潮。根据省委决定,师生员工 600 人在院党委白彦博书记率领下,于 9 月 19 日奔赴甘肃武都(龙家沟)、康县(解坝)炼钢前线,他们在海拔超过 3000 米的高山上,在气候十分严寒、衣食住行极度困难的情况下,与当地工人、农民同吃、同住、同劳动 50 天,"赤膊裸足,泥水不嫌","炼钢又炼人,钢红铁红人更红",先后建成炼钢炉 11 个、炼铜炉 1个,炼钢 1 400 公斤,炼铁 30 022.5 公斤,炼铜 696 公斤,拾废铁 6 228 公斤。返校后,每人都写了心得体会,有的还写了散文、诗歌以抒发情感,学生们还自编自导了一台大炼钢铁的文艺晚会向学院汇报演出。随后,学院又为响应党的"大办农业"号召,组织了教职工和学生去天祝、和政县办农场,分别开辟荒地 700 余亩、500 余亩,以种植小麦、洋芋、青稞、豌豆为主。

勤工俭学、劳动教育和社会实践活动过多,分散了教师和学生的精力,打乱了正常的教学秩序。

4.群众式的教学改革

1958 年教学改革的主要特点是:(1) 联系中国革命与建设的实际和学生思想实际,加强社会主义的思想政治教育,政治课教材以《社会主义教育课程》为主,结合党和国家的中心工作和政策进行教育,并相应地增加社会政治活动。(2)按照中共甘肃省委、省人民委员会的要求,对各种课程的现行教材,进行全面审查,取消消极颓废、脱离现实的部分,精简重复的部分,联系本省本地区社会主义革命建设的实际,组织"领导、教师、学生三结合"的集体,编写、修订各种教材。在编写新教学大纲、新教材中,强调群众路线,突出学生的作用;强调政治性,破"资产阶级教学观点",体现无产阶级的"战斗性",强调理论联系实际,突出实践在教学中的作用。(3)进行现场教学,增加社会调查和社会实践活动,增加生产劳动,将生产劳动列为正式课程。(4)强调学生的主动作用,提倡自学,鼓励学生上讲堂,边学边讲,"能者为师"等。

总体来看,1954—1959年,学院广大教职员工发扬艰苦创业的精神,为学院后续的发展奠定了基础;教育教学中的有益探索和实践,为以后的教育改革提供了可资借鉴的经验。但1957—1959年,学校在历次政治运动的干扰及"教育大革命"的形势下走过了一段艰难、曲折的道路。由于"左"的思想影响,学院工作也发生了不少偏差和失误。然而广大师生在党的领导下,探索自己的办学道路,努力提高教学质量的愿望、热情,在吸收现代化科学技术新成果、更新实验技术、丰富教学内容、调整专业和系科设置诸方面的尝试与积累的经验还是值得充分肯定的。

第四节　恢复时期的调整(1960—1965)

由于国内外各方面的因素,1959年下半年后国家出现了严重的经济困难,学院的各项事业和生活也都受到影响。为了战胜经济困难,纠正和克服"大跃进"和贯彻执行总路线过程中出现的缺点和错误,1960年冬党中央提出了以国民经济调整为中心的"调整、巩固、充实、提高"的正确方针,"八字方针"的提出对于调整国民经济和整顿高等教育工作都具有重大意义。1960年11月24日至12月12日,中央文教小组召开全国文教工作会议,之后中央批转了会议《关于1961年和今后一个时期文化教育工作安排的报告》。《报告》指出:当前文教工作必须贯彻执行"八字方针",高等学校要把提高质量摆到第一位,必须切实保证教学时间,劳动时间应有所控制,切实做到劳逸结合,保护青年一代的健康。1960年12月,中共中央西北局在兰州召开会议,帮助甘肃省委检查纠正"左"的错误。1961年4月,中共甘肃省委遵照中央确定的"调整、巩固、充实、提高"的方针,发出了《关于1961年和今后一个时期文教工作安排的指示》,检查、总结了1958年以来的文教工作,确认文教事业发展过快,规模过大,与国民经济发展不相适应;贯彻党的教育方针有片面性,政治活动和劳动过多,教学质量受到影响;对知识分子斗争过多,处理过重,挫伤了他们的积极性。提出了缩短教育战线、调整学校布局、稳定教学秩序、提高教学质量、认真执行党的知识分子政策等项要求。

从1961年5月开始,学院的工作重心逐渐转移到学习、贯彻"八字方针"和中央及省委文教会议精神上来。认真总结了1958年以来教育工作的经验、教训,认识到由于几年来忽视了基础课的教学和基本技能的训练,学生的基础知识薄弱,独立完成学习任务的能力较差,学习质量明显下降。因为操之过急进行了大规模的教学改革,一些课程的改革不够慎重,随意性较大,对重大的理论问题缺乏严肃的科学态度,脱离教学实际,造成了严重的"后遗症"。此外,由于忽视了教师的主导作用,尤其是对老教师作用的错误估计,教师的业务专长未能得到充分发挥,工作热情受到了压抑,学校的教学工作受到了很大影响,教训是极其深刻的。据此,学院提出了调整意见。

1.稳定教育计划,保证长期不变

教育计划是严肃的,不得随意修改,更不能搞大轰大嗡、大字报、大辩论。教学改革必须慎重,在不具备条件的情况下,不得随意改变现行的学科体系和课程体系。教学大纲的选用、教科书或讲义的编写必须按照"未立不破"的原则进行,不得以生产劳动以及其他活动代替课堂教学。在教学上,应当循序渐进,不得乱提指标和口号,防止和克服教学上的主观主义和形式主义。

2.尊重学术规律,保障学术自由

开展科学研究或学术讨论的目的是提高教师的学术水平,丰富教学内容,必须坚决贯彻"百花齐放、百家争鸣"方针,提倡互相尊重、互相学习、自由探讨的风气,对学术问题不得采取简单粗暴的态度,不得用行政办法解决学术问题。

3.尊师重教,关心学生的成长和教师生活

教师的主要任务是教学,要保证教师的教学和进修时间,使他们能有六分之五的工作日用于教学和科研。学生的主要任务是学习,学生参加生产劳动的主要目的是培养劳动习惯,帮助改造世界观,逐步实现知识分子劳动化。要重视书本知识和基础知识的学习,把认真读书与走"白专道路"区别开来,养成勤学好问、理论联系实际、独立思考、自由争辩、坚持真理的好学风。学生要尊敬师长,尊重教师在教学上的主导作用。

4.思想政治工作要从实际出发,讲求实效

要不断发扬社会主义民主,善于区分和处理两种不同性质的矛盾,采取耐心说服、积极引导、启发自觉的办法去解决问题,不得随意搞批判和乱扣帽子。要在全院努力树立以无产阶级世界观为指导的新风气,坚定乐观、勇于创造的革命精神,调查研究、实事求是的科学态度,民主团结、严肃活泼的同志关系,辛勤劳动、谦虚谨慎的工作作风。

紧接着,根据社会主义建设的需要和主客观条件的可能,又一次进行系、科调整,减少了重复设置和分工过细的现象。1961年停办了兰医中专部,1962年6月根据卫生部广州全国高等医学教育会议精神,撤销了卫生、药学两个系和放射医学专业,除留药学系三年级35名学生学习到毕业外,其余年级的学

生均转入医疗系一、二年级继续学习。至此,学院的专业设置又成为单一的医疗专业。

针对1958年以来教学计划比例失调的问题,1961年下半年,对教学计划重新进行了调整。调整后的教学计划规定:教学总课时数由3 995学时调整为4200学时,专业课及专业基础课的比例调整为总教学时数的80%,祖国医学课时数调整为104学时,生产劳动由9周调整为4周。教学计划比例的调整,使教学时间大幅度增加,生产劳动时间得到减少,教师从事科研工作和进修学习的时间也得到相应保证。

与此同时,学院还重视群众生活,积极办好伙食,增强师生体质。

1962年5月以后,学院开始试行《教育部直属高等学校暂行工作条例》(试行草案)(即"高教六十条"),坚持党对学校的领导,坚持社会主义办学方向,稳定教学秩序,团结师生员工,全面提高教育质量。此间,采取了一系列措施,保证"高教六十条"的贯彻执行。例如,制定了《关于保证教师每周有五分之四时间用于业务活动的规定》,按照教育部"关于修订统一教学计划的几点意见"修订了教学计划,修订了《关于教师教学纪律的规定》、《调整课程的规定》、《学生课堂纪律的规定》、《学生纪律处分暂行规定》等等。通过试行《条例》,贯彻以教学为主的原则,实行任务、规模、专业、编制相对稳定,教学、生产劳动、科学研究三结合的教育体制,确定了各主要学科教学要求和质量要求,稳定了教学秩序,明确了教师在教学中的主导作用,建立了尊师爱生的新型师生关系。实行中共党委领导下的院长分工负责制,加强了党对学校的统一领导。贯彻党的知识分子政策,对在政治运动中受到错误批判和处理的教师和学生,进行甄别平反。限于当时的历史条件,对知识分子中错案的甄别改正并不彻底,但对调动教师的积极性,团结师生员工办学还是起了积极作用的。

1963年3月,中央批准吴中同志调任兰州医学院党委书记。

1963年5月,根据毛泽东主席的"春节指示"和卫生部广州会议后下发的《关于加强高等医药院校学生基本训练,提高教学质量的若干规定》所提出的要求,学院在教学内容上贯彻了"少而精"、"因材施教、全面发展"和"学少一点,学好一点"的教学原则,加强了学生基础理论、基本知识、基本技能的"三基"训练,并相应改进了教学方法。同时,通过"学雷锋、创三好"等活动,重视和加强了共产主义思想教育和德育教育。

这一阶段,通过这些措施和艰苦的努力,加上国民经济的迅速恢复,社会风气的逐渐好转,全院师生在思想、学习、工作、劳动、生活诸方面的面貌大为改观,取得了较好效果。应该说,学院党内民主作风、党内监督、党的民主集中制主要是在这一段时间形成的,兰州医学院历史上的四次党代表大会,这一段时间就召开了三次。学院师资和医护队伍中的骨干力量,主要是在这一段时间形成的。长期坚持实行的以院内为主、外出为辅的师资培养方法,集体和个人相结合的备课方法,以及其他一些提高教学质量的措施,主要也是在这一段时间形成的。教师努力教、学生认真学已在学院蔚然成风,教学、育人、体育、文娱及其他各项工作都开展得较好。无论是基础课还是临床课的教学质量,无论是见习还是实习的客观效果,都普遍有了提高,各项工作逐渐步入健康的发展轨道。

第五节 "文革"时期的重创(1966—1976)

1966年5月,中共中央召开政治局扩大会议,会议通过了《中国共产党中央委员会通知》(即《"五一六"通知》),由此在全国爆发了"由领导者错误发动、被反革命集团利用,给党、国家和各族人民带来严重灾难"的"文化大革命",酿成了十年内乱。兰州医学院同全国各高校一样也在劫难逃,师生员工的思想被搞乱,教学、科研基地、物资设备被破坏,广大干部和教师受到迫害、打击,党政系统的正常工作完全陷于瘫痪,之前取得的"调整"成果也付之东流,全院处于一片混乱之中,元气大伤。在苦度劫难的十年中,学院既有令人痛定思痛的严重教训,也有在逆境中奋起抗争的苦斗。不屈的"兰医人"没有消极沉沦,而是从教育工作者、医务工作者的良知出发,发扬艰苦奋斗的优良传统,急国家之所急,顶着压力,克服了难以想象的艰难困苦,自强不息,艰苦创业,千方百计开展教学、医疗、科研工作,为理想、责任而奋斗。

前5年学院没有招生,一切以政治运动为主要活动。1966年至1976年"文化大革命"期间,学院原有的党政组织及其管理制度被搞乱。1967年12月30日,中国人民解放军兰州军区批准兰州医学院成立革命委员会,委员会由胡克强(军方代表)任主任,王哲、陈守良(军方代表)、杜广照、路观生、陈子波任副主任,委员会由21人组成。"革命委员会"实行对学院"党、政、财、文"的所谓"一元化领导",原有党政组织改行"三组一室"的组织管理制度,院革委会下分设政工组、教育革命组、后勤组、办公室。1968年改设为"一室四部",即革命委员会办公室、政治部(主管组织、人事、政治工作)、校务部(主管后勤工作)、训练部(主管"教育革命")、武装部(主管军训、拉练、下挖、安全保卫),教学组织不分专业,统一设为公共课、基础课、临床课三个综合性教研组。1967年4月,解放军"军训团"14人进驻学院。1968年8月,中共中央、国务院等单位发出《关于派工宣队进驻学校的通知》,9月初由万里机电厂等单位组成的"工人毛泽东思想宣传队"14 人进驻学院,组成统一的工人、解放军宣传队,在学院所属各医院、系设有分队或小组,统一领导学院的大批判、大联合、成立革命委员会、清理阶级队伍、整党等所谓的"斗批改"。1969 年中共九大以后,学院建立党的"核心小组",工人、解放军宣传队负责人,先后进入院、系两级革委会,担任主要领导职务,仍起核心作用。同年,为落实战备疏散任务,全院师生近千人举家带口、扶老携幼,被指定到甘肃庆阳宁县、天水一带颠沛流离。在仓促的疏散中,学院仪器、图书资料、标本、教学文档等损失惨重,附属二院近四分之一的土地、院产被蚕食、侵占。""文革""期间,不少教师、医务工作者在精神上、肉体上受到严重摧残,383 人被关押、批斗、审查、劳动改造,造成了许多冤假错案。

1969 年,甘肃省革委会将第二附属医院下放给兰州市卫生局管理。2 月 25 日,兰州市革委会生产指挥部文件指示,第二附属医院更名为"兰州市综合医院"。1971 年 4 月 9 日,甘肃省革委会通知,"兰州市综合医院"恢复原名称兰州医学院第二附属医院,仍划归兰州医学院建制。

1970 年 10 月,甘肃省武山矿泉疗养院撤销,医护人员下放附近各县,财产、设备和一部分行政管理、工勤人员,由学院接受,成为兰州医学院武山教学分院,主要招收以天水、定西地区为主的工农兵学员。1972 年武山分院撤销,230 名学员归入兰州医学院。

1971 年后,学院恢复党委,实施对学院工作的统一领导。1971 年 3 月 20 日,中共甘肃省委确定裴罗克同志为兰州医学院革委会委员、常委、主任。12 月 1 日裴罗克又被甘肃省委任命为兰州医学院党委书记。

1971 年 3 月,国务院科教组下达全国招生计划,学院同年秋季即恢复招生,并恢复了药学专业。学制改为临床医学学制 3 年和药学学制 2 年(1972 年改为 3 年),通过推荐,当年招收第一届工农兵学员 831 名,此后至 1976 年共招收 6 届,共接收工农兵学员 2 381 人,毕业 2 359 人,还接收 1 年到 1 年半学制的医疗、妇幼、儿科进修班学员 790 人,毕业 775 人,1977 年恢复高考后停止。

1971 年,甘肃省贯彻《全国教育工作会议纪要》,提倡所谓"开门办学"、"工农兵教师"上讲台。是年冬,学院首先组织医疗系 71 级学员轮流到农村和工矿进行中医开门办学,接着又进行西医临床课、药学系药剂课、中草药课的开门办学。1971—1974 年,开门办学的教学点由 14 个扩展到 42 个,其中农村教学点 26 个。根据省革委会《关于选拔工农兵教师改造文教队伍的指示》,从基层医疗单位聘请工农兵教师 72 名和各开门办学点就地聘请当地"赤脚医生"若干名在本院教师的帮助下任教,至 1975 年先后共聘请 143 名。由于学员入学不经过考试,学生的文化程度参差不齐。为保证教学质量,广大教师以高度的责任感,从学员的实际情况出发组织教学,紧密结合生产实践,审慎改革教学内容和教学方法,贯彻理论联系实际的教学方针,执行"少而精"的教学原则,按启发式和讨论式的教学方法,努力将学员引入治学的门径。广大教师和学生吃住在一起,摸爬滚打在一起,尽其所能,自己动手为学生创造力所能及的学习环境,以良好的学风和教风给学生以潜移默化的影响。

1972年9月1日,韩丰同志任兰州医学院党委书记,裴罗克同志调回军区,驻兰州医学院"军宣队"也于1972年12月上旬全部撤出。

1972年底,中央提出"抓革命、促生产"的号召,附属一、二院逐步恢复正常的医疗秩序,取消"文革"领导小组,任命各科领导班子,医疗工作有所好转。

1971—1975年初,虽然学校已经开始进行教学工作,大部分教师陆续走上讲台,但在"四人帮"严重干扰下,多次掀起"大批判"高潮,使教学工作无法顺利进行。1971年8月,"四人帮"炮制"全国教育工作会议纪要",推行"两个估计"(即所谓17年教育战线是资产阶级专了无产阶级的政,是培养资产阶级知识分子的场所,教师基本都是资产阶级知识分子)。1974年初,开展"批林批孔"运动。1975年3月,学习推广辽宁省朝阳农学院"教育革命经验"等,给学校造成严重的思想混乱,广大知识分子无法安心教学。在教学过程中,削弱基础理论,强调"实践",大量时间下乡下厂"开门办学",也使教学质量大大降低。

1975年,邓小平同志提出要整顿教育,广大干部、教师衷心拥护,对加强理论教育、整顿教学秩序作了一些努力,学院的基础知识教育和教学管理有所恢复,知识分子政策有所松动,科学实验也有所进展,在广大师生的努力下教学质量逐渐回升。但到年底,全国又开展"教育革命大辩论"、"反击右倾翻案风",批判"修正主义教育路线回潮",致使教学工作再次遭到严重破坏。

这一时期,学院附属医院的医疗卫生工作同样也遭到严重破坏。在极"左"思潮干扰下,一些著名专家靠边劳动。医院取消了护理部,开展所谓"打破医护界限",实行医、护、工不分的"一条龙制度",护士和医生做同样工作,医护人员思想混乱,合理的规章制度被废弃,护理工作质量严重下降,病人基础护理工作几乎全由陪员来料理,造成了医疗工作的混乱。

第六节 拨乱反正中的复苏(1977—1982)

1976年10月,粉碎"四人帮"的伟大胜利,党和国家拨乱反正的大力推进,为学院整顿和恢复各项工作提供了有利的大环境。1977年10月,中共甘肃省委召开全省科教工作会议,确定逐步恢复、整顿以教学为主的学校秩序。

1978年6月,省委召开全省教育工作会议,对"文化大革命"期间甘肃教育战线发生的重大事件进行初步清理。

1978年12月18—22日,具有伟大历史意义的党的十一届三中全会胜利召开。全会批判了"两个凡是"的错误方针,充分肯定必须完整地、准确地掌握毛泽东思想的科学体系,高度评价关于"实践是检验真理的唯一标准"问题的讨论,确定了解放思想、实事求是、团结一致向前看的指导方针,果断地停止使用"以阶级斗争为纲"这个不适用于社会主义社会的口号,做出把工作重点转移到社会主义现代化建设上来和实行改革开放的决策。十一届三中全会,是建国以来我党历史上具有深远意义的伟大转折,是一个光辉的标志,它表明中国从此进入了社会主义事业发展的新时期。

这一时期,学院按照十一届三中全会关于全党工作重点转移的伟大战略决策和省委指示,努力加强党和学校的思想建设、组织建设、作风建设,深入揭批"四人帮"对高等教育事业的破坏,批判和推倒"两个估计",肃清了错误教育思想、方针和政策流毒的影响,平反冤假错案,落实知识分子政策,恢复教师的政治待遇和教学职称;恢复、整顿被搞乱了的党政管理机构和教学管理制度;恢复、建立以教学为主的学校工作新秩序,为学院实现工作重点转移创造了前提条件,各项事业的发展也开始逐步转到为社会主义现代化建设服务的轨道上来。

1.清除"左"的影响,端正思想政治路线

1978年12月党的十一届三中全会召开后,学院党委花大力气抓端正思想政治路线方面的工作,举办了多期领导干部读书班、党员轮训班,认真学习党内若干重大历史问题的决议,深入开展真理标准问题的讨论和对"两个凡是"观点的批判。学院各系统、各部门遵循党中央的路线、方针、政策,不断清除"左"的影响。在政治上,彻底否定"以阶级斗争为纲"的错误方针,推翻了强加在知识分子头上的"两个估计",抛弃了对知识分子"团结、教育、改造"的过时方针,明确了知识分子是工人阶级的一部分,从而为知识分子恢复了名誉。在思想上,统一了对党的正确思想路线的认识,否定了"两个凡是",明确了"实践是检验真理的唯一标准",澄清了对"文化大革命"等一系列重大问题的模糊认识。

2.认真平反冤假错案、落实干部政策和知识分子政策

1978年初,学院成立了落实政策办公室,本着实事求是、有错必纠的精神,先后对"文革"中383名受审查、遭迫害的同志进行调查落实,做出了正确结论,恢复其政治名誉;对"文革"中犯有严重错误的"三种人"(追随林彪、江青反革命集团造反起家的人,帮派思想严重的人,打砸抢分子)进行清查。对

1957年反右派斗争中被错划成右派分子的70位同志的问题进行改正，还对1959年反右倾受批判和处分的同志进行复查和撤销原结论，他们的工作、工资待遇、住房及家庭生活都得到了相应的解决。与此同时，按照中央统一战线政策、侨务政策、民族政策等，对相关人员也都一一进行了落实。在学院几十年历程中，老专家和中青年知识分子起了十分重要的作用，拨乱反正、平反冤假错案以后，广大知识分子迫切要求贡献自己的聪明才智，为四个现代化尽力，把学校建设成为一流的社会主义医科大学。

3.恢复高考制度

1977年10月5日，中共中央政治局讨论全国高等学校招生文件，12日国务院批转教育部关于高校招生及招收研究生的文件。根据中央与教育部文件，兰州医学院恢复高考制度，于1977年底通过考试，择优录取了"文革"后的第一批本科大学生393名。根据教育部1978年1月10日《关于高等学校1978年研究生招生工作安排意见》，同年还恢复了中断多年的招收培养研究生工作。

4.恢复、建立各级组织，全面整顿教学秩序

1977年初学院首先恢复被搞乱的党政组织机构，从1978年起学院分批恢复和健全了教学组织，恢复由于"文革"而停刊12年的《兰州医学院学报》。1978年9月，学院遵照中央关于"尊重知识、尊重人才"的指示，在各项工作中重视和发挥老专家及中青年知识分子的作用，并成立学术委员会、学位委员会、学报委员会。1980年《中华人民共和国学位条例》颁布以后，兰州医学院首批获准为硕士学位授予单位和学士学位授予单位。1980年下半年，学院下达了《兰州医学院师资培训计划》，师资队伍的成长、发展纳入正常轨道。根据八字方针的要求，在总结以往实践经验的基础上，重新修订或制订教学计划，建立健全了包括教学、劳动、考试、军训、假期等内容的全院统一的总安排表，教学进度计划审批制度，教室、实验室管理制度，教学检查、考试、考查以及成绩管理、学籍管理等20余项制度。

5.以开展"五讲、四美、三热爱"以及"学雷锋、树新风、创三好"活动为契机，加强精神文明建设

1981年12月，根据中宣部、教育部等单位联合发出的《关于开展文明礼貌活动的通知》精神，学院发出了《关于进一步加强精神文明建设的倡议》，通过观看影片、听取报告、学习理论著作、座谈讨论、参观访问等形式，广泛深入地开展了"五讲、四美、三热爱"、"学雷锋，树新风，创三好"等系列活动，一支强有力的专兼职结合的思想政治工作队伍开始形成。

6.逐步恢复师资队伍

十年动乱造成学院教师队伍结构老化，业务荒废，加之第二代学术带头人

普遍接近退休年龄,学术断层、后继乏人现象十分严重。为弥补"文革"造成的师资水平下降和学术断层,迅速恢复和提高教师队伍的业务水平,1978年初,院党委制定了教师业务提高的几点意见,采取了一系列措施。如,给青年教师、实验技术人员补课,举办业务讨论班、进修班、外语学习班,老教师示范性观摩教学,选送青年教师外出进修培养等。1982年根据甘肃省教育厅统一布置,对"文革"期间毕业的40名留校青年教师,进行了教学业务能力考核考试及调整。据统计,1978—1982年,学院选派167名中、青年教师、医师到国内兄弟院校、医院和科研机构进修,先后晋升、恢复教授5名,副教授145名,讲师、主治医师500余名。

政治上、思想上的拨乱反正,提高了学院执行党的路线、方针、政策的自觉性,使广大教职工逐步从"左"的精神枷锁中解放出来,焕发出前所未有的积极性,以新的姿态投入到学院的改革和建设的行列。这一阶段,学院通过采取一系列的政策、措施以及建立制度,使全院广大教职员工从沉重的思想禁锢中解放出来,对实现学院工作重点的转移,巩固稳定正常的工作、教学秩序,调动教和学两个积极性,提高教学质量,都起到了较好的作用。

第七节　80年代的振兴(1983—1989)

80年代初,兰州医学院走上了改革振兴、迅速发展的新道路,并取得了令人喜悦的新成就。

1983年5月,甘肃省委任命裴江陵同志任兰州医学院党委书记,病理学教授王扬宗同志任院长,学院领导成员还有副书记、副院长赵明祥,副院长杨玉林、乔德俊、董天礼、王镜。1985年1月18日,省委、省政府对学院行政领导班子进行调整,任命内科学教授、主任医师邢祖林同志为兰州医学院院长,王镜、姚朴、赵健雄为副院长。整党工作结束后,1986年4月,省委调廖世伦同志任党委副书记;同年12月31日,任兰州医学院党委书记至1988年12月。1988年12月—1990年5月,学院党委工作由副书记赵明祥同志主持。

1.明确发展目标

从1984年1月5日开始,面对兰州医学院建院几十年来基本上只有一个专业的状况,面对实现新时期党的总任务、总目标,以及本世纪末国家经济建设重点转移到大西北新形势的要求,院党委审时度势,适时开展学院全体教职工端正办学指导思想的大讨论。这次大讨论历时3个月,认真分析了全国教育战线发展形势,总结了学院几十年教育教学发展的经验教训,以及社会需求和学院发展的可能性。统一认识后,院党委明确提出,在"三个面向"方针指引下,以提高教学质量为中心,扬长避短,发挥优势,努力把兰医办成一所多学科、多层次、综合性、有特色的医学院校,多出人才、出好人才,为振兴甘肃经济多作贡献的办学指导思想,并制定了《兰州医学院今后 10 年专业发展规划》。

实践证明,这一基本的办学指导思想,结束了学院持续多年的专业单一状态,开始向多学科多层次的方向发展,为以后的数年中学院的发展壮大,为跨入西北医药院校先进行列,打下了良好的思想基础。

2.继续全面落实知识分子政策

1984 年 2 月,中央三部关于再检查一次落实知识分子政策情况的文件和省委的电报下达后,学院立即成立了落实知识分子政策检查组,经过三个多月的工作,本着多做实事,少说空话,注意解决实际问题的精神,清理了 1069 人的档案,解除了广大知识分子的疑虑。党委班子带头制定了《关于改变领导作风的五点意见》,并分别同 370 多名中高级知识分子和部分中青年业务骨干进行个别谈话,登门拜访和召开各种座谈会,征求意见,对提出的 203 个问题,采取分片包干、现场办公的形式逐条研究,立即解决的占所提问题的 70.3%,有困难需创造条件解决的占所提问题的 21.4%,须报请上级部门协助解决的占所提问题的 8.3%。知识分子入党难以及青年学生中的建党工作,也引起了各级党组织的高度重视,同年全院共发展新党员 75 名,其中知识分子 41 名(高级职称者 6 人),占知识分子要求入党人数的 24%。学院采取多种形式,使70%以上的中级知识分子和业务骨干得到半年以上的脱产专业培训。43 名知识分子被选拔到处级以上领导岗位,并为 37 位学有专长的中老年知识分子配备了助手,解决了 18 名中级以上知识分子夫妻分居两地的问题。在住房分配调整中,也较好地体现了照顾知识分子的精神,在新房分配中教师分配比例占到房源的 68%,没有分到新房的教师住房条件也得到一定改善。

3.加强党的自身建设,全面整顿党的组织

根据党的十二大精神和党章的要求,按照上级党组织的部署,1985 年 1月 10 日—1986 年 1 月 24 日,学院下属的 2 个附属医院党委,6 个直属总支,46 个基层党支部,共 898 名党员(包括预备党员 200 名),在学院党委领导下开展了整顿党的组织活动,以加强和改善党的建设和思想政治工作,增强党组织的凝聚力和战斗力,进一步提高领导学校改革和事业发展的能力。党委在整党动员报告中指出,这次整党的主要内容是:第一,加强党性、党纪、党风教育,反对个人主义、自由主义和无政府主义;第二,进行彻底否定"文化大革命"的教育,肃清"文化大革命"流毒,加强党内外团结,进一步落实党的知识分子政策;第三,进行端正业务工作指导思想和勇于改革创新的教育,克服不求进取、

安于现状的思想,整党活动历时1年。通过整党,698名正式党员,有697名参加了党员登记。广大党员和干部从思想上彻底否定了"文化大革命",20年来的历史是非基本上得到了澄清,解决了长期阻碍学校工作前进的各种障碍,振奋了精神,增强了团结,使学校迈进一个新阶段,为开创新局面奠定了基础。

4.努力开创思想政治工作新局面

整党结束后,学院根据不同时期教职员工的思想特点,适时地开展了各项教育活动,比较集中的有四个方面的教育活动:一是端正业务指导思想的教育活动;二是"五讲、四美、三热爱"的教育活动;三是自觉抵制精神污染的教育活动;四是坚持四项基本原则、反对资产阶级自由化的教育活动。在这些教育活动中,学院相应制定了一系列文件和规定。例如,1985年11月,学院印发《关于学生思想政治工作体制改革的意见》,1986年学院依据省委和国家教委关于加强高校思想政治工作的决定,制定了《兰州医学院关于加强思想政治工作的决定》。1986年学院按照国家教委"关于建立良好学风、制止考试舞弊现象"的电报指示,结合实际修订并颁发了《兰州医学院学生学习生活管理暂行规定》和加强考试考核的10条补充规定。同时也相应地建立完善了学生思想政治教育的组织和机构,成立了学生工作领导小组,建立了学生工作处、研究生科、研究生会、德育教研室,并将院团委由科级提升为处级单位。建立了"专职与兼职相结合,以专职为骨干、兼职为主体"的学生思想政治工作队伍,并在教师职工中开展教书育人、管理育人、服务育人的"三育人"活动等等。这一阶段,由于思想政治工作体系的建立和完善,思想政治教育形式和内容的不断创新和发展,当1986年下半年的"学潮"、1989年的"政治风波"出现时,全院师生员工在院党委领导下,旗帜鲜明地坚持四项基本原则,反对资产阶级自由化,在思想和政治上与党中央保持了一致。

5.管理体制改革开始起步

1984年6月25日,学院成立党委直接领导下的改革办公室并召开动员大会。在深入调研的基础上,1985年7月,党委印发了《兰州医学院教育和管理体制总体改革纲要》,全面贯彻落实中共中央关于教育和科技体制改革的决定。纲要提出:改革的重点是管理体制的改革,中心是改变过去统得过死的做法,给各基层单位以人事和财务的自主权;方法是在定编、定员的基础上建立各种形式的岗位责任制和相应的考核条例,奖勤罚懒;目的是打破各种形式的"大锅饭""铁饭碗",以充分调动各方面的积极性。随后提出《关于改革干部管理体制和机关工作的几点意见》、《关于改革学院劳动人事制度的几点意见》、《关于药学系实行系主任负责制的意见》、《教师工作量试行办法》、《财务管理试行办法》、《学校基金试行办法》等改革文件。学院这一次的改革,由于没有更多成熟的经验可资借鉴,摸着石头过河,力度不是很大,范围也不是很广,只是在一些局部作了试点。例如在药学系实行了系主任负责制的试点,在总务处汽车队实行了民主推选队长的试点,在总务处膳食科、锅炉房实行了经费总额包干的试点等。

1988 年 7 月,学院根据省政府和卫生厅文件精神,对两个附属医院的改革承包工作进行了部署。改革承包工作的指导思想和目的要求是:以党的十三大精神为指导,坚持深化改革,坚持医疗卫生工作的社会主义方向,坚持把社会效益放在首位,并与经济效益统一起来,通过承包逐步转变和完善医院经营管理机制,扩大医院的自主权,增强医院的活力和自我发展的能力,使医疗、教学、科研水平得到提高,职工的工作条件、生活福利得到改善,医院的建设有大的发展,能主动适应商品经济的发展,为振兴甘肃经济作出贡献。

1988 年 8 月,两所附属医院承包工作全面铺开。通过动员学习讨论,介绍医院概况、公布招标任务、报名、投标人资格审查、公开投标答辩、群众评议、组织审定,签订合同四个阶段。史毅当选第一附属医院院长,康笃伦当选第二附属医院院长,之后由院长推荐副院长、聘任各科室负责人的工作逐步推开。

6.召开首届教职工代表大会,推进院务公开,民主管理、民主监督的制度

1986 年 11 月 12—15 日召开了首届教职工代表大会,分 7 个代表团,正式代表 111 名、列席代表 41 名、特邀代表 13 名,邀请单位 17 个。会议审议通过了兰医"团结、奋进、严谨、求实"的校训,审议通过了邢祖林院长工作报告、姚朴副院长财务预决算报告以及教代会暂行条例、提案工作暂行办法、创收基金提取和分成办法、劳动人事制度管理若干规定。教职工代表大会的建立为学院实行民主管理和监督起到了积极的推动作用,"团结、奋进、严谨、求实"校训的提出和发扬光大,已成为学院重要的精神财富和不竭的发展动力。

7.科学研究向集约型迈进

1984 年 7—8 月经省政府、省卫生厅批准,成立了神经病学研究所、骨科研究所、血液病研究所、中草药研究所、环境医学研究室、内分泌研究室、传染病研究室、皮肤病研究室、泌尿外科研究室、包虫病研究室。学院附设科研机构的相继成立,标志着学院科学研究开始由松散型向集约型迈进。为了使科研工作与本省经济建设相结合,学院紧紧围绕"种草种树、发展畜牧、改造山河、治穷致富"的战略目标,从全省国民经济和医疗卫生的实际情况及学院各专业的特点出发,以防治严重威胁我省人民健康的常见病、多发病为重点,拟定了以中草药开发利用、人畜共患寄生虫病、传染性肝炎及几种常见肿瘤的防治、预防医学、白血病、创伤医学、医学生物工程技术、心血管病、电子计算机在医学中应用等九个方面为主的科研方向。

8.增加学位点数量,加强研究生培养

经积极创造条件,1986 年 8 月 25 日,学院又有 11 个学科、专业经国务院学位委员会审查通过获硕士学位授予权,即:病理生理学、生物化学、组织胚胎学、微生物与免疫学、医学遗传学、环境卫生学、中草药学、外科学和传染病学等。 随着学位点数量的不断增加,研究生招生的规模也逐步扩大。1986 年有 23 个专业招收 40 名攻读硕士学位研究生,这是 1978 年恢复研究生招生以来最多的 1 年。1986 年 5 月,开始招收委托培养研究生,这是研究生招生计划和毕业生分配制度的一项重要尝试,使学院的教育优势得到了充分发挥。学校在扩大招生规模的同时, 注重保证研究生培养质量, 重视研究生的思想政治工作。1987 年,学院为加强研究生的管理工作,成立了各专业硕士研究生导师小组,制定印发了《研究生学籍管理试行条例》,完善了研究生公寓化管理制度,1989 年成立了研究生党支部、配备了专职党支部书记。

9.加强外语培训,开展国际交流

1985 年以后,针对教师外语水平普遍不高的问题,学院和系、所有计划地举办了英语、日语、法语培训班等外语学习班,同时一直坚持毕业留校青年教师脱产学一学期外语制度, 对提高教师的外语能力起到了积极的作用。对于老教师和中年教师,学校鼓励他们参加各种形式的国内外学术活动,扩大他们在学术界的影响。对于中青年教师,除了在工作中提高之外,学校还组织他们到国内外进修或参加学术活动,以不断提高业务水平。1983—1989 年,全院共派出 65 名教师到美国、日本、英国、法国等国留学、进修、短期讲学。同期,学院还派出 827 名教师到国内高等学校、科研单位进修学习。在"走出去"的同时,为加速提高教学和科学水平,还通过"请进来"的方式引进国外智力,邀请大批外国学者、专家来校讲学或参加学术活动。1984—1989 年间,聘请英国、美国外籍教师 16 名来校任教,邀请来自美国、日本、英国、加拿大、法国、新加坡、马来西亚、澳大利亚等国的 60 余名学者来校讲学, 其中有 23 名被聘为客座教授。通过邀请外国学者来校讲学,不仅与国外同行交流了教学经验,提高了学院教学质量,而且推动了科学研究的快速发展。为推进学生外语学习,学院还规定了激励外语教学的若干意见,在校园内安装了外语音频广播网。

在医疗方面,两所附属医院始终把提高医疗质量放在首位,加强内部管理,理顺管理体制,建立和健全医疗质量保证体系;在争取国家投入的同时,努力创造条件,引进先进仪器设备,开拓新技术、新方法,提高诊疗水平和服务质量;狠抓医德医风建设,建立医德医风考核制度和考核档案,建全内外监督制约机制,作为文明医院和医院等级评审的一项重要内容。治疗护理、心理护理、生活护理有机地结合,开始扭转以护病为主的观点,逐步树立以病人为中心的

整体护理思想。

1984 年 9 月 25 日,为庆贺兰州医学院独立建院 30 周年,学院举行大型茶话会。应邀出席的有省委副书记刘冰,省委常委、宣传部长聂大江,省人大副主任吴坚、刘海声、李岂阳,副省长刘恕,各有关厅局、各大专院校、省市医院的领导同志,曾在兰医工作过的老领导白彦博、董宏杰、霍仰山以及部分离退休干部、部分教授代表、在院工作 30 年的老同志,共计 250 余人。会议由党委书记裴江陵主持,王杨宗院长概括汇报了学院发展情况,刘冰、吴坚同志及省卫生厅厅长李彦发表了热情洋溢的讲话。

第八节　90 年代的稳定发展(1990—1999)

经过 80 年代的拨乱反正、改革与开拓,90 年代,兰州医学院步入了一个稳定发展的时期。

1990 年 4—5 月,省委相继决定血液病学教授王镜同志任兰州医学院院长、郭正田同志任兰州医学院党委书记,之后又陆续任命安俊明(副书记)、李树侃、郗瑞生、景涛、朱任之、姚佩珍、张合龙为副院长。1990 年 6 月,省政府下发《关于调整兰州医学院及其附属医院隶属关系的通知》,将兰州医学院改由省教委领导管理,兰医第一、二附属医院由省卫生厅通过医学院进行领导管理,医学院直接领导其附属医院。这一时期,在省委、省政府的领导下,兰州医学院新一届领导,紧紧依靠广大教职员工,坚持"团结、进取、严谨、求实"的优良传统和作风,为兰医的建设和发展做出了许多艰苦细致的工作,也为学校跨世纪的跃进,打下了良好的思想基础和工作基础。

一、完善思想教育体系,齐抓共管

1990—1995 年,学院党委相继成立了学生工作部、统战工作部、学生工作委员会、离退休老干部关心下一代委员会、稳定工作领导小组、学风建设评估领导小组和精神文明建设领导小组,调整、充实和加强了全院党总支、党的支部。为加强后期学生思想政治教育和管理,1993 年学院对临床医学系管理机构进行了改革,在附属一院、二院成立了临床医学一部、二部及一部、二部党总支。1991 年初,学院对 1 000 多名学生进行思想状况调查。在此基础上,1991 年 6 月 18 日,召开了首届学生思想政治工作研讨会,1995 年 6 月 7 日,又召开了第二届学生思想政治工作研讨会。两次研讨会上,250 余名(次)思想工作者汇聚一堂,交流经验,总结工作,探讨学生思想政治工作规律,探索了在新形势下加强和改进学生思想政治工作的新路子。基本共识是:在新形势下学生的思想政治工作,一要坚持灌输原则;二要坚持"一把钥匙开一把锁"的工作方法;三要用身边的事教育身边的人;四要解决好教育者和被教育者的关系;五要切实加强学生年级的思想建设。之后,学院党委印发了《关于加强思想政治工作的意见》、《学生年级主任工作职责》、《教书育人工作条例细则》、《关于贯彻中共中央〈关于进一步加强和改进学校德育工作的若干意见〉、〈爱国主义教育实施纲要〉的意见》等文件,建立了领导工作任务责任制和院领导值周制,提出了指导思想、基本要求和六个方面的主要工作任务。院领导值周的主要任务是了解、检查并随时解决教学、纪律及生活等方面的问题,做到"五个一",即听一次课,查一次学生早操,查一次晚自习,查一次学生宿舍,了解一次学生食堂情况。同时,确定了51名处级干部联系学生班级的制度,抓点带面,推动班级建设。要求必须坚持"三个一",即:在一周内要查一次学生早操,看一次学生宿舍,至少同一个学生谈一次话。这些制度和措施,对加强学生思想政治教育,保持学院政治稳定、教学秩序稳定、生活稳定起到了非常大的作用。1991年6月11日,省委书记顾金池来学校调研时认为学院抓基层党组织建设和思想教育的做法值得提倡,对师生克服困难、艰苦奋斗的精神,给予了充分肯定。他题词勉励学校"提高办学水平,培养合格人才","坚持办学方向,加强科学研究,把提高学生书本知识与实践经验紧密结合起来,为培养高素质的人才而努力"。

二、加强基础文明建设工作,实施"1234567工程"

基础文明是对青年学生思想素质和道德品质的最基本的要求。1996年10月,为了更好地贯彻党的十四届六中全会精神,进一步加强学院精神文明建设,提高大学生的文明素质和公德意识,培养合格的跨世纪人才,学院党委决定在大学生中实施"1234567基础文明建设工程",其内容是:一个目的——做文明大学生;两个形象——跨世纪接班人形象,合格的医务工作者形象;三从——从现在做起,从自己做起,从小事做起;四讲——注重修养讲公德,尊重师长讲礼貌,言行举止讲文明,教室宿舍讲整洁;五爱——爱祖国、爱人民、爱学校、爱劳动、爱护公共财物;六不——不迟到旷课,不考试作弊,不浪费水电粮食,不说脏话粗话,不乱扔乱吐,不经商;七禁止——禁止吸烟酗酒,禁止打麻将赌博,禁止打架斗殴,禁止在校园乱贴乱画,禁止在宿舍做饭和私接电线,禁止在男女生交往中不文明行为,禁止看不健康书刊和录像。

为配合此项活动,学院各级共青团组织,结合团员青年特点,编写学生基础文明守则,人手一册。组织学生成立文明监督岗,检查、纠正、教育学生中的不文明行为。举办系列文明讲座、演讲会、辩论会等,还在学生中开展"不文明行为大曝光"、"浪费可耻"、"愤怒的思考"、"从我做起,从小事做起,从现在做起"等宣传教育活动。组织开展保护环境,"拒绝使用一次性木筷,一次性塑料食品袋"签名承诺活动,使校园基础文明水平有了较大的提高。

三、抓党校教育,培养骨干队伍

为了适应新的形势,加强学校的思想政治工作,1990年10月,院党委组织成立了兰州医学院业余党校,省委副书记卢克俭代表省委到会祝贺,党委书记亲任校长,配备得力、精干的工作人员。到1997年,党校举办学生干部培训班、党员培训班、团干部培训班和申请入党积极分子培训班共31期,参加人数2 638人,其中学生1 892人,全部取得结业证,绝大多数学员取得优、良结业成绩。通过党校学习,广大学生的政治觉悟和思想认识明显提高,增强了对共产主义理想和信念的认识,促进了全院精神文明建设,也感染教育了其他同学。据统计,仅1997年,全院就有近千名学生向党组织递交了入党申请书,发展学生党员152人,占学生总数的6.5%。

四、加强学生工作干部队伍的建设

学生工作队伍特别是政工队伍是做好学生思想教育工作、加强精神文明建设的组织保证。年级主任和学生接触最多,也最了解自己的学生,他们及时发现问题苗头,通过个别谈心,交流看法,解开疑窦,对症下药,积极引导,解决学生中经常出现的各种各样的思想问题,促进思想转化,在做好学生思想教育方面起了重要作用。实践证明,加强年级干部队伍建设,是保持学校稳定的基本措施,也是学院多年来的基本经验总结和优良传统。1990年以来,学院党委不断加强这支队伍的建设,充实了学生工作干部队伍,一是坚持"专兼结合,以专为主"的原则,在全院学生中配备了33名专兼职年级主任,从事学生教育和管理工作;二是通过出外进修、短期培训、举办学习班等形式对政工干部加强培训,提高其思想素质、理论水平和工作能力;三是注意解决政工干部的发展方向问题,不断从优秀的年级主任中选拔党政处级管理干部,支持在业务上有发展前途的同志做过一段学生工作后报考研究生;四是制定了政工干部晋职、评级评优办法,担任思想品德课的年级主任,可按照思想政治教育系列晋升教师职称;大学毕业,担任年级主任2~3年晋升副科级,4~5年可晋升正科级职务,妥善解决了政工干部的职称、职务和待遇问题。

五、加强校园文化建设,不断优化育人环境

校园文化建设是高校精神文明建设的重要内容,它通过一定的物质环境和精神氛围,对大学生的政治信念、道德情操、理想追求、心理素质、知识结构、能力才干及行为方式和价值取向等方面都发挥着深刻的影响,并伴随着整个高

等教育的全过程,是提高大学生整体素质、实现高校育人目标的一种重要教育形式。

1990 年以来,学院在积极开展日常性的校园文化活动的同时,主要以专业学术内容为主导,突出重点,全面活跃。坚持校园文化建设的思想性、科学性、新颖性的方向,确立学术科技文化的重要地位,提高娱乐性文化的质量,拓宽道德性文化的容量,使之成为校园文化的主体活动。具体措施有:(1)举办好"双休日"系列文化讲座活动;(2)举办全院学生四大球系列杯赛;(3)开展结合医药专业特点的"献爱心"、"讲奉献"以及"科技文化月"活动;(4)努力开展学生第二课堂教育活动;(5)举办各类演讲会、辩论会、学习经验交流会等,浓厚校园学习空气;(6)按照适时、适度、适量、届次化、序列化的原则,活跃文体文化;(7)充分发挥学生社团在校园文化建设中的骨干作用。院团委、学生会陆续筹建了各类社团 16 个,这些社团作为校园文化活动的主体,通过各类讲座、报告会、交流研讨会、学习班、培训班和各类比赛、征文、演出、展览等形式,有力地促进了校园文化建设和精神文明建段。同时,还参加了省上的有关活动和校际交流,取得了较好成绩。据不完全统计,截至 1997 年底,全院学生参加各类社团的人数累计达 2 000 人次,每年举办各类讲座、报告、演出等约 100 多场次。

六、加强特困生资助及毕业生就业指导

1993 年 6 月,省教委、省计委、省财政厅、省人事厅经请示省政府同意,决定在兰州医学院、兰州工业高等专科学校进行新生缴费上学招生改革的试点工作。1994 年 5 月,甘肃省政府批复同意学院继续实行学生缴费上学改革试点。试点单位实行国家任务招生计划与调节性招生计划并轨,招生指标全都列入国家任务招生计划,学生准迁粮户关系,事业费仍由省财政按现行办法核拨。学生毕业后,纳入国家统一分配计划,实行"供需见面"和一定范围的"双向选择"。

招生"并轨"改革,学生上学缴费后,使困难学生比例以及困难的程度都不断增大。据调查统计,当年全院有 420 多名特困生,占学生总数的 20%以上,这些学生每月家庭提供的生活费在 80 元以下,有的甚至一分钱也得不到,严重的经济困难已影响到学习和生活。为了不让一名学生因生活困难辍学,学院把资助特困生工作列入院长工作责任制,作为社会主义精神文明建设的一项重要内容,采取了一系列措施。如,成立了勤工助学办公室,各系(部)也相应成立了学生勤工助学领导小组,具体负责这项工作;通过提高特困生奖、贷学金比例和额度,减免学杂费,定期困难补助,勤工助学,互助会等

多种形式解决他们的困难。据统计,1993—1998 年,学院共拨出 46 万余元,每年拨出 8 万多元专款用于特困生补助,学校提供的资助平均每个特困生每月近 140 元,基础部的广大教师还自愿捐款 5 万元设立特困生奖励基金。学院食堂千方百计为学生着想,为帮助解决学生的实际困难,在保证饮食质量的同时,保证廉价菜供应,基本上解决了特困生的生活问题,至今没有一人因家庭经济困难而辍学。从 1993 年起,学院毕业生实行了由学校推荐、供需见面、双向选择的办法落实就业单位。1993、1994 年,学院成功地承办了两次全省大中专毕业生择业洽谈会,每年毕业生截止派遣时,平均一次签约率达到 75% 以上,普遍受到用人单位的好评。多次受到上级主管部门的表彰奖励,1993 年被评为全省就业工作先进单位,1994 年荣获全国毕业教育优秀奖。通过毕业生分配工作的实践,基本体会是:积极推进分配制度的改革,是抓好毕业生分配工作的关键;认真做好调查摸底,全面准确地掌握每个毕业生的情况,做好德智体综合考评,是搞好毕业生分配工作的基础;严肃分配纪律,认真贯彻执行国家有关分配工作的方针政策,实行"五公开一监督",增加透明度,是搞好毕业生分配工作的重要原则;广泛收集信息,积极开展就业指导工作,是搞好毕业生分配工作的重要环节;加强对毕业生的思想教育,做好毕业生家长的工作,是搞好毕业生分配工作的重要保证。

七、积极推动科技进步

根据国家科技兴国战略,1991 年学院积极开展"科学技术是第一生产力"的宣传讨论,进行科技学术交流,促进科技教学联系,举办了大型教学科研成果展览,通过多渠道争取科研经费 51.9 万元,这是建院以来第一次争取到的最多科研经费。

1991 年 6 月 15 日,为加快医药科学和生物医学工程、医药新材料、新设备的科技开发工作,促进科技成果的商品化、产业化,学院成立了"医药科技开发中心",属企业性质,实行自主经营、自负盈亏、独立核算,并经批准为兰州宁卧庄开发区高新技术企业。之后"科技开发中心"与地县、工厂企业采取技术入股,技术承包,转化科技成果,研制生产了 18 种医药产品和 5 种保健酒,并投放市场。

1992 年,学院召开首届科技工作会议,总结改革开放以来学院科技工作的成绩及存在问题,制定了推动科技进步的若干规定。之后,学院的课题招标论证工作开始规范化,两年间完成并通过评审鉴定的课题 70 多项,有 48 项科技成果获奖。1992 年,学院参加甘肃省首届丝路节科技展交会,有 13 项成果参展,其中 2 项获金奖,2 项获银奖,5 项获优秀奖,并被大会评为优秀展团。

1996 年 6 月 22—23 日，学院第二届科技工作会议召开，5 个省级重点学科、6 个研究所、8 个研究室、22 个硕士学位点以及学院各教学系部的负责同志出席了大会。会议的主题是，着眼 21 世纪，锐意改革，开拓进取，全面开创兰医科技工作新局面。王镜院长作了题为"锐意改革，开拓进取，为振兴兰医科技工作而奋斗"的讲话。

为了提升学院科技工作水平，尽快融入国际国内高水平科研领域，在互相尊重、互相协作、互相交流、扬长补短的原则下，1996 年 6 月 22 日，中国预防医学科学院兰州分院成立大会暨授牌、授印仪式在学院举行，卫生部副部长王陇德，中国预防医学科学院院长王克安，省委副书记赵志宏，省人大副主任姚文仑等领导在讲话中对中国预防医学科学院与兰州医学院的紧密合作给予了高度评价和积极的鼓励。

八、加强教学、生活基础设施改造和建设

80 年代末 90 年代初是学院事业发展最困难的时期之一。为了解决严重制约学校发展，影响正常教学、科研和生活秩序的状况，学院动员各方力量，四处奔波筹措经费，在省上有关部门的大力支持下，教学、生活基础设施有了很大转变，有效地保持了学院教学、科研、生活秩序的稳定，为学院后续发展打下了良好基础。

1.基础设施的改造

1990—1998 年先后完成了学院教学、生活设施近 2 万平方米的抗震加固工程；完成了全院双回路供电系统，无塔上水系统，教学区污水外排系统，煤气、天然气、洗澡热水进户工程以及重修学院主干道等一批综合基础设施。特别是1998 年 8 月，在省委赵志宏副书记的亲自主持下，从根本上彻底解决了长期困扰学院的供暖问题和男生宿舍楼地基下沉等安全隐患。

2.教学设施建设

1991—1998 年，院本部共完成新的教学科研基本建设 5 项，建筑面积21 143 平方米，总投资 1 589 万元。其中国家投资 1 189 万元，学院投资、社会贷款 400 万元。如新图书馆、医学基础教学楼加层、附属二院临床教学楼的建设等。

3.职工安居工程建设

1992 年，学院党委针对教职工住房十分困难的状况，提出"一定要带着感情去解决教职工住房问题，做到居者有其屋"。正是基于对教职工住房问题的高度重视，基于对学校发展的热切期待，学校顶着压力和风险，率先在全省高校试行了"三个一点"的集资建房工作。1994 年初，全面启动了国家、学校、个

人共同投资建房的新机制,确立了住房分配货币化、住房建设社会化、住房消费商品化的"三化"原则。到 1998 年,先后建设了 10 栋近700 套较高标准的经济实用职工住宅楼。既减轻了国家和学校在住房建设上的压力,也使有购房能力的教职工较大幅度地改善了住房条件。1997 年 12 月, 学院被省政府授予"甘肃省教师康居工程建设先进单位"称号。

九、稳定教学秩序,提高教学质量

1994 年 4 月 24—25 日,学院 1994 年度临床教学工作会议在白银公司职工医院召开,王镜院长在开幕式上强调:要认真探讨在市场经济的新形势下,教育如何适应市场对人才的需求;要探讨市场经济的新含义,认识随之而来的问题、挑战、困难和机遇;要探讨新形势下如何更好地办好高等医学教育,使培养的学生更能适应人才市场的需要。会议就当前学生实习中普遍存在的问题达成共识,并提出八条改进措施。

在前期课教学方面,1995 年 11 月 17 日,根据省计委、省教委意见,学院决定从 1996 年起,设在张掖、平凉的两个大专班停止招收新生,其计划招收的大专生由院本部执行,即学院总招生数不变,将两个大专班学生全部招到学院。

1995 年 12 月 26—27 日,学院召开 1995 年度基础教学工作会议。深入研究讨论了《关于教师管理的几项补充规定》、《教书育人工作条例细则》、《关于加强外语教学的几点意见》、《关于加强计算机教学的几点意见》、《关于本科生英语课成绩考核、记载办法》、《兰医学术带头人的培养和选拔办法》等 6 个文件。

为了鼓励青年教师积极开展教学研究,提高教学水平,1996 年、1997 年连续举行了两届青年教师讲课比赛,从预赛到决赛,有 100 多位教师参加。同时学院还印发了《教学成果奖励实施办法》。《实施办法》包括奖励范围、奖励标准、奖励对象、成果的评审等文件。

1997 年 1 月 27 日,学院决定改革调整新建教学实验室建制,成立基础医学形态学实验室、公共卫生学实验室、口腔医学中心实验室、药物分析实验室,并撤销上述单位各教研室所属的实验室。这些实验室随后被首批评为省级合格实验室,并授予铜牌和合格证书。

1998 年 10 月 29 日,为调动广大学生的学习积极性,鼓励竞争,学院决定从 97 级开始选拔品学兼优的专科学生升入本科继续深造。

在后期课教学方面, 为了稳定和加强后期教学工作,1992 年 5 月 19 日,兰州医学院与甘肃省人民医院建立省院教学医院协议签字仪式在省院举行。以书面形式确定两院的协作关系, 标志着双方在共同发展中开始了一个新的里程。随后,学院又与金川公司职工医院,武威地、市人民医院、天水市第一、第二人民医院在"平等互利、协商一致"的原则下签订了教学医院协议书。协议规定该教学医院在教学业务上属于兰州医学院下属机构,而其他方面仍保持其独立地位及原有行政隶属关系。

1998 年 3 月 14 日,为贯彻国家三部委《高等医学教育临床教学基地评估指标体系》,学院全面部署临床教学基地评估工作。1998 年 5 月 21—22 日学院临床教学、基地评估现场会在附属一院举行,甘肃省副省长李重庵、省教委主任罗鸿福、省卫生厅副厅长马登科等领导应邀出席会议并作了重要讲话。会议中心议题是:检查附属医院在临床教学和基地建设方面的工作;交流各医院在临床教学基地建设方面的成功经验和不足;探讨临床教学基地建设与评估的思路和方法。通过现场会,与会代表充分认识到临床教学基地建设的重要性和紧迫性,认识到教学也是医院的基本职能之一,教学基地的建设也是医院的基本建设之一。观念的转变、认识的统一,为全面开展临床教学基地评估奠定了良好的基础。在此之前,1997 年 5 月 8 日,学院还在张掖地区人民医院召开了临床教学基地评估工作会议,主要议题是:按照《高等医学教育临床基地评估指标体系》的要求和标准,本着"以评促建、评建结合"的原则,对张掖地区医院的临床教学工作进行评估,促使该院及其他教学、实习医院的基地建设走上规范化道路。

十、以院庆为契机,总结过去,开拓未来

为继承光荣传统、续写辉煌未来,1994 年 9 月学院在省政府礼堂隆重举行"兰州医学院始创 62 周年暨独立建院 40 周年庆典"。省委、省政府、省人大、省政协、省委宣传部、省委组织部、教育厅、科技厅、卫生厅及在兰兄弟院校领导和三千余名各届校友到会祝贺,30 余家省外高校和科研单位发来贺信贺电。大会由党委书记郭正田主持,王镜院长作了题为"继承光荣传统、续写辉煌未来"的主题报告。

原卫生部部长钱信忠题词祝贺:"培育优秀芬芳桃李,为卫生事业作出贡献";原卫生部部长崔月犁题词祝贺:"为医教研事业培养大批人才";现任卫生部副部长王陇德题词祝贺:"发展医疗卫生教育事业,培养品学兼优医学人才";甘肃省省委书记阎海旺题词祝贺:"全面贯彻党的教育方针,努力培养德智体全面发展的四有新人";甘肃省省长孙英题词祝贺:"献身祖国医药事业,为人类身心健康而奋斗";甘肃省副省长陈绮玲题词祝贺:"辛勤耕耘,为医疗卫生事业培养合格接班人";原甘肃省教委主任王松山题词祝贺:"东风化雨杏林秀,桃李芬芳陇上春";甘肃省教委主任阎思圣题词祝贺:"坚持三个面向,培

育四有新人"。诸多领导人的题词,代表了党和政府对兰医过去成就的认可,也表达了对兰医人未来事业的期望。

庆典活动为期一周,学院举办了丰富多彩的校友联谊会、成果展览会、院史展示会、师生座谈会、学术报告会、文艺汇报演出等活动,为兰医继往开来、走向新世纪作了舆论上的宣传和思想上的准备。

90 年代中期的此次院庆,深深鼓舞了兰医人热爱兰医、建设兰医、贡献兰医的工作士气和拼搏精神。这次大型庆典活动,也是兰医历史上的第一次,将铭记在兰医老中青三代人的心中。

第九节 世纪之交的跨越(1999—2003)

当历史进入上个世纪末期,当全国高等教育发展如火如荼的时候,1999—2001 年,甘肃省委对兰医的领导班子先后进行了调整和补充。1999 年 10 月,中西医结合教授赵健雄同志任兰州医学院院长。2001 年 2 月,阎孟辉同志调任兰州医学院党委书记。随后,何晓东、石生泰先后调入学院领导班子。自此,由阎孟辉(党委书记)、赵健雄(院长)、石生泰(党委副书记)、朱任之(副院长)、张合龙(副院长)、景涛(副院长)、何晓东(副院长)、彭振华(纪委书记)、张引芳(附一党委书记,2003 年后为贾宝全)、丁桂荣(附二党委书记)10 人组成的兰州医学院党委集体组建完成。

新的领导班子组建后,学院应该确定怎样的发展方向和奋斗目标,如何规划发展定位,如何实现规模、结构、质量、效益的有机统一,如何走出一条超常规、跨越式发展的道路,如何构建可持续发展的更大空间,这些关系学院兴衰、生存与长远发展的重大问题,摆在了新一届领导和每一个兰医人的面前。反思历史,展望未来,新一届领导班子在认真分析国内、省内高等教育发展现状及甘肃医药卫生人才匮乏的实际之后,从办学思路、工作步骤等方面全面进行了调整和改革。

一、发展思路的调整

1999 年底, 面对党中央西部大开发战略的实施及我国即将加入 WTO 的历史契机,院党委以教育部《面向二十一世纪教育振兴行动纲要》为指导,不失时机地提出了"上规模、上层次、上效益"的"三上"目标和"一切为了教学,一切为了教师,一切为了学生"的指导思想,确立了"以发展为中心,深化改革,开放办学,优化配置教育资源,提高学院办学效益和综合实力"的发展思路。围绕国家和全省"十五"规划纲要,紧密结合学院的实际,制定了兰医"十五"发展总体规划。明确提出了兰医"立足甘肃、服务西北、面向全国,以本科教育为主体,大力发展研究生教育,适度发展成人本科教育"和"以医学为主,加快发展医学相关学科,从教学型向教学研究型发展,建成跨入西北地区医科院校和省属本科院校先进行列的医科大学"的新定位。5 年的发展实践,已证明这样的思路是正确的,确定的目标是切合实际的。学院初步形成了以研究生教育为龙头,本科教育为主体,成人教育为补充,基本涵盖医学学科各专业、各层次,并兼顾人文、管理、理工学科等专业体系的人才培养格局。

二、内部综合管理体制改革

发展是硬道理,只有改革才能求得发展。2001 年 3—7 月,学院开始了有史以来的第二次内部管理体制改革,这也是最为深入、全面、彻底的一次改革。这次内部管理体制改革的基本思路是:改变机构重叠、职能不清、效率不高的管理体系;破除岗位责任不明确、工作效率不高、职务能上不能下的以身份管理为基础的用人制度和一定程度上仍然存在的平均主义分配制度;突破长期以来计划经济体制下形成的管理权限过分集中,教学科研单位责权不一的管理模式。改革的基本目标是,创建适应社会主义市场经济体制,符合教育规律和经济规律,能充分调动教职员工积极性,促进学校快速发展的管理体制和运行机制。改革的基本原则是,有利于学科建设、教师队伍建设和管理队伍建设,有利于提高人才培养质量和办学效益,有利于实现学校"三上"的近期奋斗目标。在涉及资源配置和利益格局的重大调整时,注意正确处理宏观调控管理和微观开放搞活的关系、创新与继承的关系、局部利益与全局利益的关系、眼前利益与长远利益的关系以及改革、发展、稳定的关系。

1.抓住重点,改变用人机制

本着经济效益和社会效益并重的原则重新核定各单位的编制,按照"保证重点,兼顾一般"的原则,科学合理地定编设岗,调整全校人员结构,提高教师的比例,突出教师的主体地位。按照《普通高等学校编制管理规程》的要求,对各部门进行"定编、定员、定责"的三定工作。通过剥离、重组、合并、合署办公等方式精简机关机构设置,精简管理人员,党政管理处级机构由 22 个减少到 14 个。强化岗位,淡化身份,全员聘任。在全员聘任过程中,学院采取分级聘任制,成立了由领导干部、教师代表、干部代表、离退休职工代表、工人代表组成的 80 余人的评审团,对全院正副处级干部进行述职、答辩的审核评议,实现了管理干部由计划经济体制下的"终身制"向市场经济体制下的"聘用制"的转变,其他各类人员全部由各单位、各部处在核定的编制和岗位数额内按规定的条件和程序自主聘任。教师和教学辅助人员实行专业技术职务聘任制,工人实行劳动合同制。聘任工作遵循了"按需设岗,公开招聘,平等竞争,择优聘任,严格考核,合约管理"的原则。通过全员聘任,聘任党政管理干部岗位 314 个、正处级干部 37 个、副处级干部 30 个、科级干部 79 个、一般工作人员 176 个,缓聘 6 个、不聘 18 个、落聘 27 个。教师岗位 454 个、实验系列岗位 111 个,全部实现了全员"聘约管理"的新模式,干部队伍向"革命化、专业化、年轻化、知识化"的目标迈出了坚实的一步。聘任后的正处级干部平均年龄从 53.9 岁下降至 47.3 岁,本科以上学历从 51.4% 上升到 86.6%,副高以上职称从 38.1% 提高到 53%,新任处级干部 21 名,占处级干部总数的 56.8%;副处级干部平均年龄从 48.2 岁下降至 42.1 岁,本科以上学历从 67% 上升到 75.8%,副高以上职称从 42.5% 提高到 60.6%,新任副处级干部 17 名,占副处级干部总数的 56.7%;正科级干部平均年龄下降至 40 岁以下,本科以上学历占 69.8%,新任科级干部 23 名,占科级干部总数的 43.4%;副科级干部平均年龄下降至 33 岁以下,本科以上学历占 61.5%,新任副科级干部 23 名,占副科级干部总数的 88.5%。大批高学历、高职称、年富力强的优秀年轻干部走上领导岗位,为干部队伍注入了新的活力。

2. 围绕核心点,理顺教学科研管理体制

以学科建设为主线,优化教学科研力量组合,提高规模效益,增强整体学术实力。按照有利于组建学科群,有利于培养复合型、创新型人才,有利于充分利用人才资源的原则,将原有系的建制改为学院;将相关专业和教学科研功能相近的教研室、研究所室经整合成立了一个学院、两个中心、一个处;将科研所室重新归口,改变过去系、所封闭式的人员组合模式;研究所室原则上改为院(系)管理,原学校管理的研究生教育改为校院(系)共管,以院(系)为主。

院(系)管理体制改革按照"宏观调控管理,微观开放搞活"的原则,明确了院(系)的管理职责:拟订并实施本单位发展规划;决定本单位教学科研组织形式;负责教师队伍建设在学校核定的编制数额和各级职务比例内确定教职员工岗位设置,聘任教职员工,考核应聘者的工作业绩;负责制定和实施学生培养方案,负责学生的教育和管理;按照教学大纲组织教学活动,根据发展需要调整专业课程结构;负责学科建设,组织科研立项和科研活动;开展社会服务工作;开展内外交流与合作;制定分配办法,在财务、审计部门指导和监督下自主支配本单位基金、学校核拨的课时费及其他专项费用。

3. 抓住热点,实行校内津贴分配制度改革

按照"效率优先、兼顾公平"的原则,学院改变了过去单纯按照职务、职称、资历进行分配的做法,建立了以岗定薪、按劳取酬、优劳优酬的激励机制和分配办法,向关键岗位和高学历、高职称人员倾斜,使教职工的收入与岗位职责、工作业绩和实际贡献挂钩,并逐步试行津贴总额动态包干管理,在能够完成好工作任务的前提下鼓励一人多岗、多职多薪。到 2004 年,基本实现了校内津贴"翻两番"的既定目标,教职工的工作积极性得到较大程度的提高。

4.突破难点,实行后勤改革

后勤改革是这次内部管理体制改革的难点,后勤改革实行"整体规划、分步实施"的办法。2001 上半年,以后勤服务市场化、社会化为方向,确立了小机关、大服务、多实体的改革思路,首先将后勤服务系统成建制、规范有序地从学院行政管理体系中分离,使其成为自主经营,独立核算,自我发展,自我约束,以为学院服务为主,部分面向社会的服务经营实体。撤消了原属学院行政管理体系的总务处及其下属的科级建制,按其属性和任务重新组合,成立后勤管理处和后勤总公司及 6 个后勤实体,根据各服务经营实体的性质实行企业化或半企业化管理。改革后的后勤管理处代表学院管理、监督、指导、协调各服务经营实体。在资源配置方面,根据服务实体的性质不同而采取不同的投入方式,取消对后勤实体的行政拨款,根据任务、项目和考核、验收结算付酬,变无偿服务为有偿服务,变不计成本为严格成本核算,变供给制为承包经营责任制。后勤总公司则按照独立法人实体进行企业化管理,逐步推行效益工资制。经过半年多的试运行,2002 年 3 月 1 日,后勤总公司成立,标志着学院后勤社会化改革工作初步完成,一个以托管、承包、租赁形式为基础的,有公平竞争机制和考核约束制度、经营物价放开的后勤服务系统开始形成。

三、以评促建,迎接教育部本科教学水平评估

2003 年 3 月 11 日,教育部确定兰州医学院为 2003 年接受本科教学水平评估的 48 所高校之一,在医学院的办学历史上,接受这样大规模、高规格的评估尚属首次。它不仅是对学院教学工作水平的一次系统评价,也是对办学实力和整体工作的一次检验,是对 70 年办学状况的一次回顾和总结,对学院今后的生存、改革、发展无疑会产生积极而深远的影响。

接到通知后,学院党委非常重视,立即召开专题会议,进行了认真学习和专题研究,统一了思想,明确了认识,成立了"兰州医学院迎接教育部本科教学工作水平评估领导小组"和办公室,组建了 6 个职能小组,同时明确了 18 项二级指标的责任人和专责院领导,各二级单位也相应成立了评建工作领导小组及办公室。3 月 6 日、7 日和 20 日,学院分别举办各部门、各单位、各临床医学院负责人学习评估指标体系培训班,对教育部颁布的《普通高等学校本科教学工作水平评估方案》及有关文件进行了逐字逐句的学习和研究,明确了评估的主要目的、重要意义以及评估的具体内容和要求,对评建过程应做些什么工作

以及如何完成这些工作任务初步有所了解。随后,分别召开了 3 次全院中层干部动员大会。

3 月 27 日,阎孟辉书记主持召开全院第一次动员大会,赵健雄院长作动员报告。报告从四个方面提出具体要求:一要全面贯彻十六大精神,认真实践"三个代表"重要思想,与时俱进,高瞻远瞩,从高等教育改革与发展的高度,从学校生存和发展的高度,充分认识评估工作的重要性和紧迫性。二要正确认识本科教学工作水平评估的意义和作用,认真研究分析评估指标体系,树立正确的迎评思想,以昂扬向上的姿态迎接评估,确保各项任务的完成。三要认真总结本院办学经验,客观分析办学中存在的困难和问题,找准与评估标准之间存在的差距,求真务实,加强管理,加大投入,加快教学改革和建设,为获得较好的评估成绩和学院的进一步发展奠定基础。四要积极行动起来,振奋精神,树立信心,克服畏难情绪,克服麻痹思想,克服一切困难,以实际行动为迎评作贡献,为学院的生存和发展努力奋斗。会后,赵健雄院长与 6 个职能小组的专责领导分别签定了任务责任书,迎评办主任景涛副院长也分别与 6 个职能小组组长签订了任务责任书。4 月上旬,学院制定了《迎接教育部本科教学工作水平评估实施方案》。

本科教学工作水平评估是一个系统工程,人人都是评估对象,事事都是评估内容。为了使每一个师生员工基本了解和掌握评估的目的、意义、内容和要求,做到了全院上下互动,人人积极参与,将评建工作作为关系学院的兴衰荣辱的头等大事,作为每一个师生员工的自觉行动。学院通过各种形式开展了广泛、深入、持久、反复的宣传动员工作,先后召开全院动员大会 5 次,召开评建领导小组会议 18 次,专管教学工作的副院长召开临床医学院、附属医院工作会议 7 次,召开学团干部动员大会 4 次、召开学生代表、教师代表、离退休教职工代表、民主党派人士代表座谈会各 2 次,召开全院教职员工和全体学生评建誓师大会 1 次。同时通过迎评简报、校园网迎评主页、校园广播站、黑板报、宣传栏以及《评估宣传手册》进行广泛宣传动员。学院还印发了《学生评建知识问答》、《教学工作水平评估宣传手册》,组织开展了全院性的评建知识竞赛活动,在全院形成了"校兴我荣,校衰我耻","人人都是评建对象,事事都是评建内容"的热烈气氛,营造了"人人参与评建,人人为评建作贡献"的良好工作氛围。

在评建过程中,为了使全院广大干部学习、借鉴兄弟院校评建工作的经验和做法,以便对评建工作有直接和深刻的了解,学院党政主要领导还带队先后到甘肃农业大学、西北师范大学、昆明医学院参观学习,并邀请已经接受过评估的辽宁师范大学、内蒙古医学院的有关专家来院指导评建工作。

10月8日,学院召开全院师生第二次评建动员大会,党委阎孟辉书记做了"凝聚力量、振奋精神、鼓足干劲、奋力拼搏,苦战60天,全力夺取评建攻坚战的最后胜利"的动员讲话,赵健雄院长对60天的工作进程及专家进校前的各项工作等事宜进行了详尽安排和部署。

10月30、31日两天,学院接受了甘肃省教育厅组织的由西安交通大学副校长阎剑群教授任组长的专家组"预评"。"预评"专家对学院评建工作所取得的成绩给予了充分的肯定,同时指出了不足,对搞好评建攻坚阶段的各项工作,发挥了重要的指导作用和促进作用。

在评建的全过程中,甘肃省政府、省教育厅领导和主管处负责人多次来学院听取汇报、检查指导工作。教育部吴启迪副部长也亲临学院听取关于评建和两校合并的汇报,并发表了重要讲话,对帮助全院各级干部正确理解和处理评建和两校合并的关系,鼓舞全院教职工一鼓作气争取评建工作的最后胜利发挥了重要作用。

评建期间,学院多方筹集,共投入资金3 048万余元,其中用于更新和补充教学设备的经费分两批共投入1 297万元。第一批770余万元主要用于改善全院的外语、计算机教学条件;新增多媒体教室,重点解决了13个教研室(含新上专业)的急需设备,5个教研室27项综合性实验项目的建设费,校园网和图书馆局域网存储器及管理软件的经费等。第二批520万元主要用于建设5个重点实验室,进一步加强新上专业及改善部分传统教研室的教学条件等,更新教学仪器270多台件。另投资1 000万元收回甘肃省联合中专使用的校园和校舍,使本院校园面积净增14.5亩地,收回3栋校舍楼建筑面积1.8万平方米,并整体规划定名为兰州医学院南校区。此外,学院分两次共投入700余万元,连同2002年开始启动的国家计委"基改"项目经费1 200万元,对全院教室、实验室的水、电、暖及土建进行了全面维修改造,扩充改造了运动场和学生课外活动场所,增加了体育设施和办公设备。学院各项教学基础设施明显改善,校容校貌焕然一新。

评建期间,全院教职工和全体学生以空前高涨的热情,极端认真负责的态度完成自己所承担的工作任务。不少同志近一年没有节假日,没有双休日,经常加班加点,废寝忘食。支撑他们忘我工作的是一个坚定的信念:教育部专家对兰医进行的本科教学工作水平评估,既是一次对学院各项工作的全面严格的检验,也是兰医70年历史上最为难得的一次发展机遇,能为兰医的历史发展作出贡献是一生中最值得回忆、最值得自豪的事。许多离退休同志一改往日"不在其位,不谋其政"的超然态度,密切关注学院的建设和发展,积极对工作中不尽如人意的地方提出意见和建议。全院学生也积极投身评建工作,更加努力学习专业知识,主动掌握临床操作技能,严格要求自己,自觉遵守校纪校规和教学医院的管理,加强自我教育、自我管理、自我约束能力,积极开展各项提高自身综合素质的教育活动,内强素质,外树形象,为母校的发展和建设增光添彩,呈现出一派昂扬向上的精神风貌。

2003 年 12 月 14—19 日,以中南大学陈服文教授为组长的教育部本科教学水平评估专家组一行 11 人进校评估。2003 年 12 月 18 日,教育部评估专家组召开"兰州医学院本科教学工作水平评估结论反馈会",专家组在反馈意见中对学院 70 余年的办学情况进行了系统总结和评价,对学院在艰苦环境下的创业精神以及本科教学和评建工作给予了充分的肯定。2004 年 6 月 16 日,教育部办公厅公布学院本科教学工作评估结论为良好。喜讯传来,全校师生欢欣鼓舞。

四、党建工作勇于创新,为实现"三上"目标提供有力保证

2000 年的"三讲"教育,促进了党员干部的思想提高、政治进步、作风转变和党性增强,党委和各级领导班子战略思维和科学决策能力、解决自身建设问题能力以及应对复杂问题能力明显提高。党委领导下的院长负责制得到进一步落实,形成了"集体决策,分工负责,恪尽职守,团结奉献"的工作局面,学院初步建立起公开、平等、竞争、择优和依靠群众实现党管干部的制度及机制,一批优秀的年轻干部得到重用,干部队伍结构更加优化。同时,进一步加强了基层党的组织建设和制度建设,制定并实施了《党总支工作条例》、《党支部工作条例》,分党委、党总支政治核心作用和保证监督作用以及党支部的战斗堡垒作用得到较好的发挥,党员队伍不断壮大。本着"继承传统,勇于创新,讲求实效"的原则,学院的思想政治工作和精神文明建设取得了突破性的新成果,凝聚了人心,优化了校园文化环境。邓小平理论和"三个代表"重要思想"三进"工作不断深化,学生学习政治理论的热情持续高涨。坚持从严治党的方针,党风廉政建设取得明显成效。学院党委连续两年被省委组织部评为好班子,2003年学院获全省"精神文明单位"称号,附属一院 1999 年获全国"百佳医院"称号,2004 年获全国"百姓放心示范医院"称号,2002 年张引芳获"全国省级综合医院优秀党委书记"称号、严祥获"全国优秀医院院长"称号。

五、抗击"非典",展示新时期兰医人的精神风貌

2003 年上半年,正当全院上下紧锣密鼓地迎接教育部本科教学工作水平评估的同时,突如其来的非典型肺炎袭击我国。在抗击"非典"的斗争中,全院广大师生员工,特别是党员、干部在党委的领导下,发扬"顾全大局,团结协作;认真负责,勇担重任,勤奋敬业,甘于奉献;科学理性,实事求是"的精神,创造

了零感染的佳绩,展示出新时期兰医人的精神风貌。省内各大媒体报道学院及两所附属医院"抗击非典"的动人事迹200余条,学院及两所附属医院均被评为"甘肃省抗击'非典'先进集体"。一大批医务工作者受到各级表彰奖励,附属一院传染科获"全国抗非先进集体"、"甘肃省抗非先进基层党支部"称号,余勤教授获中组部"全国抗击'非典'先进个人"和"甘肃省优秀共产党员"称号,刘晓菊副教授获"全国抗击'非典'先进科技工作者"称号。

六、新世纪的九大跨越

办学指导思想的调整、综合管理体制的改革、迎接教育部本科教学水平评估以及党建思想政治工作的保障,激发了兰医全体教职员工奋起直追、抢抓机遇,促进学校大发展的极大热情。1999—2003年学院各项事业迅猛发展,实现了九个大的跨越。

1.招生规模的跨越

1998年,学院仅招收普通本专科生640余名,研究生42名,在校各类学生规模4 500余人。2000—2003年,紧抓全国教育战线扩招的大好机遇,连续扩招,学生规模不断扩大。2003年,各类在校生规模已达到了14 179人,其中在读硕士研究生434人,研究生课程进修班学员780人。

2.本科招生生源地域的跨越

"文革"前,兰州医学院曾在河南、陕西、四川等省招收少量学生,"文革"后新招收的学生全为甘肃考生。为解决生源单一的问题,2002年通过与外省互换招生指标,学院成功地实现了在全国招生。当年从黑龙江、天津、河南、陕西、青海、四川、广西等10省(市、区)招收新生333名,2003年又扩展到15个省(市、区)招生530余名。这些新生的录取线均比当地最低投档线高15~35分,生源非常好。外省新生的到来实现了不同地域文化在兰医校园的融合,提高了在校学生的整体素质,对提高教育、教学质量产生了良好的作用,也结束了兰医生源长期局限在甘肃省内的历史。

3.办学层次的跨越

经过近二十年的努力和几代人的拼搏,兰州医学院的总体水平和科研实力有了大幅度提高。有鉴于此,2003年国务院批准增列兰州医学院为博士学位授予单位,外科学和中西医结合临床两个学科为博士授权点,实现了甘肃医学教育博士点零的突破,结束了甘肃省内不能招收培养医学博士的历史,也填补了甘、宁、新三省(区)高层次医学人才培养的空白。同时,还获准临床医学硕士培养单位资格。学院的硕士学位点增加到31个二级学科45个专业,基本涵盖了所有医学二级学科,硕士学位授权点数、硕士研究生招生规模等在甘肃高校中名列前茅。至此,集博士学位研究生、科学学位硕士研究生、临床医学专业学位硕士研究生、研究生课程进修班、在职人员以同等学力申请硕士学位等多层次、多种形式、多种培养目标的综合的研究生培养体系初步形成,学院的办学层次再上一个新台阶。

4.办学方式的跨越

根据全省卫生教育资源现状和学院的实际情况,突出充分利用全省卫生教育资源共同培养人才的发展思路。2002 年 7 月 16 日,学院与兰州大学生命科学学院实施紧密合作办学,签字仪式在学院图书馆学术报告厅举行。甘肃省教育厅李廉副厅长、兰州大学党委陈德文书记以及兰州大学生命科学学院的领导、新闻媒体记者出席了签字仪式。2002 年 7 月,学院与兰州军区高等医学专科学校合作,将军医学校改建为本院的二级学院,即八一学院。9 月 23 日,八一学院举行揭牌仪式,甘肃省教育厅李廉副厅长宣读了省政府关于设立兰州医学院八一学院的批复决定,省政府陈小江副秘书长和兰州军区联勤部占国桥副部长为八一学院揭牌。2002 年,学院与全省优质医院实行合作办学,在行政关系不变的前提下,建立了 5 所非行政隶属关系的附属医院(即省人民医院、附属天浩医院、白银医院、金轮医院和兰州医院)。同时,在原有 23 所实习医院的基础上,在省内外又扩建了 10 多所实习医院,使教学医院增加到 35 所。这样就形成了全省卫生教育资源共享,各单位优势互补,大家共同发展的新形势,最大程度上解决了本院基本办学条件不足的现实问题。

5.专业设置的跨越

为改变甘肃省长期以来高等医学教育专业设置少、层次低、社会急需但人才引进困难的状况,经充分论证,报经省教育厅批准,2001 年增设了口腔技师和医药贸易两个高职专业;2002 年新增了医学影像、医学检验、护理学(原为专科)、预防医学(妇幼卫生方向,原为专科)和公共事业管理(卫生事业管理方向)5 个本科专业;2003 年又新增了中西医结合临床医学、麻醉学、中药学、药物制剂和应用心理学(医学心理方向)5 个本科专业以及医学影像技术、眼科验光与配镜技术、医学检验技术、口腔保健与美容 4 个高职(专科)专业。到2004 年,学院本科专业已由 1998 年的 4 个增加到 14 个,高职(专科)专业从 6个增至 10 个。这些专业不仅涵盖了医学,而且逐步向以医药为主、工科和管理科学相结合的综合性医学院校发展,从此结束了兰医专业比较单一,难以形成学科交叉、互相渗透的局面。

6.传统培养模式的跨越

随着社会和科学技术的发展,医学模式也发生了重大的转变,传统的纯生物医学模式开始向现代的生物、心理和社会医学模式转变。为适应这种转变,学院及时调整学生的培养目标模式,修正人才培养的标准,在学生培养过程中强调提高学生的综合素质,强化学生的人文教育,加强学生的创新意识,提高学生的市场竞争能力。2001年9月,本着有利于贯彻党的教育方针、全面推行素质教育,有利于因材施教、发挥学生学习的积极性与主动性;有利于把竞争机制引入教学管理、选优汰劣,有利于培养基础扎实、知识面宽、适应性强的综合素质人才,有利于充分发挥教师的潜力,促进教学质量不断提高的基本原则,在普通本科、专科学生(含高职)教学管理上全面实施学年学分制,印发了《兰州医学院学分制实施方案》、《兰州医学院普通学生学分制学籍管理暂行规定》、《兰州医学院学生课程重修实施细则》等配套文件和规定。各专业均开设了20门左右的选修课,同时从2000级临床医学学生开始,还开设了医学病理检验和医学心理学两个辅修专业。培养的学生综合素质不断增强,就业率一直较好,社会满意程度比较高。2000—2004年,毕业生每年一次性就业率均在94.7%以上,60%以上的毕业生回到地、州、市基层服务,成为地方医疗卫生事业的后备力量和技术骨干。据2003年学院对近几年就业毕业生综合素质的跟踪调查,90%以上的用人单位表示满意。1999—2003年,中央驻甘和省内近20家媒体正面报道学院各方面的建设成就达200余条,在社会上树立了兰医的新形象、新面貌,使外界看到了一个奋发向上、开拓创新、与时俱进的兰州医学院。

7.办学条件的跨越

1999年以来,学院本部通过多种渠道,争取到国家、甘肃省政府、银行以及国外政府贷款共计3.02亿元人民币,用于学院教学、科研等基础设施建设和设备更新,兴建了总面积3.05万平方米学生公寓4栋和4.291万平方米的新教学、实验大楼5栋,以及3.117 2万平方米的家属住宅楼,学院建筑面积由1999年的11万平方米增长至2003年的19.8万平方米。2002年,利用教育部扶持40年以上老校基础设施改造费1200万元以及学校配套资金968万元,又对学院基础设施,例如学院总进水、排水系统,供电及线网系统,燃气供暖系统等进行了彻底改造。2000—2003年,学院利用银行贷款1 800万元和日元贷款项目2 000万元人民币,以及学院配套资金1 000万元人民币,用于改善教学科研设备,购进了激光共聚焦显微镜、流式细胞仪、毛细管电泳、高效液相色谱、基因工作站等大型科研仪器设备。教学科研设备总值(院本部)由1999年的2 400万元增长至7 000万元。办学条件的改善,极大地提高了学院综合实力和竞争力。

8.师资队伍的跨越

1999年以来,学院引进博士、硕士6人,新增教师120余人,7人成为跨世纪学科带头人,9人获得青年教师成才奖,1人入选省优秀专家,2人享受政府特殊津贴,2人获得省园丁奖,1人获"全国优秀教师"称号,2人获得杰出青年科技奖,1人获得优秀女科技工作者奖。到2004年,学院9个二级学院、3个系、3个教学部、2个教学中心和图书馆有教职工及医护人员(两所直属附属医院)3 135人(院本部在职职工891人);专任教师878名,其中正高100人、副高355人、讲师207人。教师中研究生以上学历人员占30%以上,国家有突出贡献的专家2人、甘肃省优秀专家10人、享受政府特殊津贴的专家43人、省跨世纪年轻学术带头人59人(含"333"人才工程的一、二层次人选),博士生导师7人、副博士生导师5人。为增强办学实力,提高办学质量,学院还聘请中科院资深院士、兰州大学郑国锠教授担任本院名誉院长和兼职教授,聘请中科院院士、南京大学陈洪渊教授为本院公共卫生学院名誉院长和兼职教授,聘请中国工程院院士、第四军医大学樊代明教授为本院的兼职教授,同时聘请了兰州大学生命科学学院王锐、郑荣梁教授,复旦大学党委副书记、博士生导师、人体解剖与组织胚胎教研室彭裕文教授,复旦大学副校长、枫林桥校区管委会副主任、流行病学教研室徐忠教授,北京大学医学部副主任柯杨教授,美国乔治城大学医学院苏彦安博士等9人为名誉教授,定期来学院讲学、科研合作。与此同时,学院的王先荣教授、蒋次鹏教授、赵健雄教授、陈一戎教授、王志平教授,还分别被甘肃农业大学、重庆医科大学、北京中医药大学、兰州大学聘请为兼职博士生导师。

9.科学研究的跨越

2000—2003年,全院共承担科研项目327个。其中,国际合作项目2项,国家自然科学基金项目3项,国家部委项目14项,甘肃省科技攻关、自然科学基金、中青年科学基金项目151项,省教育厅项目134项,其他协作、自选课题42项。争取科研经费702.5万元。特别是1999年,附属二院李智主任医师《妊高症发病机理探讨——孕妇外周血中胎儿细胞的作用》;2003年,魏虎来教授《RNA干扰和反基因PNA技术联合干预白血病细胞耐药性研究》;2004年,程宁教授《非叶酸缺乏性NTDs的PAX1基因克隆和表达分析》三个科研课题获得国家自然科学基金项目资助,实现了兰州医学院国家自然科学基金项目零的突破。这4年共获得各级各类科技成果奖157项,其中省部级三等奖以上34项,发表学术论文1 200余篇,其中SCI、EI收录的文章48篇,主编出版专著27部。

由于各项事业的重大跨越和深刻变化。2004年,学院在中国网大一年一

度发布的高等院校排行榜中,综合排名为 214 位,在全国 200 余所医学院校中
排名 27 位,学生培养排名位列第 40 位。

第十节　2004 年的重大转折

2004 年,在兰州医学院走过独立建校整整 50 年的时候,兰医人又面临了
一个重要的发展契机,那就是兰州医学院整体并入教育部直属的重点综合性
大学——兰州大学。

2004 年 4 月 2 日, 为保证兰州医学院并入兰州大学工作的顺利进行,维
持学校正常的教学、科研和工作秩序,省教育厅研究并请示省政府同意,通知
对兰州医学院有关工作实行冻结:

一、冻结现有人员编制,暂停人员调进、招聘、招工工作(计划内选聘的应届
大学毕业生除外,但需报上级主管部门批准)。教职工的离退休工作可照常进
行。

二、停止机构增设和变动,冻结干部任免,暂停教师及其他专业技术职务聘
任工作。

三、除日常维持性开支外,不得发生其他支出,确需发生的科研经费支出,
必须由学校指定专人审批。

四、现有土地、建筑物、仪器设备等国有资产一律不得对外转让、出售、抵
押、出租或划拨。暂停新的基本建设项目的立项审批工作。

五、校办产业及其下属公司、工厂的资金和固定资产(除正常流动资金外)
不得向外投资、担保、抵押或转移。

六、各种债权应尽可能回收。债务除到期应归还的外,其他不得提前归还,
也不得向银行或其他单位发生新的借贷款项。

七、不得以各种名义滥发钱物、大吃大喝和铺张浪费。

2004 年 11 月 9 日, 教育部在《关于同意兰州医学院并入兰州大学的通
知》中,同意兰州医学院整体并入兰州大学,同时撤销原兰州医学院建制,并希
望新的兰州大学的全体师生员工同心同德, 加快校内管理体制改革和教学改
革,尽快实现实质性融合,不断提高教学水平、科研水平和办学效益,努力把新
的兰州大学建设成为高水平的综合性大学, 为甘肃省和我国的经济建设和社
会发展作出新的贡献。

11 月 18 日上午,兰州大学隆重举行兰州医学院并入兰州大学大会,教育
部副部长吴启迪,甘肃省委副书记马西林,甘肃省委常委、兰州市委书记王军,

甘肃省副省长吴碧莲出席大会,教育部、甘肃省委、甘肃省政府、兰州市有关方面负责同志和在兰高校负责同志也出席了大会。兰州大学、原兰州医学院领导班子成员、学院原领导、副处级以上干部、教师和学生代表、教代会主席团成员、党外人士代表、离退休教职工代表400多人参加了大会,大会由校党委书记陈德文主持。

会上,教育部副部长吴启迪宣读了教育部关于并校和学校领导任命的文件并发表了讲话。她指出,兰州医学院并入兰州大学是贯彻落实"科教兴国"战略,深化高等教育管理体制改革,优化教育资源配置的一项重要举措。符合世界高等教育发展的趋势,有利于发挥多学科交叉、综合的优势,实现学科的调整和互补,促进学科的建设和发展;有利于进一步提高学校的教育质量和水平,培养面向21世纪具有创新精神和实践能力的高素质人才;有利于提高学校的办学水平和效益,为区域经济发展提供更加强大的教育、知识和科技支撑。兰州医学院的并入,标志着兰州大学的改革和发展迈出了重要一步。她要求兰州大学全体师生员工,尤其是学校领导班子、广大干部,要进一步树立科学发展观,统一思想,提高认识,增强责任感、使命感和紧迫感,坚定不移地推进改革,进一步深化校内管理体制改革,不断完善管理运行机制,实现校内资源的优化重组和合理配置,在更综合的学科氛围内,进一步做好人才培养和科学研究工作,以适应不断变化的经济和社会发展要求。她说,教育部对兰州大学的建设和发展充满信心,希望大家团结起来,同心同德,为把兰州大学建成多学科协调发展的综合性、研究型、国内外知名的高水平大学,为我国高等教育事业的发展,为中华民族的伟大复兴作出更大的贡献。

甘肃省委副书记马西林在讲话中指出,兰州医学院并入兰州大学,是原两所高校的重大转折和飞跃。甘肃省委、省政府对兰州大学寄予厚望,并将继续密切关注和大力支持学校的发展,积极帮助学校解决发展中的困难和问题,协助教育部管理好这所大学。他要求甘肃省各有关部门要积极搞好服务工作,对学校工作给予大力支持,促进学校的改革和发展,共同努力把兰州大学建成多学科协调发展的综合性、研究型、国内外知名的高水平大学。

兰州大学校长李发伸做了题为"团结拼搏,携手并进,为把兰州大学建成多学科协调发展的综合性、研究型、国内外知名的高水平大学而努力奋斗"的讲话,他指出:兰州医学院并入兰州大学,是落实我国高等教育管理体制改革的一项重要工作,是甘肃省实施"科教兴省"战略的重要举措之一,是兰州大学发展史上一个新的里程碑。兰州医学院并入兰州大学,必将使两校原有优势得到更好的发挥,必将使兰州大学学科门类更加齐全,多学科交叉的优势更加明显,办学资源配置更加优化,发展空间更为广阔。他希望全校师生员工紧密团结起来,不断深化改革,与时俱进,开拓创新,为实现学校发展的宏伟目标,为我国高等教育事业的发展,为中华民族的伟大复兴作出更大的贡献!

　　大会结束后,教育部吴启迪副部长、兰州大学陈德文党委书记、李发伸校长等领导到医学院举行简短换挂校牌仪式,医学院数千师生目睹了这一重大的历史事件。至此,已独立建院50周年的兰州医学院,又重新回归于兰州大学,开始了自己新的历史篇章。

第二章　管理体制与组织机构

第一节　领导管理体制

1933—1949 年间,甘肃学院医学专修科时期,由甘肃学院领导并由省政府核拨经费。国立西北医学专科学校、国立西北医学院兰州分院时期,均由国民政府及其教育部确定办学方针、宗旨,决定学校设置与变更,任免校(院)长,核拨经费,实施直接领导,校舍修建、学生实习等地方行政事项,由甘肃省政府协助进行。国立兰州大学医学院时期,则作为学校下属的二级学院,改归兰州大学领导。

1950—1954 年,根据中央人民政府政务院 1950 年 9 月《关于高等学校领导关系的决定》和 1953 年 10 月《关于修订高等学校领导关系的决定》,兰州大学由中央人民政府教育部(高等教育部)领导。学校的设置、变更,校长的任免,以及学校行政法规、制度的制定,教学原则,经费开支标准,教师、学生待遇的确定等,均由中央高等教育部委托西北军政委员会教育部管理。学校一般行政、人事以及其他地方性事务,由甘肃省人民政府教育厅管理,党的工作由中共兰州市委领导。医学院为兰州大学下属的二级学院,由兰州大学领导管理,院长由兰州大学校长聘任。

1953 年 3 月,根据全国院系调整意见,拟将医学院从兰州大学分出独立建院。1953 年 3 月 23 日,中央高教部、卫生部联合通知:兰州大学医学院应即独立改名为兰州医学院,自本年 4 月 1 日起归中央卫生部直接领导。1953 年 6 月 25 日,中央卫生部、高教部联合通知:兰州大学医学院本年因基本建设及行政干部等条件准备不够,暂不独立建校,行政领导仍由兰州大学负责,该院业务由中央卫生部通过兰州大学进行指导。筹建期间,中央卫生部、中央高教部选派西北军区卫生部副部长、医药管理局局长谭道先同志并报经中央军委批准，转业到兰州大学负责兰州医学院的筹建工作。筹建期间部分工作独立运行。

1954年8月6日，西北行政委员会教育局(54)高校字第1976号及2175号函通知：接中央高等教育部(54)厅秘崔字第二二〇号通知：今年暑期全国高等学校院系调整方案业经政务院批准，兰州大学医学院独立建院，日期为9月1日。由中央高教部和卫生部领导管理。

1955年西北大区行政机构撤销后，甘肃省人民委员会根据中央高等教育部、教育部等六部委联合通知，于1955年2月21日批复"关于你院的领导关系，根据高教部、教育部、农业部、文化部、卫生部及中央体委会联合电报确定，兰州医学院由高教部委托卫生部管理，卫生部又委托本会管理，依照高教部委托卫生部管理的精神，本会指定卫生厅管理"。属于教育行政工作，由甘肃省人民委员会教育厅具体管理。自9月1日起，按照新的管理关系办理有关事务、财务、人事、基本建设等工作。

1958年，甘肃省人民委员会贯彻中共中央、国务院1958年8月《关于教育事业管理权力下放问题的规定》，对高等学校实行"分散管理"，同时，根据中华人民共和国卫生部第21号"关于医药院(校)移交省、自治区、直辖市领导的通知"精神，于3月5日通知："高教局(为主)和卫生厅依照规定，开始负责管理兰州医学院工作，在高教局未正式成立前有关高教局方面的工作，请教育厅负责"。同年4月18日，甘肃省人民委员会批复甘肃省教育厅和卫生厅"关于兰州医学院领导关系的意见"，同意"领导关系以卫生厅为主，教育厅为辅，并即办理交接手续"。根据中共甘肃省委1959年3月《关于高等学校领导关系的规定》，学校党委由中共甘肃省委领导，学校党的日常工作的管理，以省委宣传部为主。行政上由甘肃省人民委员会领导，日常工作的管理，以省卫生厅为主；属于统一性的教育行政工作，由省教育厅负责管理。

1963—1966年，贯彻中共中央、国务院1963年5月《关于加强高等学校统一领导、分级管理的决定》，对高等学校实行中央统一领导，中央和省两级管理的制度。兰州医学院党的工作和行政、业务工作，在中共甘肃省委和省人民委员会统一领导下，分别由省委宣传部和省人委教育厅管理。

1966—1976年"文化大革命"期间，学校正常的领导体制被搞乱。1968年至1970年，学校"党政财文"各项工作均归甘肃省革命委员会领导，甘肃省卫生局及甘肃省教育局实施管理。1971年后学校党的工作、政治运动等，由中共甘肃省委领导。1969年1月2日甘肃省革委会通知，兰州医学院第二附属医院下放给兰州市管辖。1970年2月25日兰州市革委会生产指挥部文件指示，第二附属医院更名为"兰州市综合医院"。1971年4月9日甘肃省革委会通知,医院恢复原名称兰州医学院第二附属医院,仍划归兰州医学院建制。

1978年2月,中共甘肃省委决定,对省属高等学校实行省委、省革委会领导下由业务部、局分工管理的领导管理体制,兰州医学院由省卫生局管理。省教育局协同卫生局,对学校进行综合管理。学校党的工作和中级以上干部(包括讲师以上的教师)由省委管理。

党的十一届三中全会后,1979年2月,中共甘肃省委决定兰州医学院由甘肃省政府领导管理,以甘肃省卫生厅及甘肃省教育厅(后改为甘肃省教育委员会)实施管理。学校党的工作和中级以上干部,也实行归口管理,兰州医学院该方面工作归省委文教政治部承办。

1982年,中共甘肃省委、省政府机构改革后,对省属高校实行由甘肃省委、省政府统一领导的管理体制,学院行政、业务工作仍以省政府卫生厅管理为主,教育厅管理为辅。党的工作和中级以上干部,由省委宣传部管理。

1984年12月5日,省政府通知,第一、第二附属医院由县级建制升格为副地级建制。此后,两所附属医院的党委书记、院长由省委、省政府任免,副书记、副院长(正县级)由省委组织部任免。

1988年8月,根据省政府和卫生厅文件精神,两所附属医院实行改革承包制,民主选举产生的院长人选,由省委、省政府任免,副院长由院长提名,省委组织部任免。1992年后恢复1984年任免程序。

1990年6月,根据省政府文件,兰州医学院及其附属医院实行Y型领导管理体制,即兰州医学院改由省教委领导管理,兰州医学院第一、二附属医院由省卫生厅通过医学院进行领导管理,医学院直接领导其附属医院。

2004年11月18日,根据教育部及甘肃省委、省政府决定,兰州医学院整体并入兰州大学。

第二节 党的组织

一、党的组织沿革与发展

1954年9月独立建院后,经中共兰州市委批准,成立中共兰州医学院支部委员会。支委由9人组成,支部书记谭道先,共有党员40人。党支部的工作由中共兰州市委学校总支领导。

1955年4月25日,中共兰州市委组织部指示,同意成立兰州医学院分总支。谭道先任分总支书记,丁自生任副书记兼保密保卫委员,王光清任统战委员,谢承忠任组织委员,吴天纵任宣传委员,葛子承任纪律检查委员,吴玮任青年委员。下设三个支部，即学生支部、教职员支部、医院支部。共有党员 93 人，其中学生党员 40 人，教工党员 53 人。

1956 年 7 月 3 日，中共兰州市委学院总支撤销，经市委组织部批准，中共兰州医学院分总支改称中共兰州医学院总支委员会，由兰州市委领导。同年 10—12 月间，各支部先后进行改选，扩大为 6 个支部，即职工支部 27 人，教员支部 12 人，医院支部 23 人，学生分 3 个支部 49 人。全院党员 114 人，正式党员 76 人，预备党员 38 人。1956 年发展党员 18 人，其中教师 5 人(教授 2 人、助教三人)、行政人员 5 人、学生 8 人。

1957 年 3 月 9 日，根据中共甘肃省委 1956 年 12 月 13 日 288 号批文、1957 年 2 月 14 日第 35 号批文，学院正式成立中共兰州医学院委员会，党的工作改归中共甘肃省委统一领导，白彦博、谭道先、丁自生、吴天纵、王光清、曹冬焱六同志为医学院党委委员。党委下设 6 个支部，未设下属办事机构，仅设专职干部数人。共有党员 182 人，其中附属医院职工党员 42 人。1958 年 12 月，附属医院成立党总支，下设 3 个党支部，党员 66 人，总支书记曹冬焱。1959 年 4 月第二附属医院建立后，党的组织设党支部，书记全黄春。1960 年，第二附属医院成立党总支，下设 3 个党支部，总支书记丁自生。

1958 年以后，进一步贯彻党管干部的原则，学院正、副院长由中共甘肃省委报请中共中央、国务院任免;部、处、系级正副职领导干部，由院党委报请中共甘肃省委任免、决定;科级干部由院党委决定，学院党委会的组成及正副书记的任免，由中共甘肃省委决定;学院政治部正副主任，党委各部室正副主任、部长，各总支正副书记，由院党委报经甘肃省委任免、决定。

中共兰州医学院委员会成立之后，在中共甘肃省委领导下，逐步建立、健全党的组织系统，发挥统一领导学校工作的职能。1958 年，经省委批准中共兰州医学院委员会设书记 1 人，副书记 1 人。下设办公室、组织部、宣传部、武装部、统战部，各设正副部长 1~2 人，干事若干人。1964 年，学习人民解放军的政治工作经验，学院设立政治部，设正、副主任 1~2 人，在院党委领导下，管理思想政治工作和组织工作。各系设总支部委员会或支部委员会，各设专职正副书记 1~2 人，专兼职干事 1~2 人。总支以下分设若干支部，一般不设专职干部。院部机关设有总支、支部，管理党务，保证监督行政工作的完成，一般不设专职书记。

1969 年 12 月，成立第二附属医院党委，林明伟担任党委书记，下设 9 个党支部。1971 年 11 月 22 日成立第一附属医院党委，设 5 个党支部，党员 89 人，党委书记燕真、副书记张君芳。

1971 年 12 月，学院恢复党委，中共甘肃省委组字(1971)69 号批复，裴罗克同志任兰州医学院党委书记。党委常委制是在 1971 年学院第四届党代表大会时建立的，是学院首次也是唯一的一届党委常委会。常委会由 9 人组成：裴罗克、魏勤身、吴中、吴守仁、刘怀中、韩继周、王哲、王登先、王光清。此后数年内再未产生新的常委。1983 年，由于许多常委相继离任，常委会制自然消亡，改为党委委员会制。党委委员由省委指定，均为学院党政领导班子成员和两所附属医院党委书记。

1972 年 9 月 1 日，韩丰同志任兰州医学院党委书记，裴罗克同志调回兰州军区。兰州医学院党委下辖两个附属医院党委、4 个党总支、28 个党支部，党委办事机构设办公室、政治部。

党的十一届三中全会后，学院不断加强和改善党的领导。1980 年 3 月，为维护党规国法，严肃党纪，搞好党风，巩固安定团结的政治局面，根据中共甘肃省纪律检查委员会和中共甘肃省委文件精神，学院党委向省委上报了"关于成立纪律检查委员会的请求报告"。1980 年 4 月 3 日中共甘肃省委批复：同意兰州医学院党委纪律检查委员会由丁自生、李崇山、杨庆堂、赵江洲、齐有声、张海涛、马基高、杜广照、杨玉林 9 人组成，丁自生同志任书记。

1984 年 12 月，两所附属医院党委建制由正县级升格为副地级。第一附属医院潘维正任党委书记，杨志忠任副书记，设 12 个党支部，党员 188 人。第二附属医院姚朴任党委书记，王富斌任副书记，设 11 个党支部，党员 179 人。

自 1983 年 5 月，裴江陵同志任兰州医学院党委书记；1986 年 12 月，廖世伦同志任兰州医学院党委书记；1990 年，郭正田同志任兰州医学院党委书记；到 2001 年 2 月，阎孟辉同志任兰州医学院党委书记。近二十年时间，随着学院下属二级学院及系科不断发展壮大，党员人数不断增多，思想政治工作任务繁重。为加强党的领导，按照条块划分的原则，除第一、第二两个附属医院基层党委外，院本部相继建立了 14 个党的总支委员会（口腔医学系 1985 年为党委直属支部，1990 年为党总支），均设专职总支书记或副书记 1~2 人，专兼职干部 1~2 人，109 个党的支部，一般不设专职干部。此外，党委职能部门也相应得到恢复和增强。1990 年，学院恢复成立了统战部（2001 年并入宣传部），成立了学生工作部（与学生工作处两块牌子一套人马）。到 2004 年，党的组织机构和党员人数已达到相当规模（见表 2-1）

表 2-1　　党的组织机构和党员人数一览表

办公室(与校办合署)	机要秘书科、综合科、外事办公室、综合档案室	
纪律检查委员会		
组织部	组织干部科	
宣传统战部	宣传科、统战科、院刊编辑室	
学生工作部		
中共兰医党校	办公室	
附属一院党委	辖 14 个党支部	共产党员 533 人
附属二院党委	辖 16 个党支部	共产党员 570 人
机关党总支	辖 7 个党支部	共产党员 83 人
教学科研党总支	辖 7 个党支部	共产党员 172 人
后勤党总支	辖 5 个党支部	共产党员 40 人
基础医学院党总支	辖 17 个党支部	共产党员 218 人
药学院党总支	辖 4 个党支部	共产党员 71 人
公共卫生学院党总支	辖 2 个党支部	共产党员 50 人
口腔医学系党总支	辖 2 个党支部	共产党员 33 人
护理学系党总支	辖 1 个党支部	共产党员 12 人
人文社科部党总支	辖 5 个党支部	共产党员 41 人
高职学院、附属学校党总支	辖 5 个党支部	共产党员 68 人
继续教育学院党总支	辖 2 个党支部	共产党员 18 人
临床医学一部党总支	辖 5 个党支部	共产党员 83 人
临床医学二部党总支	辖 3 个党支部	共产党员 83 人
离退办党总支	辖 5 个党支部	共产党员 200 人

二、学院历史上的四次党代会

在兰州医学院独立建院 50 年的历程中，党员代表大会仅召开过四次，大致情况是：

第一次党员代表大会于 1960 年 2 月 11—14 日召开。正式代表 139 名，代表全院 553 名党员(正式党员 412 名、预备党员 141 名)。

这次代表大会的主要任务是：根据中共中央八届八中全会的决议和中共甘肃省委二届第十一次全体会议的决议精神，总结学院反右整风运动中的收获、经验、教训并提出今后的工作任务;选举学院第一届党委委员和监委委员;选举学院出席中共甘肃省委三届代表大会的代表。

　　大会提出今后的主要任务是:在总路线光辉照耀下,以共产主义的雄心大志,坚决贯彻党的教育方针,大力提高教学和医疗质量,搞理论、攻尖端,加强科学研究。根据理论与实践相结合,普及与提高相结合,教育与生产劳动、科学研究三结合的原则,继续发扬敢想敢说敢做的共产主义风格,以自力更生为主,用两条腿走路的办法,适应我省工农业建设、人民公社发展的需要,千方百计为国家培养起一支强大的又红又专的人民医师队伍。大会强调,为了贯彻实现这个任务,必须坚持政治挂帅,坚决贯彻党的八届八中全会决议及省委二届十一次全体会议精神,加强党委集体领导,发扬民主作风,改进领导方法,贯彻群众路线。大会号召:党的各级组织及全党同志,在总路线的光辉照耀下,认清形势,识别风向,加强党的团结和战斗力,调动一切积极因素,高举总路线、大跃进、人民公社、教育方针的红旗,为争取今后各项工作的更大、更好、更全面的跃进而奋斗。

　　大会选举产生了第一届党委,委员共 13 人,留两个名额拟由调入的党委书记和待成立的第五总支书记选任外,会上选出的 11 名委员是:陈楚平、谭道先、谢承忠、赵彬、曹冬焱、丁自生、单德修、赵明祥、齐有声、刘书俊、王光清。大会选举产生党的监委会,委员共 5 人,一个名额拟由调入的党委书记兼任监委书记,选出的 4 名委员是:谢承忠、赵彬、丁自生、齐有声。

　　选举陈楚平同志为出席中国共产党甘肃省第三届代表大会代表。

　　第二次党员代表大会,于 1962 年 5 月 2—5 日举行。正式代表 144 名,代表着全院 448 名党员(正式党员 429 名、预备党员 19 名)。

　　这次代表大会的主要任务是:总结第一届党委会两年来的工作经验和教训;制定学院全面贯彻执行"高教六十条"的安排意见;选举下届党委会。

　　大会一致认为,第一届党委会成立两年来,在省委的直接领导下,在贯彻党的方针政策,加强党的思想政治教育,改进知识分子工作,稳定教学医疗秩序,提高教学医疗质量,贯彻劳逸结合,发展农副业生产,向困难、向错误作斗争和党的建设等方面,做了一系列工作,取得了一定的成绩。大会强调,在学院新的二届党委的直接领导下,全党必须团结一致,认真学习马列主义、毛泽东思想和党的方针政策,不断提高思想政策水平,改进工作作风,严格地按照党的政策和党章办事,遵守民主集中制原则,充分发扬民主,走群众路线,坚持实事求是,力戒浮夸,发扬艰苦朴素,谦虚谨慎,深入实际,调查研究,踏踏实实的革命光荣传统,团结全院师生员工,认真汲取以往工作中的宝贵经验和教训,严格贯彻"高等学校暂行工作条例(草案)"的具体规定。大会号召,在目前党和人民面临着严重困难的情况下,全体共产党员、共青团员、工会会员、民主党派成员和全院师生员工一定要坚决拥护并贯彻党的精兵简政,缩减城镇人口,支援农业生产第一线的决定,在省委的直接领导下,更高地举起三面红旗,克勤克俭,发奋图强,为取得社会主义医学教育事业新胜利而努力奋斗。

代表大会选举产生了第二届党委,委员共 13 人:谭道先、丁自生、王光清、王文义、何奇、刘书俊、齐有声、巫仰光、李家驹、李崇山、赵彬、赵明祥、谢承忠。

第三次党员代表大会,于 1964 年 5 月 3—4 日举行。正式代表 79 名,列席代表 17 名,代表着全院 359 名党员。

代表大会的主要任务是:总结第二届党的代表大会以来的工作;选举第三届党的委员会;选举出席省委第四届代表大会第一次会议的代表。

会议肯定了上届党委的工作,同时也提出了许多很好的批评意见。大会号召:为了完成党委所提出的今后的任务,迎接新的即将到来的大跃进形势,必须努力学习毛主席著作,促进党员、干部思想革命化,高举毛泽东思想伟大红旗,团结一致,加强思想政治工作,开展比、学、赶、帮的运动,鼓起更大的革命干劲,取得更大的成绩。

大会选举产生了第三届党委,委员共 15 人:吴中、谭道先、王文义、王光清、丁自生、齐有声、杨庆堂、林明伟、刘万珍、刘守权、赵明祥、李家驹、李崇山、刘书俊、王哲。

第三届第一次党委会选出监委会 5 人:王光清、刘万珍、王哲、田峻、程占清。

第四次党员代表大会,于 1971 年 10 月 28—30 日举行,正式代表 131 名,代表着全院 336 名党员。代表中有工宣队代表 12 名,占 9.2%;解放军代表 6 名,占 4.6%;领导干部党员代表 17 名,占 12.9%;教师和医护人员代表 48 名,占 36.6%;其他党员代表 48 名,占 36.6%;妇女党员代表 45 名,占 34.4%。

这次代表大会的主要任务是:由整党领导小组做工作报告,选举中共兰州医学院第四届委员会。

大会选举产生的第四届党委会由 23 人组成:裴罗克、魏勤身、吴中、吴守仁、刘怀中、韩继周、王哲、王登先、王光清、江汉夫、郭宗全、张文同、王文义、李克忠、丁自生、燕真、林明伟、李崇山、时立仕、郭德辉、杜广照、许连枝、赖兴义。委员分布情况:军宣队 5 名,占 21.7%;工宣队 3 名,占 13%;干部 10 名,占 43.5%;不脱产和在基层工作的党员 5 名,占 21.7%;妇女 3 名,占 13%。

10 月 30 日,第一次全体委员会选出第四届党委常委会,常委会由 9 人组成:裴罗克、魏勤身、吴中、吴守仁、刘怀中、韩继周、王哲、王登先、王光清。裴罗克任书记,魏勤身、吴中任副书记。

第三节　行政机构

1937 年 7 月，教育部批准备案的《修正甘肃省立甘肃学院组织大纲》规定,省立甘肃学院设院长 1 人,总理院务,由甘肃省政府咨请教育部后委任之。设教务主任、事务主任各 1 人,由院长聘任,秉承院长处理主管事宜。1938 年后改设为教务、训导、总务三处,各处设主任 1 人,由院长任用,处下设组。设有院务会议,为学院"最高议事机关",由院长、秘书、各处各系科主任及教员代表组成,院长为主席。院长以下分设学系,系设主任 1 人,由院长聘任。医学专修科属甘肃学院下设系科一级,医学专修科的日常教学工作和行政工作,分别受甘肃学院教务部和事务部分管。医学专修科下设:附属医院,医科主任。附属医院负责医学专修生的见习实习教学。医科主任,主管医学专修科专业教学和学生管理。医科主任管理前后设立的三个教学班:甘肃学院 33 级医科班、37 级医科班、40 级医科班。

1942 年作为国立西北医学独立学校时,下设 5 个处室:办公室、教务处、训导处、总务处、实习医院。教务处和训导处主要负责医学生的教学和思想管理,实习医院主要负责医学生的临床见习实习。从 1942—1945 年的四年间,西北医专下管的医学生有 10 多个班级,除了承接甘肃学院 40 级医科班、外转来的新疆医科班以外,学校自己招生的医科班就有:42 级 6 年制医科班、43 级 6 年制医科班、43 级 4 年制医科班、44 级 6 年制医科班、44 级 4 年制医科班、44 级 1 年制医科班、45 级 6 年制医科班、45 级 1 年制医科班。

1945 年夏,国立西北医学院兰州分院存在的时间较短,基本上保持了原西北医学专科学校的组织机构,管理着西北医专时期的 42 级、43 级、44 级、45 级医科班,临床教学由临床实习医院管理。

1946 年国立西北医学院兰州分院归并于国立兰州大学医学院。当时的兰州大学除职能处室外下设四个学院:文理学院、法学院、医学院、兽医学院(1947 年从兰州大学分出,在兰州独立设置国立兽医学院)。医学院属兰州大学下设院一级,不分系科,其行政工作分别受学校各职能部门指导,教学工作由医学院院长组织实施。医学院下设附属医院、院务主任、医学主任,分别管理着从西北医学院兰州分院转入的 4 届学生和 46 级、47 级、48 级、49 级医科班。

1949 年中华人民共和国成立后,兰州大学医学院的领导关系从政治上发生彻底的改观,经过了一个从取消国立到接管、整顿、改组的变动过程。其间,医学院的业务组织机构基本上未发生大的变化。

1953 年,兰州大学根据国家院系调整的精神,准备将医学院从兰州大学分离出来,并为独立建院作了如下机构调整:设行政及教学机构,如办公室、人事组、会计组、基建组、教务组以及附设医院和附设护校。

1954 年独立建院初,行政组织机构设置为设院长 1 人,副院长 1 人,实行三级体制,行政管理机构设院长办公室、教务处、总务处三个处及秘书、人事、教务、学生、出版、基建、管理、财务、校医室、图书馆等 10 个科、室、馆。1956 年教务处增设科学研究科,总务处增设膳食科。此后,除有个别调整外(1964 年人事科升格为人事处),基本上一直延续到"文化大革命"以前。

在管理职能上,1950 年至 1957 年,实行院长负责制。在院长主持下,讨论决定全院重大问题,由院长组织实施。从 1957 年起,实行党委对学校工作的统一领导,院长在党委统一领导下分工负责,行使权力。

为了进一步发挥行政机构的集体领导作用,根据中共中央、国务院关于教育工作的指示,1959 年 3 月 8 日,省委宣传部批复兰州医学院成立院务委员会,实行党委领导下的院务委员会负责制。1959 年 9 月 20 日,兰州医学院首届院务委员会成立,共计 35 人。主任委员谭道先,副主任委员王文义,委员王光清、王扬宗、尹良培、张培棪、张从辛、张经济、张爱诚、张维新、刘华、刘星元、刘德山、刘守权、刘书俊、朱允尧、李崇山、许春辉、王通珍、何奇、何裕、劳卫宁、林明伟、杨英福、赵斌、赵明祥、宫敬忠、邝华俊、单德修、谢承忠、覃见效、黄洒重、漆荫棠、葛允新、韩哲生。

1961 年试行"高教六十条"后,党政职能有所调整,院长对全院工作的指挥、决策职能有所加强:系一级试行系主任领导行政、教学工作,党总支实施保证监督的体制。

1966—1976 年"文化大革命"期间,学院原有的行政组织及其管理制度被搞乱。1967 年下半年起,学院成立"革命委员会",设主任 1 人,副主任若干人,实行对学院"党、政、财、文"的所谓"一元化领导"。学院革命委员会的组成及其正副主任的任免,由中国人民解放军兰州军区支左办公室决定。行政管理改行"三组一室"的组织管理制度,院革委会下分设政工组、教育革命组、后勤组、办公室。1968 年改设为"一室四部",即革命委员会办公室、政治部(主管组织、人事、政治工作)、校务部(主管后勤工作)、训练部(主管"教育革命")、武装部(主管军训、拉练、下挖、安全保卫)。1969 年中共九大以后,学院建立党的"核心小组",工人、解放军宣传队负责人,先后进入院、系两级革委会,担任主要领导职务,仍起核心作用。

1979 年,中共甘肃省委决定,撤销学院革命委员会,实行党委领导下的院长分工负责制。为适应教育事业不断发展的需要,在不断恢复和完善原有组织机构的同时,1984 年以后还陆续增设科学研究管理、教学设备管理、学生管理、离退休工作、保卫、财务、基本建设等行政处室,科级机构、附设机构也相应增加。如 1984 年,成立了设备管理处、保卫处、财务处;医院管理科、外事办公室(科级建制,归属院长办公室领导);1987 年,成立了学生工作处、科技处、离退休工作办公室;1992 年成立了监察处, 监察处与党的纪律检查委员会两块牌子、一套人马合署办公。1993 年,学院对临床医学系管理机构进行改革,在附属一院、二院成立了临床医学一部、二部,以加强学生后期见习、实习、教育及生活管理工作。1993 年,为适应市场发展,指导学院开发,学院成立了院办产业管理办公室、医药科技开发中心。1998 年,成立了审计处。

2001 年,学院内部管理体制改革后,学院行政组织系统发生了较大变化:撤销院办产业管理办公室、医药科技开发中心、劳动服务公司处级建制,撤销总务处及动力科、校园管理科、膳食科、公寓管理科,成立后勤管理处,后勤总公司及 6 个管理中心,将研究生管理科升格为研究生管理处,党委办公室与院长办公室合并为兰州医学院办公室。纪委、监察处、审计处三驾马车合署办公。到 2004 年学院行政组织机构已设有 2 个副地级单位、15 个处级单位、48 个科级单位 (见表 2-2)。

表 2-2 2004 年学院行政机构一览表

第一附属医院	第一临床医学院
第二附属医院	第二临床医学院
兰州医学院办公室	机要秘书科、综合科、外事办公室、综合档案室
教务处	教务科、实践教学管理科、师资科、学籍科、教材科
	招生办公室、教学质量监控科、高教研究室
科技处	科技管理科、成果转化科
研究生处	综合科、学位办公室、研究生招生办公室、培养管理科
学生工作处	学生管理科、毕业生择业指导中心、助学管理科
人事处	人事劳资科、职称办公室、人才交流中心、计划生育办公室
国有资产管理处	办公室、设备科、国有资产管理科
财务处	办公室、财务一科、财务二科、财务三科
监察处	
审计处	

续表 2-2

基建处	施工管理科、工程技术科
保卫处	治安科、户籍管理科
后勤管理处	综合科、保健科
离退休办公室	办公室
后勤总公司	办公室、计划财务室、饮食服务中心、学生公寓管理服务中心、家属区物业管理服务中心、水电暖管理服务中心、交通服务中心、校园管理服务中心、维修服务中心

第四节 教学组织

一、教学组织沿革

1949 年前,全院仅有临床医疗一个专业,不分系、部,基础课只设有解剖科、组织胚胎科、生理科(包括药理)、生化科、病理科、细菌科(包括病毒和寄生虫)、公共卫生科等,临床课未设科。

建国后,根据新的需要,到 1953 年前,学院的前期课设立了解剖胚胎学及生物科、细菌寄生虫及公共卫生科、生化化学科、生理科、药理科、病理科等 6个教学科。临床课设立内、外、妇、儿、五官、皮花、神经精神、X 光等 8 个教学科,共 14 个学科教学组织。

1954 年独立建院后,为了贯彻执行新的统一的教学计划,根据第一届全国高等医学教育会议精神,学习苏联专家高尔琴科的"苏联高等学校教学研究指导组的基本任务及其工作方法",前后期教学组织废除了分散的自由散漫的"学科"组织,而代之以有组织性、纪律性、思想性和创造性的教学指导组(简称教研室组),1956 年教学组织机构如下:基础各科教研组 15 个,人体解剖学、公共卫生学、药理学、病理生理学、病理解剖学、微生物学、生理学、寄生虫学、组织学与胚胎学、物理学、生物学、生化化学、俄文、马列主义、体育。临床各科教研组 8 个,皮肤科学、耳鼻喉学、眼科学、神经精神学、儿科学、妇科学、外科学、内科学。其他条件尚不具备的则暂时成立教学小组。

1959 年,学院增设药学、公共卫生学专业后,为便于教学组织管理,相继建立了医疗系、药学系、卫生系三个系一级组织。随着系级教学组织的建立和教学力量的增强,将原来的教学小组逐渐改设为教研室。至 1959 年,全院设两所附属医院(临床课教学)、医疗系、药学系、卫生系及基础、临床 30 个教研室。

1962年，遵照中央"调整、巩固、充实、提高"的方针和"高教六十条"，进行院系调整，撤消学院卫生系、药学系。教研室(组)除个别调整外，基本没有大的变化。这种状况一直延续到1966年(见表2-3)。

表2-3　1966年教学组织一览表

马列主义文	外文	体育	物理学	化学	生物化学	生物学	人体解剖学	病理解剖学	病理生理学	组织胚胎学	微生物学	寄生虫学	药理学	卫生学	流行病学	放射医学	祖国医学	内科学	外科学	儿科学	妇产科学	眼科学	耳鼻喉科学	皮肤病学	精神神经病学	传染病学	放射学	口腔医学

1966年"文化大革命"开始后，全部教学组织机构除保留医学系名称外，教务处改为训练部，其他30个教研室(组)全部重组，归并为公共课、基础课、临床课3个综合性教学组织。1971年招收工农兵学员后，药学系建制得以恢复。全院教学组织设置为解剖生理(四合一)、病原病理(三合一)、药物(含药理、中草药)、药剂、化学、数理、新医学(中医学)、外文、军体、政治课、卫生防疫、内、外、妇、儿、五官等17个教研室。1973年将病原病理改为病原生物、解剖生理改为解剖组织，增加生理生化(二合一)、药物化学两个教研室，共19个教研室。1975年，将中草药与药理学教研室分成两个教研室，1976年又成立中草药化学教研室。到1976年，全院教学组织共有2个系、21个教研室。

粉碎"四人帮"后，1977—1985年，兰州医学院教学组织机构在恢复和建设方面都有新的发展。1978年，先后恢复了教务处和28个基础、临床教研室，增设了基础医学部(筹)和药学专业6个教研室。基础医学部1981年正式建立，作为教学管理的二级单位，主要管理公共课和医学基础课各教研室。1984年，学院在冲破单一学科专业，向多学科、多层次发展的办学指导思想下，根据甘肃医学教育的实际，创造条件报请教育部批准恢复了公共卫生专业，成立了公共卫生学系。1985年，报请教育部批准新建立了口腔医学专业，成立了口腔医学系。此后随着专业不断发展，学科专业细化，基层教学组织也由1978年的28个增加到51个。1985年教学组织机构见表2-4。

上世纪90年代以后，特别是1998年国家高等教育大发展以来，随着学院招生规模不断扩大，新上专业不断增多，学院的教学组织机构也相应得到较快的发展。1992年，将成人教育从教务处分出，设立成人教育中心。1993年，对临床医学系管理机构进行改革，在附属一院、二院成立了临床医学一部、临床医学二部。将马列主义教研室更名为社会科学部，同时设立思想品德教育教研室、计算机教育中心。1998年建立了护理学系。1999年，建立了高等职业技术学院。特别是2001年学院实行综合管理体制改革，又对部分教学实体及学科进行了优化整合,将临床医学系与原基础医学部合并,组建了基础医学院,从而结束了几十年来基础医学部只管教学,临床医学系只管学生,教学管理和学生管理长期相脱离的状况。在两所附属医院及临床医学一、二部的基础上,改组加挂了第一、第二临床医学院院牌,并对其性质、任务赋予了新的内容。将公共卫生系、药学系、口腔系的建制改建为学院;将数学、物理、化学、电子学教研室从基础医学部分出组建为医学工程系,举办医学影像专业;将体育、外语教研室从基础医学部分出扩大独立设部;在计算机教研室、电教中心、网络中心的基础上组建了现代教育技术中心,同时还将原有相关专业和教学科研功能相近的教研室、研究所室重新进行了调整和组合。

表 2-4　1985 年教学组织一览表

院系部名称	教研室名称
基础医学部	外文、物理、数学、化学、体育、生物化学、人体解剖学、组织学与胚胎学、生理学、病理生理学、微生物学、遗传学、寄生虫学、祖国医学、药理学、病理学、法医学、医学免疫学、血液病学、包虫病学
药学系	药剂学、药用植物分析、中草药学、分析化学、药物化学
预防医学系	儿童少年卫生学、营养与食品卫生学、劳动卫生学、环境卫生学、流行病学、卫生统计学、卫生学
口腔医学系	口腔修复学、口腔内科学、颌面外科学、口腔正畸学、口腔基础学
医疗系	内科学、外科及手术学、妇产科学、儿科学、眼科学、耳鼻喉科学、皮肤病学、传染病学、精神神经病学、实验诊断学、X 光检体诊断学、放射医学
马列主义教研室	中国革命史、哲学、政治经济学(均为教研组)

到 2004 年,一个布局合理、管理有序、功能完善的教学组织机构基本形成。共设置院系部级教学组织 16 个,教学研究室 111 个(见表 2-5)。

表 2-5　2004 年教学组织一览表

院系部名称	教研室名称
基础医学院	人体解剖学、组织学与胚胎学、生理学、病理生理学、生物学暨遗传学、病原生物学、免疫学、生物化学与分子生物学、中医学、医学心理学、病理学、法医学、外科手术学、中西医结合学、包虫病学、血液病学、形态学实验室、机能学实验室
药学院	药剂学、药物分析、生药药植、天然药物化学、分析物化、药事管理学、药物化学、药理学、药物分析检验室、药物制剂室、药理与毒理研究室、中草药成分提取室、生药室

续表 2-5

院系部名称	教研室名称
公共卫生学院	儿少卫生与妇幼保健学、卫生学、卫生毒理学、营养与食品卫生学、劳动卫生与环境卫生学、流行病与卫生统计学、卫生事业管理、公共卫生学实验室、环境评价、职业卫生
口腔医学系	口腔修复学、口腔内科学、颌面外科学、口腔正畸学、口腔基础学、口腔门诊部
护理学系	基础护理学、临床护理学(分设在临床医学院)
医学工程系	数理、电子学、化学
人文社会科学部	哲学、毛泽东思想、邓小平理论、思想品德、艺术
外文教学部	大学英语、医用英语、研究生英语
体育教学部	群众体育、体育教育
医学实验中心	细胞与分子生物学研究中心、分析测试中心、形态学研究中心、实验动物中心、动物实验中心(GLP)医学实验动物学
现代技术教育中心	计算机教育中心、网络教育中心、电化教育中心
图书馆	医学文献检索
第一临床医学院(第一附属医院)第二临床医学院(第二附属医院)(均各设)	内科学、外科学、妇产科学、儿科学、医学影像学、实验诊断学、外科手术学、检体诊断学、眼科学、耳鼻喉科学、核医学、中医学、神经病学、传染病学、皮肤性病学、口腔医学、急救医学、临床护理学、医学分子生物学、医学法学
继续教育学院	未独立设置教研室
高等职业技术学院	未独立设置教研室

二、系部级教学组织基本概况

1.基础医学院

兰州医学院最大的教学组织机构,雏形为 1933 年的医学基础课教学组。1959 年,为医学基础教研室。1978 年,开始筹建医学基础部(含医学基础课和公共课教学);1981 年 5 月,医学基础部正式成立。1992 年,更名为基础医学部。2001 年 6 月,与临床医学系合并更名为基础医学院。原设在基础医学部的外文、体育、数理化教研室分离出来单独建立了外文教学部、体育教学部、公共课教学部(后改为医学工程系)。设院前以公共基础课、医学基础课教学、科研及研究生教育为主要任务。设院后,成为融医学基础教学、科研以及临床医学专业学生前期管理为一体的综合教学组织。

基础医学院设有5个五年制本科专业,1个博士学位点,8个硕士学位点,2个省级重点学科;辖12个教学研究室,4个科学研究所室以及3个教学科研服务中心。共有教职工166人,其中专职教师121人(教授18人,副教授26人,讲师38人,助教39人),教辅31人。专职教师中研究生以上学历者88人(包括在读),占教师总数的73%。

半个多世纪以来,基础医学院始终坚持以教学为中心的指导思想,重视师资培养及学科建设,广泛开展教学改革和科学研究,共独立或联合完成各类科研项目756项,获国家科技进步奖2项,省、部级科技进步奖127项,地、厅级科技进步奖444项。在国际学术刊物上发表论文80余篇,国内学术刊物上发表论文3000余篇,出版各种专著、教材、译著145部。

2.第一临床医学院(详见本编第八章)

3.第二临床医学院(详见本编第八章)

4.公共卫生学院

1959年建系,是西北五省最早建立起来的公共卫生学专业,师资主要来自哈尔滨医科大学卫生系和北京医师进修学院。1962年,在院系调整中予以撤消,只保留了一个卫生学教研室,负责承担医疗系学生卫生学课程。"文革"初,北京医学院卫生系拟成建制下放甘肃恢复兰州医学院卫生系,大多设备均已运达,后因形势变化未果。1984年,根据甘肃省卫生防疫工作的需要,经批准恢复卫生系建制。1989年,根据国家专业名称的调整,易名为预防医学系。2001年6月,根据学院内部体制改革和专业学科发展的需要,更名为兰州医学院公共卫生学院;特聘中国科学院院士、南京大学陈洪渊教授担任名誉院长。

学院设有3个5年制本科专业、3个二级学科硕士学位专业,2个社会服务评价中心,1个甘肃省高校省级重点学科,辖6个教研室和多个现代化的教学实验室。共有教职工48人,其中专职教师34人(教授7人,副教授17人,讲师4人,助教6人),教辅8人。专职教师中研究生以上学历者15人,占教师总数的47%。

20年来,公共卫生学院以学科建设为龙头,教学、科研为主导,在艰苦的条件下,克服重重困难,孜孜以求,顽强拼搏,为甘肃地方公共卫生事业人才培养和疾病预防作出了重要贡献。1998年以来,共承担甘肃省自然科学基金,甘肃省中青年科学基金,甘肃省省长专项基金,达能基金及其他科研项目等 39 项。获省部级奖 6 项,厅局级奖 5 项。出版学术专著 7 部、教材 8 部,发表论文 216 篇。

5.药学院

1959 年建系,1962 年院系调整中予以撤消;1971 年恢复重建。2001 年,根据学院内部管理体制和专业学科发展的需要,更名为兰州医学院药学院。

学院现设 4 年制和 3 年制本、专科专业各 1 个,5 个硕士学位点,1 个甘肃省高校省级重点学科,1 个省级重点实验室。辖 8 个教学研究室,1 个科学研究所, 2 个专业实验室,1 个药学基础综合实验室。现有教职员工 56 人,其中专任教师 44 人(教授 7 人,副教授 13 人,讲师 15 人,助教 9 人)。专职教师中研究生以上学历者 20 人,占教师总数的 44%。

1971 年重建以来,共培养硕士研究生 120 余人,本专科学生 2 300 余人。1998 年以来,先后承担国家、省部、厅级科研项目 28 项;累计发表科研论文 300 余篇,有 19 篇被 SCI 收录;主编参编专著、教材 11 部;有多项教学和科研成果获奖并实现成果转化。现已逐步成为甘肃省药学人才培养,药物及民族药物开发研究的重要基地。

6.口腔医学院

1983 年筹建系,筹建初期从医学系三年级学生中选取 5 名优秀学生保送到西安医科大学、华西医科大学攻读第二学士学位,毕业后作为口腔医学系的教师。1985 年,口腔医学系正式成立,当年开始招收专科学生。1989 年,招收本科学生;到 2004 年,共培养专科生 5 届 125 人,培养本科生 15 届 443 名。2003 年,口腔临床医学硕士点审批获得通过。

学院下设 5 个教研室。1995 年,成立附设口腔门诊部,主要开展口腔内科、口腔颌面外科、口腔修复、口腔正畸的临床诊疗及口腔医学生的临床见习。2002 年,甘肃省卫生厅批准同意在附设口腔门诊部基础上筹建附属口腔医院。

学院现有教师及各类技术人员 36 人,其中专任教师 26 人(教授 1 人,副教授 9 人,讲师 5 人,助教 11 人),教师中研究生以上学历者 19 人(在读 10 人),占教师总数的 73%。

1998 年以来,口腔医学院广大教师除完成教学、诊疗任务之外,还承担中科院中组部"西部之光"项目、省科技厅、省教育厅科研课题 6 项,获甘肃省科技进步三等奖 2 项,省教育厅、省卫生厅科技进步奖 4 项,主编、参编专业著作、教材 6 部,发表学术论文 30 余篇。

7.高级护理学系

1998 年建立,起初,办学地点设在兰医护校,招收专科学生。2001 年,学院内部管理体制改革后,护理学系搬回学院本部。2002 年,增设护理本科专业。护理系现有 1 个护理学基础教研室,2 个临床护理学教研室(设在附属一、二院,专业课主要由第一、二临床医学院相关教师承担);建有符合国家医学院校护理学专业设备达标要求的护理实验室 4 个。现有教职工 11 人,其中教师 8 人(副教授 1 人,讲师 2 人,助教 5 人)。2004 年在校本科生 185 人,专科生 198 人。

建系以来,护理学系注重师资队伍的培养提高,通过各种途径选派教师参加省内外师资进修、培训和学术交流,请护理专家来系讲学,办专业技术学习班等,教师先后发表学术论文 26 篇。

8.医学工程系

2002 年创建,前身为基础医学院公共课教学部,设有医学影像技术本科专业。2002 年开始招收第一届医学影像技术本科学生,设有数理教研室、化学教研室、电子学教研室和 24 个基础课实验室,专业课主要依附第一、二临床医学院相关教研室进行。

医学工程系拥有教职工 35 人,全部为教学人员,其中教授 2 人,副教授 14 人,讲师 8 人,高级工程师 1 人,工程师 2 人,实验师 6 人,助教 2 人。研究生以上学历者 13 人,占教师总数的 37%。

医学工程系坚持以培养"懂理论、能实干、高素质"的复合型人才为目标,注重实践教学和理论教学的结合,培养学生实际操作的能力和解决实际问题的动手能力。积极探索通过实验和科研活动来提高学生综合医学素质的新途径。

9.人文社会科学部

前身为成立于 1954 年的政治课教研组。"文革"结束后,改为马列主义教学部;1994 年,更名为社会科学部。2001 年,社科部和思想品德教研室、艺术教研室合并重组,更名为人文社会科学部。

人文社会科学部下设办公室、资料室和马克思主义哲学原理、毛泽东思想概论、邓小平理论概论、思想品德教育法学与艺术、科学社会主义 5 个教研室。有"两课"教师 23 人(含兼职教师 8 人),其中教授 1 人,副教授 8 人,讲师 11 人,助教 3 人;教师中硕士学位者 8 人,占教师总数的 35%。

主要开设的课程有:马克思主义哲学原理、马克思主义政治经济学原理、毛泽东思想概论、邓小平理论概论、自然辩证法、科学社会主义理论与实践、思想道德修养、法律基础等必修课程和大学语文、医学史、医学美学、医学法学、医学辩证法、医学伦理学、音乐欣赏、美术等选修课程。

1998 年以来,教师参编出版"两课"系列教材 3 部,主编、参编教材 9 部。发表论文 60 余篇。

10.外语教学部

前身为 1956 年始建的俄文教研组。1960 年,改名为外文教研组。1980 年,再次更名为外文教研室,归属医学基础部。2002 年,从医学基础部分出,独立设置为外语教学部。

外语教学部设有办公室、专业图书资料室、大学英语教研室、研究生英语教研室和医学英语教研室。有教职工 30 人,其中教师 26 人(教授 1 人,副教授 7 人,讲师 13 人,助教 5 人)。1986 年起每年均聘有 1~2 名外籍教师参与研究生、本科生教学及师资培训。教师中硕士学位者 7 人,占教师总数的27%。

外语教学部一贯重视教师的进修与培训,部内学术风气浓厚,1999 年以来,先后举行了 6 次专题学术论文报告会,共有 50 多篇论文进行交流。论文的内容涉及英语语言学、文学、词汇、语法、翻译、写作、教学方法与技巧、教材教法、教学管理等方面。申报科研课题 11 项,申报教学成果奖 13 项(其中 1 项获省教委优秀教学成果奖,7 项获兰州医学院优秀教学成果一等奖,4 项获兰州医学院优秀教学成果二等奖)。公开发表学术论文 83 篇。

11.继续教育学院

创建于 1958 年,原为教务处下属的夜大学,1962 年停办。1980 年恢复夜大学,1992 年改为成人教育中心。1995 年 5 月,由教务处分出建立成人教育学院。2001 年 6 月,更名为继续教育学院。下设办公室、成人教育科、自学考试管理科、学生管理科,管理人员 13 人。

在多年办学实践中,继续教育学院以兰州医学院的师资、教学设施为依托,立足甘肃,主动服务,逐步形成夜大学、脱产大专班、专升本、继续教育、岗位培训、自学考试等多学科、多层次、多规格、多形式、多渠道的成人继续高等教育体系。1998 年以来,为响应西部大开发战略,为甘肃经济建设培养更多"学得好、用得上、留得住"的实用人才,积极调整优化专业结构、层次结构和布局结构,先后在办学条件较好的 9 个地区卫生学校建立了继续教育学院分院或教学点,基本形成了覆盖甘肃各地区的成人继续教育网络。

2004 年,各类成人在校生 9 700 余人,其中成人学历教育在校生 5 300 余人,自学考试应用型短线专业学生 3 400 余人,短期培训学生 1 000 余人。累计培养各类本专科毕业生 6 000 余人(其中 50 余人考取硕士研究生,847 人获得学士学位)。

12.高等职业技术学院

1999 年成立,初始在管理体制上施行与甘肃省联合中专、兰州医学院附设护士学校一套班子,统一管理的模式。2001 年 7 月,行政管理机构独立设置。设办公室、学生管理科、团总支三个科室。管理人员8人。

2000年,招收第一届医学高职学生,包括临床医学、妇幼卫生两个专业,由于经验不足,教学计划的制订和实施基本属于本科的压缩、专科的翻版。2001年,深入调研甘肃地方变化了的人才结构及人才需求,以市场需求为导向,以实践技能培养为特色,积极调整优化专业结构和教学计划,增设口腔技师、社区护理学和全科医学专业,同时增加的医药贸易专业因报考人数太少而未能开办。2002年,增设医学影像技术专业。截至2004年,开设有全科医学、社区护理学、口腔技师、妇幼保健和医学影像技术5个专业。在校学生939人,历年毕业学生375人。

13.体育教学部

前身为体育教研室,始建于1954年8月。成立之初,仅有漆荫棠副教授和郑志诚两位老师,开设体育课和军体课,办公室暂设在学生宿舍楼内。1959年末,办公室搬至学院东南角的平房,教师也增至9名。1978年,归属基础医学部。2001年6月,独立设置更名为体育教学部,设有体育教育教研室和群众体育办公室,教职工18人,其中副教授7人,讲师5人,助教3人,行政管理1人,教辅2人。

50年代,体育部认真贯彻国家体委"准备劳动与卫国"的体育制度,激发了青年学生参加体育锻炼的积极性,除实习在外的学生外,100%的学生参加了劳卫制锻炼,其中15人达到国家等级运动员标准,77%达到一级和二级标准。

80年代初,获教育部、国家体育运动委员会、卫生部、国家共青团中央委员会"学校体育卫生工作先进集体"。学生田径队1981—1983年连续三年获全省大学生运动会团体总分第一名;在1983年全省高校田径运动会上,获女子团体第一名和男子团体第二名,有4人6次打破6项省高校记录,21人获单项第一名,17人达到国家二级和三级运动员水平。

90年代以来,学生群众性的体育活动在体育教学部的指导下,更加蓬勃展开,乒乓球、棋类、武术、毽球、排球、羽毛球、游泳、足球、桥牌、篮球等10个运动协会,会员达378名。经常性的协会活动,有力地促进了学生德智体全面发展和校园精神文明建设。

近年来,体育部教师还获省级科研、教学成果奖6项,发表论文60余篇,3人荣获全国优秀裁判员称号。

14.现代技术教育中心

前身为计算机中心,成立于1995年,2001年6月计算中心、电教中心和网络中心合并改建为现代技术教育中心。

中心主要负责学院的计算机教学、电化教学及校园信息化建设,下设办公室、计算中心、电教中心和网络中心以及照相室。有教授 2 名、副教授 1 名、中级职称 9 名、初级职称 8 名。

计算中心有 11 个计算机实验室,共计 400 余台计算机,4 台服务器,以百兆高速以太网连接,集成了教学局域网,可同时完成两门课程的网络教学。

电教中心有编辑机、摄像机、非线性编辑系统及 4 间可容纳 1200 名学生听课的完整多媒体教室,能够完成电化教学资料的摄、录、编工作,多媒体教室配备了 2 800 流明的投影、智能中控系统、150 英寸大屏幕、三星实物展台、联想计算机及高保真音响。

网络中心是校园网管理部门,有 800 平方米的使用面积,包括主机房、网络视频会议教室、两个网络媒体教室。已接入 CERNET,负责管理全院 4096 个 IP 地址。

第五节　科研机构

1954 年,学院独立建院以前没有专业科研机构,少数零星的科研工作处于无序松散自由状态。1954 年 12 月,根据全国卫生科学研究委员会关于"各学科研究和教学机构成立本单位医学科学委员会"的指示,兰州医学院首次成立"科学委员会",这是兰州医学院历史上的第一个科研领导机构,也标志着兰州医学院科学研究工作的一个开端。首届科学委员会的成员是:王文义、杨英福、唐家深、尹良培、韩哲生、杨朗明、张爱诚。"科学委员会"在教务处下设科研科,具体负责科学研究的规划、组织和协调。1958 年科研科并入教务科,成立了技术革新委员会办公室。

这一时期的科学研究工作,主要由甘肃省教育主管部门、卫生主管部门领导和管理,同时受国家和甘肃省科学技术主管部门的领导、监督。其中,纳入甘肃省教育系统规划的科研课题,由省教育行政部门管理;纳入甘肃省卫生系统规划的科研课题,由省卫生行政部门管理;学院接受委托和自定的课题,由学院自行管理。1966 年前,学院内部的科学研究工作纳入教育教学管理系统,院级由教务部门统一管理,系、院以下由系院和教研组统一组织管理。

"文革"后期在训练部之下设有医疗科技组,主要管理科研和科技工作,同时兼管进修、医疗事故处理等工作。

1978 年后,随着科研任务增大,学院先后恢复学术委员会,在审定研究课题,审查、鉴定研究成果,组织指导学术活动等方面,发挥了重要作用。1983 年,在医疗科技组的基础上成立了科学研究处,设专职行政人员 7 人,除专职从事科研、科技、科技情报和学报的管理工作外,兼管硕士研究生教育,院、系、部和专业教研组设有分管科研的主任(副主任)、秘书。2001年,研究生教育从科研处分出,成立研究生处后,科技处的主要职能是,负责学院的科研项目立项申报与评奖申报、科技开发、成果转化、科研管理、学报管理等工作。

为了更有力地加强科研协作,组织联合攻关,形成优势和特色。1984年7—8月,省政府、省卫生厅相继批复同意成立兰州医学院神经病研究所、骨科研究所、血液病学研究所、中草药研究所、环境医学研究室、内分泌研究室、传染病研究室、皮肤病研究室、泌尿外科研究室等4所5室,均为学院附设性科研机构,分别隶属学院或附属医院领导管理,所需编制在原有编制内调剂解决。此后,一大批医学基础研究、应用研究的专业科研机构以及教学、医疗、科研相兼的科研机构、重点学科应运而生。到2003年,学院专兼职学术研究机构已达到相当规模(见表2-5)。

为了组织协调好校内基础研究和应用研究两大方面力量,加快医药科学和生物医学工程、医药新材料、新设备的科技开发工作,促进科技成果的商品化、产业化。1991年学院成立"医药科技开发中心",属企业性质,实行自主经营、自负盈亏、独立核算,并经批准为兰州宁卧庄开发区高新技术企业。

为了加快甘肃省中药、新药的开发和利用,2002年11月15日甘肃省中药新药研究与开发重点实验室在学院成立。该实验室是经甘肃省科技厅组织专家与评估师经过严格评审后批准设立的。它以我院药学专业为依托,主要研究药效学、毒理学、药材质量的标准化,同时进行中药新药药理、毒理学研究和临床前安全性评价,这是学院有史以来的第一个省级重点实验室。实验室下设中药质量控制研究室、药理实验室、毒理实验室、分子药理实验室、新药安全性评价实验室、实验动物室等。其中实验动物室是我省唯一能够生产无特殊病原体(SPE)实验小鼠的单位,所饲育的各种实验动物均符合科技部、卫生部及药监局的技术要求,满足医药科学研究的需要。

表2-5　截至2004年兰州医学院科学研究机构表

一、国家临床药理检测基地

第一附属医院	第二附属医院

二、学院科学研究所

研究所名称	成立时间	挂靠单位	创始负责人—现任负责人
神经病学研究所	1984	附属二院	韩哲生教授—王有为教授
血液病学研究所	1984	附属一院	马兰芳教授—王镜教授
中草药研究所	1984	药学院	赵汝能、李淑玉教授—高明堂教授
泌尿外科研究所	1984	附属二院	刘国栋教授—陈一戎教授、王志平教授
骨科学研究所	1984	附属二院	冯守诚教授—孙正义教授
基础医学研究所	1998	基础医学院	王先荣教授—秦晓民教授
医学分子生物学研究所	1998	附属一院	彭晓教授—严祥教授
中西医结合研究所	1998	基础医学院	赵健雄教授—赵健雄教授

三、学院科学研究室

研究室名称	成立时间	挂靠单位	创始负责人—现任负责人
包虫病学研究室	1984	基础医学院	蒋次鹏教授—蒋次鹏教授
传染病学研究室	1984	附属一院	刘逢举教授—陈青锋主任医师
皮肤病与性病学研究室	1984	附属二院	刘铭锐教授—刘子文主任医师
环境医学研究室	1984	公共卫生学院	袁宝珊教授—王晓云教授
内分泌与代谢病研究室	1984	附属一院	吴纬、汤文章教授—李茂欣主任医师
神经心理学研究室	2000	附属一院	崔诚主任医师—张天龄主任医师
临床心理学研究室	2001	基础医学院	郑林科教授—郑林科教授

四、甘肃省重点学科

省级重点学科名称	创始负责人—主要发展人	学位培养
泌尿外科学	史成礼教授、沈绍基教授、刘国栋教授—陈一戎教授、王志平教授	博士、硕士
中西医结合临床学	赵健雄教授—赵健雄教授	博士、硕士

五、甘肃省重点实验室

甘肃省中药新药临床前研究重点实验室	景涛教授、吴勇杰教授

六、甘肃省高校重点学科

1.中西医结合(一级学科);2.药学(一级学科);
3.外科学;4.内科学;5.劳动卫生与环境卫生学

七、甘肃省医疗卫生重点学科

第一临床医学院：血液病科、内分泌科、心脏外科、传染病科、呼吸科、药剂科、普通外科、心电生理介入科、辅助生殖医学中心、小儿外科、小儿科;

第二临床医学院：泌尿外科、骨科、神经外科、神经内科、眼科、皮肤科、耳鼻喉科、糖尿病科、急诊医学、心血管内科、影像诊疗中心、消化科、甘肃省临床检验中心、腹腔镜治疗中心、甘肃省老年医学研究所、口腔科、烧伤科、肛肠科、肾病内科、麻醉手术科、中西医结合基础临床、西部角膜捐献移植中心

八、学院科学研究实验基地

医学实验中心	细胞与分子生物学研究中心、动物实验中心(GLP)、分析测试中心、形态学研究中心、实验动物中心、电镜室

第三章　历任领导

第一节　初始阶段的主要领导

　　1933 年甘肃学院医学专修科成立到 1946 年国立兰州大学医学院成立之前,是甘肃高等医学教育的雏形阶段,历时 13 年。这一阶段的主要领导人有:

　　邓春膏,甘肃学院院长(1929—1936)

　　邓春膏,字泽民,1900 年出生,甘肃省循化县(今属青海省)人。1917 年,考入北京大学,并在 1919 年参加了五四运动。1921 年 7 月,北京大学毕业。抱着教育救国的愿望,次年考取留美官费生,前往斯坦福大学攻读硕士学位。之后,又考入芝加哥大学,攻读教育哲学博士学位。1929 年 2 月,邓春膏应甘肃省政府之请担任兰州中山大学教授兼教务长,7 月改任校长。1931 年兰州中山大学改为省立甘肃学院,邓春膏一直担任院长至 1936 年 5 月。1934 年曾兼任甘肃学院附设中山医院院长。

　　作为甘肃高等医学教育事业的第一位创始人,面对二三十年代甘肃连年战乱,旱魃肆虐,民生凋敝,各种疾病流行蔓延,缺医少药十分严重的状况。1932 年,力呈创办甘肃学院医学专修科及其附设医院。这一历史开端,标志着甘肃高等医学教育事业从无到有。1976 年逝世。

　　宋子安,甘肃学院医学专修科主任(1933—1936)

　　宋子安,原名宋汝静,后以字行,男,1903 年出生,甘肃省甘谷县人。1922 年考入北京医学专科学校(后改为北京医学院)。1925 年毕业,因成绩优秀留作研究生。返乡后先在新创办的甘谷中学作训导主任。1927 年下半年应陇南镇守使佟麟阁将军之聘,创办陇南军医教练所,在陇南 14 县招收学生 30 名,学制 1 年。1928 年 8 月调任该军军部军医处长,在临夏任职。甘肃战争平息后到郑州设立永安医院,1932年受命在兰州接办中山医院。1932年底为造就甘肃医学人才,与甘肃学院邓春膏院长力呈创办甘肃学院医学专修科,1933年起至1936年,任甘肃学院医学专修科主任。其间1936年兼任附设兰州中山医院院长。

作为甘肃高等医学教育事业的第一任系科主任。在经费紧缺、师资匮乏、白手起家的艰难创办过程中,付出了艰辛努力,开创了甘肃高等医学教育的雏形。

齐清心,国立西北医学专科学校校长(1942—1945)

齐清心,字澄秋,男,1893年生,河北省蠡县人。1916年毕业于直隶高等师范学校化学物理科,1922年毕业于美国杰弗逊医学院,获医学博士学位。并在美国盘西尔万尼亚大学从事生物研究。1924年6月—1938年3月,先后任河北大学医科教授、河北大学医科学长、河北省立医学院院长。1942年1—10月,任河北卫生署专员;1942年8月—1945年7月,奉教育部选派任国立西北医学专科学校校长。1946年1月—1953年4月,先后任河北省立医学院筹备处主任、院长。1953年5月,调中央卫生部工作。

齐清心作为甘肃高等医学教育由系、科升格为学校的第一任校长,为甘肃高等医学教育更新体制、招贤聚才、独立办学做了最初的尝试和贡献。

侯宗濂,国立西北医学院兰州分院院长(兼)(1945—1946)

侯宗濂(1900—1992),辽宁省海城人。著名生理学家、医学教育家。1920年毕业于南满医学堂。1922年,去日本京都大学进修肌肉神经普通生理学及生物物理化学,1926年获日本医学博士学位。1930年赴奥、德留学。留学期间,对当时已被世界生理学界公认由法国科学院院士拉皮克(Lapicqe)提出的"时值"理论,提出了质疑,并首先提出要找到一个新的确实反映兴奋性的指标来取代拉氏"时值",引起了国际生理学界的关注。1931年回国后,任北平大学医学院生理学主任教授。1937年应聘赴闽,创建福建医学院,任院长、教授兼生理学主任。1944年应邀出任西北医学院院长。1945年,国立西北医学专科学校改组为国立西北医学院兰州分院,侯宗濂兼任院长,为甘肃医学教育从专科学校过渡到本科学院起了积极的转化和促进作用。1950年,任西北医学院院长。1988年,任西安医科大学名誉校长。他提出的"标准时值"概念、"兴奋发展过程阶段论"等,对肌肉神经普通生理学的研究作出了重要贡献,解决了国际上许多学者长期探讨而未能解决的问题,被生理学界奉为经典。从1972年起,他开始进行针刺镇痛原理的研究,开辟了"针感生理学"这一新的学科研究领域。"针刺镇痛原理"及"肌肉神经普通生理学"两项课题研究成果,获1978年全国科学大会奖。1992年逝世。

1933—1946年曾担任过医学专修科主任及附属医院院长的还有:

王景槐 甘肃学院医学专修科主任(1936—1937)

王自治 甘肃学院院长,兼医学专修科主任(1937—1938)

陈光世 甘肃学院医学专修科主任(1938—1941)

于光元 甘肃学院医学专修科主任(1941—1942)

李克生 甘肃学院附设中山医院院长(1932—1934)

张仲毅 甘肃学院附设中山医院院长(1934)

王景槐 甘肃学院附设中山医院院长(1935)

宋子安 医科主任兼附设医院院长(1936)

王兰亭 甘肃学院附设医院院长(1937—1942)

第二节 兰州大学医学院时期的主要领导

1946年国立兰州大学医学院到1954年的兰州大学医学院,是甘肃高等医学教育的奠基时期,历时9年。这一阶段的主要领导人是:

于光元,国立兰州大学医学院院长(1946—1948)

于光元,男,1899年出生,山东省烟台市人。一级教授,我国皮肤性病学科主要奠基人之一。1921年毕业于奉天医科大学,1925年获英国爱丁堡大学医学博士学位。回国后先任教于奉天医科大学、国立中央大学医学院、成都三大学联合医院。1933年,受聘于甘肃学院医学专修科教授,1941年任甘肃学院医学专修科主任。1942—1945年任西北医学专科学校、西北医学院兰州分院教务长。1946—1948年任兰州大学医学院院长、教授。1950年后,任教于同济大学医学院、中美医院、上海第二军医大学、同济医科大学。历任第三届全国人大代表,第五、六届全国政协委员,第四届湖北省政协委员,上海市皮肤科学会主任委员、中华皮肤科学会副主任委员、中华医学会湖北分会理事、湖北省及武汉市皮肤科学会主任委员、《中华皮肤科杂志》副主编等。早年研究药理学,后从事皮肤性病学研究。主要著作有《皮肤病及性病学》、《麻风病学》、《职业性及工业病手册》等。主校译卡塔梅舍夫的《皮肤性病学》、《安德鲁斯临床皮肤病学(第6版、第7版)》。在国内外发表重要论文40余篇,1957年代表我国出席第十一届国际皮肤科学术会议,在大会上宣读"日光性皮炎"。50年代发表"见于中国的雅司病"、"全身性弥漫性血管角化瘤"。"核黄素缺乏病的皮肤组织病理研究"一文获全国科学大会奖,核黄素缺乏病的皮肤组织病理研究在世界上属于领先水平。1991逝世。

乔树民,国立兰州大学医学院院长(1948—1950)

乔树民,男,1913年9月6日出生于江苏省盐城(今建湖县)西虹桥乔家舍。1937年毕业于上海医学院。抗日战争期间,乔树民于川、黔、湘、陕、甘等地从事多种传染病的防治工作,并在国民政府中央卫生实验院及湘雅、贵阳、广西、上海医学院从事教学和科研工作。1946年,获美国哥伦比亚大学公共卫生学硕士学位。1947年,任美国康乃尔大学医学院客座教授,并在美国秘密加入了中国民主同盟。1948年回国后,担任兰州大学医学院院长兼兰州大学医学院附属医院院长、教授。兰州解放后,1950年担任西北人民政府卫生部教育处长。同年7月,调任大连医学院教授、教研组主任、副教务长,1980年,任大连医学院副院长。1989年于大连病逝。

他在国内外发表论文40多篇,并有著作9部,其中《医学统计法》一书曾多次再版重印,被公认是典型的医务教材。专著《卡介苗的理论和发展中的问题》《卡介苗测验的诊断价值》,于1951年获东北人民政府卫生部科学成就甲等奖。乔树民系辽宁省政协第四、第五届委员会常委,民盟中央科技委员会委员,中华医学会终身会员,中国医学百科全书《流行病学》分卷副主编,美国医学学会会员,世界卫生组织专家咨询团中国籍专家。

曲正,兰州大学校长兼任医学院院长(1950—1952)

曲正,男,1904出生,山东黄县(今龙口市)人。1930年毕业于北平大学医学院,后留学德国柏林大学、日本庆应义塾大学,获细菌学博士学位。1938年参加八路军,1942年加入中国共产党。曾任延安中国医科大学教员、教育长,陕甘宁边区卫生署署长,第一野战军卫生部部长。抗日战争时期,在延安物质条件非常困难的情况下,主持研制成功牛痘苗。建国后,任西北军政委员会卫生部副部长;1950年任兰州大学校长兼医学院院长;1953年调北京,先后任北京医学院副院长、北京医科大学党委书记(1956—1959)、人民卫生出版社社长。1971年逝世。

王文义,兰州大学医学院院长(1952年2月—1954年8月)

(详见第三节独立建院后的历任主要领导人)

1948年兰州大学医学院建立附属医院后,先后担任附属医院院长的有:

乔树民,国立兰州大学医学院附设医院院长(1948—1949)

杨英福,兰州大学医学院附设医院院长(1949—1954),兰州医学院附属医院院长(1954—1980)

杨英福(1906—1982),男,浙江诸暨县人,中共党员,内科消化系专家、教授,我国最早开展胃镜检查术的学者之一。1932年,考入国立上海医学院;毕业后曾任西北公路工务局天水医院院长,西北医专讲师兼中央医院主治医师;

1946年被聘为内科副教授。1946—1948年,公费赴美国芝加哥大学医学院进修,得到辛德尔教授的指导,专攻消化系疾病,悉心钻研胃镜检查技术;在此期间还到纽约医学进修学校深造。1949年回国后,任兰州大学医学院内科教授、附设医院院长。曾兼任民盟甘肃省委副主任委员、甘肃省政协委员、中华医学会内科学会常务委员和甘肃省医学分会会长、《中华内科杂志》编委及《中华消化杂志》编委等。1982年因病逝世。

　　杨英福一生致力于胃肠病学研究,在胃肠病学理论、治疗以及胃镜检查技术方面颇有建树。1950年10月22日,首次使用留学归国时带回国内的首台Wolf–Schindler半屈式金属胃镜, 在王永铭医师的协助下开展了胃镜检查。1951年在北京举行的首届中华医学会年会上,他作了题为"胃镜检查及其诊断价值"的学术报告,引起与会者的极大兴趣。这篇论文1953年在《中华内科杂志》发表后,被公认为是我国最早关于胃镜应用研究的重要文献。随后,他和同道们坚持消化系疾病和胃镜研究,先后在《中华内科杂志》上发表 "贲门区癌肿诊断"、"节段性肠炎43例分析报告"等多篇论著。他编写的《应用胃肠病学》一书,1954年4月由上海广协书局出版,系统地介绍了近代胃肠疾病学理论和技术,在当时具有很高的实用价值,对促进胃肠病诊断治疗技术的普及和提高起了积极作用。50年代初,由于医术精湛曾为班禅额尔德尼·确吉坚赞大师治病。班禅康复后,亲自给他赠送了哈达和锦旗,锦旗上用汉藏两种文字写到:"医学精通,培养西北干才;存心济世,泽及蒙藏人民"。他担任附属医院院长32年,始终坚持"努力创建正规化教学医院、积极培养业务骨干、全力为防病治病服务"的办院方针,逐步完善、建立各项工作制度,为医院的建设和发展殚心竭虑,作出了卓越的贡献。

第三节　独立建院时期的主要领导

　　1954—2004年,兰州医学院独立建院,在50年的建设和发展中,主要领导人有:

谭道先,兰州医学院首任院长、党组织书记(1954—1969)

　　谭道先,男,汉族,生于1913年,湖南省茶陵县人。1930年8月参加中国工农红军,1931年11月加入中国共产党,1933年江西瑞金卫生学校第五期毕业。在第二次国内革命战争时期,历任红十二军看护员、班长、司药,总卫生部巡视员,总卫生部附属医院医政科长,第五后方医院医政科长,二方面军野战医院医政科长,二方面军卫生部医政科长;抗日战争时期,历任一二〇师卫生部医训队长,抗大七分校卫生部长;解放战争时期,历任雁门军区卫生部长,三军卫生部长。全国解放后历任七军卫生部长、七军后勤部副部长兼卫生部长、西北军区卫生部副部长、医药管理局局长。1953年3月,经中央军委批准转业到兰州大学,负责兰州医学院的筹建工作。1954年,兰州医学院独立建院,谭道先同志任第一任院长至1969年。其间1954—1956年兼任兰州医学院中共党支部、分总支、总支书记。行政9级,享受副部级待遇。

谭道先同志参加革命50年来,长期从事党的卫生工作,参加了举世闻名的二万五千里长征。在艰苦卓绝的革命战争中,在社会主义革命和社会主义建设中,他忠于党、忠于人民,坚持党的原则,遵守党的纪律,作风正派,以身作则,严格要求自己,勤勤恳恳,作出了突出的贡献。

谭道先同志是筹建兰州医学院新体系、新规模、新校舍的奠基人,兰州医学院50年独立发展史上的第一任院长和第一任党支部书记、分党总支书记、党总支书记。在任15年间,他团结知识分子,艰苦创业,为创立学院管理体系、教学体系和组织大规模基本建设,学习苏联进行教学改革,筹备中共兰州医学院第一届代表大会,组建首届党委班子等工作做出了卓越的贡献。他认真贯彻党的教育方针,坚持实事求是,从实际出发,尊重教育规律,强调培养高质量的人才是高等学校的根本任务,在任何情况下,紧紧抓住提高教育质量这一学校的根本要务。他经常深入各教师家中,深入教研室、课堂、实验室调查研究,和教职工谈心、散步,询问他们的学习、工作和生活情况,关心他们确定的研究方向,深得师生爱戴。50年来,无论兰州医学院的物质"硬件"怎样扩展,都离不开谭道先院长最初的奠基培土;无论兰州医学院的文化"软件"如何壮大,都离不开他的创业精神;无论兰州医学院的师资队伍几度接替,都离不开他的最先栽培。谭道先是兰州医学院令人仰慕的建院功臣。

白彦博,兰州医学院党委书记(1957—1959)

白彦博,男,汉族,生于1907年6月,陕西省延长县人。1927年加入中国共产主义青年团,1928年加入中国共产党。1930年2月至1934年7月,从事党的秘密工作,担任延长县狼神山党支部书记。1934年8月,担任宜川县教育部部长。1935年10月,任中共中央苏维埃西北办事处《红色中华报》编辑。1937年,任固临县委统战部长、宣传部长。1941年,在延安大众读物社、群众报社任副社长、总支部书记。1943年至1946年,任中共中央陕甘宁边区文协秘书长等职。1947年,任陕西省黄龙地委秘书长;1948年,任宜川县县长;1949年,担任甘肃省武威地委秘书长、统战部部长。1952年,任西北民族学院党委书记。1957年,任第一届兰州医学院党委书记。1959年,任中国科学院兰州分院地球物理研究所所长、党总支书记。1965年,任甘肃省农业科学院院长。

1966 年,受到"文化大革命"冲击。1978 年,担任中国科学院兰州高原大气物理研究所党委书记。1982 年 7 月离休,享受副部级待遇。1998 年 9 月因病在兰州逝世。

董宏杰,兰州医学院党委书记(1960—1962)

董宏杰,男,汉族,1914 年 1 月出生于山西省洪洞县一个农民家庭,早年接受革命思想,参加进步群众团体,14 岁时担任本村抗日救国儿童团长。1934 年 4 月加入中国共产党,后任本村抗日青年救国会秘书。同年 12 月,在蒋介石、阎锡山发动第一次反共高潮时转入地下活动,担任党的秘密交通员。1940 年 1 月,遵照党组织的指示,打入阎锡山统治的洪洞县警察局,搞情报侦察工作。1940 年 4 月至 1941 年 9 月,先后任洪洞县公安局公安队战士、班长,安泽地委组织部干事;1941 年 10 月至 1943 年 2 月,任太岳区公安侦察员;1943 年 3 月至 1945 年 12 月,任青城县公安局侦察股长、副局长;1946 年 1 月至 1947 年 6 月,任太岳公安局治安科科员、太岳区党委土改工作队基点组组长;1947 年 7 月至 1949 年 5 月,任郡城专区安邑县委委员、公安局长。1949 年 6 月调甘肃工作。1949 年 8 月兰州解放后,任兰州市军管会公安处二分局代理局长、公安处一科侦察科长;1950 年 1 月,任甘肃省公安厅政保处副处长;1952 年 2 月至 1953 年 7 月,先后任临夏州委临潭县土改工作团副团长、甘南藏族自治州(以下简称甘南州)工委常委、社会部长兼兰州警备区独立营党委书记、临潭县双叉区工委书记;1953 年 8 月至 1955 年 3 月任甘南州委常委、甘南州政府委员、公安处处长,甘南州民警大队政委兼检察院检察长;1955 年 4 月至 1959 年 12 月,任甘南州委副书记、书记处书记;1960 年 1 月至 1960 年 5 月,任甘肃省委甘南工作组副组长、州委常务书记;1960 年 6 月至 1962 年 9 月,任兰州医学院党委书记;1962 年 10 月至 1963 年 11 月,任白银市委副书记;1963 年 12 月至 1966 年 10 月,任武都地委副书记。

董宏杰同志在"文化大革命"中,政治上受到残酷迫害。1974 年,他大病初愈即调入甘肃省农科院工作;1975 年 6 月至 1978 年 12 月,任甘肃省农科院党委常委、革委会副主任;1979 年 1 月至 1983 年 8 月,任甘肃省农科院副院长;1983 年 9 月至 1984 年 11 月,任甘肃省农科院党委顾问,1984 年 12 月离职休养。2003 年 6 月逝世。

吴中,兰州医学院党委书记(1963—1971)

吴中,男,汉族,生于 1915 年 8 月,江西省泰和县人。1931 年 11 月参加中国工农红军,历任勤务兵、战士、护士,参加了著名的第五次反围剿战役。1935 年 9 月加入中国共产党。1936 年 4 月至 1937 年 6 月,被调入红军医科大学学习。1938 年 3 月起,历任八路军驻西安办事处医生、卫生所所长,其间护送白求恩大夫及大批爱国青年到达延安。1941年奉命调回延安,先后担任延安干部疗养所医生、所长,并负责周恩来等部分中央及边区政府首长的医疗保健工作。解放战争中,任绥德军分区门诊部主任、和平七分院副院长。1949年初,任陕甘宁边区政府卫生处医政科长。 1949年7、8月,任在西安组建的甘肃工作团卫生处负责人,率10人组成接管小组,随军开赴兰州。1949年8月,以甘肃军管会军代表身份负责接管兰州各医疗卫生单位。1950年,甘肃省人民政府成立,担任甘肃省卫生厅副厅长并兼任甘肃中医学校校长(1950—1952年)。1958—1963年,任甘肃省卫生厅党委书记兼厅长。1959年当选为中共甘肃省委第四届候补委员。1963年3月起,任兰州医学院党委书记。1971年10月至1979年6月,任兰州医学院革委会副主任、党委副书记。1979年7月至1983年4月任甘肃中医学院顾问。1985年3月病逝。

裴罗克,兰州医学院党委书记(1971—1972)

裴罗克,男,生于1918年8月,甘肃省榆中县人。1938年10月参加革命。1939年2月加入中国共产党。历任八路军延安卫生学校学员;八路军延安留守兵团野战医院医生、主治医生、科主任;延安警备三旅医院医务主任、院长;陕甘宁边区陇东军分区卫生部长;第一野战军二兵团直卫处处长;西北军区卫生部训练处处长、计划处处长;兰州军区后勤部卫生部副部长、部长;兰州军区后勤部副部长、顾问等职。1955年9月,授予上校军衔。1971—1972年,任兰州医学院党委书记。1988年7月,被授予独立功勋荣誉章。1989年12月病逝。

韩丰,兰州医学院党委书记(1972—1984)

韩丰,男,汉族,生于1918年7月,原名韩秀峰,曾用名寒风,河南省许昌县人。1937年1月参加革命,先后在红军教导师及八路军总司令部随营学校抗大分校担任文化教员、指导员。1938年至1945年,在延安马列学院学习,后在卫生部担任干部理论教员、指导员。1946年至1953年,先后任榆林地区委员会党校副校长、地委宣传部长。1954年,由西北局指名调任西北民革指导委员会副秘书长(应该会主任张治中要求,西北局派一名共产党员担任副秘书长)。1955年,奉命调回北京担任中央民族学院研究部副主任。1956年,调西北民族学院,担任副院长、党委书记(院长由汪锋兼任)。1972年9月,任兰州医学院党委书记,1983年离休,享受副省级待遇。

韩丰同志是一位德高望重的老革命、老领导。"文革"中,他在十分困难的情况下,尽力保护广大知识分子、为结束学院的混乱局面起到了一定的作用。粉碎"四人帮"后,他迅速主持给受迫害的教职工落实政策,平反昭雪,使他们放下思想包袱,轻装上阵;积极恢复教学科研医疗机构,整章建制,开始正常的工作运转;努力改进教学科研设备,建立了学院第一座电镜室和电化教育室。

他主持党委工作期间,努力加强学院的思想政治工作,曾被《人民日报》宣传报道;他狠抓学生的德智体全面发展,学生体育运动队连续两年在全省大学生运动会上获得男子团体第一、女子团体第一、总分第一的好成绩。

1984 年离休后,他仍然关心兰医的发展和建设,老有所学、老有所为,曾担任兰州医学院关心下一代工作委员会主任,兰州医学院育才学校校长。获得老年精英奖。

裴江陵,兰州医学院党委书记(1983—1986)

裴江陵,男,汉族,生于 1921 年 8 月,山东省长清县人。1938 年毕业于抗日军政大学,1939 年加入中国共产党,先后在中共鲁西区委、山东分局组织部工作。历任第三野战部科长,上海招商局、华东军政委员会办公厅秘书主任、副处长,国务院秘书厅代理处长,中共甘肃省委办公厅副主任,省人民医院革委会副主任,兰州生物制品所党委书记,中共甘肃省委宣传部副部长。1983 年 5 月,担任兰州医学院党委书记。1990 年,任中国老年大学协会代表,甘肃省老年大学副校长,并曾赴加拿大参加国际老年大学第十五届年会。后担任甘肃省顾问委员会委员。1994 年因病逝世。

裴江陵同志在兰州医学院工作期间,首次提出扬长避短,发挥优势,努力把兰医办成一所多学科、多层次、综合性、有特色的医学院校的办学指导思想并努力实践,结束了学院持续多年的专业单一状态,开始向多学科、多层次的方向发展,也为以后数年中学院的发展壮大打下了良好的思想基础。他全面落实党的知识分子政策,从思想上、工作上、生活上解除知识分子后顾之忧;他加强党的自身建设,圆满完成"文革"后的首次整党工作;努力开创思想政治工作新局面,坚持四项基本原则,端正业务指导思想,坚决反对精神污染;他努力实现管理体制改革,实施了学院第一轮的改革起步工作,为兰州医学院的发展和建设作出了突出的贡献。

廖世伦,兰州医学院党委书记(1986—1988)

廖世伦,女,汉族,生于 1935 年 12 月,重庆璧山县人。1953 年 9 月参加工作,在重庆市人民委员会文教办公室担任秘书。1956 年加入中国共产党。1956 年 9 月至 1960 年 11 月,在兰州大学中文系学习。1960 年 12 月毕业后留校工作,先后任兰州大学党委科研部中文系总部干事、艺术学院党委办公室秘书、校长办公室秘书、教务处教学科研科长。1973 年 1 月起,任兰州大学化学系办公室主任;1979 年 1 月,任兰州大学化学系副主任;1980 年 1 月起,担任兰州大学化学系党总支副书记、书记;1982 年 9 月,担任兰州大学党委宣传部部长;1983 年 5 月,任兰州大学党委副书记。1985—1988 年,任兰州医学院党委副书记、书记。1988—1992 年,任甘肃省妇女联合会主任,中共甘肃省第六届委员会候补委员、全国妇联第六届执委。1992年调北京工作,先后任中国社会科学院世界经济与政治研究所党委书记,中国社会科学院研究生院党委书记兼副院长、教授。

廖世伦同志就任兰州医学院党委书记期间,对党的教育事业忠心耿耿、无私奉献。她积极推进党的思想建设和组织建设,努力开创党建、思想政治工作新局面;她坚持倡导校务公开、民主监督,建立了党委会议事规程,校务公开、民主监督的一系列有效机制和规定;1988年,积极倡导召开了兰医有史以来的首次教职工代表大会,确立了"团结、勤奋、严谨、求实"的兰州医学院校训。

郭正田,兰州医学院党委书记(1990—1999)

郭正田,男,汉族,生于1939年6月,甘肃徽县人。1960年7月加入中国共产党。1961年自甘肃师专毕业后被分配到成县师范任数学教师,兼任校团委书记;1969年后,任武都地区政治部干事、地委组织部秘书、地区文教局副局长;1983年5月,任陇南地委副书记、甘肃省人大常委会陇南地区联络处主任。他在地方工作期间,因完成经济目标任务成绩突出,曾于1986年、1987年两次荣获省人民政府一等奖、二等奖。

1990年6月,任兰州医学院党委书记;1999年11月退休。在担任兰州医学院党委书记期间,他严格要求自己,锐意改革,开拓进取。与党委一班人真诚团结,认真落实党委确定的各项任务,带领全校师生员工,坚持正确的办学方向,制定学校新的建设目标,明确发展定位,抓住机遇,实现了稳定发展。积极推进现代大学制度的建设,深化校内管理体制改革;积极探索"党委领导,行政管理,教授治学"的管理新模式。

他不断开创党建和思想政治工作新局面,始终坚持把思想政治工作放在首位,把党的思想建设、组织建设、作风建设和学校稳定工作作为大事来抓,在理论学习、廉政建设、青年教师工作、党员干部培养等方面建立了一系列规章制度。他特别注意研究探讨新时期党建工作规律,积极改进党委的领导方式,坚持总揽全局,协调各方,使学校形成了"集体领导、分工负责、恪尽职守、团结奉献"的党政领导工作新格局;他下工夫抓基层党组织建设,形成了"政治领导、参与决策、保证监督、凝聚力量"的学院党组织工作新思路;努力探索基层党支部工作新途径,提出"融入中心、巩固中心、凝聚人心"的党支部活动新方式;按照"以人为本"的原则,实行"贴近生活,以真情感动人;尊重理解,以真诚引导人;多做实事,以真心关爱人"的工作方式,说实话、办实事、求实效,贴近了师生员工的生活实际,凝聚了力量,维护了稳定,促进了学校的改革和发展。

在加强社会主义精神文明建设中,提出并实施了加强大学生基础文明建设"1234567"工程,即一个目的、两个形象、三从、四讲、五爱、六不、七禁止。为了使理论学习落到实处,总结、实行了"65432"学习法,即坚守"六个阵地",坚持"五个结合""四个制度",落实"三个到位",做到"两个带头"。

1991年,由他倡导创建了兰州医学院党校。他本人亲自到党校为青年干部、青年学生上党课,还组织召开了两届兰州医学院党建思想政治工作研讨会,重视将理论研究与实际工作相结合,为学院党建研究作出了贡献。他亲自撰写党建文章,主编《理论·实践·探索》一书,参编《大学生党课教程新编》一书。发表的论文主要有:《关于加强教学工作的思考》、《领导者要做领导的事》、《临床教学与医德教育》、《关于大学生做人教育的思考》、《关于加强医科大学生素质教育的思考》等。

阎孟辉,兰州医学院党委书记、研究员(2001—2004)

阎孟辉,女,满族,生于1951年4月,吉林海龙人。1966年在甘肃建设兵团酒泉下河清农场参加工作。1973年加入中国共产党。1973年9月至1975年,在甘肃省财贸学校学习,毕业后留校工作,后任校团委书记。1981年,调兰州商学院工作,先后任团委副书记、学生工作部副部长、团委书记,党委宣传部部长、组织部长,党委副书记兼纪委书记。2001年3月,调任兰州医学院党委书记。

阎孟辉同志长期在教育系统工作,几十年来忠诚于党的教育事业,坚持党的教育方针,工作勤勤恳恳、兢兢业业,在不同的工作岗位上都取得喜人的成绩,得到上级组织和社会各界的普遍称赞。在甘肃建设兵团酒泉下河清农场工作期间,因工作成绩突出,先后两次获得嘉奖。在甘肃省财贸学校和兰州商学院工作期间,多次被评为先进工作者和优秀共产党员。1982年被评为甘肃省优秀团干部,1989年被评为甘肃省优秀党务工作者,1990年被评为甘肃省少数民族优秀干部。1997年和2002年两次当选兰州市城关区人大代表,2002年当选甘肃省第十次党代会代表,2002年当选甘肃省九届政协委员。2003年当选全国总工会教育工会妇女委员会委员。2003年出席全国第九届妇女代表大会,并任甘肃团副团长。

阎孟辉同志思想解放,思路清晰,敢于大胆改革,勇于开拓进取。她在兰州商学院工作期间因工作富有创新性、进取性而获得广大教职工的普遍好评。她主管学生工作期间,学生社会实践活动连续7年获中宣部、教育部表彰奖励,院团委连续6年被评为省级"红旗团委"。她分管工会工作时,院工会被评为"全国民主管理先进单位"。

阎孟辉同志担任兰州医学院党委书记后,团结带领党委领导班子成员,在全院广大教职工的大力支持下进行内部管理体制改革。通过改革,精简了机构,理顺了工作关系,调动了广大教职工的工作积极性,形成了一支无论是年龄结构、知识结构、专业结构、能力结构,还是学历结构、职称结构都日趋科学合理的干部队伍,使兰州医学院出现了一种团结奋进、富有朝气的新气象。她为人正直,廉洁勤政,平易近人,密切联系群众,经常带领班子成员深入基层调查研究,了解职工疾苦,解决职工生活工作中的困难,深得广大教职员工的信赖。她作为党委书记,注重发挥班长的模范带头作用,认真学习马列主义、毛泽东思想、邓小平理论和"三个代表"重要思想,积极贯彻党中央的各项方针政策,结合本院实际制定切实可行的落实措施。在加强党风建设中注重加强班子建设,发挥班子的重要作用。党委班子在 2002 年、2003 年连续两年的年度考核中被省委评为好班子,兰州医学院 2002 年度被省委、省政府评为省级精神文明建设先进单位。在 2003 年全省高校思想政治工作评估中,学院的思想政治工作得到了专家的一致好评。在学校的建设和发展中,努力实现了 9 个方面的跨越,学校办学条件和整体面貌发生了显著变化,综合实力和整体竞争能力有了明显增强。

阎孟辉同志注重理论和实际相结合,注重高教管理理论和对工作实际的研究。先后在《党建》、《高校领导参考》、《兰州大学学报》等刊物上发表论文 30 多篇,其中 2 篇获教育部思想政治研究会优秀论文奖。与他人合作完成三部学术著作,并主持完成《西北落后地区高等教育研究》等两项省级社科科研课题。理论研究上的成就赢得同行们的赞誉,先后任西北高教管理研究会理事、副理事长、中国高教管理研究会理事、全国公共关系学会理事、甘肃省思想政治研究会理事等学术职务。

王文义,兰州医学院院长、教授(1979—1983)

王文义,男,汉族,生于 1915 年 11 月,山东省寿光县人,中共党员,医学微生物学及免疫学教授,硕士研究生导师。1934 年 9 月考入原山东济南齐鲁大学医学院学习。1937 年 10 月因抗日战争,学校内迁四川,遂转入成都华西大学医学院继续学习。1941 年 6 月毕业留校担任助教。1941 年 9 月至 11 月,在成都空军机械学校做军医。1941 年 12 月至 1942 年 8 月,在昆明空军第二医院做军医。1942 年 8 月至 1947 年 5 月,在成都华西大学医学院任助教、讲师。1947 年 5 月至 9 月,在兰州大学医学院任讲师。1947 年 10 月至 1949 年 1 月,在美国爱荷华、北卡罗来纳、纽约哥伦比亚大学医学院进修。1949 年 5 月至 1950 年 5 月,在重庆仁济医院做内科主任。1950 年 5 月至 1952 年 2 月,任兰州大学医学院教授。1952 年 2 月至 1954 年 9 月,任兰州大学医学院院长。1954 年 9 月至 1971 年 11 月,担任兰州医学院教授、副院长。1971 年 11 月至1979 年 5 月,担任兰州医学院革委会副主任。1979 年 5 月至 1983 年 5 月担任兰州医学院院长。

王文义主要从事医学微生物及免疫学的教学与科研工作,曾发表《细菌传染与战伤外科》、《针刺对狗机体抗体形成的影响》等为代表的多篇科研学术论文。合作出版高等医学院校医疗专业试用教科书《医学微生物学》。他不仅有很高的英语水平,而且能阅读本专业的俄文杂志,这对其进行学术研究有积极作用。他凭借自己的外语能力为学校图书情报资料的建设,以及师资力量的培养做了大量有效的工作。

在担任兰州医学院副院长、院长期间,他团结知识分子艰苦创业,为组织学院创立和大规模基本建设,推行教学改革,建立现代教学组织和教学秩序,倡导科学研究等方面作出了积极的贡献。他认真贯彻党的教育方针,坚持实事求是,从实际出发,尊重教育规律,始终把培养高质量的人才作为学校的第一要务。

王文义同志平易近人、生活俭朴、乐于助人、为人师表,深得师生爱戴。他积极参加各种社会活动,曾于 1952 年至 1988 年担任甘肃省微生物学会理事长、中国微生物学会理事。1953 年 3 月加入九三学社,曾任九三学社兰州分社主任委员、九三学社中央委员会委员。

王扬宗,兰州医学院院长、教授(1983—1985)

王扬宗,男,汉族,生于 1926 年 8 月,辽宁新民县人,中共党员,病理学教授,硕士研究生导师。1941 年,在奉天省第一国民高等学校学习。1945 年 1 月,在原满洲医学院入学经沈阳医学院、中国医科大学学习。1948 年在中国医科大学参加中国人民解放军,1949 年在中国医科大学建校运动中荣立三等功,1950 年毕业,获医学学士学位。1950 年 2 月至 1952 年 10 月,在东北卫生部结核病防治医院任病理科医师。1952 年 11 月,响应国家支援大西北的号召,调兰州大学医学院、兰州医学院工作,历任病理学教研室助教、讲师、副主任、主任、副教授、教授、硕士研究生导师。1980 年 2 月加入中国共产党,1981 年 5 月任兰州医学院党委委员、副院长。1983 年 5 月至 1985 年 8 月,任党委委员、院长。享受国务院政府特殊津贴。期间曾当选为甘肃省第四、五届人大代表,兼任中华医学会总会理事、甘肃省医学会会长、名誉会长,中华医学会地方病学会常务委员,甘肃省医学会病理学会主任委员,《中国循环杂志》、《临床与实验病理学杂志》、《国外医学——生理、病理科学分册》及新疆《地方病通报杂志》编委。

王扬宗教授主要从事病理学专业的教学、科研与临床病理检验工作,精通日语、英语,熟悉俄语、德语。作为科技工作者,善于把握科技领域的前沿和动态,具有很强的敏锐性,尤其在心血管病理学的研究、克山病病理学及阿霉素心肌病的防治研究方面有突出的造诣,先后在国内外学术刊物上发表论文 40

余篇,出版专著多部,并获《克山病的病理研究》等 8 项科研成果奖。

王扬宗教授对待教学工作积极负责、认真严谨,注重教学方法与效果,重视学科建设及青年教师的培养,言传身教、悉心指导。他亲自担任研究生、本科生、专科生,以及进修学生的病理学课程的教学工作。1978 年至 1986 年,共指导培养病理学专业研究生 13 名。其严谨的治学态度,独特的教学方法,优秀的师德风范得到了师生的一致好评。为提高病理学教学水平,他积极进行标本的收集和实验室的建立,亲自参加兰州医学院电镜室的设计、安装与验收测试工作。在外检方面,王扬宗教授具有很高的临床病理诊断水平,他准确进行了大量的外检及尸检工作,为甘肃省医疗诊断和司法鉴定提供了有力支持。

王扬宗教授在任兰州医学院副院长、院长期间,坚持社会主义办学方向,以对党和人民高度负责的精神,从兰州医学院的发展着眼,宏观把握,科学定位,真抓实干,锐意改革,为学院各方面的建设与发展规划作出了重要的贡献。他积极主张学校的对外交流,注重师资队伍的建设。1981—1992 年间,曾三次出访日本,与韩哲生教授、冯守诚教授共同搭建了第二附属医院脑血管、骨科研究与日本脑血管研究、骨科方面的研究合作的平台,至今多年仍保持稳定的合作关系。

1995 年离休后,还始终关心着党的医学教育事业,关心着学校的建设和发展,始终把自己的生命与医学教育连在一起,把全部精力融入了医学教育事业的发展之中, 在全院教职员工中享有很高的声誉。 2008 年 2 月 3 日在广州逝世。

邢祖林,兰州医学院院长、教授、主任医师(1985—1990)

邢祖林,男,汉族,生于 1929 年,江苏省南京市人,中共党员。1954 年兰州大学医学院毕业,历任兰州大学医学院、兰州医学院附属医院内科助教、住院医师、总住院医师、讲师、主治医师、副教授、副主任医师、内科学教授、主任医师,第一附属医院内科教研室主任、内科主任。硕士研究生导师,享受国务院政府特殊津贴。1985 年 8 月至 1990 年 3 月,任兰州医学院院长。

邢祖林教授主要从事内科学呼吸系统和结核病的临床诊疗、临床教学、科研工作。在临床诊疗工作中,他重视理论与实践相结合。多年来,他坚持教学查房,不断吸取临床中的经验与教训,从而取得教学相长的效果。先后开展有关呼吸病的多项检测项目,如 1958 年开展的硬管支气管镜检查、支气管造影术、人工气胸气腹等诊断和治疗技术,以及后来开展的经纤维支气管镜针刺活检、经纤维支气管镜肺活检、经皮肺活检、支气管激发和舒张等在甘肃省内均属领先开展的诊疗技术。在临床教学中,他深入浅出、少而精,讲清机理,突出重点,引入临床病例的教学方法,起到了良好的教学效果,深受科内年轻医师和学生的欢迎。他重视学科建设,主持建立了在当时具有先进设备的呼吸实验室,为开展细胞培养和进行微量技术等试验研究创造了良好的条件。他先后培养的11名硕士研究生,多已成为医院呼吸专业的骨干力量。

邢祖林教授自1963年发表《腹腔穿刺引起针道移植转移癌》以来,先后在国内外刊物发表论文、述评、综述30余篇。参加陈敏章教授主编的大型参考书《中华内科学》,罗慰慈教授主编的《现代呼吸病学》部分章节的撰写。20世纪80年代初,他在国内较早地发表了《小细胞肺癌》和《隐原性致纤维性肺泡炎》文章,引起同行重视,促进了国内在这方面疾病的诊治和研究。1994—2000年,其《中药黄芪女贞子合剂免疫功能的研究》、《非小细胞肺癌治疗的进展》、《新的国际肺癌分类法及其存在的意见》、《经纤维支气管镜针刺活检对肺癌诊断价值的研究》等科研成果,先后在多次国内外学术大会上宣读报告,并获甘肃省科技进步二等奖、三等奖。1985年被推选为中华医学会甘肃省分会呼吸和结核病学会主任委员和中华医学会呼吸病学会委员。为《中华结核和呼吸》杂志第二届编委,第三、四届常务编委,第五届资深编委。

邢祖林教授在担任医学院院长期间,重视教师队伍的建设和教学质量,经常亲临课堂听课,了解教学情况。他特别强调教师、学生外语学习以及临床医师掌握外语对未来医疗水平提高的至关重要性。因此,他在兰州医学院开始聘请外教,加强外事交流,增添外语教学设施,使学院外语教学水平有了一定的提高。他首创了兰州医学院与国外高等院校的校际合作关系,1985年与法国里昂中法大学马来基院长首次签订了两校合作协议,连续5年输送7名中青年骨干教师赴法国进修学习。在当时学院经费十分困难的情况下,他还亲赴北京教育部、卫生部争取额外资助和原版图书,为兰州医学院的建设和发展作出了积极贡献。

王镜,兰州医学院院长、教授(1990—1999)

王镜,男,汉族,生于1939年9月,陕西神木人,中共党员。1964年兰州医学院临床医学系本科毕业留校后,在兰州医学院第一附属医院内科血液科工作。1980年后在兰州医学院血液研究所工作,始终奋战在医疗、教学、科研工作的第一线。1983年任兰州医学院副院长,1990—1999年任兰州医学院院长、教授、硕士研究生导师。兼任中国血液学会中西医结合学会副主任委员,中国中西医结合甘肃分会副会长,中华医学会甘肃分会副会长,中华医学会甘肃分会血液学专业副主任委员,甘肃省高校管理学会副会长,《兰州医学院学报》主编,中国预防医学科学院兰州分院院长等职。

30多年来,王镜同志在中西医结合血液病临床研究领域中辛勤耕耘,取得较大成就。先后在国内外学术交流会上发表、交流论文60多篇。出版《白血病中医药治疗汇编》、《临床艾滋病》和《血液病新进展》等5部专著。《中西医结合治疗白血病的研究》、《再障贫血的理论与临床研究》、《急性白血病感染和出血的中西医结合治疗分析》等科研论文多次获得科研成果奖。"紫癜证治"和"白血病证治"收入《名医特色经验精华》一书。培养毕业硕士研究生15名,合作培养博士生1名。

他在担任兰州医学院副院长、院长期间,坚持社会主义办学方向,积极践行党委领导下的院长负责制,大事讲原则,小事讲风格。他重视医学教育改革和管理方法革新,发表了许多创造性、改革性意见。例如,改变了医学教育及医学生前后期脱节,管理工作"两张皮"的模式;积极探索后勤社会化改革,引进社会力量加强校园基础设施改造和建设;特别是"一定要带着感情去解决教职工住房问题,做到居者有其屋",确立了住房分配货币化,住房建设社会化,住房消费商品化的三化原则。率先在全省高校试行了国家投一点、学校筹一点、职工集一点"三个一点"的住房建设,既减轻了国家和学校在住房建设上的压力,也使有购房能力的教职工较大幅度地改善了住房条件。为此,1997年12月学院被省政府授予甘肃省教师康居工程建设先进单位称号并授予铜牌。他识才、爱才,善于发挥中青年教师、科研技术人员在教学、科研、管理等各个方面的作用,使学院的教学、科研和管理工作稳步前进,为学校的建设和发展作出了积极的贡献。他曾先后赴美国、日本、英国、法国、俄罗斯、澳大利亚等国家进行考察和学术交流,使兰州医学院与多所国外大学建立了友好校际关系。由于他在高等医学教育工作中所作的重要贡献,被国务院授予政府特殊津贴。英国剑桥大学名人传记中将王镜教授列为"有成就的知识分子"。

其治校格言:治教严以育优才,治政勤以树良风,治校实以创效益;融育人与医人为一体,首德育培医德,主教学造医才,本育人铸医魂;奉传道与授业为一宗,行中西结合之道,传救死扶伤之法,使康健众生之命;重师资积极培养,惜人才知人善任,贵科研勤恳探索。

赵健雄,兰州医学院院长、教授(1999—2004)

赵健雄,男,1942年11月生,陕西省榆林市人,中共党员。1965年毕业于兰州医学院临床医学本科专业,1980年中国中医研究院首届中医研究生毕业,获硕士学位。毕业后主动要求回甘肃中医学院任教,成为甘肃省历史上第一位中医硕士。1983年任甘肃中医学院副院长。1985年调任兰州医学院副院长,1999—2004年任兰州医学院院长、教授、博士生导师。兼任中国中西医结合学会理事,甘肃省中西医结合学会会长。《中国中西医结合杂志》、《中西医结合学报》、《中国中医急症》杂志编委。为世界教科文卫组织专家成员,国家有突出贡献的专家,国家药品审评专家,全国"五一"劳动奖章获得者,甘肃省优秀专家,甘肃省名中医,享受国务院政府特殊津贴。载入英国剑桥 IBC 和美国 ABI 编纂的《有成就者》《世界名人录》。

赵健雄同志是兰州医学院跨世纪的一任院长,1999 年上任伊始,他就对自己提出了五条要求:团结合作;开拓进取;求真务实;科学决策;廉洁自律。2000 年初,他代表学校提出了"上规模、上层次、上效益"的"三上"目标,确立了"以发展为中心,深化改革,开放办学,优化配置教育资源,提高学院办学效益和综合实力"的发展思路。以后又提出"用二十年左右的时间,把学校基本建成跨入西北地区医科院校和省属本科院校先进行列的医科大学"的总目标。

作为教育管理者,他对医学教育的改革和发展有独到见解。先后有 20 多篇管理论文在各级报刊上发表。他认为"管理人才是最重要的人才,管理人才是第一人才,管理人才决定所在单位的兴衰","人才资源是第一资源,人才资源的优化配置,是领导者最重要的职责","在矛盾中求得发展,在发展中解决矛盾是领导者必备素质"。他反复强调"一切为了教学、一切为了教师","一切为了学生、为了学生一切","全面教育"的思想,倡导除了知识的传授之外,在教育过程中还必须培养学生"学习的兴趣、向上的精神、创造的激情和社会的责任感"。他十分重视营造科学研究氛围,把学科建设作为立院和强院的重要支撑。他注重加强学院软环境和硬件设施建设,认为自己最重要的工作就是努力创造一个有利于促进教学、科研发展,有利于调动师生工作、学习积极性和创造性的良好环境。任期五年来,他抢抓西部大开发的机遇,励精图治,积极投身于高等医学教育的改革和发展事业。在学院党委的领导下,他带领行政班子,解放思想,锐意改革,务实创新,努力实现了学校 9 个方面的跨越,学校办学条件和整体面貌发生了显著变化,综合实力和整体竞争能力有了明显增强。

作为教师,三十余年来,教书育人,为人师表,教学质量优秀,深受学生尊敬和爱戴。他曾主办 3 期甘肃省中医经典著作提高班,为全省培养了中医事业的领导、骨干和学科带头人。在兰州医学院组织创办了中西医结合专业本科、硕士和博士研究生教育。1989 年起,已培养硕士研究生 52 人。1998 年起任北京中医药大学、兰州医学院、兰州大学博士生导师,已培养博士研究生 11 人。

作为学者,成果丰硕。他是全国著名的敦煌医学研究开拓者和中西医结合研究专家。1983 年,有感于身处"敦煌遗书"故乡之职责,三赴敦煌考察,历时 6 年,出版专著《敦煌医粹》,完成卫生部"敦煌医学研究"科研项目,首次提出"敦煌医学"的新概念,确立了"敦煌医学"分支学科,填补了敦煌学研究的空白,达到国内外领先水平,并获甘肃省科技进步一等奖,国家科技进步三等奖,世界传统医药突出贡献国际一等金奖。他在中西医结合抗肿瘤,中医药防治镍毒研究方面的造诣达到国内先进或领先水平。20余年来先后主持完成部、省级科研项目14项,获国家科技进步奖1项,部、省级科技进步奖11项。研制开发新药2种,申报国家发明专利2项。出版专著《敦煌医粹》、《赵健雄医学文粹》、《镍毒性与中医药防治研究》、《常用中药材真伪鉴别彩色图册》,参编全国高校统编教材2部,发表学术论文170余篇。

作为医生,坚持临床诊治病人30余年,融会贯通中医、西医理论,采用中医理论指导下的辨证施治和西医理论指导下的寻因求治有机结合的现代辨证论治。擅长内科、妇科疑难重症,尤对慢性胃炎、类风湿关节炎、过敏性紫癜、慢性肾衰、肿瘤、月经不调、习惯性流产等有独到见解,德技双馨,累起沉疴。1997年和2002年,国家中医药管理局批准为全国第二、三批老中医学术经验继承指导老师。2004年,甘肃省政府授予"甘肃省名中医"称号。

兰州医学院历任党委书记、副书记,院长、副院长,第一、第二附属医院历任书记、副书记、院长、副院长任职时间等情况见表3–1、表3–2、表3–3、表3–4、表3–5、表3–6。

表 3–1　兰州医学院历任党委书记、副书记

名称	时间	书记	副书记	备注
中共兰州医学院支部委员会	1954.9			
中共兰州医学院分总支委员会	1955.4	谭道先	丁自生	
中共兰州医学院总支委员会	1956.7		丁自生	
中共兰州医学院委员会	1957.2	白彦博	陈楚平、何奇	陈楚平1957.9调省妇联
中共兰州医学院委员会	1959		何奇	白彦博调离,何奇主持工作
中共兰州医学院委员会	1960.12	董宏杰	霍仰山、何奇	霍仰山1961年调离
中共兰州医学院委员会	1963.3	吴 中		
中共兰州医学院委员会	1971.12	裴罗克	吴 中	
中共兰州医学院委员会	1972.9	韩 丰	吴 中	吴中1979年6月调中医学院
中共兰州医学院委员会	1978		王光清、丁自生	王光清1981年调西安
中共兰州医学院委员会	1983.5	裴江陵	赵明祥	
中共兰州医学院委员会	1985.9		廖世伦、赵明祥	裴江陵离休,廖世伦主持工作

续表 3-1

名称	时间	书记	副书记	备注
中共兰州医学院委员会	1986.12	廖世伦	赵明祥	
中共兰州医学院委员会	1988.11		赵明祥	廖世伦调北京,赵明祥主持工作
中共兰州医学院委员会	1990.5	郭正田	安俊明	
中共兰州医学院委员会	1999.11		安俊明	郭正田退休,安俊明主持工作
中共兰州医学院委员会	2002.2	阎孟辉	石森泰	任职到 2004 年 11 月 18 日并校

注:林明伟 1984 年 2 月—1986 年 11 月担任学院党委顾问;温作斌 1990—1998 年担任学院专职纪律检查委员会书记;彭振华 2000—2004 年担任学院专职纪律检查委员会书记。

表 3-2　兰州医学院历任院长、副院长

名称	时间	院长	副院长	备注
兰州医学院	1954	谭道先	王文义	
	1969		王文义、王光清	
	1967.12	胡克强军方代表、任革委会主任		
	1971.12	裴罗克军方代表、任革委会主任		
	1978	王文义	王光清、丁自生	
	1979		王光清、丁自生、杨庆堂、赵明祥	王光清 1981 年调西安
	1982		丁自生、杨庆堂、赵明祥、杨玉林	
	1983.5	王扬宗	杨玉林、乔德俊、董天礼、王镜	
	1985.8	邢祖林	王镜、姚朴、赵健雄	
	1990.3	王镜	赵健雄、李树侃、郗瑞生	
	1995		赵健雄、李树侃、郗瑞生、朱任之	
	1996		赵健雄、李树侃、郗瑞生、朱任之、姚培珍	1997 年李树侃退休,姚培珍调甘肃政法学院
	1998		赵健雄、郗瑞生、朱任之、景涛、张合龙	
	1999.11	赵健雄	朱任之、景涛、张合龙	1999 年郗瑞生退休
	2001		朱任之、景涛、张合龙	
	2002		朱任之、景涛、张合龙、何晓东、张天龄	2002 年 6 月张天龄病逝
	2004		朱任之、景涛、张合龙、何晓东	朱任之 2004 年 3 月退休,其他人任职到 2004 年 11 月 18 日并校

表 3-3 第一附属医院历任党委书记、副书记

名称	时间	书记	副书记	备注
医学院附属医院党支部	1954	葛子承		
医学院附属医院党支部	1957	曹冬焱	葛子承	
第一附属医院党总支	1958		齐有声	1958 年 12 月成立党总支
第一附属医院党总支	1963	齐有声		
第一附属医院党总支	1964—1967	杨庆堂	许春晖	
革命委员会	1968			1968 年 2 月成立革委会
整党领导小组	1969—1970			1969 年 7 月成立整党领导小组
第一附属医院党委	1971	燕真	张君芳	1971 年 11 月成立党委
第一附属医院党委	1972			
第一附属医院党委	1977		康尔圭、朱光	
第一附属医院党委	1978	齐有声	康尔圭、董天礼、梁仲奎	
第一附属医院党委	1980		董天礼、梁仲奎	
第一附属医院党委	1983	潘维正	杨志忠	1984 年医院升格为副地级
第一附属医院党委	1990		张引芳	
第一附属医院党委	1991	史毅	张引芳	
第一附属医院党委	1992	张引芳	贾宝全	
第一附属医院党委	2003—	贾宝全		

表 3-4　第一附属医院历任院长、副院长

名称	时间	院长	副院长	备注
国立兰大医学院附属医院	1948	乔树民		
兰州大学医学院附属医院	1949—1953	杨英福	葛子承	
兰州医学院附属医院	1954—1957		葛子承	
兰州医学院第一附属医院	1958—1966		齐有声、许春晖、马基高	马基高 1961—1963
	1967	军宣队、工宣队主持工作		
	1968—1970	革委会主任黄振荣,副主任杨庆堂、宋赛璞、李世雄		
	1971—1972	革委会主任燕真,副主任张君芳、杨庆堂、杨英福、朱光、李世雄		
	1973—1977	革委会主任燕真,副主任史成礼、杨英福、朱光、李世雄		
	1978	杨英福	梁仲奎、高立州、吴玮、张令翈、李新伟、李延青	
	1979—1980		张令翈、李新伟、高立州	
	1981—1982	张令翈(代)	李新伟、高立州	
	1983—1984	李新伟	姚忠喜、高立州、陈春立	
	1985		姚忠喜、陈春立、王金安	
	1986		姚忠喜、王金安	
	1987—1988.11		姚忠喜、杨志忠、王金安	
	1988.12—1990	史毅	贾宝全、彭阿利	
	1991—1992.5		贾宝全、台育秦、雷仁义	
	1992.5—1994.5	梁世章	秦骏、雷仁义、沈国强、张天龄	
	1994.5—1996	傅梧	贾宝全、秦骏、雷仁义、沈国强、张天龄	
	1997—2001		贾宝全、张天龄、杨若中、严祥	
	2002—2004.2	严祥	贾宝全、杨若中、余勤、李玉民	
	2004.2—		贾宝全、杨若中、余勤、李玉民、金玉	

表 3-5 第二附属医院历任党委书记、副书记

名称	时间	院长	副院长	备注
兰州医学院第二附属医院党支部	1959	全黄春		
兰州医学院第二附属医院党总支	1960—1963	丁自生		
兰州医学院第二附属医院党总支	1964—1965	林明伟		
兰州医学院第二附属医院党委	1969—1977			
	1978—1979		安耀先	
	1980—1982		张海涛	
	1983	张创林		张创林代理半年
	1983—1984	姚朴	王富斌	
	1985—1990	董天礼	王富斌	
	1990—1994	安俊明	王富斌、刘延祯	安俊明为兰州医学院党委副书记兼任二院书记
	1994—2002	彭振华	刘延祯	刘延祯 1998 年 6 月调任甘肃中医学院院长
	2002—2004	丁桂荣		

表 3-6 第二附属医院历任院长、副院长

名称	时间	院长	副院长	备注
兰州医学院第二附属医院	1959—1960	杨英福	许春晖	
	1960—1963	丁自生	韩哲生、张训初	
	1964—1965	齐有声	韩哲生、张训初、田种玉	
	1966—1968			
	1969—1977	林明伟	韩哲生、张训初、安耀先、陈红玉、魏培胜	
	1978	韩哲生	张训初、魏培胜	
	1979		张训初、魏培胜、程占清	
	1980		张训初、程占清	
	1981		张训初、王永铭、徐执政、刘顾、秦骏、	
	1982		张训初、王永铭、徐执政、刘顾、秦骏、沙鹏图	
	1983	邝耀中	王永铭、刘顾、秦骏、沙鹏图、孟慧敏	
	1984—1985		秦骏、沙鹏图、孟慧敏	
	1986—1988		秦骏、沙鹏图、孟慧敏、王嘉祺	
	1989	康笃伦	倪安民、李树芹、张恩光	
	1990—1991		倪安民、李树芹、张恩光、史学文	
	1992—1994		倪安民、史学文、陈一戎、宁英远	
	1995—1998		倪安民、陈一戎、宁英远、刘延祯	
	1998—2000		倪安民、陈一戎、宁英远	
	2000—2002	倪安民	陈一戎、宁英远、李徐生、曹晓源、孙正义	陈一戎 2001.3 调任省人民医院党委书记
	2002	孙正义	李徐生、曹晓源	
	2003		李徐生、曹晓源、王志平	
	2004		李徐生、曹晓源、王志平、郭玉芬	

第四章　师资队伍

第一节　管理培养

一、独立建院前师资队伍情况

上世纪二三十年代的甘肃,从事西医学者甚少,从事医学教育者更是寥寥无几。1933 年甘肃学院医科创办之初,医学基础课和医学临床课多以聘请社会医生或医院医生兼课为主,普通课则聘请甘肃学院各有关学科的教师兼任。为了解决医学专业师资,在邓春膏、宋子安的热情感召和吁请下,先由时任北平大学校长的徐诵明先生介绍了王景槐、刘蔚森二人,以后又陆续聘请王兰亭、李克生、陈克兴、杨作华、张在寿、王增堂、刘奋昌、袁志毅、袁绍仪、洪百岑等人任教,部分专门课程又请了由教育部补助的教授张查理、于光元等人担任,或由西北卫生专员杨永年、西北防疫处的袁绍钦等人临时代课。据 1941 年 12 月 18 日该科奉令独立设校前的统计, 医学专业各学科共有 11 名专任教师,其中,教授、副教授 5 人,讲师 3 人,教员 3 人。

1946 年起的国立兰州大学医学院时期, 由于辛树帜校长重视教学质量,广揽人才,从国内外多方面聘请知名教授、专家、学者来兰任教,医学院的教师力量方有明显的增强。1948 年讲师以上专任教师增加到 15 人, 其中教授 9 人:马馥庭,两次赴德国留学,获威慈堡大学医学博士学位,国内病理学四大名家之一;杨浪明,美国明尼苏达大学留学,从事生理学教学与研究;王文义,美国爱荷华大学留学,从事细菌学教学与研究;戴重光,美国威斯康新大学留学,专攻生物化学教学与研究;李武功,美国华盛顿大学留学,从事人体解剖学教学与研究;杨英福,美国芝加哥大学留学,专攻内科,长于胃肠系统的治疗;唐家琛,美国哈佛大学留学,从事精神病的教学、治疗与研究;乔树民,美国哥伦比亚大学公共卫生学硕士毕业,从事公共卫生学教学与研究;于光元,英国爱丁堡大学医学博士毕业,我国皮肤性病学的奠基人。副教授3人:张培棪、张爱诚、张季兰;讲师3人:覃见效、张友泽等。当时聘请兼课的教师也多系知名人士,他们中有许多都是在欧美各著名高校学成归国的博士、教授,且已颇具专业建树。如中央医院、西北防疫处和兰州其他卫生部门的盛彤笙、张查理、李尚举、姚寻源、张汝赛、康士莹、陈桂云、方献之、安作楫、赵树宣、马步云等医学专家。可谓名家荟萃,极一时之盛。

1950年建国初期,内地发展急需人才,当时的医学院院长乔树民教授及其相随五、六年级学生20多人,先后转到新成立的大连医学院、同济大学医学院,其他一些教师也因各种原因纷纷离开了兰州大学医学院。此时的医学院师资极端缺乏,许多专业课程无人开设,加上各种政治运动,正常的教学受到一定影响。到1950年秋,因为教师不足课程少,学生只好成天在操场打球,同学们竟戏称之为"医学院体育系"。

1951年,学院师资有了一定充实,专任教师已达37人,其中教授9人:王文义、马馥庭、杨浪明、唐家琛、杨英福、张从辛(生化化学科)、张迺华(耳鼻喉科)、尹良培(外科)、张培棪(生理、药理);副教授3人:张爱诚(组胚、实验诊断)、覃见效(病理)、田鸿武(小儿科);讲师7人:张克信(小儿科)、刘杏影、刘尚哲(眼科)、梁大伟(细菌科)、崔志孝(妇产科)、史成礼(外科)、刘铭锐(皮花科);助教18人:姚侃(生理科)、许效勤(妇产科)、段培圣(组织科)、曾俊三(解剖科)、穆家圭、黄志霖、张汝翼(内科)、王肇普(外科)、王荫棠(病理科)、张经济(生理科)、陈东屏(解剖科)、张仙兰(妇产科)、张令翔(内科)、冯守诚(外科)、王永铭(内科)、王致和(眼科)、赵紫绡(细菌科)、许自诚(皮花科)。兼任教师18人,其中教授6人:胡克成(皮花、公卫课)、李尚举(内科、心肾病课)、张华麟(生殖泌尿、外科实习课)、张查理(外科、解剖课)、沈克敏(内科)、陈桂云(产科);副教授7人:陈文庆(胸腔外科、解剖)、靳士耀(解剖、动物外科手术)、李西崑(内科)、王保华(耳鼻喉、解剖)、尚德延(麻醉、动物外科手术)、邹本宝(眼科)、李赋萧(妇科);讲师5人:郭宝徽(小儿科)、葛宝丰(外科实习)、赵煜华(外科总论)、庞鲤耀(解剖、外科总论)、金则斗。还有临时聘请的代课教师若干人。

师资队伍主要有以下来源:

(1)延聘原国立兰州大学医学院专职教师;

(2)兄弟院校志愿支援甘肃建设而来的教师;

(3)大量吸收外校和本院学生中分派和留校优秀生,经过卫生部和本院进修培训后担任助教工作;

(4)卫生部逐年统配的各医学基础学科高级师资班毕业生；

(5)根据中央卫生部制定的借聘教授办法，由兰州军区总医院和其他卫生部门聘请的兼任师资；

(6)从兰州大学其他院系聘请兼任医学院基础课、公共课的教师。

到 1953 年兰州医学院独立建院前夕，师资队伍已发展到 77 名，其中，教授 9 名、副教授 3 名、讲师 10 名、助教 55 名(见表 4-1)。

表 4-1　1953 年 10 月建院前夕师资情况

教师职务	合计	细菌寄生虫及公卫	生化化学	解剖组胚生物学	生理科	药理科	病理科	内科	外科	妇产科	小儿科	精神神经	五官科	皮花科	X光科
教授	9	1	1		1	1	1	1	1			1	1		
副教授	3			1			1				1				
讲师	10	1		1					2	2	1		1	1	1
助教	55	9	3	8	4	3	4	4	4	4	3	2	4	3	
总计	77	11	4	10	5	3	6	5	7	6	5	3	6	4	1

二、独立建院初期的师资队伍情况

1954—1957 年，兰州医学院独立建院初期，对教师队伍的建设主要做了以下工作：

1.认真贯彻知识分子政策和"双百"方针

随着第一个五年经济计划的顺利进行，我国 1955 年夏季掀起了社会主义改造的高潮和群众性的生产建设热潮。为了多快好省地进行社会主义建设，努力发展我国的科学文化事业，知识分子问题随着形势的发展提到当前社会主义建设的日程上来了。1956 年 1 月 14—20 日，党中央召开了关于知识分子问题的会议。周总理代表党中央在报告中系统地阐述了知识分子在社会主义建设中的重要性，第一次提出了我国知识分子的绝大部分已经成为工人阶级的一部分。他还指出，为了最充分地动员和发挥知识分子的现有力量，应该改善对他们的使用和安排，给他们以应得的信任和支持，给他们以必要的工作条件和适当的物质待遇。为了落实知识分子政策，繁荣社会主义科学文化，毛泽东主席在这一年召开的中共中央政治局扩大会议上作了"论十大关系"的报告，宣布了在艺术问题上要"百花齐放"，在学术问题上要"百家争鸣"，即"双百"方针。

面对新的形势和新的任务，学院认真地贯彻了党中央关于知识分子工作的指示和"双百"方针。在组织全校教职员工学习讨论的基础上，采取了一系列重要措施贯彻中共中央关于知识分子工作的指示，相继建立了教研室组的教学管理组织,将松散型的教师管理改变为有组织的管理,制订了《教研室组工作规程》《改善教师工作时间和生活条件的意见》,要求教研室组保证教师有 5/6 的时间从事业务工作,为教授配备助手,减少他们的行政事务,减少教师兼职,改善工作环境,掌握教师健康状况等。党的知识分子政策和学院行之有效的工作措施,使广大知识分子深受鼓舞,激发了他们建设社会主义的政治热情和积极性,纷纷表示要跟上时代,做社会主义的知识分子。与此同时,一大批知识分子提出入党要求,先后有 18 名知识分子加入中国共产党,壮大了党的队伍。

2.加强教师队伍马克思主义世界观教育

通过报告会、自学和讨论等形式,组织全院教师学习了中共党史、辩证唯物主义、历史唯物主义等政治理论。

3.建立教师的培训、考核制度,选派教师在职进修提高

1954 年 6 月,按高教部通知的要求,选送生理科、公共卫生科、解剖科、病理科各 1 名教师到苏联留学。截至 1957 年,全院共派出 75 名各专业教师到国内先进高校进修培训,其中教授 8 人,讲师 25 人,助教 42 人。在毛主席"要诚心诚意学习苏联"的号召以及中央和西北教育部对高等学校提出的要求下,在1952 年、1953 年大力普及俄文速成学习的基础上,1954—1956 年都办有俄文夜校,分初级班和高级班,此外还派教员脱产参加中华医学会兰州分会主办的各届俄文速成学习班。通过学习,大部分教员都能阅读俄文的专业书籍。特别是在巴甫洛夫学说的学习方面,1953 年 11 月,成立了巴甫洛夫学说学习委员会,并设立了办公室。1954 年 7 月 26 日—8 月 21 日举办了首届巴甫洛夫学说学习班,培养开展巴甫洛夫学说学习的骨干力量,参加学习的有 27 人。之后又举办了两期,参加学习的有 99 人。在每届学习之后,都进行了为期 1 年的巩固。

4.晋升教师的专业技术职称

根据中央关于高等学校教师职务名称及其确定升级办法暂行规定,对于有条件升级的教师,由人事部门提出,经院务委员会审议后,报请甘肃省教育厅(中级职称)或中央教育部(高级职称)批准。1954—1957 年共晋升教授 1人、讲师 25 人。

5.在学习进修西方医学技术的同时,开展祖国医学的学习

以临床各学科的教师、医师为主和部分基础课的教师,每周抽出一定的时间,在一年半时间内学习了《伤寒论》《金匮要略》《神农本草经》《本草纲目》《黄帝内经》《医学心悟》等。

6.积极进行师资队伍的补充

1954—1957 年,先后调入政治、体育、外语及医学基础、临床专业等课程的优秀教师 44 人。如韩哲生教授,河北省定县人,国内神经外科著名专家,甘肃省神经外科的创始人和奠基人。1940 年毕业于国立贵阳医学院,长期从事外科尤其是神经外科的教学、科研、医疗工作,具有丰富的临床工作经验和专业理论知识。1954 年在武汉医学院工作时成功进行了第一例脑瘤开颅手术,进而开创了武汉地区的神经外科事业。1956 年 9 月,为支援大西北建设调入兰州医学院任外科教研室主任,并负责筹建附设医院神经外科,当年即主刀成功实施甘肃省有史以来的第一例脑垂体瘤切除术,填补了甘肃省神经外科的空白。此后,又陆续开展了气脑造影、脑室造影及大部分脑外伤手术,使附属二院神经外科成为甘肃省神经外科的医疗、教学和科研中心。1958 年参与创建附属二院,并任大外科主任、脑系科主任及精神科主任。1959 年任副院长,1979 年任院长,1983 年任名誉院长。1984 年创建医学院神经外科研究所,并任所长。在他的倡导下附属二院与日本秋田县脑血管研究中心建立了友好学术交流关系,并派多名医师进修深造,使神经外科专业有了更快的发展。发表学术论文 20 余篇,主要出版的著作有《临床神经眼科学》、《颅内压增高的病理和临床》、《颅内压和颅内压增高》,均获卫生部科技进步二等奖,均为国内出版的第一部有关专业的专著。曾兼任中华神经外科学会委员、《中华神经外科杂志》编委、《中华神经精神科杂志》编委、中华医学会甘肃分会副理事长、省神经外科学会主任委员。

建院之初的上述工作,有力地提高了师资队伍的思想素质和业务素质,各学科教研组(室)的专职教师梯队已初步形成。但 1957 年的反右斗争,却给教师队伍建设带来了极大的损伤,唐家琛教授、马馥庭教授等 40 余位教师、医师被错划为"极右"、右派分子,有的被遣送回乡,有的被下放劳动,有的被取消教师医师资格。到 1957 年,共有专任教师 118 人,其中教授 9 人,副教授 8 人,讲师 40 人,助教 61 人(见表 4-2)。

表 4-2　1957 年 10 月建院初期师资情况

教师职务	合计	马列主义	俄文	体育	生物学	解剖学	病理解剖学	病理生理学	生理学	寄生虫学	药理学	生物化学	组织胚胎学	微生物学	内科学	外科学	儿科学	妇产科学	皮肤性病学	耳鼻喉科学	精神神经科学	眼科学	放射科	卫生学
教授	9					1			1		1		1	1	2	1					1			
副教授	8		1		1		1						1					1	1	1				1
讲师	40	2	1	1	2	3	2	1	1	2	2	2	1	1	2	3	2	2	2	2	2	2	1	1
助教	61	7	3	3	2	4	2	2	1	2	2	3	2	4	3	2	2	3	2	1	2	1	1	2
总计	118	9	4	4	5	8	5	3	3	4	5	5	5	6	7	6	5	6	5	3	5	3	2	4

注:兼职教师 17 人未统计在内。

三、调整时期的师资队伍情况

1958—1965 年,正值国家建设"二五"和"调整"时期,初具规模的学院师资队伍虽然受到 1957 年反右斗争、1958 年大跃进和 1960 年共产风的影响,但还是在曲折中有所发展,在"调整"时期有了重建和加强。

1959 年学院成立卫生系时,中央卫生部先后由北京医学院和北京卫生干部进修学院抽调一部分专业教师,如流行病学专家钱宇平等参加支边建设来兰。1960、1961 年,又从哈尔滨医科大学卫生系抽调王营通、袁宝珊等 16 名教师,充实卫生系师资队伍。

1958 年以后,医学院贯彻党的"教育为无产阶级政治服务,与生产劳动相结合"的教育方针,在教师中开展政治思想教育运动,组织教师制订红专规划,明确奋斗目标,下乡、下厂参加工农业生产劳动锻炼,接触工农群众阶级感情。根据中央及省委指示,学院对教师采取分批在院内外参加劳动的办法,规定每年劳动时间不少于 45 天,即劳动锻炼 30 天、义务劳动 15 天。在业务提高方面,确定了"业务提高与政治学习相结合,院内培养与外出进修相结合"的原则。

1961 年,根据教育部颁发的《高等学校暂行工作条例》(试行)和 1962 年卫生部"关于加强师资培养工作的意见",对全院教师进行了摸底调查,作了适当调整,提出:(1)减轻教师负担,注意劳逸结合,保证六分之五的时间用于教学和科研;(2)制订师资培养规划,强调以院内培养为主,对老教师、骨干教师、新教师分别提出不同的培养提高方法;(3)在实际工作中注意发挥老教师的专长,骨干教师的模范带头作用,对新教师则严格考核制度。

1958—1962 年,全院又派出进修的教师共 64 人,其中讲师 8 人,助教 56 人。根据卫生部关于高等医药院(校)开设祖国医学课程的指示精神,由临床各科选送许自诚讲师等五名教师,先后分别到中央卫生部委托湖北中医学院和甘肃省卫生厅等有关省、市举办的 3 年制"西医离职学习中医班"学习,毕业后返院任教,在中医教学、医疗和中西医结合科研工作的开创和后来的发展上作出了贡献,成为中医教师中的骨干。

为进一步发挥教师的积极性,严格按中央和省的有关规定,进行教师的职称评定工作。1958—1965 年晋升职称的教师共 95 名,其中教授 1 人,副教授 1人,讲师 70 人,助教 23 人。到 1965 年"文革"前夕,兰州医学院的师资队伍已发展到相当的规模(见表 4-3)。

表 4-3　1965 年兰州医学院师资情况

教师职务	合计	马列主义	外文	体育	物理学	化学	生物学	生物化学	人体解剖学	病理解剖学	病理生理学	生理学	组织胚胎学	微生物学	寄生虫学	药理学	卫生学	流行病学	放射医学	祖国医学	内科学	外科学	儿科学	妇产科学	眼科学	耳鼻喉科学	皮肤病科学	精神神经病学	传染病学	放射学	口腔医学
教授	9				1							1			1	1					2	2						1			
副教授	5		1	1						1											1	1									
讲师	87	7	2	1	1	1	1	3	6	3	2	4	2	1	3	3	4	1	1	4	7	8	5	4	2	3	3	3	1	1	
助教	136	5	8	4	7	14	5	5	5	4	3	5	1	3	2	3	2				11	13	3	6	2	1	1	3	4	2	
教员	8	1							1	1										2								1	1		1
总计	245	13	10	6	9	16	6	8	12	9	3	10	6	4	7	5	2	6	2	4	21	24	8	10	4	4	4	8	6	3	1

四、"文革"期间的师资队伍情况

1966—1976 年"文革"时期,由于全国的动乱和对教育事业的严重破坏,医学院的教师队伍也遭受到严重的冲击,绝大部分的教师、医务工作者以需要进行思想改造,接受工人、贫下中农再教育为由,下放农村劳动或参加巡回医疗。383 人被加上种种莫须有罪名,诸如"资产阶级知识分子"、"反动学术权威"、"牛鬼蛇神"等,受到不同程度的审查、停职、关押、批斗、劳动改造。化学教研室教师冯明"文革"初期从教学楼三楼跳下,虽幸而未死却摔断了腿,1969年,在疏散到庆阳宁县时,他怕再次受到"一打三反运动"的冲击,从南城墙跳下自杀身亡。生物学教研室副主任、讲师黄迺重 1971 年在学校管押期间,被迫在教学楼厕所割腕失血而死。还有 2 人失踪,至今下落不明。

这段时间,广大教师不仅身心受到极大的摧残,而且长期脱离教学业务工作,有些甚至被迫调离或改行做其他工作。如生理解剖学教研组由于课程设置的改变,1971 年由原解剖、生理、组胚、生化四个教研组合并而成。合并前四个教研室共有教师 37 人,合并后仅有教师 19 人。合并前原解剖学教研组有教师11 人,合并后仅留 7 人,其他 4 人或改行中医,或改作临床。生理学教研组原有教师 11 人,仅留 6 人,其他 2 人调离,3 人调武山分院。组胚学教研组原有教师 7 人,仅留 2 人,其他改行 3 人,调离 2 人,调分院 1 人。生物化学原有教师 8 人,仅留 2 人,其他改行 3 人,调离 3 人。到 1972 年,全院共有教师 198 人,其中基础课 114 人,临床课 84 人(一院 37 人,二院 38 人,武山分院 9 人),按照学院"四五规划"最高在校生规模 2050 人计算,教师缺额 144 人。

为了解决教学人员短缺问题,1972 年 6 月,院革命委员会报请省教育局、省卫生局批准,调入因执行毛泽东"六二六"指示[①],下放在全省各地县基层卫生院的北京医师沈绍基、付正恺、卢世璠、邹恂、郑泽清、刘善长、石崇礼、迟斌元、赵宗颜、于若华、孙家栋、计瑞珠、谢温德等 27 名专家学者充实临床教师队伍,其中,教授、主任医师 5 名,副教授、副主任医师 8 名,其余为讲师或主治医师。这些专家教授医学知识渊博,医疗技术精湛,来院后逐步开展了一些新技术、新业务,提高了学院的整体教学医疗水平,培养了一批专业技术人才,为甘肃医学教育事业发展作出了不可磨灭的贡献。如沈绍基,北京市人,我国著名的泌尿外科专家教授,1943 年北京大学医学院毕业后,长期奋战于医学教学、科研和临床诊疗工作的第一线,在泌尿外科学领域有诸多建树。1969 年从北京下放至甘肃省武都县三合公社卫生院工作,为当地群众防病治病,解除了众多患者的疾苦,深受当地群众的赞扬和爱戴。调入附属二院泌尿外科工作后,顶着压力、创造条件开展了很多新业务、新技术,为医院外科尤其是泌尿外科的发展、泌尿外科研究室的创建及泌尿外科人才的培养倾注了大量心血。他对泌尿系统结石的研究,分别于 1978 年和 1983 年两次获全国医药卫生科学大会奖,甘肃省科学大会奖,猪凝血酶的研制 1985 年获甘肃省科技进步二等奖。1980 年调回北京工作。

之后,教师队伍的补充来源主要是选调"文革"前毕业,在基层从事教学或临床的人员,选留工农兵学员留校从事教学工作。在当时的历史条件下,还聘请工农兵教师 72 名和各开门办学点就地聘请当地"赤脚医生"若干名,在本院教师的帮助下任教。1972—1975 年,先后共聘请工农兵教师 143 名。至 1975 年,教师队伍人数虽有增加,但队伍结构老化,业务荒废,学术断层、后继乏人现象仍十分严重。较 1965 年,高中级职称的教师减少 11 人,其中教授 2 人,讲师 9 人(见表 4-4)。

---

① 毛泽东在 1965 年 6 月 26 日同医务工作者的谈话时提出"把医疗卫生工作的重点放到农村去",被称作"六二六"指示。见中共中央文献研究室编《建国以来毛泽东文稿》第 11 册,第 387 页,北京:中央文献出版社,1996 年。

表 4-4　1975 年"文革"期间师资情况

	合计	公共课 (马列主义、 体育、 外文)	基础课 (物理学、 化学、 数学)	专业课 (医学基础 及 临床课)
教授	7		1	6
副教授	7	1	1	5
讲师	78	4	2	72
助教	155	14	15	126
教员	36	13	7	16
总计	283	32	26	225

五、80 年代的师资队伍情况

"文革"结束后,教师队伍建设成为学校的一项核心工作。但是,随着学校事业的发展和时间的推移,师资队伍结构不合理、年龄老化、青年教师数量不足、拔尖人才少等问题日益突出,教师队伍亟待进一步调整结构和提高水平。为此,学校根据形势发展需要,先后采取一系列措施,有针对性地解决了教师队伍建设中存在的历史问题和现实问题。

1.积极补充新生力量

为弥补"文革"造成的师资水平下降和学术断层,迅速恢复和提高教师队伍的业务水平。学院本着保证急需、兼顾一般、注重质量的原则,1978 年通过考试择优招收了 68—70 届医疗专业学生 25 人,分 8 个专业重新"回炉"学习,3 年期满后毕业。其中,18 人调回学院从事教学、医疗工作,部分地缓解了师资队伍青黄不接的矛盾。从 1982 年开始,有计划地选拔毕业研究生、优秀本科毕业生留校任教,到 1989 年逐年补充青年教师 225 名,平均每年 30 名,教师队伍年龄结构逐步改善。1985 年,为了保证即将开办的口腔医学专业的师资,学院还提前从临床医学专业选拔了 5 名三年级优秀学生输送到华西医科大学、西安医科大学口腔医学院攻读第二学士学位,毕业后回校做口腔医学系教师。为了吸引高学历、高层次人才,1985 年邢祖林院长还亲自到天津医科大学以真诚感动了天津市人事局、天津医学院领导,促使"文革"后我国第一位自己培养的临床医学女博士倪安民回院工作。倪安民,甘肃省天水市人。1985 年获天津医科大学医学临床内分泌学博士学位,师从我国著名内分泌专家"钙磷代谢之父"朱宪彝教授,专攻内分泌疾病及其代谢性骨病的研究。1986 年婉言谢绝天津市人事局及校方和导师的再三挽留,毅然回到曾经养育自己的陇原大地。历任附属二院内分泌副主任医师、副教授,主任医师、教授、附属二院副院长、院长。1997 年享受国务院颁发的政府特殊津贴,2000 年获得甘肃省优秀专家称号。曾担任甘肃省内分泌学会副主任委员,甘肃省科委科技进步奖评委,甘肃省医学会副会长,甘肃省医院管理学会副会长,中华医院管理学会理事等职务。兼职民革中央委员,甘肃省民革副主委,甘肃省第八、九届政协常委,第七、八、九届全国人大代表。她学术造诣颇深,先后在《中华内分泌代谢杂志》《中华医学杂志(英文版)》等刊物发表论文 50 余篇。主编或参编医学著作及教材 9 部,其主编的《糖尿病研究进展》为甘肃省内分泌学界的第一部专著。主持或参与内分泌疾病临床及基础研究十余项,获奖 7 项。担任院长期间从根本上解决了昆仑堂近 40 年被外单位无偿占有的问题。

2.加强师资培养

在师资培养工作中,学校坚持实行院内培养为主、外出进修为辅的方法。1980 年下半年下达了《兰州医学院师资培训计划》,采取了一系列措施。如给青年教师、实验技术人员补课;举办专题研讨班、进修班、外语学习班,老教师示范性观摩教学;老教师传帮带、选送青年教师外出进修培养等。据统计,1978—1989 年,学院先后选派了 420 余名中、青年教师和医务人员到国内兄弟院校、医院和科研机构进修、学术交流。其中,选送了 7 名骨干教师到法国里昂中法学院进修,5 名教师到其他国家进修提高。1982 年根据甘肃省教育厅统一布置,学院对“文革”期间毕业的 40 名留校青年教师,进行了教学业务能力考核和考试,参加考试者 39 人,其中考核 4 门均及格者 21 人,1 门不及格者 6 人,2 门不及格者 6 人,3 门不及格者 4 人,4 门不及格者 2 人,并分别作了不确定职称、补考及调整工作的安排。为了尽快扭转全院医教人员外语水平普遍较低的状况,1980—1989 年学院先后举办英、日、法、俄各类外语学习班 60 个,培训 1205 人次,其中 875 人次参加业余学习,330 人参加脱产学习。仅 1988—1989 年两年就举办英、日、法三个语种的外语学习班 11 个,培训 291 人次。

1981 年,开始在教师中实行“五定”(即定方向、定任务、定规划、定措施、定进修提高条件等),要求每位教师根据个人的实际情况,制定自己的进修、提高计划,明确自己努力的方向。从 1982 年起,实行教师工作量和教学任务书制度。1983 年,又突出学科教师配套和教师“第三梯队”的培养提高工作,并建立了师资档案。

3.恢复和晋升教师职称

1978 年 3 月,根据教育部的有关文件,院党委重新恢复确定了全院讲师以上的教学人员共 97 人的职称,其中教授 6 人,副教授 7 人、讲师 84 人。11

月,鉴于"文革"10年间职称评定、晋升工作一直陷于停顿所带来的一系列问题,院党委决定启动高级职称的评定和晋升工作,经过个人申报、登记、调查、外语考试等程序,由省卫生厅等部门审核批准,在12月将全院(包括第一、第二附属医院)30余位符合条件的老讲师晋升为副教授;其中医学院有17人。并且晋升讲师162名、主治医师136名。1979年又晋升钱宇平为教授,晋升副教授33名、讲师13名,还为2位同志恢复了副教授职称,1位同志恢复了教授职称。

1986年4月开展的教师职务评审和聘任工作,是学院历年来规模、影响力大,人数最多的一次,本着坚持标准、保证质量、全面考核、择优晋升的方针,经甘肃省大专院校教学人员职称评定委员会评审,甘肃省教育厅批准,聘任教授23人,副教授73人,讲师、主治医师及助理研究员398人,助教、住院医师308人。聘任的教授有:覃见效、张经济、王扬宗、宫敬忠、姚侃、刘德山、王营通、梁重栋、裴正礼、叶廷珑、王荫棠、李崇高、周希贤、曹和洵、于继岗、侯家骧、冯孝义、赵汝能、武寿林、袁宝珊、蒋次鹏、邢祖林、朱允尧(研究馆员);聘任的副教授有:李亢宗、魏晴霞、宋景民、张桂枝、冯慎远、郤瑞生、唐淑贞、曹喜生、华欧文、陈鸿宾、薛宝善、张文薇、王震民、李沂、陈蕴真、盂富敏、倪安民、王锐、阚锦荣、赵俊生、雍进义、窦中兰、张德乾、杨淑兰、李民昕、乔志勇、赵健雄、权依经、张君竹、陈文元、张庸、戴祖玉、张增湖、别玉祥、刘秀丽、王先荣、石建贞、陈瑾、王秉信、臧庶声、龚汉章、杨树汀、兰中芬、倪贤珍、赵进昌、李树侃、李文秀、杨佩琳、常英俊、崔胤、周印锁、陈仪会、张兆琳、李新芳、马星、詹培恩、徐嘉玉、李淑玉、段生玉、卓晓云、王镜、戴国栋、吴从周、易秉根、黄兆武、杨恺、许文英、何裕、侯天化、张仰太、赵明祥、张恩诚、侯志淦、钱文娴、周淑梅、卜积康、郭秀琴、张贵龄、郑志成、王锡成。

通过这次评审晋升聘任工作,一大批中青年优秀人才脱颖而出,教师队伍年龄老化、比例失调以及教师工作水平与职务不相称等问题得到了一定的改善,调动了广大教师的积极性。

经过几年的恢复和建设,学院师资队伍不仅数量有所增加,而且结构也有很大调整。1978年末,学院共有教师317人(以校本部在编数统计),1989年末为338人,占全院教职工总数的38.27%。1978年,有教授6名,副教授7名,讲师189名,助教及未确定职称教师115名。到1989年,有教授20名,副教授57名,讲师121名,助教140名。具有高级职称人数占教师总数的29.5%。45岁以下中青年教师占教师总数的72%。

4.实行教师队伍定编定员

为从根本上改变吃"大锅饭"的局面,调整师资队伍的结构,确定比较合理、能够适应工作需要的师资队伍,提高教师的素质和工作效率。1985 学年第二学期,学院根据各类学生人数(本专科生、研究生、进修生、夜大生等)、教学任务和科研任务情况,研究确定了各系、所的人员编制,使各系教师数量和负担的教学科研任务形成一个相对合理的比例。此后,在研究确定教师队伍的合理结构,即各类教师的合理比例基础上,由定编不定员逐步向定编定员过渡。1985 年 9 月,学校出台了《关于编制定员的暂行办法》,初步改变了"有人无事干、有事无人干"的状况。

5.扩大系、所管理权限,试行教师聘任制

1985 年 10 月,学院制定了《关于扩大系、部管理权限的试行办法》以及落实办法的实施细则。为慎重起见,院党委决定此办法先在药学系试点,待条件成熟后全院推广。办法规定,为提高管理工作的效率,保证教师的授课质量,系主任有权在学校核定的编制内任用教师、行政干部和工人,学校人事部门只起帮助考核、推荐和备案的作用。系主任在核定编制内有权调整系内机构,但机构的调整要报学院批准。系主任有权提出给有贡献的教师晋升职务的建议,报学院批准或上报审批。此项工作在药学系试行了两年多,后来由于种种原因中途夭折,也没有在全院推广执行。

6.调整临床专业课教师编制归属

长期以来,为稳定临床专业课的教学工作,学校都设有一定数量的临床专业课教学编制人员,他们的人事关系、工资关系等均在学院,由学院和附属医院双重管理(医院安排医疗任务),以临床教学为主,临床医疗为辅。1953 年核定临床专业课教师 37 人,1957 年增至 51 人。1959 年第二附属医院建立后,核定第一附属医院临床教学编制 48 人,第二附属医院临床教学编制 47 人。这个编制数一直延续到 1989 年。1989 年,随着学校规模增大,临床教学任务日益繁重,仅仅依靠一百余人的临床教学编制,要完成繁重的临床教学任务已很不现实,加上这支队伍不断庞大(主要是在编制不变的情况下,逐年补充自然减员,最多时临床教学编制人员达到 230 余人,院本部离退休队伍日益庞大),学院决定调整临床专业课教师编制归属问题。取消了临床教学人员固定编制,将附属医院符合教师条件的专业技术人员均纳入临床教学行列,实行教师、医师双职称、双重身份管理,人事行政关系、工资关系以医院管理为主,临床教学任务由附属医院统筹协调有条件的主治医师以上人员采取轮换制来完成。

六、90 年代以来的师资队伍情况

90 年代初,学院师资队伍面临的困境是:高年资教师普遍接近退休年龄,高学历层次教师的比例偏低,中青年学科带头人缺乏,师资队伍中间断层,部分

新上专业教师和公共课教师不足,部分课程的教师负荷过重(有的达到每周32学时),影响了教师自身水平的提高。加之教师培训经费短缺,教师要求外出进修学习的愿望难以满足,科研条件较差,科研项目较少,科研经费不足等,影响了中青年骨干教师的稳定。特别是80年代后期,随着国家人才政策的松动,"孔雀东南飞",加上学院所处地理位置不具优势,生活待遇低,高层次人才的稳定和引进受到严重影响与制约。据统计,1985—1990年,因各种原因全院调出的教学、医疗骨干就有89人,出国、考研不归的77人,外省、外校医学专业补充进院的教师不足30人,教师中硕士研究生学历者仅37位,博士学位者仅2位。

面对这种状况,90年代以来,学院的两任党委都给予了极大关注,始终把教师队伍的建设放在学院发展的战略位置。1993年党委提出,尊重知识、尊重人才,努力创造优秀人才脱颖而出的环境是学院工作的关键,一定要把师资培养工作深入一步,开创一个新的局面,要突出重点抓好骨干,带动整个队伍提高。要加强领导,解放思想,把这项工作真正抓起来。2000年,党委提出"一切为了教学、一切为了教师、一切为了学生",特别强调,师资队伍是学校教学的核心资源,是学校的立足之本,师资队伍建设是学校生存和发展的支柱,建设和造就一支适应教育教学发展要求的高素质师资队伍是今后学校面临的一项紧迫的、事关学校发展的战略性任务,是学校实现可持续发展的重要保障。

在此基础上,从1990年开始,除继续坚持以往行之有效的师资培训及激励措施外,还采取了以下措施:

1.切实加强师资队伍的思想建设

通过各种形式、各种途径抓紧抓好中青年教师的政治思想教育,组织他们认真学习邓小平同志建设有中国特色社会主义理论,进行解放思想、更新观念的中国特色社会主义理论教育和社会主义市场经济理论教育,鼓励教师竞争,建立激励机制;教育和引导他们正确处理公与私、红与专的关系,自觉抵制拜金主义、个人主义等腐朽思想的侵蚀,把个人的工作、生活、理想和国家、民族的利益,以及建设中国特色社会主义的伟大事业紧密联系起来,树立正确的人生观、价值观。坚持对中青年教师进行理论联系实际,走与工农相结合道路的教育,引导他们学习老一代知识分子扎根边疆、勤奋创业的高尚品质,大力提倡自力更生、艰苦奋斗和爱国主义、集体主义、团结协作、乐于奉献的精神,使广大中青年教师真正成为社会主义现代化建设的一支生力军。

2.建章立制,从制度上进一步加强师资队伍建设

1990年以来,以《中华人民共和国教师法》、《中华人民共和国高等教育法》等法律法规及有关文件精神为依据,学院先后制定了《关于促进中青年教师迅速成长的意见》、《教师培训规程实施办法》、《学术带头人的培养和选拔办法及实施细则》《师资队伍建设"九五"规划》《师资队伍建设"十五"规划》、《教师道德规范》《兰州医学院人才队伍建设实施意见》《关于加强我院师资队伍建设的意见》《导师制实施办法》《青年教师培养方案》;修订了《专业技术人员年度考核办法》《专业技术人员聘任管理办法》《教师表彰奖励若干意见》等管理规定,使师资队伍建设更加规范化、制度化。

3.加强师资培训力度,建立合理师资梯队

本着思想政治素质和业务水平并重、理论与实践统一、按需培训、学用一致、注重实效以及坚持立足国内、在职为主、加强实践、多种形式并举的教师培训原则,加强师资培训力度。

教授培训。以参加国内外学术会议、交流讲学、著书立说等活动为主,每年有计划地选派 5~10 名作为访问学者到国内外一流高校和科研院所参加高研班、专项技术培训班或参与国内外前沿课题的研究,扩大学术视野。1990 年以来,共选送 26 人次作为国外访问学者,53 人次参加各种高研班、培训班或学术交流活动。

副教授培训。主要有以下形式:一是选送参加以课程和教学改革、教材建设为内容的短期研讨班、学习班;二是选送作为国内访问学者参加培训,或参加以学科前沿领域为内容的高级研讨班；三是推荐参加国内统编教材或协编教材组,对于已确定为学科带头人的,提供参加国内外有关学术会议、校际间学术交流,或选派出国培训机会;四是提供举办各种学术讲座的舞台,参与硕士生的培养、答辩和学位点建设。1990—2003 年学院先后选派了 79 人次出国留学、进修,或参加国际会议或参与科研课题的研究,大多已回国工作,成为教师的中坚力量,有的尚在国外进修深造。

讲师培训。以增加、扩充专业基础理论知识为主,注重提高教学水平和科研能力。主要有以下形式:选派参加以提高教学水平为内容的骨干教师进修班、短期研讨班和单科培训,时间一般不超过半年。任讲师三年以上者,根据需要适当安排参加以科研课题、新方法、新技术为内容的国内访问学者培训。1990 年以来,已有 1170 余人次参加了各类培训,平均每年 100 人次左右。

助教和青年教师培训。以进行教学、科研基本知识、基本技能的教育和实践为主。主要有以下形式:一是加强岗前培训和现代教育技术培训。凡分配来院工作的非师范院校毕业的新教师必须分批参加省高师培训中心为期六周的岗前培训,着重进行心理学、教育学、教学法的补修工作。规定未参加岗前培训的教师不得带课,一年后不得评定助教职称。培训学习不认真,结业成绩不合格者自费重修。2000 年来已选派 54 名非师范院校毕业的青年教师参加了省高师中心岗前培训,97 人次参加了校外现代教育技术培训。二是安排社会实践和教学实践。学校规定,年龄在 35 岁以下的青年教师由学院安排必须参加为期半年以上的社会实践,或参加农村扶贫、帮教,或从事学生年级主任和政治辅导员,使之在社会实践中得到锻炼,对于按规定应参加社会实践而未参加者不予评定讲师职称。在教学实践环节的培养中,由各院系组织他们必须参加一定的教学活动,如集体备课、观摩教学、研究教学法,做实验实习准备,并在导师的帮助下,试带学生实验等,促使他们系统掌握本专业的基本理论知识,掌握教学大纲规定范围的内容,掌握学生实验、实习课的基本技术和技能。三是建立青年教师导师制度。为了加速青年教师的成长,充分发挥老教师的"传、帮、带"作用,2003年在总结多年基本做法和经验的基础上,学院推行了青年教师培养工作导师制,由教学质量良好、师德风范高尚、治学严谨、作风正派、业务水平和学术造诣较高、具有副教授以上职称的老教师担任青年教师的指导教师。指导形式主要有:审阅修改讲稿教案,指导试讲,指定教学参考书,检查性听课,教学示范,教学查房示范,随同导师参加教学研究和科学研究等。为保证培养工作落到实处,院系、指导教师、青年教师三方还要签订目标责任书,培养工作完成后青年教师和导师均要写出书面培养报告并载入青年教师业务档案。

4.优化学历结构,鼓励教师考硕博

多年来,学院 35 岁以下青年教师中研究生学历比例一直上不去的原因很多,但政策规定过死是其中主要原因,如 1997 年学院规定:教师报考研究生,应优先照顾新开设专业和师资力量薄弱的学科专业。学院有硕士授予权的学科一般不予向外校定向或委托培养研究生,本科生毕业后工作满两年方可准许报考研究生,如未被录取,不得连续报考,必须再工作两年,方可申请二次报考,以此类推。硕士生毕业在校服务满 5 年方可报考博士生。工作不满 8 年报考统分博士生,须补交服务期费后才能报考。参加全国助教进修班的教师学习结业后,可按助教进修班的规定,申请硕士学位论文答辩,但不能再报考硕士研究生。不论报考哪级学校、研究机构、助教进修班、定向研究生、外语考试等,其报名费和考务费,参加复试的来往车船费及住宿费均由报考者自理。为改变这一状况,2002 年为提升教师队伍的学历结构,学院积极鼓励和支持符合报考条件的中青年教师报考在职博士、硕士研究生,采取了三项措施:(1)积极向教育厅申请定向或委托培养研究生资助经费;(2)将青年教师工作两年后才能报考硕士研究生的规定,调整为凡在职攻读者试用期满即可报考;(3)将硕士研究生毕业后必须在校工作满 5 年才能报考博士研究生的规定,调整为可随时报考兰州大学或中科院兰州分院的在职博士生,报考外省、外校博士,应事前签订毕业后返校工作的协议。同时规定,在职攻读博士研究生获得学位后仍在校工作者,其学费 70%由学校提供。在职攻读硕士研究生获得学位后仍在校工作者,其学费60%由学校提供。由于政策的调整,教师申请报考硕士或博士研究生的人数逐年增加。2003年教师队伍中,仅在职攻读博士学位的就有31人,在职攻读硕士学位的有69人。上述政策的调整既满足了青年教师提高学历的愿望,又解决了他们脱产学习没有经济来源的困难,同时又使全院青年教师中研究生学历的比例有了较快增长。据统计,院本部35岁以下青年教师有研究生学位的比例已从1999年的20.6%,增加到2002年的34.4%。预计到2006年,在读的在职研究生全部毕业后这个比例将上升到50%以上。同时,把好教师的入口关,2000年以后补充新教师除特殊急需的专业吸收少量本科生以外,主要从研究生中选拔。

5.注重政策导向,保持人才稳定

政策导向是学院师资队伍建设的关键,在几十年的办学过程中,坚持以政策留人、事业留人、感情留人和适当的待遇留人,已成为学院传统的风格。特别是90年代以来,这项传统不断得到发扬光大,先后在政治、住房、福利待遇、科研启动、津贴发放等方面制定了一系列向师资队伍倾斜的优惠政策。例如,对要求调离的优秀人才,学校党政领导都要亲自谈话,尽力挽留。在以前的福利分房和近几年的货币分房过程中,高学历人员均因获得加分而排在其他同年资教师的前面。在每一栋新宿舍楼竣工后,均预留几套四类房(4室1厅)、三类房(3室1厅),用于引进博士毕业生。凡引进的高层次人才,均创造一定的工作条件和给予科研启动经费的支持。1998年起凡学院讲师以上教师均可获得学院2 000~4 000元的计算机购置补贴,以及各院系自筹资金中的配套补贴。从1992年以来,试行了教学实绩评价指标体系和考核办法及教学津贴。2001年6月,实施院内津贴发放改革方案后,根据劳动复杂程度和贡献大小,本着向广大一线教师倾斜、向骨干教师倾斜的原则,优劳优酬,优才优遇,合理拉开分配差距。同时对博士生导师、硕士生导师、国家有突出贡献的专家、跨世纪学科带头人、"333"人才工程的人选、博士学位获得者等优秀人才,在基本岗位津贴的基础上还每人每月增加200~400元不同数额的特殊津贴。

6.选拔培养跨世纪学科带头人

90年代后期,学院出台学科带头人实施计划,一大批优秀青年教师、科技工作者应运而生。在学院大力支持下,先后有28位优秀青年教师被选拔为甘肃省跨世纪学科带头人,36位入选甘肃省"333"人才工程,21位入选甘肃省"555"科技人才工程第一、二层次人选,甘肃省医疗卫生中青年学术技术带头人。他们是:李敏、景涛、李冲、张本忠、白德成、杨克虎、王丽京、郑天珍、苏海翔、刘昕、倪京满、刘兴荣、岳凤珍、康宏、孙少华、戴恩来、高明堂、封士兰、郭赢仕、段建敏、张连生、张有成、金玉、郭玉芬、范瑾、李智、王栓科、李红芳、魏虎来、肖卫、程卫东、杨永秀、高秉仁、张连生、张心定、刘静、王志平、李宇宁、郭顺林、夏亚一、岳中瑾、柴晔、钟甘平、马永丰、汤旭磊、何晓东、张钲、武新安、余勤、张学红、周永宁、高明太、任海军、焦海胜、郭钰珍、张文芳、万毅新、张灵、王晓华、孙正义、张虹、李玉民等。1999年,严祥、曹农等被省卫生厅确定为首批中青年学术带头人;2000年,刘晓菊、王建民、吴静等又被省卫生厅确定为中青年学术带头人。

在实施学科带头人建设计划中,学院注重发挥他们知识结构新、精力充沛的优势,在省科技厅、教育厅、卫生厅等部门科技计划和自选科技计划项目中,优先安排他们负责与生产结合较为密切的项目,使他们在科研、开发、生产的实践中得到锻炼和提高。在发表论文、著书立说、外出进修学习、参加学术会议等方面都给予经费上的支持。学院还积极推选、吸收中青年教师进入各级学术团体、学术委员会、专家委员会、咨询委员会等。据不完全统计,跨世纪学科带头人中有203人次在全国各专业学术组织和国家级学术杂志担任常务理事、委员、编委职务,在中华医学会甘肃各专业分会担任主委者多人。

7.优化职称结构

破除专业技术职务聘任中论资排辈的陈旧观念,严格按照"条件公开、程序公开、平等竞争、择优聘任"的原则开展职称评聘工作,凡具备任职资格条件的45岁以下的中青年教师允许破格晋升为教授,40岁以下的允许破格晋升为副教授,均不占用学院的职务限额指标。对一些引进的特别优秀人才和博士,还优先聘任校内相应教师职务。1998年以来,院本部推荐评聘各级各类专业技术职务共214人次,其中,副高以上职称人员83人次,占38.8%。教师职称评聘工作,形成了一个较为主动和宽松的环境,为教师提供了充分的发展空间。

8.加强编外教师聘任工作

由于医学教育的复杂性和特殊性,编外教师(临床教师)的聘任工作久而始之。进入90年代,特别是2000年学院大规模扩招以后,编内教师已不敷使用。为了保证临床教学质量,学院根据教育部外聘教师管理办法,在设立的5所非隶属关系的附属医院及27所教学医院先后聘请了大批同等职称的主任医师、副主任医师、主治医师为兼职教授、副教授、讲师。2001年还与甘肃省司法局签订协议,聘请了13名司法系统资深法医为学院法医学兼职教授和副教授,加强对学院法医学教学的指导。截至2003年7月聘请的兼职教师(不含两所直属附属医院)共计800余人,其中兼职教授50余位,兼职副教授360余位,兼职讲师310余位,他们在临床教学、临床见习、实习工作中付出了艰辛的劳动,为甘肃医学人才培养作出了积极贡献。

由于政策对路、方法得当,学院中青年骨干教师外流情况明显缓解,新生力量也得到有效补充，队伍结构开始走向良性发展轨道。据统计,1999年以来,院本部共引进高学历、高职称教师20余人,其中高级职称者3名,中级职称者4名,博士4名,硕士9名。同时挽留了准备东调的博士4人、硕士3人、高级职称者5人。新增教师102人,占新增加人数的78.5%,平均每年增加34人,新增教师中外省外校的48人,占新增教师数的47%。新增或攻读在职(定向)博士、硕士研究生100人。2003年底,院本部337名专任教师中,有教授39人,副教授95人,讲师103人,助教100人,分别占教师总数的比例为11.6%、28.1%、30.6%和29.7%。45岁以下教师275人,占81.6%,35岁以下青年教师160人,占47.5%。教师中在外校完成最后学历的179人,占教师总数的53.1%。硕士学位以上教师109人,占教师数的32.2%(见表4-5)。

表4-5 2003年院本部教师学历、学位、职称、年龄结构

专业技术职务	合计	学历(学位)结构						年龄结构							
		博士		硕士		本科		≤35岁		36~45岁		46~55岁		56~60岁	
		人数	%	人数	%	人数	%	人数	%	人数	%	人数	%	人数	%
教授	39	6	15.4	21	53.9	12	30.7	0	—	21	53.9	12	30.7	6	15.4
副教授	95	8	8.4	31	32.6	56	59.0	2	2.1	56	59.0	29	30.5	8	8.4
讲师	103	1	1.0	34	33.0	68	66.0	59	57.3	37	35.9	7	6.8	0	—
助教	100	0	—	8	8.0	92	92.0	99	99.0	1	1.0	0	—	0	—
合计	337	15	4.4	94	27.8	237	67.6	160	47.5	115	34	48	14.2	14	4.0

两所直属附属医院(第一临床医学院和第二临床医学院)已拥有临床医师以上人员664人。其中主任医师84人,占12.7%;副主任医师223人,占33.6%;主治医师219人,占33%;医师138人,占20.8%。硕士学位以上医师107人,占医师数的16.1%(表4-6)。2000—2002年,承担临床专业课教学的临床医师分别为327人、338人、310人,年平均为325人。

如两所附属医院临床医师以上人员按10%计算为教师,共66人,加上院本部教师337人,全院共有教师403人。按2003年学院在校研究生和普通本专科学生7739人计算,师生比1:19.3。

如以院本部专任教师337人和两所直属附属医院年承担临床教学教师平均数325人之和来计算,全院教师人数共662人,师生比为1:11.7,如将所聘编外临床兼职教师全部计算在内,师生比将更高。

表4-6 2003年两所附属医院医师学历、学位、职称、年龄结构

专业技术职务	合计	学历(学位)结构						年龄结构										
		博士		硕士		本科		≤35岁		36~45岁		46~55岁		56~60岁		≥60岁	
		人数	%	人数	%	人数	%	人数	%	人数	%	人数	%	人数	%	人数	%
主任医师	84	7	8.3	13	15.5	64	76.2	0	—	21	25.0	14	16.7	11	13.1	38	45.2
副主任医师	223	4	1.8	30	13.5	189	84.8	4	1.8	127	57.0	74	33.2	18	8.1	0	—
主治医师	219	2	0.9	39	17.8	178	81.3	102	46.6	95	43.4	9	4.1	13	5.9	0	—
医师	138	1	0.7	11	8.0	126	91.3	122	88.4	14	10.2	2	1.5	0	—	0	—
合计	664	14	2.1	93	14.0	557	83.9	228	34.3	258	38.9	99	14.9	59	8.9	13	2.5

第二节 专家教授

从甘肃学院医学专修科起到兰州医学院独立建院的70多年以来,数百名的学者、专家、教授为了祖国的医学教育事业,为了解除人类之病痛,默默地耕耘、无私地奉献,他们虽历经磨难,却无怨无悔;他们不仅自身硕果累累,屡立嘉奖,而且传道授业,桃李遍地。

一、独立建院前的专家教授(1933—1954)

表4-7 独立建院前享有盛名的专家教授(1933—1954)

专任专家教授:宋子安、王景槐、王自治、陈光世、于光元、齐清心、侯宗濂、李克生、张仲毅、王景槐、王兰亭、杨作华、李佩琳、张景栻、陈近礼、乔树民、杨英福、王文义、唐家琛、尹良培、张爱诚、张从辛、漆荫堂、张迺华、马馥庭、杨浪明、戴重光、李武功、张培楞、张季兰、覃见效、田鸿武等。

兼任专家教授:张查理、李尚举、姚寻源、张汝赛、康士莹、陈桂云、赵树宣、马凌云、马步云、盛彤笙、胡克成、张华麟、沈克敏、陈文庆、靳士耀、李西崑、安作楫、王保华、方献之、尚德延、邹本宝、李赋萧、郭宝徽、葛宝丰、赵煜华、庞鲤耀、金则斗、魏若林等。

二、兰州医学院时期的专家教授(1954—2004）

表4-8 学院本部教授

基础医学各学科(共62名)	
专业名称	教授
人体解剖学	曾俊三、宫敬忠、冯慎远、宋景民、郜瑞生、程彦斌、戴玉景、侯一平、宋炎峰
组织胚胎学	侯家骥、王先荣、卢戈
生理学	杨浪明、周佳音、张经济、瞿颂义、秦晓民、郑天珍、李伟、李红芳
生物化学	乔德峻、姚侃、李亢宗、魏晴霞、李文惠、魏虎来
病原生物学	刘德山、于继岗、曹和洵、蒋次鹏、戴祖玉、史大中、景涛、程宁
医学遗传学	李崇高
微生物与免疫学	王文义、王凤莲、兰中芬、赵进昌、尹少甫
病理解剖学	马馥庭、王扬宗、王锐、阙锦荣、赵俊生、朱任之、李敏
病理生理学	覃见效、王荫棠、刘昕
生物学	冯孝义、李树侃、岳凤珍、冯利
医学心理学	郑林科
中医学	叶廷光、赵健雄
外科手术学	白德成、何晓东
法医学	孙少华
电镜室	裴正礼、卜积康
公共卫生各学科(共17名)	
专业名称	教授
劳动卫生与环境卫生学	王营通、袁宝珊、戴国栋、王晓云、肖卫、刘兴荣、牛静萍
营养与食品卫生学	吴从周、王玉
流行病学与卫生统计学	钱宇平、许文英、赵耀明、丁建生、白亚娜
卫生学与毒理学	朱玉真
儿少卫生与妇幼保健	张兴亚、李芝兰
药学各学科(共23名)	
专业名称	教授
药理学	张培棪、梁重栋、李淑玉、孟富敏、李新芳、孙以方、程体娟、党月兰、吴勇杰、高明堂、李文广
生药与药用植物学	赵汝能、周印锁、杨永健、马志刚
药物分析学	段生玉
药剂学	马星、管玉珠、倪京满
天然药物化学	张承忠、李冲、封士兰
分析化学与物理化学	武寿林

续表 4-8

其他各学科(共 23 名)	
专业名称	教授
口腔医学	王丽京、余占海
医学工程(含数理化、电子学)	张从辛、邝华俊、陈瑾、周希贤、臧庶声、崔胤、亢效虎、陈万木
文献检索	朱允尧、杜广照、杨克虎
社会科学	张仰太、侯天化、汪幼琴
外语	薛宝善、王震民、陈鸿宾、王法吉
体育	漆荫堂、郑志诚、马英华

表 4-9　临床医学院(附属医院)临床专家教授

第一附属医院、第一临床医学院各学科(共 129 名)	
专业	教授、主任医师
消化科	杨英福、顾为秀、任登先、王惠珍、严祥、周永宁、吴静
呼吸科	杨作华、刘凤岗、邢祖林、陈启武、余勤、刘晓菊
心血管科	李新伟、王恒大、雷仁义、张钲、白锋
血液病科	张爱诚、马兰芳、王镜、侯相麟、赵丽
内分泌科	吴玮、汤文章、高林、李茂欣、汤旭磊
肾病科	袁光中、彭涌涛、李建华
肿瘤科	武国祥、王田、史济国
泌尿科	陈修诚、傅梧
普外科	王耕、高俊才、薛镇西、叶光华、王克明、吴永林、李世雄、李铁军、何登瀛、赵玉元、贾宝全、曹农、李玉民
胸外科	尹良培、檀吉元、姚忠喜、雷道鑫、赵廉、高百顺、高秉仁
眼科	张苓芝、王致和、戴淑芳、白彩霞、李丽
妇产科	戚莉珠、王恩智、何雪彦、王秀华、高英敏、杨永秀
儿科	张克信、高履勋、倪才贤、赵桂贞、吴寅、崔有基、章世祯、戴素文、龚业纯、余唯琪、金玉、林丽星、李宇宁
传染科	刘逢举、马仲达、高评、郑邦德、马怀亮、郭长劳
放射科	张令玥、王莲初、姜兆侯、沈国强、孙春慧、郭顺林
皮肤科	朱含璋、石仁琳、任万明
神经科	严炎、常大权、刘宁、张天龄
骨科	陈根元、王建民
中医科	刘景泉、许自诚、蔡兰卿、王必舜、吴仲茹、赵健雄、刘东汉、王惠兰
麻醉科	田贵祥、周丕均
职业病科	朱仲德

续表 4-9

口腔科	冯耀政
超声诊断科	陈化民、杨履端
检验科	赵国瑞
药剂科	李炳生、李家仁、武新安
老年医学	邵景福、罗文翰、段亚兴
耳鼻喉科	金国强、沈明乾
核医学科	杨志忠、石峰
急诊医学	李俊山
心理科	郑林科
护理学	裴香林、李素贞、常守娟、程雯洲

第二临床医学院各学科(共 158 名)	
专业科室	教授、主任医师
神经内科	唐家琛、陈庆和、张训初、严秉瓯、裴世澄、梁德胜、王为民、王满侠、瞿学栋
骨科	冯守诚、贾金章、沙鹏图、闫坤山、孙正义、张祥生、王栓科、汪玉良、夏亚一
心血管科	王永铭、邝耀中、梁春文、仇庆惠、陈德明、辛楠、杨成悌、余静、张缤、杨兰
消化科	付正恺、赵怀玉、恩和巴图、苏继忠、张银枝、马力、黄晓俊
神经外科	韩哲生、裘明德、康笃伦、吴强、张建生、张新定、任海军、王维平
眼科	郑效惠、李浒源、曾石美、金婉蓉、李金贵、鲁建华
妇产科	崔志孝、马宝琛、刘顾、连瑞芳、吴世芳、赵彩兰、高云荷、马路琪、周梅
皮肤科	刘铭锐、李克仁、郝湘蓉、赵锦敏、刘子文、李文竹、武三卯、白瑛
放射科	郭景岳
耳鼻喉科	史培柱、权修文、李多福、刘江燕、郭玉芬
儿科	逯志超、关梅玮、刘苃坤、曹博儒、宁淑敏、董湘玉、朱保权
口腔科	苏伦武、董玙、杨兰
胸外科	陈世谋、李光远、王彤、曹学文、杨永珠
普外科	李旭东、范津、王世栋、王明昭、陈克勤、詹乐恒、张有成、寇志民、沈阳、王世文
泌尿外科	沈绍基、史成礼、刘国栋、吴大兰、白淑芳、陈一戎、秦大山、钟甘平、王志平、岳中瑾、段建敏、段国兰
精神病科	马崇德、王允中、王有德、张玉堂、张兰
中医科	刘宝厚、张璇、戴恩来
药剂科	常贵桃、于香安、焦海胜、李平
B 超科	王志宏、车岩
同位素科	王亦秋、陈雪红
内分泌科	崔鹤龄、倪安民、宁英远、朱秀贞、田林红、任建功
肾病科	徐景芳、王永泰、夏延玲

续表 4-9

麻醉科	马丽华、戴崇媛、马永丰
检验科	董鐳洲、李智
病理科	裴芳君、温漓潮
血液科	梅家琦、张连生、柴晔、张筠
呼吸科	芦世睿、安真光、贾欣增、王家琪、陈天铎、张启昆、万毅新
腹腔镜	王琛、李徐生
急诊科	李培杰
护理学	毛经纬、韩敬杰、孟慧敏

表 4-10 1997—2004 年特聘院士、著名专家教授（共 16 名）

姓名	所在学科、专业	专家职称	聘任起讫时间	所在单位
郑国锠	细胞生物学	资深院士、博导、教授	2002.6—2004.6	兰州大学
陈洪渊	分析化学	院士、博导、教授	2002.6—2004.6	南京大学
樊代明	内科学	院士、博导、教授	2002.8—	第四军医大学
彭裕文	人体解剖与组织胚胎学	教授、博导	2002.6—	复旦大学
徐忠	流行病学	教授、博导	2002.6—	复旦大学
柯扬	肿瘤遗传生理学	教授、博导	2002.8—	北京大学
刘雨村	外科学	教授、博导	2002.8—	北京大学
王锐	生物化学与分子生物学	教授、博导	2002.6—	兰州大学
郑荣梁	生物物理学	教授、博导	2002.6—	兰州大学
于世凤	口腔医学	教授、博导	2002.8—	北京大学
孙升华	口腔病理学	教授、博导	2002.8—	北京大学
苏彦安	生物化学与分子生物学	教授、博导	2000.10—	美国洛约拉大学
李文雄	外科学	教授、博导	1997.10—	日本近畿大学
铃木庸之	外科学	教授、博导	2002.8—	日本近畿大学
段钟平	传染病学	教授、博导	2004	北京佑安医院
贾继东	传染病学	教授、博导	2004	北京友谊医院

表4-11　1985—1995年特聘外籍教师(共16名)

姓名	国别	任教时间
Melissa Peker　麦丽莎·派卡	美国	1985.9—1986.7
Michelle Jane Roe　米歇尔·简·罗	英国	1985.9—1987.7
Fiona MeConnon　菲欧娜·麦可考伦	英国	1985.9—1987.7
Karina Zabihi　卡瑞娜·赛比希	英国	1986.9—1988.7
Daniel McMahon　丹尼尔·麦可马洪	美国	1988.9—1989.6
Mary Goriely　玛丽·高瑞艾黎	英国	1988.9—1990.7
Mary Ruth Meade　玛丽·露丝·麦德	美国	1988.9—1990.7
Sonia Hunt　索尼亚·韩特	英国	1990.8—1992.8
Paul Soggy　保罗·索根	美国	1990.9—1991.7
Anita O'Hair　安娜塔·欧海尔	澳大利亚	1991.9—1993.7
Micheal Karson　麦克尔·卡森	美国	1992.9—1992.11
Marit Hancock　玛丽特·汉考克	加拿大	1993.2—1993.8
Gaenor Eleri Wynne 盖诺·埃伦内·温内(温雅惠)	英国	1993.9—1996.7
Linda J.Visner　林达·J.文诺(林丽)	美国	1993.9—1994.7
Susan Jane Barradough 苏珊·简·巴洛克劳	英国	1994.9—1995.7
Wendy Yuonne Homewood 温迪·尤内·霍姆伍德	英国	1995.7—2003

注:各专家教授的功勋、业绩,详见2003年由石生泰主编、甘肃人民出版社出版的《兰州医学院教师风采录》。

第三节　风格荣誉

自1932年学院创建以来的72年间,尤其是1954年学院独立建院以来的50年间,在培养甘肃医学高级人才的园圃里,播下殷殷希望、撒下晶晶汗水、育出累累果实的是数以千计的几代教书育人、管理育人、服务育人的辛勤园丁们。他们是甘肃高等医学教育诞生初期的创始人和创业者、甘肃高等医学教育沿革阶段的奠基人和领导人，兰州医学院发展史上的广大建设者和知名专家教授、各级教师、各类实验技术人员、各类管理人员、各类工勤人员等。

在他们中间，许许多多优秀群体和先进个人，留下了可歌可赞的事迹。他们默默耕耘、艰苦创业，他们以主人翁的姿态，完善自身人格，优化专业知识，他们在数十年树人育才生涯中，为人师表，传救死扶伤之道；教书育人，授医疗技术之业；诲人不倦，解心身疾苦之惑。他们是学院物质文明的亲手铸造者，精神文明的灵魂塑造者，变革发展的主体推动者。

学院历史上有许多优秀教师、管理人员曾荣获省级以上各种奖励和荣誉（见表4-12）。

表4-12　学院获省级以上各类奖励人物一览表

荣誉称号	年度	姓名
全国先进生产者、甘肃省先进生产者	1956	尹良培
甘肃省先进生产者	1958	尹良培
继承和发扬祖国医药学成绩优良奖	1961	许自诚
甘肃省劳动模范	1982	刘铭锐
省级优秀专家	1984	陈启武、任登先
甘肃省优秀护理工作者	1985	李应荷
甘肃省园丁奖	1986	宋明光
甘肃省职工教育先进个人	1987	常守娟
甘肃省民族团结进步先进个人	1988	李新伟
全国"三八红旗手"、全国地方病防治先进工作者	1988	吴纬
全国优秀教师	1989	侯家骥
全国优秀教育工作者	1989	刘晓军
全国教育系统后勤先进工作者	1989	韦尚英
甘肃省园丁奖	1989	姜兆候、曹和洵、袁宝珊、冯守诚
全国高等学校先进科技工作者	1990	张经济
全国优秀教师	1991	姚侃
人事部有突出贡献专家	1991	蒋次鹏
全国卫生先进工作者	1991	李亢忠
甘肃省优秀专家	1991	马兰芳、刘国栋

续表 4-12

荣誉称号	年度	姓名
享受政府特殊津贴专家	1991	张经济、蒋次鹏、马兰芳、刘国栋
	1992	赵健雄、张令翊、冯守诚、曹和洵、王营通、兰中芬、李亢宗、侯家骥、袁宝山、姚侃、王扬宗、赵汝能、邢祖林、姚忠喜、王永铭、李新伟、叶光华、邝耀中、裘明德、赵国瑞
	1993	马英华、刘宝厚、吴玮、刘铭锐、杨志忠、王先荣、李崇高、王镜、赵俊生、孟富敏、冯绳远、陈启武、陈一戎、姜兆候
高校青年教师成才奖	1992	吴永杰、王为民
甘肃省园丁奖	1992	叶光华、吴大兰、孟富敏
甘肃省对中西医结合有突出贡献的十大名医	1992	许自诚
甘肃省园丁奖	1993	朱任之
全国教育系统优秀思想政治工作者	1993	张维义
全国智力支边扶贫先进个人	1993	崔有基
甘肃省园丁奖	1994	臧庶声、樊红
高校青年教师成才奖	1994	孙少华、武三卯
甘肃省劳动模范	1994	姜兆候、汪晓立
人事部有突出贡献专家	1994	赵健雄
甘肃省优秀专家	1994	赵健雄、邝耀中、陈一戎
全国计划生育万例无事故先进个人	1994	高云丽
全国优秀教育工作者	1995	徐光远
享受政府特殊津贴	1995	瞿颂义
甘肃省优秀专家	1995	陈启武、任登先、孙正义
甘肃省园丁奖	1995	陈启武
	1996	杨凯
高校青年教师成才奖	1996	侯一平、王玉、马志刚
	1997	高明堂、金玉
甘肃省优秀党务工作者	1997	曹喜生

续表 4-12

荣誉称号	年度	姓名
甘肃省教师康居工程建设先进个人	1997	宋江山
甘肃省优秀专家	1997	史大中、陈启武、任登先、孙正义
甘肃省园丁奖	1997	龚经伟、王恒大
享受政府特殊津贴专家	1997	倪安民
	1998	宁英远
全国优秀中青年科技工作者	1998	戴恩来
甘肃省园丁奖	1998	姜兆侯
高校青年教师成才奖	1998	苏海翔、倪京满、张有成
中国超声医学工程先驱奖	1998	陈化民
甘肃省园丁奖	1998	宁淑敏
吴阶平泌尿外科医学奖	1998	王志平
中国药学荣誉贡献奖	1998	李炳生
首届"全国百名优秀医生"称号	1998	金玉
"333人才工程"一二层次人选	1998	吴勇杰、侯一平、刘兴荣、肖卫、魏虎来、孙少华、孙正义、高秉仁、李玉民、吴强、朱昕、夏春、张子理、沈国强
中国红十字会抗洪抗震救灾先进个人	1998	林玉
享受政府特殊津贴	1999	程彦斌、孙正义、王志平
甘肃省先进工作者	1999	王彤
全国卫生系统青年岗位能手	1999	岳中瑾
全国"五好文明家庭"称号	1999	汤旭磊、刘晓菊
中国药学会"杰出新秀奖"	1999	张虹
全国精神文明建设先进个人甘肃省医院管理先进个人	1999	傅梧
全国省级综合性医院优秀护士	1999	芦国芳
甘肃省卫生系统优秀专家	1999	陈天铎、秦大山、贾欣增、张连生、徐敬东、白亚娜
甘肃省优秀管理工作者	1999	杨成娣、顾伯俊
甘肃省高等学校科研管理先进个人	1999	南效吉
甘肃省高等学校科研统计先进个人	1999	曹志强
高校青年教师成才奖	2000	张煦、余占海、岳中瑾
甘肃省杰出青年科技奖	2000	魏虎来、倪京满
全国省级综合医院优秀党委书记	2000	张引芳

续表 4-12

荣誉称号	年度	姓名
甘肃省著名专家 优秀专家	2000	倪才贤、倪安民
甘肃省园丁奖	2000	戴玉景
甘肃省十大杰出青年	2001	郭赢仕
全国优秀教师	2001	秦晓民
享受政府特殊津贴专家	2001	朱玉真、杨成焜
甘肃省优秀专家	2001	程体娟、倪安民、马力、金玉、李玉民
中西医结合贡献奖	2001	许自诚、王惠兰
甘肃省女科技工作者	2001	朱玉真、金玉、郭玉芬
甘肃省"五四青年奖章"	2001	张钲
高校青年教师成才奖	2001	汤晓勤、赵望泓、李宇宁
全国"三八红旗手"、甘肃省优秀女科技工作者	2001	金玉
甘肃省统一战线工作先进个人	2001	苗文彬
国家"五一劳动奖章"	2002	赵健雄
全国优秀医院院长	2002	严祥
全国省级综合性医院优秀党委书记	2002	张引芳
甘肃省园丁奖	2002	封士兰
第四届"中国十大女杰"提名奖	2002	金玉
中华医学会"全科医学先进个人"	2002	张向东
中国科学院博士生"保洁奖"	2002	张虹
高校青年教师成才奖	2002	李文广、孙应彪、宋爱琳
甘肃省高等学校教学名师奖	2003	朱任之
卫生部有突出贡献中青年专家	2003	王志平、郭玉芬
中华全国总工会抗击"非典"先进个人、全国科教文卫工会系统优秀工会干部	2003	贾宝全
甘肃省十大杰出青年	2003	岳中瑾
卫生部、外交部、商务部"全国援外医疗先进个人"	2003	顾福卿
中组部全国抗击"非典"先进个人、甘肃省优秀共产党员	2003	余勤
甘肃省"五四青年奖章"	2003	刘晓菊、张学红
全国巾帼建功模范医师	2003	金玉
甘肃省防治非典型肺炎工作先进个人	2003	万毅新

续表 4-12

荣誉称号	年度	姓名
全国卫生系统先进个人、全国百姓放心示范医院优秀管理者、全国省级综合性医院文化建设先进个人	2004	严祥、岳中瑾
省级优秀专家	2004	张钲
甘肃省名老中医	2004	许自诚、王必舜、王惠兰

令人起敬的还有那些默默奉献的无名英雄们，他们和许多接受表彰的优秀人物一样,也为学院的发展倾注了自己的心血,作出了自己的贡献。

第五章　莘莘学子

　　兰州医学院建院 70 余年来,一批又一批莘莘学子,怀着悬壶济世、报效祖国的远大志向,从天南地北来到白塔山下、黄河之滨,沐浴兰医精神洗礼,感受学术净土神圣,追随大师硕学鸿儒,感悟人生真谛。一批又一批具有精湛医术和崇高医德的医务工作者从这里出发,布满陇原,撒遍全国,走向世界。他们就像一道道靓丽的风景,辉映着"健康所系,性命相托"之神圣。

第一节　硕士研究生

一、起步与发展

　　兰州医学院早在 20 世纪 60 年代初,经教育部批准即开始研究生招生、培养工作。1960 年 9 月,学院分 9 个专业招收研究生 11 名,其中 4 人因招研专业的教学实验条件太差,培养有困难而取消,1 人因生活困难放弃,2 人因成绩太差被取消资格,1 人因违纪被开除学籍,实际仅录取 3 人,他们是内科学周也卿、病理生理学宋棠荣、人体解剖学刘思芝。这是学院培养的第一届研究生,也是"文革"前培养的唯一一届研究生。

　　1977 年 10 月,国务院批转教育部《关于高等院校招收研究生的意见》,指出"高等学校,特别是重点高等学校,凡是教师条件和科学研究基础比较好的,应从 1977 年起,在办好本科的同时,积极招收研究生"。1978 年,国务院批准兰州医学院恢复研究生招收培养工作,当年内科学、病理学与病理生理学、药理学首批招收 4 人。

　　1981 年,国家恢复学位制度后,学院被批准为首批硕士学位授予单位之一。人体解剖学(神经系)、生理学、寄生虫学、病理解剖学、药理学、内科学(消化)、放射诊断学 7 个专业为硕士学位授予专业①,当年招收硕士研究生 13 人。

1982—1985 年,除 7 个专业每年都招收研究生外,还陆续吸收了一些条件较好,但无学位授予权的专业,如病理生理学、生物化学、组织胚胎学、微生物与免疫学、医学遗传学、环境卫生学、生药学、外科学和传染病学等招收硕士研究生,到 1985 年共招收硕士研究生 93 名。5 年共毕业研究生 32 名,授予硕士学位 19 名。1985 学年初,在校研究生 74 名,其中女生 19 名。1985 年,为提高青年教师业务水平和改善师资结构,第一次尝试自费在职研究生制度,院内在职培养 3 名。1986 年 5 月,实行委托培养研究生制度,当年接受青海省委托代培研究生 4 名。

1986 年 8 月 25 日,国务院学位委员会讨论通过,学院又有 11 个学科、专业获硕士学位授予权,即病理生理学、生物化学、组织胚胎学、微生物与免疫学、医学遗传学、环境卫生学、生药学、外科学和传染病学等。随着学位点数量的不断增加,研究生招生的规模也逐步扩大。1986 年,18 个二级学科、23 个专业,招收 40 名攻读硕士学位研究生,这是学院 1978 年恢复招生以来招生最多的一年。这种招生规模一直到 1988 年,每年均保持在 40~45 名之间。1989 年,国家控制研究生招生数量,限定学院研究生每年招生 24 名左右,这一规定持续到 1997 年。1997 年,按学位条例的要求,经国务院学位办批准,为在职人员开辟了以同等学力申请硕士学位的渠道,开办了临床医学专业在职人员研究生进修班,首期招生即受到社会广泛关注,报考者十分踊跃。

1998 年后,伴随着我国高等教育事业的快速发展,学院硕士学位点也得到快速增长,每两年一次的申报工作中,学院均有新的学位点获得批准。1998 年全院新增 5 个硕士点,硕士点总数从 22 个增加到 27 个,覆盖专业从 23 个增加到 30 个。2003 年底,已达到 31 个二级学科,涵盖 45 个专业,覆盖了绝大部分基础医学、临床医学、药学、预防医学、口腔医学专业,硕士学位授权点数在甘肃省属研究生教育单位中名列前茅。2003 年,经国务院学位委员会专业学位教育指导委员会评议全票通过,学院还成功获得博士学位授予单位和临床医学硕士专业研究生培养单位资格,使学院研究生培养工作又上了一个新的台阶。到 2004 年,学院已初步形成了集博士学位研究生、科学学位硕士研究生、临床医学专业学位硕士研究生、研究生课程进修班、在职人员以同等学力申请硕士学位等多层次、多形式、多种培养目标的综合的研究生培养体系。研究生教育的招生规模也连年急剧扩张。1999 年招收研究生 61 名,2000 年

---

① 国务院学位委员会(81)学位字 018 号文件《关于下达首批博士和硕士学位授予单位的通知》。

增加到 107 名,2001 年又进一步增加到 144 名,2002 年达到 174 名,2003 年招生 258 名。根据省教育厅的精神,2004 年招生规模在 2003 年招生 258 人的基础上又扩大到 430 人,增长幅度达 67%,是历年来招生规模增长最快的一年。

　　自 1978 年批准恢复研究生招生到 2004 年,兰州医学院共招收攻读硕士学位研究生 1649 人,毕业 850 人,授予硕士学位 845 人。自 1997 年批准成为同等学力人员申请硕士学位单位以来,累计招收研究生课程进修班学员 847 人,已有 143 人获得硕士学位,在全省高校中处于前列。2004 年底,全院在校研究生规模已达 1655 人。其中在校博士生 9 人,统招硕士研究生 799 人,研究生课程进修班学员 847 人。

表 5-1　兰州医学院硕士研究生情况一览表

学科、专业名称	硕士生招生情况			硕士学位授予情况			目前在校生数
	自何年始	已招生届数	招生数合计	自何年始	已招生届数	招生数合计	
内科学	1978	23	386	1981	19	230	154
药理学	1978	25	81	1981	21	52	29
病理学与病理生理学	1978	22	82	1981	18	42	39
生理学	1979	24	67	1982	20	37	27
生物化学与分子生物学	1979	21	75	1987	18	41	34
影像医学与核医学	1979	15	50	1982	10	21	29
病原生物学	1979	20	50	1982	18	31	19
外科学	1979	22	313	1986	19	151	160
人体解剖与组织胚胎学	1981	23	78	1984	21	54	24
免疫学	1983	6	15	1986	5	9	6
生药学	1984	17	42	1987	14	29	13
劳动卫生与环境卫生学	1985	16	52	1988	13	25	27
皮肤病与性病学	1986	15	32	1989	12	17	15
眼科学	1986	17	44	1989	15	23	21
妇产科学	1987	18	75	1991	11	33	41
中西医结合临床	1987	17	42	1990	14	27	15
儿科学	1999	6	29	2002	3	8	21

续表 5-1

学科、专业名称	硕士生招生情况			硕士学位授予情况			目前在校生数
	自何年始	已招生届数	招生数合计	自何年始	已招生届数	招生数合计	
急诊医学	1999	6	22	2002	3	9	12
卫生毒理学	1999	5	15	2002	3	6	9
耳鼻喉科	2002	2	6				6
麻醉学	2002	3	15				15
老年医学	2002	3	13				13
神经病学	2002	3	11				11
精神病与精神卫生学	2002	3	7				7
药剂学	2002	3	16				16
临床检验诊断学	2003	2	8				8
口腔临床医学	2004	1	9				9
流行病与卫生统计学	2004	1	7				7
中西医结合基础	2004	1	1				1
药物化学	2004	1	5				5
药物分析学	2004	1	6				6
人数总计			1649			845	799

注:博士生 9 人,研究生课程进修班学员 847 人未统计在内。

二、管理模式

二十多年来,学院学位与研究生教育基本实行的是研究生科(处)、导师两级管理模式。1978—1984 年,研究生教育没有专门的研究生管理机构,除毕业生分配由人事处管理外,其他统一归口教务处管理。1984 年 9 月—2000 年,学院成立研究生科,隶属科技处,但管理职能仍有较大交叉,研究生科只有管理人员 2~3 人,仅仅履行研究生学籍管理和日常管理职能。研究生招生、指导教师的选聘和第一年的课程教育仍由教务处负责,研究生学位管理工作统一由学院学位办公室负责,毕业分配由人事处负责。为加强研究生党建工作和思想政治教育,1989 年成立研究生党支部,配备了专职党支部书记。2001 年,随着研究生教育规模的扩大,学院独立设置研究生处,设研究生招生办公室、综合科、学位办公室、培养管理科,全面接管研究生教育工作。研究生在学期间,一年级主要集中在校本部进行研究生课程的学习,由学院研究生管理机构统一管理;二、三年级分散在各专业开始专业课学习和课题研究,主要由指导教师或各专业硕士研究生导师小组负责管理。这种宽幅度、浅层次、扁平式的组织结构和管理模式,在研究生教育规模小、硕士点数量少、学位种类简单的情况下,勉强能开展正常的学位与研究生教育工作,也曾经发挥过积极的作用。然而随着研究生招生规模的迅速增加,这种管理模式明显不能适应形势的发展。学院研究生管理部门完全纠缠在事务工作中,根本无暇顾及学科建设、制度建设与质量监控工作。如何加强研究生之间的学术交流、提高研究生的学术水平、科学而全面地评价研究生的综合素质,事实上处于一种想管又无力管的境况。例如,研究生群体不同于本科生群体,在原有的管理模式中,研究生日常教学、管理、思想政治教育常常游离于二级学院(系、部)之外。尽管同一年入学的学生一级学科相同,但因其培养目标、培养方式以及培养过程存在较大差异,导致所选专业分散,研究方向不同,共同学习课程的时间较短,再由于研究生都较早地进入课题组进行学术和科研活动,而住宿也相对分散,使得同班同学之间的接触也极为有限。

2003 年,为适应新的形势,构建并完善研究生教育管理体制,学院召开首届研究生教育与学位工作会议,确立了"研究生处管理重心下移,尽快实现由管理职能为核心向服务职能为核心的转变"的指导思想,并在院系层面相继组建了研究生教育管理办公室或研究生工作专管秘书,开始实行校研究生处、二级学院(系、部)、指导教师、导师组管理相结合,学生社团自我管理为补充的管理模式。这种管理模式的分工管理原则是:二级学院(系、部)研究生教育管理办公室主要定位于承担原研究生处在过程管理中的一些职能,主要任务是根据学校研究生教育的整体规划、发展方向,结合自身的实际情况,全面组织和实施本院系范围内研究生教育的管理工作,以充分调动院系参与研究生教育管理工作的积极性、主动性和创造性,提高研究生教育管理的工作效率。学校研究生处的工作重点则由原先的事无巨细直接管理转移到宏观管理方面来,主要任务是代表学校对全校研究生教育实行统一宏观管理,负责规划学校研究生教育与学位发展规模和速度,制定校级管理文件,检查和评估研究生教育质量,协调各院系工作;代表学校统一对外,负责接洽省教育厅等政府部门的业务工作。研究生的党团关系也随之全部转至其本人所在专业科室的党团组织。有关研究生的各项活动,原则上都交由研究生会组织进行,发挥研究生的特点,进行自我管理,完善个人综合素质。

三、导师组与导师准入制度

由于研究生教育基本实行的是一对一教育的培养模式,因此,指导教师的素质与质量对于研究生的培养质量与素质教育就显得格外重要。为了提高研究生的培养质量,进一步锻炼和加强导师队伍,学院1983年就实行了由所在专业学术骨干组成的研究生导师组制度,由那些具备科研能力的教师和团队承担主要的培养任务。随着学院师资队伍构成成分的变化,研究生学历层次教师的迅速增加,以及新形势对研究生培养工作的要求,2000年学院又提出导师组的改革方案,即改变以往单纯以本专业人员组成导师组的形式,逐步发展到根据研究生的研究课题所涉及的内容,加强科研项目、科研手段和技术的多学科相互渗透,由不同专业人员组成的有机结合的导师组,把导师或导师组的科学研究与研究生培养过程结合起来。

在指导教师的遴选方面,长期以来,学院研究生的招生录取基本上是以专业为单位进行的,传统上研究生入学复试小组组长或成员自然就是被试研究生的导师,而导师的确定主要是采取行政分配的办法,这既没有尊重学生的权利,也使研究生的分配产生许多不必要的问题。2000年,硕士研究生导师由以往的行政指定改为资格评定,引入竞争上岗和淘汰机制,定期实施在评估基础上的竞争和淘汰。2001年起,改变过去实行的研究生入学复试小组与导师组挂钩的做法,实行复试小组与导师的分离。从2004年起,又结合各专业培养方案的修订,增加和充实各专业导师比较全面的介绍,除部分新增列的专业或学校认为特殊情况需要通过一段时间的政策性扶持外,完全实行导师与研究生的双向选择制度,在导师的选择中,尊重和给予研究生更加充分的权利。通过这种形式,老教师有了压力,中青年教师有了动力,指导教师的质量有了制度的保证和制约,有效地促进了研究生导师队伍质量的提高。

四、课程建设

学院研究生课程建设经历了一个较长的发展过程。1985年以前,由于研究生数量少,研究生第一年的学位课程基本都是跟随本科生进行,只是在课程考试的分数上要求不同,规定的课程必须达到75分以上才算及格。1986年以后,才单独开设了生化、电镜、统计、细胞生物学、外语、高等数学等课程。1997年以后,随着研究生增多,方实现全部课程单独开设。硕士生课程大体分为5种类型,即学位公共课、学位基础课、学位专业课、选修课以及必修环节等。学位公共课是各学科、专业硕士研究生都必须学习的课程,包括科学社会主义理论与实践、自然辩证法、公共外语、计算机技术及应用、医学统计学5门。学位基础课是研究生学习和掌握本学科最重要的基础理论、基础知识与技能的课程,主要根据各学科、专业培养方案,由导师和研究生共同选定,一般选修3~4门。学位专业课是本专业范围内为拓宽理论基础,学习和掌握本专业系统专门知识的基本课程,根据各学科、专业培养方案,由导师指定研究生选修的课程,一般不少于2门。选修课是供研究生进一步拓宽专业理论基础、扩大知识面及进行相应能力培养而设置的跨专业或跨一级学科的课程。补修课主要针对跨学科考入或以同等学力考入以及在招生考试时被认为基础理论或专业知识有某些缺陷、需要入学后进行适当补课的研究生,补修课程可以是比本人目前所攻读的学位低一级学位的课程,并需进行考核,考核不合格者仍需重修该门课程。必修环节包括专业外语、文献阅读和开题报告、教学与临床实践、学术报告与学术交流4项内容。2001年以后,本着传统课程要强调内容更新、鼓励开设新课程的原则,学校采取一系列措施,积极鼓励全校各专业教师为研究生开设能够体现各专业最新发展和研究成果的课程内容,获得热烈响应。通过教师本人申请—公开试讲与答辩—专家委员会评审的形式,从30多门申请课程中确定和开设了25门课程或专题。同时,针对研究生的特点,改变教学内容和教学形式,大力提倡以反映本学科最新发展和成果的各种讲座为主要教学内容,以专题讨论、学术报告等启发式、研讨式、参与式教学方式作为主要教学方法,优化课程体系。

硕士生实行学分制,必须取得规定的36学分以上,方可参加硕士学位论文答辩。一般情况下按照教学时数25~30学时为1学分,实验技术课的学分数按课内学时数的1/2计算。学位公共课、学位基础课、学位专业课的考试成绩达到75分以上方可获得学分。选修课考试60分即可获得学分,达不到以上要求按不合格计,规定进行考查的课程,成绩合格即获得学分。

五、考试与考查

研究生课程学习与教学环节,均按培养方案规定的教学要求进行成绩考核。成绩考核分考试和考查两种形式。学位课程一律要求考试,选修课原则上也要求考试。考试按百分制评定成绩。教学实践、社会实践、实验、实习、开题报告、学术活动等教学环节采用考查的方式进行。考查成绩一律按合格、不合格评定,由导师及有关教师写出评语和考查结果。学位课一门重修后仍不及格或2门以上(含2门)学位课不及格、重修课程超过2门或无故旷考者,取消学籍或予退学。

中期筛选考核:硕士生中期筛选考核是在硕士生课程学习阶段基本结束,一般在第四学期开始时,对研究生进行一次思想品德、课程学习、科研能力的综合考核,考核面向全体研究生。考核后学习成绩良好、具有一定科研能力、思想品德合格的，进入撰写硕士论文阶段。少数学习成绩差或明显缺乏科研能力，或思想品德不合格的，或因其它原因不宜继续攻读硕士学位的，中止学习，作为肄业分配工作。中期筛选考核的重点在于考核硕士生的科研能力。考核方式一般为：由考核小组听取研究生的科研报告，内容以硕士学位论文的开题报告为主，也可以是学年论文、科研成果、文献综述。硕士生报告结束后，由考核小组按优秀、合格、不合格评定成绩。

六、硕士学位论文

学位论文工作的目的是使研究生在科学研究方面受到全面的基本训练，它是培养研究生具有从事科学研究和综合运用所学知识分析问题、解决问题能力的主要环节。2000年，学院为促进研究生科学研究的基本训练，提出发表学术论文要求，即硕士研究生在领取学位证书之前，必须以本人为第一作者，以"兰州医学院××教研室(二级学院)"或"兰州医学院第×临床医学院(附属医院)"为署名单位，在国家级核心刊物发表研究型论著一篇。毕业离校前已发表论文的研究生，发给毕业证书和学位证书(委培、定向研究生按照协议规定办理)。论文尚未发表者，只发放毕业证书，学位证书暂留研究生处保管(为不影响研究生就业、晋职、深造，研究生处可以出具已获硕士学位证明)，待论文发表后凭论文原件和复印件在研究生处领取本人硕士学位证书。

七、质量监控

学院研究生教育的质量监控主要表现在两个方面：

一是研究生课程教学质量监控。主要通过研究生课程教学质量评估来进行，以加强课程建设，规范教学过程，完善培养环节，进而达到推进教学改革、提高教学质量的目的。研究生课程教学质量评估采用教师自我评估、二级学院(系、部、所)研究生课程教学质量评估小组评估、学校专家组和研究生评估相结合的方式进行。教师自我评估由任课教师实事求是地填写《研究生课程教学质量评估表》，二级教学单位评估由二级学院(系、部、所)研究生课程教学质量评估小组在组织听课的基础上，结合教师自我评估和研究生评价意见，对被评估课程的教学质量作出客观的评价，并对存在的问题和不足提出意见和建议。校专家组和研究生评估：学校专家组参加随堂听课和与授课教师、研究生座谈后填写《专家、研究生评估评分表》，研究生处组织不少于三分之二听课研究生采用无记名方式填写《专家、研究生评估评分表》。评估内容主要包含10项指标。

表 5-2　研究生课程评价标准

序号	评价指标	评价项目	评价标准	等级
1	课程内容	★深度与广度	能反映一级学科最重要的基础理论和专门知识,内容广、新、深。研究生选课率占一级学科研究生人数的 33%以上,并有相关学科研究生选课。	A
			基本能反映二级学科最重要的基础理论和相关知识,研究生选课率占二级学科研究生人数的 50%以上。	C
2	教学态度	★备课情况	能及时补充更新讲稿内容,做好前后课程的衔接。了解相关文献,掌握本学科国内外的研究动态。	A
			讲稿内容基本能反映教学目的和教学要求,了解相关文献,掌握本学科国内外的研究动态。	C
		教学纪律	师生无迟到、早退、调课现象。研究生课堂出勤率 90%以上。实验安全,无工伤事故。师生严守考场纪律,无作弊现象。	A
			调课率低于授课总学时的 1/10。研究生课堂出勤率 80%以上。	C
3	教学方法	★授课	启发式、讨论式、研究式等多种讲授方式与组织自学相结合,或讲授与研究生参加实际操作相结合。	A
			以一种授课方式为主,并组织一定的自学讨论。	C
		作业	布置自学要求和作业,并提供参考资料。每次上课检查完成情况、认真批改作业。	A
			布置自学要求和作业,随机抽查完成情况和批改作业。	C
		考试	以课堂笔试结合专题综述或专题设计或课程论述报告为考试方式。试卷内容与往年相比重复率低于 10%,有 A、B 卷。	A
			考试方式单一,试卷内容与往年相比重复率低于 30%。	C
4	教学手段	辅助教具	合理使用 CAI 课件或其它现代化教学设备和手段上课。	A
			使用电化设备进行辅助教学。	C
		试题库	正在建试题库,有试卷库。	A
			有两年内的试卷。	C
5	教学资料	★教材	选用国内外或自编优秀教材。	A
			选用的教材或自编讲义能够满足教学大纲及教学内容的基本要求。	C
		参考资料	有完整的和最新的可供研究生使用的教学参考资料。	A
			有部分教学参考资料可供研究生使用。	C

续表 5-2

序号	评价指标	评价项目	评价标准	等级
6	师资队伍	★梯队	课程组人员年龄结构合理,主讲教师配备有 A、B 角。教辅人员配备齐全。	A
			课程组人员年龄结构基本合理,有一名主讲教师或由两名教师分章上课。	C
		★授课经历	主讲教师稳定,有讲授本课程五届以上经历。	A
			主讲教师有讲授本课程一届以上(含一届)经历。	C
		★职称	主讲教师 A、B 角均具有高级职称。	A
			主讲教师 A、B 角有一名具有高级职称。	C
7	教学文件	教学大纲与教学日历	能按照教学大纲授课,讲课内容调整率低于总授课章节的 10%。教学日历与课程教学目的、要求、内容相一致。	A
			基本能按照大纲授课,调整率低于总授课章节的 20%。教学日历与课程教学目的、要求、内容基本一致。	C
		★讲稿或课件	讲稿准备充分、书写整齐、条理清楚,能及时补充国内外最新科研进展和科研成果到相关章节。	A
			讲稿准备基本充分,书写整齐、清楚,内容丰富。	C
8	教学研究	教学论文与教材	近三年在信息统计源的刊物上曾发表与课程教学相关论文或公开出版教材(含教材参考书)或研制出已通过鉴定的影像、软件教材。	A
			有教学研究总结或报告。	C
9	教学改革	改革成效	有重大教学改革举措并取得突出成效或在教书育人、能力培养、素质教育等方面有一定创新,成绩突出。	A
			在教学改革方面进行过一些尝试。	C
10	教学效果	课堂效果	授课时精神饱满、仪容端庄,语言流畅生动,条理清楚,重点突出,引人入胜,能激发研究生的学习主动性。	A
			语言表达清楚,条理性较强,重点基本突出,研究生对课程有一定兴趣。	C
		★成绩分析	8 人以上课程考试成绩符合正态分布或 8 人以下课程连续三年的考试成绩符合正态分布。	A
			8 人以上课程考试成绩基本可分出好、中、差或 8 人以下课程连续三年的考试成绩基本能分出好、中、差。	C

注:标有"★"号的评价项目,优秀课程必须达到 A、B 级,且 B 级不能多于 4 项,合格课程不得有 D。

二是论文答辩的质量监控。2000 年以前,研究生答辩委员会组织的答辩,千篇一律已经成为大家公认的一个弊端。为了扭转这种状况,2002 年学院规定,答辩委员会的组成人员原则上要从具有研究生指导教师资格的专家中产生(校外专家应占 30%),而答辩委员会的主任则必须具有研究生指导教师资格。2003 年,各个专业研究生答辩委员会的组成开始实行准入制度,通过考察构建各专业的答辩委员会成员的专家库,由学位委员会随机抽取每一年度各专业答辩委员会的组成人员。为进一步保证研究生学位论文答辩的严肃性和提高研究生的培养质量,加强和完善了研究生论文的送审制度,建立和健全了一系列研究生毕业与答辩的审查程序与规定,2004 年起,开始实行研究生毕业论文的匿名评审制度。

八、培养成果

兰医培养的硕士研究生素以"基础宽厚、踏实肯干"而得到社会各界的高度评价和认可。20 世纪 80 年代毕业的硕士研究生 75%以上继续攻读博士学位,1995 年毕业的 29 名硕士研究生应届考取博士研究生的有 14 名,加上以后陆续考上的竟多达 27 名,占该届毕业研究生的 93%。2001 年,42 名应届毕业的硕士研究生中就有 16 名考取北京、上海等国内名牌院校和科研单位攻读博士学位。其中病理学的 2 名硕士研究生均以第一名的成绩分别考入北京大学医学部和第四军医大学。据不完全统计,改革开放以来,学院培养的硕士研究生已有 127 人考取了全国各地重点高等院校、研究所攻读博士学位,有 56 人出国留学继续深造,有 219 人次在校期间即获得省厅局以上级别的科研成果奖励和"优秀研究生"奖励。2001 年、2002 年连续 2 年,在全省每年 5 个李政道奖学金名额的竞争中,学院均有 1 名研究生荣获李政道奖学金。1978—1999 年,有 300 多人次在全国及国外刊物上发表学术论文 700 多篇。2000 年,学院规定在校研究生获取硕士学位,必须在国家核心期刊发表论文。到 2004 年,已有 300 余人发表科研论文 400 余篇,其中,2000 年在校研究生首次发表 SCI 收录文章,至 2004 年发表的 SCI 收录文章已达 9 篇。目前在甘肃工作的兰医毕业研究生已占到全省医疗卫生机构研究生总数的 70%以上,85%以上担任科主任、院长职务;在北京工作的 200 余名兰医毕业研究生中,40 余位已担任著名综合医院科主任以上职务,北京曾有人戏称"兰医是北京医务界研究生的摇篮"。在上海、深圳、广州工作的兰医毕业研究生也越来越多,在海外的二十多个国家和地区也有兰医学子的足迹。他们正在为我国医药卫生事业的发展发挥着重要作用,其中相当一部分人已成为教育、科研和医疗技术工作的专家骨干,有些已被选聘为博士研究生指导教师和重要学科的学术带头人,有些还成为高等学校和科研机构的主要领导。

第二节　本科专科生

医药卫生学本科生、专科生,是兰州医学院医学专业人才培养工作中最基础也最重要的组成部分,他们是甘肃医学人才群体中数量最多、贡献最大的一支劲旅。

一、共和国建立前 17 年间的医学生(1933—1949 年)

1932 年,甘肃学院宣布次年招收医学专修科学生。

1933 年,按照国民政府的有关规定,由甘肃学院自行组织进行招生事宜。学制先是暂定为五年(原为六年),1939 年正式定为五年,招生对象为高中毕业,并持有高中毕业证书,经考试(笔试、口试)和体检三项合格者录取入学,考试科目有公民、国文、英文、史地、数学、物理、化学、生物八门课程。

1933—1942 年,共招生三届,学生 81 名。1933 年,第一届招收 46 名,当时由于办学经费困难,只能待第一届学生毕业后,才能招第二届学生。1937 年,招收第二届学生 16 名,1939 年招收第三届学生 12 名。1937 年首届毕业生 7 人,1941 年第二届毕业生 11 人。

1942 年,国立西北医学专科学校成立后,除接收甘肃学院医科(五年制)第三届学生 11 人编为三年级外,同年招收四年制(高中毕业)、六年制(初中毕业)学生各 1 班,共计 58 人。1943 年,招收六年制学生 62 人、四年制学生 28 人;1944 年,招收六年制学生 57 人、四年制学生 20 人及一年制调剂班 24 人、一年制法医班学生 14 人。

1945 年,国立西北医学院兰州分院成立,除接受国立西北医学专科学校全部在校生外,当年招收六年制学生 30 人、一年制调剂班学生 14 人。

1946 年 5 月,国立西北医学院兰州分院与国立兰州大学合并,改为国立兰州大学医学院,学制改为六年,招收高中毕业生。按照当时分区联合招生办法,由兰州大学组织招生事宜,在各分区共录取学生 20 名。其中:兰州 5 名、西安 9 名、武汉 4 名、南京 2 名。同年,还接收由教育部分配来的西康技艺专科学校医产学生 32 名;由新疆保送的 35 名学生入医学院先修班,主要补习汉语。1946 年 9 月,在校学生共 183 名,除原国立西北医学院兰州分院的 140 名学生中的一部分按照专科学制毕业外,其余学生均按六年制医学本科的要求分别进行了编级。

至此,从 1933 年至 1948 年,共招收学生 559 名。

表 5-3　1933—1948 年招收学生情况表

校 名	年 度	学 制	专 业	科 别	入学程度	招生人数
甘肃学院医学专修科	1933	五年	医学	专科	高中	46
	1937	五年	医学	专科	高中	16
	1939	五年	医学	专科	高中	12
西北医学专科学校	1942	六年	医学	专科	初中	58
	1943	六年	医学	专科	初中	62
		四年	医学	专科	初中	28
	1944	六年	医学	专科	初中	57
		四年	医学	专科	高中	20
		一年	调剂	班	高中	24
		一年	法医	班	高中	22
西北医学院兰州分院	1945	一年	调剂	班	高中	14
		六年	医学	专科	初中	30
国立兰州大学医学院	1946	六年	医学	本科	高中	56
		一年		先修班		35
	1947	六年	医学	本科	高中	47
	1948	六年	医学	本科	高中	32
总计						559

建国前的 17 年间，甘肃学院医科由于修业时间长，课程繁多，加上战乱和灾荒，学生流动情况十分严重，中途辍学或转校、转专业者较多，第一届招生 46 人，但仅有 7 人毕业，他们是郭彬、王焕文、吕朝凤、彭文奎、解占邦、李立坤、鲁与。1933—1944 年 10 年中，仅毕业学生 18 名。1945 年至次年夏，国立兰州大学医学院成立以前，毕业 72 名学生。1946 年以后，毕业 35 名。民国时期总计毕业学生 125 名，其中四年制以上医科学生 63 名。

表 5-4　1933—1948 年毕业学生情况表

校 名	年 度	学 制	专 业	科 别	毕业生数
甘肃学院医学专修科	1937	五年	医学	专科	7
	1941	五年	医学	专科	11
西北医学专科学校	1945	五年	医学	专科	10
		一年	调剂	班	24
		一年	法医	班	24
西北医学院兰州分院	1946	一年	调剂	班	14
国立兰州大学医学院	1947	四年	医学	专科	18
	1948	四年	医学	专科	17
总 计					125

二、共和国建立初期 5 年间的医学生（1949—1954 年）

共和国建立后，作为兰州医学院前身的兰州大学医学院，在其存在的 5 年间，高等医学教育纳入国家统一发展的国民经济计划，医学招生和毕业生分配工作执行国家统一的计划和办法。

1949 年接管后的兰州大学医学院，奉令将招收的一年级学生 68 人改为五年制，其余二年级以上学生仍维持六年制。1949 年下半年，有一部分学生报名参军，赴新疆等地参加支援解放和建设工作。因之，一些年级的学生流动数较大。1950 年上半年开学后，在校学生共 216 人，一年级 79 人、二年级 30 人、三年级 35 人、四年级 28 人、五年级 28 人、六年级 16 人，暑假前毕业 16 人。

1950 年春，新疆维吾尔自治区保送少数民族同学 17 人（其中维吾尔族 12 人、乌兹别克族 1 人、塔塔尔族 4 人），前来进行医学专业培训学习，他（她）们有的是中学毕业，有的是在职干部，大部分人以前曾在新疆学院读过二三年医科课程，对所学的专门知识略有基础，但由于不懂汉语、汉文，读书、听讲、写笔记均感困难，因此第一学期无法在医学院随班上课。后经过学校有关方面的积极帮助和少数民族学生们的刻苦学习，这批少数民族学生，到 1953 年下学期开学时，除一位汉语文较好的学生随同医学院三年级学生上课，另有两名学生因志在学习政治，无心学医，一再要求返回新疆，经甘肃省民委与西北教育部批准离校外，其余 14 位学生均在为他们特别开设的医学院二年级乙班上课。这批少数民族医科学生于 1954 年暑期结业，经过半年的实习，于 1954 年冬取得与大学本科毕业生享受同等待遇的资格，走上工作岗位，很快都成为新疆民族医疗卫生事业的骨干。

1951 年，结合国家恢复与发展国民经济的需要，遵照教育部、卫生部要求，同时为了解决甘肃医疗卫生界护士的来源问题，创办了附设护校；分别于 1951 年、1952 年、1953 年招生三届。第一届和第三届学制两年，第二届学制三年。毕业学生大部分充实了附属医院护理队伍。1952 年还应医疗卫生发展急需，招收内科医师专修班一期 61 人，学制三年。

1949—1953 年，兰州大学医学院共招收医疗本科学生 418 人（其中 1949 级 68 人，1950 级 88 人，1951 级 73 人，1952 级 68 人，1953 级 60 人）；共毕业学生 82 人（1950 年 16 人，1951 年 28 人，1952 年 27 人，1953 年 11 人）。

三、独立建院后 10 年间的医学生（1954—1965 年）

1954 年兰州医学院独立建院后，招生工作由甘肃省招生委员会按照统一的招生计划，组织实施和负责录取学生，生源主要来自甘肃、陕西、河南。其中三年制妇产专修科是 1954 年受西北卫生局和甘肃省卫生厅委托增设的，生源主要从西北五省选调工作 3 年以上的助产士,通过学习培养成妇产科医师。

1954—1958 年,共招收学生 975 人,其中医疗本科生 891 人,两届三年制妇产专修科学生 84 人,共毕业学生 423 人,其中医疗本科生 281 人,三年制内科专修科 60 人,两届三年制妇产专修科学生 82 人。这一时期的本科毕业生留校任教或在附属医院从医者居多,也有分到中专卫校从教和地方医院从医者,专科调干生基本回原单位工作。

1959 年,学院遵循上级指示,为赶上大跃进、大发展的形势,在不具备条件的情况下,扩大专业设置及招生名额,增设了五年制卫生系卫生专业、四年制药学系药学专业及三年制医疗专科专业、三年制放射医学专业、二年制工业卫生专业,招生数猛增,共招收本专科学生 502 人。其中,医疗本科 349 人,专科 56 人,药学本科 47 人,卫生本科 30 人,工业卫生专科 20 人。因甘肃招生生源不足,经教育部批准,从陕西招生 152 名、河南 30 名。此外,根据省卫生厅指示,还举办一年制和半年制中级卫校师资进修班,分别招收兰州卫校应届毕业生 25 人、44 人,经过 1 年或半年培养,分配到新成立的天水、张掖、平凉等卫校任医学基础课的教学工作。加之当年春季,还接收已撤销的兰州卫生学校医士、助产、药剂、医产、检验、卫医、X 光等 9 个学科学生 700 多人,改为中专科。至此,在校学生达到 2126 人,其中本专科生 1355 人,一年以下学制进修生 71 人,中专生 700 人。

1961 年,贯彻中央"调整、巩固、充实、提高"方针,全省高等学校进行专业调整,甘肃工业大学化学系的 38 名学生转入医学院药学系。1962 年兰州医学院奉令进行专业调整,药学和公共卫生、放射医学专业撤销后,仅设医疗系一个专业。原药学专业四年级学生仍保留在该专业学习至毕业,其他各年级 95 人转入医疗专业。由甘肃工业大学转来的学生,因原专业所学课程大部分与医疗专业不同,为帮助其补习,除给予单独上课外,还将学制延长为五年半。后根据全国高等医学教育会议精神,并经甘肃省卫生厅批准,其毕业时间与 1965 级医疗专业同届学生一样对待。

1965 年,甘肃省卫生厅根据中央和毛主席"关于组织城市高级医务人员下农村和为农村培养医生问题的批示"精神,以及中央卫生部"关于高等医学教育当前进行教育革命与教学改革的几点意见"文件,经与兰州医学院共同研究后提出,"举办三年制专科,培养具有大专医学知识水平的农村医生。学生来源是从公社来、回公社去、拿工分,不由国家包工资"的意见,并由甘肃省卫生厅拟《关于兰州医学院医疗专科招生办法的意见》,报请甘肃省人民委员会,得到同意,批转给全省各专署、县"研究执行"。《意见》规定:"主要招收高中毕业或具有同等学力、参加过劳动的贫下中农知识青年,年龄原则上在 27 周岁以下,亦可招收具有上述文化水平,不脱产的农村初级卫生人员。"给全省各专区分配具体保送报考专科的人数160名,经考试后录取96名。

1959年至1965年,全院共招生2632名(不含二年学制以下的各专业进修班学生),其中医疗专业2248名(包括专科293名),卫生专业234名(包括工业卫生65名),药学专业150名。共毕业学生1736名,其中医疗专业1681名,药学专业35名,工业卫生专业20名。

四、"文革"期间的医学生(1966—1976年)

1966—1970年"文革"前期的五年内学院没有招生,原在校的医疗专业各年级学生1777名(包括"社来社去"的医疗专修科学生96名),由于"文革"打乱了整个教学秩序,这一部分学生几乎失掉一半以上的学习时间。但按上级规定,还是按照学生入校时间来计算毕业年限,满5年就要准予毕业。到1968年夏,1968届毕业生已到毕业分配时间。依据中央和省革委会的指示精神,1968届毕业工作"要坚决贯彻执行面向农村、面向边疆、面向工矿、面向基层的方针",90%以上的毕业生被分配到农村公社卫生院以下单位边工作边劳动,而工资标准却按以往临时工工资级别,不实行定期转正。这种分配形式和工资待遇是以往没有的,许多学生想不通。工、军宣队组成的分配办公室以学习班的形式来提高学生服从党和国家分配的自觉性,同时以政治标准要求学生必须按时到农村、基层接收单位报到。无奈之下,大多数应届毕业学生于12月底离校。按照同样的分配模式,1969年7月,学校又把1969届、1970届两届509名毕业生送出校门。

1971年,贯彻《全国教育会议纪要》精神和甘肃省革命委员会有关教育工作的决定,学校恢复招生。招生对象是"政治思想好、身体健康,具有3年以上实践经验,年龄在20岁左右、有相当于初中以上文化程度的工人、贫下中农、解放军战士、青年干部和上山下乡、回乡知识青年,有丰富经验的工人、贫下中农,不受年龄和文化程度的限制"。招生办法是"不通过入学考试,实行组织推荐、领导批准和学校复审相结合"。毕业分配原则是"学习期满后,原则上回原单位、原地区工作,一部分可根据国家需要统一分配"。工农兵学员的任务是"上大学、管大学、用毛泽东思想改造大学",简称"上、管、改"。首届工农兵学生831名于1971年10月入校,其中三年制医疗专业760名,药学专业71名。1973年按国家教育部规定,曾恢复入学考试,后由于"白卷英雄"张铁生之流的干扰,恢复一年即夭折。到1976年,共招收工农兵学员6届,共计2382名,其中医疗专业2106名,药学专业266名。1974年6月,学院首批820名工农兵学员毕业,其中医疗专业750名,药学专业70名。至1979年,共毕业工农学员 6 届 2358 名,其中医疗专业 2092 名,药学专业 266 名。

　　尽管工农兵学员入校时文化基础参差不齐,入校后接连不断的政治运动又时常冲击教学环境,在校期间学到的专业知识相对少一些,但因他们长期生活在基层,社会阅历丰富,吃苦耐劳,独立学习、工作能力较强,所以改革开放后,经过进一步的学习和深造,许多同志成长起来了,其中有些已成为省内外知名的专家、学者,不少走上了各级党政领导岗位。

五、八九十年代的医学生

　　1976 年 10 月"文革"结束,1977 年恢复正常的高考招生制度。在甘肃省招生委员会统一领导下,经过入学考试,招收应届高中毕业生及同等程度的社会青年。"文革"后首届招生 393 人,其中医疗专业 336 人,药学专业 57 人。

　　1978 年初,为尽快弥补学院师资断层,通过考试,25 名 1968—1970 届医疗专业毕业学生分 8 个专业重新"回炉"学习,3 年期满后毕业。其中,18 人调回学院从事教学、医疗工作。

　　1982 年,为缓解甘肃少数民族地区医疗卫生人才匮乏的状况,根据省里有关精神,学院单设成立少数民族班,当年降分招收甘肃少数民族地区的回、藏、满、白、土、保安、东乡、裕固、撒拉、哈萨克、蒙古等 12 个民族的 21 名学生。此后到 1988 年,共招收 7 个年级 172 名学生,全部毕业,先后分配到临夏、甘南、张川、张掖、酒泉、武威等少数民族地区,为少数民族群众防病治病发挥了较好作用。

　　1984 年,学院在国家计划指导下试行部分定向招生,与用人单位直接联系,采用合同制委托培养、定向分配的办法,为基层医疗工作第一线培养"学得好、用得上、下得去、留得住"的卫生技术人才,即在招生前与省卫生厅签定定向、委培合同,学生在入学前即被定向到厂矿企业、县甚至乡一级卫生部门。定向生在招生和在校学习期间享受相应优惠政策,毕业后要回到定向单位。1984—1991 年,共招收委培定向生 175 名,其中 95% 毕业后履行了定向合同。

　　随着招生制度和分配制度及其运作体制发生新的变化,1984 年增设五年制卫生专业、三年制口腔医学专业和二年制卫生行政管理干部专修科。1986年增设三年制临床医学专科,三年制临床检验专科和设立平凉、张掖两个临床医学大专班,学院招生人数、在校生规模进一步扩大。招生人数由 1977 年的393 人增加到 1991 年的 592 人,在校学生数由 1983 年的 1695 人增加到 1991年的 2187 人。

　　1992 年,随着国内改革形势的不断发展,学院几十年一贯的"独家生意不愁客"的招生制度和"皇帝女儿不愁嫁"的分配制度面临着新的挑战。在邓小平南巡讲话精神的指引下,学院坚持社会需要和量力而行相结合的原则,实行国家任务计划与调节性计划相结合的体制,充分利用招生计划的导向作用,推进招生制度的改革。招生工作以扩大各类专业特别是社会急需短线专业的学生为主,使招生人数达到639人。1993年,随着社会主义市场经济体制的不断发展,在省教委的部署下,学院与兰州高等工业专科学校率先在全省高校试行部分缴费上学的招生试点工作,在省教委确定的临床医学本科222名录取线下缴费生招生指标中,实际录取141人,占全部招生数639人的22%。1994年,缴费上学的招生试点工作进一步深入,由部分向全部推进。当年招收的640名本专科生全部实行缴费上学。在并轨招生中,为了解决好农村基层、少数民族地区缺医少药的状况,学院继续实行定向合同制委托培养、定向分配的办法,将民族班、张掖、平凉校外大专班划为定向招生班。对新生中的困难生,也相继作了政策上的调整,确保没有一位学生因经济困难而辍学。

1992年,长期形成的由政府部门高度集中的毕业生分配制度也开始逐渐转向在国家计划指导下的供需见面与择优录用相结合的方法,毕业生全面进入甘肃人才交流市场,试行由学院推荐,进入市场、参与竞争、供需见面、双向选择。学校还积极搭建学生就业平台,实行"五公开制度",即把国家的分配方针、原则、政策及学校当年的毕业生分配办法公开,把毕业生志愿情况、困难情况、应照顾情况公开,把毕业生在校期间德、智、体综合成绩排名情况公开,把用人单位需求信息、学校制定的建议分配计划公开,把分配结果(即派遣名单)公开。1993、1994年,学院还成功承办了两次全省大中专毕业生择业洽谈会。1992年,有224名毕业生直接与用人单位签订合同,一次签约率占全部毕业生475人的47%。1993年,毕业生继续实行进入市场,供需双向选择的分配机制,直接与用人单位签约的毕业生有435人,一次签约率占当年毕业生562人的83%。1994年,通过人才市场签约的毕业生有456人,一次签约率达到毕业生总数608人的75%。

六、跨世纪的医学生(2000—2004年)

1998年,面对全国高等教育大发展的形势,根据甘肃省高等教育发展的要求和医药卫生人员极度缺乏的现状,以及甘肃省财政不可能快速加大高等教育投入的现实,学院面临三种选择:维持少量招生,保证质量;扩大规模,满足人才数量需求,降低培养质量;适当扩大规模,尽可能保证培养质量。经过全面分析形势,在1998、1999年两年充分准备,千方百计增强办学综合实力的基础上,2000年,学院选择了第三种方案。

连续扩招,学生规模不断扩大。2000—2003年年均招收普通本科学生

2000 名左右,相当于 1999 年扩招前年招生量 800 人左右的 2.5 倍。2004 年,普通本科在校生规模已达到了 7634 人,是 1999 年 2877 人的 2.7 倍。

表 5-5　1998—2004 年学院本科分专业招生一览表

年份	合计	招生专业													
		临床医学	药学	预防医学	口腔医学	妇幼卫生	护理学	医学影像	医学检验	卫生管理	应用心理学	麻醉学	中西医临床	中药学	药物制剂
1998	392	266	53	48	25										
1999	523	375	74	50	24										
2000	848	574	144	98	32										
2001	1060	748	186	96	30										
2002	1622	813	206	93	52	66	96	79	69	30					
2003	1747	780	207	80	54	55	89	88	56	60	55	60	59	50	54
2004	1505	813	206	93	52	67	96	79	69	30					
总计	7634	4369	1076	558	269	188	281	246	194	120	55	60	59	50	54

在扩大招生规模的同时,学院为提高专科生培养质量,还试行"中期选拔制",以激发学生的学习积极性,改革单一培养学生的方式,变"一门进一门出"为"一门进多门出"。1998 年,在征得省教委同意后,制定了《兰州医学院优秀专科生升入本科学习的暂行规定》,按专科毕业生 5% 的比例,选拔品学兼优的专科生经严格的考核后直接进入本科深造。选拔工作在本校专科应届毕业生德智体综合考核班级前 10 名中进行,并由学院组织专业基础课和计算机考试录取。这一措施在 1998 届专科生中开始实施,在学生、家长中引起强烈反响,对激励专科生的学习积极性起到不可低估的作用。1999 年,根据省教委印发的《甘肃省普通高等本科院校选拔优秀专科生升入本科学习的暂行规定》通知精神,专升本制度更加完善,从选拔本校优秀专科毕业生,扩展到选拔全省优秀专科毕业生。从由学校组织报名考试录取,报省教育厅批准,上升到由省教育厅统一组织报名考试和录取。专升本比例也由 5%~8% 扩展到 10%~15%。到 2004 年,学院已连续 6 年进行专升本工作,数百名优秀专科学生在激烈的竞争中升入本科。在实行专升本过程中,学院曾拟同步进行"本降专"末位淘汰,但由于涉及到国家政策的改革而未能实现。

表5-6　1999—2003年学院普通专升本一览表

年份	大专毕业生人数	专升本人数	专升本比例
1999	299	11	3.7%
2000	286	15	5.2%
2001	292	19	6.5%
2002	384	120	31%
2003	705	245	35%
2004	473	185	39%
合计	2439	595	24%

为提高生源质量,学院还争取互换指标在全国招生。为解决仅在甘肃招生生源单一的问题,2002年通过与外省互换招生指标,成功实现了在全国招生。当年从黑龙江、天津、河南、陕西、青海、四川、广西等11省(市、区)招收新生333名;2003年又扩展到15个省(市、区)招生530余名。这些新生的最低投档线均比当地录取线高15~35分,生源质量明显提高,外省新生的到来,实现了不同地域文化在兰医校园的融合,提高了在校学生的整体素质,对提高教育、教学质量产生了良好的作用,也结束了兰医生源长期局限在甘肃省内的历史。

表5-7　2002年兰州医学院在全国招生情况一览表

年　度	省　份	各省招生人数	各省录取分数线	录取新生平均分
2000 年	甘肃	848	474	480.2
2001 年	甘肃	1060	467	485.1
2002 年	甘肃	1259	457	466.6
	天津	20	459	477.6
	黑龙江	7	499	513.2
	河北	50	528	548.8
	河南	38	518	538.1
	山西	42	501	519.1
	四川	20	481	499.9
	贵州	35	394	429.6
	广西	15	550	544.4
	陕西	70	445	475.4
	青海	36	303	364.7

第三节　成人教育生

成人教育学生是兰州医学院桃李园中的又一枝繁花。

1958 年 9 月,根据中共中央、国务院《关于教育工作的指示》,学院开始创办夜大学,共招收不脱产三年制夜大医科高级班 181 人,半年制夜大医科初级班 73 人,夜校扫盲班 45 人。生源均来自市区内机关医务人员,中西医疗所护士长、农业社保健员等。为了便于学习前苏联和吸收资本主义国家的一些成就,还开设俄文、英文补习夜校。当年,成人在校学生数达 873 人。夜大生除初级班、短训班外,高级班到 1962 年学习期满成绩合格毕业的学生有 54 人。1958—1961 年,受省卫生厅委托,除开办中级医药学校师资进修班外,重点加强放射科医师的培养,主办全省放射医师进修班三期,参加人数 67 人,其中新疆、青海学员 5 人。在此之后,由于国家政治形势的不断变化,夜大学除接受少量专业进修生和举办短期培训班外,基本处于停顿状态。

1980 年 4 月,教育部全国函授、夜大学工作会议之后,国务院批转了教育部《关于大力发展高等学校函授教育和夜大学的意见》。根据"发展高等教育应贯彻两条腿走路的方针,采取多种形式办学,除办好全日制大学外,还应根据自己学校情况积极举办函授教育和夜大学"的指示精神,学院积极恢复筹建夜大学工作。1980 年 5 月,经教育部批准恢复兰州医学院夜大学,首届招生 214 人(1985 年毕业 128 人)。

1983 年,学院再次恢复成人夜大学招生工作。当年招收六年制医科夜大本科学生 50 名。此后又连续招生 3 届,共招生 150 人,毕业 124 人。当时夜大招生入学考试由学院组织进行,考试科目为数学、物理、化学、语文、政治。招生对象主要为高中毕业程度的在职人员和社会青年,业余学习 5 年,全脱产临床实习 1 年。同时为解决卫生事业管理干部缺乏问题,学院还举办了三届两年制脱产卫生事业管理干部专修科,共招收在职卫生事业管理干部 120 余人。

1986 年,成人高等教育实行全国统一入学考试后,学院夜大临床医学六年制本科专业停止招生,仅开设夜大四年制临床医学专科专业,每年招生数十人。

开展自学考试社会助学工作, 是学院成人教育发展的一个重要转折点。1986 年起,受省自考委委托,学院开始承担社会助学工作,除承担自学考试部分课程的主考和阅卷工作外,还开设护理专业专科助学班,当时学员仅 50 余人。1989 年下半年,应广大自考生的要求,开始举办自学考试短线社会助学班,面向社会招收临床医学、药学、医学检验专科专业学生。2001 年,又相继开设了护理学、卫生检验专科和临床医学、药学、医学检验、卫生事业管理、口腔医学 5 个专升本专业。初时社会助学班招生受计划管理,由于报名人数多,学生入学由学校进行入学考试,择优录取。

进入 20 世纪 90 年代后,随着高等教育改革的不断深化,学院成教工作也驶上了快速发展的轨道,实现了上规模、上水平、成体系、成气候的发展目标,完成了由 20 世纪 80 年代主要承担各类在职培训向成人高等学历教育的重点转移。

1992 年,经省教育厅批准,学院在教务处成人教育科的基础上,成立了相对独立的成人教育中心。1995 年,作为二级学院扩编为成人教育学院。2001 年从职能转变上进一步改变为继续教育学院,从此翻开了学校成人教育管理新的一页。

1992 年,学院开设成人脱产班,先后招收临床医学、药学、检验、妇幼卫生、口腔专业学生。1996 年,为适应成人高等教育生源需求变化,又先后推出专科升本科、高中升本科。1997 年,受省卫生厅委托,开办了甘肃省 27 个国家贫困县三年制脱产农村卫生技术人员大专班,每年招收 100 名左右学生,到 2002 年,共招收乡村医生 431 人。这些学生由省卫生厅给予每年每生 1000 元补助。1998 年,受中央卫生部委托,开办成人鼠疫防治三年制脱产大专班,每年从华北、华东、华南、西北、西南近二十个省市区鼠疫防治第一线招收 30 名学生,连续三年共招收 88 人。这些学生毕业后全部返回防治第一线,为稳定鼠疫防治队伍作出了积极贡献。

这一时期,成人教育的办学规模得到迅速扩大,招生人数从 1990 年的 196 人增加到 1999 年的 1 351 人,其中 1996—1999 年间,招生人数每年以 20%~30% 的速度递增,屡创新高。

跨入 21 世纪后,针对成人高等医学教育出现的许多新情况、新问题和新机遇,学院提出了以"专升本教育为主,控制专科教育,拓展继续教育",努力建成成人学历教育与成人继续教育相结合、长期与短期相结合、符合成人特点的终身教育体系和管理规范、治学严谨的甘肃省医学继续教育培训基地的办学思路。通过优化办学结构,提升办学层次,打破传统办学模式,构建成人教育联合体等策略,化解了发展过程中遇到的困难,使自 20 世纪 90 年代后期形成的快速发展的良好势头得以继续和保持。2002 年,开办专业、招生人数、在校生规模达到历史最高点。设有普通成人学历教育临床医学高升本、临床医学、药学、护理学专升本 4 个本科专业,临床医学、药学、公共卫生学、口腔医学、高级护理学、医学检验、妇幼卫生、鼠疫防治 8 个专科专业。设有自学考试应用型短线专业临床医学、口腔医学、医学检验、药学、卫生事业管理 5 个专升本专床医学、中西医结合、卫生检验、口腔医学、药学、社区护理 6 个专科专业,当年招生人数达 4 088 人。各类在校成人学生共计 9 331 人，较 1996 年增长了 500%，创历史最高。其中，普通成人专升本学生 1 399 人，专科学生 3 700 人。自考短线专升本学生 1 599 人，专科学生 2 633 人。2003 年学院贯彻执行国家教育部、卫生部文件，停止招收医学类自学考试短线助学班学生，办学规模有所减缩。2004 年年末，学生人数为 7 029 人，其中，夜大本专科 1 976 人，脱产本专科 5 053 人。据不完全统计，学院开展成人学历教育 30 年来，共招收成人学生 19 736 人，毕业 12 066 人，其中本科生 2 500 余人，780 人获得学士学位，60 余人考取硕士研究生。毕业生绝大多数已成为甘肃地方医药卫生行业的骨干。

表 5-8　学院成人学历教育历年招生、毕业一览表

年份	招生情况							毕业生情况						
	成人学历教育				自考社会助学		小计	成人学历教育				自考社会助学		小计
	夜大		脱产					夜大		脱产				
	本科	专科	本科	专科	本科	专科		本科	专科	本科	专科	本科	专科	
1958		181					181							
1962									54					54
1980	214						214							
1983	50						50							
1984	50						50							
1985	50						50	128						128
1986						57	57							
1987						68	68							
1988		137				104	241	43					47	90
1989		76				110	186	38					51	89
1990						79	79	39					78	117
1991		39				92	131	23	92				86	201
1992		142		110		116	368		47				53	100
1993		34		40		296	370						274	274
1994		85		204		409	698		17		89		341	447
1995		105		319		380	1 251		123		32		164	319
1996		65	14	181		544	804		13		156		184	352
1997		129	35	236		482	882		51		289		282	622
1998		133	54	243		655	1 085		72	6	169		363	610
1999		158	123	346		724	1 351		45	28	138		398	609
2000		175	250	313		970	1 708		98	37	224		141	500
2001		385	531	618	313	1 195	3 060		103	83	261		419	866
2002	98	397	742	863	1 194	794	4 088		118	215	221	217	541	1 312
2003									140	476	573	428	854	2 471
2004	152	233	951	1024	141	263	2 764	96	326	721	564	577	621	2 905
合计	614	3 269	2 700	4 497	1 666	7 338	19 736	367	1 299	1 566	2 716	1 222	4 499	12 066

注：2003 年上半年因"非典"成人高考延迟，故没有 2003 级学生。以后，每年的全国成人高考录取由 5 月改到 10 月，新生入学由秋季改到第二年的春季。

在对基层医疗卫生人员学历教育的同时，非学历教育的专业培训也大力在开展。1988年9月—1991年9月，根据国家教育委员会、人事部《关于成人高等教育试行(专业证书)制度的若干规定的通知》，开办了学制为一年的麻醉、人体解剖、药学、护理4个专业的《专业证书班》，共有217名长期在专业性较强的岗位上工作，具有一定专业知识和实践能力，但未达到任职资格所要求的大专文化程度的具有高中毕业文化程度的在职人员参加学习。通过有针对性的专业知识培训，214名达到其岗位所要求的大专学历层次的专业知识水平。1992—1997年，由美国中华医学基金会赞助开展的中国西北地区CME项目，先后培训基层医疗卫生技术人员8 965人次；1998—2003年，中华爱德基金会赞助的农村基层医师专业培训项目，共培训农村基层各专业医技人员600余人；2001—2003年，李嘉诚先生赞助的"西部教育计划"——边远少数民族地区医生培训项目，培训甘南、临夏等少数民族地区医生500余人。另外，每年还接受基础医学、临床医学各层次教师、医护人员进修提高120余人次。据不完全统计，1980—2004年，仅两所附属医院即接受基层各级各类医技专科进修人员万余人次，举办各类进修班、培训班400余期。

第四节　学生思想政治教育

一、民国时期的训育工作

民国时期的训育工作，以"三民主义"为中心，实施"四维"(礼义廉耻)"八德"(忠孝仁爱信义和平)的公民教育。抗日战争期间，学校着重在大专学生中强化"精神训练"，灌输"一个党(国民党)，一个主义(三民主义)，一个领袖(蒋介石)"的"忠党爱国"思想。思想政治教育的途径、方式，一是通过开设特定课程，进行理论教育；二是通过"训育"，进行经常的"训练与指导"；三是通过国民党、三青团组织在高等学校的活动，对学生的政治、品德教育施加影响。

省立甘肃学院医学专修科，除开设"伦理"课外，实施思想政治教育的主要课程是"党义"和"三民主义"课，其基本内容是"阐扬三民主义，比较、批判其他社会主义学说"。

抗日战争前，省立甘肃学院依据国民党1931年通过的"三民主义教育实施原则"，进行"以三民主义为中心，培养德智体群美兼备之人格"的教育与训导。1938年后，执行教育部颁发的"专科以上学校特种教育方案"，厉行"训教合一"的精神训练。省立甘肃学院的训导目标是："纯一不移的共信"(三民主义)，"礼义廉耻的信守"，"创造服务的精神"，"保民为国之智能"。训导方式，除通过"精神讲话"、"时事报告"、"军事管理"、升降旗"训话"等形式实施外,平时主要是通过"导师制"来实施,即在每一系科或每一年级,由校院长聘请或指定导师一人,通过观察、训诫、个别谈话等方式,"指导并记载学生的思想行为,学业及身心修养"。此外,国民党党部或三青团组织委托事项,亦由训导主任或训导员承担、办理,通过党团活动,"训练学生对三民主义之正确信仰与健全之组织能力,养成忠党爱国肯牺牲能奋斗之志士"。

二、共和国建立后的思想政治教育

新中国成立后,根据马克思主义关于人的全面发展学说,党和政府始终重视广大青少年的全面发展,并以此作为学校教育的方针。作为培养人民医生的摇篮,医学院也始终重视未来人民医生的全面成长,从多方面有计划地进行培养,以使他们提高政治思想觉悟,掌握科学文化知识和专业技能,具有健康的体魄,成为忠于党和医疗卫生事业的医师。

1950—1965年,学校思想政治教育的基本任务是:对学生进行马克思主义基本理论,党和国家的路线、方针、政策,以及社会主义的思想品德教育,培养有社会主义觉悟的有文化的劳动者、建设者。思想政治教育的基本队伍是:马克思主义理论教师,共产党、共青团基层干部,其中班级共青团支部以及1957年以后逐步建立起来的学生年级党支部,起着重要作用。为加强对学生的政治思想教育,从1958年起,实行了年级主任制,由马列主义教研组教师分别担任各年级级主任。1961年以后,逐步设立了兼职年级主任(学生政治辅导员);各科教师兼做学生思想品德教育工作。

思想政治教育的内容、途径和形式主要有:

1.培训政治骨干

1950年1月,即新中国成立后的第一个寒假,学校结合当时政治形势,组织了由300多名青年学生骨干参加的"寒假政治学习班",以集中学习、集中生活的方式进行革命的政治思想和革命基本常识的教育。在寒假结束开学后,又在这一学习班的基础上,扩大组织全校学生进行了同样方式的学习,直到4月底结束。学习的主要收获:一是集中进行了国内外形势与党的政策的教育,使广大学生初步认识了国际国内形势发展的趋向,资本主义的没落和社会主义的兴盛;初步认识了国民党反动派的反动本质及其崩溃的原因和中国共产党革命与建设的各项基本政策,以及我国革命发展的前途。二是进行了初步的人生观教育,使广大学生初步懂得了阶级观点、群众观点、劳动观点以及为什么必须做一个革命的知识分子,为何走向革命的道路等基本道理。三是通过集体生活,参加各种社会活动以及适当开展批评与自我批评,初步在日常生活中建立了集体主义思想作风,初步改变了旧日的自私自利、自由散漫、勾心斗角的恶劣习气,使歪风邪气大大收敛,革命热情和正气极大发扬。四是培养了一批具有较高革命热情和政治觉悟的干部和积极分子,建立和扩大了青年团的队伍。这些干部、团员和积极分子绝大多数成为以后各项社会政治工作的骨干力量。

2.马克思主义基本理论教育

1950年5月,在集中政治学习结束之后,全校思想教育活动即转入了经常性的政治与业务学习阶段,为了巩固以往政治思想教育的成果,并使之在已有的基础上不断提高,学校成立了"政治课教学委员会",作为组织与领导经常性的政治理论学习的机构,由学校领导和政治课教员组成,分三个教学小组分别开设了新民主主义论、社会发展史、政治经济学三门理论课程,采取启发报告、小组讨论和问题解答三结合的方式进行。

1952年秋,在思想改造和忠诚老实运动告一段落之后,为将马列主义理论教育和时事政策教育经常化、系统化,学校改组"政治课教学委员会"为"马列主义教研室",整顿、充实、调整了政治课教师队伍,根据教育部《关于全国高等学校开设马克思列宁主义、毛泽东思想课程的指示》,取消新民主主义论而改开中国革命史,并在二年级开设了马列主义基础。从1954年起,本科开设四门政治理论课:马克思列宁主义基础、政治经济学、哲学(辩证唯物主义与历史唯物主义)、中共党史(中国现代革命史),进行系统的马克思主义理论教育。它的根本任务就是给全院师生以正确的政治方向和思想武器,提高马克思主义理论水平。四门政治理论课的开设,使政治课教学总时数的比重增加,由原来总学时的10%增加到14%左右。政治理论课采取大班上课、课堂讨论、重点辅导的方式进行,用理论考试、思想表现、劳动态度三结合的方式评定成绩。

1958年,学院为贯彻落实毛泽东主席关于"应该使受教育者在德育、智育、体育几方面都得到发展,成为有社会主义觉悟的有文化的劳动者"和"现在需要加强思想政治工作"等重要指示,以及中共中央、国务院提出的"教育为无产阶级政治服务,教育与生产劳动相结合"的教育方针,在系统组织学习马列主义理论的同时,还通过党、团、工会、学生会等组织从各方面进行马克思主义理论教育、共产主义的教育、革命传统教育和劳动教育。从1958年起,实行了年级主任制,由马列主义教研组教师分别担任各年级级主任,以后逐步选派政治思想强,行政经验丰富的同志充实到年级主任岗位,这项制度一直延续到后来。政治理论课改变了以往单纯学理论、考理论,结合思想实际不足的偏向,用理论考试、思想鉴定、劳动态度三结合的方式评定成绩。

1961年11月,甘肃省教育厅规定,高等学校马克思主义理论课教学时间应占全部教学总时数的六分之一到五分之一。政治理论课应采用课堂讲授、社会调查、劳动锻炼相结合的形式,提高教学质量。1961—1962学年度,学院执行教育部和甘肃省教育厅的规定,各专业开设马克思列宁主义、毛泽东思想概论和中共党史两门课程,每学年开一门,教学时数各年级均为每周3学时(不含自习时间),每门课学完后进行考试。

为了坚持理论联系实际,加强学生思想政治教育,在坚持教学为主的前提下,加强了学生课外集体活动和校外社会活动。课外集体活动有学生会、青年团的活动,文娱、体育活动和劳动,还有生活作风检讨会等。这些活动对培养学生集体主义观念,培养良好的思想作风,都是很有必要的。校外社会活动是在一定时间内组织学生进行社会实践,使之受到教育和锻炼,如利用寒暑假下乡,进行社会调查,从事社会服务等。

3.结合政治运动进行的思想政治教育

中华人民共和国成立后,面对国内外严峻的形势,为巩固人民民主专政的政权,中国共产党领导全国人民开展了一系列波澜壮阔的政治运动。例如,1951年9月全国开展的"三反"(即反贪污腐化、反铺张浪费、反官僚主义)运动;1952年初的知识分子思想改造运动;1957年5月,以反对官僚主义、宗派主义和主观主义为主要内容的整风运动,以致6月后转入扩大化的反右斗争;1958年—1959年的"大跃进"和人民公社化运动;1964年的"四清"运动等等。在当时的历次政治运动中,医学院师生都以极大的热情积极参加,尽了自己应尽的义务。客观地说,不同时期的政治运动使学生在不同程度上经受了锻炼,提高了思想觉悟,但是也产生了许多负面影响。

4.爱国主义、共产主义教育

除作为政治理论课和形势教育报告内容之一外,主要是通过开展各种生动具体的教育活动进行的。例如,1950年至1951年在抗美援朝的爱国主义、国际主义教育活动中,在校抗美援朝工作委员会的组织领导下,展开了"抗美援朝时事学习",举行了各种报告会,如美国现状、帝国主义论、美国经济危机、原子弹问题、美国侵略政策及侵华史等。许多同学通过报告会、讨论会等教育,政治觉悟迅速提高,爱国主义和国际主义思想得到增强,纷纷表示学习白求恩的国际主义精神,做一名合格的白衣战士,为抗美援朝保家卫国而战。医学院学生还化整为零,三五人一小组走上街头,以讲演、个别访谈、活报剧、快板书等各种文艺形式开展宣传抗美援朝保家卫国,有力地批判了崇美、恐美思想,激发和提高了广大民众的民族自尊心和自信心、政治热情和思想觉悟。不少同学还捐款捐物,5名同学报名参军,以实际行动抗美援朝、保卫祖国。

5.阶级教育活动

1962 年,毛泽东在党的八届十中全会上提出"千万不要忘记阶级斗争",断言在整个社会主义历史阶段,资产阶级都将存在和企图复辟,并成为党内产生修正主义的根源。1964 年春节,毛泽东又向教育战线发出了"阶级斗争是你们的一门主课"的指示。在这种思想指导下,从 1964 年初开始,学院用了半年的时间,组织全校师生学习毛泽东关于过渡时期阶级和阶级斗争的理论,进行阶级教育活动。在阶级教育活动中,学院请"三老"(老贫农、老工人、老红军)作忆苦思甜报告,组织师生通过社会调查写"四史"(村史、家史、社史、厂史)。广大师生通过忆苦思甜、今昔对比等各种形式的教育,在一定程度上增强了同心同德克服困难的信心和对社会主义的热爱。

6.革命传统教育活动,用雷锋精神塑造人

1963 年 2 月,雷锋同志的事迹见报后,学院便开展了学习雷锋同志的教育活动。3 月 5 日,毛泽东主席、周恩来总理、刘少奇主席和朱德委员长的题词发表后,向雷锋同志学习的活动在学院更加轰轰烈烈地开展起来,院团委和各年级团总支通过报告会、文艺演出和上团课宣传雷锋的事迹和学习雷锋的好人好事。一个用雷锋精神塑造人的教育活动普遍开展起来,党团员带头做好事,为人民服务,发扬"钉子精神",好人好事层出不穷,助人为乐、克己奉公、拾金不昧和见义勇为的事迹到处可见。在雷锋精神鼓舞下,1964 至 1965 年还开展了学习人民解放军的活动,活动中多次邀请解放军指战员来校作革命传统报告;组织学生下连队开展军事训练,增强国防观念;开展评选"三好学生"、"四好班级"、"五好团员"的活动,及时总结经验,树立典型,表扬学习中的积极分子和先进集体。

三、"文革"时期的思想政治教育

1966—1976 年"文化大革命"期间,思想政治教育被纳入政治运动和"斗批改"的范围,"以阶级斗争为纲",以"大批判"为基本形式,原有的思想政治教育机构和队伍被打散,传统的教育内容与形式被搞乱。

1971 年后,学院根据甘肃省革委会的决定,在各专业开设以毛泽东著作为基本教材的政治课,进行"党内两条路线斗争"的教育。经常性的思想政治教育主要是,强调"工人阶级"(工宣队)"占领学校阵地"、"改造"知识分子,开展所谓"斗私批修",通过"活学活用"领袖语录的"讲用会"等形式,解决"活思想",将学生的思想统一在"革命路线"上。

四、80 年代思想政治教育的恢复和改进

进入 20 世纪 80 年代,学院思想政治教育工作是在清除"左"的思想影响、

抵御右的思潮袭击中发展起来的。

思想政治教育的主要内容：1981 年，贯彻教育部、团中央《意见》，本科各专业开设中共党史、政治经济学、哲学，每门课各为一学年（另增 9 学时近代史内容）。1984 年，试行开设中国社会主义建设课，另设有思想品德教育课，每周半天，主要针对大学生思想实际，学习国内外形势和党的路线、方针政策，进行思想教育讲座。1986 年，根据第六届全国人民代表大会常务委员会第十三次会议《关于在公民中基本普及法律常识的决议》和中共中央批转的中宣部、司法部关于向全体公民进行普法教育的规划的精神，开设法律基础课。1987 年，根据教育部通知，将法律基础、思想道德修养共同列为思想品德必修课程。20 世纪 80 年代，除坚持常规的政治理论课教育教学外，比较集中的还有四个方面的教育活动。一是端正业务指导思想的教育活动。二是"五讲、四美、三热爱"的教育活动；三是自觉抵制精神污染的教育活动；四是坚持四项基本原则，反对资产阶级自由化的教育活动。

思想政治教育内容、途径、方式的改进：1980 年以来，资产阶级自由化思潮对学院学生产生了不同程度的影响。1983 年的"精神污染"和 1986 年下半年的"学潮"，以致 1989 年的"政治风波"，在学院都有反映。1983 年，西方哲学思想、文艺思潮不断冲击校园的时候，学院明确提出克服思想政治工作的软弱涣散现象，坚决反对精神污染，集中两个月，采取疏导方针，与学生座谈讨论的方式，在大学生中进行以坚持四项基本原则、反对资产阶级自由化为中心的政治教育、形势教育和品德教育。1986 年春，当自由化思潮大肆泛滥的时候，党委在《关于加强和改进思想政治工作的意见》中明确提出，"必须坚持四项基本原则，维护和巩固安定团结的政治局面"，并号召"努力把学院的思想政治工作提高到新的水平，把学校办成建设社会主义精神文明的坚强阵地"。在 1986 年前后的"学潮"中，各级党政负责同志、思想政治工作干部和不少教师，都深入到学生中去耐心地对青年学生进行教育、疏导、对话、恳谈，讲改革和社会主义建设取得的巨大成就，讲坚持四项基本原则的实践意义，讲进行建设必须要有一个安定团结的环境，讲资产阶级自由化的严重危害性，提高学生辨别是非的能力。通过细致的工作，有效地制止了学生上街游行，成功地阻止了事态的蔓延和扩大。在 1989 年春夏之交的政治风波中，全院各部门坚持在第一线工作，改变思想政治教育刻板、说教的旧模式，与学生直接对话，座谈讨论，解答问题，沟通思想，努力把政治风波在学院的影响和损失减少到最小的限度。随后，又及时组织师生员工学习邓小平的三次讲话和江泽民、李鹏在党的十三届四中全会的讲话，引导全院师生员工认识这场风波的起因、性质和危害，认识党和政府一系列决策的正确性，增强抵制资产阶级自由化、无政府主义思潮的免疫力。

这段时间,思想政治教育的形式还有,"五讲、四美、三热爱"活动,教书育人、管理育人、服务育人的"三育人"活动。建立了"学院领导接待学生日"制度,加强领导和学生感情交流,增进理解,进行有针对性、有说服力的思想教育。建立了校务公开、民主对话、疏导启发的教育方法,自上而下的听取反映、征求意见和自下而上的意见反馈系统,及时了解情况,解决实际问题。建立了学院与部队、系与团营、班级与连队、学生与战士的联谊关系,开展信件往来、赠书赠言、邀请英模作报告、慰问联欢等活动。1986年12月30日,老山前线35191部队英模报告团的三位功臣张春燕、胡义州、殷书照来院作报告,在学生中引起强烈反响,使学生受到具体形象的爱国主义、革命英雄主义和理想及纪律教育。开展社会调查,组织学生到经济建设改革的第一线接受教育。1986年暑假期间,400余名大学生在学院团委的组织下,参加由团省委和省教育厅组织的大学生假期社会实践活动,调查了工厂、农村和家乡改革开放后的变化,并发挥各自的专长,为家乡建设献计献策,这一活动使学生受到生动实际的教育,共写出调查报告和心得体会千余篇等等。

五、90年代以来的思想政治教育

20世纪90年代以来,面对改革开放步伐的加快,市场经济大潮的冲击,学院针对广大同学普遍关心的形势、政策、人生、理想、民主、法律、道德等方面的热点,以贴近实际、贴近生活、贴近学生为基点,按照在继承的基础上创新,在加强的前提下改进的路子,坚持以科学的理论武装人,以正确的舆论引导人,以高尚的情操塑造人,以优秀的作品鼓舞人,不断探索和创新思想政治教育的途径和方式。到2004年,已初步形成了融政治文化、伦理文化、科技文化、文艺、体育、生活文化为一体的思想政治教育新格局。

1.思想政治教育的内容

(1)马克思主义基本理论教育。着重指导学生逐步学会运用辩证唯物主义和历史唯物主义的立场、观点、方法,分析社会现象,评价社会思潮,明辨是非,作出正确判断,坚持走有中国特色社会主义道路。1990—1995年,根据国家教委规定,开设中国革命史、马克思主义哲学原理和有中国特色社会主义建设三门课程。1998年根据中宣部和教育部联合颁发的《关于普通高等学校"两课"课程设置的规定及其实施工作的意见》[教社科(1998)6号],三年制普通专科开设马克思主义哲学原理、毛泽东思想概论、邓小平理论概论三门课,五年制普通本科开设马克思主义哲学原理、马克思主义政治经济学原理、毛泽东思想概论、邓小平理论概论四门课程。2003年2月,根据教育部社政司《关于普通高等学校"两课"教学基本要求修改说明》,将邓小平理论概论调整为邓小平理论和"三个代表"重要思想概论。

(2)思想品德教育。开设思想品德教育课程。1993年,根据国家教委有关精神,将大学生思想修养、人生哲理合二为一调整为大学生思想修养。1994年,贯彻《中共中央关于进一步加强和改进学校德育工作的若干意见》和《中国普通高校德育大纲》,把思想道德修养、法律基础课和形势与政策统一规定为"思想品德课"。思想品德课开设的内容主要有三门课程,即道德修养、法学基础、伦理学各一学年。此外还着重进行以"五爱"(爱祖国、爱人民、爱劳动、爱科学、爱社会主义)为基本内容的社会公德教育,以不同行业特点的职业道德行为规范为具体要求的伦理道德教育,以宪法、教育法为重点的法制教育和以《公民道德建设实施纲要》、《高等学校学生行为准则》、《医学生行为规范》、《医学生誓言》为内容的基础精神文明教育,彰显中华民族传统美德和党领导下树立民族自尊、自信、自强、自立精神的光荣传统。

(3)政治教育。主要进行党的基本路线、基本方针、基本原则的教育以及形势政策教育。教育学生树立党的领导的观念,遵守政治纪律,维护中央权威,保持政治稳定,争取政治进步,坚持四项基本原则,反对资产阶级自由化。1998年,针对"法轮功"事件,及时开展"校园拒绝邪教"大型签名倡议活动,收看专题教育片,举办报告会、座谈会,开辟"揭批法轮功"专栏,使同学们认识到"法轮功"的邪教本质,进一步树立正确的世界观、人生观、价值观,自觉维护学校稳定和社会秩序。

2.思想政治教育的途径和方式

加强思想政治教育理论研究。1991年6月18—20日,学院召开首届学生思想政治工作研讨会,百名思想工作者汇聚一堂,交流经验,总结工作,探讨学生思想政治工作规律。会议强调在新形势下学校的思想工作,一要坚持总的原则;二要坚持"一把钥匙开一把锁"的工作方法;三要用身边事教育身边的人;四要解决好教育者和被教育者的关系;五要切实加强各年级学生的思想建设。这届研讨会交流论文29篇,大会交流8人。

1995年6月7—9日,第二届学生思想政治工作研讨会召开。省教委主任阎思圣同志及省委宣传部科教处负责同志出席会议并作了重要讲话,学院150余名教师代表、党政干部代表、学生代表参加了会议。赵健雄副院长全面分析总结了1991年以来学生思想政治工作的状况和经验,提出全面加强和改进新时期学生思想政治工作的构想和基本措施。会议共收到论文55篇,有12位同志针对学生的思想状况,学生关注的热点、难点和亮点,从不同角度交流了工作经验,选编出版了兰州医学院学生思想政治工作论文集《理论·实践·探索》一书,受到省主管部门的肯定和表扬;产生了《兰州医学院关于进一步加强和改进学校德育工作的若干意见》、《兰州医学院贯彻爱国主义教育实施纲要的若干实施意见》,要求全院各级党政组织扎扎实实把德育工作和爱国主义教育深入持久地开展下去。

2003年7月15—16日,学院召开第三届思想政治工作研讨会。省委宣传部、省高校工委领导及学院200余人参加了大会,党委书记阎孟辉同志作了题为《总结经验,与时俱进,努力开创我院思想政治工作新局面》的报告。报告总结分析了开展思想政治工作情况及师生员工思想状况,从10个方面进一步探讨了今后加强和改进我院思想政治工作的方法和途径。大会共收到论文49篇,10位同志交流了论文。成立了由宣传部、学生工作部、团委、社科部牵头的"兰州医学院思想政治工作研究会"。甘肃人民出版社出版了《兰州医学院思想政治工作优秀论文集》,汇编优秀论文54篇。

3.搭建学生课外思想政治教育平台

第一,充分发挥学院党校的教育培训作用。1990年10月,兰医业余党校成立后,除了经常性的入党积极分子培训班之外,每年都要安排学生党员培训班、党支部书记培训班、学生干部培训班等。结业时还要举行考试、考查,成绩合格者发放结业证书,作为评优考核的依据。1991年以来,党校举办学生党员培训班16期,培训学生党员500余名;举办入党积极分子培训班54期,培训学员6 480人;举办学生干部培训班12期,培训300余人。1998年以来,推荐优秀团员入党872名,2003年学生党员比例达到8.36%。

第二,组建学生政治理论学习小组。1993年,全院组建学生"邓小平理论业余学习小组"67个,有近千名学生定期开展学习活动。2001年,又组建"三个代表理论业余学习小组"79个。为了支持和鼓励学习小组的工作,学校及时订购了《邓小平文选》(1~3卷),《半月谈(内部版)》、《甘肃日报》、《中国教育报》、《中国青年报》,并随时征订和印发其他有关学习材料。2001年5月,邓小平理论学习小组的骨干成员代表学院参加了"天庆花园杯"全省青少年党史知识竞赛,取得了全省二等奖的好成绩。

第三,建立关心下一代工作委员会。1990年,成立了有35位老红军、老八路、老教授参加的离退休老干部关心下一代委员会,原校党委书记、老红军干部韩丰同志为委员会主任。他们每年为学生举办两次以上革命传统报告会,"做人、做事、做学问"讲座会。还与班级建立联系制度,与大学生结对子,深入学生宿舍,关心他们的思想、学习与生活,对培养和教育学生起到了积极作用。

第四,建立院领导值周制和处级干部联系学生班级制和年级主任(政治辅导员)责任制。从1994年起,学院党委建立了院领导值周制度和处级干部联系学生班级制度。院领导值周时,了解检查并随时解决教学、纪律、生活、思想等方面的问题,做到"五个一"。同时,院党委选派 51 名处级干部联系学生班级,抓点带面,与各系共同指导推动班级建设。

第五,爱国主义教育活动生动活泼、有声有色。20 世纪 80 年代以来,学院充分利用建党纪念日、"五四"运动、"一二·九"运动等重大纪念日,积极开展爱国主义教育和国情教育主题活动,先后举办了"辉煌的历程"历史图片展,"歌颂伟大祖国、迎接新世纪的太阳"为主题的学生书法、绘画、篆刻、摄影比赛,"党在我心中"征文比赛,"我在党旗下"演讲比赛,"立志成才,振兴中华"主题演讲会,"国情与改革"报告会,"回顾艰难岁月"革命传统报告会,"重温近现代史,了解国情"读书讨论会,"再造辉煌,心系中华"诗歌音乐晚会,"魂系中华"歌咏比赛和"爱我中华"爱国主义影片展播和爱国主义教育知识竞赛等,使学生在活动中知国情、懂历史、明己任。1994 年,组建"新世纪国旗班",16 名经选拔的学生组成升旗仪仗队,每周进行一次升降旗活动,保证了国旗的尊严和正常的升降及维护。每年还组织适龄青年学生参加"国旗下,我向二十一世纪承诺"十八岁成人仪式,接受爱国主义和成人意识教育。

第六,发挥好"三个媒体"的育人功能。一是发挥广播、电视、网络作用。1990 年,学院为各学生宿舍安装闭路有线广播接收装置,为各系、年级配备电视机,开辟学生活动室等。在党委宣传部的指导下,学生自办广播"白衣天使乐园",以"丰富校园文化生活,服务广大师生员工"为宗旨,传承兰医精神,弘扬时代旋律。作为校内的宣传喉舌,每天播出两次,每周两套节目,全年编播近 80 套,在宣传党的方针政策、传播校园新闻信息、推进校园精神文明建设、弘扬校园文化和营造高雅校园氛围等方面,作出了应有的贡献,被同学们亲切地称为"我们的空中天使"。二是发挥校内报刊的作用,1989 年,恢复《兰州医学院院报》。1995 年以来,《兰州医学院院报》在学生中选聘 20 名记者和每班一名通讯员,每年 12 期,编发不同文体各类文章 400 篇左右。通过"院报"及时宣传学院改革发展以及党的路线、方针、政策贯彻执行的情况,宣传学院的好人好事,报道研究成果,交流学习体会,促进内外交流。三是发挥报栏、宣传栏、语录牌、条幅、校园主干道灯箱语录牌等宣传工具的作用,每年编办黑板报 12 期100 余块,同时开展黑板报制作竞赛评比活动,以烘托学院文化氛围,强化宣传教育作用。

4.搭建学生自我管理平台

学生会和学生社团是实现学生自我管理的一支最活跃、最受学生喜爱的队伍。20 世纪 90 年代以来,学院在总结以往学生会和社团建设经验的基础上，紧紧围绕中心工作和学生的成才需求，加大对学生会和学生社团组织制度、管理制度、运行机制的建设力度，努力促进"自我教育、自我管理、自我服务"。学生会在参与学校的建设与民主管理中，充分发挥了桥梁和纽带作用。学生伙食管理委员会、学生自律委员会、学生自助会、学生文明监督岗与学院相关部门定期召开座谈会，沟通信息并解决学生中存在的生活、学习问题，为学院的建设与民主管理作出了应有的贡献。一大批学生会干部在自我教育、自我管理、自我服务中成长起来。

学生社团是从学生中自发组织起来的，有组织的并服从学校统一指挥的学生团体。多年来，各学生社团努力发挥学生特长和优势，已成为锻炼学生各方面综合素质的摇篮。在学生社团建设中，坚持"发挥特长、尊重个性、雅俗共赏、提高素质"的指导方针，注意发挥社团的自身特点，突出强调各个社团对学生创新能力和情操的培养，引导和扶持社团向科研、学术的方向发展。2003年，学院正式注册的学生社团有 26 个，会员达 2060 人。这些社团作为校园文化活动的主体，活动特点鲜明、针对性强。如计算机协会举办的"计算机知识竞赛"、"网络知识大赛"、"网络培训"，火鸟文学社举办的"有奖征文大赛"、"文学沙龙"，英语协会举办的"英语口语演讲比赛"、"英语角"等活动在学生中产生了广泛的影响。火鸟文学社、青年志愿者协会等 8 个社团多次受到团省委、省学联的表彰，获得"优秀学生社团"荣誉称号，20 名同学荣获"甘肃省优秀共青团员"称号。学生创办的校内刊物《兰医青年》、《风帆》、《FUTURE》、《江月》等文学性刊物，深受学生青睐，进一步丰富了校园文化，提升了校园文化品位。

学院青年志愿者组织多是以青年志愿者社区文明共建的形式开展活动，他们坚持"奉献、友爱、互助、进步"的准则，组织学雷锋小组 50 多个，长年坚持开展多项青年志愿者活动，如每年组织学生在火车站开展"新春献爱心"活动，中国青年志愿者服务日、植树节、"预防艾滋病日"、"戒烟日"、"爱牙日"等纪念性节日期间在中心广场开展医药卫生咨询、便民服务活动。帮助开展兰州市数所幼儿园和周围农村的体检、医疗服务活动。清扫市区道路，校内帮教、帮灶、美化环境等义务劳动，社会实践与扫盲科技文化服务活动等。其中共建"读者林"、"保护母亲河——绿色环保陇上行"、义务献血等活动，都产生了较大的社会影响。1980 年以来，每年 800 人次踊跃报名义务献血。到 2000 年，共计义务献血 300 余万毫升，多次受到省市卫生部门、血站表彰奖励，被多次授予"义务献血先进单位"称号。"爱心社"经常走上街头，走到敬老院和孤寡老人家中，为老人做家务、检查身体、讲解防病治病的小常识，并带去文艺节目，给老人们的生活增添了乐趣。在老年公寓，志愿者们每个月会在固定的时间入户为老人义诊、查体，并针对老人的身体状况和既往病史情况，为老人建立保健档案。在残疾儿童福利院,志愿者将一片爱心倾注于这些缺乏爱的孩子们。在宁养院,志愿者给晚期癌症患者发放药品,进行医疗护理和心理咨询,对病人提供生命伦理等方面的临终关怀服务。当同学或同学家乡有难事,爱心社积极号召广大同学慷慨解囊为他们分忧,先后向贫困地区及患重病的学生捐款 3 万余元,捐衣物 1 万余件,捐书 2 万多册。23 年来,共有上万人次学生参加了医疗咨询、患者康复指导、义务服务等不同形式的志愿者活动、社会实践活动,通过这些活动,锻炼了自我,服务了社会,培养了社会责任感。

5.搭建社会实践育人平台

发挥医学生特长,开展社会实践活动,是学院长期以来的优良传统。

1950 年 6—7 月,响应兰州市卫生防疫委员会号召,学院组织三、四年级学生 58 人到市郊进行了为期六天的防疫注射工作,这是解放后第一次组织学生参加群众卫生工作。他们一面给郊区农民打针防疫,一面还进行了人民政府关于减租减息、生产救灾、防特肃匪及土地改革等政策宣传。在此之前,医学院的学生还被派往东城壕,即后来双城门一带,给那些改邪归正的妓女及其家属们打防疫针,并宣讲防治梅毒和其他性传染病的知识。对于绝大多数参加这一活动的同学来说,这是一次接触群众的机会,所以在工作中受到很大教育,他们从中了解了反动统治所造成的人民生活的贫困落后状态,群众对于旧社会的憎恨和对于共产党和人民政府的热爱,以及对未来幸福生活的向往。这些亲身感受,使他们的思想受到强烈震撼。

1951 年,朝鲜战争进行到相持阶段,美国施出其最恶毒的"细菌战"。一时间,恶性出血热和一些传染病开始在朝鲜大地蔓延起来,可怕的鼠疫、霍乱即将影响到我国东北各地,以致传染到全国。医学院学生积极响应中央"反细菌战"和"爱国卫生运动"号召,结合西北大区卫生部印发的防疫小册子,纷纷走上街头散发传单、聚众演讲,还编演了当时流行的活报剧,向广大市民宣传传染病的种类、流行和临床表现以及预防的手段。

1958 年 7—9 月,学院四年级学生 100 余人在部分教师的指导下,参加全省 40 县市流行病学调查工作;12 月,参加兰州市冬季多发病的调查防治和宣传工作,接受宣传的群众 82700 人次,治疗患者:麻疹 2765 人,肺炎 2658 人,百日咳 8176 人,流感 761 人,痢疾 70 人,煤气中毒 4 人。

1959 年 3 月,学院组织 1 580 人次,分三批在兰州市中心大力开展爱国卫生运动宣传,同学们利用课余时间突击排出秦腔、相声、快板、活报剧等多种小节目加强宣传效果,受到教育的群众 4 万多人。之后,又多批次随教师参加人民公社卫生问题、地方病、常见病防治问题的调查研究。

20 世纪 80 年代以后,大学生社会实践活动被纳入课程来建设,坚持"统一规划、组织协调、广泛动员、推动基层"的工作方针,将大规模的假期社会实践与经常化的青年志愿者活动相结合;将基地化的实践教育与职业理想、职业道德、职业技能教育相结合;将集中组队实践与分散实践相结合。通过科技文化卫生"三下乡"、暑期社会实践活动、志愿者服务、社区援助、爱心工程等多种服务渠道,让大学生投身于社会,增强社会责任感和历史使命感,使大学生在服务社会的过程中找到成长成才的需求与社会进步需要的结合点,为大学生成长成才提供了良好的平台。20 世纪 80 年代以来,每年假期组织学生参加社会实践,到老革命根据地和红军长征路上考察,接受革命传统教育,到农村基层卫生单位服务,开展健康检查咨询,调查了解农村医疗卫生状况;到厂矿和其他医疗卫生部门调研,为生产和社会发展作贡献。通过社会实践,了解社会,接触工农,增知识,长才干,把学校教育和社会教育结合起来。据不完全统计,在社会实践当中,共组织义诊活动 120 余次,160 多名附属医院医生及专业教师随实践小分队参与服务,动用医疗器械 50 多台件,发放农村卫生知识传单55 000 余份,开展乡村卫生所医务人员培训活动 120 多次,培训 5 000 余人次。建立实践教育基地 18 个,参加社会实践的学生达 70%以上,调查访问农户近 9 000 余户,2500 名大学生参加了 30 多个专题的集中调查,收到调查报告及社会实践论文 4500 余篇,有十余篇流行病学调查报告在《兰州大学学报》上发表。1998 年到 2001 年,2 次被评为全省社会实践优秀组织单位,有 5 支小分队被评为全省"三下乡"优秀小分队,7 名教师荣获"社会实践优秀指导者"称号,16 名学生获全省"社会实践先进个人"荣誉称号。2002 年 8 月,以"同人民紧密结合,为祖国奉献青春"为主题的暑期"三下乡"社会实践活动受到社会各界的普遍欢迎和赞扬。共收到当地党政和有关单位送来的锦旗 6 面,寄来的表扬信、感谢信 13 封。甘肃电视台、兰州电视台、庆阳电视台、武威电视台、凉州电视台、《甘肃日报》、《甘肃农民报》、《兰州晨报》、《武威日报》等多家媒体都对学院的社会实践活动进行了宣传报道。

6.构建文明养成教育体系,努力促进学生基础道德水平的提高

学校是精神文明建设的重要阵地,是社会主义精神文明建设的示范区和辐射源,要促进学生精神文明的提升,必须建立文明养成的教育体系,构建以树立社会主义共同理想,培养高尚的思想道德情操和养成良好的行为习惯为内容的德育目标体系。1996 年,全院学生中开展了"1234567"基础文明建设工程。为配合此项活动,学生中成立了精神文明监督岗,举办系列文明讲座、演讲会、辩论会,开展"不文明行为大曝光"、"浪费可耻"、"愤怒的思考"、"从我做起,从小事做起,从现在做起"、"拒绝使用一次性木筷,一次性塑料食品袋"签名承诺等宣传教育活动。2002 年 9 月 2 日,由省精神文明办组成的精神文明检查评估组来学院进行省级精神文明单位评估,学院以优秀标准,获"甘肃省精神文明建设"十大文明单位"之一。为美化生活摇篮、陶冶道德情操、倡导时代文化、优化成才环境,2003 年 10 月 20 日—12 月,学院还在全院范围内开展学生宿舍文化建设活动,提倡各院系充分发挥各自优势,创建个性鲜明、特色突出的宿舍文化。如 "学生宿舍门饰设计竞赛"、"宿舍劳动技能大赛"、"小发明、小创造展览"、"节能课题百家谈"、"科技知识竞赛"、"一周一演讲活动"、"宿舍集体晨读"、"睡前你问我答"、"今日计算机"、"每周一首英语歌"等等。

六、搭建学生资助、激励平台

甘肃是一个经济不发达的省份, 学院学生中的 60%以上来自甘肃农村。1993 年实行招生"并轨"改革,1995 年实行全部学生缴费上学改革以后,缴费生的增加使困难学生面加大。本着"一切为了学生,为了一切学生"的指导思想和"管理育人、服务育人"的工作理念,尽管学院经费拮据,但仍然充分考虑到绝大多数学生家庭经济状况相对困难的实际, 从一开始就坚持积极搭建帮困助学平台,通过建立"以助学贷款为基本帮困渠道,以勤工助学为主要手段,帮困奖助学金为有效激励方式,学费减免和困难补助为辅助措施"的有机帮困助学体系和相配套的助学政策和措施, 不仅实现了不让一名学生因经济困难而辍学的目标,而且在一定程度上营造了校园内自强自立的良好氛围。

1.助学贷款:2002 年 4 月,学院与中国建设银行签订银校合作协议。根据协议,中国建设银行每年为学院 1000 多名贫困生发放不少于 600 万元的国家助学贷款。

2.勤工助学:1994 年学院成立勤工助学服务中心,坚持开拓校内外各种类型的勤工助学岗位, 保证困难学生的基本生活需求, 并为全体大学生全面发展、锻炼能力和施展才华提供机遇,满足他们提高综合素质、实现知识价值的需要。2002 年,共为 1000 多人次本专科生落实了岗位,提供勤工助学报酬 26 万多元。

3.奖助学金:奖(助)学金是国内外企业、社会团体和有识之士在我院设立的具有资助和激励双重性质的专项基金,用于奖励和支持家庭经济困难、品学兼优的学生。1980 年以来,学院积极联系社会力量设立助学金、奖学金,先后设立了由爱国华侨黄伦先生资助的"黄伦奖学金";由省妇联牵线搭桥的香港"海鸥"助学团在学院的助学结对活动;"大中华"基金的资助;由香港联邦医药董事长蔡金乐先生资助的"联邦医药学教育奖学金";由基础医学院资助的"医学教育奖学金"等 10 余项较长时间的奖助学基金,总金额达 100 余万元,先后有 380 余位特困学生,2000 余名优秀学生受益。

4.困难补助:因家庭经济突发变故,或遭受自然灾害等突发原因,致使经济压力增大的学生,可以申请临时困难补助。临床医学系还建立了同学互助基金会。对家庭人均收入很低,无法负担学杂费的经济特别困难的新生,学院通过"绿色通道"、学费减免、困难补助等多种形式给予帮助。1994年,为全院616人次发放补助72600元;1995年,提高补助标准,发放补助1.232万元。

在帮困助学工作中,学院还强调物质解困与精神扶持同步发展,以帮助困难学生自强自立为工作目标,在解决学生物质困境的同时,加强对他们的精神支持,努力使他们树立自信心,尽快适应大学生活和学习,成为社会的栋梁之材。

七、搭建校园文化、体育综合素质教育平台

校园文化是学校师生价值观、道德观、审美观等精神文明素质的综合表现和反映,对大学生思想政治观念有较强的教育引导功能,对不良风气有较强的抵制作用。在加强学生行政管理的同时,注意结合青年学生的特点和需求,创建以医药科技文化为主流的,各种具有较强思想性、科学性、新颖性的校园文化活动交相呼应的特色校园文化氛围,把教育充分渗透到各种活动之中,对学生进行潜移默化的教育,陶冶他们的情操,形成了全方位、多层次、届次化、系列化的校园文化格局。

1.以医药科技文化为主流,紧扣素质教育、创新教育的内在要求,注意校园文化建设的发展方向和文化活动的内容,引导娱乐性文化向科技学术文化转轨

(1)举办各类讲座、报告会、交流会等,先后举办过"人文社科论坛"、"青年学子论坛"、"心理漫谈"、"医学前沿"、"重点学科"、"中国传统文化漫谈"、"女性与文学"、"屈原《离骚》与中国诗歌发展"、"二十一世纪的医学"、"医学论文写作方法"、"微量元素与中医药疗效"、"敦煌医学研究"、"学生时期如何开展遗传病防治调查"、"性科学与优生学"、"如何学好医药学专业"、"药学专业特点及发展趋势"等专题讲座、报告会和学习经验交流会,每年举办讲座20场左右,举办报告会、演讲会、辩论会、座谈会、研讨会等14场,举办征文、知识竞赛、各类展览、评比创优2~5项。1990年以来,举办各类讲座、报告会200余场次,参加学生数占学院学生总数的71.5%。参与各类学术报告、讲座的有20余位博士,50多位校内外专家、教授、学者,学生累计参加人数达90000多人次。(2)开展专业知识和技能竞赛、征文等活动,如各系基础课程竞赛、实验技能技巧操作竞赛、病历书写规范比赛、计算机知识和操作比武、英语听说读写四项技能竞赛、"做一个合格大学生"英语演讲比赛、"我有一个梦"英语征文等。1997年4月,学院举行首届英语知识技能竞赛,108人经过预赛、复赛、决赛,

有力地推动了各系学生学习英语的热情。(3)鼓励学生创新思维,参加科学实践。每年组织学生参加教师科研组以及自选课题,撰写专业论文、征集科技作品参加"挑战杯"课外科技作品大赛。1998 年,学院学生参加全国高等学校计算机考试(甘肃考区)及甘肃省大学生"神速杯"计算机程序设计竞赛,以 2036分、2018 分取得本科院校一级和 BASIC 语言组团体总分第一名。

2.开展丰富多彩的校园文化生活

兰医校园文化有着良好传统,20 世纪 50 年代,学院话剧团、京剧团、秦腔剧团、歌咏队、舞蹈队、美工组广泛活跃在校园。1955 年,排演大型话剧《雷雨》;1958 年,自创、自编、自演的反映炼钢和大跃进社会实践的作品,很受学生们的欢迎。"文革"结束后,1982 年,大型话剧《少帅传奇》成功演出,在兰州高校中受到广泛赞誉。1983 年,获全省大学生文艺节目调演集体一等奖,4 人获个人表演一等奖。1985 年,建立艺术教研室,开设音乐、美术选修课。每年举办 1~2 次学生书、画、摄影作品三联展。1986 年,4 幅作品参加全国大学生书法展览,其中一幅获二等奖。1991 年,成立了 200 人组成的大学生艺术团,组建了乐队、合唱队、舞蹈队、戏剧队和编创组等机构,经常活跃在学院的文艺舞台上,各种学生自创节目受到广大师生的好评,极大地丰富了大学生的业余生活。进入 21 世纪,综合文体娱乐性的艺术月、艺术周、艺术节、电影周、体育周、科技周,"校园金秋"文艺汇演,欢送毕业生或迎接新生的各种文艺演出,每年届次化的"民族风"卡拉 OK 比赛和"一二·九"全院学生歌咏比赛等已深入人心,基本形成了"周周有活动,月月有热点,季季有高潮",全方位、多层次、届次化、系列化的校园文化格局。学院参加省里的文艺比赛也屡创佳绩,多次获得优秀节目一、二等奖,全省"优秀组织单位"、全国"优秀组织单位"称号。

3.广泛参与的群众性体育活动

1953 年 10 月,为贯彻毛泽东主席提出的"要使青年身体好,学习好,工作好"的指示,学院提出开展经常化、群众化、多样化的文体活动,加强体育锻炼,改善同学的健康状况。1954 年 5 月,国家体委公布"准备劳动与卫国"的体育制度,激发了青年学生参加体育锻炼的积极性,培养国家等级运动员 15 名,除实习在外的学生外,100%的学生参加了劳卫制锻炼,其中 77%达到一级和二级标准。1955 年大学生体协和"钟声体协"等组织相继成立后,每年春季开一次田径运动会,每学期举办一次球类比赛,每年冬季举办一次全院男女越野比赛。1957 年,院男子篮球队、女子篮球队双双在兰州市高等院校篮球比赛中取得第二名。

20 世纪 80 年代到 90 年代末期的集体会操制,是学院群众体育的亮点。广大同学自觉地把体育锻炼与献身艰苦、豪迈的事业联系在一起。每天清晨,大、小操场和院内大马路上活跃着晨练的学生,有院、系体育代表队,有各年级班组的锻炼小组,"锻炼身体,建设祖国"的口号声此起彼伏,校园充满青春活力。下午第7、8节课是体育和社团活动时间,同学们走出教室和图书馆,全部参与,蔚然成风。系与系之间、年级与年级之间、班级与班级之间各类大球、小球、拔河等单项对抗赛,常常出现学生在场外呐喊助威的热闹场面。

1979年5月,国家教育部、国家体育运动委员会、国家卫生部、共青团中央委员会授予"兰州医学院学校体育卫生工作先进集体"。1981年学院学生参加全省大学生运动会获团体总分第一名(此后连续三年),1983年在全省高校田径运动会上,学院获女子团体第一名和男子团体第二名。有4人6次打破6项省高校纪录,21人获单项第一名,17人达到国家二级和三级运动员水平。

20世纪90年代以后,各类体育单项赛事,如三大球系列杯赛("健康杯"足球赛已办十届,"健康杯"篮球赛已办六届,"银河杯"排球赛已办四届),乒乓球、羽毛球比赛,拔河、环城越野、自行车赛、登山比赛,桥牌、围棋、象棋比赛等,基本上每年举办一次,有些项目在西北医学院校协作区,在省内高校赛事中屡屡获得优异成绩。

第五节　学子撷英

王陇德　1969年毕业于兰州医学院医疗系;1980年毕业于中国医学科学院研究生院并获得医学硕士学位。之后即作为交换学者,赴美国纽约市大学西奈山医学院进修两年。归国后,一直从事卫生行政管理工作,历任甘肃省卫生厅科教处处长,卫生厅副厅长、厅长,1995年调任国家卫生部副部长。现任国家卫生部党组副书记、副部长。中华全国体育总会副主席,中华医学会常务理事,中华预防医学会常务理事,中国福利会执行委员。

王陇德校友一直在公共卫生领域从事流行病学和公众健康促进专业研究工作,有着丰富的卫生行政管理实践经验和很深的学术造诣。在甘肃工作期间,认真扎实地推进儿童计划免疫工作;加大传染病控制工作力度,通过强化《食品卫生法》、《传染病防治法》等卫生法律法规的执法监督力度,大力开展健康教育行动;重视农村基础卫生设施建设,认真实施农村卫生三项建设。到卫生部工作后,主持起草了《献血法》、《血液制品管理条例》,扭转了部分省市采血管理混乱的局面,带头数次献血,引导无偿献血工作的开展。主持修改了《医疗事故处理条例》;参与组织了《执业医师法》及其配套文件的制定;主持制定了城镇医药卫生体制改革的一系列文件,向卫生部党组建议,确定了"以病人为中心"的医院服务理念并在全国卫生系统推广,促进了医院改革的深化和医疗服务质量的提高。在抗击"非典"工作中,主持制定颁发技术性文件70余个,为党中央、国务院决策当好参谋,并及时指导社会公众和专业机构科学防治。

王陇德校友1987年获卫生部全国卫生系统优秀留学回国人员称号;1993年获卫生部、解放军后勤部、铁道部全国卫生防疫先进个人称号;先后在中外著名医学杂志上发表管理文章和学术论文20余篇,主编过多部专业论著。近年来,还多次在中央党校和国家机关为领导同志作健康知识讲座,深受欢迎。

王军志　1978—1985年就读于兰州医学院医学专业并获得学士和硕士学位;1993年毕业于日本国立三重大学医学部(分子药理学),获得医学博士学位,并在该校作博士后。现任中国药品生物制品检定所副所长、研究员。

王军志校友先后主持国家863项目等15项国家级、省部级有关生物技术目标产品质量研究的项目,建立了多种生物技术药物的质量标准、检定方法及其理化和活性测定标准品,为促进我国生物技术创新药物的研究开发,保证进入临床实验的产品安全、有效、质量可控起到了较好作用。发表论文50余篇,主编专著《生物技术药物研究开发和质量控制》,部分研究成果编入《中国生物制品规程》和《中国药典》,成为国家标准。他曾获得国家科学技术进步二等奖一项,北京市科技进步二等奖两项;并被评为"有突出贡献的中青年专家",获得"政府特殊津贴"。其主要研究成果有:(1)建立了重组药物和以病毒为载体的基因治疗药物的技术平台,重组dlb干扰素、重组人肿瘤坏死因子突变体等44种国家一类新药质量标准。(2)针对不同产品的特点,解决了标准品稳定性问题,研制了33种国家标准品,其中重组人肿瘤坏死因子等13种国家标准品为我国首先建立。(3)建立了细胞内皮迁移法等48种生物学活性测定方法和13项理化检测方法,并为200余个企业培训质控骨干人员300多人。

马骥(女)　1982年毕业于兰州医学院药学系,1998年取得医学硕士学位,并进入中国科学院兰州沙漠研究所博士后流动站工作,1998年10月出站,获博士后证书。1997年任甘肃省植物学会第五届理事会理事、副理事长,1998年任军区卫生系列第四届高级专业技术职务评审委员会委员,1998—1999年被聘为中科院兰州沙漠研究所客座研究员,1997年12月—2002年8月任解放军兰州医学高等专科学校教授,现为解放军第一军医大学中医系教授。

马骥校友长期从事《药用植物学》、《生药学》、《植物形态学》、《植物解剖学》、《植物分类学》及《植物生态学》的教学和科研工作,具有在高山、荒漠地区从事药用植物学及生态学研究的丰富实践经验,曾在西北五省区三十多个点进行野外采集,具备独立进行科研工作和主持一定层次科研课题的能力。1989

年以来,发表科研论文 52 篇,其中 46 篇为第一作者,38 篇收入国内外文摘;参加编写专著 3 部;发表译文、教学研讨文章及科普文章 14 篇,均为第一作者;编写科普专著 1 部。获军队科技进步奖 3 项,军队优秀教学成果奖 3 项,国家教委科研成果三等奖 1 项,国家级科研课题资助 2 项,均为课题负责人及第一参加者。

田伟生 1974 年毕业于兰州医学院药学系,1985 年毕业于中国科学院上海有机化学研究所,获理学博士学位。现任中国科学院上海有机化学研究所研究员、博士生导师、研究室主任。

田伟生校友主要从事甾体药物合成研究、从猪去氧胆酸合成甾体植物生长激素—油菜甾醇内酯的研究和杂环化合物合成方法研究。1989 年,独立建立研究小组后,主要从事合理利用有机化合物资源的研究。在合理利用甾体皂甙元资源的研究中,发展了一种新的无环境污染地降解甾体皂甙元的方法。目前,该课题组正在利用甾体皂甙元和甾体皂甙元的降解产物进行一些药物和具有潜在应用前景的生物活性分子(如,吡嗪双甾体、OSW、OCT 等)的合成研究。在合理利用国产含氟试剂的研究中,已经取得的研究结果有:氟代磺酰氟试剂与甾酮化合物的反应及其在甾体 5—还原酶抑制剂合成中的应用;三氟甲基甾体化合物合成方法研究及有关具有潜在生物活性的三氟甲基甾体分子设计和合成;多氟磺酰氟与双羟基化合物的反应及其在桥环黄皮酰胺合成中的应用等。此外,还提供几种方便地合成三氟甲基杂环的方法,立体选择性地合成了新黄皮酰胺,确定了国产蜂蜡中甾体植物生长激素的化学结构。研究生期间从事的从猪去氧胆酸合成甾体植物生长激素—油菜甾醇内酸的研究获 1997 年中科院自然科学二等奖;主持的氟代磺酰氟试剂与甾酮化合物的反应及其在甾体 5—还原酶抑制剂合成中的应用不仅有一定学术意义,而且解决了新药研制中的关键技术问题。发表学术论文 38 篇,申请专利 9 项,成果鉴定 2 项,联合培养博士研究生 2 名,培养硕士研究生 5 名。

石建功 1985 年毕业于兰州医学院药学系,留校工作两年。1990 年获得医学硕士学位,1993 年在兰州大学化学系获理学博士学位。随后,在中国科学院兰州化学物理研究所、美国伊利诺伊大学化学系、美国波多黎各大学化学系进行博士后研究,1998 年回国。现为中国医学科学院暨中国协和医科大学药物研究所研究员,博士研究生导师,植物化学研究室主任,《中国中药杂志》和《中药新药与临床药理》杂志编委。

石建功校友主要从事中草药和海洋生物的成分分离、结构鉴定和活性筛选研究,已发表相关研究论文 60 多篇,其中 30 多篇在 SCI 收录期刊上发表。参编著作 2 部,获美国专利 1 项,中国专利 1 项,教育部科技进步二等奖 1 项,德彪一等奖 1 项。

刘维忠　1982 年兰州医学院医疗系毕业。留校后历任兰州医学院团委干事、学生会秘书长、团委副书记、书记;1990 年至 1995 年调团省委先后任常委、秘书长、副书记。1997 年至 2008 年 3 月先后任甘肃省人口与计划生育委员会党组成员、副主任、党组书记、主任;中共甘肃省委党校客座教授。2008 年 3 月任甘肃省卫生厅党组书记、厅长。

1997 年以来,刘维忠校友在甘肃省委、省政府的正确领导下,努力探索符合实际的人口计生工作思路、方法和机制。他提出"把实现人口控制目标与为群众办实事办好事结合起来","打假求实、把人口和计划生育工作建立在真实可靠的基础上","把人口和计划生育工作建立在群众乐于接受的基础上"、"把与人口控制有关的工作切出去纳入相关部门职责"等新思路,制定了强化宣传教育、鼓励节育、处罚超生、奖励少生、促进优生等平抑人口出生高峰、稳定低生育水平的"六条措施"和人口计生"三条线"考核评估机制。

他积极倡导开展人口和计划生育综合改革、加强基层基础工作、加强城市社区计划生育管理服务、加强流动人口计划生育管理、加强基层计划生育协会工作、"六抓六带"促后进转化工作试点,使全省人口计生工作的整体水平有了显著提高。他坚持求真务实、真抓实干,提议设立了"政策落实奖"和"求实进步奖",引导和督促基层努力提高数据真实程度、政策落实程度、群众满意程度等"六个程度"。他大力加强人口计生队伍建设,建立健全了从省到市、到县、到乡一直延伸到村、组的人口和计划生育管理服务网络,积极推行干部包村包对象责任制,健全了基层工作入户责任制、专干日志、月例会"三要素",有效解决了农村计划生育管理和服务工作中"最后一公里"不到位的问题。

他注重调查研究,带头进村入户抓点带面,10 年跑遍了全省 86 个县(市、区)和全省一半以上的乡(镇),对工作基础差、难度大的市县,一年内都要多次进行督查、调研和指导。他注重理论创新和工作经验的总结,先后撰写并发表《西部地区出生缺陷干预的实践》、《把计划生育工作建立在群众乐于接受的基础上》、《充分利用社会资源建立计划生育工作新机制》等 40 多篇理论文章,编著《欠发达地区农村人口与计划生育实践与研究》一书,主持完成《甘肃省人口发展战略研究》、《甘肃省出生缺陷致病因素研究》,均获国家人口计生委科技成果二等奖,为制定《甘肃省国民经济和社会发展第十一个五年规划》和《甘肃省"十一五"人口发展规划》奠定了基础,为统筹解决甘肃人口问题提供了科学的决策依据。

在他的不懈努力下,甘肃省人口和计划生育工作已基本实现五个转变,即由人口部门一家抓计划生育向动员全社会综合治理人口问题转变;由以行政措施为主向利益导向为主转变；由强调群众作贡献向以人为本和为群众办实事转变；由"处罚超生"为主向"处罚超生"与"奖励少生"相结合转变；由就计划生育抓计划生育向统筹解决人口问题转变。全省每增长100万人口的时间由"八五"的2年、"九五"的4年延长到"十五"以来的6年多；人口出生率由2000年的14.38‰下降到2006年的12.86‰，下降了1.52个千分点；计划生育率从2000年的80%提高到2006年88.6%，提高了8.86个百分点；"十五"以来，全省少生了170多万人。国家人口计生委把甘肃省认定为"十五"期间实现了跨越式发展的两个省份之一。

米登海 1983年毕业于兰州医学院医疗系,1991年中国医科大学研究生毕业,获硕士学位,2003年华中科技大学同济医学院毕业并获博士学位。现任武威肿瘤医院院长,主任医师,甘肃省医学会常务理事,甘肃省肿瘤学会会员,武威市科协副主席,市医学会副会长。

米登海校友大学毕业就一直在一线医疗机构从事肿瘤防治研究工作。1991年获硕士学位后,谢绝优越的条件和丰厚的待遇,毅然回到武威肿瘤医院,在艰苦条件下,坚持进行肿瘤高发区防治研究。20年来,他先后承担省、部级科研课题7项、市级课题4项。获省科技进步奖2项、国家科技创新博览会金奖1项、市科技进步奖8项,获国家专利2项,发表论文32篇。主刀肿瘤外科手术1000余例。曾被评为甘肃省优秀大学毕业生、全国卫生系统先进工作者、甘肃省优秀共产党员、甘肃省十大杰出青年、甘肃省卫生系统优秀专家、陇原科教之星,享受国务院特殊津贴,入选甘肃省"333"科技人才工程第一、二层次,甘肃省"555"创新人才工程第一层次人选。当选为中国共产党甘肃省第十次代表大会代表,中国医师协会第一次全国代表大会代表。

刘荣 中国人民解放军总医院肝胆外科主任医师、教授、博士生导师。

刘荣校友主要从事肝、胆、胰外科疾病临床及基础研究以及肝胆外科微创化临床研究。1986年兰州医学院临床医学本科毕业获医学学士学位。1990至1995年在第二军医大学东方肝胆外科医院吴孟超院士指导下1993年获硕士学位,1995年获医学博士学位。攻读硕士、博士学位期间在吴孟超院士的指导下在国内最早开展肝癌转移相关基因的研究,并取得了多项研究成果。1995年因人才引进入解放军总医院肝胆外科工作,在黄志强院士的指导下,10年来对肝胆胰外科的复杂、疑难疾病进行了多方面的临床和基础研究,取得了一定成绩。个人完成各种疑难、复杂的手术3000余例,在国内率先开展了腹腔血管预阻断下的胰头部巨大肿瘤切除、转流和不转流下的肝脏巨大肿瘤切除。在胰腺癌切除方面设计了三重缝合法,取得了150例胰十二指肠切除无严重并发症的成绩,并在该领域处于国内领先水平。完成腹腔镜肝胆胰脾手术

2000 余例,包括急性胆囊炎腹腔镜胆囊切除、腹腔镜下肝脏切除术、腹腔镜下胆管癌根治术、腹腔镜下胰十二指肠切除术、腹腔镜胰腺切除术及脾切除手术。制定了急性胆囊炎的腹腔镜切除的可行性标准。完成腹腔镜下左外叶切除(国内首先报道)、腹腔镜下左半肝切除、腹腔镜下肝右三叶切除及腹腔镜下胃十二指肠动脉瘤的治疗、腹腔镜胆管癌骨骼化切除(均为国内外文献中的首次报道),2007 年在国内首先开展机器人腹腔镜肝胆手术 (Da vinci S 四臂机器人系统)。通过设计手术方案成功解决了阻碍腹腔镜肝切除发展的出血和二氧化碳气栓的难题。尤其在腹腔镜肝脏切除研究方面,其病例数量和技术水平均居国际领先。《腹腔镜肝切除 40 例报告》在 2005 年美国胃肠和外科医师协会举办的会议上做大会报告。2006 年 9 月,在英国第 7 届国际肝胆胰外科联合会向世界同行们做腹腔镜肝切除的大会报告。《腹腔镜肝切除微创技术的研究和应用》获军队医疗成果二等奖,肝癌的研究获军队科技进步三等奖。

现已在国内外核心期刊发表学术论文 60 余篇;担任中华医学会腹腔镜与内镜外科学组委员、全军胰腺外科专业组副组长、中华消化内镜学会外科学组委员, 中国医师协会内镜外科分会委员。《中华外科杂志》、《中国实用外科杂志》、《中国微创外科杂志》、《岭南外科杂志》、《中华消化外科杂志》、《腹腔镜外科》、《中华临床医师杂志》、《军医进修学院学报》、《中华腔镜外科杂志》等杂志的编委和特约编委。

李铎 1982 年毕业于兰州医学院药学系,1989 年初作为药理学访问学者赴澳大利亚塔斯马尼亚大学药学院研修, 先后在该大学和澳大利亚皇家墨尔本理工大学获硕士及博士学位。后任迪肯大学健康科学院研究员,澳大利亚皇家墨尔本理工大学食品科学系高级研究员。现任杭州商学院食品与环境工程学院特聘教授、博士生导师。

李铎校友近 5 年共发表英文科技论文 80 多篇,担任四种国际英文杂志审稿人,辅导和正在辅导的研究生、访问学者和国际交流学生有 20 多人,为世界卫生组织和联合国粮农组织食品和营养专家组成员。两度被 Who's Who 收录,1995 年、1996 年和 1997 年连续三年获澳大利亚研究生奖。

苏彦安 1982 年毕业于兰州医学院临床医学专业,留校后任医学生物学助教、讲师,1986 年作为访问学者赴美国密歇根大学人类遗传学系深造。1988—1992 年就读于美国密歇根大学 Horace H. Rackham 研究生院,获博士学位,并在美国密歇根大学医学院放射肿瘤学系、口腔医学院生物和材料科学系从事博士后科研训练。1995—2005 年任美国国家人类基因组研究协会肿瘤遗传学分支小组负责人,美国乔治城大学医学中心微阵点核心设备主任,美国 Loyola 大学医学中心生物信息和基因组学核心设备、微阵点核心设备主任,美国 Loyola 大学 Stritch 医学院病理学系副教授,分子病理学研究室及中心实验室主任,现任美国乔治华盛顿大学医学和健康科学院生物化学和分子生物学系副教授,Catherine Birch McCormick 基因组学中心副主任,美国国家肿瘤协会成员。

苏彦安校友主要学术成果有:四环素抗药性基因 TetM 的转录调控机制;发现、克隆和分析新基因 OS9 和 OS4 在肿瘤组织中的扩增和高表达;研发并建立用反转录病毒 DNA 从事基因组功能的研究;研发、设计并生产各种基因芯片、抗体芯片和相关数据库及软件,加速基因组功能和蛋白组功能的研究;发现、克隆和分析新颖的肿瘤抑制基因 LMSGl 和细胞凋亡基因 LAPGl;用中草药成功治疗萎缩性胃炎和返流性食道炎,并将此中草药推向临床、基因组、蛋白组和新药开发的 Herbogenomics and Oncogenomics 的综合研究。国外学术刊物发表论文 67 篇,其中 SCI 收录 28 篇。承担国际科研合作项目 6 项,获国际发明专利 2 项。多次应邀回到母校开展学术讲座和科研项目合作。

张长青　1986 年兰州医学院临床医学本科毕业获医学学士学位。1996 年上海医科大学博士研究生毕业,1998 年第二军医大学博士后出站。现任上海市第六人民医院教授、主任医师、博士生导师,上海市创伤骨科临床中心常务副主任,上海市四肢显微外科研究所常务副所长,上海交通大学创伤骨科研究所副所长。兼任上海市医学会显微外科学会副主任委员,上海市医学会骨科分会创伤学组组长,中华医学会显微外科学会常委,中国康复医学会修复重建外科学会常委,中国康复医学会风湿与骨关节外科学会常委,《中国修复重建外科》杂志常务编委,《中华创伤》杂志编委,美国 Microsurgery 杂志编委。

张长青校友临床主攻方向是股骨头坏死的诊治及骨不连,创伤并发症的诊治,生物材料的研究与临床应用。先后承担并完成国家重点项目及市级各类科研项目多项,发表论文(含 SCI 论文)100 余篇。主编专著六部。在股骨头坏死方面,改进了游离腓骨移植治疗股骨头坏死的术式。完成发明专利 1 项,实用新型专利 4 项。研究成果先后获上海市医学科技二等奖、中华医学科技三等奖和上海科技进步三等奖。已入选上海市优秀学科带头人、上海医学领军人才。

杨蓉娅(女)　1982 年毕业于兰州医学院医疗系,后留校,在病理解剖教研室工作。1988 年解放军第三军医大学皮肤性病专业研究生毕业,获硕士学位,并分配到北京军区总医院皮肤性病科工作。1993 年初赴美国纽约大学研究生院担任访问学者,两年后回国。历任北京军区总医院皮肤性病科主治医师、副主任医师、主任医师、副院长,第二军医大学及第三军医大学教授、硕士研究生导师,北京中医药大学兼职教授。第八届、第九届、第十届全国人大代表。全军皮肤性疾病专业技术委员会常委,北京军区皮肤性病专业技术委员会主任委员,北京中西医结合学会皮肤性病专业委员会委员,中国中西医结合学会皮肤性病专业委员会中老年研究学组及实验研究学组委员，国家卫生部化妆品鉴定审评专家委员会委员,《中国科学美容》杂志社特聘专家组成员,《华北国防医药》杂志编委等。

杨蓉娅校友曾发表专业学术论文 100 余篇,参编医学专业书籍 3 部。先后承担全军"九五"重点课题、"杨森"基金、"诺毕"基金资助课题及医院计划课题多项。在变态反应性接触性皮炎、尖锐湿疣、脱发、假性淋巴瘤、孢子丝病及脂溢性皮肤疾患等多项研究中,获军队科技进步奖及临床成果奖 9 项。2000 年发现并报告了我国首例播散性毛孢子菌病，并从患者体内成功分离出我国第一株"阿萨希丝孢酵母"菌株,为国家菌种库增添了一项新菌种。目前已完成对该菌的 DNA 测序、不同培养基培养观察、超微结构观察、小鼠播散性毛孢子菌病治疗研究、免疫抑制小鼠阿萨希丝孢酵母菌皮肤感染差异表达基因筛选及该菌对单核细胞产生 TNF-a、GM-CSFA、IL-IO 影响等多项研究课题。曾荣立一等功 1 次,获全国"三八红旗手"荣誉称号 1 次,先后被评为文职干部先进个人、优秀医务工作者、医德医风建设十佳、优秀党员及优秀党务工作者等,多次受到上级嘉奖。

贾继东　1990 年兰州医学院研究生毕业,获硕士学位。1993 年首都医院消化内科博士研究生毕业,获博士学位。1997 年至 1999 年赴德国柏林自由大学医学院做博士后。现任首都医科大学附属北京友谊医院肝病中心主任,教授、主任医师。

贾继东校友曾获国家科技进步三等奖一项,卫生部、北京市科技进步二等奖各一项,北京市先进工作者(劳模),国务院特殊津贴,北京市"五四"奖等。现任中华医学会肝病分会副主委,中国中西医结合学会肝病专业委员会副主委,《中华肝病杂志》副主编。

廖世栋　1983 年毕业于兰州医学院医疗系。现在 "Alfigen Genetic Intitute,California,USA"工作,任"Clinical Genetic Scientist Second"。

廖世栋校友 1989 年在北京中日友好医院临床医学研究所生化室工作期间,首次提出了《肿瘤细胞的本质是进化》,中央电视台、中央人民广播电台、《中国青年报》都进行了报道。1989 年,诺贝尔奖获得者、DNA 分子螺旋结构的提出者华生（Watson,J.D.）等主编的美国生物及医学博士生指定教科书,MOLECULAR BIOLOGY OF THE CELL 第二版开始在癌症一篇中总纲的形式定义癌为:癌症是一种微型进化过程(Cancer as a Microevolutionary process)。1991 年他受美国洛杉矶希望城国立医学中心 "BECKMAN" 研究所分子"Genetic"系主任、"Genetic"工程之父、人"Insulin"体外(大肠杆菌)合成专利获得者 Hakura 教授的邀请赴美国进行癌症研究并发表了"抗进化——治愈癌症的全新方案"一文。接受抗进化治疗的患者已经存活了 10 年以上,至今仍然在工作。2000 年他发表了《癌症研究的世纪回顾与展望》,在世界上首次全面系统地纠正了"癌细胞逆转"的错误观点,从认识癌细胞的本质入手,到切合实际的治疗,提出和创立了"进化与抗进化"的理论体系。

注:由于本编篇幅所限,更多有成就的校友名录及其业绩,详见 2003 年由石生泰主编,甘肃人民出版社出版发行的《兰州医学院校友风采录》。

第六章　教育教学

第一节　专业延伸与学制

兰州医学院创建 72 年特别是独立建院 50 年来，医药卫生专业经过了一个由单一专业到多种专业的延伸和发展过程，在演变与发展过程中逐步形成了多学科交叉、各专业齐全、新知识渗透的教育格局和育人环境。

1. 民国时期的专业与学制

1933—1949 年，民国时期的医学教育基本上是一个单一专业的教学状况，只设医疗专业，招生对象和学制比较杂乱。

1933 年 3 月，甘院医科医疗专业首届招生，入学程度高中毕业，学制五年，其中四年授课，一年医院实习。教育部指示"在未实行六年制以前，因达不到本科学制，毕业生不得授予学士学位"。

1942 年 4 月 8 日，国民政府教育部命令以甘院医科为基础，在兰州创办"国立西北医学专科学校"。西北医专仍只设医疗一个专业，招生对象由原甘院医专招收高中毕业学生，学制五年，改为招收初中毕业生，学制六年，高中毕业生，学制四年。同时招收高中毕业法医、调剂专业班，学制一年。

1945 年夏，国民政府教育部决定，将国立西北医学专科学校设置撤销，并入国立西北医学院(西安)，改名为国立西北医学院兰州分院。到 1946 年夏，国立西北医学院兰州分院除了学校更名、体制改变和领导更换外，其专业与学制和原西北医专别无两样。

1946 年 5 月 24 日，教育部电令将国立西北医学院兰州分院归并于刚成立的兰州大学，改名为兰州大学医学院，为院级建制，规模较小，只设一个医疗本科专业,未分科系,招收高中毕业生,学制六年。

2.独立建院前后的专业与学制

1950年8月,根据第一届全国卫生会议"医学教育要培养德、智、体全面发展的医药卫生人才,进行学制改革"的精神,兰州大学将医学院新招收的一年级学生62人改为五年制,其余二年级以上学生仍维持六年制学制。

1952年增设医疗专业内科专修科,学制二年。

1954年兰州医学院独立建院后,除接受兰州大学五年制医疗专业、二年制医疗专业内科专修科外,又受西北卫生局和甘肃省卫生厅的委托,增设妇产专修科,学制三年。主要从西北五省选调工作三年以上的助产士,通过学习培养成妇产科医师。

1959年为赶"大跃进"浪潮,学院增设了五年制卫生专业、二年制工业卫生专业、四年制药学专业和三年制放射医学专业。同时,还开设了2~3年不等的内科医师专修科、妇产科医师专修科和医疗专业医师专修科以及四年制医科夜大学,接受撤销的兰州卫校,改为学院的中专部。

1962年6月,卫生部在广州召开全国高等医学教育会议,要求进一步贯彻中央"调整、巩固、充实、提高"的方针。甘肃省卫生厅根据会议精神对兰州医学院的专业设置进行调整,撤销卫生、药学专业和放射医学专业,至此学院又回到只设医疗一个专业的格局。

1965年,根据中央和毛主席关于组织城市高级医务人员下农村和为农村培养医生问题的批示精神及卫生部要求,经甘肃省卫生厅和兰州医学院研究确定,恢复开设三年制医疗专修科,培养具有大专医学知识水平的农村医生。

1954—1965年,招收的学生均为高中毕业学生,医疗本科专业学制五年,医疗专科专业学制三年。本科专业前三年在院本部上基础课和医学专业基础课,第四年上临床见习课,第五年进入临床实习。专科专业前两年上基础课和医学专业基础课,第三年进行临床见习和实习。

3."文革"时期的专业与学制

1971年,根据《全国教育工作会议纪要》和"教育要革命,学制要缩短"的指示,学院恢复招生后设置三年制医疗专业、二年制药学专业(1972年改为三年制),招收工农兵学员。同年还开设医疗、妇幼、儿科三个专业的在职人员脱产进修班,学制一年至一年半。

4."文革"后的专业与学制

1977年恢复医疗专业学制五年和药学专业学制四年,1982年、1983年学校受省卫生厅委托,举办了两届为期一年的护理师提高班。

1984年,为适应以经济建设为中心的社会主义现代化建设需要,改变医学院建院30年来基本上是一个单科院校的状况，院党委明确提出今后10年专业发展规划和构想:除继续办好医疗专业和药学专业外,应积极争取恢复五年制公共卫生专业,增设五年制口腔专业、计划生育专业、儿科专业、医学基础专业、放射医学专业、环境保护专业、医学图书馆专业,以及附设三年制护士学校,六年制夜大学。同时根据社会需求开设其他专业性短训班,接受各类进修生。在这个基本思想指导下,1984年首先恢复了五年制的卫生系公共卫生专业,开设了五年制公共卫生专业和二年制卫生行政管理干部专修科。1985年又增设了口腔系口腔医学专业, 暂为三年制专科,1988年在口腔医学专业三年制专科的基础上,改设为五年制本科。另外,恢复夜大学,设有六年制医学专业。

1986年,在临床医学本科基础上,增加了三年制临床医学专科、临床检验专科专业。开办了学制为一年的麻醉、人体解剖、药学、护理等四个专业的"专业证书班"。

经过多年的专业延伸和学科成长,到1995年,学院已由一个系一个单科专业发展到有4个系、4个本科专业、6个专科专业,1个夜大学,一所附属中等护士学校。学院持续多年的专业单一状态,开始向多学科、多层次的方向发展。

5.世纪之交的专业与学制

1998—2002年,国家经济形势发生了极大变化,高等教育大众化如火如荼。为了顺应这种发展形势,学院在广泛市场调查和严密论证的基础上,积极创造条件,开设新专业,为区域经济和社会发展培养急需人才。

1998年,为解决甘肃各级医疗单位高级护理人才奇缺的状况,建立了护理学系,当年招收三年制大专层次的护理专业学生,同年在公共卫生系增设了三年制妇幼卫生专科专业。其间,受卫生部委托,还在成人教育系列增设了三年制鼠疫防治专科专业,面向全国招生。

1999年,根据教育部和国家发展计划委员会关于《试行按新的管理模式和运行机制举办高等职业技术教育的实施意见》,为了更好地适应经济建设和社会发展需要,培养面向基层,面向生产和服务第一线职业岗位的实用型、技能型专门人才,兰州医学院高等职业技术学院成立。初始时开设临床医学、妇幼卫生两个专业,2001年,增设了口腔技师、护理学、全科医学和医药贸易4个专业,其中医药贸易专业因报考人数太少而未能成功开办。2002年,增设了医学影像技术专业。高职专业全部实行三年学制。

2000年12月28日,根据甘肃高教现状、甘肃人力资源调查分析和学院办学实际,学院提出专业建设五年规划。规划的基本原则是,坚持以医学本科专业为主体,坚持质量、结构、规模、效益协调发展,以新专业建设和专业结构调整为重点,构建以医学为主,适度发展医学相关学科的专业格局。为此,学院从 2001 年起逐年减少专科专业的招生,2004 年起专科专业全部停止招生。

2002 年,根据教育发展的形势和国民经济建设的发展需要,学院的专业建设又得到较大发展。相继建立医学影像、医学检验、护理学(原为专科)、预防医学(妇幼卫生方向,原为专科)和公共事业管理(卫生事业管理方向)五个五年制本科专业。2003 年,又新增了麻醉学、临床医学(中西医临床医学方向)、应用心理学(医学心理方向)三个五年制本科专业及市场营销(医药方向)、中药学、药物制剂三个四年制本科专业。

到 2003 年底,学院已有本科专业 15 个,专科专业 10 个,高职专业 6 个。上述专业的开设,结束了兰医专业单一,难以形成学科交叉、互相渗透的局面,也填补了甘肃省医学高等教育的专业空白。新增专业由于具有较好的市场前景,得到社会和广大考生的关注,在近年部分院校陈旧专业生源匮乏和毕业生就业难的情况下,我院反而出现生源供大于求和毕业生供不应求的情况,不仅扩大了学院办学规模,提高了学院的知名度,而且也提高了学院的市场竞争力。

表 6-1　学院本科专业变化沿革情况表

开设时间	专业代码	专业名称	学制	招生时间
1954 年	100301	临床医学	5	1954—2004
1959 年	100801	药学	4	1959—1961 1971—2004
1959 年	100201	预防医学	5	1959—1961 1984—2004
1988 年	100401	口腔医学	5	1988—2004
2002 年	100201	预防医学(妇幼卫生方向)	5	2002—2004
	100701	护理学	5	2002—2004
	100303	医学影像学	5	2002—2004
	100304	医学检验	5	2002—2004
	110302	公共事业管理(卫生管理方向)	5	2002—2004
2003 年	2121003020	麻醉学	5	2003—2004
	2121007010	临床医学(中西医临床医学方向)	5	2003—2004
	2120715020	应用心理学(医学心理方向)	5	2003—2004
	110202	市场营销(医药方向)	4	2003—2004
	2121008020	中药学	4	2003—2004
	2121008030	药物制剂	4	2003—2004

第二节 课程设置与教学计划

从甘肃学院医学专修科到西北医学院兰州分院,"课程分配,必修课按部定课程标准实施,选修课按地方环境需要规定"。各年级开设的课程主要有"三民主义"、国文、英文、普通化学、普通物理、生物学、生物化学、遗传学、生理学、组织学、胚胎学、细菌免疫学、病理学、药理学、传染病学、寄生虫学、内科学、外科学、调剂学、产科学、诊断治疗学、卫生学以及诊疗实习、毕业论文。由于没有稳定的教学计划和实习计划,加上师资不足,实际开设的课程往往与规定和需要常有出入,课时也得不到应有的保证。

1946 年 8 月,兰州大学医学院成立之初,在课程开设上也仅有一份大学医学院课程开设表,极为简略地载明每学年开设什么课和教学的总时数,至于教学进度以及讲课和实习比例,仍无明确规定,也没有指导各门课程教学工作的教学大纲。临床课程由于没有供学生实习的教学医院,课程的开设必须待聘请各医院兼任教师的情况来定,能请到就开,请不到就缓开,有的课程本应第四学年开,但第三学年恰能请到这门课的教师就提前开,所以一学期的课程和时数,有时很多、有时过少,至于一学期上课多少周均无计划,更谈不上教学进度的要求,能讲多少就讲多少。而且当时教师之间的派系繁多,门弟之见很深,在选用教材及教学进度上各执己见,一学年的课程可以延长为两年,一学期的课程也可以缩短为两个月。

1947 年,国立兰州大学医学院医疗专业学制改为六年后,共开设 27 门课程,有三民主义、国文、体育、英语、微积分学、物理学、普通化学、有机化学、生物学、解剖学、生理学、病理学、神经解剖学、组织学、胚胎学、药理学、内科学、外科学、妇产科学、儿科学、皮肤科学、眼科学、耳鼻喉科学、卫生学和法医学等。前五年内分别进行课堂讲授和实验、见习,第六年为临床毕业实习。当时无统一的教学计划、教学大纲和教材,加上实验设备差,兼职教师多,课程的开设有偏重现象,教学内容主要为教师自编的讲义或课堂讲授笔记,实验、实习除一般基础课请本校文学院、理学院等有关院系安排进行外,大部分医学课则依赖兼课教师安排在其所在医疗、卫生机构的实验室内进行。毕业临床实习在西北医院(后改为中央医院)进行。

1951 年 7 月,卫生部颁发医疗专业统一教学计划,规定了本专业的培养目标、课程门类、学时分配、教学要求等。学院以此作为组织实施教学的基本依据,在医疗专业一年级初次实行了统一教学计划,二年级以上制定了过渡性教学计划,内科医师专修班则实行由学院拟定并报经上级批准的教学计划。初时由于对教学计划、教学大纲精神实质领会不够,课程讲授范围太大,内容太多,重点、难点不突出,计划课程总学时达到 6336 学时,授课时数每周多达 36 学时以上。同时错误地把平时测验作为考查学生的主要方式,测验安排过多,有的课程一学期内测验达 10 次,甚至一周内测验三次,致使学生整天忙于准备测验。

1954 年,全国第一届高等医学教育会议以后,学院认真贯彻会议精神,确定了医疗专业的培养目标和要求,明确规定了应开科目和讲课与实习的时数比例,以往每学期临时布置开学日期及上课周时数规定不一的混乱状况开始得到扭转。此后,根据国家政治经济发展状况及学校实际,学院以领导、教师、学生三结合的方式,突出教育与生产劳动相结合、医学教育与群众卫生运动相结合、医学教育与祖国医学相结合的原则,在实行课程改革,学习、引进前苏联教学经验的基础上,于 1954 年、1956 年、1957 年、1958 年(两次)、1959年共六次对医学教学计划进行了修订。医疗专业 1954 年至 1955 年基本执行中央卫生部制订的全国统一的教学计划,课程设置有:体育、马列主义基础、中国革命史、政治经济学、俄文、拉丁文、生物学、物理学、无机化学与分析化学、有机化学、物理胶体化学、人体解剖学、组织学与胚胎学、寄生虫学、生物化学、生理学、微生物学、病理解剖学、病理生理学、药理学、内科学基础、放射学、外科学总论、卫生学、保健组织、局部解剖学与外科手术学、系统内科学与结核病学、传染病学与流行病学、医学史、系统外科学与泌尿外科学、妇产科学、儿科学、临床内科学、临床外科学、精神病学、神经病学、眼科学、耳鼻喉科学、皮肤性病学和法医学,共 39 门,总学时数为 5210 学时,周学时数 28~36学时。

1956 年,修订教学计划,突出的重点是增加了中医课程。1957 年按中央卫生部新修订的教学计划,又增设了"针灸学"课程。1957 年后,学院教学计划又进行了多次修订。1957—1959 年的教学计划深深印有 1957 年整风、1958 年大跃进的痕迹,突出表现在对学生政治思想教育的加强,生产劳动的安排及祖国医学课程的加强各方面。1958 年,根据党的教育方针和卫生部关于《卫生部对高等医药学教育若干问题的意见》,加强了政治和劳动教育,把劳动列入正式教学计划;在加强中医教学、增加祖国医学课程和教学时数的同时对有些课程作了适当精简与合并。如系统内、外科学,分别合并为内、外科学,减少了课程门数和教学时数。同时还规定,一、二年级学生每天半天上课,半天在校内参加勤工俭学及劳动办厂活动,三、四年级学生每天半天上课,半天参加医院护理工作。修订后的教学计划课程设置 30 门,比 1954 年减少 9 门;总学时数 4268

学时,比 1954 年减少 942 学时;周学时为 24~26 学时。由于贯彻教学、科研、生产三结合的原则,在 1958—1959 年期间,组织学生勤工俭学,下工厂、农村参加生产劳动、科研调查等活动,过多地占用了教学时间,影响了教学计划按期完成。

1959 年的教学计划比 1958 年的教学计划,在课程总学时上又有大幅度减少,总学时数为 3995 学时,较 1958 年削减 989 学时,周学时减为 26~29 学时,生产实习由 18 周增加为 48 周。祖国医学课由 0 学时增加到 276 学时,生产劳动时数由 0 周增加到 9 周。教学、劳动、休假的时数比例确定为 9:2:1,即 9个月理论教学,2 个月劳动,1 个月休假。

表 6-2　1951—1959 年历次教学计划修订简表

教学计划内容	1951 年	1954 年	1956 年 8月	1957 年 12月	1958 年 6月	1958 年 8月	1959 年 7月
课程总时数	6336	5210	4993	4608	4392	4934	3995
讲演	2436	2374	2396	2169	1946	1755	1909
实验室实习	1536	1256	1168	1181	1044	1057	1080
课堂讨论实验	593	557	499	520	700	1534	870
临床见习	1771	1023	930	738	702	638	737
讲演:实习实验	1:1.5	1:1.2	1:1.1	1:1.1	1:1.2	1:1.8	1:1.2
生产实习	18 周	37 周	30 周	一年	一年	一年	48 周
周学时数	36	28~36	29~34	30~32	30~31	28~35	26~29
政治课时数	392	388	270	378	486	1130	每周一天
体育课时数	176	144	174	144	108	108	每周 6 时
一般基础课时	704	828	771	756	736	746	756
专业基础课时	1776	1536	1440	1512	1404	1302	1360
专业课时数	3288	2846	2155	1710	1530	1507	1880
基础课:专业课	1:1.3	1:1.2	1:1.1	1:0.8	1:0.7	1:0.7	1:1.1
祖国医学课	0	0	180	108	108	110	276
劳动生产时数	0	0	0	0	8 周	8 周	9 周

多次修订的教学计划尽管不尽合理和科学，但通过教学计划的制定和修订，初步克服了教学上的盲目性。通过制定教学日历，基本扭转了教学进度前松后紧或前紧后松的现象。

1961年卫生部关于执行1961年修订的医疗专业教学计划的通知，以及关于修订高等医药院校教学计划的几项原则规定和原则要求下达后，学院教学计划基本上都是按照卫生部颁发的指导性教学计划执行的，但在执行中对有些课程的排列顺序及讲课与实验、实习比例方面报经甘肃省卫生厅批准适当做了调整，调整的要点是：(1)强调稳定教学秩序，注意劳逸结合，减轻学生负担，提高教学质量。合理安排教学、劳动、假期的时间(增加教学、假期，减少劳动)，一年内教学40周、劳动4周、假期8周；(2)加强学生基础理论、基本知识、基本技能的训练，医疗专业共开设课程31门，总学时数4984学时，其中讲课2234学时，实验、实习和讨论2750学时，加大了实验、实习课的比例。

1965年，学院贯彻毛主席1964年春节对卫生工作和医学教育工作的重要指示，再次修订五年制医疗专业教学计划，课程设置减少为27门，总学时数3057学时，周学时数25~26学时，毕业实习由1962年的44周增加为64周。同时根据高等医药院校面向农村，为农村培养医生，发展专科教育的要求，制订了三年制医疗专业教学计划。医疗专科23门课程设置中，除政治和体育外，医学基础课8门，临床专业课13门，总学时数2105学时，周学时数25学时。教学内容从本省农村实际和基层医疗卫生机构的具体条件出发，贯彻少而精的原则，强调理论联系实际，临床课采取边工作边学习的方法。通过培养学习，使学生掌握本地区农村常见病所必须的基本理论、基本知识、基本技能，能独立进行常见病和地方病的诊断治疗和预防工作。

1966—1976年"文革"期间，学院处于教学秩序混乱状态。1971年招收工农兵学员后，以"教育革命"的精神"突出政治"。根据学制要缩短，课程设置要精减，教材要删繁就简彻底改革的要求，分别制定三年制医疗和二年制药学专业(1972年学制改为三年)的教学计划。1971年，在《全国教育工作会议纪要》"两个估计"的影响下，大量削减基础理论、基本知识的内容。1971级医疗专业课程设置9门(政治、体育、解剖生理、病原生理、卫生防疫、中医学、诊断学基础、治疗学基础、常见疾病学)。1972、1973级课程设置18门，除1971级所开课程外，增加外文、生理生化、病原生物、诊断学与手术学、内、外、妇、儿、五官科学。1974、1975级课程设置又改回9门[政治、体育、外文、数理、化学、解剖生理、诊断学与手术学、中医学、常见病防治学(临床基础课和临床专业课合并为常见病防治学基础和常见病防治学共三册)]。1976级除恢复1972、1973级课程设置外，还将五官科学分为眼、耳两门课，同时增加皮肤病学、神经精神病学,共21门。药学专业,1971、1972、1973级设置课程11门(政治、体育、外语、化学、解剖生理、常见疾病学、药理学、药剂学、药物化学、中草药学、药品检验),1974、1975级各设置14门(增加了数理、生化、中草药化学)。1976级将药理与药化分开,共设课程15门。这一时期的政治课以毛泽东著作为主课,各门课程均不进行考试,这些学生毕业后也没有学习成绩。

1978年党的十一届三中全会以后,重新恢复了卫生部统一教学计划、统一课程设置及教学组织的制度。学院贯彻教育改革的精神,在恢复完善教学计划,课程设置的基础上,加强基础课,增加实践课,适当增开选修课。

1981年11月,根据卫生部修订的医学专业新教学计划,共开设课程33门,较"文革"前1965年实行的教学计划增加了高等数学、病理学、生理学、诊断学、中医学、核与放射防护、口腔学6门,减少了中医知识与针灸、卫生防护2门,将原列为一门的神经病学与精神病学、流行学与传染病学各分设为两门,总学时数为3834学时,较1965年增加了777学时。

1985年,学院自主权扩大,可以根据实际情况对教学计划、课程设置作必要的调整。根据《中共中央关于教育体制改革的决定》的精神和要求,在总结实践经验的基础上,本着加强基础,拓宽专业口径,扩大知识面,增强自学能力和独立工作能力的原则,对五年制医学专业的教学计划又进行了修订。修订后的课程设置为31门,减少了两门,总学时数控制在周25学时左右,适当减少了课堂教学时数,增加了外语课和学生自学时间。另外还添设一些新兴学科和选修课,如医学遗传学、细胞超微结构基础和文献检索、医学心理学、电子计算机在临床上的应用等,原设置的必修课寄生虫学改为选修课。

1987年,兰州医学院进行了1984年以来的第三次教学计划调整,修订了医学、口腔、卫生专业教学计划。医学专业和1986年相比,总学时数由3708学时下降为3672学时,周学时数为25~26学时。修订后的计划注重基础教学,加强了专业培养目标,延长了临床实践时间,着眼于能力培养等四个特点。

由于新专业、新学科、新课程的增设,1994年学院临床医学专业的教学计划学时总数达到"文革"以后的最高水平。共开设35门课程,总学时4364学时,周26~28学时。

1995年,依据国家教委《高等医药院校教学工作评价指标》要求和国务院实行每周五天(40小时)工作制的规定,结合学院在实施原有教学计划中存在的不足,以及医学生课程负担过重的问题,全面修订了11个专业的本专科教学计划。修订后的教学计划从总体上将五年制传统专业的必修课平均教学总时数降到3500学时左右,周学时由原来的28学时减少到24.8学时,压缩了10%的教学时数,增加了学生消化吸收、独立自主思考和自我学习的时间。新修订的教学计划保持了政治课和思想品德课的教学时间，增加了专业外语和计算机教学时数。

1996 年，根据人才培养目标和市场需求，对原有专业的教学计划、课程体系和教学内容再次修订，临床医学五年制本科共开设必修课程 33 门，总学时 3603 学时。这次教学计划修订的基本原则是"夯实基础、丰满两翼、提高素质、全面发展"。具体做法是：(1)夯实专业基本理论和基本技能，注重学生能力培养，增加实验教学时教，使理论课教学与实验课教学由原来的 1.5:1 变为 1.1:1.2。(2)增加英语和计算机教学时数，丰满两翼(外语和计算机能力，被誉为现代专业人才的"两翼")。各本科专业外语教学时数达 432 学时，包括医学英语课程 72 学时，拉丁文 20 学时，把计算机的教学时数由原来 36 学时提高到 108 学时。(3)增设人文学科课程，注重素质培养。增设了文学学科课程和与医学专业相关的社会科学课程，如大学语文、音乐艺术、医学心理学、医学法学、文献检索与利用等课程，以培养学生的综合素质，拓宽其专业口径。

2000—2001 年，根据教育部关于修订教学计划有关文件的精神和"基础扎实、知识面宽、能力强、素质高"的总体要求，为构建面向 21 世纪的全新人才培养模式和课程体系，学院在自下而上、广泛征求意见、兄弟院校调研的基础上对教学计划再次全面修订。这一次的教学计划修订工作是在实行学年学分制的背景下进行的，主要特点是突出主干课，减少必修课，增加有利于学生综合素质培养的选修课。除临床实习、生产实习外，原则上临床医学、预防医学、口腔医学五年制本科总学时不超过 3600 学时，药学本科不超过 3100 学时，现有专科及高职各专业均不超过 2000 学时。如五年制临床医学本科专业，必修课由 48 门调整为 42 门，总学时 3657 学时。专业基础课和专业课占总课程的 81%，实验课时占到总课时的 36%。选修课由 10 余门扩展到 30 余门，包括实验动物学、社会医学、音乐欣赏、美术教育、桥牌等课程。同时，根据近年医疗市场中出现的新情况和新问题，将医学法学选修课调为必修课，强化学生的法律知识教育。2003 年"非典"流行期间，为强化临床医学专业学生的预防医学知识教育，根据教育部的要求，增加讲授传染病防治法和中华人民共和国突发公共卫生事件应急条例。有效地减轻医学生的课时负担，使他们有时间去涉猎感兴趣的其他知识领域，提高自身的综合素质。随着多媒体教学的逐步推广，从 2001 年春季开始，将每课时由原来的 50 分钟调整为 40 分钟，仅此一项就把实际授课时间压缩了 1/5。由于每门课的教学时数和每学时实际授课时间大幅度减少，这就同现今教材的信息量越来越大形成了一对尖锐的矛盾，从而对教师如何在较短的时间内，讲精、讲透教材的重点和难点提出了更高的要求。为此，学院特别注重电化教学、多媒体教学等现代化教学手段的发展和建设，强调教师在精练经典内容的基础上,增加反映学科发展的新内容,强调知识的整体性、实用性和针对性,强调前期课、桥梁课和后期课程合理衔接,避免重叠。实践证明,各门课程和大多数教师都能适应学时和授课时间的压缩,大多能通过认真备课在保持知识系统性和完整性的同时,将本学科新进展穿插进去,收到良好的效果。

第三节 教学大纲与教材建设

1949 年以前,学院均无统一规定的教学大纲和教科书,教材来源主要是翻印外国教材,或使用教师自编教材、讲义,或由教员讲授,开列参考书目,由学生选读,选用的教材,讲授的广度与深度,主要取决于教员。1938 年,甘肃学院奉令制定"非常时期(即抗日战争时期)教育实施纲要",规定各科教学除按照课程标准之规定外,补充与国防有关之教材",也主要是由本校教员或外聘教员自行编选、讲授。当时医学专修科一、二年级基本采用普通高中教科书,并指定参考书令学生阅读,或编印讲义,以补不足;三、四、五年级课程由教员自编讲义,命学生作讲演笔记与读书札记,请教员评阅。由于各科教学各自为政,内容重复颇多,例如天花、猩红热、白喉、斑疹伤寒等疾病,在传染病里讲、在小儿科里也讲,甚至热带病里也讲。

1952 年院系调整后,学校的培养目标、课程设置、教学要求,都有很大变化,旧有教材多数已不适用,学院除引进前苏联教材,学习和吸取前苏联教材的科学体系外,自编部分讲义和讲授提纲,对过去沿用的资本主义国家的教材中资产阶级唯心主义学术思想和陈腐落后、脱离实际的内容,予以批评剔除,增加联系社会主义革命与建设的、联系西北和甘肃实际的内容。如张查理教授编写的《解剖学纲要》、张爱诚教授编写的《实用血液学》、杨英福教授编写的《实用胃肠病学》,都作为参考教材,付印出版,效果很好。1953 年,按照教学计划规定,共开课程 32 门,其中 4 门课程无教学大纲,28 门课程的教学大纲均系自编,且不完整。如内科学中胃肠病、呼吸系统病、心肾病、新陈代谢维他命缺乏病、血液病等部分都是分别拟定的,系统性和关联性都存在问题,而且作为内科学系统也还有许多分支没有教学大纲。

1956 年,中央教育部(高教部)统一制定颁发教学大纲后,学院在规定权限内增删修订,少数没有统一教学大纲的课程,由学院自己编写试用。例如学院 1956 年共开课程 31 门,采用部颁教学大纲的 18 门,采用前苏联教学大纲的 7 门,参照外校或前苏联教学大纲自拟的 6 门。

1958—1960 年,强调理论联系实际,师生结合编写教材,学院产生了一批突破前苏联教学大纲的影响,注重生产实践和中国革命与建设实践的乡土教材和讲义,但因受"左"的思想影响,批"学术权威",搞"教育革命"突击编写,多数新编教材并不成功。

试行"高教六十条"后,学院所开课程的目的、内容和方法,大多以统一制定的教学大纲为依据。学院从稳定教学秩序、全面提高教学质量出发,重视教材建设。从 1962 年始医疗专业有 25 门课程采用统编教材,占总课程的 83.3%,有些教材的不足内容,由各教研组教师编写补充教材。到 1963 年,全院按教学计划共开设 42 门课程,其中 29 门课采用卫生部统一编写出版的教材,8 门课沿用前苏联教材,4 门课采用校际交流教材,实验指导基本都是教师自编讲义发给学生。

"文化大革命"期间,课程体系全部打乱,原有的教学大纲已失去了约束和指导作用。由于课程门类及其内容压缩、变动很大,主要使用自编教材和自编讲义。编写教材和讲义的指导思想和基本做法是:深入开展学科领域里的革命大批判;清除旧教材中的"封资修流毒";组织教师"深入三大革命斗争实践,拜工农兵为师,开门编书";实行教师、学生、工农兵三结合,坚持群众路线;个人编写与集体编写结合,以集体编写为主。编写的教材主要有"常见病防治学基础"和"常见病防治学"共三册。由于受"阶级斗争为纲"的影响,无论是编写的教材,还是自编的讲义,其科学性、系统性被削弱,主要突出了"革命性"和"政治性"。1978 年后,学院由恢复使用 1966 年前出版的教材到逐步采用卫生部新的统编教材。

1989 年,学院被正式接纳为西南、华南、华北、中南、西北十二省市、十七所医学院校协作组成员后,协作院校决定根据医学科学技术的发展和培养适用人才的需要,在卫生部规划教材的基础上,引进一批国外先进教材和教学参考资料,编印一批具有地方院校特色的补充教材,共 32 门。其中确定学院主编《中医学》、《卫生学》、《放射诊断学》、《生理学》、《神经学》5 门,协编 27 门。1991—1995 年学院试用协编教材。这一时期学院使用的教材版本很多,既有教育部、卫生部的统编教材,也有院校间的协编教材、交流教材、自编教材、以及各种版本的辅助教材甚至个别"职称教材"、"利润教材"也都进入了课堂。

为了扭转教材编写及选用上的无序状态,1996 年,学院成立教材建设委员会,首先停止使用协编教材,规定各专业凡有统编教材的,使用统编教材,无统编教材的,经学院批准后方可采用协编教材或借用教材。必须自编教材的,经学院教材建设委员会审议后,由系和教研室组织教师编写,自编实验(实习)讲义、指导,未经批准一律不得向学生出售。并印发了《兰州医学院教材管理条例》,对教材的组织管理、计划管理、供应管理、自编教材的管理、经费管理等都作了明确的规定。

2000 年元月,学院再次明文规定,停止一切用于理论课教学的协编、自编教材的编写、修订和再版,要求本科各专业的理论课教学一律选用国家规划教材。2001 年又制订下发了《教材选用和编写的原则及规定》,规定的要旨是:大力推进国家"21 世纪课程教材"、国家"九五"重点和"十五"规划教材和省部级以上优秀教材的使用,重视填补学科空白的新教材的编写工作,提高配套讲义、实验实习指导辅助教材的编写质量。既要注重教材的三基(基础理论、基本知识、基本技能),五性(思想性、科学性、启发性、先进性、适用性),三特定(特定对象、特定要求、特定限制)的特点,也要努力反映现代科学发展的新知识、新技术、新成果。编写新教材时,要注意适应多样化教学的需要,正确把握新世纪教学内容和课程体系的改革方向,在选择教材内容和编写体系时,注意体现素质教育和创新能力与实践能力的培养,为学生知识、能力、素质协调发展创造条件,制止、杜绝低水平教材的出版和使用。2003 年,在全校 9 个本科专业开设的 342 门课程中,使用 21 世纪教材、新世纪教材 204 门,占开设课程的59.7%,使用国家重点教材 6 门,占 1.8%,使用甘肃省规划教材 36 门,占10.6%。对选修课及新增专业无统编规划教材的课程,首选重点院校获省部级奖的优秀教材和示范教材,保证高质量、最新版本的教材进课堂,新教材的使用率达到 97%以上。

第四节　教学管理与教学改革

独立建院后,根据 1954 年第一届全国高等医学教育会议和 1955 年 10 月华北、东北区院校长座谈会精神,在实际教学中开始以马克思主义的辩证唯物主义为指导思想,以前苏联经验为蓝本,结合中国实际进行教学改革。

1.1957 年底主要进行的教学改革

(1)遵照党和国家的教育方针,执行中央卫生部制定的统一教学计划,强调教学制度的计划性和统一性。1954 年学院指定组织学张爱诚、人体解剖学曾俊三、化学张从辛、生理学杨浪明、病理学马馥庭、细菌学梁大伟、皮肤科学刘铭锐、儿科学张克信及 29 名教师组成 8 个教学研究小组,主要任务是按照部颁教学计划统一修订教学大纲,制定教学进度表,分工编写讲义,讨论教案、教材。通过教学计划、教学大纲的制定和修订,初步克服了教学上的盲目性,扭转了以往每学期开设课程临时布置、开学日期、上课周数等规定不一的混乱局面。

(2)规范教学进度,编制教学日历。1953—1956 年全院没有统一的教学日历,各科自行编制的教学日历不及 50%,1954—1955 学年第一学期达 60%,第二学期达 90%,1956 学年全部编制了教学日历。教学日历的编制对规范教学进度起到了一定作用,但由于没有统一要求和协调,故有的只是很简单的时间和章节目录,要求和内容都不够明确,有的在施行中仍存在形式主义倾向。1957 年后,全院开始统一编制教学日历,对规范教学进度起到了积极作用。

(3)积极学习苏联经验。①广泛开展辩证唯物主义、俄文、巴甫洛夫学说的学习,批判医学教育中资产阶级学术思想和唯心主义观点。如在生物学与生理学中确立了米丘林、巴甫洛夫学说体系,说明有机体与环境的统一性,批判了魏斯曼、摩尔根、威尔肖等学说的错误部分。对人类的起源,解剖学从比较解剖学、古生物学、恩格斯的自然辩证法多方面说明人是由进化而来,劳动创造了人类;并以辩证唯物主义的观点说明了解剖学今后发展和研究的方向,批判了解剖学发展到最高峰不能再发展的理论。②参照前苏联高等医药院校教学大纲制订统一教学大纲,确定教学内容。教学计划所列的 39 门课程中,有 23 门以前苏联教材为蓝本编写了讲义和有关教材、实习、实验指导书。③贯彻四项教学原则。即"理论密切结合实际"、"技术培养与政治思想教育相结合"、"教师启发诱导与学生独立自学相结合",以及"全面系统的基础知识与专业培养相结合"的四项原则。④强调"启发诱导式"的教学方法,克服"填鸭式"的"满堂灌",并要求教师为人师表,以身作则,教书育人。⑤用考试和考查两种方法考核学习成绩,主课为考试,辅课为考查,将记录学习成绩的百分制改为"优"、"良"、"及格"和"不及格"四级分制,考试方法多采用口试和笔试,口试采取当面计分。1955 年第一学期,按计划规定的 20 门课程中有 12 门进行了口试,第二学期 22 门课程中,有 14 门进行了口试,分别占应考试科目的 57%、64%。考查课则在平时教学中采用多种方法进行,如,课堂提问,主动答题,临时测验,检查实际操作能力,写实习、实验报告等,目的在于检查学生对所学知识掌握的程度与各种实验、实习、作业等的完成情况,评定其是否已经达到教学上的基本要求。考查成绩的评定,只记"及格"和"不及格"。在学习前苏联经验过程中,总的情况还是好的,推动了学院教材、教法的建设,但是也出现了一些问题,如不结合中国实际,在没有吃透基本精神的前提下,生搬硬套,照本宣科,断章取义的现象时有发生。

(4)推广高级教师系统包班讲课。1954 年第一学期列为讲授的 15 门课程中只有 4 门由高级教师包班系统讲授,为了纠正以往平均分摊的分段教学法,扭转助教讲课偏多的倾向。从 1955 年下半年开始,积极推广高级教师系统包班讲课。1956 年下半年起,大力提倡教授上讲台,提高高职教师的授课比例,同时注意在高级教师的指导下，对助教分配一定时数或一定章节作培养性讲课的方法。1955 年第二学期，教授包班系统讲课达 14 门，占 19 门课程的79%。

(5)实行助教专责制、改进实习方法。为改变教师只管教的偏向,1955 年学院规定助教必须固定带班实习实验,前期实习课、实验课规定每位教师固定指导 15~20 名学生，主讲教师也应适当带一、二组学生实习。临床课实习从1954 年起在临床课教学实习方面实行集中轮回实习方法,改变了大班实习的情况,增加了同学们接触病人的机会,教师的指导也更细致一些。临床生产实习分两次进行,第一次在第 6 学期,第二次在第 9~10 学期。1956 年起,无论是临床教学实习或生产实习,实习前各科均订有实习计划和实习指导,同时开展了实习提问,使实习质量得到提高,生产实习时间也逐年有所增加。临床示教是医学教育的重要部分,大多数教研组教师都能按事先拟定的计划进行,系统内科学还有计划地开展了病人示教。示教前教师必须预习,示教提问应突出重点、难点,易于看懂。为减少对病人的不良刺激,精神病学教研组教师还采取录音示教。专责制实行后,教师与学生交流多了、提问多了、了解学习情况和思想情况多了,师生关系进一步融洽,逐步扭转了过去教师包办代替的实习、实验方法。

(6)开展课外辅导答疑活动。辅导答疑在建院之初还是一项新的工作,最初的做法是按每周所开课程，在固定时间段辅导，如周一晚为生物学辅导时间,原则上在此时间内,同学只能复习生物学,一般由授课教师在此时间内等候答疑,如有疑问,学生可以去提问,虽然这种安排比较机械,但对一年级同学还是有一定帮助,减少了他们在自习时间上的忙乱现象,什么时间复习什么课都做到了心中有数。后来为了满足不同学生的实际水平和要求,又作了适当灵活的安排,允许在规定复习的范围外,按个人情况复习其他课程,但负责辅导答疑的教师可以对其提出问题进行质疑,以检查复习规定课程的效果。随着学生中工农成分的调干同学、民族同学增多,学院在辅导答疑形式上,还采取集体辅导和个别辅导相结合的办法，特别强调了对这部分同学的重点辅导以及专人负责辅导,这些对学生所学知识的理解和巩固起了很大的作用。但是由于辅导过程中启发诱导不够,也使同学产生了依赖教师的思想,妨碍了同学独立思考。如有的教师回答问题仅是重复讲一遍课程内容,有的教师则有问必答,成了"活字典"。加上当时课程门数多,周学时数超过部颁 36 小时的规定,同学常感温课时间不够。1956 年取消了晚自习辅导答疑这一规定性的安排,由学生自由支配,以培养学生自学能力。

1957 年 1 月,为总结历年来提高教学质量各个环节的工作经验,学院召开首届教学经验交流会。各教研组提交经验交流材料 30 份,相继介绍了在提高教学质量、教学改革方面的成绩和经验。如药理教研室报告了"采用苏联教材的体会",人体解剖教研室报告了"我们是如何贯彻执行新教学计划的",生物化学教研组报告了"怎样开出物理胶体化学这门新课",组织学与胚胎学教研组报告了"怎样使学生对形态学内容掌握得更巩固",生理学教研组报告了"如何进行阶段性总结",皮肤病教研组许自诚老师报告了"我是怎样进行皮肤性病课堂教学的",外科总论教研组王耕教授报告了"关于教学改革方面的一些体会",乔志勇医师报告了学习祖国医学中的一些体会等等。除会议报告外,各教研组还分别设立了展览室,把有关经验用图表、模型、实物展出。如解剖教研组自制的神经通路模型,组胚教研组刘志勋"胶原纤维与弹性纤维合并染色法",生化化学组自制的整流稳压器,公卫教研组自制的玻璃反光量角器等。

1958 年的"教育革命"使 20 世纪 50 年代形成的教育教学制度受到冲击,这一时段学院教学改革的主要特点是:(1)联系中国革命与建设的实际和学生思想实际,加强社会主义的思想政治教育,政治课教材以《社会主义教育课程》为主,结合党和国家的中心工作和政策进行教育,并相应增加社会政治活动;(2)改革原有教材,根据党的教育方针,按照中共甘肃省委、省人民委员会的要求,对各种课程的现行教材进行全面审查,取消消极颓废、脱离现实的部分,精简重复的部分,联系本省本地区社会主义革命建设的实际,编写乡土教材;(3)进行现场教学,增加社会调查和社会实践活动,增加生产劳动,将生产劳动列为正式课程;(4)强调学生的主动作用,提倡自学,鼓励学生参与编教材、上讲堂等。这一时期的教学改革,采取的是"大鸣、大放、大辩论、大字报","革命"式、群众运动式的方法,并未形成新的、稳定的法规、制度。

1961—1965 年,在"高教六十条"的指导下,学院着重恢复正常、稳定的教学秩序,建立健全规章制度,减少生产劳动,控制政治、社会活动,加强教学工作,调动教与学两方面的积极性,提高教学质量。1962 年,根据卫生部在广州召开的全国高等医学教育会议制订的《关于加强高等医药院校学生基本训练,提高教学质量的若干规定》和全国院系又一次调整的意见,学院撤销药学、公共卫生专业、放射医学专业,只保留一个医疗专业。1965 年 2 月 24 日,根据毛泽东主席关于减轻学生负担的指示,学院成立教学改革领导小组,由吴中、谭道先、王文义、刘书俊、刘守权、赵明祥、王哲、李华、许春辉、韩哲生、张训初、尹良培、邝华俊、张爱诚、张培楼 15 人组成。同时成立形态课(包括人解、组胚、生物、微生物、寄生虫、病解);机能课(生理、病生、药理、生化),内科系(内科、放射、诊断、神经精神、皮肤、小儿),外科系(外科总论、系统外科、局解、妇产科、眼科、耳鼻喉科),公共卫生学课和物理化学课 6 个教改组。精简教材内容,改革教学方法和考试方法,提倡启发式、讨论式教学,是这一时期教学改革的主要内容。

2.1961—1965 年教育教学改革的主要内容

(1)逐步纠正 1958、1959 年教学改革中"左"的倾向。坚持实行教学计划、教材、教师任务的稳定,以及教学日历、课程表、作息时间的稳定。

(2)有经验的老教师上教学第一线,以提高课堂讲授和实习、实验课的质量。当时讲师以上担任主讲的课程占 90%。

(3)精选教学内容以实现少而精。在教师认真讨论新教学大纲、熟悉和掌握其内容的基础上,研究确定重点授课内容,将教材按其内容的主次,对学生提出四种不同的要求:一是精读掌握;二是细读熟悉;三是粗读了解;四是不一定要读但可参考。

(4)切实搞好实验、实习课,以加强学生基本技能的训练,临床课注意选择符合教学内容的病例,进行示教或学生实习。

(5)改进教学方法,提倡"精讲多练,留有余地",以腾出更多课堂时间给学生做作业,减少课外作业的份量。

(6)调整教学计划,减少考试科目,控制对学生的平时测验。

(7)严格已有的学生考试、考查、考勤制度,制订了五年制医疗专业的毕业实习计划及有关规定:《学生考勤暂行办法》、《实习医师职责》、《实习生请假规定》、《毕业实习成绩评分参考标准》、《各科毕业实习大纲》等。

1966 年"文化大革命"开始后,学院与全国其他院校一样,都是以"斗批改"为中心,正常教学活动被迫停止。1971 年后逐渐恢复教学活动,但仍以政治运动为中心,多年形成的教学制度、教学秩序被搞乱。

1978—1982 年,主要是恢复整顿,调整改革:执行卫生部制订和颁发的全国统一的教学计划和各项教学管理制度,恢复招生考试制度,恢复医学本科五年、药学本科四年、专科三年的学制,恢复招收研究生,恢复整顿以教学为主的学校秩序,恢复教学管理的基本规章制度等。

从 1979 年起,学院全面试行教育部重新修订颁发的高等学校暂行工作条例(新的"高教十条")和卫生部《高等医学院校教研室工作条例》(试行草案),进一步整顿学校工作秩序和教学秩序,坚持以教学为主。同时,在加强基础理论教学,充实教材内容,改进实验、实习等实践性教学方面,开始新的改革探索,例如重申有教学经验的讲师以上年资较高的老教师(包括教龄 10 年以上的助教)上教学第一线,1980—1982 年占 95.6%。倡导教学研究、集体备课、观摩教学,开展对助教、青年教师有计划的培养性讲课,每人每周 2~4 学时。加强实验室的建设和管理,提高实验室的开放和使用率。

1983—1988 年，学院在教育为社会主义现代化建设服务的方针指导下，以建设主动适应经济建设需要的机制，培养合格适用人才为中心，教育教学改革逐步展开。

从 1984 年 10 月开始，在全校范围内，开展了历时 1 个月的"转变教育观念，投身教学改革"的大讨论，为下一步的教学改革打下了思想理论基础。1985 年 5 月，召开规模最大的全院教学工作会议，统一了教学改革思想。此后，每年都召开一次基础教学工作会议和一次临床教学工作会议，强化教学工作的中心地位。

坚持"拓宽专业，加强基础，重视实践，培养能力"的教改基本方针。规定本科理论课必须由教授或副教授领衔主讲，专科学生理论课必须由讲师或讲师以上职称的教师担任主讲。特别强调：(1)备课方面，坚持"三备两有"，即备两点(难点、重点)、备两法(教法、学法)、备两材(教材、补充新的科技教材)，有讲稿，有集体讨论。(2)确定有经验的教师专门负责指导实验，重视做预备实验，同时将实验大组改为小组，开创分组循环实验，充实新的实验内容。(3)辅导答疑中，做到"两坚持、三固定"，即坚持课后辅导答疑，坚持难点重讲，固定时间、地点、老师。(4)坚持"两个结合三种类型"的师资培养原则，即校内校外相结合，脱产学习与业余学习相结合；三种类型是，参加各科学术活动。让青年教师担任少量教学时数，指定专人指导，审阅讲稿，加强培养性讲课；就地加强青年教师基础知识的学习和基本技能的训练。(5)注意将既教书又育人作为重要的教学环节来抓，在保证教材系统性的同时，加强医德教育，加强政治思想教育。(6)加强临床教学，做到要求严，专人管，人员、时间、内容三落实，工作有布置、有检查、有总结。

从 1985 年开始，学院特别强调重视外语教学工作，在经济条件十分困难的情况下，千方百计建立了语音实验室、全院无线音频英语广播系统，并每年聘请 3 名外籍教师加强外语教学工作，建立外语教学双向激励机制。同时每周开展英语讲座和学生的英语角活动，在高年级学生班中还开设医用英语教学和本科生的日语和俄语等第二外语选修课程。之后，学院又 4 次专门行文加强外语教学工作，如 1991 年《关于改进和加强外语教学的几点意见》，1995 年《本科生英语课成绩考核、记载的办法》以及 1996 年《加强外语教学工作的几项规定》。规定指出，凡达到学院确定的通过率的班级，每多通过一名学生，奖励该班任课教师 50 元。凡任职期间所带教学班四级通过率均超过学院规定指标的任课教师，在同等条件下可优先晋升高一级教学职务，并视为评定优秀教师的业务条件，在年度考核时，超过 10%者，可直接定为"良好"，超过 20%者，可直接定为"优秀"。学生通过六级，可享受单项奖学金，发给荣誉证书，并作为留校必须条件。外文教研室教师,在晋升副高以上职称时,凡通过专家组推荐,可在院内聘任有效的专业技术职务。由于这一阶段外语教学有声有色,成效比较显著。本科生的大学英语四、六级通过率不断提高,参加全国大学英语四级统考通过率由1986级的0.29%上升到97级的19.21%,最高时达27.59%。其中,强化班最高达76.66%,毕业时,累计通过率90%。1989级本科生在全省统考中,综合成绩为全省第一名。在职申请硕士学位班全国英语统考通过率1999年和2000年连续达34%以上,远远高于全省21%的平均通过率。

在极度困难的情况下,1980年5月,在省财政的大力支持下,以46万元购进日本产25万倍高分辨电子显微镜一台,成立电镜室,主要承担院内基础和临床十余个教研室和院外一些科研单位大量的电镜制样和观察工作。1982年,成立电教科,建起专用电教室、制作室、演播室,积极开展电化教学。到20世纪末,电教设备类别已由初期的幻灯投影、电影、收音机等常规设备向录放机、摄像机、剪辑机、电视机、计算机、多媒体等高层次设备发展。由单一的播放向制作音像教材转变,自制和转录医学物理学、肾腺移植术、显微外科手术、胸外科手术、外科、内科、乳腺瘤、新式剖宫手术、初级剑术等基础、临床各课程的教学电视录像片140余部,其中胃肠道电活动、内镜逆行胆胰管造影术在1990年全国第二届医学视听教材展评奖大会上,荣获视听教材二等奖,医学物理学、肾腺移植术获西北地区高校优秀教学片二等奖。上电视录像课1730学时,23700人次。另有教学、科研电影片60余部,放映321场次,学生观众30000余人次。

1984年以来,学院开展了评选教学优秀奖、教学改革奖、优秀教材奖,通过这"三奖"的评选,鼓励教师在教学改革中多出成果。从1988年起,在对教师教学质量进行测评的基础上,全校范围内试行了奖酬金与完成工作的量和质直接挂钩的办法,奖优罚劣,调动教师教学的积极性。

从20世纪90年代开始,特别是20世纪末、21世纪初,面对教育事业发展和改革的大趋势,学院在总结和发扬以往教学改革经验的基础上,积极创造条件,加大教学改革力度,充分发挥学生在教学过程中的自立性和能动性,开始出现良好的势头。

第一,转变教育思想,推动教学改革。

1996年底至1997年初,院党委、行政在讨论学校工作要点时,提出要切实转变教育思想和教育观念,明确指出:"努力推进教育思想和观念的转变,根据学校发展战略和学科建设规划,按照拓宽专业口径,扩大服务范围,增强适应能力的原则,科学、合理、稳步地进行学校的专业结构调整。"在教育思想上,要以"两个全面"、"三个面向"和培养"四有"新人为基础,着重解决好五个重要转变:由专业对口教育向基本素质教育转变;由注重知识传播向重视学生创新能力的培养转变;由注重共性教育向注重个性发展、因材施教转变;由注重学科系统性向多学科综合性转变;由传统的封闭式教学向开放式教学转变。

1999年底,面对党中央西部大开发战略的实施及我国即将加入WTO的历史契机,院党委以教育部《面向二十一世纪教育振兴行动纲要》为指导,不失时机地提出了"上规模、上层次、上效益"的"三上"目标和"一切为了教学,一切为了教师,一切为了学生"的指导思想,确立了"以发展为中心,深化改革,开放办学,优化配置教育资源,提高学院办学效益和综合实力"的发展思路,明确提出兰医"立足甘肃、服务西北、面向全国,以本科教育为主体,大力发展研究生教育,适度发展成人本科教育"和"以医学为主,加快发展医学相关学科,从教学型向教学研究型发展,建成跨入西北地区医科院校和省属本科院校先进行列的医科大学"的新定位。通过层层发动,学院以报告会、座谈会、研讨会等多种形式,以及全方位的舆论导向,全院上下在教育观、人才观、质量观、价值观和发展观、特色观上,都有了新的认识。通过教育思想大讨论,使全院在人才培养目标、培养模式,提高综合素质,加强创造性培养和个性发展等一系列问题上统一了认识。

第二,建立新的医学人才培养模式。

(1)改变单科独进的教学思想,以学科群为单位,将相近的课程融为一体。如将流行病学教研室和卫生统计学教研室整合为流行病与统计学教研室,将寄生虫学与微生物学、包虫病学教研室整合为病原生物学教研室,将生物学、遗传学教研室整合为生物遗传学教研室,将劳动卫生、环境卫生学教研室整合为劳动卫生与环境卫生学教研室;将法医学并入病理教研室等。(2)模糊前期基础教学和后期临床教学的界限,改集中见习为课间分散见习。实行内容交叉,提倡早期接触临床,后期回归基础,即学生第四年进入临床医院学习,将临床见习课全部在医院完成,实习结束后再回到学校进行毕业考试。(3)增加人文社会课程,提高医学生的思想政治素质、创新素质和人文素质。调整"两课"教学,增强其教学的实效性。改变人文社会科学课程相对薄弱的状况,增加其在课程体系中的比例,为新一代医学生的全面发展奠定坚实的理论基础和文化素养。(4)融合主体性人才培养计划和辅助性人才培养计划。在保证基础及专业教育主体性培养计划的前提下,除开设了"医学心理学"、"病理学"辅修专业第二学位班外,还积极开设第二课堂,增加社会实践、科技活动、读书活动、学科竞赛、听学术报告等各种有组织的社团活动。

第三,推进教学方法和手段改革。

改革教学方法是深化教学改革的重要内容。学院改革教学方法的主要特点是:重视学生在教学活动中的主体地位,一切教学活动以有利于加强学生自学能力、独立分析解决问题能力的培养,有利于加强学生创新思维和实际创新能力的培养,有利于学生个性和才能的全面发展为基本出发点。根据学生的特点和需要,因材施教,改革传统"灌输式"以及在教学中过分偏重讲授的教学方法,积极实践启发式、讨论式、研究式等生动活泼的教学方法;重视综合性实践教学环节,更加密切教学与科学研究、生产实践的联系。2003 年,全院已有 30余门课程结合各自特点,进行了教学方法研究和改革。如生理学试行"以问题为中心"的教学方法改革,编写的辅导材料《生理学 300 问》,深受学生欢迎,获甘肃省教学改革成果一等奖;心理学和内科学采用讨论式教学法;"两课"教学针对学生关注的难点热点问题,以辩论座谈、专题课和人文知识论坛、师生双向交流、社会调查等教学形式,加强教学的主动性、针对性和时代性,帮助学生提高运用马克思主义中国化理论分析和解决现实问题的能力, 从整体上把握马克思主义中国化的历史进程和发展趋势。根据医生这一职业的特殊要求,还加大了职业道德教育的理论教学。在教学中,教师将古今中外医学家注重医德修养的事例引入课堂, 将抗非典斗争中医务人员英勇无畏无私奉献的感人事迹引入课堂,同时也将当前医德医风中的重点和难点问题引入课堂,引导学生们在老师的指导下,自主分析当前医疗活动中的一些道德问题。寄生虫学实施"精讲—自学—多练"的教学方法;口腔解剖生理学和口腔组织病理学率先尝试引入以问题为中心的 PBL 教学法;病理生理学以病例为引导的教学法等,都赢得了学生的好评。2002 年,"系统解剖学"、"口腔内科学"、"分子生物学"还积极推进"双语"教学。在附属医院,部分临床带教老师还探索用英语查房,融专业英语于课程教学中。

　　以计算机技术为核心的现代信息技术进入教育领域, 已经并将继续深刻地改变传统的教学观念、教学技术、教学方法和教学手段。学院抓住这一机遇,加强对现代化教学技术和手段的学习、研究和应用,加快计算机辅助教学软件的引进、开发和推广,加速实现教学技术和手段的现代化,使之在改革教学方法、提高学校的整体教学水平中发挥重大作用。1998 年,计算机等级通过率达82%,在全省学生"神速杯"计算机竞赛中,我院获本科院校一级团体总分第一,本科院校 BASIC 语言组团体总分第一和优秀组织奖,首次捧得"神速杯"。1994 到 2003 年, 通过各种渠道, 共投资装备了院级计算机基础教学实验中心、现代教育技术中心、多媒体形态学实验室等实验中心和 14 个院级标准微机室;17 个可容纳 2000 余人上课的可双向传输信息的多媒体教室,7 个 64 座数字化语音实验室, 3 个共 250 台计算机的电子阅览室及两个共 100 座的音像资料阅览室;投入 707 万元(教育部投资 350 万元)完成校园网建设。为了促进教师掌握现代化教学手段,每年举办 2 期计算机培训班,提高教师网络技术和媒体课件制作技术。2003 年,全院必修课应用多媒体授课的时数占总课时的比例已超过 30%,口腔医学专业已达 50% 以上。30 余门公共课、基础课以及部分专业课全部或局部使用多媒体 CAI 电子教案上课,既增大了单位课时的信息量,又提高了课堂教学质量和教学效率。同时,学院引进的计算机排课系统以及学籍管理系统都在教学管理中发挥了重要作用。

第四,实验室管理模式改革。

教学实验室是进行实验教学,培养学生科学实验能力、创新能力和实践动手能力的重要基地。多年来,全院 84 个教学实验室都是按专业或课程设置的,实验室任务单一,部分实验室重复建设,仪器设备重复购置,每个实验室基本都设有预备室、药品器械库房及实验动物饲养室(不少占用楼层男女厕所),房屋、器材既缺又浪费的现象十分严重,半数以上实验室每年只有少量实验课,使人、财、物资源难以发挥整体效益。针对这一情况,学院在 20 世纪 80 年代中期曾考虑对此进行改革,方向是实施实验室集中统一管理,同时在设备处设药品器械申领室等,由于当时意见不统一,阻力比较大,条件不成熟而未能进行。1997 年 1 月、2001 年 6 月,学院坚决排除部门所有制的干扰,两次对实验室管理模式进行改革。改革的原则是:有利于推进实验及实践教学改革,建立与面向 21 世纪人才培养目标相适应的实验课程体系,实现实验教学内容、方法、手段的改革和创新,为培养学生的动手能力、创新能力及实践能力创造条件;有利于在全院范围内实现人、财、物及实验用房等教学资源的优化配置与共享,提高整体办学效益;有利于对各类实验室的科学管理,实现教学实验室管理的制度化、规范化。

按照这个原则,学院打破了实验室三级管理的老模式,把依附于课程的实验课程单列出来,按照学科专业的性质、特点和培养目标重新加以组合,形成独立的实验教学系统,使实验课程由过去单纯为理论教学服务,转变为深化理论知识和培养学生实践动手能力服务。建立了一批二级管理的中心实验室,如将生理学、药理学、病理生理学实验室整合为机能学实验室;将生物学、组织胚胎学、病理学、寄生虫学实验室整合为形态学实验室;将检体诊断学、实验诊断学实验室整合为临床技能综合实验室;将 GLP 动物实验中心、实验动物中心、分子生物学实验室等组合为学院医学实验中心;将电教、计算机、网络、多媒体等现代化教学组织和实验室整合为现代教育中心等。此外,将药学系、预防医学系、口腔系有关实验室整合,分别组建药学、预防医学、口腔医学综合实验室。这些实验室大中型设备专管共用,淡化了专业、学科间的界限,集中了财力、物力和技术优势,在教学过程中发挥了更大的潜能和效益,降低了生均成本。随着实验室管理模式的改革，各门课程在修订实验教学大纲和实验指导时，均不同程度地压缩了传统的验证性和单学科实验项目，增加了综合性、设计性项目。例如临床医学专业生理学、病理生理学、药理学和生物化学四门课共开设综合性、设计性实验项目27项(综合性21项，设计性6项)，使有综合性、设计性实验的课程占医学机能性实验课的课程比例达到80%。2001年秋季，机能学利用课余时间安排临床医学、预防医学和口腔医学本科2001级学生950人，合计990学时的设计性实验课。生物化学和分子生物学创造条件开设4个综合性试验，均取得良好的实验教学效果。

第五，加强课程建设，培育"精品课程"。

课程是实现培养目标的基本单元，是为实现学校专业培养目标而规定的教学科目及其目的、内容、范围和进程的总和，它是学校教学工作的基础，也是全面提高人才培养质量的要素之一。

1994年11月16日，学院开始进行课程评估工作。评估内容：教学大纲，教材、"三基"教学要求及实施方案；教学计划、教学进度、教学改革活动、教学工作检查总结、教学研究文章资料等；实验设备和教学手段；结构合理、素质良好的教师队伍，以及一定比例的中高级职称的教师担任主讲任务；是否具有改革本门课程教学的具体措施；考核办法的科学性、灵活性以及考试内容的全面性、完整性，考核纪律的严明程度等。在以评促建过程中，有的打破学科课程间的壁垒，加强课程与课程体系间的逻辑和结构上的联系与综合；有的精选经典教学内容，不断补充反映科学技术和社会发展的最新成果，注意把体现当代学科发展特征的、多学科间的知识交叉与渗透反映到教学内容中来；有的注重教给学生科学的思维方法，为学生探索新事物、培养创新能力奠定基础。

为了检验课程建设的效果，1996年开始，学院每两年举行一届45岁以下教师讲课比赛，到2002年已举行三届。各教学单位通过精心准备、层层选拔，从预赛、复赛一直到全院决赛，既加强了中青年教师的培养，也有效地促进了课程建设。

2002年上半年，学院以贯彻教育部和省教育厅关于开展高校"精品课程"建设与评选活动有关文件精神为契机，制定了《兰州医学院课程建设条例》及《兰州医学院课程评估标准》，把优秀课程建设推向高潮。通过各教学部门和学院教学督导团的评估，各门课程均达到合格标准。同时对拟申报的优秀课程在各教学部门和学院教学督导团以及学生中广泛征求意见和公示，评选出病理学、生理学、人体寄生虫学、流行病学、口腔组织病理学、病理生理学、系统解剖学、外科学、内科学、卫生毒理学十门课程为兰州医学院"精品课程"。其中病理学和生理学报省教育厅，并分别以总分第一和第四被省教育厅组织的专家评为甘肃省高校"精品课程",双双进入甘肃省推荐参加国家级"精品课程"评选的六门课程之中。

第六,试行学年学分制。

长期以来学院一直实行的都是学年制管理。为有利于贯彻党的教育方针,全面推行素质教育;有利于因材施教,发挥学生学习的积极性与主动性,有利于把竞争机制引入教学管理,选优汰劣,有利于培养基础扎实、知识面宽、适应性强综合素质人才;有利于充分发挥教师的潜力,促进教学质量的不断提高。2001年9月起,学院开始对2001级本科生、专科生(含高职)按学年"学分制"进行管理。学院"学分制"的指导思想主要体现两个转变:人才培养模式由单一固定型向多层次多模式的转变,人才质量标准由单纯知识型向全面素质型的转变。学院学年"学分制"主要包括以下内容:学分制教学计划,与实施学分制相适应的教学管理制度,如学分的计算、学分绩点、课程安排、学籍管理、选修、重修、免修、毕业等制度。

实施学分制以后,给学生创造了较宽松的自主学习环境,促进了学生的个性发展,激发了广大学生的学习积极性,增强了学生的自主精神、创新意识和竞争能力,避免了传统学年制模式单一、专业划分过细、过窄,教学计划统得过死和一刀切培养人的弊端。学生除必修课外,可根据国家的需要,结合自己的情况和志趣选读选修课。据2004年统计,在实行学年学分制3年多的时间里,全院共开出反映各学科、专业新科技成果和人文社会科学等各类选修课30多门,参加选读的学生达8 000余人次。

第七,考试、考核制度改革。

(1)建立试题库,推行考教分离。考教分离是教学改革的重要内容之一,也是考试制度改革的趋势。1982年卫生部决定在部属医学院校中实行以内、外、妇、儿四门课为主的多选题统一的毕业考试,1983—1986年学院参加卫生部部属院校毕业统考是学院实行考教分离的开端。为向部属医学院校看齐,有效检测学院教学质量,学院经积极向卫生部争取同意,从1978级应届临床医学毕业生开始,连续三届同步参加卫生部组织的毕业统考,学院1978级279人参加、1979级304人参加,1980级291人参加。检测结果以1980级为例:全国部属医学院校1980级统考学生总数为2885人,第一卷平均总分84.798分,标准差6.918,标准误3.272;第二卷平均分数为83.33分,标准差7.363,标准误3.327,两卷总平均168.128分,标准差13.277,标准误2.188。学院1980级291名学生第一卷平均分83.275分,标准差5.953,标准误3.368;第二卷平均分81分,标准差6.243,标准误4.834,最高分188分,最低分129分。两卷总平均分164.275分,与全国相比成绩稍低,但和1979级统考总成绩156.35分相比,提高了

7.925分,说明1980级学生对基本理论、基本知识和基本技能的掌握是有进步的。1988年卫生部停止毕业统考后,学院即开始建立以教学大纲为依据,以国家级试题库为样本,以本校题库为主体,以引进兄弟院校题库为借鉴,各级题库互相渗透融合的学院试题库。1988年,初步完成60余门各专业主干课和基础课的几万道试题。1994年,组织临床医学一、二部七个临床教研室,通过出题、初审、组卷、复审等环节分别建立了本、专科7门课程105套题,并输入微机。1995年6月,从西安医科大学引进部分课程试题。同年,从国家医学考试中心引进临床7门课程的题库软件。到1996底,院基础部、预防医学系、药学系、口腔医学系等39个教研室编制出44门课程370套本专科试题,基本完成组建题库的工作,有效地杜绝了考试中的"跑、冒、滴、漏"。为总结和检验教考分离的成效和经验,1994—1995年度第二学期期末,人体解剖学、药理学考试中率先实行了教考分离试点,进展顺利,取得了经验,为逐步推行教考分离制度铺设了一条道路。1995—1996学年度,院内使用中心题库考试的主要课程增加到20门,占主要课程的比例从11.3%增加到45%。1997年后,全部实行考教分离。2000年,为更有效地检验和提高学院教学质量,使院内各门课程的考试,逐步过渡到用国家统一建立的考试题库进行考试,开始重建考试题库,同时开发学院各门课程计算机智能题库。到2003年,主要公共课和基础课基本上都采用了教育部或学院自行开发的计算机试题库,既减轻了教师命题的工作量,又使课程考试更规范。

(2)积极推进考试内容和方式改革。根据教学需要和专业特点,以培养学生的综合能力为出发点,采用灵活多样的考试考核办法。除临床课全部采用多选题考试外,其它各门课程在考试中广泛采用口试、笔试、读片、实验操作、临床操作、专题讨论、撰写论文等方法。2000年推广计算机智能考试,如病理等课程采用每个考生一套题的办法,以后又发展为病理、病生、组胚等课程采用上机考试,由于计算机智能考试题量较大,覆盖面广,既能较全面了解学生对本学科知识掌握的程度,又有效地预防了试题泄漏、夹带等传统作弊方式。

(3)加强考试管理。20世纪80年代中后期,由于社会上各种思潮和不良现象的影响,学生诚实劳动的观念比较淡薄,诚信意识较差,而且表现在方方面面,考试作弊屡禁不止,就是其中的重要表现。20世纪90年代以来,学院加强考试管理,预防考试作弊的主要做法是,每门课程考试的监考人员不是由本教研室安排,而是全院抽调交叉监考,同时安排经验丰富的人员加强巡考,其中四人被学生戏称为"四大名捕",起到了震慑作用。20世纪90年代末,学生多次反映国家外语考试有人代考,有学生从外校报名代考得逞,但这种情况事后很难查证。面对新情况,学院一方面明令禁止从外校报名参加国家外语考试,另一方面加大了对代考的防范和处理力度。具体做法是,每次国家考试的报名名单和照片由学生年级主任严格审查,签字负责,统一送达教学主管部门。每次国家考试或期末考试期间,年级主任必须逐个考场审查考生身份,并在每个考场的记录上签字负责。对校内考试偶发的代考现象,对双方一律处以高于一般作弊一个等次的处分,如"受惠方"隐瞒代考方身份,则按退学处理。此后经查实代考方为我院学生,则双方均按退学处理。此外,每学期的期末考试期间,学院统一组成由院领导、教学管理和学生管理干部参加的巡视组,督促各考场的监考人员认真维护考场纪律。对每场考试发现的作弊现象,当天就由分管教学的副院长召开联席会议进行处理,并通过学生管理系统及时向全院学生宣布,起到了明显的警示作用。

第五节　教学质量的监控与评估

1954—1966 年,学院教学质量的监控形式比较单一,多数时间只限于一般的教学检查和听课。教学质量监控机制不健全,除 1963—1966 年初,曾选聘过少数教学督导外,质量监控工作仅仅局限在教务处,甚至教务处的个别人,约束力不强。

20 世纪 80 年代以来,为加强教学全过程的监控,确保教学质量稳中有升,建立和完善了各主要教学环节的质量标准,形成了较为完备的质量保障体系,取得了良好的效果。

1.学院党政领导亲抓教学质量

确立学院党政一把手作为全院教学质量第一责任人,院长亲自抓教学质量监控工作,主管教学副院长作为直接责任人,具体负责。各二级教学单位党政一把手也要亲自抓教学质量监控,分管领导具体负责的"一把手"责任制。

2.建立教学指导委员会

建立由院长任主任,各专业专家、教授、主管部门负责人参加的教学指导委员会,负责全院教学工作的检查、督导、评估、咨询。教学质量监控科与高教研究室作为教学质量指导委员会的常设办事机构,负责全院教学质量监控的日常事务。各院、部、系也建立了相应的教学质量监控机构,负责本单位的教学质量监控工作。

3.建立院、系两级教学督导组织

在全院范围内遴选德高望重的离退休专家、教授、管理部门负责人、教学骨干等人员组成学院教学督导团,由主管教学副院长任团长。教学督导团在学院教学指导委员会的领导下,开展督教、督学、督管工作;各二级教学单位也成立督导小组,开展相应的工作。

4.建立实施教学质量一票否决制

1992 年,针对教师中一度出现的从事第二职业现象,为了加强教师的师德与教风教育,严明教学纪律,端正教学态度,增强教学责任感,确保对教学工作全身心投入,学院制定印发了《教学事故认定和处理暂行规定》,严禁院部在职教师自行到校外兼职、兼课,严禁教师个人以学校名义在校外办班,严禁教师个人私自利用学校教学资源办班授课,坚决杜绝教师因在外兼职兼课而拒绝接受校内教学任务或影响教学质量。凡违犯者,职称评定、岗位续聘实行一票否决。这项规定十多年来一直规范着各级教师的行为,取得了很好的效果。

5.建立层层听课、检查、点评机制

教学检查主要有两种形式:一种是全院性的检查性听课制度。要求学院和有关党政部门主要领导每学期听课不得少于三次,学院主管教学领导和教务处及各二级教学单位主管教学领导每学期听课不得少于六次;教学管理干部,教研室正、副主任,年级主任每学期听课不得少于十次。学院教学督导团及各院、系、部教学督导组成员每学期听课不得少于二十次。各级教师听课包括上级教师对下级教师的检查性听课,下级教师对上级教师的学习性听课和本教研室教师对相关专业教师的观摩性听课,每位教师每学期听课不得少于六次,并将教师组织课堂教学、讲授内容、教学方法、教学效果及教书育人等方面的情况,认真填写评估表,对教师授课中的问题提出意见和建议。据统计,每学期回收各类人员听课表上千份。2002—2003 学年,回收各种听课记录表达 2 712 份,其中学院领导听课记录表 47 份。第二种是系统全面的教学检查,每学年各院(系、部)对所属教研室都要分期分批进行一次系统全面的教学检查, 检查内容包括:查阅教师讲稿、教案,查阅教研室集体备课记录、青年教师培养性讲课记录、检查性听课记录、学术活动记录、实验室管理记录,以及课程建设规划和青年教师培养计划及其实施情况等教学活动全过程的相关原始资料。检查期间还召开学生和教师座谈会听取意见和建议,并写出检查分析总结报告。在此基础上,教务处还对各院(系、部)报来的总结进行分析,并对其中较好、一般和较差的各抽样检查 3~5 个教研室,在每年度一次的由学院党政一把手召开的教学专题会议上点评。为保证听课制度落到实处,有效地激励教师保证和提高教学质量,学院还规定,干部和教师每个人执行听课制度的情况要作为教师和干部年度考核内容之一,与校内津贴挂钩。各级、各类人员对某一位教师听课的评价及学生评价的汇总表由师资科归入教师本人的业务档案。对教学效果差、学生反映强烈的教师,责令其限期提高或改进,对改进不明显或拒不改进的,停止其授课直至调离教

学岗位。凡一学年两份汇总表的总平均分低于75分者,延迟一年晋升高一级教学职务。

6.建立教学信息员制度

为了及时掌握教学情况,了解学生对教学质量和教学管理方面的意见和建议,在教学中,实行教学信息员制度。在每个教学班中,聘请一名表现较好、责任心强的学生为院教学信息员,收集和反馈学生对具体课程、授课教师以及教学管理、后勤保障方面的意见和建议,通畅了教学质量反馈渠道,为改进教学管理工作和加强监督起到了积极促进作用。教学信息员直接向教务处负责,信息员的表现与学生综合考评挂钩。

7.建立社会和用人单位对毕业生能力表现的反馈机制

定期邀请用人单位及校友来院座谈,倾听社会和用人单位对我院毕业生的思想品德、专业基础、业务能力、敬业精神、知识结构、创新能力、科研能力、表达能力、协作精神、综合素质等方面的评价,以及对学院人才培养质量的意见和建议,加强学校人才培养与社会现实需求之间的紧密联系。1994年以来,学校基本每年都有毕业校友的返校纪念活动,利用这一契机,学校都要举办座谈会听取校友对学院教学管理、教学条件、学习氛围、专业结构及课程设置等方面的意见和建议,促使学校及时修订培养目标及教学计划,调整课程体系,深化教学改革,不断提高人才培养质量,主动适应社会需求,同时为学院发展拓展更大空间。2001、2002、2003年,学院还分别邀请庆阳、平凉、天水、武威、张掖、酒泉、定西、白银、金昌、嘉峪关14个市地州的政府人事部门、医药单位、科研院校等106家用人单位,以问卷、座谈会调查方式征求意见和建议,发放质量信息反馈调查表3000余份,回收2300余份。90%以上的用人单位普遍认为学院毕业生综合素质较高,有良好的心理素质和道德素质,在单位上吃苦耐劳、踏实肯干、上进心强、工作中能独当一面。95%以上的用人单位对学院毕业生的基础知识、专业知识、知识结构给予了很高的评价,认为学院培养的学生专业素质高,业务能力强,知识结构合理,且有一定的组织、协作和科研能力。

第六节　临床教学基地的建设

临床教学及临床见习、实习工作是整个高等医学教育工作的重要组成部分,临床教学基地建设是高等医学院校培养合格人才的必要条件,由于医学教育的实践性很强,临床及专业教学基地的优劣直接关系到人才培养的质量,是衡量医学院校办学水平的一项重要标志。

一、临床教学实习基地的建设

1.直属附属医院

兰州医学院直属附属医院,包括第一附属医院、第二附属医院,这是兰州医学院数十年发展史上最重要、最基本的临床教学实习基地。(详见本编第八章)

2.非隶属关系的附属医院

兰州医学院非隶属关系的附属医院包括兰州医学院第三临床医学院(甘肃省人民医院)、兰州医学院附属天浩医院(兰化公司职工医院)、附属白银医院(白银公司职工医院)、附属兰州医院(兰州市第一人民医院)、附属金轮医院(兰州铁路局中心医院),这是兰州医学院21世纪初,为解决学院扩招后,临床理论课教学负荷过重和实习基地严重不足, 联合全省医药卫生优良资源共同培养医学人才的一种新型医、教、研联合体,是兰州医学院实施"上规模、上层次、上效益"发展战略中一支不可或缺的资源。从2000年开始建立这支联合体,到2004年,不到5年的时间里,它们为兰州医学院的发展壮大作出了积极的贡献。建立非隶属关系的附属医院背景有三:

背景一 国际上医学院校通常都是所在地区医、教、研的中心,医院是学校临床教学的主体,教学医院规模大,在校生可达人均教学床位10张以上,可以提供充足的临床教学条件。而据有关人士对我国30多所医学院校(6所原卫生部部属,28所地方性院校)的学生规模和附属医院教学床位的统计,生均不足一张教学床位的学校占绝大多数。以我院为例,两所附属医院的床位数是1600张,在校本科生是4000多人,人均教学床位只有0.4张。如果加上专科生,这个比例更低。

背景二 高等医学教育是一门实践性很强的学科, 学科的特点决定了培养医学本科人才通常是前两年半主要在学校从事医学基础理论课的学习,后两年半必须到教学医院进行临床专业课的见习和实习,只有这样,才能完成由学生向医生角色的转变,才是完整意义上的医学专门人才。1998年后,随着人才需求的增加、教育事业的发展,兰州医学院遇到了学生逐年扩招和临床教学实习基地严重不足的办学新形势。以临床医学专业为例,1999年招生250人,2000年560人,2001年760人,2002年810名,3年增加了两倍多, 规模的扩大,仅仅依靠两所附属医院的力量已难以为继。

背景三 医学院校扩招导致教学条件的严重不足,主要表现在临床教学和实习条件的严重不足。而临床教学医院和实习基地的建设则是各高等医学院校无力解决的,据粗略估算,建立一所千张床位规模的教学医院,仅硬件投入至少需要 2 亿元以上的资金,一张教学床位的成本约在 20 万元以上。

从这些基本背景出发,2000 年,学院根据《普通高等院校临床教学基地管理暂行规定》的精神,在省教育厅、省卫生厅以及相关行业主管部门的大力支持下,本着隶属关系不变、产权不变、自愿互利的原则,从长期与我院合作的教学医院中遴选了教学质量较高、技术力量较雄厚、设备较完善、管理水平较强、在当地有一定声望的地方或企业医院,作为我院非隶属关系的附属医院。非隶属关系的附属医院先从专科教学、实习开始,经过两年多的建设和培育,2002 年下半年,开始承担临床医学本科专业第四学年的临床理论课教学、见习和第五学年的临床实习任务。非隶属关系的附属医院共有 3724 张病床,使实习生实际管理床位数达到每生 3~4 张,大多数学生实习期间都能基本完成规定的技能操作项目,从根本上缓解了学院医学本科生临床教学、实习的“瓶颈”问题。

应该说,建立非隶属关系附属医院是一项双赢工程(在联合办学协议中均有明确规定),也是临床教学实习“联合舰队”办学模式的一种创新。虽然有双方上级主管部门的支持和认可,但基本上是学校和医院的行为,没有在法律和体制层面上得到认可。今后,如要更深层次、最大限度地合理配置我省高等医学教育资源,还需国家和地方领导机构加强管理,统筹规划,才能实现。

3.教学实习医院

教学实习医院由来已久,从民国时期的甘肃学院医学专修科到 50 年代初期的兰州大学医学院,由于学院附属医院规模较小,都曾大量聘请非附属医院有较高知名度的医师承担学校医学生的临床教学带教工作。50 年代中后期第一、二附属医院相继建成后,实习学生主要分配在学院的附属医院,约占 70%,其他 30%分配在甘肃省人民医院、兰州市人民医院实习,有些还联系到陕西的医疗机构实习。1960—1965 年,学院教学实习医院扩展到兰州军区总医院、解放军第一医院。当时的实习组织形式是在省卫生厅、院党委和院委会的领导下,由教务处总负责,有关单位密切配合,日常工作由教务科、级务组和医院临床教务科分别办理。在实习学生进入专县医院参加基层锻炼实习期间,第一、第二附属医院还要抽调高年资医师轮流赴基层实习医院会同指导学生基层锻炼实习,每 12 周轮换一次。

1986—1990 年,随着招生规模的不断扩大,学院通过横向联合,厂校挂钩、军地协作的方法,同兰炼、兰化、省建职工医院以及平凉、定西、张掖地区医院签定了协作合同,作为学校的教学实习医院。1989 年,又新增了白银有色金属公司职工医院,使全院实习基地扩大到 12 个。2000 年以后,在建立非隶属关系附属医院基础上,还稳步扩充临床实习基地,在甘肃省武警医院、兰空医院等 35 所省内外医院加挂了兰州医学院教学医院院牌,成为学院各专业各层次学生的实习基地,很好地解决了原有教学资源不足的问题。为了给口腔专业学生创造更多的实践机会,除在附属第一、二院口腔科实习外,还在青岛市口腔医院和银川市口腔医院建立了兰州医学院口腔专业教学医院。

目前,学院的附属医院、临床教学医院、实习基地已经遍布全省几乎每个地区,形成了共同培养医学人才的教育网络,已完全承担起了为全省培养各类各层次医药卫生人才的重任,为甘肃及西部地区的社会发展、经济建设作出了积极贡献。

表6-3　学院临床教学实习基地一览表

直属附属医院		
第一临床医学院(第一附属医院)		第二临床医学院(第二附属医院)
非隶属关系附属医院		
第三临床医学院(省人民医院)		附属天浩医院(兰化公司职工医院)
附属白银医院(白银公司职工医院)		附属兰州医院(兰州市第一人民医院)
附属金轮医院(兰州铁路中心医院)		
教学实习医院		
兰州军区总医院	兰州空军医院	解放军第一医院
省肿瘤医院	武警515医院	七里河区人民医院
天水市第一人民医院	兰州市第二人民医院	甘肃省疾病防治中心
平凉地区人民医院	天水市第二人民医院	靖远矿务局职工医院
定西市人民医院	庆阳地区人民医院	长庆油田职工医院
武威市第一人民医院	定西县人民医院	省妇幼保健医院
张掖市人民医院	武威市第二人民医院	兰州市妇幼保健院
酒泉市人民医院	金川公司职工医院	兰州市疾病防治中心
玉门石油管理局医院	酒泉钢铁公司医院	平凉市第二人民医院
白银市第二人民医院	金塔县人民医院	嘉峪关市人民医院
城关区人民医院	兰炼职工医院	省建职工医院
青岛市口腔医院	银川市口腔医院	

二、临床教学实习基地的培育

临床教学实习联合体从形式上解决了学院本、专科学生进入临床实习的困境。但是,要使一所医院实现从单一的临床医疗到临床教学、科研、医疗的转换,仍然需要一个相当长的培育过程。为了使新建的非隶属关系的附属医院能够更好地完成临床专业课教学、见习和实习的任务,学院的主要做法是:

1.依据国家三部委关于附属医院、教学医院、实习医院(以下简称"三类医院")的条件和管理办法,以书面协议的方式,明确学校与"三类医院"各自的权利、责任、义务,以及教学目标和要求。特别强调"三类医院"必须坚持教书育人,培养学生具有良好的医德医风,坚持理论联系实际,重视医疗卫生的预防观念和群体观念教育,确保教学质量。"三类医院"中承担教学的医务人员应在品德修养、医德医风、钻研业务、尊重同道、团结协作诸方面做学生的表率。

2.建立健全教学管理和教学机构,各新建的"三类医院"都确定了一名副院长主管教学,成立了临床医学教学部作为主管教学的职能部门,配备了相应的干部具体进行教学和学生管理工作,都成立了相应的内、外、妇、儿等10个临床教学教研室,并由学院聘任教研室主任和教学秘书。

3.遴选任课教师,进行授课培训。新建的"三类医院"在具有本科以上学历,同时获得主治医师以上职称的人员中挑选能力强、经验较丰富的同志作为任课教师,并对他们进行培训,学院主管教学的领导和著名专家教授到各教学医院传授教学方法,举办培训班,同时有计划地安排他们到第一、第二临床医学院听课或进修,使其尽快达到临床理论课教学的要求。2000年以来,先后聘请了具有丰富临床经验,责任心强的中、高级职称以上的800多名临床医师指导临床教学与实习。

4.积极妥善地做好学生的住宿、生活等后勤保障工作。从2002年开始,每个临床医学院、附属医院都要接受临床理论课学习和实习的学生200人左右。为了保证教学工作的顺利开展,各非隶属关系的附属医院都自筹资金,新建或改建了学生宿舍、食堂、上课教室、实验室等,有的新建宿舍达到了1、2、4的标准,有的装修了多媒体教室。

5.加强对"三类医院"进行教学指导和评估。1992年,学院制定印发了《兰州医学院关于临床实习若干问题的暂行规定》。从那时开始,学院每年春秋两次组织两所直属附院内、外、妇、儿专家到各教学实习医院巡回检查学生的实习情况,进行示范性教学查房、示范性手术、观摩教学和学术讲座。2000年以后,尤其是在第三临床医学院和四所非直属附属医院建设和培育过程中,每1~2个月主管院长就要带领教学管理干部和专家组到各医院检查临床理论课教学和学生的实习情况,全面检查教师的讲稿、教案,进行检查性听课并进行课后点评。对学生技能操作项目的掌握情况和临床综合能力进行抽查,审阅学生出科成绩登记册,对填写的项目和成绩的真实性进行验证,有效地促进了本科教学联合体各医院对教学工作的重视和教学水平、管理水平的提高。同时,学院还确定三所临床医学院分别对口牵头负责四所非直属附属医院的教学管理、学生管理,进行教师培训、教学检查和指导。

6.建立健全实习单位的评估体系。定期严格地对实习单位进行评审和筛选工作,建立能上能下,优胜劣汰的竞争机制。对技术水平高、带教意识强的实习单位可优先签约挂牌,并给予教学手段、硬软件等方面的扶持,对长期不重视实习带教工作,实习质量难以保证的教学医院、站、点,予以限期整改,对经过整改仍不能达标的单位,解除双方的教学协作关系。1995 年,国家教委、国家卫生部、中医药管理局联合颁布了普通高等医学院校临床教学基地评估指标体系,要求各医学院校要进行以当地教育、卫生主管部门牵头,以院校为主体的临床教学基地评估。1997 年 5 月 18 日,省教委、省卫生厅会同学校依照《普通高等医学院校临床教学基地管理暂行规定》和《高等医学教育临床基地评估指标体系》,本着"以评促建、评建结合"的原则,对张掖地区医院等临床教学基地进行了合格性验收评估。1998 年 5 月 21—22 日,学院临床教学基地评估现场会在附属一院举行,甘肃省副省长李重庵、省教委主任罗鸿福、省卫生厅副厅长马登科等领导应邀出席会议并作了重要讲话。学院党政领导及来自二十余所教学医院和防疫站领导 80 余人出席了会议,会议中心议题是:检查附属医院在临床教学和基地建设方面的工作, 交流各医院在临床教学基地建设方面的成功经验和不足,探讨临床教学基地建设与评估的思路和方法。通过现场会,与会代表充分认识到临床教学基地建设的重要性和紧迫性,认识到教学也是医院的基本职能之一,教学基地的建设也是医院的基本建设之一。观念的转变,认识的统一,为全面开展临床教学基地评估奠定了良好的基础。

第七节　临床实习管理与改革

临床实习是学院教学计划中的有机组成部分, 对实现医学教育的培养目标有着重要意义。

一、临床实习基本要求

20 世纪 50 年代初,学院和全国其他医学院一样,由于医学生数量不多,各级医疗机构人才匮乏,从临床实习开始就受到国家分配计划指导。那时医学生进入临床实习不像现在进行综合实习, 而是按照卫生部国家就业计划提前分科实习,就是说学生在进医院当实习医生之前,要根据国家医药卫生人才的需求按一定比例先报志愿,然后平衡标准(国家需要、个人条件、志向)分配。当时内、外大科需求比例较大,其他小科比例很低,大约是内外科占70%,妇、儿科占 20%,其他小科只占 10%左右。当时报内科的人略少一点,因此还得动员一些同学和团员选报内科。实习计划大体为,在外科实习,则外科半年,其他科室半年,外科实习者要求在上级医生指导下,独立操作阑尾炎手术 8~10 例,做第一、二助手不计。内科实习者只要求做阑尾手术第一助手即可。在内科实习,则内科半年,其他科半年。内科实习生除内科的基本要求外,还有一些其他要求,如手术方面有抽取胸腹水、骨髓穿刺、肾囊封闭、心包穿刺和小脑延髓池穿刺,接生 4~5 个新生儿等。另外在其他科室半年,包括检验科,放射科,眼、耳鼻喉科,结核科等。还要求在门诊和病房各多少时间,看门诊病人多少人次,直接受理住院病人多少例等等。医院给实习医生直接管理的病床根据不同科室的情况,当时最多可达到 6~8 张,对于特殊病种,还专门安排有教学病床。附属医院实习结束后,还要在上级医生指导下到基层医院进行 2 周左右的实际诊疗锻炼。

20 世纪 60 年代到"文革"前,随着医学生增多,临床实习主要在两所附属医院和省人民医院、陆军总院、解放军第一医院进行,一般分为 4 个大组(24 个小组),共 52 周(集中放假 2 周,实习前准备及实习后考核各 1 周),以内、外、妇、儿 4 大科集中轮回实习为主,内、外科各为 12 周,妇、儿科各为 6 周,X 线诊断或皮肤科、眼科或神经精神科,耳鼻喉科或中医科、针灸科或传染病科作为 4 个选科组,无论哪一个选科组,每组只能选一个科,如选 X 线诊断即不能选皮肤科,以此类推,各为 2 周。前 1~7 周在上级医生指导下,基本掌握实习专业常见疾病与诊断操作,8~12 周达到能独立解决常见疾病的诊断与处理。由于实习学生多,医院给实习医生负责管理的病床已降至 2~4 张。上述实习结束后仍然延续到专县医院参加基层锻炼实习 4 周(2 周医疗、2 周护理)的办法。

这一时期实习的基本要求随着诊疗技术和医疗设备的普遍提高改进,较 50 年代的实习内容更加具体和广泛。基本内容如下:

内科实习,要求掌握下列疾病的诊断与处理:心血管系统:风湿性心脏病(二尖瓣、主动脉瓣病变)、高血压与高血压性心脏病、肺原性心脏病、冠状动脉硬化性心脏病、心力衰竭、心包炎、心血管神经官能症、常见的心律紊乱如过早搏动、心房颤动及阵发性心动过速等;消化系统:急性胃肠炎、溃疡病、慢性肝炎、肝硬化、肠结核及结核性腹膜炎、胃癌、肝癌等;造血系统:贫血(缺铁性贫血、再生障碍性贫血)、白血病、血小板减少性紫癜、淋巴瘤等;泌尿系统:急慢性肾炎、肾病综合症、肾盂肾炎、尿中毒症等;呼吸系统:急慢性支气管炎、支气管扩张、支气管哮喘、大叶性肺炎、胸膜腔积液、肺脓肿等;代谢与内分泌系统:糖尿病、甲状腺机能亢进;其他综合病征,如发烧、头疼、腹痛、腹泻、便秘、水肿、黄疸、昏迷、咳血、上消化道出血、休克、巴比妥中毒、农药中毒、一氧化碳中毒等。要求掌握静脉穿刺、胸腔穿刺、腹腔穿刺、胃液抽取、直肠镜检查、动静脉压的测定等诊疗技术的理论和实际操作法；希望做到鼻饲、腰椎穿刺、导尿、十二指肠引流、血尿便三大常规、血沉、胸腹水常规化验、心、肺 X 光片的初步辨认等实际操作法。

外科实习，要求掌握休克、水电解质平衡、一般炎症、创伤处理、手术前后处理技术后并发症处理等外科基本知识；掌握阑尾炎、疝、肛瘘、肛裂、下肢静脉曲张、肠梗阻、腹膜炎、溃疡病、胆囊炎、胆结石、胆道蛔虫病、肝包虫病、甲状腺肿、急腹症等的鉴别诊断及处理原则；要求熟练掌握规范的病历书写、系统体检方法并作准确描述，如急腹症、体表肿物以及肛门镜、直肠镜的检查方法等，熟练掌握各种注射技术及外科基本技能如胃肠减压导尿、留置导尿、伤口换药、拆线、包扎、引流等；基本掌握简单的创口切开、排脓、止血、缝合及静脉切开、封闭、腰穿等操作技术；在上级医生帮助指导下，可施行浅表中痛、淋巴结切除、扩创缝合、包皮环切术、腋臭切除、痔切除、肛瘘挂线、大隐静脉高位结扎、单纯阑尾切除、疝修补等。

妇产科实习，要求能参加会阴切开缝合、会阴撕裂修补、剖腹产等，了解其适应症及禁忌症和术前术后的处理；掌握异常分娩，如产力产道异常、胎位异常、产前产后出血、妊娠中毒症、妊娠合并心脏病、胎儿及新生儿窒息的诊断及处理原则；熟悉妇科基本检查法，双合诊、三合诊，并能识别子宫位置、大小及附件情况、阴道分泌物的采取方法；了解妇科常见病的诊断、鉴别诊断及处理，如早期妊娠、流产、宫外孕、不孕症、月经失调、慢性盆腔炎、宫颈炎、阴道炎、女性生殖系统肿瘤、子宫位置异常等；学会妇科简易手术，如刮宫、内膜活检、宫颈活检、宫颈息肉摘除、腹式卵管结扎；了解配阴道隔膜、防避孕环、输卵管通液的操作方法及卵巢囊肿切除、输卵管截除等妇科腹式简易手术的步骤。

儿科实习，要求掌握上呼吸道感染、支气管炎、肺炎、消化不良、急性胃肠炎、营养不良、鹅口疮、佝偻病、肾炎、急性肾功能衰竭、风湿病、先天性心脏病、贫血、白血病、肠道寄生虫、菌痢、脑膜炎等；学会各部位静脉穿刺、腰椎穿刺、胸腔穿刺、腹腔穿刺、骨髓穿刺、鼻饲、洗胃、导尿、吸氧等；熟悉儿科抗菌素及化学药物、镇静剂、兴奋剂、解热剂、植物神经药、利尿剂、驱虫剂、激素等常用药物剂量及用法。

20 世纪 80 年代以后，根据培养全科医生以及基层医疗卫生队伍的实际，临床医学本科毕业实习一般安排 52 周，实习科目仍以内、外、妇、儿四大科为主，其他可根据医院实际适当安排相关科室。学生进院后第一周为护理实习，然后逐科轮转，其中内、外科各 17 周，妇、儿科共 17 周。这一时期的实习要求，大体与 20 世纪 60 年代相同,要求掌握的病种、设备、检测手段、指标等有所变更,但实习质量与 20 世纪五六十年代相比有较大差距。主要表现是:实习学生多,而符合本科临床教学实习的医院少,学院不得不将实习学生分成若干分队,采取半年在附属医院、省人民医院、陆军总院等三甲医院,半年在其他二甲医院或厂矿医院轮换实习的办法。20 世纪五六十年代,每个实习生在各科实习都能管理 3~5 张床位,80 年代以后只能跟随上级医生查房,做一些辅助性工作,所规定的实习内容学生见习较多而实际操作的机会很少。

二、临床实习管理

从在校生到实习生必须进行一定程度的角色转换,实习生在带教教师的眼里是学生,在病人及服务对象的眼里,他们的一言一行代表医院或一个部门,所以每批实习生在上岗前,学校和教学基地都对实习生进行岗前教育和培训,学校还定期派专人对实习单位的实习生进行检查和督促,与实习单位保持联系,动态了解学生的实习情况。

1956 年 2 月,学院首次制定了《临床实习暂行规定》,对临床实习的组织领导、内容、方法、成绩评定、工作总结以及实习期间的思想政治教育和生活管理等作出具体规定。

20 世纪 80 年代以后,由于学生考研及就业带来的冲击,导致实习后期部分同学思想上不重视实习,一切都以考研、就业为重心,纪律出现松懈现象,迟到早退、超假不归时有发生,严重影响实习质量,也给实习生的管理带来难度。

为了加强实习管理,1992 年制定实施了《兰州医学院关于临床实习若干问题的暂行规定》和临床实习出科成绩考核及管理的一系列办法。1993 年又以文件形式赋予所有教学医院对学生的基本管理权,把教学和管理统一起来,使学生在离开院本部的一年中,同时受到校规、校纪的规范约束。规定要旨是:

1.各附属医院和教学医院,有权对实习期间医德医风好,学习刻苦认真,临床能力提高快的学生,给予表彰奖励;有权对违反大学生守则和实习纪律或不认真学习达不到实习大纲要求的学生,根据情节给予批评教育、行政处分,直至停止实习退回学院。凡被停止实习后有悔改表现的学生,必须在指定医院自费补实习,经考核合格后方准毕业。严重警告及以下处分,各附属医院和教学医院有权决定,事后将处分决定书面报学院教务处、学生工作处备案;记过及以上的处分,报学院核定;旷实习满 50 学时者,按退学处理。

2.在实习期间请假 3 天以内者,由各科室主任批准,一周以内由教学部或医(教)务科批准,一周以上由学院教务处批准。凡在实习期间,不论哪一科病、事假在两周以上(包括两周)者,都必须在正常实习结束后,自费补该科所缺的实习,否则出科成绩以不及格论处,不能参加毕业考试。

3.在实习期间有搭车开药或将自己(或他人)的医疗费用记在患者账上以及向病人索取钱物,接受馈赠行为者,一律严肃处理,停止实习,返回学校,视情节给予纪律处分。

4.以不正当的手段谋取合格成绩,弄虚作假填报成绩、涂改成绩或向教师索取考试题、索要自己满意的成绩者视为作弊,该科成绩一律以零分计,同时视情节给予相应的纪律处分,直至勒令退学。

5.本、专科实习生的实习考勤登记册,医德医风及各科出科考核(专科为考评)登记表,一律由送学生进院实习的干部交临床教务科(或医务科)统管,不得由学生携带转科。学生进入哪个科实习,其手册、登记表由教务科(医务科)交给该科的教学秘书管理,出科考核结束时,相应表格填写签字后,再由教务科(医务科)转交下一个实习科室的教学秘书。实习结束时,由负责接学生返校的老师带回交给学院教务处学籍科登记毕业成绩。

6.临床医学专业的毕业实习首先要保证完成内、外、妇、儿四大科实习任务,需安排到其它科实习的须报经学院教务处同意。实习必须坚持理论与实践相结合,重视临床技能的训练,注重临床应用能力的培养,使实习生通过各科的实习,消化吸收在校学习的理论知识,并在原有的基础上加以提高,同时掌握各种常见病、多发病的临床诊治技能,完成实习生向住院医生的转变。

在加强实习学生管理的同时,学院还全面修订了内、外、妇、儿等临床主干课程的实习大纲及配套的临床实习出科成绩登记册,进一步明确了学生必须掌握的技能操作项目,建立并实施了严格的记载认定办法,建立并实施了临床实习导师责任制,制定并实施了严格的出科理论考试和技能考核逐级负责制,以保证成绩的真实性。为了切实保证临床实习质量,各科通过典型病例示教,培养学生初步的临床思维能力及独立分析问题的能力。各病区多年坚持每周1~2次教学查房、疑难病例讨论,2周一次小讲课。根据修订后的实习大纲,还将学生必须具备诊治能力的常见病、多发病名录及必须掌握的技能操作项目列入学生出科成绩登记册,并建立和实施了严格的登录、审核、签字制度,以保证完成项目的真实性。学生在每科实习时,必须完成3~4份大病历书写,病历经导师修改后附在上级大夫病历后进入病案室存档,在学生出科前均须进行严格的对具体病例从询问病史、体查、辅助检查及结果分析、诊断与鉴别诊断,到确定治疗方案全过程的考核,以及完整病历的考核。此外,学校还组织各本科生实习医院之间进行每月一次互相抽查,检查学生临床能力和相关知识掌握情况。各实习医院还组织学生反复观看各种音像视听教材,强化了学生临床技能的模拟训练,规范了技能操作等。通过上述措施,临床实习管理有了很大加强，大多数本科毕业生的临床思维能力和操作技术基本能够适应临床工作的需要。

三、实习考核

由于多年来临床实习中缺乏一个全面的、可操作的实习大纲和考核方案，临床带教人员和实习生都对临床实习的内容和要求缺乏一个较为完整的认识，带教老师仅凭印象给实习生打分，既缺乏科学性，又难免有失公正，而且难保实习质量。

1992年学院制定了临床实习考核指标体系，该体系将实习大纲的内容进行分解，并赋予一定分值。这一指标体系的最大特点是注重学生临床技能的培养，同时兼顾学生的实习纪律、实习态度、医德医风等；另一特点是指标系统化、科学化，具有较强的可操作性。为保证指标体系的落实，还相应配套制定了严格的管理制度，要求带教老师按制度对实习生逐个逐项考核。随着这一制度的建立，改以往无统一项目要求、无明确量化指标、主观随意性的出科考试和纯理论性的毕业考试为以临床能力检测为主的规范化的出科考试。从临床医学本科1988级开始，医学本科学生毕业考试不再采取实习结束返校后单纯考理论的办法，而是实行以临床能力为主的综合考核办法，即在内、外、妇、儿四科实习结束出科时分别进行。出科考核包括理论考试和临床技能考核两项内容。理论考试由医院教学部或医教科组织，各临床科室实施，在出科前进行。理论考试的成绩占总出科成绩的30%，内、外、妇、儿四科的基本技能和基本操作的考核，成绩占总分的70%。出科考试成绩分别作为四门课的毕业成绩。

临床医学及相关专业学生实习结束返校后的毕业考试，也不再是纯理论考试，而是侧重于考核学生理论与实际相结合的能力和分析问题、解决问题的能力。

药学、卫生专业本科生实习考核与临床医学专业不同，采用毕业专题研究和毕业论文撰写的方式进行。药学、公共卫生专业毕业生专题研究由有关学院指定教学经验丰富、学术水平较高的教师带学生进行，一般每名教师带1~3名学生。主要特点是把好"六关"，即检索查新关、立题设计关、实验操作关、结果统计关、结论归纳关和论文撰写关。通过本科生毕业专题研究和毕业论文撰写的指导，着重启发学生独立思考，发挥创造精神，培养学生严肃、严格、严密和实事求是的科学作风。毕业论文完成后需进行答辩，学院和有关专业成立本科生毕业论文答辩委员会，根据本科生毕业专题研究工作规程和毕业论文质量标准，结合指导教师初评意见，学生答辩情况按五分制给予实事求是的评定。

第七章　科学研究

第一节　科研启动

科学研究是一所学院的基本功能之一,是体现学院水平的重要衡量指标。1949 年以前,学院的科学研究主要是结合教学零星、分散进行的,只限于各科教员和附属医院医师在教学、医疗之余进行的学术讲演、讨论、参观或与有关部门"合作调查,发表报告",或"开展采集、试验、标本制作"等。且因受旧的社会制度的制约,再加上连绵不断的战争影响,学院几经变迁,师资几度飘离,经费有限,设备简陋,很难有计划地进行科学研究。

建国初期最有影响的科学研究工作是 1950 年 10 月 22 日,杨英福教授在兰州大学医学院附设医院,也是在国内首次使用 WOIF-schinden 半屈式金属胃镜对胃部疾病进行检查诊断,而且这在国内也是首次。1951 年,杨英福教授在北京举行的首届中华医学会年会上,作了题为"胃镜检查及其诊断价值"的学术报告。1953 年其论文 1953 年在《中华内科杂志》发表后,被公认为是我国最早关于胃镜应用研究的重要文献。

1954 年,兰州医学院成立伊始,医学科学(当时主要是基础医学和临床医学)开始作为学院教师和医师重视、研究的对象,一时间悄然兴起于各专业。在无专业科研机构的情况下,学院相关教师和医师根据甘肃省病种多、病区广、病情重、卫生设施落后的状况,对几种主要流行病、多发病、慢性病、地方病等进行了多次调查、防治与研究,积累掌握了大量基础资料,为进一步开展科研工作创造了条件。例如初步掌握了甘肃白蛉生态情况(白蛉种类、季节分布、密度的消长与温湿度的关系、活动情况、嗜血习性等),对当时除四害和消灭地方病提供了条件。藏红花对于子宫的疾病的疗效有了初步的确定以及"藏族学生的白血球分类调查"、"黑热病防治的有关调查研究"等，并发表了不少有价值的论文。

1954年12月，根据全国卫生科学研究委员会关于"各学科研究和教学机构成立本单位医学科学委员会"的指示，兰州医学院首次成立"科学委员会"，这是兰州医学院历史上的第一个科研领导机构，也标志着兰州医学院科学研究工作的一个开端。首届科学委员会的成员是：王文义、杨英福、马馥庭、唐家琛、尹良培、韩哲生、杨浪明、张培椴、张爱诚等。

1955年，全院正式有计划地开始科学研究工作，所定的研究计划包括6个课题，其中《白蛉生态调查和灭蛉实验研究》、《甘肃地区各种野生动物利什曼原虫感染的调查》2个题目为国家卫生部指定的国家计划。此外有4个教研组另设6个专题，其中4个是经上级批准的，如"藏红花的研究"等。周总理"关于知识分子问题报告"发表后，又有6个教研组分别提出了12个新的科研题目，例如"克山病的研究问题"等。经过一年多的调查研究，初步找到了甘肃白蛉分布情况和繁殖孳生出没的季节，初步肯定了藏红花对子宫的药理效能。但是由于组织领导不够，研究题目分散，兼职助手少，经费不足，影响了研究工作的进展。

学院的学术活动1955年前后开始活跃起来，1955年6月首次举行了全院性的科学讨论会，参加人数126人，听取和讨论研究论文6篇。到1957年，共举办教研组和系级科学讨论会32次，提交论文共104篇。1955年6月23日，尹良培教授率先在附属医院开展了长江以北地区首例风湿性心脏病二尖瓣狭窄闭式分离术成功，突破了在这方面的研究禁区，为以后西北地区开展心血管外科的研究和治疗奠定了基础，尹良培成为甘肃省心血管外科的奠基人。在诊治条件非常简陋的情况下，1961—1963年相继开展了"低温下心脏直视手术治疗先天性心脏病房室间隔缺损修补术"、"体外循环下先天性心脏病房室缺损直视修补术"、"下腔静脉梗阻，下腔静脉—右心房搭桥手术"等一系列高难度心脏外科手术，均获成功。由于他德技双馨，1956年被评为甘肃省先进生产者，并参加甘肃省先进生产者代表会议。同年被评为全国先进生产者，到北京参加全国先进生产者代表会议，并担任大会主席团成员，受到毛泽东主席亲切接见。1958年再次被评为甘肃省先进工作者，并参加甘肃省第二次先进生产者代表会议。

1956年，党中央提出"向科学进军"的口号，并提出文教工作"百花齐放、百家争鸣"的方针，全院师生掀起了"向科学进军"的热潮。在国家十二年科学技术发展规划指导下，学院开始制定科学研究的长远规划和年度计划。1956年拟定的研究计划中包括20个题目，此后数年均有增加，题目中列入国家计划的题目数量也逐年增加。到1958年科研题目已增至26个，其中国家题目16个。

　　1957年后,由于反右运动扩大化和"大跃进"的冲击,学术活动受到影响,处于沉闷状态。1958—1960年,学院在全国各行各业"大跃进"的形势下,实行"领导、教师、学生三结合"的办法,将科研科并入教务科,成立了技术革新委员会办公室,以"群众运动"的形式开展科学研究,研究成果大多缺乏科学性。1958年,全体人员投入技术革命运动,193名教师、学生提出革新建议219件,试制成功88件,其中创造发明18件、改进34件、仿制34件。经有关方面鉴定,药理学教研组"大白鼠条件反射箱"、"大动脉皮瓣血压连续描记法",人体解剖教师宫敬忠、曾俊三进行的"神经系统细胞染色法(高尔基法)"等4件达到国际水平。物理教研组教师邝华俊"导光压舌板"、药理学教研组"动物血压示教计仪器"、"动物尿道—膀胱插管测定利尿药作用法"、"动物实验墨水描记记录法"等5件达到国内水平,学生王慧慈创造的电石膏锯也获得好评。1958年9月,在兰州举办的全省科技成果展览会上,医药卫生系统展出科研和技术革新成果900件,其中有69种送北京参加全国展览。在16种"卫星"(对拔尖产品、产量以及新创、新发明等统称放"卫星")展品中,学院有9种产品获得全国医药卫生技术革命经验交流会的奖励。

　　1959年,全院在集中学习祖国医学的过程中,再次掀起科学研究的热潮。首次确定了以人民公社的卫生、肿瘤研究、针灸机制研究、肝硬化的中医中药治疗为重点的研究方向。列入科研计划的题目24项(包括基本理论12项、尖端科学1项、生产结合9项、教学2项;校内协作17项,校外协作6项,个人1项),另有一般题目70余项,技术革新项目170余项,其中卫生、肿瘤的研究,针灸机制的研究和肝硬化的中医中药治疗等17个项目被列为重点研究项目。为适应学术讨论日益活跃的新趋势,1959年2月27日,首届学报编辑委员会成立,主任委员王文义,副主任委员王光清、杨英福,委员何裕、刘星元、宫敬忠、张爱诚、张从辛、杨浪明、韩哲生。同年开始编辑出版《兰州医学院学报》,作为不定期刊物内部交流。1959年12月19—24日,学院还举行第一届科学报告会。报告会的主要内容是,由王文义副院长传达全国高等学校科学研究会议精神;大会专题报告和小组经验交流。参加会议的除全院师生员工140余人外,兰州军区总医院、省科学技术委员会、省医学科学研究所、省人民医院、兰州市防疫站的领导、专家也莅临大会。会议收到报告材料57份,有14份进行了大会报告,41份进行了小组交流。尽管报告的内容比较粗浅,多为综述性、总结性的内容,如病理生理教研组《党的群众路线在科学研究中的胜利》,药理教研组《大搞协作,开展科学研究》,针灸研究小组《针灸机制和经络学说的研究》,肿瘤研究小组《临床治疗与动物研究的结果》等,但毕竟对促进学院科学研究的发展起到了积极的作用。

1955—1959年间,学院共有103项课题列入研究计划,其中,已完成和正在进行的课题占到项目总数的70%。发表各类论著共179篇,其中原著39篇,病例报告51篇,著述9种。成果中比较典型的有:"甘肃地方各类野生动物利什曼原虫感染的调查"、"甘肃省白蛉虫生态的观察"、及"甘肃省秦安地区窑洞内白蛉虫生态的观察"三篇论文,载入《中华卫生杂志》1955年6号,并编入全国寄生虫学术会议论文集。张爱诚副教授《藏族学生的白血球分类调查初步报告》,载入《中华医学杂志》1956年12号。宫敬忠讲师《锥体橄榄束的观察》,载入《解剖学报》1957年二卷四期。刘华讲师《甲状腺功能过高及过低时胃分泌活动的变化》(候补博士学位论文)、张经济讲师《刺激坐骨神经对血沉的影响及其条件反射的建立》,载入1956年《生理学报》。参加研究的教师人数由1955年的17名,占当时教师总数的22%,发展到1958年的55名,占1958年教师总数的42%。1959年,讲师以上参加研究工作者占同级人数的60%,助教占70%,教辅人员占50%。

在教师科学研究活动的带动下,学生的科学研究活动也逐步开展起来,成立了许多科研小组。这些小组的活动,主要是结合所学课程内容中关键性问题,或结合教育实习、见习中的实际问题,在指导教师的指导下进行研究,但成绩不大。1956年上半年,妇产专科一、二年级,医本科二、三年级参加研究人数124人,占该年级总人数的60%,计划题目22个;1956年下半年,医本科三、四年级参加研究人数34人,占该年级总人数的27%,计划题目9个;1957年上半年,医本科三、四年级参加研究人数16人,占该年级总人数的13%,计划题目7个;1957年下半年,医本科三、四年级参加研究人数12人,占该年级总人数的7%,计划题目4个;1959年上半年,医本科二、三、四年级参加研究人数422人,占该年级总人数的90%以上,计划题目66个;1959年下半年未提出计划,少数学生随教研组进行。

表7-1　1955-1959年学院科研情况统计

年度	计划题目数			原教研组数	参加研究教研组	已完成数	告一段落	正在进行	没有进行	参加教师数	参加辅助人员	参加教师占教师总数比	理论性题目	生产性题目
	共计	国家地方	学校											
1955	6	2	4	15	6	1	1	2	2	16	1	21	3	3
1956	20	2	18	22	11	2	5	4	9	37	1	41	14	6
1957	26	7	19	27	15	3	8	11	2	51	2	44	16	10
1958	26	16	10	28	15	1	1	22	2	49	2	46	12	14
1959	24	6	18	28	22	2	2			79	12	60	10	14

说明:本表不包括未列入年度计划题目。

1961年后，学院认真贯彻执行"高教六十条"和"医院工作条例"，在保证完成教学、医疗任务的前提下开展科学研究工作。科学研究的安排以有利于提高教学质量为前提，规定科研时间以不超过教师、医师工作量的10%到30%为限度。与前几年相比，学院的科学研究项目、课题有所减少，但结合教学研究的学术活动在经历了沉闷状态之后再度活跃起来。1961—1963年，先后举办两次全院性科学讨论会，共提交学术论文46篇。系及教研室开展学术报告讨论会28次。

1963年，全院科学研究课题84项，其中国家十年规划课题7项13个课题，省属项目8个，院内63个，至12月底按计划完成15个，部分完成者38个，因条件不足未进行31个；另选新题8个。全年完成论文51篇，其中在全国性杂志发表8篇。

这一时段，学院科学研究课题项目的主要来源，1956年前基本上为自选课题，由学院专家、领导研究决定，少数课题由有关业务部门和医药生产单位交付或委托。1956年后，研究课题来源逐渐分层次、多样化：一是国家统一规划的课题；二是列入中央主管部委和甘肃省（包括省级业务部门）地方科学技术发展规划的项目，这是学院的重点课题；三是企事业单位和其他科研单位交付、委托或院校之间协作的项目；四是由学院自己确定的项目。科学研究经费，除国家、省规划课题由国家或省财政给予少量的专项科研补助外，其余均在核拨的教育事业费中列支，数量很少。

"文化大革命"期间，学院的科学研究被迫中断。1972年后，部分教师和医师在医疗预防和各项卫生工作实践中，结合防治调查研究，在针灸、新医疗法（如针刺麻醉、耳针、穴位注射、割治、组织疗法等）、全省中药材资源调查、慢性气管炎等病的防治、肿瘤调查研究等方面曾开展过部分项目的研究和医疗诊治新技术、新方法试验，但经常受到"以阶级斗争为纲"、"为现实斗争服务"的冲击。那时对科研工作的计划、审查、成果鉴定等无统一的管理办法，尤其在科研项目、论文、成果上强调集体（组织）负责，淡化个人因素，一些研究项目负责人经常变动，因此成果很少。

第二节 科技的春天

1976年，"文革"宣告结束，随之而来的是一批优秀知识分子回到了实验室，开始重建科学技术工作。1977年，学院根据甘肃省医疗卫生状况，提出科研工作的中心应放在我省急待解决的多发病、常见病和地方病的防治上，重点抓好慢性气管炎、恶性肿瘤的防治研究和针麻原理、苦豆子药理研究。

1978年3月,全国科学大会、全国医药卫生科学大会、全省科学大会相继召开,中国科学院院长郭沫若在全国科学大会上高呼"科学的春天到来了"。这一年,学院科研重新走向正规,11项科研成果先后获得表彰奖励。其中《烈香杜鹃防治慢性气管炎的研究》获全国科学大会奖,并列入国家药典;《泌尿系结石的研究》、《中西医结合诊断分型治疗慢性气管炎》、《"317"注射治疗前列腺肥大症》获全国医药卫生科学大会奖。

党的十一届三中全会以后,贯彻全国科学大会提出的高等学校既是教育中心,又是科学研究中心,基础科学、应用科学的研究兼而有之的指导方针,学院从研究机构、研究队伍、承担的研究课题、取得的研究成果等方面,都有新的发展和提高。1979年共承担上级下达的科研任务35项,取得较大进展的13项,取得一般进展的7项,做了一定准备工作的15项。出版翻译论著4部,待出版的5部;参加编写的论著5部;撰写的论文、综述共304篇,其中在全国性刊物上刊登的有50篇;参加全国性专业学术会议148人次,参加地方性学术会议275人次。院内各学科的学术活动也较前活跃。同年召开的全院中西医经验交流会,参会人员180余人,交流论文64篇,是建院以来参加人数最多、交流材料最多的一次学术会议。

1981年上半年,学院在贯彻全国科技工作会议精神的过程中,组织各系各专业教师深入研究学校科学研究应如何适应国民经济发展的需要,为实现"四个现代化"服务的问题。并进一步提出,要在进行基础理论研究的同时,加强应用研究和医疗新技能、新方法的研究。根据这一精神,制定了五年规划,落实了"五定",即定项目、定人员、定责任、定经费、定时间。1982年全院列入计划的科研项目共有44项,其中上级下达的34项,中西医结合治疗包虫病的研究引起了国内外的重视,药理教研室抗癌药物的研究出现了较好的苗头,中草药化学教研室的《十种藏药中微量金属元素的分析》受到了全国民族药学学术会议的重视和好评。

1984年,学院根据省委科技领导小组关于编制科技长远规划的通知,组织院内各学科专家教授进行座谈讨论,围绕本省"种草种树、发展畜牧、改造山河、治穷致富"的战略目标,从全省国民经济和医疗卫生的实际情况及学院专业特点出发,以防治严重威胁我省人民健康的常见病、多发病为重点,拟定了《兰州医学院1986—2000年科研规划》,确定以中草药开发利用、人畜共患寄生虫病、传染性肝炎及几种常见肿瘤的防治、预防医学、白血病、创伤医学、医学生物工程技术、心血管病、电子计算机在医学中的应用九个方面为主要科研方向。为了更有力地加强科研协作,组织联合攻关,形成优势和特色。同年10

月,经甘肃省政府和甘肃省卫生厅批准成立了4个附设性科学研究所、5个附设性科学研究室,明确了研究所室的管理体制和任务,加强了科研课题的检查、督促、总结和鉴定工作。

1985年,全院进行的科研项目共计93项,其中结转项目57项、新上项目36项,有14项在省教育厅获奖(一等奖2项,二等奖4项,三等奖8项),有31项科技成果和22篇优秀论著在省卫生厅获奖(一等奖2项,二等奖13项,三等奖17项,优秀论著中一等奖4篇,二等奖10篇,三等奖8篇),获奖成果在卫生系统名列第一,在高教系统名列第四。

为了促进学术交流,1987年10月,学院举办了科学论文报告会,56篇科学论文在大会上报告,出席大会的教师、医师183人。1988年,在甘肃省科学技术展览会上,学院24项科技成果参展,并被评为优秀展团。为了加强对青年科技人员的培养,1989年举办了"兰医青年首届学术论文报告会"。为了总结几年来的科研工作,表彰科研人员和优秀科研成果,1989年3月学院首次召开科学技术表彰大会,对70多篇优秀论文,15部专著进行了奖励。1991年,举办大型的教学科研成果展览,十多年的教研成果被展示。1992年,在首届丝路节科技展览交流会上,有13项成果参展,其中2项获金奖,2项获银奖,5项获优秀奖,并被大会评为优秀展团。1994年,学院组织科技成果展团参加在兰州召开的中国第四届艺术节科技展览交流会。在庆祝学院独立建院四十周年大型活动期间,学院组织各届校友学术报告会、研讨会、经验交流会9场次。

经过全院教师、医师的共同努力,1978—1994年,全院共承担国家和省级课题110多项,厅局级课题350多项。其中获得省、部及省级厅、局奖励的成果278项。出版专著和教材43部,发表学术论文767篇。杨志忠主任医师主持的《医用同位素167铥的研制及其在诊断肿瘤的实验研究和应用》获甘肃省1985年科技进步一等奖;赵汝能教授《甘肃中草药志》获1984年甘肃省科技进步奖;蒋次鹏教授《人体包虫增殖生长的研究》获1987国家自然科学三等奖,这是我国高等医学院校荣获国家自然科学奖的五项研究成果之一,也是西北地区医学研究领域唯一的获奖成果;张经济教授主持的《胃肠肌电活动的研究》获1987国家教委科学技术进步二等奖;赵健雄教授主持的"敦煌医学研究",达到国内外领先水平,填补了"敦煌学"研究的空白,获1990年国家科技进步三等奖,《敦煌医粹》1989年获西北、西南优秀科技图书一等奖;1991年获首届全国优秀医史文献图书及医学工具书银奖。附属二院心血管教授邝耀中所著《冠心病的心电图诊断》、儿科教授逯志超、刘筱坤合著《儿童保健手册》被省委、省政府评为甘肃省优秀图书。

第三节　科技进步

90 年代以来,学院乘着改革开放的春风,认真贯彻"经济建设必须依靠科学技术,科学技术工作必须面向经济建设"的方针,坚持教学与科研紧密结合,努力把科学研究从传统的象牙塔中解放出来,在国民经济主战场、医学基础研究、临床应用研究、高新技术开发研究四大方面寻求机遇,迎接挑战,有条件要上,没有条件创造条件也要上,获得了一批较高水平的研究成果,造就了一支老中青结合、不怕苦、敢拼搏的科学技术队伍,促进了"两个中心"的建设,为甘肃经济建设作出了应有的贡献。

1992 年 4 月 27—29 日,学院召开兰州医学院首届科技工作会议。这次科学会议总结了以往十多年科技工作的成绩和问题,确立了"经济建设必须依靠科学技术,科技工作必须面向经济建设"的基本指导思想,检查和交流了科学研究成果,进一步明确了科学研究的目的和方向,制定并开始实施《兰州医学院关于推动科技进步的若干规定》、《兰州医学院科技改革的具体措施》。

1996 年 6 月 22—23 日,学院第二届科技工作会议在深化教育改革、科技改革和社会主义现代化建设的新形势下召开。这次大会的主题是,以邓小平同志建设有中国特色的社会主义理论为指导,着眼 21 世纪,锐意改革,开拓进取,全面开创兰医科技工作新局面。可以说,这次大会是全面贯彻落实全国、全省科技工作会议精神,牢固树立"科学技术是第一生产力"思想的动员会;是实施"科教兴国"、"科教兴省"战略,迎接新的技术革命,向具有中国特色的社会主义现代化进军的誓师大会。王镜院长《锐意改革、开拓进取,为振兴兰医科技工作而努力奋斗》的讲话,突出强调了五个方面的问题:一是依靠广大知识分子,充分调动以科技人员为主体的各类人员的积极性和创造性;二是主动适应社会主义市场经济,加快科技工作运行机制的改革;三是认真抓好重点学科建设;四是培养和造就跨世纪的优秀科技人才;五是切实抓好科技开发,增强学院发展能力。

会议期间,穿插进行了中国预防医学科学院与兰州医学院共建"中国预防医学科学院兰州分院"授牌、授印、协议签字仪式。卫生部副部长王陇德、中国预防医学科学院院长王克安教授、省委副书记赵志宏、省人大副主任姚文仑、省政府罗鸿福副秘书长、省委宣传部顾军副部长、省政协教科文卫于忠正主任、省科委刘长缨主任、省教委李重庵副主任、省卫生厅张晋卿、马登科、刘克玲副厅长以及在兰各大专院校领导到会致贺,王陇德副部长、赵志宏副书记、王克安院长讲话中对中国预防医学科学院兰州分院的成立给予了高度评价和积极鼓励。中国预防医学科学院兰州分院在学院成立,标志着学院外向型科技协作进入了一个新的阶段,将在促进学科大跨度的交叉、渗透,培养跨世纪科技、教育人才,承担国家预防医学研究的重大课题等方面,走出一条开放、流动、联合、创新的路,展示着无限生机和活力。

2000年12月15—17日,学院召开第三届科技工作会议,会议确定了"兰州医学院新世纪科技工作发展的重点和方向"。主要内容是:

围绕我省中药产业化和现代化需要,以分子生物学为基础,整合现代医学技术为手段,在药物新剂型研究及中药现代化方面有创新突破;以形成产品或技术为目标,加强中药的基础研究、应用研究、科技开发、成果转化;将研制、开发、转化、试生产、副产品综合利用等统一考虑,带动学院工作迈上了新的台阶。

以本省乃至西部地区地方病,社会老龄化、生态环境失衡等引起的疾病与环境的关系、疾病与心理和行为的关系为研究重点,对甘肃环境污染对人群健康危害的基本状况开展研究,确定造成主要健康危害的环境污染因素;探索重要环境化学污染物的致病机理,寻找有效的预防、监测、诊断与治疗的方法和技术;建立和发展环境与健康关系研究的新方法和新技术,建立全省主要环境污染物对人体健康影响的监测、评价指标体系和方法,并开发相关的监测技术和设备;结合地方经济发展特点,研究群体性疾病发生、发展的社会环境和自然环境因素,为政府调整产业布局、制定适宜的产业发展方向,提供科学依据。

以本省重大疾病为龙头,带动常见病、多发病、疑难病的深入研究,探索综合防治的新理论、新方法、新手段;开展重大疾病的预防和早期发现、早期诊断、早期治疗的研究;探索常见病、多发病的治疗模式、规范、标准和康复方案;积极开展高新技术和方法的评价技术和评价方法的研究和应用,如基因治疗和其他生物治疗技术、干细胞治疗技术、组织工程技术、器官移植技术、介入治疗技术、无创和微创外科技术、现代影像技术、核医学和物理医学诊疗技术等;在重大疾病防治手段上争取有所创新,即微创和无创技术的创新、综合防治方案的创新、治疗手段和药物(包括生物制品)的创新,形成自己有确切疗效和明显特色的诊断治疗方法和手段,为地方健康事业服务。

第三届科技工作会议的召开,在指导思想、工作步骤和具体措施上,为学院科技进步注入了新的活力。主要特点和成就是:

1.建立教学、科研并举的新格局,促进"两个中心"的建设

着重在四个坚持上下功夫:第一,坚持把科研列入教学计划,提出研究生必须参加科研,必须在国家核心期刊发表一篇论文方可取得硕士学位,本科生毕业前要有科研锻炼的经历,同时在科研过程中密切注意相关知识的教学。第二,坚持把科研列入国家计划的同时,注意扶持结合教学和学科建设需要的自选课题。第三,坚持提倡教师既搞教学又搞科研,要求主讲教师应具有一定的科研基础,规定以科研为主的教师要兼有 1/3 的教学工作量,以教学为主的教师要兼有 1/3 的科研工作量,提倡专职科研人员必要的流动和轮换。第四,坚持把科研工作和学科建设结合起来,力求重点学科不仅在教学上要培养高质量的硕士、学士,在科研上也要成为本学科的"主力"。

2.加强科研立项管理

立项管理是学院多年科学研究工作中的薄弱环节。为了进一步搞好科研项目的评选工作,避免"资历立项、人情立项"以及重复和盲目立项,使那些真正符合学科发展需要和为医药卫生事业发展提供理论依据的基础性研究项目,以及能够产生较好经济效益的应用型科研项目得以入选,采取了三项措施:一是组织专家对所报课题,在选题的新颖性、可行性,国内外现状,研究方案、技术路线,开发应用前景,经济效益、应用价值、生产成本、研究条件、人员结构等诸方面认真进行论证,严格把关,以保证申报项目的质量。二是引入竞争机制,对入选课题,本着公开、公正、公平原则,组织公开答辩招标,平等竞争。三是杜绝多头申报。为严格科研管理,杜绝同一种科研项目的多头申报和同一人员的多头申报项目,以及成果鉴定和奖励的同级别重复申报。1997 年首次推出科研项目合同管理办法。办法规定,全院各种科研项目(含自然科学基金、中青年基金、年度计划项目、省教委和省卫生厅下达的项目等各种纵向科研项目)的申报、成果鉴定和报奖实施统一管理。凡教学、医疗、科研及其他各类专业技术人员申报科研项目,申请成果鉴定及奖励,均由课题组提出书面申请,提供完整的技术资料,经所在附院和系部初审后报科研处复审,合格后按程序统一呈报上级主管部门,凡未按程序或个人前往联系者,学院敬请上级部门不予受理。

3.实行课题目标责任制管理

1999 年开始,根据课题性质和要求,履行承包手续,与课题负责人签定合同。课题负责人有权选择和吸收本学科或相关学科的有关人员自由结合成立课题组,课题组负责人对承担课题的质量要求、成果效益、经费的支配和使用等要全面负责。在科研课题目标责任制管理中,学院严把两关、两检查,即立题关、鉴定关,半年检查和年终检查。对每个课题的经费使用、进度要求、成果形成都提出具体的动态监督量化标准。对课题完成好,成果转化率高、效益好的予以奖励;对长期拖欠完不成课题的,中止课题或更换课题负责人。

4.合理调整科研课题结构

在重视基础研究的同时,突出应用性研究,适当调整各类科研项目的立项比例。基本原则是,基础研究项目30%,应用研究项目40%,开发项目30%。在临床新技术、新方法的研究中,以防病治病为中心,以危害人民健康的多发病、重大疾病为重点,倡导"引、推、创",即大力引进适合我省医药卫生实际情况的国内外高新技术,直接加以利用,积极推广应用已有的研究成果,使科技成果尽快转化为生产力,提高科学研究的社会与经济效益,在引进推广中力求创新提高。据不完全统计,1990—1999年两所附属医院引进国内外高新技术48项,推广应用新技术、新方法118项,创新并在国内领先或国内先进的新技术44项(以当年全国同专业相比)。

5.强化科研激励政策

为创造更好的科技工作环境,提高学院科技竞争力,学院在经费十分困难的情况下,采取多种办法和措施积极鼓励教师进行科研和科技开发。1999年以来先后建立了三项基金:

(1)科研启动基金。1999年学院设立每年筹资、当年使用的"兰州医学院科研启动基金"。启动基金由院本部基金、各附属医院基金共同构成,其中院本部30万元,附属一院10万元,附属二院10万元,省人民医院(第三临床医学院)10万元,共计60万元。主要用于支持学院制定的科技发展规划中的中标课题;支持选题新颖、技术路线科学、方法先进、具有良好前景的基础研究项目,使其具备前期工作基础,为其创造申报国家自然科学基金的条件;支持紧密结合地方经济建设实际,解决生产、生活中与医药卫生相关的关键问题,短期内能形成实用产品或技术的应用研究和科技开发项目;支持跨学科高水平项目,对未能进入各级资助立项,但经学术委员会评审认为具有一定先进性、实用性和创新性的项目,每年从中选择资助10项,每项3000~5000元。

(2)重点学科基金。为加强重点学科建设,2001年起,学院每年筹资70万元,其中院本部30万元,附属一院20万元,附属二院20万元,建立兰州医学院重点学科基金。主要用于支持现有重点学科,完善设备,加强科研及科技开发工作,使重点学科尽快成为教学、医疗、科研、科技开发的龙头。扶持具有合理学术梯队、稳定研究方向、紧密结合地方经济建设实际,具有良好发展前景的新兴学科和学科组合,创造条件形成新的优势学科,促进其尽快成长为省级重点学科。

(3)科技奖励基金。2000年,学院筹资建立科技奖励基金。主要用于奖励在科学研究、科技开发、成果转化等方面作出突出贡献的集体和个人。一是"科教兴院奖",从科研公用费中提取20%作为奖励基金,重点奖励在促进科技成果转化方面作出突出贡献的单位和个人。二是"成果转化奖",为提高科技成果的转化率,允许从推广科技成果的收益中提取一定比例奖给科技成果的有功人员。鼓励以技术转让、参股、联营、承包、租赁等方式与生产企业结合,结成科研生产联合体。凡开发高新技术产品,进行技术改造或提出重大合理化建议者,从取得效益起,可连续五年从新增利润中提取一定比例直接奖给个人。三是"效益提成奖",科技开发项目投产后,直接参与的科技人员可按投产三年后效益最好的年度利税计算,从税后留利中一次性提取一定比例作为报酬:年利税在 20 万元以下者除按 3%~5%提成外,其超过部分可再提取 1%~3%,技术承包者个人所得不低于 50%。四是"成果论著奖"。对 SCI、EI 全文收录的论文,国家级、省部级学术期刊发表的论文,各级出版社出版的著作,均给予 200~3000 元不等的奖励;对申请到的各级科研项目均给予 500~3000 元不等的奖励;对申报课题获得不同级别奖励的,每项再给予 500~10000 元的奖励;凡获得成果转化、发明专利,学院财务收入的 50%用于奖励成果集体或个人。五是"津贴鼓励奖",奖励科技工作业绩。

6.多渠道争取科研经费

面对甘肃是个穷省,学院经济基础薄弱、造血功能不强的现实,大力提倡"解放思想,不等不靠,眼睛向下,两手向外,以医助研,找米下锅,向市场要出路"的发展理念。1990 年以来,在力争科研项目国家资助这一主渠道的同时,充分用好用活国家和地方政府的有关政策,积极争取横向资助。横向资助主要有两个方面,一个是具体课题项目的资金资助,这一部分数额不大,1993—2003 年的 10 年间不足 400 万元;另一个是充分利用两所大型综合性医院的医疗优势争取国内外大型公司、设备生产厂家赞助或联合经营的大型设备资助。据不完全统计,两所附属医院多渠道争取赞助或联合经营百万元以上大型设备投入 20 余台件,折合资金 4000 余万元,不仅促进了医院现代化建设,同时也改善了科研环境和条件。

7.重视科技成果的转化和高新技术的开发利用

组织协调好校内基础研究和应用研究两大方面力量,加快医药科学和生物医学工程、医药新材料、新设备的科技开发工作,促进科技成果的商品化、产业化。在加强科研成果后期服务的基础上,积极争取产、学、研结合的条件和环境,多方寻求支持,通过合作、协作、自主开发或成果转让等形式,尽早将科研成果转化为成熟的技术或产品,产生效益,滚动发展。(详见本章第六节)。

8.研究成果增多,档次有所提升

1992—1995 年,全院共承担各类科研课题 285 项,多渠道争取科研经费 377.2 万元,取得科研成果 140 项,其中获各级奖励 124 项。在国内外期刊发表学术论文 4106 篇,出版专著 79 部。1996—1999 年,全院纵向科研立项共计 212 项,争取科研经费 225 万元。共获各类科研成果奖 191 项(院本部 51 项,附属一院59项,附属二院81项),其中省部级奖50项(院本部23项,附属一院10项,附属二院17项),厅局级奖141项。仅1998年全院申报甘肃省科技进步奖20项,获奖13项,获奖率65%;其中二等奖4项,三等奖9项。申报甘肃省高校科技进步奖49项,获奖27项,获奖数连续第三次仅次于兰州大学,其中一等奖2项,二等奖13项,三等奖12项。学院教师以第一作者身份,在3300种国际科技杂志上共发表各种学术论文39篇(院本部23篇,一院1篇,二院15篇),在全国性杂志上发表学术论文1593篇(本部379篇,一院689篇,二院525篇),省级杂志1386篇。主持和参与编写各种专业著作和教材109部。2000—2003年,全院共承担科研项目327个,其中国际合作项目2项,国家自然科学基金项目3项,国家部委项目14项,甘肃省科技攻关、自然科学基金、中青年科学基金项目151项,省教育厅项目134项,其他协作、自选课题42项。争取科研经费702.5万元。特别是1999年,附属二院李智主任医师《妊高征发病机理探讨——孕妇外周血中胎儿细胞的作用》,2003年魏虎来教授《RNA干扰和反基因PNA技术联合干预白血病细胞耐药性研究》,2004年程宁教授《非叶酸缺乏性NTDs的PAX1基因克隆和表达分析》3个科研课题获得国家自然科学基金项目资助,实现了兰州医学院国家自然科学基金项目零的突破。这4年共获得各级各类科技成果奖157项,其中省部级三等奖以上34项。发表学术论文1200余篇,其中SCI、EI收录的文章38篇,主编出版专著27部。另外,1993—2003年,还先后派出417名教师出国进修和参加国际学术会议,1651人次参加了国内学术交流。邀请外国学者教授和华裔专家303人次来校访问、讲学、协作科研。承办国际学术会议9次,国内学术会议37次,省内及学院内学术报告、学术论坛、讲座等580余场次。

总体来看,1992—2003年,在科技体制改革的新形势下,学院每个单位、每个人,从观念到行动,都发生了深刻的变化,全院科技工作也呈现了新的面貌。但是,困难和问题仍然不少,主要是科学研究与地方经济发展需求紧密结合、与应用紧密结合、与经济效益紧密结合的意识还不强,基本没有走出"为职称晋升而搞科研、为写论文而搞科研、为获成果奖而搞科研"的怪圈,不同程度地存在急功近利的倾向,使学术水平难于深入、持续。1999年以前,没有国家级项目,省部级项目数量也不多,近几年获奖成果不少,但级别不高,尤其缺乏具有重大影响的成果。在全国学术刊物发表的论文总数虽然已超过省级刊物,但在3300种国际科技期刊和SCI收录期刊上发表文章的数量仍然不多,课题申报、立项及组织实施仍处于单打独斗状态,缺乏不同学科之间的交叉融合,未能发挥学科种类齐全、集团作战的优势;科研经费申请渠道单一,横向联合科研经费所占比重很小。由于学院经费紧张,攻关测试手段落后,生产环节跟不上去,以至每年获得省部级奖的十多项科研成果大多数不能转化。多年来仅有的几项转化成果也是由完成人自己筹措资金或同外单位联合才推向市场的。

第四节 学科建设

学科建设是高等学校一项长期的、带根本性的战略任务,包含着非常广泛的内容。它涉及硕士点、博士点和研究所室等高等教育各层次的发展与建设,又关系到学科专业的研究方向是否具有适应性、竞争性和是否有自己的优势与特色的问题。1978年以前,由于多方面条件和因素的限制,学校面临着这样一种境遇,即学科建设起步较晚,学科基础相对薄弱,学科特色和优势不很明显,以医为主的学科布局不能完全适应现代科技发展的要求,与国内先进地区的高校相比存在着较大的差距。如何突破相对薄弱的学科建设水平对学院发展的束缚,进一步提升学院的综合实力和学院为甘肃地方经济建设服务的能力和水平,已成为学院发展的关键问题。党的十一届三中全会后,特别是90年代以来,历任党委从"两个中心"建设的要求出发,充分认识到学科建设是教学、科研两个中心的基础和支柱,是学院建设与发展的根本。明确提出,"以学科建设为龙头,以人才培养为根本,局部创优势,整体上水平"的指导思想,着力体现"三级(省级、校级、系级)、多点(多个学位点)"的建设思路,努力做到"三个结合",即社会需求与学科自身的发展要求相结合,基础学科与应用学科、新兴学科相结合,学科建设的中长期目标与近期目标相结合。经过数年努力和建设,到2004年,一个多学科、综合配套的、具有自己特色和较强后劲与潜力的学科体系已初步形成,为学院未来的发展奠定了扎实的基础。目前拥有5个省级重点学科,2个省级重点扶植学科,1个省级重点实验室,35个省级卫生系统重点学科,2个博士学位授权点,31个硕士学位授权点,45个专业,8个研究所,8个研究室。学位点数量在甘肃省属院校中名列前茅。硕士生导师由1978年的7位上升到129位。博士生导师由外校聘请兼职导师6位,发展到独立设置7位,兼职6位。

一、重点学科形成的主要特点

1.设立"特区",落实"四个优先"、"三个高起点"

1994年,甘肃省高等学校第一批重点学科评审工作中,学院有2个学科被评为省级重点学科、省级重点扶持学科。1998年,甘肃省高等学校第二批重点学科评审工作中,学院有5个学科被评为省级重点学科。为了在学科建设中突出重点,加大建设力度,让部分有苗头的学科尽快冒尖,达到国内领先,接近国际先进水平,对省级重点学科提出达到"三个高起点"的要求,即研究课题高起点,确保每年能承担2~4项国家或省级课题,3~5项厅局级科研课题;仪器设备高起点,常规仪器要国内领先,关键性仪器要达到国际先进水平;学术梯队高起点,新进人员必须具有硕士以上学历,编制可以适当放宽,人员可以先进后出,高级技术职务可以超比例编配。为了使"龙头"专业保持优势,扩大影响,提高水平,学院给予这些学科以项目、资金、设备、人员"四优先",鼓励各级科研人员瞄准国内外最新发展动态,指导学科建设,选择起点高、实用性强、信息载体密集、科技含量丰富的科研项目,开拓新领域、新技术。泌尿外科学和中西医结合临床两个学科,在作为1992—1997年甘肃省省级重点学科获得资助110万元的基础上,再次入选1998—2000年甘肃省省级重点学科,每年投入经费50万元,3年累计150万元。学校对其还按1:1实行经费配套。

2.促进学科交叉渗透,扶持新兴、边缘学科,形成新的学科生长点

在加强"龙头"学科建设的同时,对显示出一定苗头的新兴边缘学科,及早规划、超前建设,在人、财、物上给予大力支持,使他们逐步形成优势和特色。如基础医学与临床医学、药学与医学、药学与预防医学、预防医学与临床医学的交叉结合,不断取得新的突破。如遗传学与生物医学工程学科的交叉渗透等,产生了新的学科生长点,一些原来相对薄弱的学科通过学科交叉,得到了快速发展,学院对新形成的学科生长点给予每年2~5万元的建设经费。目前,学院的基础学科和医学学科已初具规模,硕士点学科已涵盖临床医学、药学、预防医学、口腔医学,改变了只临床医学拥有重点学科的局面。2004年以来,附属二院还坚持"抓项目促学科建设,抓人才树名医战略,全面提升医院核心竞争力"的发展思路,创新医院的学科设置和建设。按照资源共享、优势互补、协作攻关的方式,以疾病诊治链为纽带,积极筹建理、工、医相结合,松散型联合的学科群,进行大学科整合。如器官移植中心(肾移植、角膜移植、骨移植、肝移植等)、腔镜治疗中心、肿瘤生物治疗中心、心脏病治疗中心等。在医疗学科交叉融合、越分越细的现状下,根据病人和学科发展自身的需要,为充分调动高级专业技术人员的积极性,着手进行各个临床专业的亚专业分化,将26个临床专业分化成50个亚专业,使医院的临床专业设置更趋合理和完善。

3.动态管理、滚动式发展、优胜劣汰

对重点建设学科实行中期检查和终期验收,检查采取量化打分的方法进行,依据评分结果排序作出评价结论。学科建设委员会依据检查结果对各学科提出调整意见或改进措施。对建设成效显著、建设水平达到或接近于上一级学科的,可晋级为上一级学科;检查验收不合格的学科,降为下一级建设学科;连续两轮不合格的建设学科,无特殊原因,予以撤销,从其他学科择优补入。

4.苦练"内功",强化特色

根据甘肃省经济发展和国家布局的需要,采取了"调整结构、强化管理、突出特色、着力提高"的方针和坚持"教学科研并重、择优扶持重点、提高层次水平"的原则。在学科结构上进行调整,逐步规范和理顺一级学科,拓宽和调整二级学科。进一步充实和提高学位点内涵,优化学科结构,加速改造传统学科,努力提高其水平,充分发挥医学基础学科的优势,使其形成鲜明的特色。例如,外科学、中西医结合学专业的专科技术发展基本形成了自己的特色,其整体水平在省内外享有一定声誉。多数研究项目和临床技术为省内领先,部分项目达到国内先进甚至领先水平,他们的研究工作正在受到国内外本专业研究领域的重视。神经病学研究所及神经外科在重度颅脑损伤、颅内肿瘤、脑囊虫、颅内血管瘤的治疗技术,在高颅压及脑水肿、脑组织移植等方面的研究工作,均处于省内领先及国内先进水平。泌尿外科研究所及泌尿外科在泌尿系结石及梗阻性疾病的诊治方面处于国内先进水平,对膀胱癌的病理及治疗研究已达到国内领先水平。骨科研究所及骨科专业在骨代谢疾病研究,断指再植,再造及脊柱、脊髓疾病的诊治方面均处于省内领先及国内先进水平。中西医结合重点学科的镍镉钴等重金属毒性的指标评价,填补了该领域的空白;用中医药扶正解毒颗粒等来防治慢性镍毒损害,为国内外首创。核转录因子 NF-KB 在抗肿瘤中的作用,以及与中医药抗肿瘤的关系:嗜酸性粒细胞直接攻击肿瘤细胞等方面的研究,处于国内领先。已开发的抗肿瘤新药扶正补血颗粒具有甘肃的资源优势和特色。作为"龙头"的重点学科专业,特色比较鲜明,已成为展示学院技术实力与总体水平的窗口。

5.以学科群建设,带动相关学科的发展

在重点学科建设过程中,充分发挥多学科群体优势,组建了由带头学科、支撑学科和相关学科组成的学科群,形成了一批学科基础相关、内在联系紧密、资源共享的学科群。这些学科群在解决重大科技问题和高层次人才培养方面具有鲜明的特色和优势,为学科队伍建设和资源优化创造了有利的条件。学科群中的带头学科(重点建设的优势学科)发挥自身的辐射作用,带动了相关学科和边缘学科的发展,在学科交叉和融合中,形成了一批处于学科前沿或解决社会发展和经济建设重大问题的新兴学科生长点。例如,以中西医结合重点学科为龙头,以学科群体为基础,以中药开发项目为纽带,相继带动了学院药学、基础医学、临床医学、预防医学的发展。以泌尿外科重点学科为龙头,带动建立了整个外科系统优势学科群体。

二、省级重点学科的基本概况及其特色

1.外科学省级重点学科

本学科是由学院泌尿外科、骨科、神经外科、烧伤外科、腹腔镜外科及两个研究所、两个研究室联合组建的首批博士学位授予点，首批省级重点学科之一。各三级学科均建立了硕士学位点。长期稳定且具有鲜明科研特色的研究方向主要有以下几个：①泌尿系肿瘤研究，针对肿瘤生物治疗，研究各种因素对泌尿系肿瘤免疫治疗的影响。bFGF 对膀胱癌患者 LAK 细胞增殖和细胞毒作用的影响研究居国际先进水平。②男性生殖系疾病研究，主要探讨前列腺增大和前列腺癌的发病机理和精子功能的调节，以了解前列腺疾病病因和制定有效的防治措施。③泌尿系结石研究，主要探讨泌尿系结石的结构、成分和发病机理及防治方法。④器官移植研究，已为 100 余位患者移植成功，其中亲属活体肾移植 8 例，现每年完成肾移植例数 40 例左右，居西北五省医院第二位，成功率 95%以上，达到国内先进水平，其中完成的亲属活体肾移植例数居西北五省医院之首。2001 年开始肝移植，已成功完成 3 例。目前正在进行移植组织配型、胰肾联合移植的动物实验，肝移植与免疫耐受临床和实验研究。⑤脊柱脊髓损伤研究，主要开展各种分子生物学技术，从基因和蛋白水平，对脊髓和外周神经两方面的慢性脊髓压迫的病理改变、发生机制及保护因素进行探讨。在临床中主张显微手术概念，提出一次性椎管减压、椎管成形术治疗椎管内肿瘤，小切口椎间盘手术获得成功。特别在慢性脊髓压迫的研究方面处在国内领先水平。⑥显微外科研究，开展了吻合血管的各种组织移植手术，并进行了周围神经损伤的基础与临床方面的研究。在临床中主张显微手术概念，特别在皮瓣移植、断指再接和拇指再造等的研究方面处于国内领先水平。⑦生物组织工程研究，已成功培养出骨髓来源的骨基质干细胞，在细胞生长情况观察，传代细胞培养和不同干预因素作用下向成骨细胞方向诱导等方面取得了一定的成果。⑧颅脑疾病的基础与临床研究，主要开展脑外伤后血液中 NSE 和 S–100 蛋白的变化情况，以及其与临床特征、创伤严重性、预后、神经影像学特征等方面的关系，以指导脑外伤的诊断治疗。⑨胸心血管疾病临床基础研究，主要开展心包内处理肺动静脉及部分左心房切除治疗中心型肺癌、气管隆突切除重建及支气管成形术的临床应用等研究。

主要学科带头人陈一戎、王志平、秦大山、岳中谨、孙正义、王栓科、夏亚一、王维平、李徐生、高百顺、高秉仁。共有中青年高学历学术骨干 44 人，其中教授、主任医师 33 人，副教授、副主任医师 10 人，博士 6 人，硕士 10 人，博导 3 人，硕导 32 人，已形成老中青、学历、年龄、职称等结构合理，有创新性的研究

群体。

2.内科学省级重点学科

本学科是 1998 年由学院内科系统多学科、多专业组建的第二批省级重点学科之一,各三级学科均建立了硕士学位点。具有悠久历史且研究方向明确而稳定的有以下几个:①心血管系统疾病的诊治及基础研究,在省内首先开展了经皮冠状动脉内球囊成型术及支架植入术的应用研究;开展了射频消融术治疗快速心律失常的应用研究;开展了对特发性室性心动过速射频消融的研究;开展了多部位起搏治疗心力衰竭的研究;开展了起搏器治疗阵发性房颤的研究;在西北地区首先开展了植入性人工心脏除颤器(ICD)应用研究;开展了药物涂层支架预防再狭窄的研究。②消化系统肿瘤的早期诊断治疗及临床基础研究,特别是胃癌的早期诊断治疗,临床基础研究,消化道免疫,中草药临床应用开发,分子生物学研究以及消化内镜介入诊断治疗研究为主攻方向。已形成有一定地域特色和符合西部大开发的中草药开发为主,以抗肿瘤药物研究和消化内镜介入治疗为特色的研究体系。③内分泌代谢性疾病研究,主要从事糖尿病慢性并发症的早期诊断和综合治疗,以提高糖尿病患者的生存质量为主要目的。④呼吸系统疾病的诊断与治疗,在肺癌的诊治方面一直居省内领先水平,率先开展纤维支气管活检、经皮肺活检等技术诊断肺癌,在提高肺癌早期诊断水平做出了一定成果。⑤干细胞基础及临床应用研究,旨在从人体外周血、骨髓及脐血中分离造血干细胞,在体外用细胞因子、脐血基质细胞、中药多糖(本省特产当归多糖)等造血正调控因子大量纯化、扩增,定向诱导分化为造血干细胞,以解决移植技术面临的四大障碍。1995 年起开展了骨髓造血干细胞、外周血造血干细胞、自体造血干细胞、异基因造血干细胞移植研究及临床应用工作,"非清髓性造血干细胞移植"及"脐血(非亲缘)造血干细胞移植",取得了成功。

内科学省级重点学科主要学科带头人张钲、马力、汤旭磊、余勤、侯相麟。共有中青年高学历的学术骨干 60 人,其中教授、主任医师 31 人,副教授、副主任医师 17 人,博士 2 人,硕士 30 人,硕导 44 人。

3.中西医结合学省级重点学科

本学科是集基础研究与应用研究、开发研究,传统医学与现代医学、医学与药学、毒理学于一体组合建立的首批博士学位点、首批省级重点学科。该学科紧密结合甘肃经济建设和社会发展中重大问题,以甘肃常见病、地方病以及甘肃丰富的中草药资源开发利用为研究重点,以分子生物学等手段开展研究工作。主要有 4 个稳定的研究方向:中西医结合抗肿瘤、中医药防治重金属毒性、中西医结合治疗常见病、中药制剂和质量标准研究。与国内同类学科目前

的研究状况比较:

在中西医结合抗肿瘤方面,处于国内先进水平,其中核转录因子 NF-KB 在抗肿瘤中的作用,以及与中医药抗肿瘤的关系,嗜酸性粒细胞直接攻击肿瘤细胞等方面的研究,处于国内领先水平。已开发的抗肿瘤新药扶正补血颗粒具有甘肃的资源优势和特色。

在中医药防治重金属毒性研究方面,处于国内领先水平。镍镉钴等重金属毒性的指标评价,填补了该领域的空白;用中医药扶正解毒颗粒等来防治慢性镍毒损害,为国内外首创。

在中西医结合治疗常见病研究方面,处于国内先进水平。在慢性萎缩性胃炎的发病机理及中医药防治方面有所创新;开发出胃康和维儿康两种中药新药。应用中药制剂治疗肾炎细胞核因子 NF—KB 表达与免疫相关性研究,填补了国内外空白,开发出准字号新药鹏力补肾胶囊。

中西医结合学省级重点学科主要学科带头人有赵健雄、朱玉真、王晋平、封士兰。共有中青年高学历的学术骨干 22 人,其中教授或相当于教授职称 10 人,副教授或相当于副教授职称 8 人,讲师 4 人,博士 4 人,硕士 13 人,博导 2 人,硕导 10 人。

4.药学省级重点学科

本学科是 1995 年、1998 年组建的省级重点学科,涵盖的药理学、生药学和药剂学等二级学科均为硕士点,具有特色且稳定的研究方向是:

生物技术药品临床学及心血管药理方向: 主要展开多项新药药理与毒理研究,并与药物企业紧密联合进行新药临床前申报研究工作。近 5 年先后对甘草次酸钠、IHC–66、沙棘、丹参、红毛五加的心血管药理作用进行了研究,在西北地区心血管药理的研究方面处于领先地位。

药物新制剂与新剂型方向: 主要针对临床用药中一些毒性较大或剂型使用不便的药物进行毒性改造及新剂型研制,开展了"抗癌药物放线菌素 D 类似物结构设计、合成及活性研究"、"甘肃地道中药当归新剂型与新制剂研究"、"抗癌药物 5—Fu 白蛋白靶向制剂研究"、"抗感颗粒剂研究"等工作,完成了新药"肤肠宁烧伤膏"的制剂研究部分,已获国家新药证书。

药鉴定与天然药物资源开发利用方向:主要从事药用植物学,药用植物栽培及甘肃中草药资源的综合开发利用方面的研究,省长基金项目《甘肃中草药资源志》已编撰出版。

中药化学成分分离分析及质量标准研究方向: 主要进行天然药物化学成分及中药化学成分分离分析研究。科技兴省省长基金项目"甘肃主要道地优质中药材品种质量标准的研究"将为我省中药现代化提供可靠的技术保障。

药学重点学科主要学术带头人吴勇杰、高明堂、马志刚、杨永健、倪京满、李冲、张承忠、封士兰,共有中青年高学历的学术骨干27人,其中教授14人,副教授13人,博士6人,硕士7人,硕导16人。

5.劳动卫生与环境卫生学省级重点学科

本学科是1998年集公共卫生各专业组建的省级重点学科。与国内同类学科相比,科学研究工作具有明显的地方特色,研究方向紧密结合地方经济建设,符合现代医学发展的方向和趋势。主要在石油化工、有色金属生产过程中产生的有害化学物质对人体健康的危害及其防治对策,水体卫生防护及资源化技术,环境空气污染物对人体健康的危害及其防治对策,环境因素的发育毒理、神经系统毒性及致畸性检测技术等4个方面进行深入研究。

石油化工、有色金属生产中的有害因素及防治对策研究方向:立足甘肃石油化工、有色金属的产业特点和兰州市地处山间谷地、长期静风环境的特点及生产性有害因素生活化,影响市民健康的实际,系统进行石油化工、有色金属产品毒性及防护措施研究。对丙烯腈毒性的系列研究,在国内处于领先地位,国际丙烯腈研究协会已有合作研究的意向。皮肤溃疡治疗药物的开发既可以解决患者病痛,又可为我省开发中药资源,研发药品和功能产品,有效治疗和预防职业性和生活性损害提供新产品,并为利用我省中药材资源,开发防治环境污染物毒性、提高机体抗污染能力、预防和治疗相关疾病提供经验和参考。

水体卫生防护及资源化技术研究方向:从甘肃省水资源实际情况出发,采用先进的膜分离技术、超临界萃取技术、固定化细胞技术等开展工业废水处理、资源回收、水体卫生防护等方面研究工作。

环境因素的发育毒性、神经系统毒性及致畸性检测技术方向:立足于甘肃环境因素导致生物体发育损害的热点领域和改善人口素质的目标,对氟、铝的发育毒性及其机理的研究在深度和广度上处于国内领先水平,对镍的毒理学研究突出了地方特色。

环境空气污染物对人群健康的危害及其防治对策研究方向:主要对空气污染的健康危害现状及其对人群死亡率的影响;空气污染所致呼吸系统疾病的分子生物学基础、病理学特征和生物标志物;环境污染对健康损害的危险性评价方法和指标;室内空气污染物的监测方法和设备等进行深入研究。

劳动卫生与环境卫生学省级重点学科主要学术带头人肖卫、刘兴荣、张本忠、王晓云。共有中青年高学历的学术骨干17人,其中教授7人,副教授7人,博士2人,硕士6人,硕导8人,省级跨世纪学科带头人3名。

6.甘肃省中药新药临床前研究重点实验室

本实验室是在省科技厅领导下,依托兰州医学院多学科、多专业联合组建的首批省级重点实验室之一。

该实验室筹建于 1999 年 5 月,2002 年 10 月通过甘肃省科技厅组织的专家验收,并正式对外开放。实验室主要研究方向是中药药理、中药毒理、中药质量控制、中药制剂等。

实验室下设中药质量控制、药理、毒理、分子药理、新药安全性评价实验室及实验动物室等。其中实验动物室是我省惟一能够生产无特殊病原体(SPE)实验小鼠的单位,所饲育的各种实验动物均符合国家科技部、卫生部及药监局的技术要求,满足医药科学研究的需要。

实验科研人员 49 人,其中高级职称 18 人,博士 4 人,硕士 8 人。

实验室建筑面积 12 000m²,仪器设备总值 3 500 万元,主要设备有毛细管电泳仪、高效液相色谱仪、气相色谱仪、原子吸收分光度计、全自动生化分析仪、全自动血液分析仪、激光共聚焦显微镜、透射电镜、DNA 序列分析仪、生物芯片点样系统、生物芯片阅读仪、全自动核酸蛋白纯化系统、定量基因扩增仪、流式细胞仪、超速离心机等。

表 7-2 学院省级重点学科教师状况统计表

学科名称	教师总人数	职称结构			学历结构			年龄结构			学缘结构		导师	
		教授主任医师	副教授副主任医师	讲师主治医师	博士	硕士	其他	40岁以下	40岁至59岁	60岁以上	医学院校	非医学院校	博导	硕导
中西医结合	31	12	14	5	4	17	10	12	17	2	29	2	2	12
	比率	39	45	16	13	55	32	39	55	6	94	6	6	40
药学	27	12	15	0	6	7	14	5	20	2	21	6	0	19
	比率	44	56	0	22	26	52	19	74	7	78	22	0	70
内科学	52	29	11	12	4	25	23	17	29	6	48	4	0	24
	比率	56	21	23	8	48	44	33	56	11	92	8	0	46
外科学	44	33	10	1	6	10	28	6	33	5	41	3	5	32
	比率	75	23	2	14	23	63	14	75	11	93	7	9	73
劳动卫生与环境卫生	17	4	11	2	2	5	10	7	10	0	15	2	0	9
	比率	24	64	12	12	29	59	41	59	0	88	12	0	53

近年来,实验室承担国家自然科学基金课题 1 项、国际合作项目 3 项、省部级课题 19 项、横向协作课题 12 项。获得国家级科研成果三等奖 2 项、省部级科研成果奖 12 项、国际奖 4 项;发明专利 2 项、鉴定成果 36 项;发表论文 500 余篇,其中 SCI 文章 20 余篇,出版专著 20 余部。国家级一类新药神经生

长因子的临床前药效学、药动学和毒理学研究,通过国家新药评审委员会组织的专家评审,现已完成Ⅲ期临床研究,并获新药证书;国家级一类新药碱性成纤维细胞生长因子的临床前药理、毒理研究等,已通过国家药品监督管理局的新药临床前审批。

三、抓住博士点申报工作,实现零的突破

实施西部大开发战略,加快西部地区发展,是党中央面向新世纪,高瞻远瞩,统揽全局,审时度势所作出的重大决策。实施西部大开发战略,关键在人。江泽民同志指出:"科技和经济的大发展,人才是最关键、最根本的因素。"甘肃省属经济欠发达地区,由于受自然、经济条件的限制和历史原因,人才队伍建设,尤其是医药卫生人才队伍建设存在许多问题,突出表现在:医药卫生人才总量不足,分布失衡;人才队伍的知识、技能结构不尽合理,层次偏低,高层次的科技专业人才严重缺乏,人才流失现象严重;人才资源没有得到充分利用等等,其中最突出的问题是人才队伍结构不合理,层次偏低,不能适应人民群众日益增长的卫生服务需求。甘肃省现有人口 2 500 万人,全省各类医药卫生专业人员中具有医学博士学位的高学历人才不足 20 人,造成高学历人才极度匮乏的原因:一是甘肃省至今没有一所医学院校具有博士学位授予单位资格,省内不能招生培养博士学位研究生,本地考生不得不报考外地高校,而毕业后又很少返回。据统计,学院近年来先后有百余名研究生考取外校攻读博士学位,但毕业后返回者不足 20 人。二是具有博士学位的高学历人才由于自然、经济、工作条件等原因影响,纷纷出省、出国,造成本省高学历医药卫生人才队伍不稳定,甘肃省虽然出台了一系列引进高学历人才的优惠政策,但人才流失的现象并没有得到根本扭转。

为了从根本上改变这种状况,学院在加强硕士学位点和重点学科建设的同时,始终抓住博士点申报工作,积极推进博士点的培育和建设。学院的申博工作是1994年开始的,前后经历了 1994 年、1998 年、2000 年、2003 年四次不懈的努力。

1994 年、1998 年两次申博失败,主要原因是学院作为博士学位授予单位综合实力不够。第三次申博工作始于 2000 年。为保证申博成功,学院在前两次申报博士点工作基础上,组织力量对外科学、中西医结合 2 个学科的教学基础、科研基础、研究方向、学术梯队及实验手段 5 方面进行认真分析,深刻吸取前两次博士学位授予权申报"失败"的教训,立志"卧薪尝胆、奋发图强"。为了少走弯路,学院还聘请兰州大学等有关高校的专家教授对学院博士点情况及申报材料进行指导和咨询,本着"缺什么、补什么"的原则,从梯队建设、设备条件、课题立项、成果申报多方面不遗余力地给予具体支持和帮助。学院领导还

先后 3 次深入各学位申报点，和学术带头人一起，逐个研究分析存在问题，制订相应的解决措施。2000 年，省政府拟将医学院并入兰州大学的议案已经提出，为了促进医学博士点尽早形成，学院借拟与兰大合并的契机，与兰州大学联合进行了申报(是年国家不审批新增博士单位，只审批新增博士点)。经过评审，外科学和中西医结合两个申博点的学术水平、整体条件、人才培养等方面都受到参评专家的好评，认为已具备增设为博士点的条件，并予原则通过。但后来由于两校合并工作没有进行，加上医学院不是博士授予单位，这两个点再次搁浅。但通过这次申报，使学院看到了成绩，找出了差距，增强了信心。

　　2003 年第四次申博。这次申博工作是在学院领导班子调整后，全面实施学院"上规模、上层次、上效益"战略目标以及迎接教育部本科教学水平评估的新形势下进行的。经过近三年深层次、大规模、全方位的建设和发展后，学院面貌发生了根本性的转变，综合实力得到极大提升，新增列为博士授予单位的条件已经成熟。在省政府、省教育厅的全力支持下，2003 年 9 月 8 日，国务院学位委员会第二十次会议研究批准，新增兰州医学院为博士学位授予单位。被批准的博士学位点有两个：外科学博士点(包括普外、骨外、泌尿外、胸心外、神外、烧伤等专业)，中西医结合临床博士点，实现了陇原大地医学学科博士授予单位零的突破，结束了甘肃省内不能招收培养医学博士的历史，也填补了甘、宁、新三省(区)高层次医学人才培养的空白。同期学院还被批准新增为专业学位研究生培养单位(临床医学硕士)，标志着学院硕士层次的研究生培养工作由过去单一的科研型学位，发展到科研型与专业型学位并举的阶段，对今后培养临床实用型高层次人才具有重要意义。

　　喜讯传来，全院师生员工群情振奋。10 月 10 日，隆重召开"新增列为博士学位授予单位庆祝大会"。副省长李膺、省委宣传部副部长石星光、省人事厅厅长杨诚、省高校工委副书记高永新、省卫生厅副厅长徐怀恩、省科技厅副厅长陈继出席了开幕式。在兰各高校、医疗机构的领导到会祝贺。李膺副省长在讲话中说，兰州医学院被新增列为博士授予单位，实现了甘肃医学教育博士点零的突破，这不仅是兰州医学院的大喜事，也是甘肃教育、医药卫生界的大喜事。希望学校再接再厉，以申博成功为契机，不断培养出更多、更好、留得住、用得上的高层次医药卫生人才，为祖国的繁荣发展作出新的贡献，为甘肃人民造福。

　　2004 年 9 月 18 日，根据甘肃省学位委员会《关于新增博士学位授予单位博士生指导教师遴选结果的通知》，首次聘任 7 位教授为博士研究生导师。他们是：中西医结合临床学，赵健雄、朱玉真；外科学，陈一戎、孙正义、王志平、张友成、高秉仁。同年首届招收博士生 9 名。他们是：中西医结合专业余占海、王学习、孙应彪、王德贵、高晓东；外科学专业李永顺、王旭、李世刚、吕晓云。

第五节　科技开发

当今世界各国综合国力竞争的关键是科技竞争,经济、科技一体化是世界潮流。高等学校把自身优势条件充分利用起来进行科技开发, 是教育适应生产力发展和科技进步的需要,是时代赋予高等学校的使命。1981年以来,学院努力坚持"教学、科研"两个中心的建设,在不断为社会培养高级科技人才的同时,大力开展科学研究,并运用自己的科技成果为四化建设服务。随着我国经济建设的发展和经济体制改革的深化,学院在教育体制改革实践中,科技开发工作日益发展,特别是在20世纪80年代的后期,科研成果向生产力转化已成为学院工作的一个重要组成部分。

学院科技开发服务的历史可追溯到20世纪50年代,1954—1956年,病理解剖教研组帮助其他医院包括青海、新疆进行活体检验2236件,尸体解剖157具;微生物教研组为兰州市24个单位进行893次标本检查;组织胚胎教研组为青海、玉门、银川等17个单位进行207次血液标本检查,帮助会诊、确诊30人次;生化教研组为公安机关检查鉴定160余次。1958年在党的"教育与生产劳动相结合"的方针指引下,学院建立了药厂、模型厂、药圃、生物制剂室、动物房等。虽然规模不大,科技含量不高,但对学院科研医疗技术的转化,还是起到了积极的作用。1958年,学院积极响应上级的号召,在全院范围内开展了完善实验和医疗设备为主要内容的技术革新运动。学院组织全院教职员工解放思想、大胆革新,创造出了大白鼠条件反射实验箱,血压示教仪,电动记滴器,恒温恒压灌流器等341件教学、实验设备,达到国际水平的7件,达到国内水平的37件。这些发明创造和技术革新经过多次评选,有20件优秀项目还参加了省内外举办的展览会和全国医药卫生技术革命展览会甘肃部分的展出,其中导光压舌板、密闭式采血及输血装置、恒温恒压灌流器、高乐基氏神经元快速染色法、X线快速换片台、30%D.D.T浓缩乳剂、消化性溃疡丸、电动人工流产吸收器等九种最受群众欢迎的项目,在全国科协主办的"全国科技新成就展览会"中引起中外专家的兴趣。消化性溃疡丸和人工直肠膀胱手术两项还分别编入"全国医药卫生技术革命展览会资料汇编"的"药物"和"外科"分册。

20世纪80年代,科技开发重新发展并进入了一个新的时期。特别是1985年中央作出关于科技体制、教育体制改革的决定之后,学院因势利导开展了技术转让、技术咨询、中草药研制、医疗器械研制等多种形式的科技服务和开发工作。1991年,为了促进科技与经济结合,使经济建设急需的科技成果避免走"样品、展品、礼品"的老路,促使科技更好地为经济建设服务,学院认真总结了前些年在科技开发和科技服务中的经验与教训,在兰州宁卧庄高新科技一条街的启示下,并在初步分析兰州经济与科技形势的基础上,成立了"医药科技开发中心",并获准加入兰州宁卧庄开发区高新技术企业。学院科技开发中心的建立,为有效地组织协调好校内基础研究和应用研究两大方面力量,加快医药科学和生物医学工程、医药新材料、新设备的科技开发工作,促进科技成果的商品化、产业化,逐步改变"知识廉价"的不合理状况,起到了积极的推动作用,标志着学院的科技开发工作迈向了新的起点。

20世纪90年代以来,学院的科技开发工作主要有以下几个新特点:一是内涵有新的发展。主要是适应社会主义商品经济的发展,把学校的科研成果转化为商品,为促进国民经济发展服务。开发过程中,不仅接收低年级学生劳动实习,而且还结合教学和研究课题对不同层次的学生(本科生、硕士生)进行工程研究和技术开发等方面的专业训练。以科研成果的商品化和产业化为特征,已发展为更高层次和水平上的教学、科研、临床的三结合基地;二是产业类型和所有制形式多样化。有学校独资,与社会上的工厂企业联系,同外商合资等类型。既有高技术产业,又有传统产业;既有生产性的实业,又有情报资料服务、科技咨询等知识性产业;三是初步建立新的运行机制,即以学院的科学技术开发中心,以两所附属医院临床医疗、药品研制、生产、测试为依托,以市场为导向,自主经营、自负盈亏,实现教学、科研、临床三结合,开发、生产、销售和售后服务一条龙;四是坚持三个到位,即认识到位,形成全院上下积极推动科技进步和成果转化的新氛围。领导到位,形成党政一把手、分管领导亲自抓第一生产力,亲自抓制定规划和发展战略的良好局面。工作到位,首先确立科技开发目标,根据国内、省内市场的需求和我省的资源优势,结合学院的特色和实际,确立科技开发的攻关目标。其次,组织科技开发的骨干力量。根据全国、全省科技大会"稳住一头,放开一片"的精神,从现有的教师和科技人员中有选择地分流出一定数量的具有科技开发能力的攻坚力量,有较强的专业技术能力,有一定的市场经济头脑,有良好的敬业精神的人员,从事科技开发工作。把原来分散的、跑单帮式的个人开发变为有组织、有目标的协作开发。最后,落实科技开发的配套措施。例如,建立一年"孵化期"制度,扶持科技企业生存;划拨临街58间房(2600平方米),保证科技开发所需场地;试行"一校两制",即开发中心实行企业管理体制,学院其它方面仍实行事业管理体制;为企业开展经营活动提供各种行政和业务支持;把经济效益指标同科技企业人员待遇挂钩,并对在技术市场和校办产业发展中作出突出贡献的同志实行重奖;对科技开发有功人员照常晋升技术职称、保留分流人员档案工资等等,从政策上为科技开发工作提供了一个良好的发展环境。

在科技开发工作中,学院注意把自己的技术优势和地区的资源优势结合起来,促进地方经济的发展。甘肃省是我国中草药资源大省,当归、党参、红芪、甘草、大黄等产品在全国占有举足轻重的地位,但是除了当归已转化为特有的产品以外,其它多种药材都是以原料出省或出口,经济效益很低。为了使这种原料优势转化为产品优势,学院组织开展了党参、红芪、甘草、大黄的复方或单方研究及有效成分分离研究,使研究过程成为成果的生产过程,使研究成果成为商品,实现效益。本着这一目的,从 20 世纪 90 年代开始,学院先后同省医药总公司及其下属的 20 多家企业建立了长期稳定的合作关系,把生产企业的需要同学院特长结合起来,在实践中寻求课题,为企业服务,为社会服务,在服务中提高效益。

1992—1993 年,学院与地县、工厂企业技术联合开发生产的医药产品及保健品 30 多项。例如,第一附属医院心血管外科与兰州碳素厂协作,成功研制出了 C—C 型低温热解碳人工心脏瓣膜,已转让有关厂家批量生产。第二附属医院骨科与兰州碳素厂协作,研制了碳/碳复合增强人工骨,经动物实验获满意结果,也已进入人体应用研究。卫生系营养与食品教研室与武威食品厂协作,研制了 L—赖氨酸.钙.铁.核黄素强化食品,获"全国儿童生活用品优秀产品金鹿奖",投入批量生产。药理教研室承担宁夏化工研究所"宁 I 号"的研究,承担了天水制药厂苦豆子总碱注射液的研究,不仅取得了一定的学术成果,还取得了较好的经济效益和社会效益。医药科技开发中心 1992 年技术承包甘肃大明制药厂、甘肃徽县凤山制药厂两个企业,经营管理权归兰州医学院,实行所有权与经营权分离的原则,为两个厂投入产品 6 项,产生了一定的经济效益和社会效益。

1997 年以后,这种联合开发的局面进一步扩大,科技含量进一步提高,已经与国内许多知名的企事业单位建立了良好的协作关系。在新药研究方面,烈香杜鹃片是 20 世纪 70 年代研究开发成功的治疗慢性气管炎的新药;止血,治疗妇女更年期月经不调的藏药独一味,1986 年获新药证书。治疗阑尾炎的竹叶椒片,1989 年获新药证书;扶正补血冲剂、复方虫草冲剂、维尔康口服液、参芪肝宝胶囊,分别是 20 世纪 90 年代以后获健字号药品证书的新药;应用中药制剂治疗肾炎 NF—KB 表达与免疫相关性研究,填补国内外空白;开发出准字号新药鹏力补肾胶囊。这些都已转入药厂规模化生产,为药厂增加了较大的经济效益。还研究了大量的医院制剂,在临床上广泛使用,疗效很好,如:苦豆子注射液、疏乳消块丸、胃康胶囊、接骨丹、消炎利胆丸、小儿肺咳宁、糖脂康胶囊、肾腹康颗粒、银菊冲剂、甲瘤一号、慢支四号、抗毒冲剂等 40 余种,这些制剂对病人针对性强,很受门诊病人欢迎,有的甚至供不应求,已积累了丰富的临床经验和资料,这些制剂为进一步研究开发三类新药奠定了坚实的基础。在药效学及毒理研究方面:已经先后为兰州生物制品研究所、第四军医大学等国内知名单位完成许多药物的临床前研究工作,促使神经生长因子在国际上首次获准上市(新药证书号国药证字 200010049),碱性成纤维细胞生长因子已获 SDA 批准进入临床研究阶段(批件号:2002SL0039)。此外还进行了气血康口服液,抗感颗粒等几十种复方中药制剂的药效学,毒理学研究。沙棘油胶囊、红毛五加等从基础到临床的系列研究也在进行。在药学研究方面:做了几十种中草药化学成分单体,有提取、分离、结构鉴定研究,有效部位的提取、分离工艺的研究,某些中草药有效成份合成研究。用现代化仪器对中药成分定性、定量研究。已经完成两个新药和中药保护品种的制备工艺和质量标准研究。在开发应用研究方面:甘肃产中草药有效成份(甘草黄酮、刺五加甙等)的提取分离及工业化工艺研究等项目与药厂密切结合,研究的成果立即用于药厂生产实践,为高校成果转化摸索了经验。1997 年以来,学院转让科技成果 12 项,直接经济效益 850 多万元。

目前,省教育厅、省卫生厅和省科技厅联合立项的 10 余项产、学、研对接项目正在进行中。有肝移植新技术研究、冠状动脉搭桥术(CABG)在冠心病治疗中的应用、胚胎植入前遗传学诊断技术(PGD)在防止遗传病患儿出生中的应用、胰肾联合移植的动物实验及临床应用研究、中药对平滑肌作用的分子机制研究,抗癌药物作用的分子机制和新靶点研究,用孕妇外周血胎儿细胞进行产前基因诊断的研究、慢性脊髓压迫及减压后骨骼肌萎缩机制的实验研究、二步法筛检胃癌的研究等。

在科技成果的推广应用中,学院还注意通过多种渠道,以多种形式,促进技术商品化,不断扩大成果。一是积极参加各地举办的技术交易会,通过技术市场把学校的科技成果、新技术及"短、平、快"项目尽快地推广应用,同时进行咨询服务工作。1988 年,在甘肃省科学技术展览会上,学院 24 项科技成果参展,并被评为优秀展团。1991 年,学院举办大型的教学科研成果展览,100 余件教研成果被展示。1992 年,在首届丝路节科技展览交流会上,有 13 项成果参展,其中 2 项获金奖,2 项获银奖,5 项获优秀奖,并被大会评为优秀展团。二是通过散发科技成果选编、科技服务手册进行宣传介绍,给各地区、各企业广泛提供信息,以便加强联系。三是在科技成果转让和新产品的开发过程中,注意为地方和企业开办各种类型的短训班培养人才。从 1990—2003 年,学校举办各种新技术、新产品讲习班 20 余次,培训各类人员 1300 多人次。

进入 21 世纪以后,学院根据自身的专业优势和特点,结合甘肃产业调整的方向及中药现代化事业发展的要求, 确定以中药现代化和新药研究与开发为应用研究方向,以医学分子生物学为基础研究方向,努力建成甘肃省乃至西部地区在新药研究和开发方面从基础研究、应用开发、中试放大、临床试验为一体的科学、全面、系统、完整的中药现代化试验基地。主要目标是:

(1)按照国家药监局《药品非临床研究管理规范》(GLP)要求,2006 年内将学院的医药实验研究中心建设成我省新药临床前安全性评价研究基地, 完全符合国家标准。这将极大提高甘肃新药研究和开发能力。

(2)建成符合 GLP 的动物实验中心,2004 年已完成 5280 平方米基建及安装工程,计划 1~2 年内完成试运转并取得国家认证资格,到时运行机制将按国际惯例进行,全国的新药临床前安全评价都可在学院开展。

(3)建成中药现代化临床前研究基地,包括药理学、毒理学、中药制剂与工艺学等重点实验室,用现代药理研究方法研究中药单方、复方的药理学、毒理学,用分子生物学的手段深入研究中药的作用机理,为中药制剂及中药材的研究奠定理论基础,提供科学依据。

(4)建成中药标准化实验室,用现代化检测分析技术及先进仪器设备,研究中药材、中药饮片及中药制剂的化学成分。并结合承担“甘肃省道地药材指纹图谱质量标准研究”项目, 运用现代化中药技术——色谱指纹图谱设计科学、规范的质量控制方法,为中药制剂及中药材提供科学规范的质量标准。与药厂密切合作,解决药厂中药制剂质量控制标准及含量测定的难题,使我省中药产品质量大大提高,为中药走向国际市场提供技术保障。

(5)对甘肃省中药、藏药资源做进一步普查,为充分利用甘肃现有药材资源提供准确可靠的资料,2004 年出版了《甘肃省中草药资源志》,争取尽快建成我省第一个集“甘肃中草药资源志”图文印刷版、光盘版、实物标本室三位一体的中药学基础实验室。

(6)开展制剂及工艺开发研究。本省中药现有剂型主要是丸剂、片剂、薄膜包衣片、颗粒剂等,拟用现代化药剂学方法,对中药剂型进行研究,制成靶向型、控释性制剂。同时立足甘肃药厂实际,改进现有剂型,使全省中药制剂水平不断提高,在国内外天然药物市场上占更多的份额。

(7)新药研究。针对当前国际国内研究动向,主要从抗肿瘤、心血管、糖尿病、抗衰老、防治镍等重金属中毒、治疗地方病(如包虫病)及藏药等方面进行新药开发研究,筛选疗效高、安全可靠的组方,再结合本省地道药材进行中药新药的研究。2006 年内,完成 3~5 个三、四类新药开发,扩大甘肃中药新药的品种和数量。

(8)对中药及藏药有效成分单体及有效部位进行提取、分离、工艺研究、药效学研究,寻找高效低毒的药品,为研究中药二类新药乃至一类新药打下坚实的基础。

(9)建成中药现代化研究及市场信息中心。以学院医学情报检索中心为基础,对中药研究中心进行数字化、电脑化管理,进一步扩大中药信息资料库,同时将甘肃中药信息与全国乃至全世界中药信息联网, 为中药研究开发提供最新最可靠的信息及资料。

(10)加强与国内外协作,论证基因芯片研究开发的可能性,充分利用区位优势,积极创造条件,抢占医学研究的前沿,实现医学研究与开发的跳跃式发展。

第六节　学术刊物

一、《兰州医学院学报》

反映医学科研成果和学术动态的《兰州医学院学报》创刊于 1958 年。

1959 年 2 月 27 日,成立学报编委会。主任委员王文义,副主任委员王光清、杨英福,委员何裕、刘星元、宫敬忠、张爱诚、张从辛、杨浪明、韩哲生。《兰州医学院学报》从 1959 年开始正式编辑出版,作为不定期刊物内部交流。

《兰州医学院学报》"文革"期间停止出版,改由训练部医疗科技组编辑内部资料《中西医结合资料汇编》共 10 期,印刷后在全国范围内与有关单位进行资料交流。

1979 年,《兰州医学院学报》复刊。

1983 年,经中共甘肃省委宣传部批准,作为季刊开始向全国发行征订,同全国 29 个省、市、自治区 850 多个医药院校、医疗单位建立了资料交流关系,并被纳入国际联机检索系统。

1986 年,《兰州医学院学报》获得国际标准连续出版物编号 ISSN1000-2812, 进入国际行列。同年, 加入中国高等学校文献数据库建设发展系统,CUJA 系统,代码 E62050A,发行量增至 800 余册。

1989 年,《兰州医学院学报》不断提高编辑质量,被甘肃省高等院校学术期刊编辑研究会评为 1988 年度自然科学编辑质量二等奖。

1990 年,《兰州医学院学报》由铅印改为激光照排胶印出版,质量有了进一步提高,年发行量达 1 500 册。被中国生物医学文献数据库、中文生物医学期刊数据库、中国学术期刊综合评价数据库、中国期刊网、中国学术期刊(光盘版)、中国生物学文摘、中国药学文摘、全国报刊索引等多家大型数据库和检索系统作为来源期刊。

2000年来,《兰州医学院学报》编辑委员会的主要组成为:主任委员赵健雄;副主任委员景涛、朱任之、张合龙;编委(按姓氏笔划为序)王为民、史大中、傅梧、白维仁、吕吉臣、朱玉贞、肖卫、李进文、李新芳、吴勇杰、余占海、杨永健、杨克虎、张本忠、张虹、陈万木、金玉、郑林科、赵玉元、侯一平、武三卯、段国兰、寇治民、瞿颂义。常务编委白维仁、肖卫、李新芳、赵玉元、段国兰、瞿颂义,主编赵健雄,副主编景涛、白维仁、李新芳。

1958—2004年,《兰州医学院学报》共刊登科学论文3 100余篇,已发展成为国内外公开发行的综合性医学学术期刊,特别是在反映西北与甘肃医学科学发展最新研究成果和学术动态方面,促进医学科学的研究和交流方面作出了巨大的贡献,为中国医学科学文献留下了宝贵的文献资料。

二、《优生与遗传》杂志

1979年,在学院支持下,由医学遗传学李崇高教授倡导并创办《优生与遗传》杂志,开始为年刊,一年一期,甘肃省新闻出版局批准"内部交流"刊号。1982年底出刊第一期,其内容主要是刊出1981年在北京召开的优生学科普会的资料,如栗秀贞主任的讲话、严仁英教授的发言、宋鸿钊教授的总结发言和卢惠霖教授关于优生学的三点建议,以及李崇高教授优生学的历史回顾与展望等等。

1988年起,经甘肃省新闻出版局正式批准,并发给《报刊登记证》,刊号为(甘新出字)第3102号,作为半年刊正式出版发行,以后又改为季刊。杂志受到全国各地同行欢迎,投稿渐多。起初既不收发表费也没有稿费,只把印出的杂志多送若干本代稿酬。1995年,随着李崇高教授退休至北京,加上国家对各种期刊管理的新规定出台,《优生与遗传》杂志脱离学院。后在李崇高教授数年不懈努力下,1995年终经卫生部期刊处和国家科委期刊处批准,作为国家级刊物归卫生部主管,中国优生科学协会主办,刊物更名为《中国优生与遗传杂志》,主编仍是李崇高,中国优生科学协会会长林佳楣担任名誉主编。《中国优生与遗传杂志》到2006年被正式批准改为月刊。该杂志从1982年创办直到2006年,从不定期,经过年刊、季刊、双月刊直到月刊,先后经过24年时间。

第七节　科研成果

1978年以来,学院共承担各类科研课题1 000余项,其中获省部级以上科技奖160余项。出版学术专著109部,在国内外学术刊物发表论文4 506篇,其中被SCI收录84篇。

表 7-3　1978—2004 年学院获国家级奖和省部级奖项目

序号	成果名称	课题负责人	时间	获奖级别
1	烈香杜鹃防治慢性气管炎的研究	兰州医学院	1978	全国科学大会奖 甘肃省科学大会奖
2	中西医结合诊断分型治疗慢性气管炎	刘宝厚	1978	全国医药卫生科学大会奖
3	泌尿系结石的研究	沈绍基	1978	全国医药卫生科学大会奖 甘肃省科学大会奖
4	"317"注射治疗前列腺肥大症	附属二院	1978	全国医药卫生科学大会奖
5	针刺麻醉应用于颅脑外科手术	附属二院	1978	全国医药卫生科学大会奖
6	蚤类的研究,米氏谜蚤在我国之发现及缩栉属新属的发现	刘德山	1978	甘肃省科学大会奖
7	国产聚丙烯酰胺(三号絮凝剂)毒性研究	兰州医学院	1978	甘肃省科学大会奖
8	止咳酮(4-苯基丁-2及复合成品)的研究	兰州医学院	1978	甘肃省科学大会奖
9	自制半导体电磁铁治疗球内异物及严重并发性白内障的治疗	郑效惠	1978	甘肃省科学大会奖
10	黑热病的研究、大沙土鼠携带利什曼原虫和司氏白蛉在我国首次发现	曹和洵	1978	甘肃省科学大会奖
11	甘肃中药志	赵汝能	1983	甘肃省科技进步奖
12	医用同位素167铥的研制及其在诊断肿瘤的实验研究和应用	杨志忠	1985	甘肃省科技进步一等奖
13	人体包虫增殖生长的光镜显微观察	蒋次鹏	1985	国际米格尔·贝佐特别奖
14	人体包虫增殖生长的研究	蒋次鹏	1987	国家自然科学三等奖
15	胃肠肌电活动的研究	张经济	1987	国家教委科学技术进步二等奖
16	胃肠电活动临床应用理论研究	张经济	1989	国家教委科技进步三等奖
17	胃寒症与胃热症与胃液中前列腺的关系及其机理探讨	许自诚	1990	国家中医药管理局科技进步三等奖
18	敦煌医学研究	赵健雄	1990 1991	甘肃省科技进步一等奖 国家科技进步三等奖
19	敦煌医粹	赵健雄	1989 1991	西北、西南优秀科技图书一等奖 首届全国优秀医史文献图书及医学工具书银奖

续表 7-3

序号	成果名称	课题负责人	时间	获奖级别
20	血气分析与酸碱测定的建议分析检索	袁赞弟	1992	解放军武警部队卫生科技进步二等奖
21	颅内压与颅内压增高	韩哲生	1993	卫生部科技进步三等奖
22	西北地区继续医学教育(CME)方法和途径的探索与实践	郜瑞生	1997	普通高等学校国家级教学成果一等奖
23	再障贫血的临床与基础理论研究	马兰芳	1980	甘肃省科技进步二等奖
24	猪凝血酶的研制	沈绍基	1985	甘肃省科技进步二等奖
25	慢性萎缩性胃炎中西医结合治疗方法的研究	许自诚	1986	甘肃省科技进步二等奖
26	国家级新药——竹叶椒片	叶光华	1991	甘肃省科技进步二等奖
27	细胞因子对造血细胞调控作用的研究	卯新民	1994	甘肃省科技进步二等奖
28	脑水肿与离子泵关系的研究	缪中荣	1995	甘肃省科技进步二等奖
29	辅酶 Q10-I2 活性显示心脏传导末的动物实验研究	程彦斌	1995	甘肃省科技进步二等奖
30	贲门形态与功能的 X 线研究	沈国强	1995	甘肃省科技进步二等奖
31	WG 快速细胞学检查法的创建及其在肿瘤诊断中的应用	裴芳君	1995	甘肃省科技进步二等奖
32	甘肃省漳县多房棘球绦虫动物宿主、人泡球蚴病流行病学调查及泡球蚴病传播动力学研究	史大中	1996	甘肃省科技进步二等奖
33	中医药辨证论治慢性胃炎的动物实验、临床及超微结构研究	赵健雄	1996	甘肃省科技进步二等奖
34	恶性胸腔积液诊治的系列研究	郭胤士	1998	甘肃省科技进步二等奖
35	棘球绦虫和包虫病	蒋次鹏	1998	甘肃省科技进步二等奖
36	小儿肾病综合征钙、维生素 D、甲状旁腺功能及骨代谢系列研究	金玉	1998	甘肃省科技进步二等奖
37	硒的抗肿瘤免疫调节作用研究	魏虎来	1998	甘肃省科技进步二等奖
38	旁观肿瘤患者肿瘤坏死因子 a、白细胞介素-2、透明质酸的临床应用研究	钟甘平	1998	甘肃省科技进步二等奖
39	扶正补血冲剂治疗镍毒所致免疫和造血功能降低的研究	赵健雄	1998	甘肃省科技进步二等奖
40	膀胱癌细胞凋亡的诱导和顺铂(CDDP)诱导凋亡 P-53-Wt 和 C-Ha-ras 基因的表达	陈一戎	1998	甘肃省科技进步二等奖
41	肿瘤坏死因子(TNF)对膀胱癌细胞的抗癌机理及影响因素探讨	王志平	1998	甘肃省科技进步二等奖

续表 7-3

序号	成果名称	课题负责人	时间	获奖级别
42	胃动力药及应激对消化道平滑肌电活动(运动)的影响	李红芳	1999	甘肃省科技进步二等奖
43	扶正补血冲剂的研制及其抗肿瘤扶正解毒作用的动物试验和临床研究	赵健雄	1999	甘肃省科技进步二等奖
44	急性脑外伤脑水肿脑脊液兴奋性氨基酸及其与临床、ICP、CPP 和 CT 的关系	张新定	1999	甘肃省科技进步二等奖
45	糖尿病患者胰岛 B 细胞功能与肿瘤坏死因子关系的研究	刘 静	1999	甘肃省科技进步二等奖
46	氨基甙类抗生素耳毒性的保护剂——多聚天门氨酸的药效和毒理作用的实验研究	郭玉芬	2000	甘肃省科技进步二等奖
47	胃肠运动及其促动力药的研究	郑天珍	2000	甘肃省科技进步二等奖
48	皮质—脑干—脊髓系统的形态学研究	白德成	2000	甘肃省科技进步二等奖
49	病残儿的病因学调查研究及其防护对策	岳凤珍	2000	甘肃省科技进步二等奖
50	中药对硫酸镍致心肝肾睾丸损伤防治作用的实验研究	赵健雄	2001	甘肃省科技进步二等奖
51	利用巢式逆转录 PCR 扩增技术检测外周血前列腺癌细胞	陈一戎	2001	甘肃省科技进步二等奖
52	铁筷子多糖对肿瘤生长抑制作用的实验研究	刘 昕	2001	甘肃省科技进步二等奖
53	高效液相色谱法测定脑脊液中兴奋性氨基酸方法评价	张 虹	2002	甘肃省科技进步二等奖
54	分化诱导剂 HMBA 对粘液表皮样癌细胞增殖和凋亡基因调控的实验研究	王丽京	2003	甘肃省科技进步二等奖
55	白血病细胞获得性耐药的干预对策研究	魏虎来	2003	甘肃省科技进步二等奖
56	党参、黄芪、陈皮、枳实等中草药对胃肠运动的影响系列研究	郑天珍	2003	甘肃省科技进步二等奖
57	肝移植的动物实验和临床研究	李玉民	2003	甘肃省科技进步二等奖
58	血浆中中药活性成分的高效液相色谱测定方法及其在药代动力学中的应用	武新安	2003	甘肃省科技进步二等奖
59	房室结改良时特征性心电改变与房室结传导功能及三度房室传导阻滞的关系	张钲	2003	甘肃省科技进步二等奖
60	桃耳七中鬼臼毒素衍生物 GP1 诱导人肝癌、胃癌细胞凋亡及其机理的实验研究	马 力	2004	甘肃省科技进步二等奖
61	尿结石结构的偏光显微镜和扫描电镜的观察	何家扬	1983	甘肃省科研成果三等奖
62	甘肃省异常血红蛋白的调查研究	马兰芳	1985	甘肃省科技进步三等奖

续表 7-3

序号	成果名称	课题负责人	时间	获奖级别
63	儿童血压正常值及高血压诊断标准的研究	高履勋	1985	甘肃省科技进步三等奖
64	藏药独一味的研究及其产品独一味片的研制	张兆林	1985	甘肃省科技进步三等奖
65	兰州地区 759 例健康小儿及成人 HbA_2 及 HbF 检测结果的报告	赵国瑞	1985	甘肃省科技进步三等奖
66	丹佛智能发育筛查法在兰州市正常儿童中再标准化	刘筱坤	1986	甘肃省科技进步三等奖
67	甘肃省学生体质健康状况的研究	黄兆武	1986	甘肃省科技进步三等奖
68	慢性肾炎中医辨证分型与血液流变学的研究	刘宝厚	1988	甘肃省科技进步三等奖
69	免疫肾病病原体的研究	陈一戎	1988	甘肃省科技进步三等奖
70	病毒性乙型肝炎特异性实验诊断的研究	刘逢举	1988	甘肃省科技进步三等奖
71	胃液分泌性 IgA 的 ELISA 和 SRID 法检测与 PH 关系及对胃癌诊断筛选价值的研究	马力	1988	甘肃省科技进步三等奖
72	皮肤病教学模型	石仁琳	1989	甘肃省科技进步三等奖
73	聚丙烯腈碳纤维的实验研究和应用	冯守诚	1989	甘肃省科技进步三等奖
74	兰州地区新生儿先天性髋关节脱位普查及早晚挽具治疗临床观察	冯守诚	1989	甘肃省科技进步三等奖
75	丙烯腈慢性中毒诊断指标的研究	戴国栋	1991	甘肃省科技进步三等奖
76	骨形态发生蛋白(BMP)的提取及其临床应用的研究	孙正义	1993	甘肃省科技进步三等奖
77	脑内组织移植的实验研究	裘明德	1993	甘肃省科技进步三等奖
78	镁与心力衰竭的研究	关梅玮	1993	甘肃省科技进步三等奖
79	膀胱肿瘤侵润淋巴细胞的实验研究	陈一戎	1995	甘肃省科技进步三等奖
80	现代白内障囊外摘除术及人工晶体植入术应用系列和推广应用	李浒源	1995	甘肃省科技进步三等奖
81	细胞因子对前列腺增生及前列腺癌细胞的调节	王志平	1996	甘肃省科技进步三等奖
82	脑水肿研究系列论文	裘明德	1996	甘肃省科技进步三等奖
83	免疫细胞化学 ABC 法检测 P-170 在急性白血病中的表达及意义	张连生	1997	甘肃省科技进步三等奖

续表 7-3

序号	成果名称	课题负责人	时间	获奖级别
84	非创伤性产前基因诊断方法研究——孕妇外周血中胎儿有核红细胞分离纯化与鉴定	李智	1997	甘肃省科技进步三等奖
85	红细胞免疫功能在泌尿系肿瘤中的应用研究	段建敏	1998	甘肃省科技进步三等奖
86	涎腺良恶性肌上皮瘤的病理学研究	王丽京	1998	甘肃省科技进步三等奖
87	敦煌医粹	赵健雄	1998	甘肃省科技进步三等奖
88	急性白血病多药耐药机制及其逆转治疗的临床研究	张连生	1998	甘肃省科技进步三等奖
89	瘤段骨超声灭活再植与瘤细胞培养敏感药物治疗骨肉瘤研究	张祥生	1998	甘肃省科技进步三等奖
90	活血化瘀中药治疗再障、白血病的实验研究	王镜	1998	甘肃省科技进步三等奖
91	天然香豆素异秦皮定和天然黄酮川陈皮素的全合成	陈万木	1998	甘肃省科技进步三等奖
92	红细胞免疫功能在泌尿系肿瘤中的应用研究	段建民	1998	甘肃省科技进步三等奖
93	腰椎管疾患对马尾神经的影响及显微外科治疗	孙正义	1998	甘肃省科技进步三等奖
94	健康小儿 $\beta2$-微球蛋白正常值及其临床研究	熊海金	1998	甘肃省科技进步三等奖
95	肛肠疾病防治手册	韩书恩	1998	甘肃省科技进步三等奖
96	表皮生长因子对人离体胎盘分泌孕激素的影响	杨永秀	1998	甘肃省科技进步三等奖
97	镍中毒指标的研究	朱玉真	1998	甘肃省科技进步三等奖
98	肺癌的光镜、电镜及免疫组织化学研究	赵俊生	1998	甘肃省科技进步三等奖
99	T-AK 细胞及其活性增强剂的应用基础研究	魏虎来	1998	甘肃省科技进步三等奖
100	高效液相色谱法在医药研究中的应用研究	李亢宗	1998	甘肃省科技进步三等奖
101	临床艾滋病	王镜	1998	甘肃省科技进步三等奖
102	RIL-4 和 IFN-γ 对哮喘患者体外 IgE 合成调控的研究	刘晓菊	1998	甘肃省科技进步三等奖
103	胆结石的灌注溶石研究	李玉民	1998	甘肃省科技进步三等奖
104	甘肃省城乡糖尿病和糖耐量减低的流行病学调查	彭兴	1998	甘肃省科技进步三等奖

续表 7-3

序号	成果名称	课题负责人	时间	获奖级别
105	腹腔镜胆囊切除术复杂困难病例处理技巧的临床研究	李徐生	1998	甘肃省科技进步三等奖
106	甘肃糖尿病流行特点的研究	吴纬	1998	甘肃省科技进步三等奖
107	用 c/b 比率及 AI 评价 DDH 治疗后髋臼发育的临床应用研究	汪玉良	1999	甘肃省科技进步三等奖
108	骨髓增生异常综合征的细胞遗传学及其临床意义	柴晔	1999	甘肃省科技进步三等奖
109	人类脑星形细胞瘤中 P 基因及 PCNA、CFAP、VIM、S-100 等蛋白的免疫组化研究	裴明德	1999	甘肃省科技进步三等奖
110	临床检验室间质量评价信息管理系统的研制	刘思忠	1999	甘肃省科技进步三等奖
111	吸烟对血浆内皮素 TNF 影响的研究	金春辉	1999	甘肃省科技进步三等奖
112	Rb 蛋白在恶性血液病的表达及临床意义	易良才	1999	甘肃省科技进步三等奖
113	沙棘油胶丸药学、药效及临床研究	程体娟	1999	甘肃省科技进步三等奖
114	丙烯腈乙醇联合毒性作用研究	肖卫	2000	甘肃省科技进步三等奖
115	甘肃产中草药有效成分(甘草黄酮、刺五加甙等)提取分离及工业化工艺的研究	封士兰	2000	甘肃省科技进步三等奖
116	尼膜通对血胰屏障通透性的临床实验研究及其在急性胰腺炎治疗中的临床应用研究	王琛	2000	甘肃省科技进步三等奖
117	食道心房调搏诊断房室结双径路标准探讨	杨成悌	2000	甘肃省科技进步三等奖
118	急性脑外伤脑水肿 NO 及其与临床 EAA、ICP 的相关研究	裴明德	2000	甘肃省科技进步三等奖
119	高压氧治疗重度颅脑损伤后临床、脑电地形图、血浆内皮素及经颅超声多普勒的研究	葛朝明	2000	甘肃省科技进步三等奖
120	D-二聚体测定与小儿肾病高凝状态关系的探讨	李宇宁	2000	甘肃省科技进步三等奖
121	氟喹诺酮类药物的应用开发研究	李平	2000	甘肃省科技进步三等奖
122	骨碱性磷酸酶测定早期诊断新生儿先天性佝偻病的临床研究	雷晓燕	2000	甘肃省科技进步三等奖
123	直肠出口梗阻性便秘的诊断、治疗方法的探讨	闫于悌	2000	甘肃省科技进步三等奖
124	IHC-66 心肌保护作用与抗心律失常作用机理的研究	高明堂	2001	甘肃省科技进步三等奖
125	消化道内镜高压喷雾器的研制	黄晓俊	2001	甘肃省科技进步三等奖

续表 7-3

序号	成果名称	课题负责人	时间	获奖级别
126	术后疼痛与前列腺素的相关性及对甲状腺激素的影响	马永丰	2001	甘肃省科技进步三等奖
127	胎儿窘迫孕妇血及脐血一氧化氮及其与新生儿窒息的相关研究	周梅	2001	甘肃省科技进步三等奖
128	突变型 hTNFa 重组体的构建及其在人膀胱癌细胞株 EJ 中的表达	陈一戎	2001	甘肃省科技进步三等奖
129	一氧化氮、内皮素在循环功能中的调控地位与感染性休克关系的实验研究	郝刚	2001	甘肃省科技进步三等奖
130	兰州市小儿铅中毒的调查研究	熊海金	2001	甘肃省科技进步三等奖
131	肝脏动态增强 CT 的研究	周良平	2001	甘肃省科技进步三等奖
132	腹腔镜手术在肝胆管结石患者治疗中的临床应用研究	高世昌	2001	甘肃省科技进步三等奖
133	自由基与胆道疾病关系的临床研究	张岫兰	2001	甘肃省科技进步三等奖
134	葡萄膜炎基础与临床系列研究	卢弘	2001	甘肃省科技进步三等奖
135	子痫与气象条件的研究	杨毓琴	2001	甘肃省科技进步三等奖
136	兰州地区肺炎支原体感染状况调研	董惠芳	2001	甘肃省科技进步三等奖
137	多层面螺旋 CT 胆道成像技术的研究	郭天康	2002	甘肃省科技进步三等奖
138	扶正抑瘤汤对肿瘤细胞周期及 NF-KB 表达影响的实验研究	赵健雄	2002	甘肃省科技进步三等奖
139	改良一步法富集母血中胎儿细胞在产前诊断中的应用研究	李智	2002	甘肃省科技进步三等奖
140	尿系列酶测定对新生儿疾病肾功能的评价及临床研究	陈虹	2002	甘肃省科技进步三等奖
141	妇科恶性肿瘤与止凝血	马路琪	2002	甘肃省科技进步三等奖
142	卡介苗接种后 T 淋巴细胞亚群的水平及影响因素的研究	林丽星	2002	甘肃省科技进步三等奖
143	抗生素应用与病原微生态学关系的研究	白亚娜	2002	甘肃省科技进步三等奖
144	人体颞下颌关节盘突复合体生物力学研究	康宏	2002	甘肃省科技进步三等奖
145	氧自由基对泌尿系肿瘤发生发展作用的研究	王志平	2002	甘肃省科技进步三等奖
146	心肺复苏期间应用血管升压素的临床研究	李培杰	2002	甘肃省科技进步三等奖
147	人群包虫病流行病学调查方法的标准化研究	程宁	2003	甘肃省科技进步三等奖
148	三硝基甲苯慢性职业中毒预防对策的研究	李芝兰	2003	甘肃省科技进步三等奖
149	种植体牵张成骨增高牙槽嵴的实验研究	刘斌	2003	甘肃省科技进步三等奖

续表 7-3

序号	成果名称	课题负责人	时间	获奖级别
150	南沙参化学成分及南沙参多糖对辐射损伤的防护作用	杨永健	2003	甘肃省科技进步三等奖
151	脊髓缺血再灌注损伤后神经功能恢复的实验研究	孙正义	2003	甘肃省科技进步三等奖
152	PR、PCNA、Bc1-2 在子宫肌瘤中的表达及米非司酮对它们影响的研究	周梅	2003	甘肃省科技进步三等奖
153	颅内肿瘤立体定向伽玛刀放射治疗的临床研究	张永权	2003	甘肃省科技进步三等奖
154	小儿感染性腹泻诊断和治疗系列研究	金玉	2003	甘肃省科技进步三等奖
155	电视腹腔镜治疗肝、腹腔包虫病的临床研究	李徐生	2004	甘肃省科技进步三等奖
156	应用 CDFI 对妊高症患者子宫肾脏血流变化及胎儿宫内生长状态的研究	车岩	2004	甘肃省科技进步三等奖
157	狼疮肾炎 Th2 细胞活化及其激活机制研究	夏延龄	2004	甘肃省科技进步三等奖
158	脑外伤后血浆的变化及其与临床、CT、颅内压、脑灌注压和 TCD 的相关研究	潘亚文	2004	甘肃省科技进步三等奖
159	血管内皮生长因子的表达与卵巢肿瘤恶性度相关性研究	张润玲	2004	甘肃省科技进步三等奖
160	阿片依赖患者的血液流变学、TCD、EEG 及临床研究	叶兰仙	2004	甘肃省科技进步三等奖

表 7-4　1995—2003 年 SCI 收录的学院教师代表性文章

序号	论文名称	发表日期	发表刊物名称
1	The first report of echinococcus multilocularis in domestic dogs in ZhangXian County of Gansu Province	1995,108(8): 615-7	Chinese Medical Journal
2	Simplified model of extraction of rare earth iron using emulsion liquid membrane	1997,128: 223-229	Journal Membrane Science
3	Antioxidative activity of 4-oxy-nitroxides and 4-hydroxy-nitroxides in tissues and erythrocytes from rats	1997,18(2): 150-4	Zhongguo Yaoli Xuebao
4	Awakening profiles of modafinil in sleep-deprived cats and its induction of brain c-fos expression pattern distinct from that caused by amphetamine or methylphenidate	1997,26:23	Sleep Research
5	Immunohistochemical Localization in the *Echinococcus multilocularis* (Em) Infected Liver of Em Antigens Reactive with Monoclonal Antibodies (mAbs) Raised Against Protoscolices	1998,16(1): 15-29	Y M J
6	Modulating effect of mitomycin or cisplatin on lymphokine-activated killer cell proliferation and antitumor activity to bladder cancer cell lines in vitro	1998,19(4): 369-72	Zhongguo Yaoli Xuebao
7	Ki-ras mutation and cell proliferation of lung lesions induced by 1-nitropyrene in A/J mice	1998,22(4): 258-264	Molecular Carcinogenesis
8	Effects of Dangshen on isolated gastric muscle strips in rats	1998,4(4): 354-356	World Journal Gastroenterol
9	Genotoxicity and chronic health effects of automobile exhaust: a study on the traffic policemen in the city of Lanzhou	1998,415(3): 185-190	Mutation Reserch
10	Regulation of reactive oxygen species and scavengers on human sperm functions	1998,8(5): 525	Progress in Natural Science

续表 7-4

序号	论文名称	发表日期	发表刊物名称
11	Alpha - 1 adrenergic receptors in liver plasma membranes of cirrhotic patients with portal hypertension: a quantitative study	1998,111(6): 507-9	Chinese Medical Journal
12	Role of superoxide anion on the proliferation and c - Ha - ras or p53 expression in prostate cancer cell line PC3	1998,26(5): 349-53	Urol Research
13	Excitatory amino acids in cerebrospinal fluid and their relations with clinical features and outcomes in acute head injury	1998, 111(11): 978-81	Chinese Medical Journal
14	Bibliometric analysis on asthma literature	1998,111(3)	Chinese Medical Journal
15	Alveolar echinococcosis in China	1998, 111(5): 470-5	Chinese Medical Journal
16	Modeling of Facilitated Transport of Phenylalanine by Emulsion Liquid Membranes with Di (2 - ethylhexyl) phosphoric Acid as a Carrier	1998,33(16): 2597-08	Separation Science and Technology
17	Immunohistochemical study of the origin of the laminated layer of Echinococcus multilocularis larva with monoclonal antibodies	1999,12(3): 207-209	Chinese Journal of Parasitic Disease Control
18	Basic fibroblast growth factor enhanced LAK cell cytotoxicities against human bladder neoplasm cells	1999, 20(3): 276-8	Zhongguo Yaoli Xue - bao
19	Hyperalgesia with reduced laser evoked potentials in neuropathic pain	1999, 80(1-2): 209-214	Pain
20	Synthesis, characterization and antitumor activity of ternary complexes of all - trans retinoic acid with rare earth metals	1999,47(3): 441-450	Journal Organometallic Chemistry
21	Effects of modafinil and amphetamine on sleep - wake cycle after sleep deprivation in cats	1999,20(9): 813-818	Zhongguo Yaoli Xue - bao
22	Deconvolution analysis for absorption and metabolism of aspirin in microcapsules	1999,22(11): 1212-6	Biology Pharmacol Bulletin

续表 7-4

序号	论文名称	发表日期	发表刊物名称
23	Iridoid glucosides from Caryopteris mongholica	2000,55(11): 845-7	Pharmazie
24	Synthesis, properties and biological activity of rare earth complexes of 5-fluorouracil-1-propionic acid	2000,52: 1-13	J Coord Chem
25	Effect of cholecystokinin and secretin on contractile activity of isolated gastric muscle strips in guinea pigs	2000,6(1): 93-95	World Journal Gastroenterol
26	Effect of retinoic acid and its complexes with transition metals on human bladder cancer cell line EJ in vitro	2000,28(3): 191-5	Urol Research
27	Study and observation of ultrastructure of calcium oxalate urinary stones in atomic force microscopy	2000,22(2): 100	Scanning
28	Constituents of Eremurus chinensis	2000,63(5): 653-6	J Nat Prod
29	Synthesis, characterization and antitumor activity of complexes of lanthanide nitrates with bis (2-Pyridyl-N-Oxide) disulfide	2000,30(10): 1995-2008	Synthesis and Reactivity in Inorganic and Metal-Organic Chemistry
30	Mass transfer resistance analysis of L-tryptophan extraction in an emulsion liquid membrane system	2000,35(16)	Separation Science and Technology
31	Agouti-related protein is a mediator of diabetic hyperphagia	2001,98(1-2): 69-75	Regul Pept
32	Effect of recombinant human basic fibroblast growth factor on acute inflammation in mice and rats	2001,22(4): 375-9	Acta Pharmacol Sin
33	An epidemiological survey of cystic echinococcosis among Tibetan school pupils in West China	2001,21(3): 235-8	Ann Trop Paediatr
34	Synthesis, Characterization and Antitumor Research of Tripicrate(2,2'-dithiobis (Pyridine-N-oxide)) Rare Earth (I) Complexes	2001,17(3): 427-430	Chinese Journal of Inorganic Chemistry

序号	论文名称	发表日期	发表刊物名称
35	Effect of recombinant human basic fibroblast growth factor on acute inflammation in mice and rats	2001,22(4): 375-9	Acta Pharmacol Sin
36	Preparation of New Polymer from 18β - Glycyrrhetintic Acid Derivative	2001,9(33): 704-707	Polymer Journal
37	Clinical, brain electric earth map, endothelin and transcranial ultrasonic Doppler findings after hyperbaric oxygen treatment for severe brain injury	2001,14(4): 387-90	Chinese Medical Journal
38	Homocysteine induces expressions of adhesive molecules on leukocytes in whole blood	2001, 114(12): 1235-9	Chinese Medical Journal
39	Design, Synthesis, Anticancer Pharmacology of Actinomycin D Analogues: 5,5' - MeSer2 - ActD and 5,5'-MeAla2-ActD	2001,17(3): 176-177	Chemical Research in Chinese Universities
40	Cladonia furcata polysaccharide induced apoptosis in human leukemia K562 cells	2001,22(8): 716-20	Acta Pharmacol Sin
41	Effects of recombinant human basic fibroblast growth factor on restenosis after arterial endothelial injury in rats	2001,22(10): 876-80	Acta Pharmacol Sin
42	Anti-inflammatory effect and mechanism of proanthocyanidins from grape seeds	2001,22(12): 1117-20	Acta Pharmacol Sin
43	Preparation of new polymer from podophyllotoxin derivative	2001,47(3-4): 223-230	Polymer Bulletin
44	Effect of progesterone on the contractile response of isolated pulmonary artery in rabbits	2001,79(6): 545-50	Can J Physiol Pharmacol
45	Effects of reactive oxygen species on lymphokine-activated killer cells in patients with bladder cancer	2002,23(3): 257-62	Acta Pharmacol Sin
46	Antioxidative activity of spin labeled derivatives of podophyllic acid hydrazide	2002,23(8): 727-32	Acta Pharmacol Sin
47	A study of the mechanisms involved in relaxation induced by 17-beta-estradiol in the isolated rabbit aorta	2002,266(2): 101-4	Arch Gynecol Obstet

续表 7-4

序号	论文名称	发表日期	发表刊物名称
48	A collective analysis on 54 cases of human myiasis in China from 1995—2001	2002, 115(10): 1445-7	Chinese Medical Journal
49	Reappraisal of mebendazole (vermox) efficacy for treatment of cystic echinococcsis (An analysis of 12 cases)	2002,15(2): 69-72	Bulletin Endemic Disease
50	Inhibition of beta - estradiol on trachea smooth muscle contraction in vitro and in vivo	2002,23(3): 273-7	Acta Pharmacol Sin
51	The role of superoxide anion in the regulation of epidermal growth factor or the expression and proliferation of its receptor in prostate cancer cell line PC3	2002,30(1): 48-52	Urol Research
52	Survey on cystic echinococcosis in Tibetans, West China	2002,82(3): 381-5	Acta Trop
53	Intraspinal endometriosis: a case report	2002,115(4): 622-3	Chinese Medical Journal
54	Today's regional distribution of echinococcosis in China	2002,115(8): 1244-7	Chinese Medical Journal
55	CTLA-4 gene A/G polymorphism associated with diabetes mellitus in Han Chinese	2002,115(8): 1248-50	Chinese Medical Journal
56	Effects of pollen extract EA-10, P5 on chronic prostatitis or infertility with chronic prostatitis	2002,23(11): 1035-9	Acta Pharmacol Sin
57	Phase transfer catalyzed synthesis of 1-aryloxy-acetyl-4-(2—methylphenyloxyacetyl)-thiosemicar-bazides under microwave irradiation	2002,32(20): 3107-3112	Synthetic Communications
58	Sensitization and apoptosis augmentation of multidrug - resistant human leukemia cells by anti - mdrl peptide nucleic acid and antisense oligodeoxyribonucleotide	2003, 24(8): 805-811	Acta Pharmacologica Sin
59	Prevalence of birth defects and rubella infection in pregnant women in Gansu, west China. A survey	2003,48(11): 869-74	J Reprod Med

表 7–5　学院教师代表性学术专著和教材

序号	著作名称	主编或独著	年代	出版单位
1	《应用胃肠病学》	杨英福	1954	上海广协书局
2	《物理学》(全国医药院校试用教材)	邝华俊	1957	人民卫生出版社
3	《临床神经眼科学》	韩哲生	1958	上海科学技术出版社
4	《皮肤病与性病学》	刘铭锐	1958	人民卫生出版社
5	《中国膏药学》	王光清	1962	甘肃人民出版社
6	《颅压增高的病理和临床》	韩哲生	1979	甘肃人民出版社
7	《冠心病的心电图诊断》	邝耀中	1981	甘肃人民出版社
8	《简明环境科学词典》	袁宝珊	1981	甘肃人民出版社
9	《古方新用》	权依经	1982	甘肃人民出版社
10	《中药汤剂煎服法》	权依经	1983	甘肃人民出版社
11	《医用物理学》	邝华俊	1984	人民卫生出版社
12	《泌尿外科基础》	史成礼	1985	甘肃人民出版社
13	《医用物理学》(全国统编教材)	邝华俊	1985	人民卫生出版社
14	《内科诊断与治疗》	刘宝厚	1986	甘肃科学技术出版社
15	《哺乳类细胞的超微结构》	侯家骥	1986	科学出版社
16	《敦煌医粹》	赵健雄	1988	贵州人民出版社
17	《博极医源的孙思邈》	赵健雄	1989	中国科技出版社
18	《创伤骨科临床必备》	冯守诚	1989	甘肃科学技术出版社
19	《老年泌尿外科学》	刘国栋	1990	甘肃科学技术出版社
20	《局部解剖学题解》	冯慎远	1992	人民卫生出版社
21	《卫生学》	王营通	1992	甘肃人民出版社
22	《颅内压与颅内压增高》	韩哲生	1993	甘肃科学技术出版社
23	《中国人胚胎发育时序和畸胎预防》	王先荣	1993	上海医科大学出版社
24	《临床骨科学基础》	朱任之	1993	甘肃科学技术出版社
25	《实用组织学与胚胎学》	侯家骥	1993	中国科技大学出版社
26	《临床艾滋病》	王镜	1994	协和医科大学出版社
27	《生物化学》	姚侃	1994	广东科技出版社
28	《农村医学问答》	王先荣	1994	人民卫生出版社
29	《皮肤病与性病诊疗》	武三卯	1994	甘肃科学技术出版社
30	《中医脏腑学说的研究与应用》	许自诚	1995	甘肃科学技术出版社
31	《急救医学进展》	陈天铎	1996	甘肃文化出版社
32	《人体寄生虫学》	曹和洵	1996	人民卫生出版社

续表 7-5

序号	著作名称	主编或独著	年代	出版单位
33	《泌尿外科进展》	陈一戎	1996	甘肃科学技术出版社
34	《性科学辑要》	史葆光	1996	甘肃科学技术出版社
35	《消化道生理与病理学——消化道基础与临床》	张经济	1998	广东经济出版社
36	《口腔基础医学》	王丽京	1998	兰州大学出版社
37	《病历与处方书写规范》	赵玉元	1998	兰州大学出版社
38	《冠心病的诊治》	刘铭	1998	甘肃文化出版社
39	《影像诊断 200 问》	何宁	1998	兰州大学出版社
40	《实用颅脑损伤》	张毅	1998	甘肃人民出版社
41	《心电图诊断标准》	杨成悌	1998	甘肃民族出版社
42	《妇产科精粹》	魏志英	1998	甘肃民族出版社
43	《病理学纲要》	李敏	1998	兰州大学出版社
44	《内科精粹》	马力	1998	甘肃民族出版社
45	《人类生殖调节源流与技巧》	史葆光	1998	广东人民出版社
46	《小儿腹泻诊治》	曹颖	1998	甘肃人民出版社
47	《院内感染预防及抗生素应用》	王世栋	1998	甘肃民族出版社
48	《内分泌疾病防治》	宁英远	1999	甘肃科学技术出版社
49	《护士角色及心理护理》	孟慧敏	1999	甘肃人民出版社
50	《泌尿外科进修医师必读》	刘国栋	1999	人民军医出版社
51	《医用基础化学》	武世界	1998	兰州大学出版社
52	《常见传染疾病保健问答》	冯庆荣	1998	甘肃科学技术出版社
53	《实用心电向量图图谱》	刘尚武	1999	甘肃民族出版社
54	《甘肃农村常见疾病的防治》	王惠兰	1999	甘肃科学技术出版社
55	《敦煌性文化》	史葆光	1999	广东人民出版社
56	《临床常用耳毒性药物使用规范》	郭玉芬	1999	华夏出版社
57	《第二次全国口腔健康流行病学调查》	董屿	1999	人民卫生出版社
58	《棘球蚴病的临床与基础研究》	蒋次鹏	1999	山东科学技术出版社
59	《医学分子生物学》	李兴玉	1999	兰州大学出版社
60	《包虫病科研论文集》	蒋次鹏	2000	中国专利文献出版社
61	《卫生学大辞典》	王营通	2000	青岛出版社
62	《环境污染物与人类健康》	袁宝珊	2000	兰州大学出版社
63	《推荐的每日膳食中营养素供给量》	王玉(译)	2000	中国标准出版社

续表 7-5

序号	著作名称	主编或独著	年代	出版单位
64	《心脏病遗传病学》	高秉仁	2000	人民卫生出版社
65	《袖珍药物手册》	于香安	2000	甘肃科学技术出版社
66	《胃脘痛的中西医结合治疗》	戴恩来	2000	甘肃科学技术出版社
67	《神经系统综合征纵览》	李东燕	2000	甘肃文化出版社
68	《葡萄膜炎研究与治疗》	卢弘	2000	兰州大学出版社
69	《老年心血管内科》	夏永阶	2000	甘肃民族出版社
70	《新编医学文献检索》	杨克虎	2000	甘肃教育出版社
71	《包虫病学》	蒋次鹏	2001	北京台海出版社
72	《肝胆寄生虫病学》	蒋次鹏	2001	天津科技翻译出版社
73	《弥漫性血管内凝血》	侯相麟	2001	兰州大学出版社
74	《睡眠呼吸暂停综合症基础与临床》	余勤	2001	兰州大学出版社
75	《尿道狭窄》	岳中瑾	2001	甘肃科学技术出版社
76	《衰老及抗衰老学》	何祥一	2001	北京学苑出版社
77	《新编医学英语》	王法吉	2001	兰州大学出版社
78	《新编临床检验参考值》	丁进芳	2001	甘肃文化出版社
79	《伽玛刀临床使用手册》	康笃伦	2001	甘肃科学技术出版社
80	《骨质疏松诊断与治疗》	徐香玖	2001	甘肃省人民出版社
81	《现代临床五官科学》	何祥一	2001	西安世界图书出版社
82	《医学特种检验与实验室诊断》	陈雪红	2002	人民军医出版社
83	《重建泌尿外科学》	陈一戎	2002	人民军医出版社
84	《妇科临床内分泌手册》	杨永秀	2002	兰州大学出版社
85	《汉英临床医学词汇》	赵玉元	2002	兰州大学出版社
86	《医学证据学》	张云德	2002	人民卫生出版社
87	《糖尿病保健手册》	田林红	2002	甘肃科学技术出版社
88	《出生缺陷干预工程指南》	白亚娜	2002	兰州大学出版社
89	《口腔颌面美容修复学》	余占海	2003	军事医学科学出版社
90	《神经外科新的实践》	裘明德	2003	兰州大学出版社
91	《甘肃中草药资源志》(上册)	赵汝能	2004	甘肃科学技术出版社
92	《口腔修复学理论与实践》	余占海	2004	军事医学科学出版社

表 7-6　1997—2001 年学院代表性优秀教学成果

序号	项目名称	获奖人	获奖名称、等级、时间
1	甘肃 CME 继续医学教育的探索与实践	郗瑞生等	甘肃省优秀教学成果一等奖,1997
2	生理学教学改革探索	徐敬东	甘肃省优秀教学成果一等奖,1999
3	教学、科研、生产为一体的实验动物学探索	孙以方	甘肃省优秀教学成果二等奖,1999
4	临床医学专业卫生学教学的探讨	孙应彪	甘肃省优秀教学成果二等奖,1999
5	关于急救医学进展的探讨	陈天铎	甘肃省优秀教学成果二等奖,1999
6	医学心理学教学课件与心理测验研究成果	郑林科	甘肃省优秀教学成果二等奖,2001

第八章　医疗卫生

　　为社会提供公共卫生服务,及时预防时疫,为群众解除病痛,助健康之完美, 始终是医学院校宗旨之一。医学院附属医院既是医学院医疗卫生工作的窗口,也是医学院面向社会和民众医疗卫生服务的主阵地。由于篇幅所限,本章概括记述的只是医学院直属附属医院的创立及医业发展历程、发展事件和发展成就。

第一节　甘肃学院医学专修科附设医院的创立

　　附设医院作为医学生的临床实习医院,与医学院基本同步历经变迁。

　　1932年11月, 甘肃学院为增设医学专修科并给医学专修科学生提供实习场所,在医学专修科尚未批复成立之前,就先行一步于1932年11月5日呈请甘肃省政府批准,将省属中山医院划归甘肃学院管理,作为甘院医科学生实习的附设医院,并委任李克生(甘肃静宁人) 为医院院长。

　　由于医院并非完全划归甘肃学院,于是邓春膏与省民政厅厅长林竞、教育厅厅长水梓共同签署了《商定中山医院拨归甘肃学院之办法》。办法规定:

　　(1)参照救济院之规定,医院拨归学校后,民政厅有监督之权; (2)凡关于公共卫生、紧急救济及预防时疫等项,民政厅有指挥该医院工作,并往各地施药诊疗之权;(3)医院院长之任用,由甘肃学院会同省民政厅委任,其余职员由学校委任;(4)医院经费,学院不得挪作他用,唯医科学生之实习费及实验物品等,得由医院开支,但消耗价值不得超过医院药品费3/10,不足数由学校补助;(5)医生之在学校服务者,应不妨碍医院工作。

　　当时的附设中山医院位于兰州市旧南关,院址宽大,适合养病之用。因原系官产,医院划归学校时,政府有关部门准备将院址土地、房屋出售。后学院再次向省政府呈递报告,认为"在医院方面,现有各房间均按医理上之需要,区分类别,特殊装置,移作他用,固不相宜,重新修改更不经济。甘院方面,若按时价接受,所需巨款,毫无着落,若停办医院,所设医科必受影响,省府拨归医院之事必将落空"①。经据理力争,省财政厅在第 27 号公函中答复甘肃学院:"现在该院即已拨归贵院附属,若一经出售,则另觅地点必费周折,拟将此项公产暂不出售,照旧借用,以免困难。"②

医院虽答应不出售,但却不是永远拨给甘院,而是暂时借用。设内、外、妇、产、儿、皮肤花柳、耳鼻咽喉、眼共 8 科,病床 50 张。共有医、护、工杂人员 59人,其中医护人员 30 人,医生多系北平大学医学院毕业生。医院设有院务会议,由医院院长及各科主任组成,院长为主席。每科设主任 1 人,另设药局主任 1 人、事务主任 1 人。医院事务进行概况每月终须向甘肃学院报告一次。经费由甘肃学院转请省府省库支领,每月 2 800 元。营业收入,每月约五六百元不等。1933 年 1 月,甘肃学院接收兰州中山医院为附设医院时,据当时接收清单统计,全院医疗设备和医疗器械,包括钳、夹、刀、剪、锤、针管、玻璃器皿等,除破坏不堪的 25 件外,各类大小医疗器械共 429 件。从 1934 年起,每天门诊人数 60 人左右,在兰州可算首屈一指,为当时兰州市声誉较高的公立医院。

1933 年 5 月 1 日,甘肃省政府批准《甘肃学院附设中山医院暂行章程》。章程中规定,"此医院附属医科,专供医科学生实习,并办理诊治疾病及公共卫生、紧急救济、预防时疫等事宜。设院长一人综理院务,由甘肃学院院长召集临床各学科主任互选后聘任之,任期一年,但可连选连任"。

1933 年 6 月,附属医院院长李克生辞职。随后医院选举院长,得票名次依次为宋子安、张仲毅。宋子安坚辞不就,选出张仲毅为院长。裴晋轩等 7 人得知张仲毅为院长的消息,认为张仲毅为不合格大夫,上书邓春膏,建议不能委任张仲毅为院长。张仲毅到职不久便告吹,由邓春膏代理院长。此后,还有张仲毅、王景槐、宋子安、王兰亭等相继担任附属医院的院长。

1935 年 2 月寒假期间,利用甘肃学院医学专修科两万元开办费定购的 X光机、太阳灯等 62 箱仪器药品到货后,甘肃学院附设中山医院医疗设备情况才得以改观。

1936 年,医学专修科第一届学生毕业后,甘院医专即暂时停办,附设中山医院也由省政府收回,归并于甘肃省立兰州医院,直属省民政厅领导。

① 甘肃学院档案,6-(2)-4。
② 兰州大学档案,兰州大学档案馆藏,1-2-4(甘肃学院)。

第二节 国立兰州大学医学院附设医院的创立

一、国立兰州大学医学院附设医院的创立

1946年,在国立兰州大学医学院建设的同时,其附设医院的设立和建设也列入了议事日程。为设立附属医院,辛树帜曾于1948年1月31日呈请教育部:"现代医学院之教学,最重临床实习,而本校医学院之使命,在作育现代医学人才,供西北五省建设之需,开发边疆,巩固边防,均深利赖。但本校过去以建筑不敷,器材欠缺,致未能早日设立附属医院,教学殊感不便。本校新建大楼三幢业告落成,而器材方面,亦经钧部先后拨发应用。自当克日成立附属医院,以利教学。"①"医学教育之目标,要在作育富有伦理观念,具备创造能力之现代化医师人才。自本校医学院成立以来,其附属医院迄未设置,过去为迁就事实计,不得不商用兰州中山医院作为临时实习之用,但该院地址湫隘,收容实习学生为数甚少,其实习教材亦未尽符合教育标准。况该院与本校医学院相距甚远,使实习与教学之间,往往无法取得密切联系。至于人事管理、工作效率,与夫临床学科之教学表证诸种困难犹其次焉者也。近以兰州人口剧增,病人亦随以加多,使原有中央医院已无法适应,又何能兼顾本校学生之实习耶。"②鉴于上述原因和西北、甘肃地域辽阔,现代化医院和医务人员极度缺乏的现状,甘肃省卫生促进会及地方贤达之士,也一致要求国立兰州大学增设附设医院。③于是,在1948年2月7日,辛树帜再次敦请教育部批准设立兰大附属医院,编制计划158名,其中医职人员98人,工人40人,技工20人。1948年4月1日,教育部批准国立兰州大学医学院建立附设医院。院址在萃英门内,由原平房改修,设100张病床及员工宿舍,并拟另建门诊部1幢。1948年4月2日,教育部核准拨给兰州大学医学院附设医院增设病床开办费法币5 000万元。是年7月间,又拨附设医院修建补助费120亿元法币。

1948年12月,国立兰州大学医学院附设医院宣告成立,医学院院长乔树民兼任院长,1949年以后,院长由杨英福担任。医院成立之初,房舍破旧,地址狭小,面积仅3 000余平方米。仅设门诊部,设内科(主任杨英福兼)、外科(主任张季兰)、妇产科(主任陈宝珍)、小儿科(主任唐家琛)、五官科(主任吴衍

---

① 兰州大学档案,1-1-8(国立兰州大学)。
② 兰州大学档案,1-1-8(国立兰州大学)。
③ 兰州大学档案,1-1-8(国立兰州大学)。

光）、皮花科（主任刘铭锐）及化验室、检验室、药房等，专任医师、护士19人。医疗设备极缺，全院医疗器械总值仅8 000元。

1949年4月，成立住院部，同时建立手术室，始添置木板床32张，开始收治住院病人。此时正值国民党统治趋于崩溃之时，货币极度贬值，医院建设规划难以全面实施，人力、物力极度缺乏。医疗器械除有教育部将原配发给英士大学医学院逾期未领后指令拨给的24箱医药器械外，别无其他精密仪器，最好的设备为美制显微镜两架。外科器材寥寥无几，较复杂的手术根本无法进行，临床化验也仅能作一般常规检查。建院之初，形形色色的医疗作风和观点，在医院中广为泛滥，管理制度混乱，医务人员在院外兼职或开业者有之，医院收费很高。因此，到医院来就诊的病人很少。据1949年统计，门诊每天平均为29人，各科不过3~4人；住院部病床的使用率也很低，全年住院病人仅269人，全年业务收入不足3万元。当时群众反映"医院大门朝南开，有病无钱莫进来"。由于条件相当简陋，医学院学生均不愿到附设医院实习，1949年的实习学生仅5人。

新中国成立前夕，全院工作人员47人，其中医护人员23人，行政及勤务人员24人。主要有：美国芝加哥大学留学生、消化性疾病专家、我国开展胃镜检查术的先驱杨英福教授，美国明尼苏达大学留学生、内分泌学专家杨浪明教授，著名神经精神病学专家唐家琛教授，血液病学专家张爱诚副教授，外科学专家张季兰副教授。还有崔志孝、张令翔、张克信、冯守诚、王致和、刘铭锐等医师，护理部主任毛经纬，护士长何梅魂、毕莲香，护士杨白珍、麻灵芝，助产士刘顾，职工刘德成、牛治国等。

二、兰州大学医学院附设医院时期

新中国成立后，党和政府十分关心医疗卫生事业的建设和发展，附属医院在兰州大学及兰大医学院的支持下也获得新生。医院由国立兰州大学医学院附设医院改称为兰州大学医学院附设医院（老兰州市民俗称"兰大医院"），仍由杨英福担任院长。医疗专业队伍迅速得到充实和加强。1950—1953年，尹良培、檀吉元、史成礼、许自诚、刘尚哲、顾为秀、严炎、朱含璋、田贵祥、金国强、许晓琴、张兰仙、张汝翼、郑从周、王永铭、王肇普、何雪彦、熊天民、刘翰、逯志超、史培柱、汤文章、张训初、韩敬杰等相继来院工作，史成礼来院后任医务总干事，协助院长负责医疗工作。至1954年，医护及其他工作人员达到131名，是1949年的2.8倍。全院医疗专业科室已达13个，较1949年增加5个。

随着医疗设备的改善，面向社会服务的各类新技术、新业务相继开展。1950年10月22日，杨英福教授使用留学归国时带回的国内首台wolfschindler 半屈式金属胃镜,在王永铭医师的协助下开展了胃镜检查,并在首届中华医学会年会上作了题为《胃镜检查及其诊断价值》的学术报告,引起了极大反响,该论文 1953 年在《内科学报》(后改名为《中华内科杂志》)上发表后被一再引用,成为我国最早关于胃镜应用的一篇文献;1951 年,西北卫生部调拨一架美国产 30mA 分体式 X 光机,在此基础上,1952 年春,张令翔创建了放射科,利用简单的 X 线装置开展了常规的透视、拍片及口服造影剂检查,是省内最早开展此项检查的单位。1952 年,唐家琛教授从美国留学归来,创建了神经精神科,设病床 30 张,其中神经科病床 10 张、精神科病床 20 张,开展了腰穿、电休克、药物休克疗法,这是当时国内较早建立精神病房的少数几个医院之一。1952 年,从事外科工作的冯守诚从卫生部首届全国骨科医师学习班学成返院后即开展骨科业务,10 月 23 日,附院第一例开放性骨折内固定手术实施成功。1952 年 4 月 17 日,医师王云香为患者常德炎首次实施左侧青光眼手术。1953 年,刘振强创建了口腔科门诊,当时由于设备简陋,业务只以镶牙为主,兼做一些牙病治疗。

随着医院医疗作风及硬件设施的不断转变,门诊和住院人数大幅提高。1954 年,床位数已由 1949 年的 32 张增至 120 张。1954 年,门诊日均人数已达 227 人次,较 1949 年增长了 7.8 倍,住院人数已达 1 660 人次,较 1949 年增长6.2 倍。

表 8-1　1949—1954 年兰大医学院附设医院医疗工作情况一览表

项目\年限	门诊数	病床数	住院人数	治愈率(%)	病床周转次数	病床使用率(%)	均住院日
1949 年	9 335	32	269	71.4	8.4		
1950 年	32 235	32	572	83.5	17.8		
1951 年	35 099	50	929	79.6	18.58		
1952 年	57 746	80	1 003	78.6	12.5		
1953 年	58 150	80	1 164	86	14.5	87.8	
1954 年	82 709	120	1 660	89.8	20.75	88.0	13.5

第三节　兰州医学院附设医院的建立和发展

1954年9月1日,兰州大学医学院从兰州大学分出独立建院,更名为兰州医学院,其附设医院随之整建制划归兰州医学院,更名为兰州医学院附设医院,院址仍留在兰大萃英门旧址。

由于兰大萃英门院址地域狭小,扩展空间不大,兰州医学院附设医院在兰州医学院筹建时即有规划,按照当时统一领导、统一规划、统一建设的领导体制,建院土地在1953年时已由医学院垫资统一征得,约占地135亩。院址位于东稍门外下镇东路(现为兰州市城关区东岗东路),东面靠排洪沟,西面紧靠医学院中医教学大楼,南面连兰州卫生学校,北面接林荫大道。

1955年,医学院一期工程基本建成后,学校即向卫生部、省政府提出在新校址东侧新建附设医院的构想,获得应允。1955年6月,附设医院开始在现址兴建。依据上级"合理建筑、经济实用、稳步前进"的原则,首批建设主要项目为混合结构内科大楼1座,计划设病床457张,实际开设病床330张。另建有洗衣房、太平间、动物房、幼儿园和30户家属楼及宿舍平房等共35 466平方米。筹建工作由医学院建设委员会统一进行。筹建期间,为不影响教学与医疗工作的开展,内科、妇产科、小儿科、五官科暂与甘肃省综合医院合并。1957年8月,一期工程建成后,附设医院遂自萃英门旧址迁往东郊新址,合并科室回归。萃英门旧址则成为附设医院下属的门诊部。门诊病人需住院者,由专车送往东郊附设医院。1957年12月23日,兰州医学院附设医院更名为兰州医学院附属医院。

附设医院建院初期,按照杨英福院长"努力创建正规化教学医院、积极培养业务骨干、全力为防病治病服务"的办院方针,着力职工队伍建设、组织建设、制度建设、医疗作风建设,全力推进医疗、教学、科研工作规范化、上层次。在整顿医疗作风基础上成立制度编审委员会,初步提出医院组织大纲总则、医院管理制度、各级工作人员职责、临床工作制度等。例如,三级查房制度、交接班制度、病历书写制度、查对制度、疑难及死亡病例讨论制度、急救抢救制度、住院医师培养制度、会诊制度及业务学习讲座、文摘报告、学术讲座等,医疗工作开始走上正规发展轨道,医院管理、医疗质量、对患者的服务态度均受到社会各方面广泛赞誉。

这一时期,一大批著名医务工作者,一大批优秀的医科大学毕业生,积极响应中央支援大西北建设的号召,从全国四面八方纷纷来到医院工作,各专业都聚集了一批有影响的老、中、青结构较为合理的专业队伍，为医疗、教学、科研奠定了良好的基础，为医院不断发展壮大作出了不可磨灭的贡献。1954—1958年，相继调入医院工作的医生有：韩哲生、郑效惠、贾金章、赵怀玉、邝耀中、刘国栋、裴明德、刘宝厚、崔鹏龄、权修文、沙鹏图、郭景岳、陈世谋、陈庆和、赵彩兰、李浒源、李旭东、马崇德、刘筱坤、恩和巴图、张璇、曾石美、仇庆蕙、李光远、苏伦武、吴大兰、连瑞芳、关梅玮、王志宏、闵坤山、王亦秋、刘凤岗、刘逢举、赵国瑞、李炳生、邢祖林、邵景福、章世桢、吴寅、张苓芝、裴香林、马兰芳、陈化民、武国祥、倪才贤、孙春慧、马仲达、王莲初、薛镇西、吴永林、李新伟、李延青、崔有基、姚忠喜、戚俐珠、罗文翰、陈修诚等。到1958年，全院医护及其他工作人员已达452名，较1949年增加了9.6倍。

随着专业技术队伍不断扩大和增强，医院专业科室逐步完善，专业门类进一步细化、规范。1958年底，医院设置的行政科室有：事务科、财务科、人事科、保健科；临床医疗科室有大内科(包括循环、呼吸、消化三大专业组及检验科)、大外科(包括普外、心胸外、骨科、泌尿等专业组)、神经精神科、小儿科、妇产科、眼科、五官科、皮肤科、中医科、放射科、理疗科、药房、供应室、门诊部。

这一时期，广大医务工作者，在医院边建设、边工作的情况下，克服环境差、设备简陋的困难，艰苦奋斗，勇于创新，首创或引进100余项新业务、新技术。例如，在张令翔的领导下，放射科于1954年在省内率先开展了胆囊胆道、支气管、膝关节造影等特殊检查；1955年2月，尹良培教授实施的一例"二尖瓣闭式分离术"，为西北地区首例，同年7月19日实施了心包剥离术；1955年11月4日，檀吉元、尹良培首次完成了肺叶切除术，严炎、陈世谋医师首次开展了颅骨钻孔探查手术；1955年，刘尚哲首次开展白内障囊外摘除手术；1956年9月，韩哲生教授调入医院并筹建神经外科，当年即主刀实施甘肃省有史以来的第一例脑垂体瘤切除术，之后又陆续开展了气脑造影、脑室造影及大部分脑外伤手术。1956年，邢祖林负责开设了结核病专科门诊，开展了硬质气管镜检查，人工气胸、气腹、气管内滴入治疗肺脓疡，肺结核的防治；1958年，眼科郑效惠引进视网膜脱离巩膜缩短术，首创了球内异物取出术，改变了以往大部分复杂眼外伤眼内异物无法诊治或转外地治疗的局面；泌尿外科史成礼、刘国栋首创了膀胱全切乙状结肠代膀胱会阴造口术，尿道会阴折叠术等；1958年，脊髓空洞症引流手术成功，在国内尚属首例。1957—1958年，医院还开展了脾肾静脉吻合术、胆总管空腔吻合术、卵巢囊肿切除术、宫腔环型切除术、骨关节韧带成形术、中西医结合治疗骨折及各种先天性畸形的矫治、骨瘤、骨肿瘤的治疗以及心电图检查、传染性肝炎的防治、深度X线照射治疗溃疡病等。至

1958 年底,医院开放床位已由 1954 年的 120 张增至 386 张。日均门诊量达到 500 余人次,年门诊量由 94 992 人次增至 173 237 人次,年住院人次由 1 671 人次增至 2 738 人次,病床使用率达到 87.3%~96%。

1959 年 4 月,随着萃英门附属医院门诊部扩建为第二附属医院后,原附属医院东岗新址则更名为兰州医学院第一附属医院。

附属医院的分离工作是在学院领导组织下进行的,原则上根据两所附属医院地理状况、人员特点进行专业布局。在原附属医院两地管理干部保持不动的基础上,医技人员和其他辅助人员及药品器械一分为二;因附属一院距校本部近,便于临床教学和见习,侧重于教学医疗服务功能,二院则侧重于医疗教学服务功能;财务工作因年度即将过半,则从 1960 年 1 月起单独建立账目。床位及人员分配情况见表 8-2、表 8-3。

表 8-2　各临床科床位分配表

单　位	内科	外科	妇产科	小儿科	皮肤科	眼科	耳鼻喉科	精神神经科	中医科	简易病房	合计
附属一院	120	120	60	60		10	10		10		390
附属二院	40	120	35	20	15	20	20	80		120	470

表 8-3　各类人员分配表

单　位	医师	护理人员	病房卫生员	检验人员	药剂人员	行政人员	勤杂人员	其他技术人员	合计
附属一院	85	178	14	16	14	40	51	12	410
附属二院	89	187	15	17	15	42	53	13	431

第四节　兰州医学院第二附属医院的创立

1956 年 3 月,随着兰州大学搬迁至盘旋路新校址,兰州医学院第二附属医院的建设和发展问题受到重视。根据兰州市医院建设布局和医学教育发展规划,省政府原则同意原兰州大学校产大部划归附属医院所有,在附属医院门诊部的基础上,建设兰州医学院第二附属医院。1956 年 4 月 28 日,兰州市人民委员会(56)会厅密字第 139 号文批准划拨附属二院面积 134 059 平方米,合 201.0885 亩。1957 年兰州市人委先后又将医院东部, 面积为 32 535 平方米,合 48.85 亩用地划拨给甘肃省工业技校。1958、1959 年,又将医院西北角 20 519 平方米,合计 30.8 亩(含原兰大教室、篮球场、天山堂、贺兰堂、祁连堂等),划拨给兰州市十六中学(即现在的回民中学)。将医院西南角 3 952 平方米(早期兰大附小)划拨给地方萃英门小学。

1957 年,附属二院开始规划建设。由于所划地域原兰州大学基础设施尚可利用,当年,省计委仅确定萃英门附属医院基建工程全部投资总额 104 万元,工程项目包括:混合结构可设置病床 250 张的四层(部分五层)外科大楼一座,建筑面积 7 300 平方米 (实际建筑面积 7 834.9 平方米, 投资额 1 009 120.12元);修缮日门诊量 1 200 人次门诊部一处,面积 1 700 平方米。其他医疗用房、职工住房仍改造沿用清末和民国时期的建筑。在此期间,医院根据实际需要还利用原兰大图书馆改建精神病房一处,可设精神病床 100 张,面积 1 800 平方米。1958 年 12 月,新建的外科大楼竣工。此时萃英门附属医院建筑面积达到25 000 平方米。1959 年 1 月 26 日,奉省卫生厅和兰州医学院文件指示,正式命名为兰州医学院第二附属医院。1959 年 2 月中旬,先行收治脑系精神科、肿瘤科、泌尿外科、皮肤病、传染病等病人。3 月下旬,设立了妇产科病床 35 张,将传染病房改为内科病房(病床 40 张),同时将外科的肿瘤专业与东郊新址附属一院的骨科对换。

1959 年 4 月 19 日, 兰州医学院第二附属医院在原兰州医学院附属医院萃英门旧址正式成立。设有正规病床 318 张,简易病床 120 张,临床科室设有:内科(主任杨英福兼),外科(主任韩哲生兼、副主任史成礼,设普通外科、泌尿外科、骨科三个专业组),妇产科(主任崔志孝),皮肤科(主任刘铭锐),眼科(主任郑效惠),耳鼻喉科(负责人史培柱),口腔科(副主任张博元),脑系科包括神经内科和神经外科两个专业(主任韩哲生),精神科(主任唐家琛),中医科(主任查国科)及预防保健室;门诊部包括急诊室(主任徐忠德),手术室;医技科室有:放射科(主任郭景岳)、理疗科(主任王志宏)及药房、供应室;行政科室有:办公室、临床教务科、事务科、人事科,附设图书馆(隶属于办公室)。时有编制内职工 431 人,其中医生 89 人。

1959 年,两所附属医院相继建成后,两院工作人员增至 841 人,其中医生174 人,护理人员 365 人。千元以上医疗设备 293 台(件) ,是 1949 年全院医疗器械总值的 108 倍。病床增至 860 张,其中正规病床 740 张,简易病床 120张,较 1949 年增加了 25 倍。住院病人由 1949 年的 269 人增加到 1959 年的

8 168 人,增加 33.5 倍,门诊每日平均人次由 1949 年的 29 人次增加到 1959 年的 1 379 人次,增加 47 倍。

第五节 两所附属医院初期的建设与发展(1959—1965)

1959 年,两所附属医院建立后,面临良好的发展机遇,两院各方面工作显示出了新的起色。但是到了下半年,国家开始出现严重的经济困难,医院的各项事业和职工的生活也都受到影响。为了战胜经济困难,纠正和克服"大跃进"和贯彻执行总路线过程中出现的缺点和错误,兰州医学院按照中央、教育部和甘肃省的要求部署,进行了一系列的调整。1960 年,两所附属医院通过救死扶伤的革命人道主义精神教育,全体医护人员的政治觉悟有了进一步提高,大大改进了服务态度。附属一院治愈率达 69%,比 1959 年提高 11%;附属二院治愈率达 75.34%,比计划数提高 5.34%。如中毒性痢疾的治愈率由 1959 年的 61.3%,提高到 1960 年的 74%;支气管肺炎治愈率由 1959 年的 48.4%,提高到 1960 年的 75%。1960 年,进行了机构调整,附属一、二院的人事和党总支办公室合为组织科。儿科、妇产科从大内、大外科分出独立建科。两个医院的门诊人数达 3.47 万人次,住院病人达 1.08 万人次。

从 1961 年 5 月开始,两所附属医院把工作重心逐渐转移到学习、贯彻中央"八字方针"和省委文教会议精神上来。附属一院按照中央和省上的要求,认真总结了 1958 年以来医疗工作的经验教训,采取措施进行调整改革。经过艰苦努力,附属一院的医疗、教学、科研工作很快步入正轨,广大职工积极工作,努力学习的风气蔚然形成。1960 年,附属一院小儿科自内科分出独立建科;内科开展了肺功能测定;耳鼻喉科开展了鼓室成形术;眼科开展了巩膜折叠玻丝填充术、黄斑裂孔封闭羊膜植入术;有关科室开展了脑电图检查及肾动脉造影等。同年,开设了心血管门诊。1961 年,开设了消化科、心血管、肿瘤、小儿结核等专科门诊。1962 年,设立了肝炎、血液病专科门诊,设立了门诊手术室、特检室。1963 年,根据兰州医学院 1963(46)号文件批复,药房设为科级建制,放射科在深部 X 线治疗的基础上设立了放疗专业组。同年开始筹建消化实验室。1965 年,全院专业科室进一步细化,大内科分为心血管、消化肝病、血液、职业病、内分泌专业组,大外科分为普外、心胸外、麻醉、肿瘤、骨科、脑系、泌尿专业组;儿科、中医科、五官科、皮肤科。医技科室有理疗科、病理科、放射科、检验科、药剂科、供应室、病案室、深部 X 线治疗室、超声波检查室、中西药厂。1964 年,内科开展了四环素荧光试验、胃蛋白酶测定、17 酮类固醇测定、脾静脉造影、腹腔镜直视下照相等新业务,妇产科开展了电吸刮术、腹股沟环输卵管结扎术,外科开展了门静脉高压分流术。

附属一院先后制定了各项规章制度,使医院管理有章可循、井然有序。这些制度包括:病历书写制度,要求对入院病人必须从入院始在 24 小时内完成完整病历,全面仔细掌握病人全部资料;行政院长定期查房制度,征求病人对医务人员的意见和对医院管理的建议;后勤部门负责人定期查房制度,征求病员、医院值班人员、手术误餐人员对饭菜质量、花色品种、推车送饭人员工作的意见建议,每周为病房摆换鲜花,为临床作好服务;临床科室实行了科秘书制度,使专家和科主任将全部精力用在讨论解决疑难病例和提高医疗工作质量上;术前讨论、术后总结制度,严防差错事故发生。三查五对制度、医院美化绿化制度、四轻制度、应收款项催缴制度、卫生管理制度等,这些制度的建立和实施,使医院行政管理、疾病诊治、护理服务、后勤保障等方面管理工作逐步走上了规范化的轨道。

附属二院的工作重点是:认真建立完善管理制度,提高医疗质量。妇产科制定了六满意制度(入院满意、产前术前满意、产后术后满意、急时平时满意、婴儿喂养满意及出院满意),皮肤科的三、五、七制度(三多:多想、多问、多查;五对:对床号、对姓名、对时间、对药名、对剂量;七查:查体温单、查治疗单、查病程记录、查化验前、查化验后、查治疗前、查治疗后),受到了群众的肯定和赞扬。根据卫生部颁发的《医学院附属医院住院医师培养考核办法》,制定出了具体的住院医师培养考核办法及护理辅助人员培养考核办法。同时,通过学习、试行《医院工作条例》(草案),广大医护人员努力提高医教质量,积极改善服务态度,大力开展新业务,大力整顿医院秩序,严格执行有关医疗工作的各项规章制度。医院在提高医院管理水平和医疗质量等方面取得了突出成绩。

1962 年,附属二院院务委员会成立。 1963 年,病理科、药剂科成立,将出入院管理处改为住院处。1964 年,甘肃省卫生厅确定脑系外科为重点培养科室,在外科增设了胸心外科专业组。普外科自 1960 年始,相继开展了全胃切除术、脾脏切除术、直肠癌根治术、胆总管探查术等;泌尿外科和骨科相继开展了多项新业务、新技术;胸心外科于 1964 年开展了心内直视手术;神经科相继开展了颅脑外伤的各类手术、脊髓侧索切断术、巨大听神经纤维瘤摘除术、颅内肿瘤切除术、枕部动静脉畸形手术及气脑造影、脑室造影等技术;内科相继开展了软式胃镜及管式乙状结肠镜检查。

根据党的八届十中全会发展农业生产,巩固集体经济,坚决把各部门的工作转移到以农业为基础的轨道上来的精神, 两所附属医院组织人力到对口地区进行医疗服务、学术交流活动,附属一院组织具有主治医师职称以上人员与天水的马跑泉,天水县元龙区、三阳川等当地医院挂钩,开展医疗学术活动,解决疑难杂症。附属二院也和挂钩医院开展了多项医疗学术活动。

1964 年,根据高教六十条、医院工作四十条和广州高教工作会议、北京医院工作会议精神,两所附属医院制定了"以医疗为主,结合医疗进行教学,在提高医疗质量的基础上,努力提高教学质量,保证完成教学任务"的工作指导原则,建立和健全了必要的规章制度,严格正规操作程序,不断改进医疗作风和服务态度,取得了明显成效。同年,省卫生厅确定附属一院内科、外科(心血管)、小儿科,附属二院脑系外科为省级重点培养科室。同年两所医院开设了计划生育门诊,并指导全省计划生育工作。

1965 年,两所附属医院确定的工作重点是,加强政治思想领导,进一步改进服务态度,大力搞好基础建设,为以后打下更为牢固、扎实的基础,提高医疗质量,把医院建设成为更加革命化、正规化的社会主义医院。附属一院采用轮换的方法,确定各科抽调 1/3 的医生上门诊,工作时间为 6 个月,归门诊部统一领导。从方便病人、改革制度入手开展了轻病快治门诊室,一般明显的小伤小病,不挂号,不写正式病历,随到随治,取消了急诊制度,中午、夜晚、下班时间随到随诊。增设了取药窗口,变过去病人看病划价、交费、取药排三次队为现在排一次队,并建立挂号索引,用大号带小号的方法改进了门诊病历管理方法。附属二院实行急诊抢救、查房交班制度;会诊、转科、转院、术前术后讨论及重大手术审批制度;分级护理和医护包干制度;三查三对、隔离消毒、医疗差错事故管理、病历书写及保管统计制度;剧毒药品和麻醉药品管理制度;保护性医疗、入院出院工作制度等。并由各科室制定具体的检查督促措施,落实到人,使医疗差错降低到最低程度。

1965 年,附属一院将保健科并入门诊部,将门诊眼科、耳鼻喉科并入五官科,将皮肤科并于内科。附属二院取消了总治疗室,由各科随诊随治,取消分头挂号,各科除认真处理患者的专科病外,对属于其他科的一般小病,尽量负责处理,减少转科,疑难病历实行会诊。两所附属医院打破医护机械分工界限,提倡一专多能的医疗原则。

表 8-4　1959—1965 年附属一院职工人数、医疗指标一览表

年　份	职工总数	开放床位数	门诊人数	急诊量	住院人次	治疗好转率	死亡率
1959	325	300	28 739	932			
1960	325	301	42 537	2 112	6 698		
1961	330	330	90 256	2 401	5 038	66%	7.1%
1962	379	330	103 577	2 450			
1963		330	100 887	3 031			
1964	382	330	116 788	3 607	4 513		
1965		370	143 893				

表 8-5　1959—1965 年附属二院医疗工作情况统计表

项目年限	年门诊量	年住院人次	年出院人次	治愈率(%)	好转率(%)	周转率(%)	使用率(%)	平均住院日	全院床位数
1959	335 835	5 949	5 730	65.9	23.4	13.6	95.6	49.2	440
1960	342 465	6 967	7 101	71.9	20.4	16.6	105.5	43.9	465
1961	236 554	5 373	5 390	70.7	18.8	12.3	77.2	33.9	465
1962	214 554	4 978	5 004	66.3	24.1	14	78.7	40	360
1963	233 959	5 397	5 341	66	24.5	14.8	89.6	37	360
1964	257 877	5 591	5 578	63.7	24.3	15.5	94.4	34.7	360
1965	354 153	6 583	6 526	62.5	27.2	17.3	97.2	36.4	360

第六节 "文革"时期的两所附属医院（1966—1976）

就在两所附属医院业务不断拓展,医疗水平不断提高,各项事业蒸蒸日上的大好形势下,1966 年"文化大革命"爆发。一时间,"文革"领导小组主持医院工作,医院的基本建设、医疗队伍建设和业务发展处于停滞状态,多年形成的三级查房制度和病例讨论制度等优良管理制度和医疗工作制度被废止,教学、科研基地、物资设备被破坏,许多优秀的专家教授"靠边站",或被冠以"资产阶级反动学术权威"、"学阀",遭到猛烈批判,有的被关入"牛棚"。"革命为主、医疗为辅",一切为政治斗争服务的风气充斥着整个医院。医院护理部被取消,医护界限被打破,病区管理一片混乱,医护质量严重下降,医疗工作完全处于一

种应付状态。1969 年,遵照甘肃省革委会文件,附属二院下放兰州市管辖,其遭到的损失和破坏相当严重。 1970 年 2 月 25 日, 根据兰州市革委会生产指挥部文件指示,附属二院更名为"兰州市综合医院"。1971 年 4 月 9 日,根据甘肃省革委会通知,附属二院恢复原兰州医学院第二附属医院称谓,仍划归兰州医学院管辖。

在长达十年的动乱中,两所附属医院的广大医务工作者没有消极沉沦,仍然坚持在逆境中艰苦奋斗,他们从医务工作者的良知出发,坚守正义和良心,发扬踏实、进取的优良传统,急国家之所急,想病人之所想,办病人之所需,自强不息,艰苦创业,千方百计开展医疗、教学、科研工作。先后开展了近 80 项新技术、新业务,完成了大量抗震救灾、爱国卫生、支援基层工作任务。例如,1969年,附属一院首次为一患者成功地摘除了 39 斤重的动脉血管瘤。1966—1976年, 附属一院派出多支医疗队和多名医务人员参加了中央卫生部统一组织的"北京医疗队",先后在景泰县、金塔县配合北京"6·26"医疗队支援基层医疗卫生工作。

1970 年,附属一院逐步设置了专科、专病门诊,设置了肝炎门诊,设置了急诊观察床 10 张,医院的门、急诊工作进一步规范化、合理化,门、急诊病人和住院病人大量增加。1972 年大内科实行了高年资医师固定专业制度,其中消化 5 人,设病床 20 张;肾病 2 人,病床 10 张;心血管 9 人,病床 24 张;呼吸 3人,病床 20 张;内分泌 5 人,病床 19 张;职业病 4 人,病床 20 张;血液病 2 人,病床 20 张。同年,经医学院批准成立兰医血液病研究室。1973 年,附属一院同位素大楼建成,同位素室和放射治疗专业组迁入并开展实验室工作;呼吸专业组正式设立;消化实验室开展了乙肝免疫学检测。1974 年,肿瘤科设立。1976年,心脏起搏器开始应用临床;全院有 93 人参加了北京医疗队、唐山抗震救灾医疗队等 5 个医疗队的工作。医院购进的钴–60 治疗机、钼靶照相机、深部 X线装置和后装设备等,为身体不同部位肿瘤的放射治疗创造了良好的条件。

在这一时期,职业病防护受到省上高度重视。附属一院职业病专业受省卫生厅委派,多次赴白银、天水、岷县、宕昌、庆阳、平凉、河西等地参加突发性职业中毒与生活中毒患者的救治工作。如:1965 年, 参与白银第十一冶金公司233 例急性氟矽酸钠中毒患者的抢救工作;1973 年 10 月, 参加敦煌 300 例急性氮氧化物中毒病人的抢救;同年,参与靖远煤矿急性瓦斯中毒 40 余名工人的抢救;1974 年 8 月,参与兰州化物所和消防队 20 例急性氯气中毒病人的抢救;1975 年 6 月,参与临洮 300 例急性氟矽酸钠中毒农民的抢救等。

1968—1973 年,为贯彻执行毛主席"把医疗卫生工作的重点放到农村去"的"6·26"指示,附属二院每年抽调 40%的医务人员(因人员缺乏,上级允许高年资护士可作为医生)组成多个医疗队,深入到甘南玛曲、通渭、文县等地的公社卫生院宣传毛泽东思想,开展防病治病工作。与此同时,自 1971 年 6 月至 1978 年 6 月,附属二院还每年抽调 10~15 人组成的医疗队,深入到河西走廊的敦煌、高台、景泰、金塔、安西等县的公社卫生院及村医疗站参加北京医疗队,与北京医疗队一起进行常见病、多发病、地方病的防治工作及"两管"(管好合作医疗和计划生育)"五改"(改厕、改灶、改水、改猪圈、改土法接生为新法接生)运动,为这些地方的防病治病做出了积极贡献。1972 年,中央提出"抓革命、促生产"的号召,附属二院正常的医疗秩序得到恢复,医院撤销了"文革"领导小组,任命了各科领导班子,医疗工作开始好转。1973 年,建筑面积为 5 062 平方米的门诊大楼落成,大大改善了门诊病人的就诊条件。在业务方面,自 1971 年始,广泛开展西学中活动,开展了以老年慢性支气管炎的防治、针刺麻醉等为重点的研究工作,慢性支气管炎的中西医结合辨证分型研究获国家科技大会奖励。

1973 年,附属二院内科开展了纤维胃镜检查。同年,开始筹建同位素室。1975 年,开展了同位素扫描检查。1976 年,住院部内科大楼及内外科连接楼建成并投入使用,医院住院部主楼病床增至 566 张,容有 12 个病区及手术室、检验科、血库、药房等。脑系科分为神经外科和神经内科。附属二院在编职工总数为 667 人,其中医技人员 409 人。

表 8-6　1966—1976 年附属一院医疗指标一览表

年 份	门诊人数	急 诊	开放床位	住院人次	治疗好转率	病床使用率	死亡率	备 注
1966	173 747	8 715	368					
1967	276 580	7 255	382					
1968	187 292	4 477	382					
1969	168 292	870	350					
1970	169 464		350		78%	16.4%	2.6%	
1971	248 882		360	6 565	78.5%		2.4%	
1972	270 164	21 010	359					
1973	284 256	22 550	398	6 804	99.1%		3.9%	
1974	320 694		398					
1975	284 262		398	6 844				
1976	290 298		398	6 565				

表 8-7　1966—1976 年附属二院医疗工作情况统计表

年 份	年　门诊 量	年住院人 次	年出院人 次	治愈率(%)	好转率(%)	周转率(%)	使用率(%)	平　均住院日	全　院床位数
1966	392 335	6 746	6 698	61.1	27.8	16.3	102.5	34.6	360
1967	389 113	5 481	5 555	60.8	26.4	13.5	99.1	15.4	360
1968	314 772	5 001	4 992	63.4	21.9	13.6	95.7	18.6	360
1969	308 093	5 125	5 221	63.6	23.1	13.8	93.3	39.5	360
1970	383 636	6 420	6 285	65.2	22.7	17.4	97	20.9	360
1971	425 454	5 012	5 236	68.3	21.8	14.2	87.5	20.6	390
1972	333 837	6 165	5 978	66.4	21.9	15.4	93.1	21.7	390
1973	392 037	7 113	7 075	63.1	24.6	18.1	107	19.2	390
1974	372 593	6 766	6 751	60.1	27.9	16.5	105	19.4	390
1975	425 045	7 035	7 026	59.1	27.7	18.1	109.3	22.5	390
1976	454 133	6 861	6 845	57.2	30.3	17.6	113.8	23.5	390

第七节　两所附属医院在改革开放初期的发展（1977—1988）

"文化大革命"结束后,附属一院、附属二院很快投入到恢复正常医疗秩序的工作当中。两所附属医院都以提高医疗质量、改善服务态度为中心,以治理脏、乱、差为重点,重新建立各种规章制度,两所附属医院很快恢复了正常的工作秩序,迎来了巩固、改革、发展、提高的新时期,其医疗卫生工作的主要特点是:

一、医院机构设置在调整中更加合理、健全

"文革"结束后,附属一院、附属二院逐年增设、分设了一些临床科室,增加了一些医技科室,一些科室还分设了专业组及实验室,医院的内部机构更加合理、健全。1984 年 8 月,经省政府批准在院部和附属一院、附属二院建立分设了神经病学、骨科学、血液病学、中草药学 4 个研究所和泌尿外科学、传染病学、皮肤病学、包虫病学、内分泌学、环境医学 6 个研究室(其中神经病学研究所、骨科创伤研究所、泌尿外科研究室、皮肤病学研究室设在附属二院,内分泌学、传染病学研究室设在附属一院,其余均设置在医学院院部)。

到 1985 年,两所附属医院职工总数已达 1 967 名,病床 1 308 张。附属一院已发展成为包括 19 个临床科室,22 个专业的综合性医院。它们是:皮肤科、妇产科、骨科、手术麻醉科、神经内科、神经外科、耳鼻喉科、口腔科、眼科、泌尿外科、胸外科、普外科、中医院、儿科、内一(消化、肾、内分泌专业)、内二(血液、

心血管)、内三(呼吸)、精神科、预防保健科。设辅助科室 12 个,检验科、药剂科、放射科、理疗科、病理科、同位素科、超声检查室、供应室、针灸推拿室、动物实验室、病案统计室、图书室。

1979 年,附属二院职能科室调整为办公室、政工处、医教处、院务处、财务科。1984 年,附属二院骨科独立建科,同年 8 月,经甘肃省人民政府批准成立"兰州医学院骨科研究所",科、所一体,使医、教、研得到共同发展,揭开了骨科历史上的新篇章。1985 年,附属二院对临床科室做了一次调整,设 19 个临床科室(包括 22 个专业),辅助科室 13 个。医院先后成立了医疗事故鉴定委员会、专业技术职称评审委员会、药械管理委员会。1986 年,急诊科从门诊分出独立建科,同位素科正式成立并开始逐步成为一个拥有功能测定、放射免疫和核素治疗的核医学科。1987 年,急诊科迁入急救中心大楼。1989 年,在急诊科的基础上成立了甘肃省兰州地区急救中心。

二、在发展中医诊疗技术水平和医护服务质量得到提高

党的十一届三中全会以后,两所附属医院把提高医疗技术水平和改进医护服务质量当成头等大事来抓,不断追赶医学科学发展的前沿技术,各专业各学科都积极开展新业务、新技术,取得了明显成效。到 1979 年,第一附属医院共诊治门诊病人达 260 456 人次,平均日门诊量达 713 次,住院病人达 8 492 人次,比 1978 年增长 14%,住院病人的治愈率为 57.8%。第二附属医院全年门诊病人达 518 056 人次;平均日门诊量达 1 361 人次,住院病人达 7 699 人次,住院病人的治愈率为 53.7%。

1980 年,根据甘肃省文件精神,为更进一步搞好医院各项管理工作,防止医疗事故发生,两所附属医院分别召开了行政、技术、经济、后勤管理工作座谈会,就如何加强门诊第一线力量,使医院管理工作向现代化迈进进行了专题研究。1981 年,两所附属医院进一步贯彻《全国医院工作条例》,建立健全了各类人员的岗位责任制,实行科主任负责和三级医师查房制度,主任医师、副主任医师、副教授以上高级医师上门诊已形成制度,门诊专科和急诊抢救工作的技术力量有了进一步加强。两所附属医院的业务收入都达到历史最高水平,附属一院收入 157 万元,比 1980 年增长 5.8%,超预算 27 万元。附属二院收入 173 万元,比 1980 年增长 7%,超预算 40 万元。

1985 年,根据省卫生厅的统一部署,两所附属医院订立并执行有关行政管理及教学、医疗、护理、科研等规章制度,实行了领导包干,责任到人,上下对口,层层把关责任制,并在科室之间开展了竞赛活动,使各方面的秩序明显好转,医护质量和管理水平有所提高,院容院貌发生了较大变化。在省上统一组

织的评比中,附属一院得 842.2 分,名列全省第一。附属二院得 746.2 分,在兰州、甘南、临夏片名列第四。全年两所附属医院共计门诊 80 万人次,急诊 6 万多人次。科研工作亦取得了很大成绩。受卫生厅、教育厅奖励的科研成果共计 38 项,其中附属一院 23 项,名列全省医疗系统各单位第一名。

在专业技术方面,1977 年,附属一院呼吸专业组在省内率先开展了人工呼吸机的临床应用及肺炎中 IgA 的测定,同位素室在省内率先开展了放射免疫检查,脑系科、麻醉手术室成立。1978 年医院血液病研究室、妇产科实验室、超声心动图室、人工瓣膜室成立,外科大楼建成并完成搬迁。全院共设 12 个病区,床位增至 600 张。其中普外科设病床 65 张,胸外专业设病床 35 张,骨科专业设病床 35 张,泌尿专业设病床 20 张,肿瘤专业设病床 50 张,脑系科设病床 20 张,设 8 个手术间。

内科选择性心血管造影、心电生理的研究和人工心脏起搏器的安装、改良腹膜透析、各种纤维内窥镜的检查、肝硬化肺心病和小细胞性肺癌的研究、肺功能检查、职业中毒的检测,以及肝病试验项目的开展和应用;血液科骨髓移植的开展、胎肝注射和再障与白血病的研究;内分泌科及其研究室应用放射免疫法测定血中皮质醇含量,T3、T4,胰岛素以 ε-肽,高血糖等检查;普外科胰、十二指肠经皮肝穿刺胆管造影术的开展;胸心外科应用食道拔脱治疗食管癌,法络氏四联症根治术的开展;骨科的脊柱四肢畸形矫正术以及断肢再植等显微外科的开展;泌尿科肾或肾上腺切除、膀胱取石的开展;肿瘤科对难度较大的头颈、胸腹、乳腺和消化道等部位肿瘤的切除;肿瘤实验室开展了雌激素受体检测,血清醛缩酶及 T 细胞脂酶等多项检查项目的开展;小儿科进行的轮状病毒肠炎的研究,微量元素测定和新生儿的保健工作的开展;中医科在传统治疗的基础上,应用胃康治疗慢性萎缩性胃炎取得了好成绩,该科实验室为中西医结合开展了多项新的化验项目;传染科自 1982 年建科以来,已有 2 个病区和 1 个研究室对病毒性肝炎的研究取得了良好的成绩;耳鼻咽喉科相继开展了喉癌切除、人工电子耳蜗埋植、听力重建等手术;妇产科开展了外阴癌根治术、腹膜外剖宫产,同时设有 B 超检查室、细胞检查室和镭病房,在计划生育方面开设了埋植门诊;干部病房和二门诊多年来诊治了大量知识分子和老干部病人,在医疗质量和服务态度上得到了社会赞扬;脑系科多年来治疗了许多脑部疾患病人,开展了脑血管造影等检查,保证了开颅手术的正常进行;皮肤科应用冷光和锂光等技术治疗皮肤疾患;口腔科由原来的单一科室发展为口内、口外和口腔矫形 3 个专业,人员设备都有了较大幅度的增长。为适应改革的需要,有的科室和专业采取了横向联系和互相协作的办法以谋求发展,提高专业水平。如胸外科与兰空医院、酒泉地区医院进行协作;骨科与兰州钢厂职工医院、安宁区医院加强联系;眼科与兰州保健眼镜厂进行联系等,均取得了可喜成绩。

附属二院开展了脑血管搭桥术,显微外科基本完成了肾脏移植的动物实验,并于1982年开展了首例肾移植。同位素室开展了放射免疫检测技术。1980—1982年间,在积极开展新业务、新技术的同时开创了医院科研工作的新局面,1982年有12项成果获省卫生科技进步奖。1984年,骨科学科带头人冯守诚教授强调医学人才的培养必须采取临床与科研紧密结合的办法,利用研究所的科研设施优势,培养骨科医师的科研能力,逐渐使骨科的科研工作步入我省医学学科的先进行列。1986年,冯守诚教授开始招收硕士研究生,及时改变了全省骨科高级人才匮乏的局面,为骨科未来发展打下了良好的基础。冯守诚教授不仅注重人才培养,同时在国内、国际交流方面也做了大量工作。1984年,附属二院泌尿外科扩建为兰州医学院泌尿外科学研究所和国家教委批准的硕士学位授予点,泌尿外科专业研究水平和诊疗技术快速提高,专业技术人员创新团队逐步形成。1985年,泌尿外科主任刘国栋教授被选为中华医学会泌尿外科学会常务理事、中华泌尿外科杂志编委。

进入20世纪80年代以后,附属二院神经外科采取"请进来,派出去"的方法,加强与国内外学术机构的技术交流,使诊疗水平快速提高。1984年,由甘肃省政府批准,神经外科研究室扩建为兰州医学院神经病学研究所,包括神经外科、神经内科,下设神经生理、神经病理、神经生化、影像诊断和动物实验5个研究室。研究生培养质量和科学研究水平迅速提高,专业技术取得重大突破,已经可以独立完成各种高难度手术,神经外科的知名度迅速提高,前来就诊患者络绎不绝。

两所附属医院的医技科室的建设和发展也发生了巨大的变化。1987年,附属一院有辅助科室12个,附属二院有辅助科室13个。两所附属医院的药剂科除保证中西药品的正常供应外,已开始生产无菌制剂、普通制剂、中药制剂、中西结合制剂300多个品种。医疗器械科在保证全院医疗器械采购、维修和保证日常医疗用品供应方面做了大量工作,保证了临床和医技科室各项工作的顺利进行。病理科为临床和手术标本以及活检材料的病理学诊断提供了客观的诊断依据,多年来积累了大量的标本和资料。检验科在设备更新的基础上,开展了临检、生化、血清、免疫、微生物等方面新的检查项目和方法。血库工作保证了全院各科手术与非手术用血的供应。保健科多年来在预防接种、计划生育和本院职工疾病诊治等方面完成了大量任务,受到有关方面的好评。供应室同志不辞辛苦,保证全院器械消毒和敷料供应工作。

1987年,附属一院、附属二院开始实施责任制护理,并加强了护理规章制度建设,使医院的护理水平明显提高。1988 年,两所附属医院已有护理人员709 人,其中主任护理师 2 人,副主任护理师 7 人,主管护理师 139 人,护理师370 人,护士和助护 299 人。护理人员专业素质不断提高,通过院内培养和院外培训相结合的方式,使一大批护理人员的基础理论知识、护理操作水平和护理专业修养有了明显的提高。

三、医疗设备条件进一步改善,诊疗水平显著提高

1984 年,附属一院放射科引进日本岛津 1250 毫安大型 X 光机,增添了胃肠检查"摇篮"床,循环系统造影装置,多轨迹断层摄影和高压摄片等装置,使甘肃省的胃肠气钡检查、心血管造影、脑血管和肾血管等其他部位的 X 线检查达到了一个新的水平。新型人工心肺机和新型复合麻醉机的引进,使心脏手术的开展达到了新的水平。人工心脏瓣膜替换和心内较复杂畸形的矫正术已相继开展。B 型超声检查仪和二维超声心动图机的引进,为临床腹腔、盆腔、甲状腺等的检查和许多心血管疾病的诊断提供了可靠的依据。各种类型的纤维内窥镜对诊断支气管、食道、胃、结肠和胆道、腹腔等部位的疾患提供了直观证据。床旁监护仪、多导生理描记仪、肺功能机、血气分析等的应用,在诊治心肺疾患中发挥了良好的作用。眼底照相机、红宝石激光机和电光视野计等为眼科疾患的诊疗带来了方便。检验科引进的全自动生化分析仪、光密度计、血细胞计数仪、荧光显微镜等对临床检验提供了有利条件,购置的 γ 计数器、液体闪烁计数器、低温冰箱等都为临床和科研工作提供了方便。人工肾、同位素心功能仪、脑电图等也在临床工作中发挥了一定作用。

1980 年以后,附属二院先后购置了头颅 CT 机、超声心动图仪、各种纤维内窥镜、B 超、高压液相色谱仪、微机加探头 γ 计数器等一批先进的医疗设备,为医疗、教学、科研水平的提高创造了良好的条件,形成了以神经病学、骨科学和泌尿外科学为骨干的医、教、研队伍。临床上开始开展比较复杂、难度较大的脑血管搭桥术、脑肿瘤切除术、断指(肢)再植术、人造股骨头移植术、肾移植术、心脏手术、肝叶切除、各种内窥镜检查等。1978 年泌尿结石的研究等 4 项科研成果获全国医药卫生科技大会表彰;1978—1988 年,获省、厅级科技进步奖及技术革新奖 69 项;1979—1989 年,在各级医学杂志上发表论文 800 余篇,是附属二院建院前 20 年的 8 倍多,"猪凝血酶的研制"等研究成果在国内外学术界有很大影响。

四、在创建文明医院活动中取得了突出成绩

在 1985 年和 1986 年开展的创建文明医院活动中,两所附属医院职工共同努力,从加强医院管理、端正服务态度、提高医疗水平和护理质量、保障后勤

供应、改变院容院貌等方面加强工作,取得了优异成绩,连续两年受到表彰,先后被省卫生厅授予"文明医院"荣誉称号。

1986年,两所附属医院发展的总体规划是:进一步加强文明医院建设,通过改革,变经验管理为科学管理,变领导意志和命令管理为目标、制度和指针管理,建立医院发展的总体目标,完善各项规章制度,确定各项技术和经济指标,并严格实施。同时大胆创新办出特色,对病人不满意、不方便的问题,扎扎实实解决。力争在建设成为全省第一流的医院的道路上再迈出一大步。1986年,两所附属医院各科室普遍开展了"三优一满意"竞赛活动;医护人员佩戴胸章、标名服务,接受群众监督;在市区设点挂牌,开展便民咨询服务,受到了社会好评。

1988年,在党的十三大精神指导下,两所附属医院继续坚持文明医院建设、深化医院改革,在提高医疗服务上狠下功夫,尽管医院的就诊者随着医疗网点的增多和公费医疗制度的改革而日渐减少,但日门诊量仍然保持在500~800人左右。为了赢得广大患者的信任,两所附属医院急病人之所急,想患者之所想,新增了夜间门诊、名老专家挂牌门诊、延长工作时间等多种服务项目,方便了病人看病。全年两所附属医院的诊断符合率为97.7%,治愈率为62.3%,病床使用率为95.5%,死亡率为2.6%。两所附属医院还开展新业务40余项。

表8-8　1977—1988年附属一院医疗工作情况统计表

年度	门诊人数	住院人数	治愈率(%)	好转率(%)	床位使用率(%)	平均住院日	床位数
1977年	282 876	6 653	56.60	32.30	94.40	21	398
1978年	269 992	7 439	56.30	32.30	89.50	21	600
1979年	263 677	8 463	57.80	31.60	88.80	22.6	600
1980年	274 432	8 645	64.30	26.00	90.40	22.3	600
1981年	289 956	8 874	61.80	27.80	92.90	22.6	600
1982年	305 183	8 849	61.40	28.90	93.30	22.8	600
1983年	290 082	9 054	64.00	28.00	95.10	22.8	600
1984年	312 711	9 130	60.60	30.30	94.30	23.4	656
1985年	298 659	8 794	59.30	31.40	90.90	24.7	676
1986年	357 676	9 066	62.10	29.60	93.70	24.6	665
1987年	291 477	9 441	62.90	28.90	94.90	24.5	673
1988年	237 649	9 816	62.30	29.40	95.20	27.8	673

表 8-9　1977—1984 年附属二院医疗工作情况统计表

项目 年限	年　门 诊　量	年住院 人　次	年出院 人　次	治愈率 (%)	好转率 (%)	周转率 (%)	使用率 (%)	平　均 住院日	全　院 床位数
1977	422 220	7 630	7 580	55.5	32.1	13.8	87.5	23	550
1978	402 360	7 970	7 996	51.1	35.6	14.5	91.9	22.8	550
1979	410 357	7 699	7 665	53.7	33.3	13.4	89.1	24	600
1980	394 550	8 686	8 675	59	30.4	14.7	91.4	23.2	600
1981	468 438	7 830	7 823	56.3	31.9	14.2	90.2	23.1	600
1982	479 291	9 080	9 075	56.6	31.6	15.6	93.9	21.5	600
1983	487 207	8 953	8 932	55	33.4	15.4	94.4	22.4	600
1984	525 623	8 946	8 963	55.51	32.42	15.38	94.74	22.18	600

第八节　两所附属医院的责任制承包时期(1989—1992)

1988 年底,两所附属医院在省卫生厅和兰州医学院的具体指导下第一次施行了由群众民主选举院长,由院长提名产生院行政领导班子,对全院各项工作实行目标承包的责任制管理。兰州医学院根据甘肃省政府 1988(88)号和甘肃省卫生厅 1988(180)号文件精神,对两个附属医院的改革承包工作进行了部署。改革承包工作的指导思想和目的要求是:以党的十三大精神为指导,坚持深化改革,坚持医疗卫生工作的社会主义方向,坚持把社会效益放在首位,并与经济效益统一起来,通过承包,逐步转变和完善医院经营管理机制,扩大医院的自主权,增强医院的活力和自我发展的能力,使医疗、教学、科研水平得到提高,职工的工作条件、生活福利得到改善,医院的建设有大的发展,能主动适应商品经济的发展,为振兴甘肃经济作出贡献。

1988 年底,两所附属医院承包工作全面铺开。通过动员学习讨论,介绍医院概况、公布招标任务、报名、投标人资格审查,公开投标答辩、群众评议、组织审定、签订合同四个阶段,史毅当选附属一院院长,康笃伦当选附属二院院长。之后,由院长推荐副院长、聘任各科室负责人。年底,附属一院、附属二院在省卫生厅、兰州医学院共同主持下,将医、教、研管理和经济管理同步列入管理责任和目标,将各项管理和经济指标分解到科室,以院、科两级负责制进行管理,并成立了经济管理办公室,以医疗指标与经济指标相结合的办法进行考核。

实行责任制承包以后,两所附属医院认真贯彻党的十三大精神,坚持文明医院建设,坚持深化医院改革,坚持以医、教、研工作为中心,以服务患者为宗旨,以提高医疗质量、改善服务态度为前提,以责任承包合同为目标,以治理"两滑一乱"为重点,以社会效益第一、服务质量至上为原则,努力开展各方面工作。针对当时普遍存在的乱收费现象,两所附属医院均成立了治理整顿领导小组。通过学习贯彻国务院 1989(10)号文件和甘肃省卫生厅《关于医务人员业余服务和兼职工作管理的规定》,明令禁止乱收费,通过设立院长信箱、公开各种检查收费标准及药品价格,对危重病人、急诊病人先抢救治疗,后补办手续或边抢救治疗边办手续等措施的实施,使乱收费现象很快得到了控制。与此同时,两所附属医院制定措施,切实改善服务态度,在门、急诊设立导诊站、服务台,方便病员就诊。实行挂牌上岗,强化首诊负责制,恢复和健全三级查房,规范疑难、死亡病例讨论,病历书写,交接班,三查五对,差错事故登记,医疗仪器和器械专人管理,分级护理,会诊,麻醉药品管理,专家门诊,护士长夜查房,考勤等十余项规章制度。成立了学术委员会,院内感染管理委员会,重新组建专业技术评审委员会等,使医疗质量得到提高,服务态度明显改善。

1990 年,两所附属医院以党的十三届五中、六中全会精神为指针,以治理整顿和深化改革为重点,继续坚持社会效益第一、服务至上的原则,继续根治"两滑一乱"(医疗质量滑坡,服务态度滑坡,乱收费),再次重申各级医护人员职责,强化临床科室的一、二线值班制度。修订了《进一步加强专家门诊管理的规定》,制定了《关于加强培养中、青年医师,进一步提高临床工作的规定》,实行院领导二线值班制度,以配合总值班解决疑难问题。为了更好地协调各科室工作,医院明确各所、科、室的设置,调整、配备了中层干部,将有一定学术水平、组织管理才能、群众威信的中青年业务骨干充实到职能、临床和医技科室的领导岗位,发挥他们在业务和行政管理工作中的中坚作用。两所附属医院党委发挥和调动各级党组织的核心作用,充分调动广大医护人员的积极性,狠抓医德医风建设,使文明医院建设和医院改革发展均取得了较大成绩。附属一院放射科全体共产党员在全省医疗战线率先佩戴共产党员徽章上岗,以优质服务获得了广大患者的赞誉。当年,全省卫生系统"医德医风百日评比活动现场会"在附属一院举行,张学忠副省长到会讲话,对附属一院、附属二院医德医风建设所取得的成绩给予了充分肯定。现场会进一步提高了医院全体职工发扬救死扶伤传统,树立良好医德医风的自觉性。全年两所附属医院完成门诊量60 多万人次,日平均 1 600 人次,治愈率达 60%左右,床位使用率达 101.3%。两院附属医院开展新业务 20 多项,发表论文 150 篇,全年业务总收入近 2 000

万元,比1988年约增长40%。

到1992年,附属一院、附属二院的综合效益和自我发展能力有了较大提高,病床使用率均达到100%。两所附属医院不失时机,购置了医院急需的医疗设备,大大改善设备条件。如附属一院为手术室购置了进口麻醉机、体外震波碎石机和其他急需医疗设备,完成了供应室改造扩建和电话总机扩容、院内绿化美化二期工程。附属二院购置了TCT300型全身CT机、电子胃镜、数字减影仪、核磁共振、彩色超声心动图、中型高压氧设备、前列腺射频治疗仪、γ照相系统等医疗设备,为医疗、教学、科研水平的进一步提高创造了条件。两所附属医院全年开展新技术、新业务130多项,完成省、部级科研12项,厅、局级科研9项,发表学术论文140篇,完成著作5部,组织296人次参加了国内外学术会议。如:1991年,附属二院冯守诚教授与日本著名骨科专家柏木大治教授共同创办了中日兰州骨科中心,进一步加强了与日本骨科界的学术交流和业务合作。附属二院骨科研究所先后在白银、临夏、靖远、张掖、酒泉和定西等地建立了骨科研究所分所。神经外科裴明德教授的译著《ICP-Ⅶ》和《BE-Ⅷ》深受国内外同行欢迎,同时被英国皇家医学会选为热带医学及卫生学会外籍学员。

表8-10 1989—1992年附属一院医疗工作情况统计表

年度	门诊人数	住院人数	治愈率(%)	好转率(%)	床位使用率(%)	平均住院日	床位数
1989年	229 649	10 591	67.30	26.40	98.00	22.4	673
1990年	282 510	10 346	69.60	25.90	99.60	23.4	673
1991年	288 247	10 022	67.70	27.50	100.00	23.7	673
1992年	277 911	9 881	68.70	26.50	97.10	24.1	681

表8-11 1989—1992年附属二院医疗工作情况统计表

项目 年限	年门诊量	年住院人次	年出院人次	治愈率(%)	好转率(%)	周转率(%)	使用率(%)	平均住院日	全院床位数
1989	356 324	8 913	8 940	58.2	31.2	16.5	101.3	22.6	540
1990	413 706	9 526	8 948	57.6	31.3	15.9	102	23	590
1991	386 028	9 769	9 506	57.3	33.4	15.64	101.3	23.3	600
1992	366 170	9 512	9 555	56.1	32.3	15.93	99.2	22.1	610

第九节　两所附属医院 90 年代的稳定发展（1993—1999）

进入 20 世纪 90 年代,国家政治、经济、文化、社会各方面改革发展加快,国家经济实力明显增强,人民群众的生活水平显著提高,满足老百姓的基本医疗需求和特殊医疗需求逐步成为医疗卫生机构的首要任务。在新的形势下,附属一院、附属二院按照国家医疗卫生政策要求和卫生部的安排部署,从人民群众的需求出发,实行扩大医疗服务范围、争创等级医院等一系列改革,保证了医院医疗、教学、科研等工作的稳定发展。

一、附属一院的稳定发展

1992 年 4 月,附属一院院长责任承包制结束,医院新一届领导班子组成。新一届班子为顺应医疗卫生事业发展的新形势和人民群众的健康需求,进一步加快了改革步伐,推出了一系列便民利民服务措施。对中层干部进行了重新聘任,制定并实施了《附属一院关于加床、特护、加台手术的暂行规定》、《附属一院关于开展星期日业余服务的暂行规定》、《附属一院新购设备成本核算和有偿使用办法》、《三级甲等科室考核办法》和各部门各专业岗位责任制,重新修订了《附属一院指标分解、科室核算方案》,开展了"优胜护理部评选竞赛"活动,举办了医院首届优秀论文研讨会。在经费困难的情况下投资 300 万元购置了彩色 B 超,γ 照相机,电子胃镜,血液透析机,钠、钾、氯分析仪,多功能监护仪,B 超,射频机等设备用于临床。在医院两个文明建设,深化改革举措方面,均迈出了新的步伐。全院住院患者达 9 881 人次,门诊量达 2.78 万人次。与此同时,医院在改革管理体制上做了一些尝试,推行了一院两制体制,即医院本部实行全民所有制,分院实行集体所有制,先后开辟建立了东岗分院、东站分院、拱星墩分院、美容分院、肿瘤二部等,扩大服务网点,方便群众就医。

1993 年始,附属一院按照卫生部医院分级管理办法和标准开始争创三级甲等医院。从上到下层层签订责任书,人人参与创建工作。医院狠抓了各项规章制度和各级人员岗位职责的落实,强化了行政查房和病区服务质量评比,进行了"三基"训练和三级甲等医院基本标准培训考试,加强了门、急诊工作,恢复了院周会制度,使各项工作取得了突出成绩。医院新增设乳腺病、食道癌等专科门诊 8 个。新增万元以上设备 19 台(件)。开展了腹腔大隐静脉分流吻合术治疗小儿乳糜腹等新业务、新项目 39 种,举办了全国性大型学术会议,先后邀请美国、新加坡及国内知名专家十多人来院讲学,会诊手术。

1994 年,附属一院领导班子进行了调整。调整后的班子带领全院职工积极开展工作,使医院顺利通过了省级和国家级"爱婴医院"评审,药剂科顺利通过了制剂许可证换证验收。医院先后购进了西门子公司全身CT,贝克曼公司产全自动生化分析仪,PE公司产液相色谱仪,瑞士产血气分析仪等设备用于临床,为提高诊疗水平发挥了重要作用。开展了完全性心内膜垫缺损修补术、髂动脉阻塞人造血管腹主动脉—股动脉架桥术,常温下婴儿肝叶切除术,颈动脉瘤切除术及多项基因诊断、病毒及细菌的基因诊断、介入性治疗等20余项新业务、新技术。年初,医院抽调了麻醉科、传染科、小儿科、消化科、妇产科等科室专家人员组成医疗队赴冷湖进行了为期3个月的医疗服务。同年6月医院又派出医疗小组赴夏河县医院支援边远山区医疗帮扶工作。

1995年,附属一院新门诊大楼建成并投入使用,大大改善了患者门诊就医条件,门诊专科由原来27个增加到33个,门诊服务工作有了新的起色。医院按照卫生部要求制定了《附属一院感染管理规范》、《感染管理规章制度》、《消毒管理制度》、《传染病管理制度》,举办"医院感染管理知识学习班"、"合理使用抗菌素讲座",使院内感染管理工作逐步走上了制度化、规范化轨道,医院传染病漏报率降至4%以下。年门诊量达2.03万人次,年住院病人9 384人,实施手术3 253例。各项医疗指标有了较大提高,治疗好转率94.04%,诊断符合率98.12%,病死率2.4%,无菌手术感染率0.12%,床位使用率93.76%,年床位周转率13.17%,病人平均住院日23天。医院开展了首例骨髓移植,首例心脏冠脉搭桥手术,肝极量切除术,心内电生理方面采用了射频消融治疗快速性心律失常,改良ECT治疗胆胰疾病,保留肛门低位直肠癌根治术等,还开展了急性上消化道出血的紧急内镜检查,过敏源、心钠素的放免测定等检测技术。共引进万元以上设备46台件,如美国产监护仪,西门子公司产活动平板仪,以色列产监护系统及大型ECT检查设备。在卫生厅组织青年医务志愿者前往榆中义诊活动中,医院派出肾病科、呼吸科、小儿科、妇产科等专业医生,接诊167人次。派出内、外、妇、儿、中医、骨科等人员赴夏河,进行为期半个月的巡诊义诊。年底,医院通过了卫生部三级甲等医院初评审,被世界卫生组织授予爱婴医院,被甘肃省授予职业道德建设先进集体,实验诊断学实验室被评为全国优秀实验室。

1996年,中共中央、国务院召开全国卫生工作会议并下发了《中共中央国务院关于卫生改革与发展的决定》。附属一院遵照中央和国务院要求精神,继续巩固"三甲医院"评审结果,强化门诊管理,强化院科两级责任制,优化教学管理,紧抓科研和人才培养工作。门诊以抓医疗服务质量为重点,制定服务规范,规范服务流程,加强导医服务,新增康复按摩、老年病门诊,大力开展人员培训工作,各项服务上了新的台阶,被兰州市城关区评为窗口行业优质服务竞赛活动优胜单位。医院抽出 15 名副高以上医务工作者到会宁义诊,并捐赠部分医疗用品。

1997 年,附属一院认真落实卫生部对医院工作的"十条要求",积极投入卫生部"优质服务百佳医院"创建活动。医院派出各方专家赴辽宁学习借鉴中国医科大学临床医学院第一医院急诊科模式,创建了附属一院急救绿色生命安全通道。急诊科采用红、黄、绿急诊抢救标志,初诊抢救部分为危重抢救区、重症区、一般轻症区。设立日间病房,充实工作人员,实行"120"急诊院前抢救部,设院前"120"急救、急诊抢救部、急诊观察室、静脉输液室、急诊病房、急诊ICU。使医院急救工作在应急反应时间和速度、急救体系人员素质、科室协调配合等方面得以提高,"急诊不急"的问题得到初步解决,手术室实行上下午连台手术,医技科室限时发出报告,医院临床、医技科室工作节奏明显加快,病人平均住院日明显降低。医院院科两级班子实行目标管理,通过积极工作,病历质量有所上升,全院开展的新业务、新项目进一步增加,医院业务收入有所提高。医院先后接待了美国、日本、新加坡、北京阜外医院等来院学术交流访问 7次。护理部派出 4 批人员赴卫生部及北京医学会参加整体护理理论学习班,编写教材举办本院整体护理学习班,并从内三、外三两个科室试点,推行整体护理模式。病人第一、质量第一、服务第一的服务理念增强。门诊增设著名专家门诊、便民门诊、著名专家会诊中心,增加服务项目及设施,设总服务台,纠正"三长一短"现象,使门诊病人确诊率、患者满意度有所提高。医院心外科被省上批准为甘肃省心血管医院,对外称甘肃省心血管医院,对内称附属一院心血管外科,病床由 17 张增到 50 张,引进投资 600 万元医疗设备,使心血管专业的条件大为改善。血液科开展了首例外周干细胞自体移植术获得成功;骨科、放射科联手开展了椎间盘吸出术并成功应用于临床;监护中心在多量开展 RFCA(心律失常射频消融术)的基础上,在全省率先成功开展了复杂的 PTCA(经皮冠状动脉成形术)、心律失常的电生理及冠心病防治的系列研究;妇产科开展了剖宫产新技术;心外科、小儿外科首次开展了尸检 4 例;放射科配合其他科室开展了介入性治疗近百例。医院大多数医疗指标不同程度提高。全年购置设备经费达 1 213 万元,其中万元以上 71 台(件),万元以下 293 台(件),重点引进了西门子公司最新型数字减影成像系统,使相关科室诊断水平提高,治疗领域拓宽。全年举办不同类型、不同层次进修班 29 期,培养基层医疗人员 183名,行政服务部门、后勤支持系统坚持"一切为临床一线、一切为病人服务"的理念,加强内涵建设、提高服务质量,受到临床科室好评。经过全员职工两年的艰苦努力,年底,附属一院被卫生部命名为三级甲等医院,眼科被评为全国扶残助残先进集体,心外科、血液科、内分泌科被省卫生厅确定为省级重点学科,医院全年有 8 批 59 位医务人员分别赴会宁、临夏、夏河、武山、定西等贫困地区进行示范手术、义诊、讲课、指导查房。

1998 年,附属一院坚持以病人为中心,以创建全国优质服务百佳医院为目标,继续贯彻《中共中央国务院关于卫生改革与发展的决定》,落实中宣部在全国十大服务行业开展的"为人民服务、树行业新风"的要求,全面开展各项工作。医院先后四次召开医德医风教育大会,集中进行病人问卷调查;临床科室狠抓三级查房、疑难病历、死亡病历讨论,三查七对等医疗制度落实,制定病房工作条例,进一步缩短平均住院日;全员开展语言文明、行为文明、讲解文明活动,禁止与病人发生争吵;开展病历质量检查评比、通报活动;门诊以"方便病人"为最高原则,开设双休日门诊、夜间门诊,增加副高级职称人员上普通门诊次数和时间;急诊科开展急诊危重病监护病房(EICU),强化"120"急救畅通无阻;护理部组织观看《护士行为规范》、《护理基本操作中的语言》录像,发放《护士修养与礼仪规范》书籍并组织学习实施。一系列工作和活动的开展,使医院服务质量得到了提高。与此同时,医院狠抓业务建设,努力提高综合实力。心外科派出 10 人赴北京阜外医院进修,血液科派 5 人外出进修。医院 12 批次邀请美国、新西兰、以色列及国内北京、上海、天津、广州等地专家来院讲学、学术交流,投资 2 241.8 万元购置流式细胞仪、血细胞分离机、无创呼吸机、磁分离酶尘测定仪、糖化血红蛋白仪、腹部 B 超机等大、中、小型设备,使医疗条件进一步改善。医院被授予全国职业道德建设先进集体,获得省委宣传部、省总工会、省经贸委"全省职业道德建设先进单位"荣誉称号,兰州市委、市政府"窗口行业优质服务竞赛优胜单位"及卫生厅"全省卫生系统医德医风建设先进单位",呼吸科、传染科被省卫生厅确定为省级重点医学学科。医院参加省政府文化、科技、卫生"三下乡"活动,派出医务人员 15 人次,赴祁家集等地下乡义诊,巡回医疗服务。

1999 年,省委、省政府、省人大、省政协组织开展卫生系统行风民主评议工作。附属一院通过宣传动员、自测自评、民主评议、总结整改四个阶段的扎实工作,职工对行业作风建设的重要性有了新的认识,自觉坚持以病人为中心,强化医疗质量管理,改进医疗服务工作流程,为患者提供优质、高效、便捷的医疗服务成为全体职工的共同信念。通过一年的扎实工作,年底通过了行风民主评议检查验收。医院门诊、急诊量、住院患者人次、手术患者人次均比上年有所增加。医疗新技术、新项目有了新的突破,开展了植入式心脏除颤器(ICD)术、肝硬化门脉高压继发脾功能亢进脾动脉栓塞术、食道及贲门口狭窄扩张术、镍钛记忆支架置放术等技术。医院投资 2 000 多万元购置了数字胃肠 X 光机、彩超、进口监测仪、呼吸机等大、中、小型医疗设备,建立了信息管理系统及网络系统。医院业务收入首次突破亿元。获得"全国百佳医院"和甘肃省"十佳医院"、精神文明及城市管理工作先进集体,环境保护先进集体,甘肃省妇幼工作先进单位等荣誉称号。国际"心连心"专家一行 16 人来院进行了为期一周的手术活动。国际"微笑行动"专家一行 48 位来医院进行了为期 12 天的儿童唇腭裂手术。1999 年 12 月 6 日,医院隆重举行"全国百佳医院"、"全省十佳医院"挂牌仪式。

二、附属二院的稳定发展

1992 年,附属二院责任承包制结束后,新一届领导班子因势利导,实施了一系列促进改革、加快发展的措施,医院各项工作取得了突飞猛进的发展。1993 年起,附属二院根据卫生部医院分级管理工作的具体要求,以三级甲等医院标准为目标,进一步加强医院工作的规范化、科学化管理。通过健全组织,划清职责,修订科室工作制度及各级工作人员岗位职责,组织实施微机管理及联网工作,先后调整或成立了院务、分级管理、科学技术、药事、病案管理、医疗护理质量等专项管理委员会,成立了质量控制、信息管理、审计、公费医疗管理等职能科室,修订、制定了管理制度与各项工作规范、标准,组织班子编写了附属二院《行政工作制度、职责、工作标准》、《医务工作制度、职责》、《医务工作标准》、《各种疾病护理常规》、《单病种质量控制标准》五本制度册。根据附属二院历年经验和现代医院管理学的要求,结合工作实际,完善了新的管理内涵和工作量化标准,加强了管理力度和工作规范标准,使医院各项工作有章可循,有据可查。根据医院分级管理工作运行中暴露出的问题,开展了抓"三基"(基本理论、基础知识、基本技能),促"三严"(严格要求、严密组织、严谨态度),以达到"三高"(高标准、高效率、高质量),将提高医护人员整体素质作为一项基本任务来抓,使之成为医院服务质量和管理水平稳步提升的保证。1993 年下半年始,急救中心为强化急救功能,开始筹备"120"急救电话。

1994 年 9 月,附属二院顺利通过了国家级爱婴医院评审,三级甲等医院初评审。针对在三级甲等医院初评过程中存在的管理方面的问题,层层分解任务并落实到科室,责任到人,认真加以改进。与此同时,附属二院对照三级甲等医院的条件陆续开展了脑血管造影减影技术,关节镜下行半月板部分切除术,转子间旋转截骨术治疗股骨头坏死,腰椎管开门术治疗腰椎管狭窄症、股前外侧皮瓣分离移植修复膝部皮肤缺损、姆甲瓣移植拇指再造、门静脉下腔静脉介入造影、ERCP、EST、胆总管取石、胃镜肠镜下胃息肉结肠息肉的摘除、内腔镜治疗手术、腹腔动脉造影、肝癌的灌注化疗及栓塞、绒癌的介入化疗、食道狭窄的微波治疗、支架置入、贲门扩张术、胃柿石粉碎治疗、P-170 检测指导白血病

288

临床用药、环孢素 A 逆转白血病耐药等技术,有的填补了省内空白,有的属省内领先,其中一些项目还跻身国内领先行列。急救中心经过一年努力,于 1994 年 8 月正式开通"120"急救电话,以急救中心为枢纽,联合市内 9 家综合医院,建成了兰州市急救医疗网络。

到 1995 年,全院 90%的临床科室、医技科室必备技术项目 100%达到三级甲等医院标准,脑外科、泌尿外科和骨科三个重点专科必备技术项目基本达到三级甲等医院重点专科标准,附属二院顺利通过了三级甲等医院初评。同年省卫生厅批准神经外科、泌尿外科和骨科为甘肃省重点专科。省卫生厅先后在附属二院成立药物依赖治疗中心、男性病治疗中心、骨代谢疾病研究中心、人工晶体植入中心、心脑血管疾病防治办公室,标志着附属二院在这些领域的工作处于省内领先地位。同年,泌尿外科研究所建立了长庆油田分所,使这 3 个学科以其人才、技术和设备优势向周围地区辐射,带动该地区本学科的发展。

1996 年,附属二院针对三级甲等医院初评过程中存在的不足,不断强化上等达标意识,继续坚持以病人为中心的工作宗旨,以加快病床周转,缩短住院日为突破口开展医疗工作,到 1997 年,将平均住院日由 24 天降至 18 天。手术室取消加台改为连台制手术,初步实现了 24 小时接台,使月手术台次增至 310~340 台次之间,大大缓解了脑外科、泌尿外科、骨科、眼科等科室的手术难问题。检验、放射、核医学等医技科室做到了急诊在半小时内出报告。同年,与北京"互联中心"合作,开通了远程医疗会诊系统。为解决门诊的"三长一短"现象,医院扩建门诊大厅 130 平方米,调整了专家门诊布局,增加了专家门诊,延长了门诊时间,限制挂号数量,保证了诊治质量。年底,在原理疗科基础上分设超声诊断科,理疗科更名为康复科,完善了医院的医疗、预防、保健、康复四大基本功能。

1997 年,附属二院通过了卫生部三级甲等医院复审,成为省内首家三级甲等医院。同年附属二院骨科被确定为甘肃省重点学科。附属二院党、政班子提出了"建设以博士为龙头,硕士为骨干的院科两级领导班子和医疗、教学、科研队伍"的发展战略并组织实施,提升优化了人才队伍结构。同时,为了利于内科各专业之间的协调发展,整体提高,取消了内一、内二、内三科建制,成立内科建制,各专业独立建科,即心血管科、呼吸科、消化科、内分泌科、血液科、肾病科、风湿病科。

1998 年,附属二院新住院部大楼建成,该楼一楼为 CT 室、核磁室及干部保健接待室,二楼至七楼设有 6 个病区(十五至二十病区),增加病床 178 张,使医院总病床数增至 806 张,眼科、心血管科、胸心外科独立设立病区(分别为

二十、十九、十六病区),神经内科、神经外科在十五病区,骨科、普外科在十七病区,肾病科和内分泌科在十八病区。同时在十八病区建立了血液透析中心和骨髓移植室。在医疗业务上开展了白内障超乳玻切治疗及角膜移植手术,胸心外科直视心脏手术开始向低体重儿突破,耳鼻喉科、泌尿外科应用激光刀进行小手术及腔道手术,检验科拓展血凝系统部分筛选项目。急救中心加强急救内涵建设,强化"120"反应速度和指挥职能,执行抢救过程中的"三诊"、"六通"程序,急诊病人抢救成功率达95%。在医疗业务收入逐年改善的情况下,医院加大了对基础设施、医疗设备,特别是共用科室设备的投入,在短短两年时间里,医院就增置了 Siemens Plus 4 型螺旋 CT,HP8500GP 彩超,超乳玻切手术系统,眼科前段、后段专用激光,眼科专用手术显微镜,泌尿外科、普外科大型激光设备等。骨科内设脊柱外科、关节外科、显微外科、手外科、骨病骨肿瘤、小儿矫形、创伤等二级学科专业组及从事骨科学基础研究的病理解剖室、生物化学实验室、细胞培养室、实验外科室和音像资料室。在师资队伍建设方面,医院有教授 8 名,主任医师 27 名,副教授 42 名,副主任医师 64 名,讲师及主治医师 292 名,形成了比较合理的师资队伍结构。王志平博士、孙正义、吴强被评为省级跨世纪学科带头人,另有 12 人被评为院级学科带头人,15 人分别担任了院、科、研究所、室的领导职务,18 人破格晋升为正、副高级职称。同年,心内科和泌尿外科被卫生部批准为临床药理基地。

1999 年,孙正义、王栓科担任附属二院骨科主任后,附属二院骨科的发展又迈上了一个新台阶。由于注重人才梯队建设,使骨科专业人才更加强大,对外交流逐渐增加,骨科技术日臻完善。在脊柱外科、显微、手外科、关节外科、骨病骨肿瘤、小儿矫形、创伤等领域开展了大量的科研及临床工作,并开展了许多高难度手术,如:先天性脊柱侧弯、脊柱肿瘤椎体置换手术,突破了许多手术禁区。颈椎 1–2 的手术治疗,原来只有北京、上海能开展,1999 年前后附属二院骨科也能成功地完成该手术,极大地提高了骨科在省内外的影响。到 1999 年底,附属二院已有 11 人享受国务院政府特殊津贴。

1999 年,附属二院根据甘肃省纠风领导小组《甘肃省卫生系统民主评议行风工作实施细则》部署,在全院开展了为期一年的行业作风建设工作,通过学习动员、自查自纠、评议验收等工作的开展,医院的医德医风和精神文明建设取得了突出成绩,广大义务工作者的行业作风得到了明显改善。同年,附属二院独立建院 40 周年,医院适时对各项工作进行了全面总结,各方面都取得了骄人的成绩。全年门诊量(包括离退休专家门诊)达到 3.14 多万人次,接受急诊 1.57 万人次,接受住院 1.21 万人次,完成手术 4 273 例。全年共发表 SCI 论文 5 篇、国家级论文 143 篇、省级论文 109 篇。获得了国家自然科学基金 1

项、甘肃省科委公关项目 3 项、甘肃省自然科学基金 4 项,争取到科研经费 26 万元。医院集中财力购置了数字化胃肠道透视机、C 型臂 X 线机、床旁拍片机等大型医疗设备。利用瑞典政府贷款更新医疗设备,购进了磁共振为代表的一批医疗设备,采用合作经营方式建立了甘肃省伽玛刀治疗中心,使附属二院的医疗设备达到了国内先进水平。利用省上拨款 145 万元购置了监护型救护车和急救设备 30 台(件),改变了急救中心设备落后的状况。1999 年,眼科、皮肤科被省卫生厅列为省级重点学科。

进入 20 世纪 90 年代以后,附属二院以科研工作为龙头,抢抓机遇,大力发展特色优势学科,使附属二院的强势学科和科学研究水平迈上了新的台阶。神经外科开展的新业务和高难度手术范围进一步扩大,科研水平进一步提升,1993 年,第三次举办了全省神经外科年会,成功举办了国际颅外压和脑水肿学术会议,科室连续承担多项科研项目并多次获得科研奖励,专业影响进一步扩大。 1994 年,被世界神经外科联合会接纳为会员,并多次参加中、法、美、日、意、澳举办的国际会议,其中部分会议由裘明德教授主持。1997 年,神经外科被再次确定为甘肃省重点学科并获得专款扶持, 神经外科已发展成为甘肃省在该领域的医疗、教学、科研中心。附属二院逐渐形成了以神经外科、泌尿外科、骨科为优势学科的特色。医院的科研工作以"三所一室"(神经病学、泌尿外科学、骨科学 3 个研究所和皮肤病学研究室)为龙头,带动临床科室和医技科室科研工作的开展,同时,科室层面还有 8 个实验室从事科研工作。各学科将研究生课题纳入到本专业科研计划之中,从而使两者有机结合,弥补了科研工作中人力、物力和财力的不足。医院对重点专科和"三所一室"给予资金、设备、人员及业务骨干培训方面的优先政策,鼓励各级人员以国内外先进水平为目标, 开展技术创新和科学研究, 使学科整体水平受到国内外专业领域的重视。神经病学研究所及神经外科在重度颅脑损伤、颅内肿瘤、脑囊虫、颅内血管瘤的诊治、高颅压及脑水肿等方面的研究,均处于省内领先水平,10 年来获省级科技进步奖 9 项,发表学术论文 233 篇,其中 SCI 6 篇,核心杂志 91 篇;泌尿外科学研究所及泌尿外科在泌尿系结石及梗阻性疾病的诊断及治疗方面处于国内先进水平,在膀胱癌的病理及治疗研究方面达到国内领先水平,受到国内外同行的重视,10 年来获省级科技进步奖 12 项,发表论文 221 篇,其中 SCI 14 篇,核心杂志 140 篇;骨科学研究所及骨科在骨代谢研究、断指再植再造、脊柱脊髓疾病的诊治方面均处于省内先进和领先水平,10 年来获省科技进步奖 7 项,发表论文 200 篇,其中核心杂志 108 篇。与此同时,医院还注重各学科间的协调发展,以重点学科和"三所一室"的设备和人员优势带动其他学科,提高医院的整体水平。很多学科通过医院支持、与重点学科和"三所一室"协作的方式来开展新技术、新业务。眼科开展的人工晶体植入、超乳玻切手术、激光治疗，心内科开展的起搏器安装、介入性诊断治疗，消化科开展的内镜诊断治疗、肝癌灌注化疗及栓塞，内分泌科开展的骨代谢疾病诊治、糖尿病慢性并发症诊治、血液科开展的白血病诊治，胸心外科开展的心脏直视手术，普外科开展的经皮肝穿及经皮肝穿置管术，同位素室开展的放射免疫测定、同位素治疗都取得了较好成绩，部分项目处于省内领先水平。医院党政班子更深刻地认识到未来竞争的关键是人才的竞争，医院制定了一系列人才培养战略，通过选送中青年医务人员赴国内外进修学习，短期培训及参加继续医学教育，提高他们的医学理论知识和业务工作能力，并采用自己培养、委托培养、定向培养及人才引进等多种渠道发展和壮大博士生、硕士生队伍，创造条件为他们提供出国进修、学术交流和参观访问的机会，支持他们积极从事科研工作、技术革新和临床新业务的开展，加速中青年学术带头人和业务骨干的培养。医院有计划地为具有较深学术造诣和较强业务工作能力的中青年学者破格晋升高级医疗职称，使医院的人才结构、梯队建设趋于合理，从而造就了一支具有良好素质的医疗、教学和科研队伍。在这支队伍中，既有韩哲生、冯守诚、刘铭锐、裴明德、刘国栋、王永铭、邝耀中等老一辈专家教授，他们为医院的建设和发展辛勤工作了几十年，培养了一批又一批医学人才，尽管他们年事已高，离开了一线工作，但仍通过各自不同的方式，关心着附属二院的发展和中青年医务工作者业务水平的提高，又有康笃伦、陈一戎、倪安民、宁英远等正在带领全院职工努力提高医院医、教、研水平的医学专家，也有王志平、孙正义、吴强等一批中青年医学专家，他们肩负着医院的未来和希望。在国内外学术交流方面，10 年间附属二院访问和学术交流的国外学者或政府代表 105 人次，进行学术交流 31 场次，院内外医务人员参加听课和学术座谈讨论等活动 1 500 余人次。附属二院学者外出进行学术交流、参观学习及访问学者 34 人次。通过对外学术交流，拓宽了附属二院学术交流渠道，使医务人员开阔了眼界，增长了知识。通过定期不定期邀请国外著名医学专家来院讲学、查房、手术示范等方式，增进了交流，加深了感情，与日本、法国、美国等建立了比较稳固的业务技术交流关系，不少人应邀到上述国家进修学习，考察访问。为了发展同第三世界国家的医疗卫生合作，积极响应党和国家号召，向马达加斯加派出援外医疗队，至 1999 年已派出 12 批 56 人次，除第五批附属二院没有派员参加外，其余均派员参加。附属二院派出的援外医疗队员，牢记祖国的重托，以国际主义战士白求恩同志为榜样，发扬国际主义精神，克服重重困难，任劳任怨，积极创造条件，全心全意地为马达加斯加人民服务，不怕苦、不怕累、不怕脏，他们的医德医风和医术受到了马达加斯加政府和人民的广泛赞扬，谱写了一曲曲国际主义精神的赞歌。在共同的生活和工作中,他们同当地的医务人员、广大人民群众结下了深厚的友谊,为发展马达加斯加的医疗卫生事业,为增进我国和第三世界国家之间的相互了解和友谊作出了积极的贡献,为我国争了光。以附属二院邝耀中教授为援外医疗队队长的第八批援外医疗队,经过两年艰苦卓绝的工作,成绩突出,获得全国先进援外医疗队的光荣称号,受到了全国通报表扬和奖励,邝耀中教授本人也获得马达加斯加国最高奖章,总统授予该国荣誉勋章。

表 8-12　1993—1999 年附属一院医疗工作情况统计表

年度	门诊人数	住院人数	治愈率(%)	好转率(%)	床位使用率(%)	平均住院日	床位数
1993	220 546	9 734	68.20	27.80	97.20	23.7	683
1994	199 262	9 066	69.30	25.40	92.40	23.7	683
1995	203 222	9 384	66.30	27.18	93.80	23.3	683
1996	225 965	8 970	63.80	30.50	87.90	22.5	683
1997	253 788	9 361	66.00	28.90	83.00	20.2	683
1998	266 287	9 561	66.50	29.40	78.40	17.7	681
1999	290 948	10 431	64.10	32.10	79.40	16.7	681

表 8-13　1993—1999 年附属二院医疗工作情况统计表

项目年限	年门诊量	年住院人次	年出院人次	治愈率(%)	好转率(%)	周转率(%)	使用率(%)	平均住院日	全院床位数
1993	279 430	9 614	8 876	56.3	34.1	15.7	93.9	23	610
1994	300 495	9 574	8 897	58	32.2	14.8	94.2	22.2	610
1995	282 672	9 400	9 382						650
1996	274 848	9 448	9 472	56.2	32.8	14.2	88.4	22.3	665
1997	307 986	10 465	10 539	56.8	34.1	15.9	85.3	18.9	663
1998	270 935	12 288	10 675	55.4	35.3	14	71.8	16.9	806
1999	279 486	12 110	12 121	53.6	36.9	15.3	75.2	16.4	806

第十节　新世纪初两所附属医院的跨越式发展(2000—2004)

21 世纪初,两所附属医院按照中央和省上关于加快改革步伐的精神要求,不失时机地推进医院医疗、教学、科研诸方面的改革,各项工作取得了突出成绩,实现了跨越式发展。

一、附属一院的跨越式发展

2000年,国务院颁布了《关于城镇医药卫生体制改革的指导意见》,卫生部颁布了《关于实行病人选择医生促进医疗机构内部改革的意见》。附属一院积极贯彻落实国务院和卫生部改革意见,在医疗、教学、科研等方面开展了许多卓有成效的工作,取得了较好的社会效益和经济效益。普外科、药剂科被省卫生厅确定为省级重点学科,使省级重点学科达到11个。经卫生厅批准,甘肃男科医院成立;妇产科在省内首家开展了新生儿抚触室和气囊助产等新技术;心脏监护中心完成心脏介入手术493例,其中射频消融手术共治疗215例;心外科完成各类手术203例;眼科开展了超声乳化治疗白内障等新技术;内分泌科新增糖化血红蛋白测定、尿微量蛋白测定等9项新项目;泌尿科开展了腹腔镜腹膜后肾上腺瘤切除术。医院自筹资金773.9万元,购置了万元以上设备79台(件)。先后邀请美国、德国、新加坡、以色列及国内北京、上海、广州、西安等地专家12批80余名来院讲学、学术交流。国际"微笑列车"、"微笑行动"共筛查唇腭裂患儿229人,完成手术197人,受到中华慈善总会表扬和社会各界好评。以主治医师进修班为主,医院举办各专业进修班16期,接收进修学习班人员600多人。在国家级刊物发表论文138篇,SCI收录2篇,省级89篇,完成科研项目30项,获奖5项。医院获得"全省思想政治工作先进集体"、"省级文明单位"、"全省文明行业先进单位"称号。2000年,医院组织医疗卫生"三下乡"15批80多人次,赴榆中、定西、甘南、白银、武威等地义诊,为夏河县医院捐赠总计价值2.5万元的医疗用品。医院被授予全国卫生系统先进集体,陈启武被授予甘肃省优秀园丁奖。

2001年,附属一院开展争创全国首批以"明明白白看病"为主题的"百姓放心医院"活动,进一步引导全院职工自觉、主动、全心全意为病人服务,力争让患者"五个放心",即"服务放心、检查放心、手术放心、用药放心、收费放心"。门诊部重新装修,将专科专病门诊扩大到104个。医院贯彻实施《甘肃省事业单位职工基本医疗保险实施方案》,启动兰州市医疗保险工作,制定配套文件,执行医保用药目录,加强医生用药及检查项目管理,核算医保资金,使甘肃省事业单位职工基本医疗保险实施方案顺利推行,也取得了突出成绩。医院以加强技术创新为目标,有针对性地加强学科建设,进行学科重组,力争专业技术工作取得重大进展。医院组建了器官移植医学学科实验中心、临床医学实验中心,在香港爱国人士李嘉诚倡导和资助下,经卫生厅批准组建了宁养院。投入资金建成了信息局域网。小儿外科、心电生理介入病房被卫生厅确定为省级重点科室,药剂科药理基地作为国家级药理基地首次接受国家药品监督管理局

Ⅱ、Ⅲ、Ⅳ期临床试验及生物等效性试验。普外科在天津第一中心医院沈中阳的协助下开展了甘肃省首例肝移植手术获得成功;人类辅助生殖医学中心成功孕育首例试管婴儿,填补了省内技术空白;妇产科开展妇科腹腔镜手术等新技术,消化科开展了卢戈氏碘液染色对食管疾病进行临床研究新项目;心脏监护中心完成心脏介入手术 495 例,其中射频消融手术等治疗 252 例;心外科完成各类心脏手术 252 例;泌尿科与外院合作开展了肾移植手术,填补了医院空白。医院自筹资金 1 645 万元,新增医疗设备 417 台(件),其中进口的全自动大生化仪、细菌培养及监测仪、人工肝、生殖中心专用设备、血液浓度监测仪等大型设备,均为国际上最新设备。医院邀请美国、德国、以色列等国及北京、上海、广州、西安、武汉等地专家 20 批(次)90 余名来院讲学、学术交流,协作手术。和国际"微笑行动"组织一起为 170 名唇腭裂患儿施行了免费矫形修补手术。举办了主治医师、整体护理、全科医学等多个专业进修班 16 期,培训学员 666 人,接受进修生 182 人。附属一院被省人事厅批准为省级专业技术人员继续医学教育基地。制剂室通过了省级验收,核发了《制剂许可证》。医院被全国政协及中华医院管理学会评为"明明白白看病百姓放心医院",院党委被省委命名为"先进基层党组织",医院被评为省级文明单位,心脏介入病房获得"全国青年文明号"荣誉称号。医院新购贝克曼生化仪 1 台在检验科投入使用;甘肃省第一例试管婴儿在辅助生殖医学中心成功植入母体;甘肃省第一例肝移植手术在普外科获得成功。附属一院外科综合楼经甘肃省卫生厅批准立项;医院组织医疗卫生"三下乡"15 批 90 多人,前往金昌、榆中、定西、甘南、白银、武威等地义诊,共捐赠药品合计 2.5 万元;参加省残联组织的"蓝天行动",到张掖地区民乐县为 150 名患者实施白内障复明手术。按照省卫生厅要求,医院派出妇、眼、外、内、B 超、心血管等专业医生 7 人到迭部县医院进行为期一周的义诊活动。按照省卫生厅关于西部开发的工作安排,医院派出眼科、中医、内科、儿科、妇产科专家前往漳县义诊。

2002 年,附属一院领导班子调整。新一届领导班子抢抓机遇,开拓进取,紧紧依靠全院职工,在提高医疗、教学、科研、预防等综合实力上狠下功夫,积极组织开展以"医疗优质高效"为主题的"百姓放心医院"创建活动,教育部本科教学水平评估等大型工作;着力推进医院文化建设;继续深化、推进城镇职工基本医疗保险制度改革等医药卫生三项改革;精心打造医院品牌,全面提高医院的核心竞争力,使医院的社会声誉、综合实力显著提高。4 月 29 日,附属一院辅助生殖医学中心第一例试管婴儿在浙江盘安县人民医院诞生;5 月 20 日,国际"心连心"组织在医院进行为期一周的学术交流,成功为 15 例重症心脏病患儿实施心脏手术;6 月 19 日,国际"微笑行动"组织来医院活动,与医院医护人共同免费为 127 名唇腭裂患儿实施修补手术;7 月 10 日,血液科为白血病患者实施非清髓性的异型干细胞移植手术喜获成功,填补了我省空白;9 月 16 日,兰州医学院在医院挂牌成立"兰州医学院第一临床医学院";10 月 16 日,辅助生殖医学中心被省卫生厅确定为省级重点医学学科;11 月 10 日,外科综合大楼奠基、开工;12 月 30 日,血液科实施甘肃省首例非血缘关系不全相合异基因脐带造血干细胞移植术治疗幼儿急性白血病获得成功,医院为小患者捐款 1 万元用于术后康复;医院派出五个专业的骨干人员赴靖远为当地群众义诊,到基层医院组织查房,诊治疑难病例,举办学术讲座和手术演示,培养基层医务人员,活动期间共免费给当地患者捐赠价值 5 000 多元的常用药品;参加省残联组织的"蓝天行动"及"视觉第一行动";到定西地区和陇南地区共为 330 多名患者实施白内障复明手术;和兰州医学院联合派出"三下乡"医疗队赴西峰、宁县、镇原巡回义诊,捐赠药品价值 5 000 余元,捐助失学儿童 2 名。在医院管理上,附属一院开展了争创以"绿色医疗环境"为主题的"百姓放心医院"活动,引入医院形象识别系统,营造良好的医院文化,深入开展"医疗经营管理年"活动,在社会上赢得了良好声誉。在医疗设备上,附属一院特别注重现代化器材装备,千方百计改善医院设施。医院制定了《附属一院设备药品物资采购管理办法》,对所有设备、药品、物资进行政府采购,保证了采购工作的公开、公平、公正的效益原则。

2003 年,在抗击非典型性肺炎工作中,附属一院被确定为"甘肃省非典定点收治医院"、"涉外救治医院"。院党委、院行政本着对人民健康高度负责的精神,动员全体职工积极投入到抗击"非典"战役中,以保证夺取抗击"非典"的最后胜利。在专家和全院职工的共同努力下,医院发热门诊共接诊发热病人 1 538 例,留观 8 例。非典型肺炎救治病区留观病人 56 例,其中疑似 2 人,排除 2 人。呼吸科、感染科、急诊科、放射科、检验科组织培训班 20 余次,培训人员 1 000 余人,副院长余勤针对非典型肺炎诊断、治疗、流行病学史,对医护人员防治处理等知识进行讲座,参加者 1 000 多人次。在禽流感、艾滋病等大型公共卫生防治工作中,都出色地完成了省上安排的工作任务。医院派出六个专业 14 名骨干赴古浪县为当地群众进行了义诊,并举办学术了讲座和手术演示,为基层培养医务人员。为当地患者捐赠价值 5 000 多元的常用药品,义诊 400 人次;附属一院还派出由 20 余名医务人员组成的医疗队赴陇西县义诊,义诊病人 600 人次,开展专题讲座 3 场,帮助基层医院开展了新业务。眼科流动手术车赴秦安县开展"光明行动",为 133 名患者实施白内障复明手术;由省慈善总会资助、口腔科负责实施的"微笑列车"到武威为 106 名唇腭裂患儿实施了手术治疗。在科研工作中,医院坚持科技兴院方针,不断加大投入力度,合理配置科研资源,逐步形成了较雄厚的科研力量。医院设有儿科学研究所、血液病研究所、传染病研究所、甘肃省分子医学研究所、心血管病研究所和医学法学、普通外科、内分泌、辅助生殖、精神心理研究室。近3年获科技部科研立项2项,中国科学院1项,卫生部3项,在省科技厅、省教育厅、省卫生厅通过科研立项126项;通过省科技厅成果鉴定77项;获省科技厅一等奖1项、二等奖6项、三等奖7项;省教育厅一等奖2项、二等奖6项、三等奖10项;出版学术专著26部;发表学术论文1 049篇,其中SCI收录9篇,国家核心期刊674篇,省级杂志366篇,获国家专利3项。医院通过外国政府贷款、租赁等形式购置核磁共振仪、彩超、运动心电监护系统等大型医疗设备,全年在医疗设备上的投入达1 660万元。

2004年,附属一院全体医务工作者踊跃参加"捍卫医务工作者尊严,拒绝红包、回扣,诚信服务患者"为主题的大型签名活动,决心抵制行业不正之风,净化医疗服务环境,以良好的医德医风、精湛的技术水平服务于广大患者。前三季度,医院共接待门诊病人28.4万人次,住院病人1.12万人次,完成各类手术4 290例。医院本着院有重点、科有特色、人有专长的发展思路,积极支持并开展新技术、新项目。心外科在前两年年均心脏手术保持280例以上的基础上,至2004年11月已完成320例;心内科年完成心脏介入手术1 000余例;生殖中心形成了配备合理、临床经验丰富的科研技术队伍,拥有国际一流的辅助生殖设备,每年接诊来自陕、甘、宁、青、新、内蒙等省区患者5 000多人次,目前已成功妊娠275例试管婴儿,131个试管婴儿已顺利诞生,试管婴儿临床妊娠率平均在46.6%,试管婴儿及其衍生技术已与国内发展水平同步。医院其他临床医疗科室也都瞄准国内外医学学科发展前沿,不断拓展新的治疗领域,如普外科与省外医院密切协作,在2003年成功实施了第4例肝移植手术,全年完成ERCP手术400余例。医院正在按照现代化医院的特点、功能和任务,努力建设开拓型、智力型的医学学科和专业技术队伍,努力为病人和社会人群提供及时、安全、经济、正确、有效的医疗保健服务。2004年1月省直工委、省卫生厅组织到康乐县八松乡进行义诊活动,医院派出内、外、妇、儿、中医等科室医生参加,并捐赠价值3 000多元的药品。医院抽调肾病、外科、骨科、小儿科、妇产科、心血管、肝病等科室医生赴秦安县中医院开展为期一周的义诊。医院眼科流动手术车到武威、民勤、永昌、天水等地开展白内障复明手术300多例。

二、附属二院的跨越式发展

2000年,为贯彻落实国务院办公厅转发国务院体改办等八部委《关于城镇医药卫生体制改革的指导意见》,坚持以病人为中心,引进竞争机制,促进医疗机构内部运行机制改革,满足人民群众的医疗要求,为病人提供优质服务,附属二院于2000年10月16日开始实行病人选择医生的重大医疗体制改革。门诊供病人选择的医生都具备副高级以上职称。为配合病人选择医生,医院调整了专家门诊,新开设离退休知名专家门诊。在门诊大厅及各病区等显要位置,对专家照片及基本资料张榜明示,门诊大厅增设两台触摸式电脑,储存近180位专家的个人资料,供病人选择使用。自开展各项活动以来,门诊病人人数比去年同期增加3 128人。附属二院的各项医疗指标都得到了圆满完成。全年门诊量2.88万人次,较1999年增长3%,急诊1.55万人次,较上年减少262人次,全年住院达1.21万人次,较上年增长18%。平均住院日为16.4天,较上年缩短了4.3天。组织开展的病历质量月活动,促进了病历质量的提高。医院重申了医疗纪律,实施医务检查制度,联合有关部门进行不定期检查;制作投诉通知、各种告示等,促进了服务态度的改善。临床医师继续教育规范化:在广泛吸取国内外临床医师的培训经验基础上,制定了适合附属二院特点的临床医师培训轮转计划,使临床医师继续教育日益规范化。在上年度申报课题的基础上二院完成并通过鉴定课题14项,获省委科技进步奖10项,其中一等奖1项,二等奖5项,三等奖4项。获甘肃省科技进步奖6项,其中二等奖2项,三等奖4项。新上课题11项,争取到经费12.4万元。教师节期间,医院隆重表彰了11名对我省卫生事业及医疗、教学、科研工作作出巨大贡献的著名老专家,他们是韩哲生、冯守诚、王永铭、刘宝厚、刘铭锐、刘国栋、裘明德、邝耀中、沙鹏图、康笃隆、闵坤山,这在甘肃医疗界尚属首次。副主任医师岳中瑾博士成功地完成了亲属活体供肾移植手术,在全省尚属首例。神经外科成功实施了一例外伤性颈内动脉海绵窦漏导管球囊栓塞术。

2001年,附属二院进一步深化改革,加强管理,不断夯实医院发展基础,各方面工作取得了新的成绩。通过不断努力,附属二院重点学科达到9个,省、厅级学术带头人达到25人,硕士、博士学历人员达到100多人,其中博士学历人员10人。完成并通过鉴定科研课题23项,其中获甘肃省科技进步奖5项(二等奖1项、三等奖4项)、甘肃省医学会科技进步奖14项(一等奖1项、二等奖5项、三等奖8项)。医院投资140余万元对7个病区进行了维修改造,投资700万元购置了医疗设备,投资80万元改造了药剂科大输液生产线,投资100万元装修改造了食堂,投资100万元增加了一台10吨热水锅炉。医院医疗条件大为改善。医院党委利用建党80周年之际,组织了一系列纪念活动,丰富了党员、职工的文化生活,促进了精神文明建设,在全院开展了"实践'三个代表',争创一流业绩"活动,强化了"病人第一,服务第一,质量第一,安全第一"的服务意识,全院职工开展"爱岗敬业,文明行医"的活动。在完成好本院的医疗、教学、科研工作的同时,还完成了大量院外会诊、手术,有力地支援了基层医院的业务开展。

为配合上级主管部门的健康教育活动,医院先后组织了 10 余人参加了"三下乡"活动,与甘肃有线台"长寿村"节目组合作完成共 12 期健康教育电视节目,参加"世界卫生日"等宣传活动 10 次,派出人员 110 次。组织医务人员在市内及榆中、皋兰等附近县区进行卫生宣传和咨询及义诊 215 场次,共有 1600 余人次医务人员参加。这些活动包括:送医送药、爱眼日、爱牙日、结核病防治宣传日、戒毒日、医疗咨询无偿献血、助残日、学雷锋活动、世界卫生日、艾滋病日、红十字宣传日等。配合省残联"视觉第一"活动,先后 2 批近 10 人次赴 10 余个省内县区进行白内障患者复明手术 500 余例,以解除贫困地区患者的失明痛苦,使他们恢复了劳动能力,受到患者及当地政府及省残联的好评。应省电视台邀请派眼科张文芳主任,前往成县小川镇乱山村下乡参加电视记录片《看不见的村庄》的拍摄,普查眼病、普及眼科健康知识,受到省委宣传部、省电视台及当地政府的赞誉。医院连续 8 年每年以 2 万至 5 万元不等,定点帮扶本省贫困县武山县黑池殿村。广大医务人员积极进行爱心捐款,"慈善一日捐"活动捐款 3 万余元。各临床科室还自发为本病区的贫困患者捐款、捐物、献血,妇产科护士呼延琳为生命垂危的 10 岁患儿王震宇献血,消化内科为永靖患者王永贞捐款 1 000 元,普外科为天水患者周红芳捐款近 5 000 元,妇产科为静宁患者米岁成捐款捐物,骨科为张掖患者甘蓉芳捐款 1 000 元。一系列的捐助活动,扩大了医院的影响,树立了医院的良好形象。当年医院平均住院日为 15.5 天,较上年缩短了 3.1 天。诊断符合率、治愈率、好转率、病床使用率均达到了较好水平。医院开展新技术、拓展新业务,泌尿科全年完成了 35 例肾移植手术,腔镜中心和普外科完成近 200 例腹腔镜手术,构成了附属二院专业技术的新亮点。骨科、骨研所开展的带锁钉治疗四肢骨折在全省得以推广,与甘肃肢具中心合作并完成病例 200 例;脑外科完成颅脑肿瘤手术 163 例次,其中复杂和难治性肿瘤比去年增加 35.83%;"120"出诊及急门诊接诊均有大幅度提高,分别增长 82% 和 31%;耳鼻喉科完成鼻内窥镜手术 33 例;口腔科开展了烤瓷牙制作及铸造支架等技术;胸心外科完成各类心脏手术 33 例,手术难度、围术期处理均较往年有明显提高;麻醉手术科将腰硬联合麻醉用于妇产科和骨科手术 30 余例;内分泌科完成甲状腺穿刺术 80 余例;肾内科开展了肾囊注射治疗技术;呼吸科成功完成了 4 例晚期肺癌患者的气管支架置入术;心内科完成冠脉造影 21 例,PTCA 及冠脉内支架置入术 12 例;消化科开展 EST 和胆总管取石 10 余例;血液科开展的生物治疗——树突状细胞治疗白血病获得成功;病理科开展了免疫组化技术,提高了诊断符合率;放射科开展了 r-刀精确定位扫描,胆道尿道水成像等检查技术;核医学科的 ECT 启动应用;检验科建立了检验管理质量文件,加强室内质控;皮肤科全年完成真菌检测 1 783 人次;眼科开展的眼后节手术在省内处于领先水平;产科开展的胎儿远程监护等,均使医院的医疗业务水平又迈上了一个新的台阶。在省、市政府、省卫生厅及上级部门的关怀下,经过不断努力,甘肃省儿童医院于 3 月份正式移交附属二院并开始筹建。被外单位借用长达 39 年的昆仑堂及 10 亩土地全部收回。

2002 年,附属二院积极组织开展"百姓放心医院"活动,以改变服务模式,提高医疗质量为中心,认真推行病人选择医生制度,取得了明显的效果。医院利用大量资金改变就医环境, 对旧病房进行了装修改造,HIS 系统建成运行,实现了医院微机信息管理;积极争取外国政府贷款 500 万美元改善医疗设备落后状况,使医院的医疗条件大为改观;医院邀请英国泌尿外科专家 Wallace 教授等知名专家来院讲学、手术,对 15 位住院患者进行了初步诊断,对疑难病例进行讨论, 实施了手术, 并从泌尿外科的发展谈英国医生培养及亚专业分化、肾癌根治术策略、前列腺治疗进展、膀胱癌发病及治疗进展等方面进行了交流、学术讲座,收到了良好效果。泌尿外科与兰州大学生命科学院联合招生培养博士研究生,陈一戎、王志平被聘为兰州大学博士生导师。在科研方面又获得甘肃省科技进步奖二等奖 2 项,三等奖 2 项,争取到科研经费 29 万元,并成功完成肾移植手术 41 例,在该领域达到了国内先进水平。同年,兰州医学院第二临床医学院在二院正式挂牌。

2003 年,在抗击"非典"特殊时期,附属二院按照省委、省政府及省卫生厅的部署,迅速成立了防治非典型肺炎领导小组,组建了 17 个批次的抗击"非典"医务人员梯队。在各级领导和上级医疗、防疫部门的指导下,分析总结国内外有关"非典"防治工作的经验教训,组织全院人员学习相关法律法规、SARS 基本知识。进行流行病学调查,诊断与鉴别诊断、治疗原则分析,开展了 SARS 病房消毒、隔离、防护知识,医院感染管理知识普及宣传,制定了《兰医二院防治传染性非典型肺炎应急预案》。在危急时刻,医院克服重重困难,投入大量人力、物力、财力,改扩建了发热门诊和发热隔离病区,在全国首先制定了工作人员"零感染"实施方案、"非典"患者零死亡实施方案等,并建立了相应的督查机制,受到疾控部门的表扬,受到国务院督查组的认可。在迎接教育部本科教学水平评估工作中,广大教职员工深刻领会"以评促建,以评促改,以评促管,评建结合,重在建设"的精神实质,苦干 300 天,使医院的教学工作出现了欣欣向荣的局面,全面完成了迎评各项任务,赢得了评估组的高度赞扬。医院制定了科研管理和激励的相关措施,加强了研究所室和研究生培养点管理,一个比较完善的科研管理体系已经基本形成。以博士点和硕士点的建设带动学科核心竞争力的提升,为医院的可持续发展提供了人才储备,保持了一些学科在省内外的领先地位。与此同时,医院稳步推进人事制度改革。经广泛征求意见、多次论证修改和院职工代表大会认真讨论后,形成了人事制度改革方案,进行了四十多天的竞聘上岗工作。这次改革对全院职工震动很大,激励了大家的工作热情,促进了医院的各项工作。建立了按需设岗、以岗定编、能上能下、优胜劣汰的人事管理机制,盘活了人力资源。同年,由世界一流的医院设计师主持设计的门诊、急诊、住院医疗综合大楼由省计委立项,该楼拟建面积1.1万平方米,设计科学、设施先进、布局合理。同时,儿童医院建设工程进展顺利,职工住宅楼"萃英大厦"项目设计方案通过规划局批准。同年,教育部授予临床医学院外科学为博士研究生培养点。附属二院承担着骨科、普通外科、泌尿外科、心胸外科4个专业的博士研究生培养任务,博士研究生导师分别是孙正义、王志平、张有成、高秉仁。耳鼻喉科成功开展鼻窦镜下经蝶垂体腺瘤切除术。鼻窦镜下经蝶垂体腺瘤切除术是鼻窦镜外科技术在鼻颅底外科延伸应用的成果之一,达到外科微创的要求。该技术在西北地区尚属首家。

2004年,附属二院成功地举行了2003年度首届和第二届科学技术大会,科技大会全面展示了二院近年来所取得的成就,有144项科研课题得到国家、省、厅级立项资助,120项获得了省级、厅级科学技术进步奖,共获得资助金额150万元。组织申报科研项目205项,推荐到上级部门133项,争取到吴阶平基金资助科研项目等各种研究课题14项。有1 500多篇论文在专业杂志上发表,其中在SCI杂志上发表论文24篇、EI2篇、中华99篇、国家级825篇、省级584篇。医院围绕改革、发展、稳定等中心工作,开展全面综合反映医院工作思路、举措、动态的新闻宣传活动,组织反映医院各项工作的宣传稿件,利用省内的各类媒体报道共10余篇、次。开展了"名医带名科"专题活动,与甘肃电视台《健康之友》合作,制作20期专家讲座节目。积极宣传报道了20个临床科室,40位专家、重点学科和中青年学术带头人。开展了专题宣传、"热点采访"活动,及时报道义务人员的酸甜苦辣和奉献事例。5·12护士节之际与甘肃电视台联合组织了专题文艺晚会,制作了反映护理工作的文艺节目和专题片。围绕临床科室学术年会、医院的重大活动开展专题宣传工作。以疑难病例的诊治、新技术的介绍等为契机宣传医院的医疗诊治水平,让社会和新闻界了解医院、支持医院,为医院的发展营造了良好的社会环境。

截至2004年,附属二院已拥有编制床位806张,年门诊量40万人次,年收住院病人2万人次,年手术7 000多例。有独立建制的研究所3个(骨科研究所、神经科学研究所、泌尿外科研究所)。拥有高级职称专业技术人员203人,硕士112人、博士20人、博士后1人。省、厅级学术带头人39人。在全国各专业学术组织和国家级学术杂志担任常务理事、委员、编委80余人。全省医学专科重点学科11个(骨科、泌尿外科、神经外科、神经内科、眼科、皮肤科、耳鼻喉科、肾病内科、手术麻醉科、内分泌科、急救医学)。国家级临床药理基地1个。附属二院在脊柱外科、关节镜技术、尿道下裂矫治、肾移植、腹腔镜、鼻窦镜微创手术、脑肿瘤手术、肿瘤生物免疫治疗等项目达到国内先进水平。角膜移植、眼后节手术、银屑病真菌病治疗、脑血管造影、脑血管畸形的介入治疗、糖尿病的治疗、肾功能衰竭尿毒症透析、血液过滤治疗、消化内镜下的支架置入、胆道碎石取石技术、胃镜结直肠镜镜下氩气刀治疗、气管镜下检查、支架置入治疗气道狭窄技术、造血干细胞移植、骨髓移植、肿瘤疫苗临床应用、肝脏移植、肝胆胰联合手术、先天性心脏病的介入修补技术、食道改良手术、妇科肿瘤微创手术、整形美容、颌面外科手术、胎儿遗传病检测、新生儿重症监护创伤外科、危重症急救等方面处于省内治疗项目领先地位。

表8-14 2000—2004年附属一院医疗工作量统计表

年度	门诊人数	住院人数	治愈率(%)	好转率(%)	床位使用率(%)	平均住院日	床位数
2000	332 488	11 124	62.60	33.50	82.00	16.50	681
2001	359 651	11 044	59.70	36.40	78.30	15.1	681
2002	363 854	11 387	59.10	37.30	73.40	14.3	681
2003	340 970	12 451	55.80	40.70	77.50	14	715
2004	377 497	15 314	53.87	41.97	83.02	13.86	714

表8-15 2000—2004年附属二院医疗工作情况统计表

项目 年限	年门诊量	年住院人次	年出院人次	治愈率(%)	好转率(%)	周转率(%)	使用率(%)	平均住院日	全院床位数
2000	287 170	13 144	13 098	74.8	38.5	16.5	76.8	16.0	806
2001	299 358	13 945	13 844	48.9	41.4	17.7	80.0	15.4	806
2002	310 960	13 975	13 977	49.6	40.8	17.9	78.5	15.4	806
2003	305 491	14 985	14 978	49.4	42.5	19.2	82.8	14.7	806
2004	309 908	17 055	17 058	53.4	40.4	21.3	87.3	14.1	806

表 8-16 2002—2004 年附属二院各项护理管理指标情况

年限	危重病人护理合格率(%)	基础护理合格率(%)	消毒隔离		急救物品		护理病历合格率(%)	健康教育覆盖率(%)	住院病人满意度(%)
			平均分	合格率(%)	平均分	合格率(%)			
2002	90.3	91.1	96.4	100	97.2	100	96.5		95.5
2003	95.1	93.7	95	100	96.1	100	97.1		97.9
2004	92.4	91.9	95.7	100	96.9	100	95.6	79.3	79.3

第九章 对外交流

第一节 学院外事活动简况

学院外事活动即对外交流,包括学院与国外和海外(台湾、香港、澳门)医学专家学者之间的相互参观访问、邀请讲学、学术交流、友好往来、项目合作、医疗支援、投资贷款等活动。

学院外事活动可追溯到新中国成立前,当时的情况很单纯,只是出国留学和接受外国援助。

①出国留学。一种是大学毕业后直接考入国外大学留学,后归国来院工作的专家学者;再一种是学院派往国外大学进修深造,而后归国回院工作的专家学者。他们大都在美国、日本、德国等国家的诸多大学留学或进修深造。

②外国援助。1948年1月,国民政府教育部将美国医药助华会、美国红十字会一批医药和医疗器械拨给学院,作为医药技术的援助。

20世纪50年代,学院的外事活动受国际形势和中国对外政策的影响,一是与美国、西欧、日本等地中断交流;二是与苏联等社会主义国家加强交流。该时期,学院的外事交流主要是:

①学院向苏联输送医务留学人员,苏联专家对学院的建设援助,学院与苏联学者的互访与合作;

②学院推崇和学习效仿苏联的先进经验,诸如管理、教学、医疗等经验技术,同时也套用了苏联教材、考试四级记分制等。

20世纪50年代后期到70年代中期的十多年间,学院的外事交往由于国家的艰难发展而基本停顿。

①1960年前后由于中苏关系紧张和断裂,学院对苏交流合作随之终结;

②1966—1976 年由于"文革"闭关锁国搞政治运动,学院受到批判"崇洋媚外,里通外国"、"资产阶级学术权威"的风浪冲击而中止对外交流;只是从 1975 年开始,学院派医疗队支援非洲第三世界国家,标志学院外事活动开始解冻。

改革开放以来,在全院奋发图强的建设热潮中,外事活动也日益频繁,医学学术技术交流已远远超出国界,对外交流开始向多渠道、多层次、多学科、多形式发展,并取得显著成果。据不完全统计,1980—2003 年间,来访专家学者 1 140 余人次;出访教师、医师 820 余人次。

第二节 国际交流

学院真正意义上的国际交流活动始于上世纪 70 年代末 80 年代初。国际交流既有通过学会或协会开展的双边学术性研究活动,也有通过院(校)际联系进行的业务性合作。前往国外海外访问、进修、合作和学术研究的学者大都为院本部和两所附属医院的中青年教学、医疗骨干。来本院考察、访问、讲学的国外海外医学界人士中既有国际知名的专家学者,也有驻华使馆的官员,更有拳拳报国赤子心的海外华侨。

一、"走出去"——广泛开展国际学术交流

1.学院领导出访考察,积极谋求校际合作

1981 年,病理解剖学教授王扬宗院长应邀随卫生部代表团出访日本医师会。这次出访实际上是学院真正意义上对外交流活动的开始。1983 年 11 月,王院长再次与第二附属医院院长、神经外科教授韩哲生一起,代表学院参加甘肃医学考察团一行 5 人出访日本秋田县脑血管研究中心,进行学术交流,报告成果,临床考察,商谈协作项目,谋求合作达半个月,与日本秋田县脑血管研究中心建立了长期合作的稳定关系。1992 年,王扬宗教授随第二附属医院骨科研究所赴日本松山市参加日本第 25 届骨科软组织肿瘤学术会议,其间与日本有关机构探讨建立合作关系的意向。为后来广泛开展与日本脑神经外科、骨科研究机构及专家的合作交流,打下了良好的基础。

1985 年,呼吸病学教授邢祖林院长,经卫生部派遣参加世界卫生组织委托澳大利亚南韦尔斯大学医学院主办的医学改革讲习班,并对澳大利亚南韦尔斯大学医学院进行短期访问。同年,与法国里昂中法学院马莱基院长签订了 5 年校际合作协议。

1986 年 9 月,血液病学教授王镜副院长以学院代表及专家学者的身份,

参加甘肃省高等院校赴美考察团,一行 7 人赴旧金山、得克萨斯州、达拉斯、俄克拉何马州、塔尔萨、俄克拉何马大学、诺曼大学、堪萨斯州大学、西雅图等地考察。1992 年 2 月,他作为院长,参加甘肃省中西医结合学会医学代表团,一行 4 人赴日本大阪、京都、三重进行为期一个月的访问和学术交流。1992 年 7 月,参加甘肃省生物医学科技协作考察团,一行 3 人赴英国曼彻斯特、Salford 大学、利物浦大学、热带医学院、伦敦大学医学院考察,并签订兰州医学院与 Salford 大学联合研究包虫病协议书;同时顺访俄罗斯,参观了莫斯科大学。1994 年,在王镜、刘德山、史大中、景涛、蒋次鹏、曹和洵等专家的积极努力下,学院被国际研究组织正式批准,参加了由欧共体资助的以英、法、中(甘肃、新疆)三国四方组成的 1994—1996 年人畜共患包虫病的合作项目。

1993 年 2 月 6 日至 3 月 2 日,人体解剖学教授郗瑞生副院长,代表学院参加西北地区医学教育考察团访问美国,一行 5 人参观了南卡大学医学院、威基尼亚大学健康研究中心、俄亥俄医学院、华盛顿大学医学院、华盛顿爱德华医院,就医学院教育和继续医学教育进行了考察,并对继续医学教育的宗旨、原则、教学内容和方式等问题交换了意见。在纽约,郗瑞生教授与美国中华医学基金会主席索耶先生会谈,就美国中华医学基金会资助的 "中国西北地区 CME 项目" 的进展情况和考察团的活动进行了磋商,促进了 "中国西北地区 CME 项目" 健康发展(详情后叙)。

2002 年元月,病理学教授朱任之副院长,带领由 12 所高校领导组成的甘肃省教育考察团,出访欧洲诸国 8 所高校及科研机构,重点考察学习了欧洲继续医学教育和职业教育的成功经验,为兰州医学院及甘肃高校继续教育和职业教育的发展带来了宝贵的经验。

2003 年 11 月—12 月,中西医结合学教授赵健雄院长,就学院日元贷款一事出访日本,为学院利用外资、促进办学做出重要贡献。

自改革开放以来,学院以诚恳求教的姿态和积极主动的做法,加之学院不断发展所产生的积极影响,赢得了国际学术界的尊重和理解,国际交流渠道不断拓宽,国际的交流与合作广泛开展,在医学领域先后同亚、欧、美、澳四大洲近 20 个国家及台、港、澳等地区的高校科研机构进行了友好往来。同英国曼彻斯特大学、英国帝国理工大学、英国塞尔福特大学、英国伯明翰大学、法国里昂中法学院、法国斯特斯堡大学第三医学院、美国乔治城大学医学院、日本近畿大学、日本三重县中日友好协会三重大学、日本脑研所、骨研所等 10 多所高校和科研机构建立了学术协作与交流关系,开展互派访问学者,进行科研合作。

2.选派学科带头人出席国际会议,不断扩大学院知名度

改革开放以后,随着学院与境外学术界联系不断增多,学院及两所附属医院的各学科带头人，每年都有近 20 人次出国（境）参加国际学术研讨会。1985—2003 年，全院共派出 203 人次出席国际会议。有 80 多人次在国际医学学术会议上宣读论文和交流科研成果。

1985 年 4 月，蒋次鹏教授受到国际包虫病学会的邀请，前往西班牙出席第 13 届国际包虫病学大会，会上他作了题为《人体包虫增殖生长的光镜显微观察》的学术报告，与国际包虫病学专家进行了深入的探讨。该报告获得"米格尔·贝佐国际特别奖"。1985—2003 年，他还应邀分别赴西班牙、澳大利亚、瑞士、英国、法国、德国、意大利、立陶宛、日本、美国、加拿大、南非参加国际学术交流会议。由于蒋次鹏教授在该学科的卓著成就，被接纳为国际包虫病学会会员(1985)、WHO 国际包虫病工作组顾问(1988)、WAAVP 会员(1993)、加拿大卫生医学研究院特聘教授和博士生导师(1996)。

1990 年，冯守诚教授曾多次应邀出席在香港、日本、新加坡、美国等地举行的学术交流会议。1992 年 7 月，骨研所冯守诚所长、闵坤山副所长率甘肃省医院访日团，参加日本第二十四届软组织肿瘤学术会议，顺访部分医院。在与国外许多骨科专家广泛的学术交流活动中，提高了附属二院骨科专业水平，扩大了骨科治疗水平在国内的影响。

1983—1997 年，神经外科裘明德教授多次参加中美、中日、中澳、中日意、印度等国际会议，并主持一些会议，使边远的西北地区在神经外科专业领域也占有一席之地。1980 年，其论著被《欧洲神经病学》杂志全文转载；1983 年，他在香港举行的亚澳神外会议报告了《简易颅内压监护和脑室外引流》；1988 年，他介绍国外该领域最新研究动态的中译本出版，并在首届 ICP、BE 会议大会报告；1992 年，他被选为英国皇家学会热带医学和卫生学会会员；1994 年，成为世界神经外科联合会(WFNS)会员；1995 年，被邀请参加美国科学进展协会(AAAS)会员；1995—1997 年，入选 Marquis 世界名人录 14 版及英美多种名人录；1997 年，英国剑桥 IBC 授予他"神外及神经科学 20 世纪成就奖"。裘教授先后在国内外医学杂志和论集中发表 150 多篇论文，其中 20 篇被美国 Index Medicus 收录，有德、美、法、意等 10 国 15 个单位或研究机构索取文本，受到国外学者的关注。

1993 年 12 月 23 日，中西医结合研究室许自诚教授赴香港参加中国文化与中国医学国际会议，被香港中医专业学院聘为"学术顾问"。

1996 年 4 月 19—21 日，学院中西医结合研究室主任赵健雄教授参加了在美国拉斯维加斯举行的第三届世界传统医学大会，并在大会上作了"敦煌医学研究"的学术报告，受到与会专家们的高度赞扬和好评。荣获世界传统医药突出贡献国际金奖金杯一等奖，优秀成果奖，以及"百名民族医药之星"称号。

3.选送中青年骨干教师出国进修提高

为了促进中青年教师学历层次、专业技能以及科学研究能力的提高,学院本着"拓宽渠道,开展实质性合作与交流工作"的原则,引进国外优质教育资源,增加中青年教师的国际交流和国际经历。1980—1984年,学院有22人通过EPT和日本笹川医学奖学金考试赴国外留学深造。1985年,与法国中法学院马来基院长签署了合作开展教师进修培训的教育协议,每年由学院派遣2名骨干教师到中法学院进修1年,到1988年,先后派出7名教师。他们是何家扬、张钲、侯一平、尹少甫、卯新民、卜乐平、刘吉星。此后至2004年,通过多种途径先后派出500余人次的教师、医师,分别到英国、美国、法国、加拿大、日本、波兰、捷克等国进修和从事学术研究,为学院教学、科研、医疗水平的提高积蓄了后劲,储备了人才。他们中间的许多人现已成为学院教学、医疗、科研的骨干力量和学科带头人。

吴勇杰 1988年3月被公派赴日本国岐阜大学医学部药理学教研室专修新药药理学研究方法1年。回国后,主要从事药理学教学和新药临床前研究。理论研究方面,深入研究了甘草次酸钠、碱性成纤维细胞生长因子、扁蒴藤素和葡萄籽原花青素等药的抗氧化、抗炎作用及机理,相关论文已被SCI收载。在应用研究方面,作为专题负责人,完成卫生部兰州生物所委托的国家一类新药神经生长因子的临床前药理、毒理及药动学研究,该项目已获新药证书。1996年开始,建立兰州医学院新药临床前研究实验室,先后完成了企事业单位委托的新药临床前研究20余项,为甘肃省的医药科技发展作出了突出贡献。现主持国家自然科学基金项目1项(葡萄籽原花青素治疗大鼠溃疡性结肠炎的作用机理研究),参加国家自然科学基金项目2项。目前已培养硕士生27名,正在培养硕士研究生9名,发表学术论文90余篇,其中,被SCI收录的国际期刊发表论文18篇,国家级杂志发表65篇。作为副主编出版《高等药理学教程》和《医学机能实验学》两部。参编《中药药理研究方法学》、《生物技术药物研究开发与质量控制》两部。曾获山西省科技进步理论二等奖1项,甘肃省科技进步二等奖1项、三等奖1项。1992年获甘肃省教委高等学校青年教师成才奖,1998年入选甘肃省"333"人才,甘肃省跨世纪学术技术带头人,2002年入选甘肃省"555"人才第一层次。现任兰州大学基础医学院药理学教授、硕士研究生导师,药理学研究所所长,甘肃省新药临床前研究重点实验室副主任,《中国药理学通报》编委。获国务院颁发的政府特殊津贴。

张　钲 1988—1989年在法国里昂心肺医院专修心血管病介入诊断和治疗。1989年底回国后,从事冠心病的介入诊断与治疗、心电生理和起搏等方面的研究,并曾多次赴美国及欧洲进行学术交流。他擅长介入治疗,快速心律失常的射频消融治疗,各种心脏起搏器的植入(治疗缓慢性心律失常,充血性心衰,恶性室性心律失常等),先天性心脏病的封堵(房缺、室缺、动脉导管未闭,动静脉漏等),瓣膜性心脏病的介入治疗,个人累计完成各种心脏介入治疗手术 5 000 余例。主要科研成果有:《经皮冠状动脉形成及支架在冠心病中的应用研究》获甘肃省科技进步二等奖,《射频消融治疗快速心律失常的临床研究》通过省科技厅鉴定,《冠心病危险因素与黏附分子的关系研究》通过省科技厅鉴定。主要论著有:《冠心病患者支架术抵克立得治疗前后白细胞黏附分子的表达》、《射频消融治疗在右室流出逆室早诱发的尖端扭转性室迷》、《C 反应蛋白与冠状动脉粥样硬化性心脏病关系的研究》、《不稳定性心绞痛的冠状动脉内支架治疗》、《他汀类调脂药物对高血脂患者黏附分子的影响》、《心脏介入治疗的进展》等。现任兰州大学内科学教授、主任医师、硕士生导师,兰大第一医院心内科主任,中华医学会心血管学会委员,中华医学会心电生理学会中青年委员,中国介入论坛学术委员会委员,《中华心血管病》杂志编委,《中国介入心脏病》杂志编委,《国外医学心血病分册》编委,2003 年荣获甘肃省五四青年奖章。

景　涛　以学者身份多次出国访问,进行学术交流。1990 年考取中英技术合作奖学金项目,赴英国利物浦热带医学院做访问学者 1 年。1994 年任基础部副主任。1995 年考取日中医学会笹川医学奖学金,赴日本山形大学医学部学习,获医学博士学位。1997—1998 年,在日本爱知县藤田保健卫生大学医学综合研究所任特别研究员。早期主要从事医学昆虫学形态与生态方面的研究,从 20 世纪 90 年代初,开始从事寄生虫学免疫、免疫学诊断的研究工作,先后在国内外学术期刊上发表专业论文 40 多篇。作为硕士研究生导师,培养研究生 15 名,同中科院兰州化学物理研究所合作培养博士研究生 1 名。承担省部级科研项目 3 项。1998 年 6 月回国,入选甘肃省“333”人才。1999 年任兰州医学院副院长,入选甘肃省跨世纪学术技术带头人。2002 年起,兼任甘肃省中药新药临床前研究重点实验室主任。他在担任副院长期间,积极汲取国外部分高校办学管理理念,努力创新,不断进取,竭力为兰医的发展与建设出谋划策。其主管的科研和研究生教育工作在短短的 5 年间得到长足发展。1999—2003 年,组织申报并完成的科研成果获得甘肃省科技进步奖 43 项,全院发表的论文数量由 1998 年的 816 篇,增至 2002 年的 1 095 篇,其中有 709 篇论文发表在国家级核心期刊,17 篇论文被 SCI 收录;组织实施兰州医学院 8 个重点学科的申报工作,有 5 个学科被确定为省级重点学科;2003 年,学院有 2 项国家级科学基金项目通过评审。在研究生管理工作中,开始施行研究生在校学习期间完成科研成果的规定,使研究生论文质量与水平明显提高,发表的论文数量不断上升,研究生招生规模和培养质量得到了长足的发展和较大的提高;在白银、武威、酒泉、嘉峪关、玉门石油管理局、酒泉卫星发射基地等建立了研究生课程进修班,招收学员 200 多人,为当地医疗卫生单位在职人员的培训提高创造了机会,提升了学校的影响力;开展了研究生课程的"双语教学",受到了学生的普遍欢迎。2002 年,在他的积极配合和努力下,兰州医学院被正式批准为博士学位授予权单位以及临床医学专业硕士学位授予权单位。他主持成立了甘肃省新药中药临床前研究重点实验室并出任实验室主任,使该实验室成为甘肃省 4 个重点实验室之一。2002 年 12 月主管医学院本科教学评估办公室工作,敢于负责,积极协调,使原兰州医学院的本科教学评估取得良好成绩,得到教育部专家组的肯定。现为兰州大学副校长,甘肃省新药中药临床前研究重点实验室主任,基础医学院病原生物学专业教授,硕士研究生导师,中国科学院兰州化学物理研究所合作培养博士生导师,教育部基础医学教学指导委员会委员,中国动物学会寄生虫学专业委员会理事,中华医学会热带病专业委员会理事,甘肃省医学会常务理事,甘肃省学位与研究生教育学会副理事长。

侯一平 1985 年始从事神经生物学研究,1993 年起进行睡眠—觉醒周期变化机理研究。1992—1995 年,留学法国里昂第一大学科学院、医学院,师从于 Prof. M. Jouvet 和 Dr. J. S. Lin。1999—2000 年,作为访问学者在加拿大McGill 大学蒙特利尔神经研究所,师从于 Prof. B. E. Jones。他多次参加国际学术交流会议,并进行科研论文交流。1993 年在比利时布鲁塞尔召开的欧洲化学感受器学术研讨会上,1994 年在美国波士顿召开的全美神经科学学会第四届年会上,1995 年在日本东京召开的第四届 IBRO 世界神经科学学会会议上,2001 年在 Montevideo、Uruguay 召开的世界睡眠研究会(WFSRS)暨拉丁美洲睡眠学会(LASS)第十届年会上分别有 7 篇论文参与交流。先后承担和完成国家自然科学基金、甘肃省自然科学基金、甘肃省中青年科学基金和横向科研基金等共计 9 项科学研究。荣获省部级科研奖励 5 项,教学成果奖励 2 项。出版著作 3 部。发表科研论文 84 篇,其中发表在 Proc Natl Acad Sci USA, J. Neuroscience, Neuroscience, Eur J. Neurosci, Sleep Research, NeuroReport, Sleep, Chemical Sense, Neuroimmunomodulation, Can J. Physiol Pharmacol, Acta Pharmacol Sin 等被 SCI 收录期刊上的论文 13 篇。培养硕士研究生 27 名。由于他在教学与科研方面的突出成就,曾先后荣获甘肃省高等院校跨世纪学科带头人,甘肃省高等院校青年教师成才奖,甘肃省新长征突击手,甘肃省"百名优秀青年",甘肃省"333 科技人才工程"第一、二层次首批人选,甘肃省教学名师、宝钢优秀教师奖,甘肃省师德标兵等荣誉。现为兰州大学基础医学院解剖学教授、博士研究生导师,中国解剖学会理事、中国神经科学学会理事、中国睡眠研究会生理与药理专业委员会常务理事、甘肃省解剖学会理事长、中国解剖学会国际交流工作委员会委员、中国解剖学会人体解剖学专业委员会委员、中国解剖学会神经解剖学专业委员会委员、中国解剖学会《解剖学研究》编委、Acta Pharmacologica Sinica 审稿、《兰州大学学报》(医学版)编委。

王志平 1992 年考取中英友好奖学金,受国家教委委派赴英国爱丁堡大学泌尿外科研究所留学。2000—2001 年,分别赴英国伍斯特大学和伯明翰大学学习。2003 年,入选中国泌尿外科将才计划,赴美国南加州大学短期培训。2003—2004 年,在美国 Johns Hopkins 大学泌尿外科进行博士后研究和临床进修。王志平长期从事泌尿外科临床一线工作,具有丰富的处理泌尿外科疑难杂症的临床经验,在泌尿系肿瘤及泌尿系梗阻性疾病的诊断和治疗方面有较高的造诣。擅长肾肿瘤保留肾单位手术、膀胱癌根治原位膀胱重建和腔内泌尿外科手术,主持完成了甘肃省首例膀胱癌根治和小肠原位膀胱替代手术,年手术量达 200 余台。同时从事泌尿外科教学,指导博士、硕士研究生数十名。担任泌尿外科研究所所长以来,重视学科建设、人才培养和临床科学研究,在甘肃泌尿临床学术发展尤其是外科学博士点建设中作出了突出贡献。王志平所从事的研究方向为泌尿系肿瘤和泌尿系结石,成绩斐然。在地处西北地区甘肃省的艰苦条件下,进行了多项泌尿系肿瘤细胞分子生物学及免疫学、肿瘤生物治疗和基因治疗及泌尿系结石的基础和临床研究。先后承担国家级科研项目1 项,省部级科研项目 6 项。正在进行的有《膀胱癌特异性溶解腺病毒基因靶向治疗开发研究》(国家高技术研究发展计划,即 863 计划立项支持,这是甘肃省首个临床医学国家 863 科研项目),《膀胱特异性腺病毒和 E1A 基因介导基因治疗的研究》(与美国 Johns Hopkins 大学合作进行的国际科技合作项目),《TRAIL 联合 IL-2 转染 TIL 过继免疫治疗膀胱肿瘤的研究》(博士点基金)等课题研究。已发表学术论文 80 余篇,其中在 Urology、Urology Res 及 Prostate 等上被 SCI 收录论文 19 篇,共获省部级二等奖 4 项,省部级三等奖 2 项,厅级二等奖 4 项,医学院及省医学会奖 8 项。他撰写的 In vitro effects of prostaglandin E_2 or inedomethacin on the proliferation of lymphokine - activeted killer cells and their cytotxicity against bladder tumor cells in patients with bladder cancer 和 Effect of retinoic acid and its complexes with transition metals on human bladder cancer cell line EJ in vitro 两篇论文分别于 1998 和 2002 年获中华医学会优秀论文二等奖(二等奖为当年授奖的最高奖,他既是西北的唯一获奖者,也是泌尿外科专业的唯一获奖者)。他的研究成果发表后已先后有来自美国、英国等国数十名学者来信索要研究资料,对其所从事的研究表示了极大的兴趣。由于其在泌尿外科临床、科研工作中成就显著,由专家提名,中华泌尿外科学会常委会确认, 全国委员会委员无记名投票,1998 年荣获吴阶平泌尿外科医学奖。现任兰州大学第二医院副院长、泌尿外科研究所所长、泌尿外科主任医师、教授、博士研究生导师,兼任国际泌尿外科学会会员、中国泌尿外科医师学会常委、中国泌尿外科医师学会肿瘤专业副组长、中华预防医学会自由基与医学学会委员、中华泌尿外科学会网站编委、甘肃省医学会常务理事、《现代泌尿外科杂志》编委、《临床泌尿外科杂志》编委和北京大学泌尿外科医师培训专家委员。1995 年,被甘肃省教委评为首批跨世纪学科带头人,入选甘肃省"333"人才及"555"人才第一层次。1999 年享受国务院特殊津贴。2002年,被卫生部评为有突出贡献的中青年专家。

岳中瑾 1988 年兰州医学院临床医学专业毕业,随即考入兰州医学院硕士研究生,师从著名泌尿外科专家刘国栋教授,获硕士学位。1992 年考取华西医科大学博士生,师从著名泌尿外科专家唐孝达教授。在攻博的三年中,连续两年获得优秀研究生称号,并光荣加入中国共产党。1995 年博士研究生毕业后,婉言谢绝校方和导师的再三挽留,毅然回到曾经养育自己的陇原大地,在附属二院从事医教研工作, 并成为当时甘肃省外科领域的第一位博士。1999年 6 月至 2000 年 6 月,受国家教委公派到英国伦敦大学深造,师从世界著名泌尿外科专家 Woodhouse 教授。学习期间, 他的敬业精神和深厚的医疗理论及技术深得 Woodhouse 教授喜爱,破例带他为 30 多名外国患者做了手术,这对一个外国医师,尤其是东方人,是极为不易的。2000 年学成回国时,他不为大城市、条件优厚的大医院的邀请所动,矢志无悔地再次回到甘肃,以自己的博学和仁爱来回报抚育他成长的家乡父老。岳中瑾擅长肾移植、尿道外科、泌尿系统肿瘤诊治及泌尿系统腔镜手术。敢为人先,勇于在实践中对一些传统手术方式进行改进,如逆行根治性膀胱切除术,腔内联合膀胱切开治疗后尿道闭锁,侧卧位经腹肾癌根治术等。留学回国后立即组织开展停顿多年的甘肃省肾移植工作,并创造了多个甘肃省医学史上的第一。每年诊治泌尿外科疾病患者达 800 人次,每年完成手术约 200 例;已成功主刀完成亲属活体供肾移植 34例,例数居全国前列,西北五省之首;主刀完成西北五省首例胰肾联合移植,填补了甘肃省大脏器联合移植的空白,这项新的治疗技术通过一次手术,同时治疗了糖尿病和肾功能衰竭两大疾病,是目前国内医学界的前沿性课题,处于世界先进水平;成功主刀完成甘肃省第一例多囊肾尿毒症患者肾移植、糖尿病肾病患者肾移植和高龄患者肾移植;成功主刀完成甘肃省第一例腹腔镜肾输尿管切除术,并在我省率先开展了经皮肾镜取石术和口颊黏膜瓣尿道成形术等;

现在他领导的泌尿外科每年完成肾移植手术约 50 例,使甘肃省肾移植工作步入了规模化发展,改变了我省广大尿毒症患者舍近求远赴外地求医的现状。他注重学术交流,多次邀请英国伦敦大学著名教授来甘肃省讲学,把祖国的医学传统与国外的先进技术相结合,推动了甘肃省泌尿外科的发展。他发表学术论文 40 余篇,主编出版我国首部《尿道狭窄》专著,参编出版《泌尿外科进修必读》、《重建泌尿外科学》、《尿道外科学》、《临床医学概要》等 4 部专著。先后获省级科研奖项 6 项,获"环形手术拉钩"和"手术器械放置板"两项国家实用新型专利。现任中国透析移植研究会委员,兰州大学第二医院副院长、泌尿外科主任、教授、主任医师、博士研究生导师,甘肃省"555"人才工程入选者,甘肃省卫生厅学术带头人。1999 年被团中央和卫生部授予"全国卫生系统青年岗位能手"称号,2003 年荣获"甘肃省十大杰出青年"称号,2004 年荣获"全国卫生系统先进工作者"荣誉称号,2007 年获"感动甘肃十大陇人骄子"荣誉称号。

二、"请进来"——积极邀请国际著名专家访问讲学

在"走出去"——广泛开展国际学术交流的同时,学院基于向重点学科、新兴学科、缺门学科、薄弱学科倾斜,向聘请短期国际著名专家倾斜的原则,大量引进国际专家教授来校考察、任教、讲学、示范手术等。据统计,1984 年至 2002 年,先后有美国、英国、加拿大、澳大利亚等国家的 16 名专家来校任教,先后有 400 多人次的医学各专业专家教授来院考察、讲学、工作示范或项目合作。这些专家不仅带来了相关学科的新知识,同样也带来了国外先进的教学经验和教学方法,带来了大量的教学参考书和直接用于教学的教材,对提高学院的教学质量和科研、医疗水平起到了积极的促进作用。比较有影响的有:

1979 年 9 月,日本东北大学脑神经外科研究所所长铃木二郎教授来附属二院访问及学术交流。他是"文革"后来访的第一位外国客人。

1982 年 8 月,日本秋田脑血管病研究所所长沓泽尚之教授、渡边胜宏药学博士来附属二院访问及学术交流。

1985 年 7 月,美国密执安州立大学医学院 M. Mahan 教授来院作为期七天的讲学和访问。

1986 年 6 月 9—15 日,日本名古屋公共医学研究所所长、著名寄生虫学家加藤胜也博士一行来院访问讲学。

1987 年 9 月 27 日,日本国秋田县立脑血管研究中心所长安井信之教授、深泽仁教授一行来附属二院访问、讲学、手术示范。

1988 年 8 月,法国里昂中法学院马来基院长及夫人一行来院访问,并与邢祖林院长签订了两校合作协定。这是学院首次与国外高校签订合作协议。

1991年8月17日至9月3日，日本国秋田县脑血管研究中心院长上村和夫先生及该中心神经外科主任研究员铃木明文、神经内科研究员佐藤雄来附属二院访问讲学并示范手术。

1991年8月28日，香港扶轮社会10人访问团，来附属二院考察投资20万港元建立癫痫中心事宜。

1991年9月8日，法国特拉斯堡第三大学医学院教授，国际知名泌尿外科专家波拉克（Bollack）先生，于参加北京第二届国际泌尿外科学术讨论会后，来学院进行为期两周的学术交流活动。

1991年9月11日，日本秋田大学脑神经外科古和田正悦主任教授一行来附属二院访问讲学并示范手术。

1991年9月17日，日本神户大学柏木大治教授和睦则远先生来附属二院骨研所进行为期12天的访问，并进行手术示范、讲学。

1993年3月25日至3月28日，法国斯符拉斯堡市巴斯德医学院附属中心医院口腔颌面外科主任、著名整形美容及颌面外科专家教授马克西姆·尚华（Maxime Champy）先生来附属二院讲学交流。

1993年9月12日，日本秋田脑血管病研究所研究局长奥寺利男教授、美国哈佛大学Weber教授、美国华盛顿大学小儿磁共振专家李志平副教授、日本和歌山医科大学脑神经外科板仓辙教授等来附属二院访问讲学并示范手术。

1993年9月29日，纽约州立大学整形外科中心主任李烟景教授来院学术交流。

1993年10月18—22日，英国索尔福特大学生物系Philip S. Craig教授来院访问讲学，并赴漳县考察包虫病防治项目的进展情况。

1994年8月11日，台湾医学界知名人士考察团来学院访问，海峡两岸医学界人士相聚一堂，共同交流医学新进展。他们是：杨思标，原台湾大学医学院院长，现两岸医学交流委员会主任委员；林国信，原台湾大学医学院院长，现两岸医学交流委员会委员；杨敏盛，敏感综合医学院院长，现两岸医学交流委员会委员；杨照雄，原台湾大学医学院院长，现台大医学院细菌科主任；叶曾美燕，台湾护理学会副会长，原台大医学院护理部主任；罗兰妹，台湾护理学会常务理事，原台大医学院护理部主任。

1994年10月17日，美国国家癌症研究所奥伯莱恩博士一行3人到院进行学术交流以及遗传学的科研协作等。

1994年8月8日，美国康纳德复明协会的盖腾、南希等专家一行3人来院进行为期4天的眼科义务手术和学术交流，以此为契机，附属二院与该协会建立了稳定的交流协作关系。1998 年 8 月 5 日,在省卫生厅的牵头下,经过 3 天的谈判,附属二院在宁卧庄宾馆签订了"美国·甘肃眼科复明协会共同建立中国西部眼库合同"。从 1999 年起,以美国康纳德教授为首的角膜移植、玻璃体视网、白内障及眼肌、斜弱视专家每年都要定期来附二院进行为期两周左右的手术诊治、示范及开展学术活动。目前已来院的专家有 6 批 30 余人次,为推动附属二院眼科大力开展角膜移植手术、穿透性角膜移植手术、角膜板层移植术、羊膜移植、干细胞移植,使角膜病、化学性烧伤、翼状胬肉等眼表疾病的治疗得到很大提高,达国内先进水平。

1995 年 9 月 24—26 日, 由美国医学专家马克斯先生带领的美国 "心连心"手术队一行 10 人,应邀来我院进行学术交流。其间在第一附属医院成功完成了 4 例心脏高难度手术。王镜院长代表学院与"心连心"手术队代表签订了长期友好合作协议。

1996 年 5 月 8 日,日本东京女子医科大学脑神经外科研究所所长高苍公明教授,日本国际医疗中心手术部部长近藤达也,日本医科大学脑神经外科主任、教授寺本明,日本帝京大学脑神经外科教授田村晃等来院参观指导。

1996 年 6 月 15 日, 法国介入疗法专家 L. Picard 教授来附属二院访问讲学。

1997 年 10 月 26 日,美国犹他州大学盐湖城医院心导管室主任、世界著名的心导管专家米尔斯坦教授, 西安医科大学附属一院博士生导师崔长琮教授,到附属一院进行为期 3 天的学术交流,并演示 PTCAC 冠状动脉球囊扩张术手术 5 例。

1998 年 3 月 20 日,以色列特拉维天医院心外科库恩教授一行 6 人,到附属一院进行为期一周的学术交流及手术示范。

1998 年 10 月 10 日,美国犹他州大学布朗教授等来附属一院进行学术交流, 并进行了 9 例难度较大的经皮冠状动脉成形术 (PTCA) 和 4 例支架 (STENT)植入手术演示和指导。

2001 年 6 月 18 日,美国国家健康与环境效应研究所教授格里斯道·弗·戈登博士来院作了题为《有机磷杀虫剂对大鼠体温及调血的影响》的学术报告。

2002 年 6 月 3 日,英国泌尿外科专家 D. M. Wallace 教授来院就泌尿外科的发展、英国医生培养及专业分化、肾癌根治术策略、前列腺治疗进展、膀胱癌发病及治疗进展等方面进行了交流和学术讲座,并对 15 位住院患者实施了手术。

2002 年 8 月 5 日,日本近畿大学铃木庸之教授、李文雄教授来院进行学术交流访问。学院向铃木庸之、李文雄教授颁发了名誉教授聘书。日本近畿大学是我院长期合作的国外院校之一,多年来,两校在科研合作和人才培养方面进行了多方位的合作。

2002 年 10 月 29 日, 美国得克萨斯大学休斯敦医疗中心邹长坪、Robert 教授来附属一院进行学术访问。

2002 年 12 月 28 日,美国弗吉尼亚州立大学药学院副教授、美国 PPDI 公司研发部实验室主任、首席科学家张宗平博士来院作了《美国药学新进展》的学术报告。

2002 年 12 月 12 日,日本政府援助调查组千代健和广部孝昌来附属二院考察急救中心援助项目。

2004 年 3 月 9 日,世界卫生组织(WHO)官员 Dr.Mukund Wamanuplekar (印度籍)、Dr.Kunt Jakob Lonnroth (瑞士籍)、WHO 驻华代表林岩先生一行 3 人,来学院考察医疗机构在实现结核病控制目标中的作用,探讨结核病防治系统与医疗系统合作的可行性。

三、搭建国际学术会议平台,扩大学院影响

兰州医学院 1985 年以来,先后承办了 20 余次大小型国际学术会议,在国内外学术界获得好评。这些会议不同程度地宣传、展示了学院教学、科研、医疗的实力和成果,开阔了教师、医务工作者的学术视野,促进了相关学科学术思想、学术理论和研究方法的更新,同时也扩大和提高了学校的国际知名度和影响力。

1987 年 9 月 8—24 日,受世界卫生组织和卫生部委托,学院承办"全国包虫病防治讲习班"。参加这期为期 18 天讲习班的 80 名学员,是来自全国 11 个省市研究包虫病研究的骨干, 担任授课教师的有英国剑桥大学索罗斯毕教授 (E. J. L. Souisby)、新西兰 OTAGO 大学盖米尔医生(M. A. Gemmeuhe)和国内知名专家丁兆勋教授、蒋次鹏教授、刘德山教授等。卫生部地方病防治局王立忠局长、省科协主席朱宣人、省卫生厅厅长李彦、副厅长王陇德及两位外国专家出席开学典礼并讲话。讲习班就包虫病的流行病学、寄生虫学、生物学、病理学、免疫诊断、化学治疗、控制和预防、研究方法等方面最新进展进行专题讲座。

1987 年,举办兰州中美骨科学术研讨会,邀请美国骨科专家 4 人,到会代表 112 人,主要讨论颈椎病的早期诊断和手术治疗,

1989 年,举办第一届中日国际兰州骨科学术研讨会,邀请日本骨科专家 3 人,国内专家 2 人,参加代表 65 人,主要研讨了骨肿瘤的早期诊断和治疗问题。

1990 年 9 月,举办第二届中日国际酒泉脊柱外科学术研讨会,邀请日本专家 4 人,国内专家 3 人,参加代表 97 人,主要研讨了脊柱疾病的诊断、手术治疗

及脊柱疾病的定位诊断和介入诊断等。其间,外籍专家还进行手术示范 5 次。

1991 年 9 月,举办第三届中日国际骨科兰州学术会议,邀请日本专家 4 人,到会代表 40 余人,主要研讨了脊柱外科和骨科治疗的进展,并进行了骨肿瘤、椎间盘突出症手术的示范,会诊病人 20 余人。

1992 年 9 月中旬,附属一院承办中国首次"国际神经心理学国际学术交流兰州研讨会"。参加会议的外国学者有:美国加州大学医学院神经科主任谢里尔·H.韦茨、丹麦哥本哈根大学神经心理学博士皮特·劳尔森、日本大阪姬路循环器病中心神经科主任 Yomadori、芬兰坦佩雷大学医院神经科主任哈里·弗雷、神经心理研究室主任梅里·杰霍伦等 5 位专家。本院神经心理学学者专家与外国学者专家欢聚一堂、交流科研成果。同时承担免费为弱智儿童进行神经心理测验分析;为弱智儿童的教育、残疾人的就业、计划生育弱智儿童允许再生育的鉴定提供了支持;临床为脑功能障碍 800 多人进行评估等 4 项神经心理科研协作任务。

1993 年 9 月,神经病学研究所召开国际神经科学学术研讨会,大会主要演讲的外籍专家有:美国 Toole 医学博士,脑血管病专家,棒门格来医学院神经病学教授;美国 Hoff 医学博士,脑水肿研究专家,密执安大学神经外科主任,教授;美国 New 医学博士,哈佛大学神经放射教授、MR 专家;美国 Webor 医学博士,颅底 MR.CT 专家,哈佛大学医学院五官科医院放射主任、教授;美国 Stein 医学博士,松果体区手术专家,哥伦比亚大学神经病学研究所教授;美国 Yony 医学博士、哲学博士,实验医学专家,纽约大学神经外科教授;日本川村浩,医学博士,神经移植专家,东亚大学研究生院教授;日本驹井则彦,医学博士,定向术专家,和歌山大学神经外科教授;日本上村和夫,医学博士,神经放射专家,秋田脑血管病研究所所长。为繁荣内地学术空气,推广新知识,会议还吸收了国内 11 个省市的专业人员 90 余人列席会议,使他们受益匪浅,他们对会议给予了高度评价。

1993 年 4 月,举办第四届中日国际白银骨科学术研讨会,邀请日本骨科专家 4 人,到会代表 115 人,主要研讨了骨折内固定术,骨科病人手术后的康复训练等。

1994 年,举办第五届中日国际白银、金昌、酒泉骨科学术研讨会,邀请日本专家 3 人,到会代表 100 人,主要讨论脊柱外科、足外科和关节外科疾病,所到之处进行了手术示范,共查房 5 次,会诊病人 30 人,手术示范 10 次。

1995 年 8 月 15—16 日,举办 1995 兰州日中国际药理学学术会议,参加会议的中外药理学专家、学者共 80 余人。

1998 年 10 月,举办第六届中日国际兰州骨质疏松研讨会,邀请日本专家

7 人,到会代表 40 人,主要讨论了骨质疏松症的新进展。

2004 年 8 月 6—11 日,附属一院和中国普外基础与临床杂志编辑委员会共同主办"第十一届全国普外基础与临床进展学术大会",省人民政府副省长李膺、省卫生厅厅长侯生华出席大会并致词。大会设"肠内外营养的现状与展望"、"中国器官移植的现状与展望"等 21 个研讨主题,并邀请了 40 余位国内外知名专家就普外基础与临床进展作了专题报告。

2004 年 9 月 28—30 日 附属一院主办 "2004 兰州消化系疾病研究进展国际学术会议",香港中文大学医学院 Joseph Sung 教授,澳大利亚悉尼大学医学院 Jacob George 教授、Stephen Williams 教授,澳大利亚悉尼大学医学院肝病研究所于君博士、乔梁博士到会作了专题讲座,并进行了内镜操作演示。

四、广泛开展项目合作

随着多学科、高层次国际学术交流活动的广泛参与,学校的影响和知名度不断得到提升,国际教育、医疗、科研合作项目也逐渐展开。

1.包虫病研究项目合作

兰州医学院寄生虫学教研室刘德山教授,自 1988 年以来和英国 Salford 大学生物系 Craig 教授合作,在欧共体资助下进行为期三年的甘肃省包虫病的流行病学及动物宿主的调查工作,并取得显著成果。1992 年,刘德山教授、史大中副教授陪同王镜院长以甘肃省生物医学科技协作考察团访问英国,进行了学术交流和合作研究项目的协议签订。1993 年 10 月,蒋次鹏教授、史大中副教授、景涛副教授三人代表学院在包虫病研究方面的学术成果参加在北京召开的"国际包虫病学术研讨会"。之后,参加会议的英国索尔福特大学生物系 Craig 教授来院访问讲学,并赴漳县考察包虫病防治项目的进展情况。1994 年,学院被国际研究组织正式批准参加了由欧共体资助的以英、法、中(甘肃、新疆)三国四方的 1994—1996 年合作项目。进入 21 世纪后,包虫病的国际交流进一步深入。史大中教授 2000 年 Parasitic zoolosis (echinococcosis) transmission in China (NIH Grant 1 IO 1 to 1565–01)国际合作项目获美国NIH 40 万元资助;蒋次鹏教授 2002 年 Evaluation of Xiao-Bao, a novel compound derived from Chinese traditional medicine, for treatment for human echinococcosis 国际合作项目,获英国 The Wellcome Trust 基金 50 万元资助,有力地推动了学院人畜共患包虫病的研究和防治向纵深拓展。

2.骨科研究项目合作

中日兰州骨科中心的建设。1990 年,日本著名骨专家冈田聪博士、森木一男博士等 5 人先后两次来兰州考察,学院抓住机会,即时在兰州举办了"首届中国脊柱外科学习班",为全省地县医院培训了 65 名技术骨干。日本骨科专家沿古丝绸之路开设了 6 期"骨科新技术讲座学习班",听课人数达 2 000 多人次。此后,1991 年,冯守诚教授同日本著名骨科专家柏木大治教授共同协商建立兰州骨科中心。1991 年 8 月,"中日兰州骨科中心"在第二附属医院正式建立,省政府秘书长孔令鉴到会祝贺。此中心集教学、医疗、科研为一体,成为中日骨科研修人员进行学术研究和技术合作开发的基地。中心的任务是日方每年派 2 名以上的骨科医师到兰州讲学、手术示范。中方每年派一名青年医师到日本学习。项目实施以来,截至 2003 年,日方已有 32 名专家来兰。附属二院有 6 名医师到日本学习脊柱外科和关节外科,并如期归国。他们把从日本学习到的先进技术和诊断手段应用到临床工作中,收到很好的效果,尤其是小切口椎间盘手术发挥了良好的社会效益和经济效益。在日本专家柏木大治的指导下,1998 年又成立了甘肃省骨移植中心,中心主要任务是为西北地区提供临床上可利用的同种异体骨。由本骨库提供的大段异体骨关节,经临床应用,获得了成功,使病人避免了截肢的痛苦。而骨库提供的小块骨已使 20 多例患者受益。在日本专家指导下,骨移植中心还围绕骨移植方面进行了许多实验研究,并取得良好的成果。如戊二醛处理股、修补骨缺损的实验研究;应用生物膜移植预防肌腱粘连的实验研究;BMP 修补骨缺损的实验研究等。

3.中国西北地区 CME 项目合作

为改变西北地区卫生人力不足、素质不高的状况,在美国中华医学基金会(CME)的无偿资助下,西北地区 5 所医学院校以西安医科大学为龙头,旨在为探索中国和西北地区继续医学教育模式的《西北地区继续医学教育项目》(简称 CME 项目),从 1992 年 7 月开始实施。兰州医学院作为该项目在甘肃的实施单位,根据项目的总体目标和要求,结合我省实际,以学院为依托,从解决卫生技术人员的知识需求和知识缺陷着眼,从甘肃省常见病、多发病、疑难病以及近几年出现的医疗新技术、新方法、新理论入手,1992—1996 年间,利用基金会资助,投入设备经费 736 492.10 元人民币,购置设备共计 149 台(套),编写《急救医学进展》、《医学法学》、《泌尿外科进展》、《呼吸内科疾病的诊断与治疗》等教材 21 部,引进编录各类电教片 120 多部。以集中培训的方式,举办各种短期培训班 224 期,总学时数达 14 336 学时。开展学术活动 CME 43 次,培训学员 8 596 人次,其中高职占 12.29%,中级职称占 38.61%,初级及以下49.08%,学员来自全省各地县、厂(矿)医院,妇幼站,乡镇卫生院等,全省县级覆盖率达 100%。CME 促进了医院业务和科研工作,新业务,新技术开展。以张掖和定西地区医院为例,CME 项目开展以前,两地院新业务开展为 0,项目开展几年来共开展新业务和新技术 180 次,使当地医院业务和实力增强,服务半径扩大,广大农村群众受益面增大。同时也提高了医务人员的科研能力,发表论文和获奖成果逐年递增,1992 年两地院共发表论文 17 篇,获奖课题 2 项,1995 年已达 210 篇,获奖 20 项。

几年来 CME 项目所取得的成效,受到国内医学教育界的关注,多次得到美国中华医学基金会主席索耶博士的赞扬。对兰州医学院进而西北医学教育从传统的"一次性教育"向"终身教育"过度的战略性探索,对改变西北地区卫生技术落后的状况已经起到积极的作用。1996 年,发展甘肃省的继续医学教育子项目已通过省科委鉴定,并被评为 1997 年度甘肃省省级教学成果一等奖。总项目获得国家级教学成果一等奖。

4."儿童心连心"医疗项目合作

美国"儿童心连心"组织是一个著名的国际慈善医疗组织,多年来在世界各国进行巡回手术和学术交流,为各国的卫生事业尤其是心脏外科的发展作出了巨大贡献。从 1998 年开始,心连心组织每年都派出一支医疗队来兰州,与附属一院心脏外科进行为期一周的手术和学术交流。"心连心"组织还在附属一院建立了"国际心连心组织儿童基金会",基金由国际"心连心"组织捐赠,包括医疗设备(导管、药品、仪器等),主要用于甘肃农村贫困心脏病患儿住院期间的手术及术后营养补助。6 年来共有 6 批 97 位专家支援过附属一院,共为 80 多例心脏病患儿进行了手术治疗,提供心血管疾病方面的培训、交流 6 次。通过与"心连心"组织的学术交流、合作手术,附属一院心外科的心脏手术量从 1998 年的 50 多例增加到 2004 年的 300 多例,手术难度逐年提高,已经发展为国内知名的先进学科。有鉴于 6 年来"心连心"组织与附属一院卓有成效的合作,2002 年双方续签了新的 5 年合作协议。

5."国际微笑行动"医疗项目合作

"国际微笑行动"组织是一个世界性的民间慈善组织,由美国整形外科医生马基与凯丝夫妇于 1982 年建立。该组织的医疗队员来自美国、菲律宾、新加坡、加拿大及中国香港等地,组织精干,技术力量强,队中包括了整形、口腔、麻醉、儿科、监护、手术、护理以及语音治疗、儿童生活、生物工程、病案管理、协调联络、志愿者等方面的专业技术人员,配合严密,作风严谨。1998 年 10 月,"国际微笑行动"组织在省人民政府外事办公室和智力引进办公室以及省卫生厅的积极促成下,将附属一院确定为"微笑行动"的合作医院,免费为甘肃省当地先天性唇腭裂患儿进行手术,并签订了为期 3 年的合作合同。1999、2001、2002 年,三年共有 130 位医疗专家来兰进行"微笑行动",共免费施行手术 600 余例,其中包括唇裂、腭裂、烧伤、鼻成形与重耳,全部手术无一例出现并发症,全部获得成功。

甘肃省唇腭裂病儿较多,但因为地处边远,生活又很困难,很多病儿都难以得到有效的治疗。"微笑行动"合作项目的开展,在省内引起了很大的轰动。为了得到外国专家的治疗,有些病儿来自千里之外,很大一部分是少数民族,有些则全家陪同来兰。医疗队的专家们,对待这些来自乡下的病儿如同自己的孩子一样,种种动人的情形,使很多病儿的亲人都流下了眼泪,还有许多病儿的亲属携病儿前往医疗队下榻的饭店致谢。"微笑行动"作为一条纽带,对我省的民族团结,起到了非常好的促进作用。

"心连心"和"微笑行动"医疗队在兰州活动期间,兰州各大新闻媒体进行了全方位的采访与报道,甘肃电视台、飞天经济台、兰州电视台、甘肃有线电视台、兰州有线电视台、甘肃人民广播电台、兰州人民广播电台、《甘肃日报》、《兰州日报》、《兰州晚报》、《兰州晨报》、《人民政协报》等新闻媒体,一直关注两项活动。据不完全统计,5年来电视报道约50次,电台报道20次,报纸报道70篇。这些报道在全省人民中,尤其是病儿及他们的亲属中,引起了强烈反响。两个组织的影响还波及其他行业和部门,如专家下榻的饭店、机场以及餐饮小店的工作人员,当得知这些外国专家不远万里自费来到中国,义务为病儿服务的感人事迹后,无不表示由衷的敬佩。

在这两个活动中受益最多的还是医院的医护人员,他们不但在心脏外科、口腔科、整形科的手术方面及麻醉、重症监护、超声诊断、护理等学科上学习到很多世界先进的技术,在学术上开阔了眼界,促进了口腔、整畸、整形等学科的发展,更重要的是学习到了外国医务人员热爱病人、热爱工作的高尚医德医风和优秀品质,这种收获具有更加深刻的长远意义。

6.甘肃省边远少数民族地区医生培训项目合作

2001年4月,由香港著名爱国人士李嘉诚先生斥巨资2.5亿元资助的"西部教育计划"中,学院的"甘肃省边远少数民族地区医生培训"项目,获得65万元赠款。该项目实施以来,采取在兰集中培训与到基层培训相结合的方式,对500名基层医务人员实施了继续教育培训,对提高甘肃牧区的医疗卫生诊疗、防治水平起到了积极的推动作用。

7.宁养院项目合作

为了减轻晚期癌症患者的痛苦,为其提供临终关怀,2001年1月,在香港知名爱国人士李嘉诚先生的倡导下,并资助100万元人民币成立了"李嘉诚基金会全国宁养医疗服务计划兰州医学院第一附属医院宁养院",这是甘肃首家为晚期贫困癌症患者免费提供镇痛治疗、心理缓舒、护理指导服务的专业机构。宁养院储备有一定数量的三阶梯止痛药品,保证镇痛药品的供给,配备专用车辆用于上门服务,帮助中晚期癌症患者缓解痛苦,改善生活质量。至2004

年,累计服务患者 1 500 例。

8.联邦医学教育奖学金项目合作

1998 年,香港联邦制药有限公司向兰州医学院捐赠人民币 59 万元,设立"联邦医学教育奖学金"。2000 年 10 月 15 日,香港联邦制药有限公司董事长、总经理蔡金乐先生亲临学院,颁发 2000 年联邦医学教育奖学金,并以爱国、爱民、扶助、敬业为题,发表热情洋溢的讲话。该奖学金自设立以来到 2003 年,有 425 位研究生、本科生获奖。

9.人工晶体配置和研究项目合作

1996 年 7 月 22 日　新加坡国立眼科中心陈永光先生和天津医科大学眼科教授袁佳琴一行 3 人来附属二院讲学、考察。1996 年 9 月 20—23 日,附属二院院长康笃伦、金婉容主任在天津与新加坡国立眼科中心林少明院长初步达成协议:由新加坡国立眼科中心资助附属二院人工晶体中心新病房资金及技术合作。1997 年 7 月 29 日,新加坡国立眼科中心给附属二院捐赠 3.4 万美元,用于开展人工晶体配置和研究,为眼科进一步发展创造了有利条件。

第三节　援外医疗

马达加斯加共和国(Madagascar)位于印度洋西南部,非洲东南部。为加强与发展中国家的密切合作,支援非洲第三世界国家,甘肃省在卫生部的统一部署下,自 1975 年起,在全省范围内组织援外医疗队对其予以援助。30 年来共派出援外医疗队 15 批,每批两年。兰州医学院的两所附属医院先后派出 142 位政治素质好、技术水平高的医务人员,参加了全部批次的援外医疗工作,他们有的去马义奇(首都点),有的去瓦图曼(东方点),有的去昂布温贝(南方点),有的去桑巴畦(北方点),先后有 20 人次担任队长或点长职务。在马达加斯加工作期间,学院专家牢记祖国重托,发扬国际主义精神,克服环境、生活、工作上的很多难以想象的困难,任劳任怨,积极创造条件,全心全意地为马达加斯加人民服务,圆满完成了党和国家交给的援外任务。他们的医德医风和医疗技术受到了马达加斯加政府和人民的高度赞扬。该国《午报》和《论坛报》1994 年 11 月 16 日刊登专题文章说:"中国医疗队在缺医少药设备极差的条件下,中国医生怀着一颗忠诚的心,不分昼夜为马达加斯加人民辛勤地工作,人民寄予他们很大的信任。"在共同的生活和工作中,学院援外医疗队员和当地的医务人员、广大人民群众结下了深厚的友谊,为发展马达加斯加的医疗卫生事业,为增进我国和第三世界国家之间的合作和友谊作出了积极的贡献。先后有 26 人次被马达加斯加政府授予"共和国军官勋章"和"共和国总统骑士勋章"。顾福卿同志还荣获卫生部、外交部、商务部"援外先进个人"荣誉称号。他们是兰州医学院医疗卫生工作的形象大使。

第一批　第二附属医院:史培柱、贾金章、连瑞芳;院部:曹喜生(翻译)。

第二批　第一附属医院:李新伟、邢祖林、高云丽;第二附属医院:杨观清;院部:顾福卿(翻译)。

第三批　第一附属医院:薛镇西、罗文翰、章世桢;第二附属医院:仇庆蕙、赵彩兰。

第四批　第一附属医院:吴永林、赵廉、王秀华、张志文;第二附属医院:马丽华、闵坤山、吴世芳;院部:曹喜生(翻译)、刘修武。

第五批　第一附属医院:陈修诚、史毅;院部:顾福卿(翻译)。

第六批　第一附属医院:王淑惠;第二附属医院:李素珍。

第七批　第一附属医院:郭佑、周崇德、王克明、李学周、吕桂华、陈小安;第二附属医院:陈世谋、代崇媛、张筠、于香安、寇治民、魏志英、张祥生、王国强。

第八批　第一附属医院:王恒大、李铁钧、李家仁、严亚迎、侯娟、陈松青;第二附属医院:邝耀中、王世栋、常贵桃、李建林、曹金安、李珏、张兰英、谈应虎、于强祖、林玉。

第九批　第一附属医院:赵廉、雒富基、高英敏、王沁、李春林、李永龙;第二附属医院:黄华新、张风岗、高喜荣、刘欣跃、任瑜杰、王永松;院部:曹喜生(翻译)。

第十批　第一附属医院:任登先、朱有权、任棣、庞存生、陈松青;第二附属医院:张银枝、詹乐恒、侯治军、马路琪、汪玉良、刘江雁、焦海胜、任瑜杰。

第十一批　第一附属医院:贾宝全、刘铭、乔成栋、郭夫心、沈明乾、毛冬一、张新启、何津春;第二附属医院:黄华新、王世文、李珏、李芳、马源、马永丰、于强祖;院部:顾福卿(翻译)。

第十二批　第一附属医院:陈根元、司鸿章、王沁、薛佐良、李永龙;第二附属医院:李敏、李光迪、刘欣跃、张缤、张代成、高喜荣、杨丽仙。

第十三批　第一附属医院:王育成、吕桂华、孙淑娴、徐成明;第二附属医院:王世文、高瑞萍、杨兰、刘江雁、李涛、杜亚杰、陈晓、王秉义、杨世刚;院部:顾福卿(翻译)。

第十四批　第一附属医院:侯卫华、任保祯、仇志强;第二附属医院:崔裕祥、陈克金、石翊飒、马路琪、于强祖、张鸿雁;院部:顾福卿(翻译)。

第十五批　第一附属医院:牛居辉;第二附属医院:杜亚杰、马路琪、王宏沛、黄梅、易良才。

1993 年 11 月—1994 年 11 月,第一附属医院还派遣心内科副主任医师王恒大、妇产科主治医师吕桂华、肿瘤外科主治医师任保祯、检验技师杨丽华 4 位专业技术人员组成医疗小组赴柬埔寨工作 1 年。

第四节 国内交流

一、与国内高校的合作与交流

1.加入全国医学院校协作组

全国医学院校协作组是由西南、华南、华北、中南、西北 12 省市、17 所地方医学院校自发组织的民间协作组织,旨在加强地方医学院校的全方位交流与协作。1986 年 5 月,邢祖林院长首次参加在昆明医学院召开的协作会议,并被正式接纳为协作组成员。1989 年,全方位的协作议定书在福州福建医学院签订,王镜院长出席签字仪式。协作组每年举行一次院校长、党委书记层面的工作会议,一次院校办公室主任(联络员)会议,一次根据不同时期高校热点难点问题的部门协作研讨会议。1995 年 7 月 5—13 日,学院在兰州和敦煌市承办了全国协作医学院校深化改革研讨会。参加研讨会的有 17 所医学院校的党委书记、校(院)长,共 35 人。会议交流了各院校近年来深化改革的经验和体会;商讨了各院校间教材编写、修订以及考试题库的协作建设原则,提出了修订协作院校议定书的基本思路。自加强与兄弟院校的协作以来,先后在管理改革、思想政治教育、科研协作、师资培养、教学改革等方面进行了广泛交流与合作,特别是从 1990 年开始的协作教材编写工作,对提升学院教师全面素质起到了积极作用。共协编教材 27 部,其中学院教师主编《中医学》、《卫生学》、《放射诊断学》、《生理学》、《神经学》5 部。

2.与兰州大学合作办学

1954 年,学院从兰州大学分出独立建院后,由于两校地理、师承的渊源关系,两校的合作交流就从未停止过,尤其是部门与部门之间、教师与教师之间的教学科研交流合作还是比较频繁的。几十年来,兰州大学在办学理念、师资培养、科研协作、资源共享诸方面,都给予学院很大的支持和帮助。20 世纪后期,随着教育改革的不断深入,两校的交流合作不断深化。1998 年 1 月 30 日,兰州大学苏致兴书记、李发伸校长来院,与学院党政领导共同座谈两校合作办学事宜,开创了两校校际合作办学的新起点。这次座谈会,两校领导交换了合作办学的意义、双方的态度、合作可能性和具体合作细节,基本取得了共识。首次合作办学的实质性内容有 3 项:一是以兰州大学名义申报,共建两个医学博士点;二是共建 7 年制医学专业;三是双方图书馆藏书资料互借,校园网互通。共建两个医学博士点的工作,2000 年获得国务院学位办评审通过。共建 7 年制医学专业问题,由于教育部暂停审批而搁浅。

2001 年,学院与兰州大学进行紧密合作办学工作得到了省上领导的支持与肯定,省政府常务会议作出决定,支持兰州大学与兰州医学院紧密合作办学,支持联合组建"兰州医学与生命科学研究院",联合招收培养医学、药学和生命科学类博士生。2002 年 7 月 16 日,医学院与兰州大学生命科学学院实施紧密合作办学协议签字仪式在学院图书馆学术报告厅举行。甘肃省教育厅李廉副厅长、兰州大学党委陈德文书记以及兰州大学生命科学学院的领导、新闻媒体记者出席了签字仪式。签字仪式后赵健雄院长向郑国锠院士颁发了学院名誉院长和兼职教授的聘书,向王锐教授、郑荣梁教授颁发了学院兼职教授聘书。教育厅李廉副厅长、兰州大学陈德文书记发表了讲话,对两校实施紧密合作办学寄予了厚望。至此,两校(院)合作迈出了实质性的一步。

3.寻求与国内重点大学的合作交流

主要表现在高层次教师的互聘方面。

一是聘请知名学者加强对学院全方位指导。2000 年以来,学院先后聘请了 20 余位国内资深专家教授为学院名誉教授、兼职教授(名单详见第四章师资队伍)。他们不定期来学院指导办学、讲学、科研合作。特别是在学院申博的全过程,教育部本科教学水平评估的全过程中,他们发挥了重要的指导作用。

二是学院教师参与国内重点大学和医科院校的博士生培养。

病原生物学蒋次鹏教授,1986 年受聘于重庆医科大学病源生物学博士生导师。

组织胚胎学王先荣教授,1990 年受聘于甘肃农业大学动物学博士生导师。

中西医结合学赵健雄教授,1998 年受聘于北京中医药大学中西医结合学博士生导师。

泌尿外科学陈一戎教授,2001 年受聘于兰州大学分子生物学博士生导师。

泌尿外科学王志平教授,2001 年受聘于兰州大学分子生物学博士生导师。

病原生物学景涛教授,2002 年受聘于中国科学院兰州化学物理研究所博士生导师。

这些学者,为兰医与外校合作交流开辟了一条探索道路,为兰州医学院培养博士生开了一个先河,也为兰医申博成功打下了良好的基础。

二、与国内医院的合作与交流

在长期的办学过程中,两所附属医院与全国各大医院的合作与交流还是相当广泛的。合作交流的内容涉及医院管理、人员培训、疑难病例会诊、新技术、新药品、新设备的联合推广引用等诸方面。1997年，与北京"互联中心"合作，开通了远程医疗会诊系统。

据不完全统计，1980年以来，与全国著名医院建立长期合作关系的有20余家，与国内著名医疗仪器生产厂家建立稳定合作关系的有5家，与全国著名药品、生物制剂生产厂家、科研院所建立稳定合作关系的有8家。先后有287人次的全国著名医疗专家来院指导工作、联合科研、讲学、手术示范、会诊。推广引用的医疗新技术、新方法达110余项。

三、与地方、部队的合作与交流

利用全省教育资源，实现基层医药卫生人才的就地培养。针对基层和"老、少、边、贫"地区缺医少药的现状，从1986年开始，分别在张掖和平凉两所卫校举办校外临床医学普通大专班。每学期学院均选派讲师以上教学经验丰富的专业基础课和专业课教师前去授课，这些教师既教学生，也辅导、培训当地教师。直到1995年，这两所学校分别有6届普通专科生毕业，才停止派教师。经过对这两所学校长期的帮扶和指导，2002年，这两所学校均一次通过教育部专家组评审，经教育部批准升格为医学高等专科学校。

建立兰州医学院成人教育联合体。1998年以来，根据甘肃地方变化了的人才结构及人才需求，为甘肃经济建设培养更多"学得好、用得上、留得住"的实用人才，先后联合办学条件较好的定西、张掖、武威、平凉、天水等10个地区中等卫生学校，共同构建"统一目标、分散办学、紧密合作、资源共享、优势互补、按需滚动"的成人高等教育共同体，有效地缓解了困扰甘肃成人医学教育超常规发展时期校舍紧张、师资短缺等瓶颈问题，也解决了中等医药卫生学校生存性短缺的困境。社会效益、经济效益得到双赢。

建立军地医学教育联合体。为充分利用解放军兰州医学高等专科学校的办学条件和教育资源，扩大兰州医学院的办学规模，为甘肃省地方培养更多的医学专业专科教育和高等职业教育合格人才，根据"军民共建、军地合办、一校两制、共同发展"的原则，经兰州军区联勤部和省教育厅审批同意，学院2002年在解放军兰州医学高等专科学校设立兰州医学院八一学院，作为兰州医学院二级学院，开办医学专科和高等职业教育。在管理模式上，解放军兰州医学高等专科学校承担军队和地方双重培养任务。解放军兰州医学高等专科学校的人员、营产设施的管理和军内培养任务，接受军区联勤部及有关职能部门领导。面向地方的培养任务，招生工作、教学管理、质量监控、学籍管理、毕业证核发、毕业生就业以及学生中的党团组织发展工作，接受我院的统一管理和指导,纳入我院的教学管理、学生管理和党团组织管理体系。八一学院招生计划单列,考生自愿选择,录取工作由兰州医学院统一实施,凡志愿报考八一学院的上线考生,将按八一学院单列的招生专业和计划录取,并由八一学院在兰州医学院教务处和学生处的指导下实施教学和管理。2002 年 9 月 23 日,八一学院举行揭牌仪式,甘肃省教育厅李廉副厅长宣读了省上关于设立兰州医学院八一学院的批复决定,省政府陈小江副秘书长和兰州军区联勤部占国桥副部长为八一学院揭牌。自 2002 年以来,八一学院已招普通专科生、成人专科生 300 余人,盘活了兰州军区高等医学专科学校的教育资源。

建立校企联合培养模式。在积极依托地区卫校进行基层医药卫生人才就地培养的同时,学院还在金川公司、玉门石油管理局、白银公司等国有大型企业进行同等学力在职攻读硕士研究生教育,进行高层次医药卫生人才的培养。这些企业负责生源组织、教学场所保障,学院安排教师授课、课题实验和论文指导。学生所在医疗机构的学历层次、技艺水平得到较大提升。

第十章　基建·设备·图书

第一节　校舍基本建设

一、独立建院前的校舍情况（1933—1953）

　　1933年春,甘肃学院初创医学专修科时,校址在兰州西关萃英门内,占地42亩,系原清朝贡院内的农业学堂、矿业学堂、巡警学堂旧址,建筑比较凌乱。共有平房298间,其中清朝光绪元年(1875年)建筑物约占三分之一,主要有至公堂、观成堂、衡鉴堂、明远楼、造币局及几座无名殿。校区平面图呈L形,西区建筑由从北到南的三个院落组成,分别称"前院"、"中院"、"后院",为教学和学生生活区,其东、西两侧为操场。东区稍小,为学校办公和教职员生活区。校区最南边,自西向东,坐落着明远楼、至公堂和礼堂。医学专修科作为甘肃学院系科级建制,没有独立校舍,只是在1935年建筑13间,约250平方米的医学实验室。

　　1942年,国立西北医学专科学校成立时,校址在兰州市西郊上西园,仅有一座大院落,东西长约50米,南北宽约30米。校舍仅有砖木结构平房30余间,共约2 000平方米。

　　1946年5月,国立西北医学院兰州分院并入国立兰州大学。当时国立兰州大学西关萃英门内校址,占地面积仅65亩,房屋建筑85座。主要建筑物有:中山堂一座,系至公堂改建;图书馆一座,由衡鉴堂、观成堂改建;教室、办公室26座;学生宿舍16座;教职员宿舍11座;储藏室、厨房各7座;夫役室6座;实验室、解剖室、印刷所、仪器室、药品室、成绩室、体育室、俱乐部、浴室、茶房各一座。另有运动场两处。由于初建的国立兰州大学校舍不敷使用,1946年8

月医学院在由兰州市上西园迁回到西关萃英门院内时，只能暂用原省立兰州高级助产职业学校旧址，仅有土木结构校舍30余间，约600平方米。

1946年下半年，国立兰州大学校址由原65亩扩展到239亩。在辛树帜校长的积极斡旋争取下，1946年7月10日教育部垫发5亿元法币，后又拨5亿元法币；1947年3月14日，教育部又核拨建筑及扩充改建费八亿元法币，由此学校开始了大规模的新建改建扩建工程。1947年5月，以西北地区名山命名的"三山堂"，即天山堂、祁连堂、贺兰堂三座教学楼落成后，国立兰州大学医学院方由省立兰州高级助产职业学校旧址搬入贺兰堂，集教学、实验、办公为一体。贺兰堂高两层，长69米，宽14.76米，有可容纳120人的大讲堂1间，60人的教室2间，40人的教室8间。1948年4月，以全国五岳名山命名的五座学生宿舍楼"五岳堂"，即衡山堂、嵩山堂、华山堂、泰山堂、恒山堂建成后，医学院学生又全部迁住华山堂。

二、独立建院初的校舍建设情况(1954—1959)

兰州医学院的校舍建设是从1953年5月开始筹备的。1953年3月，中央卫生部下达校本部本年基建面积为7 000平方米，投资总额114.8亿元，每平方米建筑费平均为144万元。建校委员会根据年度基建计划，按照"适用、经济和在可能条件下讲求美观"的建设原则，参照哈尔滨医科大学基建图式，以校园主干道为界，以东为教学、学生生活区，约占地206.76亩，以西为职工家属生活区，约占地67亩。根据当年下达的基建计划，首批建设项目有：〖形5 068.38平方米混合结构的三层学生宿舍楼一栋(局部四层)，1 288.55平方米高级砖木结构的饭厅及厨房平房一栋，614.28平方米混合结构的二层甲级教授宿舍楼一栋(可容纳8家，称之为8家楼)。后又根据初建校舍的实际，报批追加建设749.66平方米的乙级小二层职工宿舍楼(南灰楼)一栋及一些平房。追加项目经费从当年事业费中支出修缮费58 803.82元，每平方米造价78.44元。

原本1953年开工建设的新校址由于当时条件限制，并未如期进行。主要原因是，预定征购的基建基地，因兰州市城市规划几度变更，直到1953年9月方才购定，购定后居民搬迁、墓地搬迁又耽搁了一些时日，新校建筑设计没有完成，建筑材料没有到位。待这些准备工作全部就绪，已进入1954年。

1954年4月7日，东岗西路南段的医学院新院址破土动工，兰州大学林迪生校长、陈时伟副校长，兰州医学院谭道先院长参加开工典礼并讲话。

原包工合同规定140个工作日完成，由于开工日期推后，经和施工单位再三洽商，同意8月中旬竣工，后因施工中没有很好地配合进度计划，劳动力调配得不很好，以致竣工日期又拖到8月底(建安工程尚未完成，学校不得已验收使用)。增建的一栋低标准的小二层职工宿舍楼(南灰楼)9月1日开工,12月底完成基建。

由于1953年基建计划延迟,原计划1954年建成的12 000平方米教学实验楼,也延期进行,直到1954年7月方经西北教育局核准先建西面一部三层(含相连的300学生上课的阶梯教室两座),混合结构,计3 560平方米,总投资58.4亿元。后由于该项计划两次变更,影响财务计划的报送,以致拨款较迟。设计部门又因业务繁忙,人员不敷,故技术设计至10月底完成,11月10开始施工,年底仅完成基础部分。1955年8月教学楼局部三层竣工交付使用。

1955年在国家发展大西北教育事业的形势下,特别是大行政区撤销后,学院在中央卫生部和甘肃省人民政府的关怀下,校舍基本建设进一步发展。1955年除完成教学楼局部结转工程外,又照南灰楼图纸同样新建宿舍楼一栋(北灰楼)每平方米造价97.34元;新建砖木结构142平方米锅炉房一座,每平方米造价268.61元;与附属医院合建砖木结构201.65平方米动物房一座、土木结构423.42平方米幼儿园一座,还有其他一些辅助设施。

1956年5月、8月教学楼中部、东部相继开始建设,中部为四层大屋顶混合结构,建筑面积5 464.54平方米,东部与西部相称,建筑面积3 499.70平方米。全部工程由于各种复杂情况,直至1957年8月方竣工交付使用,投资总额105.4万元。

在教学楼建设的同时,1957年,学院教授宿舍(16家楼)开始建设,该建筑为大屋顶砖混结构,建筑面积1 245.78平方米,每平方米造价75.8元。1958年随着招生规模不断扩大,原有的一座学生宿舍楼已不敷使用,学校又新建学生宿舍楼一座,即后红楼,2 556平方米,住房86间。至此,学生住宿紧张的局面得到缓解,男女生混住一座楼的状况得到改变。同期建设的项目还有:校园大门、围墙、道路、地沟、配电室、临时操场等工程。

1959年,是学校校舍建设变化较大的一年。①1959年3月,省上决定新成立不久的兰州卫生学校并入兰州医学院,作为兰州医学院中专部,同时将其校址97.74亩土地及地面建筑14 134.21平方米全部划归兰州医学院。②学校在大办工厂的形势下,以"大跃进"的步伐,建设砖混结构三层楼一栋(筒子楼,约2 300余平方米),主要为药厂、模型厂、印刷厂办公室和工作间。③建成3 169平方米职工住宅(前红楼)一栋。这是一座大屋顶砖混结构筒子楼,共四层,每层卫生间、厨房为公用。④同年6月省上拟在学院联合省中医学校共同创办中医系(专业),在省卫生厅的组织协调下,在教学楼东侧合建了一座三层(局部四层)2 478平方米中医教学楼一座,在前红楼西侧合建了一座三层、两个单元、1 200平方米的眷属楼一座(后称老六号楼,各占一个单元)。中医教学楼合作工程尚未竣工,省上即决定中医系缓建,另择地建设省中医学校,已建房屋划归医学院。于是,中医教学楼即成为兰州医学院图书馆,至于以后的演变和归属,后叙。

经过 1954—1959 年五年多的基本建设,独立建院后的兰州医学院已初具规模。据 1959 年底统计(含中专部,不含两所附属医院),校本部实有土地面积 370.74 亩,建筑面积 47 694.20 平方米。其中教学用楼房 18 946.79 平方米、平房 2 153.11 平方米;宿舍楼房 19 216.83 平方米,平房 3 036.41 平方米;食堂、锅炉房、汽车房、动物房、配电室等辅助设施 4 341.06 平方米。

随着学院本部大兴基本建设的同时,两所附属医院的基本建设也得到一定的发展。1955—1959 年主要完成的基本建设项目 11 项,共计 49 089 平方米,其中附属一院完成 7 项,34 954 平方米;附属二院完成 4 项,14 135 平方米。

表 10-1　1954—1959 年学院主要建筑情况一览

	建筑物名称	建筑时间	建筑结构	面积(平方米)	造价(元)	备注
院本部	学生宿舍楼	1954	3、4 层砖混	5 068.38	629 601.6	2000 年拆除
	教学楼西部	1954	3 层砖混	3 565.5	531 003.32	
	学生一饭厅	1954	砖混	1 288.55	145 161.78	
	8 家楼	1954	2 层砖混	614.28	87 707.55	1997 年拆除
	南灰楼	1954	2 层砖混	749.66	58 803.82	1990 年拆除
	锅炉房	1954	砖混	142.3	38 222.52	1983 年拆除
	中专部大楼	1954	砖混	12 039	1 685 460	1959 年划归兰州医学院,1979 年划归省中医学院
	北灰楼	1955	2 层砖混	749.66	72 973.92	1990 年拆除
	各类平房	1955	砖木	1 300		12 家院、8 家院、三排院等,均已拆除
	教学楼中部	1956	4 层砖混	5 464.54	1 054 000	
	教学楼东部	1956	3 层砖混	3 565.5		
	16 家楼	1957	3 层砖混	1 245	94 398.69	
	后红楼	1958	4 层砖混	2 556	331 195	2001 年拆除
	三厂楼	1958	3 层砖混	2 100	205 000	1998 年拆除
	中医教学楼	1959	3 层砖混	2 478	321 089	现附属一院体检中心
	老 6 号住宅楼	1959	3 层砖混	1 200	87 452	1995 年拆除
	前红楼	1959	4 层砖混	3 169	410 626	1997 年拆除

续表 10-1

	建筑物名称	建筑时间	建筑结构	面积(平方米)	造价(元)	备注
附属一院	院内科大楼	1956	4层砖混	11 744.50	1 184 947.88	
	卫生厨房	1956	砖混	1 330.45	100 727.95	
	锅炉房	1956	砖木	671.95	207 860.32	
	洗衣房	1956	砖木	452.02	41 603.82	
	30户家属楼	1956	3层砖混	20 133.33	120 403.31	
	幼儿园	1956	砖木	423.42	25 114.98	
	动物房	1956	砖木	201.65	12 064.13	
附属二院	外科大楼	1957	4层砖混	7 834.9	1 009 120.12	2003年拆除
	门诊部	1957	砖木	1 700	10 880	修缮
	精神病房	1958	砖木	1 800	25 200	改造
	小洋楼住宅	1959	砖木	2 800	30 000	1997年拆除

　　1959年以后,随着国家三年困难时期和"文化大革命"开始,医学院本部及两所附属医院校院舍建设基本没有进行。但第二附属医院却经历了一场长达39年的房地产纠纷——昆仑堂之争。昆仑堂是1947年原国立兰州大学辛树帜校长以西北最大名山昆仑山命名的学校大礼堂。昆仑堂呈飞机状,机身为大礼堂,居于其后,长39米,宽19米,高8米,面积为740平方米。前楼二层,长90米,宽15.5米,高10米。中部三层,高14米,上下楼面积共3 600平方米,内有27个教室,能容60人者17个,80人者8个,160人者2个,另有办公室12个。1956年,兰州大学搬迁后由附属二院接管。1962年,因中印边界自卫反击战的需要,甘肃省委第139次常委会议决定,将位于现正宁路的市搬运公司自筹资金兴建的办公大楼、礼堂等全部建筑(约6 500平方米)及楼内所有设备借给省军区使用。考虑到该公司的实际困难,由省政府出面借用附属二院所属昆仑堂的大部分房屋和周边场地(占地面积6 660平方米左右,建筑面积2 600平方米)对该公司予以安置。后来该公司分离变更为兰州包装容器厂和兰州第三汽车运输公司两家企业,并沿袭使用昆仑堂房屋及扩张周围10亩土地。"文革"后,两家企业多次欲索回正宁路省军区所占房地产,但均无结果,由于这一复杂的历史原因,导致兰州包装容器厂、兰州第三汽车运输公司与附属二院在房地产问题上产生明显利益分歧,昆仑堂及周围土地被借占长达39年。其间,附属二院历届领导一次又一次上找省市领导,下找有关部门,进行无休止的马拉松式谈判,一直未有结果。后借用单位无理申办产权归属,不但争

执昆仑堂产权,而且擅自拆除部分房屋,严重地破坏了昆仑堂的整体结构。直到 2000 年,医院专门成立了周边地界遗留问题协调小组,力促昆仑堂这一长期悬而未决的历史遗留问题得到彻底解决。医院周边地界遗留问题协调小组又经过两年多艰苦细致的工作,昆仑堂问题终于在省市领导的关心和协调下得到解决。省市政府先异地安置两家企业搬出昆仑堂,决定由省政府补助搬迁安置费 300 万元、兰州市政府解决 300 万元、二院出资 800 万元,共 1 400 万元补偿搬迁企业。2001 年 12 月 28 日, 被借用长达 39 年时间的昆仑堂及土地,终于全部移交归还二院。据 2004 年城关区土地资源管理局核定,标出附属二院实有土地面积 141 亩(1993 年颁发的土地证为 138 亩)。

三、70 年代的校舍建设情况(1970—1979)

1970 年,医学院校本部占地面积 370.74 亩。20 世纪 60 年代末期和 70 年代末期由于两次重大事件,导致学院本部校舍情况发生了重大变化,占地面积和房产大幅减少。

第一次重大事件起因于第二附属医院下放。 1969 年, 甘肃省革委会决定将第二附属医院下放给兰州市卫生局管理;2 月 25 日, 兰州市革委会生产指挥部文件指示,第二附属医院更名为"兰州市综合医院"。当时兰州医学院的两所附属医院虽都为综合性医院,但最初规划建设时是有所分工的,第一附属医院因比邻学院本部便于学生临床教学和实习,故侧重于内、外、妇、儿四大科,其他小科不甚健全。第二附属医院位于市中心,各类科室比较齐整。随着 1969 年第二附属医院下放兰州市后,第一附属医院健全科室问题提到学院议事日程。鉴于当时附属一院占地和房屋建设不足的实际情况,学院遂决定先将医学院图书馆(与中医学校合建的中医教学楼)暂时改造为附属一院门诊部,医学院东南角菜地给予附属一院建设科室扩充后的人员家属安置用房。由于院本部和附属医院同属一家,故其房产和占地没有办理任何手续,此后也没有发生权属争议,但院本部实际占有土地减少 10 余亩,教学用房减少 2 478 平方米,附属一院占地面积由征地时的 135 亩增至 145 亩,医疗用房增加 2 478 平方米。

第二次重大事件,起源于甘肃中医学院的成立。1978 年,国家积极发展祖国医学,全国各省市中医学院纷纷建立。为了使甘肃中医学院尽快起步招生,1979 年初,省革命委员会(1979)60 号文件决定将兰州医学院土地(中专部所在地)97 亩及地面建筑 14 000 余平方米, 划归新建立的甘肃中医学院。同时为解决该地段 60 余户兰医职工搬迁问题;给兰医补助拨款建设两栋家属楼和一座教学楼。当时学院党委行政及广大教职员工曾以各种途径,以不利于医学院长远发展,不利于省中医学院今后发展为由,极力上呈反对划拨意见,但未被采纳。这样,到 1979 年时,医学院本部实有占地面积又减少到 250 亩,地面建筑减少 1.4 万余平方米。

1970—1979 年,学院本部和两所附属医院的校舍建设,虽然受到"文化大革命"的干扰,但在广大教职员工的积极呼吁下还是略有进展的。共完成建筑工程 14 项,建筑面积 46 389.5 平方米,其中,院本部 4 项,共 7 357 平方米。第一附属医院 5 项,共 15 899 平方米;第二附属医院 5 项,共 23 133.5 平方米。

表 10-2　1970—1979 年学院主要建筑情况一览

	建筑物名称	建筑时间	建筑结构	面积(平方米)	造价(元)	备注
院本部	上平房	1970	砖木	2 153	172 240	1995 年拆除
	老 1 号住宅楼	1971	3 层砖混	1 870	336 600	2001 年拆除
	旧图书馆	1974	3 层砖混	3 014	602 800	2001 年拆除
	电镜室	1979	砖混	320	206 555	
附属一院	外科大楼	1973	4、5 层砖混	7 800	1 010 686.5	
	钴-60 同位素楼	1973	砖混	1 330	736 870	
	污水处理站	1975	砖混	1 975	98 527	
	锅炉房扩建	1978	砖混	294	60 000	
	百户住宅楼	1979	5 层砖混	4 500	60 466 600	
附属二院	门诊大楼	1972	4 层砖混	5 062	67 000	
	人防工程	1973	砖混	2 741.5	560 000	使用面积
	1 号住宅楼	1973	3 层砖混	1 080	100 000	
	内科大楼	1975	5 层砖混	11 050	128 800	
	2 号住宅楼	1975	5 层砖混	3 200	200 000	

注:临时建筑未统计在内。

四、80 年代的校舍建设情况(1980—1989)

20 世纪 80 年代,随着党和国家工作的重点转移到社会主义现代化建设上来,学校的校舍建设从而也进入了一个新的历史时期。这一时期校舍基本建设投资主渠道来自三个方面:一是省卫生厅将原来的按项目审核投资,改为固定年基建投资,每年一揽子包干基建经费 80 万元(十年未变);二是省计委、省财政专项投资(划拨建立中医学院的还建工程,学校争取的专项补助);三是学校自筹资金。1980—1989 年,学校校舍建设共完成建筑工程 47 项,建筑面积92 633 平方米,其中,院本部 25 项,共 56 046 平方米。第一附属医院 8 项,共16 549 平方米;第二附属医院 14 项,共 20 038 平方米。

表 10-3　20 世纪 80 年代学院主要建筑情况一览

	建筑物名称	建筑时间	建筑结构	面积(平方米)	造价(元)	备注
院本部	体育平房	1980	砖混	456	40 872	
	职工灶	1980	砖混	774	139 905	
	总务办公室	1980	砖混	214.3	72 267	
	汽车库	1981	砖木	654.92	88 806	
	下平房	1982	砖木	975	78 000	1997 年拆除
	学生二灶	1982	砖混	1 562	355 053	
	女生宿舍楼	1982	4 层砖混	4 175	643 998	
	药学、卫生教学实验楼	1984	4 层砖混	12 135	3 433 640	两期建设 1980—1982 西部,1983—1984 东部
	易燃易爆库	1985	砖混	142.5	39 097	
	实验动物楼	1986	4 层砖混	2 017	652 499	
	临街综合楼	1987	6 层框架	3 972	1 373 713	国家拨款 85 万,自筹 40 万,后为口腔楼
	锅炉房扩建	1987	砖混	644	225 692	
	康发楼	1987	6 层砖混	3 524	2 178 668	自筹,现研究生宿舍
	电工房	1987	砖混	202	60 000	
	C 区西楼	1987	6 层砖混	5 100	1 469 313	自筹资金
	研究生楼	1987	5 层砖混	1 804	355 622	后为单身职工宿舍
	工会及老干部室	1989	砖混	375	232 148	
	2 号住宅楼	1980	5 层砖混	2 021	335 725	
	3 号住宅楼	1980	5 层砖混	2 021	335 725	
	4 号住宅楼	1983	5 层砖混	2 629	646 420	
	14 号住宅楼	1984	5 层砖混	1 555	380 975	
	15 号住宅楼	1986	6 层吊装	1 903	315 898	大板楼
	16 号住宅楼	1986	6 层砖混	3 015	723 600	
	17 号住宅楼	1987	6 层砖混	2 927	714 188	
	高低柜住宅楼	1988	6 层砖混	1 250	562 500	2002 年拆除

续表 10-3

	建筑物名称	建筑时间	建筑结构	面积(平方米)	造价(元)	备注
附属一院	传染病房	1981	2层砖混	1 945	434 813	
	制剂楼	1981	2层砖混	751	220 524	
	放射大楼	1982	3层砖混	4 319	736 870	
	配电室	1984	砖混	278	64 585	
	洗衣房、浴室	1985	砖混	530	127 594	
	病员灶	1987	砖混	970	409 922	
	五十户楼	1983	5层砖混	3 685	822 751	
	六十户楼	1985	6层砖混	4 071	1 000 981	
附属二院	皮肤病研究室	1980	砖混	262.2	47 196	
	设备科	1981	砖混	262.2	47 196	
	五金库房	1981	砖混	427	25 620	
	洗衣房	1983	砖混	998	162 474	
	热水锅炉房	1985	框架	782	338 375	
	急救中心	1985	砖混	2 506	895 000	
	泌尿研究所	1987	砖混	478.8	252 000	
	制剂楼	1987	砖混	2 394	1 130 000	
	膳食楼	1989	砖混	1 000	480 000	
	神经内科病房	1989	砖混	306	54 000	
	3号住宅楼	1980	5层砖混	1 824	303 000	
	4号住宅楼	1983	6层砖混	1 924	346 000	
	5号住宅楼	1985	6层砖混	3 520	705 000	
	6号住宅楼	1986	6层砖混	3 354	780 000	

五、90年代的校舍建设情况

20世纪90年代,随着学校划归省教育委员会领导管理后,基本建设投入又回到按项目审核投入的轨道。由于学校历史欠账较多,与兄弟院校差距越来越大,省教委给予了极大支持,加上市场经济的逐步建立,学生缴费上学,学校自主权不断扩大,校舍建设经费拮据状况有所缓解。这一时期,学院校舍建设主要集中在以下三个方面。

1.校园基础设施改造

经过近四十年的使用,学院教学、科研、生活基础设施老化严重,水、暖、电

"跑、冒、滴、漏"现象时有发生。1988年后,由于新增建筑物水、暖、电的就近接入,使管网、线网系统结构极不合理,供水不足、排水不畅、暖气不热的情况日益严重。由于经常供电不足及单回路供电,往往不得不采取每周分区域和楼栋轮流停电的办法,科学研究时常因此而中断。由于没有无塔上水系统和大容量的蓄水池,每当用水高峰,五、六层住户就无水可用。当时校园污水外排极为不畅,每遇大雨,校园内即四处积水无法行走,职工学生怨声载道。为了解决严重制约学校发展,影响正常教学、科研和生活秩序的状况,学院动员各方力量,四处奔波筹措经费,在省上有关部门的大力支持下,分轻重缓急对基础设施老化问题进行了部分改造,基本保持了学院教学、科研、生活秩序的稳定。基础设施改造大体分为两个阶段。

1990—1995年为第一阶段。 1990年, 国家拨款250万元对医学基础教学楼进行了加固加层工作,加固维修6 900平方米,加层3 800平方米。1991年完成学院双回路供电系统,修建了无塔上水泵房,改造了教学区的污水外排设施, 尤其是部分暖气管道工程和新配电室工程的完工, 基本上排除学院教学、科研、生活中的隐患,保障了教学、科研、生活正常秩序。随后还率先在全省高校引进煤气工程,完成煤气进户436户。1992年,对学院主干道进行了重修,铺设水泥路面10 000余平方米。新建教学区、生活区大型自行车棚各一座,以及老干部活动室、学生开水房、二院学生餐厅、天然气进户等一批综合基础设施。随着加入集中供热系统, 学校在全省高校第一个实施了热水入户工程,每周分区域供应洗澡热水一次,每次两小时。

1996—1998年为第二阶段。1996年、1997年相继建成教学区和学生区两个500吨蓄水池,使困扰学院多年的教学、科研、生活用水紧张状况得到缓解。特别是1998年8月18日,在省委赵志宏副书记、李重庵副省长的亲自主持下,省委办公厅、省委宣传部、省计委、省财政厅、省教委、省卫生厅、兰州市政府、兰州市热力公司等有关方面负责人来学院召开现场办公会议,解决了学院办学过程中存在的两个突出困难:(1)冬季供热问题。同意学院加入兰州二热集中供热系统,不再更新或维修锅炉。所需375万元供热设施增容款项由省教委、省计委、省财政厅、兰州市政府共同解决。 (2)男生宿舍楼地基下沉、墙体裂缝问题。责成省教委牵头尽快组织专家进行安全评价,如评价确属危房,要立即采取措施保证学生安全,由省教委提出解决办法,报省政府同意后实施。如不属危房,由省财政当年先拨款50万元维修、加固(维修加固一年多后于2000年彻底拆除重建)。这次现场会从根本上解决了长期困扰学院的供暖问题、男生宿舍楼地基下沉等安全隐患问题,为后续发展打下了良好基础。

2.教学科研新的设施建设

1991—1998年,院本部共完成新的教学科研基本建设5项,总建筑面积51 282平方米,总投资2 085万元,其中国家投资1 178万元,学院投资、社会贷款907万元。主要建设项目有:(1)1992年,自筹资金142万元完成护理、计算中心教学楼2 463平方米;(2)1995年,国家拨款139万元,学院筹款28万元完成附属二院临床教学楼3 617平方米;(3)1996年,国家教委投入200万元,自筹206万元完成附属学校东楼,框架式建筑5 250平方米;(4)1995年,国家投资530万元完成新图书馆建设。新图书馆工程是这一时期最大的一项工程,也是一项标志性工程。1995年,在学院党委、行政部门的积极努力下,学院图书馆建设受到省政府、省教育厅的高度重视,一个全新的图书馆开始建设。在新馆设计前期,学院先后派出多批工程技术人员,对国内十余所高校图书馆进行考察,对新馆建设,从外观到各项功能提出了设计意见。由于经费问题,初期设计建筑面积5 700余平方米,总投资450万元,后考虑到长远发展,又增加400平方米。经过近两年的建设,1997年5月28日新图书馆落成。新馆建筑面积6 093平方米,书库主体6层坐落于整个建筑的后方,前厅四层环绕于主体前方,为中有天窗的环形建筑。书库正中二层和四层为借书处,面对大门和前厅向读者敞开,其旁设查目厅供读者查找和借阅全部馆藏书刊。前厅各楼层周围设有期刊阅览室、工具书阅览室、新书阅览室、文献检索阅览室等5个,设置阅览座位600个。

3.大力加强职工住房建设

长期以来,简陋、狭小的住房无法使教师们做到安居乐业。在住房困难的日子里,一些教职工因为住房的问题忍痛离开学校,一些优秀的人才由于学校无法提供比较好的住房条件而选择了别的学校。为了保持学校的稳定,1992年,学校党委提出"一定要带着感情去解决教职工住房问题,做到居者有其屋"。确立了住房分配货币化,住房建设社会化,住房消费商品化的三化原则。正是基于学校领导对教职工住房问题的高度重视,基于对学校发展的热切期待,当年率先在全省高校试行了"三个一点"的住房建设,即国家投一点、学校筹一点、职工集一点。为慎重起见,先在20号住宅楼辟出一个单元,作为职工集资建房的试点。最初集资建房遇到的重重困难,可概括为"两多两大":矛盾多,人多地少的矛盾,教学科研骨干与普通老师如何协调的矛盾;流言多,人们私下议论纷纷,各种传言不胫而走;风险大,学校住房改革的路今后究竟该如何去走还处于探索阶段,在效果还没有显现前,集资建房面临着很大的风险和阻力;压力大,由于教职工住房问题历史欠账严重,与兄弟院校差距大,还须处理好方方面面错综复杂的关系。为了解决这些矛盾,学校首先在全校范围广泛宣传国家和兰州市房改政策,通过问卷、访谈、座谈形式直接征求教职工的意见,先后组织了7次政策咨询活动,教职工1 000多人次到现场进行了咨询。随着耐心细致的工作,广大教职工的疑惑、误解逐步消解,固有观念得到根本转变。1996年初,学校全面启动了国家、学校、个人共同投资建房的新机制。到1998年,学校先后建设了7栋近300套经济适用职工住宅楼。既减轻了国家和学校在住房建设上的压力,也使有购房能力的教职工较大幅度地改善了住房条件。为此,1997年12月,省政府隆重举行表彰大会,学院被授予"甘肃省教师康居工程建设先进单位"称号及铜质奖牌。宋江山同志被评为甘肃省教师康居工程建设先进个人。

在校本部大规模基本建设的同时,两所附属医院的院舍建设也有一定进展。1990—1999年10年间,两所附属医院共完成基本建设项目25项,投入6 000余万元,新增建筑面积84 754平方米。其中,教学医疗公用设施建设15项,投入1 020万元,职工住宅建设10项,投入4 980万元。

表10-4　20世纪90年代学院主要建筑情况一览

	建筑物名称	建筑时间	建筑结构	面积(平方米)	造价(元)	备注
	医学教学楼加层	1991	框架	3 720	930 000	
	护理、计算中心楼	1992	5层砖混	2 463	1 424 226	
	西门十间平房	1993	砖混	255	80 539	
	二院教学楼	1995	砖混	3 617	1 748 017	
	图书馆	1995	6层框架	6 093	5 303 858	
	C区东楼	1996	7层框架	5 250	4 064 855	
	学生区蓄水池	1997	混凝土	500	144 689	
院本部	18号住宅楼	1990	6层砖混	3 018.84		
	19号住宅楼	1991	6层砖混	3 018.84		
	20号住宅楼	1992	7层砖混	3 844.17		
	49间平房	1993	砖木	1 000		专门用于拆旧建新过渡用房,戏称度假村
	11号住宅楼	1996	7层砖混	4 412		
	0号住宅楼	1997	6层砖混	3 895.26		
	12号住宅楼	1997	6层砖混	5 017.49		
	10号住宅楼	1998	8层砖混	4 680.34		

续表 10-4

	建筑物名称	建筑时间	建筑结构	面积(平方米)	造价(元)	备注
附属一院	行政办公楼	1990	3 层砖混	1 710	450 000	
	沿街二层楼	1992	2、3 层砖混	2 475		
	ECT 检查室	1994	砖混	116.35		
	幼儿园	1994	框架	2 016.55	219 488	
	七十二户楼	1991	6 层砖混	4 732.99	1 488 003	
	点式一、二楼	1993	8 层框架	4 267	4 370 758	
	6 号住宅楼	1994	8 层框架	12 798	10 965 662	
	高职住宅楼	1994	8 层框架	11 867.56	11 725 731	
	9 号住宅楼	1994	8 层框架	6 672	6 823 371	
	平房宿舍	1994	砖木砖混	1 949.64	1 059 780	
附属二院	沿街铺面	1990	砖混	1 800	550 000	
	中医科病房	1992	砖混	504	215 000	
	高压氧仓房	1992	框架	644.8	45 000	
	核磁共振机房	1993	框架	755	25 400	
	放射科	1993	砖混	3 717.3	100 000	
	病理科	1993	砖混	477.8	129 000	
	同位素室	1993	框架	647	63 000	
	科技中心、招待所	1994	砖混	2 000	2 000 000	
	新住院部大楼	1997	框架	6 071	6 289 800	
	太平间	1997	砖混	350	229 482	
	骨科矫形室	1999	砖混	252	35 280	
	7 号住宅楼	1990	4 层砖混	1 873	563 000	
	8 号住宅楼	1991	6 层砖混	6 537	2 770 000	
	9 号住宅楼	1995	6 层砖混	3 198	2 230 000	
	10 号住宅楼	1997	8 层砖混	7 327	6 215 000	

六、跨世纪的校舍建设情况

1998 年,全国各高校开始大面积扩招,面对这种教育大发展的形势,1999 年以来,学院本部通过多种渠道,争取到国家、甘肃省政府、银行以及国外政府贷款共计 1.02 亿元人民币,用于学院教学、科研等基础设施建设。共完成新的教学科研基本建设 9 项,总建筑面积 73 804.77 平方米。主要建设项目有：①新建 8 层框架结构、总面积 25 000 平方米的 1、2、3 号学生公寓三栋，加盖女生楼 4 层框架结构 5 500 平方米；②新建 16 800 平方米框架结构，可同时容纳 7 000 人上课的新教学大楼一座；③新建附属学校 6 883 平方米的教学楼一座（北楼）；④新建 9 430 平方米的医学实验中心楼一座，其中党政办公 4 000 平方米，实验教学部分 5 430 平方米；⑤新建 5 880 平方米的动物实验中心 GLP 大楼一座，这项工程是利用日元贷款 260 万美元（用于设备购置）、学校配套基建 580 万元资金修建的，工程建设完成后，将成为全省乃至西北地区开展符合 GLP 标准的实验研究及中药研究与开发的重要基地；⑥完成 4 层框架结构 3 136 平方米的学生综合服务楼一座。

在积极建设教学、科研、学生生活设施的同时，2002 年，还利用教育部扶持 40 年以上老校基础设施改造费 1 200 万元以及学校配套资金 968 万元，又对学院教室、实验室的水、电、暖及土建进行了全面维修改造，扩充改造了运动场和学生课外活动场所，改造增扩了学院总进水排水系统、供电线网系统、燃气供暖系统以及校园宽带网建设、家属区与教学区分区管理改造、口腔门诊部的改造扩建等。

职工住房在新世纪也有了新跨越。2000—2004 年，学院接续 20 世纪 90 年代集资建房、货币分房的创新做法，在国家停止审批建设经济适用房的最后阶段，抢抓机遇，又新建 5 座总建筑面积 34 305 平方米，共计 400 余套的职工经济适用住宅楼，职工住房情况得到根本性好转。从职工住房状况的变化来看，1990 年前，无房人员占全校教职工总数的 14.55%，总户均建筑面积为 34.1 平方米；教师户均建筑面积为 40.36 平方米，干部为 34.63 平方米，工人为 30.38 平方米。2004 年，全校无房职工人数下降到 1.93%；住房未达标人数下降到职工总数的 1.75%；教授户均住房面积由原来的 62.24 平方米上升至 105.96 平方米，增幅为 59%；副教授、副处级以上职工户均面积由原来的 43.25 平方米上升至 90 平方米；讲师以上教师基本实现了达标住房。

两所附属医院院舍建设在 2000—2004 年间也得到快速发展。5 年共投入 7.4 亿元，共计完成基本建设项目 10 项，新增建筑面积 255 928 平方米。其中第一附属医院完成建设项目 5 项，新增建筑面积 61 742 平方米；第二附属医院完成建设项目 5 项，新增建筑面积 194 186 平方米。第一附属医院 23 层 54 500 平方米的外科大楼，第二附属医院 16 层 110 000 平方米门诊综合大楼及 31 层 71 000 平方米萃英花园住宅楼等一批现代化建筑相继建成。

表 10-5　学院跨世纪主要建筑情况一览

	建筑物名称	建筑时间	建筑结构	面积(平方米)	造价(元)	备注
院本部	学生 1 号公寓	2001	8 层框架	9 640.8	7 697 628	
	学生 2 号公寓	2001	8 层框架	9 431.3	7 491 070	
	学生 3 号公寓	2002	8 层框架	7 360.58	7 174 611	
	实验中心楼	2002	6 层框架	9 332.47	12 040 976	
	新教学大楼	2002	7 层框架	16 020	20 126 880	
	综合服务楼	2002	4 层框架	2 995	3 594 000	
	GLP 实验楼	2003	8 层框架	5 820	5 674 500	
	女学生宿舍加层	2003	4 层框架	5 500	4 950 000	
	一灶东西平房	2001	砖混	741.37	490 420	
	幼儿园教室	2002	砖混	175.5	104 142	
	南校区北楼	2000	7 层框架	6 511.75	5 316 867	
	6 号住宅楼	2000	8 层框架	5 405		
	5 号住宅楼	2000	8 层框架	3 524.40		
	9 号住宅楼	2000	8 层框架	6 942.14		
	13 号住宅楼	2000	8 层框架	4 172		
	1 号住宅楼	2002	14 层框架	14 261		
附属一院	新制剂楼	2000	4 层框架	4 075	12 228 323	
	外科大楼	2003	23 层框架	54 500	130 000 000	预算,在建
	空调机房	2003	框架	400	600 000	预算,在建
	核磁共振室	2003	砖混	308		
	各类平房	2000 至 2003	砖混	2 459		
附属二院	行政楼	2000	4 层框架	1 686	3 330 000	
	11 号住宅楼	2004	8 层框架	4 500	4 210 000	
	12 号住宅楼	2004	8 层框架	7 000	8 020 000	
	门诊综合大楼	2004	16 层框架	110 000	470 000 000	在建
	萃英花园住宅楼	2004	31 层框架	71 000	120 000 000	在建

　　总的来看,学院经过 50 年的创业发展,特别是改革开放 20 多年的建设,已初具规模。截至 2004 年,全院总建筑面积(包括在建项目)已由 1959 年建院初期的 10 万余平方米,发展到 2004 年的 789 703 平方米,其中学院本部226 617 平方米,第一附属医院 275 969 平方米,第二附属医院 287 117 平方米。教学、实验、科研、开发、实习、医疗总占有面积占到 70%以上。绝大部分教职员工基本实现了"居者有其屋"和安居乐业。

第二节　教学医疗设备

一、教学实验设备情况

1.建国前教学实验设备情况

1933年甘肃学院医科开办后,因省上经费十分困难,无法扩充医学设备,也没有设立实验室,当时教学上为数不多的实验和实习,几乎全部由西北防疫处及兰州西北医院协助解决。

为了有效使用仅有的2万元开办费和设备购置费,医科主任宋子安求助于其老师、北平大学校长、著名病理学家、教育家徐诵明先生,请他代拟各科设备、仪器购置计划,以缓开课之急需。徐以宋为该校毕业生中首办医学教育者,故而慨然应允。宋又召集各科主任会议,反复讨论,以少花钱、多购仪器的原则,规定每种仪器只购一件,由各科轮流应用。后派员赴沪,向上海兴华公司和外国洋行订货。当时有个不成文的规定,即对订货人可付20%的回扣,于是又利用反复的回扣,竟用两万元购买了两万五千元的仪器。甘肃学院校长邓春膏又派学院事务长朱铭心,去南京请教育部出面,减免了关税;交通部减免了由上海到陕西的运费, 陕西到兰州的运费则在中山医院经费中支付。1935年2月寒假期间,定购的X光机、太阳灯等62箱仪器药品到货,这些也是学院当时最为昂贵的设备。为分类陈列及实验,建筑实验室13间,年底落成。

1946年,兰州大学医学院成立后,渐次设立解剖、细菌、病理实验室,但在教学设备上仅有显微镜五架,到1947年始制成人体骨骼标本两具,单个的颅骨及其他各部位的骨骼也不过只有两木橱,生理、药理实验只能由任课教师在课堂上作示范性演示。物理、化学、生物等课程的实验,医学院本身不能解决,只能依赖于兰大理学院各系的帮助。

1947年春至1948年10月,辛树帜校长为积极发展西北医学教育,通过各种渠道,先后将教育部特拨兰大购置费1.5万美元的2/3,美国医药助华会捐助兰州医事中心3万美元中的2.4万元,联合国教科文组织紧急援助捐款3 080美元,合计37 080美元,全部作为医学院购置仪器药品及图书等项费用,并请于光元院长趁1947年5月赴南京参加医学大会及教育部召开的医学教育大会之机,特赴沪开列所需仪器药品详单,交美医药助华会驻华办事处转美订购。到1949年初,医学院及其附属医院所需的图书仪器、药品和设备,经国内外多次采购,备历艰险,均先后运到。医学院教学、实验中所急需的图书、仪器、药品和设备基本得到缓解。据1949年底统计,学院共有实验室贵重仪器

(200元以上)183件,其中美制低倍率显微镜96台,普通转速离心机2台,石蜡切片机5台,冰箱1台。

而兰州医事中心的成立又给学院争取到了部分资金和设备,1946年冬美国医药助华会副总干事Stevens女士来兰考察西北医疗卫生情况时,深感以往兰州各医药卫生机构虽多,但人员不足、工作效果欠佳,于是提出将在兰各重要医药卫生机构联合起来;同时兰州中央医院张查理院长、教育部姚寻源处长及兰州大学医学院院长于光元共同请她协助,将在京沪一带酝酿已久的准备在中国内地成立的六个医事中心(Medical Center)之一设于兰州。Stevens女士返京沪后,将此意见建议于助华会及教育部,并经辛树帜校长屡次在教育部周旋催促,后果获赞同。1947年4月15日,兰州医事中心正式成立,选举张查理院长、姚寻源处长、盛彤生院长及于光元院长组成常务委员会,以张查理为主任委员。参加兰州医事中心的医药卫生机关有兰州中央医院(兰大医学院学生实习场所)、兰州大学医学院、中央实验院西北分院、生化厂、兽医学院、助产学校及护士学校等7个单位。美国医药助华捐助兰州医事中心30 000美元,按京沪一带医学院与实习医院分配比例的原则,兰州大学医学院实得该款24 000美元,其余6 000美元归兰州中央医院使用。

2.独立建院初期10年教学实验设备情况

1954年兰州医学院独立建院初始,在条件十分困难的情况下,要为数百名学生开设各种课程,任务十分艰巨。为扶持新建院校,中央高教部拨专业设备费10万元,西北卫生部拨6万元,当年投资实验设备费11.9万元,购置500元以上设备37台（件）,按当时在校生350名计算,生均设备占有值为301元。为了解决实验设备、教具的严重不足问题,广大教师和教学器材供应部门的同志发扬艰苦创业的精神,没有教材,他们亲自动手刻蜡版;没有挂图,他们亲自动手画;没有教具,他们对着图板,请教工人师傅自己制作;没有尸体解剖标本,教师们带领学生亲自到刑场背拉无人认领的尸体;没有实验动物,学生们四处捕捉野狗、野兔。生化化学教研组在物理胶体化学实验时,还自己动手制作安装了整流稳压器、音频振荡器、恒温水槽等,不仅价廉物美,更重要的是解决了学生动手实验能力差的问题。由于没有测量投射用的仪器,卫生学实验室自己制作了玻璃反光量角器,使同学们学会了测量投射角和开角的方法。

1955年,随着科学研究工作的开展,学院成立了动物房,饲养有家兔、豚鼠、大小白鼠、青蛙、鸽子、狗、猴等实验动物。从动物房成立之日起,学院注重不断加强实验动物的饲养、繁殖和管理工作,为保证教学任务的完成,进一步扩大饲养范围,积累管理工作的经验,创造了有利条件。

1958年,学院积极响应上级的号召,在全院范围内开展了完善实验和医疗设备为主要内容的技术革新运动。学院组织全院教职员工解放思想、大胆革新，创造出了大白鼠条件反射实验箱、血压示教仪、电动记滴器、恒温恒压灌流器等一大批教学、实验设备。这些发明创造经过多次评选，其中一些优秀项目还参加了省内外举办的展览会。有20件设备参加了全国医药卫生技术革命展览会甘肃部分的展出，其中导光压舌板、密闭式采血及输血装置、恒温恒压灌流器、高乐基氏神经元快速染色法、X线快速换片台、30%D.D.T浓缩乳剂、电动人工流产器等9种最受群众欢迎的项目，在全国科协主办的"全国科技新成就展览会"上引起中外专家的兴趣。

1960—1965年，省上为兰州医学院购置实验设备投入的资金为342 400元，在这期间购置800元以上的设备40台(件)。

从兰州医学院独立建院到"文化大革命"前的12年中，学院共投入教学实验设备购置费1 054 700元，为建院初期119 000元的9倍，购置800元以上设备355台(件)，是建院初期37台(件)的近10倍。按当时在校学生1 776人计算，学生人均占有设备值为594元。1965年，兰州医学院教学实验设备总值和1950年相比，以数十倍的速度发展着，这每一步发展，每一批设备仪器的增加，都给全院师生员工带来了新的帮助和便利，这些成就充分反映出社会主义制度的优越性，反映着高等医学教育在社会主义国家建设中的地位和作用。

3."文革"10年间教学实验设备情况

"文化大革命"中学院设备建设工作基本停止。1966—1976年10年间实验设备的投资仅为130 600元，是1960—1965年5年间的1/3，购置800元以上的设备仅8台(件)。

4. 拨乱反正时期教学实验设备情况

"文革"结束以后，为迅速恢复正常教学工作秩序，在各级党政组织的关怀和重视下，学院实验设备的建设工作，也有了新的发展。1977年9月，根据国务院(76)59号文件精神，学院以一个月的时间进行了以教学实验设备为重点的清仓查库工作。在学院的统一组织下，充分发动群众，按照设备保管的规定和要求对各类设备进行检查登记，同时组织专业人员对所有设备边清查、边维修、边利用，使"文化大革命"造成的设备管理制度不健全、账物不清、管理工作混乱、设备丢失严重的状况得到了扭转。通过清仓查库工作的落实，教学实验设备的管理基本上达到了四清，即数量品种清、规格质量清、账目单据清、存放位置清。同时建立了以岗位责任制为主要内容的设备管理四项规定：①库房设备管理和物资领发规定；②设备仪器维修、保养使用规定；③报废设备仪器回收规定；④财务管理和设备核销规定。

1977—1979年的3年中，学院在查找、维修、建章立制的基础上同时投入

813 000 元购置 800 元以上实验设备 46 台（件），设备总值增加到 199.83 万元，800 元以上设备达到 409 台(件)，生均设备占有值达到 1 825 元。

5.20 世纪 80 年代教学实验设备情况

80 年代是学院设备建设的重要时期，在计划经济体制下，学院从有限的国家拨款中，加大教学实验设备经费的投入，集中精力和物力进行实验室建设。首先在现有基础上对教学、实验设备进行了维修，提高设备使用率和使用周期，与此同时有计划地对原有专业的实验设备进行补充和更新换代，还为新建专业争取了专款，配备了必要的实验设备。这一时期，学院共投入设备购置费 4 574 160 元，添置 800 元以上教学实验设备 670 台(件)，万元以上设备 44 台(件)。比较重要的设备建设项目有：1981 年 6 月，学院向日本索尼公司订购 5 套彩色教学闭路电视设备系统，这套系统于 1982 年 2 月交付学院，学院为此修建了演播室、控制室、电教室等设施。同年，争取省上支持拨款 47.6 万余元，购置了 1 套日产放大 25 万倍的电子显微镜，修建了电子显微镜室，有力地促进了科学研究及研究生教学。这台设备是学院 20 世纪 80 年代投资最大、最先进的仪器设备。同时广大教师和教辅人员为改变教学实验落后状况，不等、不靠，发扬不怕苦、不怕累、艰苦奋斗的精神，维修显微镜、温箱、电子仪器、电冰箱等 400 余台(件)，加工自制各种器械、机械 1 090 台，制作皮肤模型 30 种和麻风病模型 7 种以及人体骨骼标本、神经系统标本数百件，挂图 40 余幅，烧制各种小型玻璃仪器 4 540 件，基本保证了实验教学的开展。

为了加强教学实验设备的采购、管理、利用，1984 年根据国家教委有关文件规定，学院成立了教学实验设备管理处，配置了设备维修专门技工和教学模型的制作生产。制定了加强仪器设备管理的若干规定制度，如《兰州医学院仪器设备管理制度》、《兰州医学院精密贵重仪器设备档案管理办法》、《兰州医学院精密贵重仪器设备使用考核规定》、《兰州医学院仪器设备及材料、低值品的损坏丢失赔偿办法》等等。这几个规定和制度的贯彻对充分挖掘现有设备的潜力，完善购进、发出、调拨、报废手续和程序起到了积极作用，同时在仪器设备的购置、验收、使用、维护保养直至报废的全过程中，加强了计划管理、技术管理和经济管理，使仪器设备在使用寿命周期中充分发挥效益。

1985 年争取省上投资 40 万元，学院配套 40 万元，修建了动物实验楼。实验楼长 29.3 米，宽 13.27 米，高 5 层，建筑面积 1 944 平方米，集中饲养了狗、兔、大小白鼠。

1985 年，学院投资 15 万元，新建了一座语音教学实验室，语音室有 64 套桌椅，这是学院第一次开始使用现代化的设备向普通本专科学生进行外语教学活动。

1986 年,为了改善教学条件,调整了全院的实验室,在有限经费的基础上,改变以往利益均沾,撒"胡椒面"式的投入方式,采取分年度轮换集中投资方式,分期分批更新实验室设备,使重点学科、重点实验室设备匮乏,部分实验课无法开设的困难暂时得以缓解。同年首批购进苹果牌计算机 80 台,开展了计算机教学。购进了总价值为 535 000 元的实验设备,其中 800 元以上设备176 台(件)。

1989 年,全院实验设备总值已达 6 572 460 元,与建院初期的 11.90 万元相比,增长了 51.17 倍。其中 800 元以上设备的台(件)数,也由建院初期的37台(件)增至 1989 年的 1 079 台(件),增长了 29 倍。在校学生人均占有设备值已达 3 235 元,为建院初期的 10 倍,实验开出率逐年上升,从 1980 年的59.19%,提高到 82.44%。

总体来看,在此期间,学院教学实验设备总值历年都有所增长,设备数量也逐年增多;但是,由于计划经济体制下的供给制以及甘肃穷省的实际状况,学院教学实验设备的年投资额仍然十分匮乏,每年从事业费中挤出来的设备购置费十分有限,只能适当用于补充一些生物显微镜及简单教学设备等,万元以上教学科研设备仅 46 台件,教学中一张挂图、一支粉笔、一张嘴的状况还相当普遍,上世纪 40 年代美国援华物品中的显微镜还有 3 台在用,全院教学设备总值不足教育部规定的生均占有值 5 000 元的丙等水平。

6.20 世纪 90 年代的教学实验设备情况

20 世纪 90 年代是学院设备建设既面临挑战和困难,又面临机遇和发展的重要时期。所谓挑战和困难主要是现代化教育发展的要求与底子薄、基础差的矛盾越来越突出;教学实验设备陈旧老化与无力更新的矛盾越来越突出;教学实验设备及实验药品涨价的现实与摆脱困境的矛盾越来越突出。所谓机遇是,恰逢国家教育体制的改革,在国家投入经费不变的情况下学生开始缴费上学使学院增添了活力;国家开放搞活的政策使学院科技开发、周边开发、成人教育有了进一步发展,资金来源初步形成多渠道,经济收入有所提高;职工住房实行商品化,解除了资金投向的后顾之忧。特别是 1998 年以后,学院努力争取银校合作,学院设备建设也开始不再完全依赖国家投资,而是采取国家投一点、自筹挤一点、银行贷一点的方式,加大设备建设投入力度。

这一时期,学院本部教学、实验设备建设发展较快,资金投向主要是:加强重点实验室的重点建设,确保重点实验室的合格评估;加快全院常规实验设备的更新换代,确保学生实验教学开出率达到 92%以上;努力实现传统教学手段向现代化方式转换。

1990—1999 年,共投入教学实验设备经费 6 008 792 元,购置 800 元以上设备 837 台件,3 万元以上较大型教学实验设备 14 台件。到 20 世纪末,学院本部实验设备总值达 12 581 252 元,800 元以上实验设备为 2 187 台（件）,3 万元以上较大型教学实验设备 29 台件。按在校学生 2 877 人计算,生均占有设备值为 4 373 元。

7.新世纪的教学实验设备情况

新世纪是学院教学实验设备突飞猛进的最好时期。2000 年随着国家推行高等教育大众化,学院第一次开始了大幅度的扩招。为了提升整体办学质量和水平,改善办学条件已经成为全院师生的共识。本着"先工作后生活、先学生后教师"的指导思想,新一届领导班子开始了一场大规模的办学条件改造工程,教学基础设施的建设和教学实验设备建设得到了彻底改善。2001 年 11 月 30 日,世界银行日元贷款项目签字仪式在省政府举行。该项目将在学院投资 260 万美元,其中 95.5%的经费主要用于购置设备,4.5%用于人才培养。为了用好这笔贷款资金,学院还配套 580 万元人民币建设 5 000 平方米的符合 GLP 标准的动物实验中心。2000—2003 年,先后争取银校合作、政府贴息贷款、国债项目贷款、日元项目贷款,以及国家扶持西北地区老校基础设施改造项目拨款等,共筹资 1.4 亿元,全部用于教学设施的建设和教学、科研设备的购置。先后新建了计算中心楼、实验中心楼、GLP 实验楼;重点解决 13 个教研室(含新上专业)的急需设备;彻底改造整合了生理学、药理学、病理学三门课程实验课的多媒体机能学实验室,建成了多媒体形态学实验室;重新建设装备了国内一流的外科手术学实验室;改造装备了人体解剖实验室、公共卫生综合实验室、药学综合实验室、护理学模拟实验室、口腔医学综合实验室等 27 项综合性实验项目的教学实验仪器 270 多台(件)。引进现代化教学手段,装备了先进的多媒体教室 17 个,64 座数字化语音实验室 7 个,计算机教室 14 个共 468 台计算机,3 个检体诊断实验室,3 个共 250 台计算机的电子阅览室及两个共 100 座的音像资料阅览室。投入 707 万元(其中教育部投资 350 万元)完成校园网建设。还投入 1 000 余万元建设医学实验中心,添置了十余台大型精密教学科研实验设备,如激光共聚焦显微镜、流式细胞仪、毛细管电泳、高效液相色谱、基因工作站等。教学实验科研设备总值由 1999 年的 12 581 252 元增长至 2003 年的 45 382 752 元,增长了 32 801 500 元,为 1999 年的 3.6 倍。添置 800 元以上教学实验设备 3 610 台(件),为 1999 年的 2.6 倍,添置 3 万元以上大型设备 146 台(件),为 1999 年的 5 倍,按学生当量 7 632 人计算,生均占有设备值为 5 946 元。

表 10-6 1953—2003 年学院教学实验设备投资情况表

年度	当年投资 （元）	累计达到值 （元）	购 800 元以上 台件数	在校学生数	生均占有值 （元）
1953	119 000	119 000	37	395	301
1954	59 400	178 400	15	378	472
1955—1959	533 900	712 300	263	1 355	526
1960—1965	342 400	1 054 700	40	1 776	594
1966—1976	130 600	1 185 300	8	1 339	885
1977—1983	2 329 300	3 514 600	390	1 695	2 074
1984	451 369	3 965 969	157	1 710	2 447
1985	899 069	48 65 038	95	1 712	2 725
1986	788 132	5 653 170	176	1 829	2 843
1987	106 866	5 760 036	116	1 894	2 872
1988	460 211	6 220 247	60	1 844	3 302
1989	352 213	6 572 460	49	2 032	3 082
1990	323 295	6 895 755	37	2 250	2 873
1991	766 592	7 662 347	67	2 187	3 503
1992	258 020	7 920 367	43	2 471	3 205
1993	126 015	8 046 382	37	2 511	3 204
1994	1 923 570	9 969 952	134	2 514	3 966
1995	42 900	10 012 852	18	2 562	3 908
1996	372 300	10 385 152	72	2 566	4 047
1997	713 400	11 098 552	67	2 612	4 294
1998	415 900	11 514 452	86	2 714	4 243
1999	1 066 800	12 581 252	220	2 877	4 373
2000	10 986 400	23 567 652	877	3 787	6 223
2001	4 955 000	28 522 652	588	4 760	5 992
2002	3 890 100	32 412 752	754	6 341	5 112
2003	12 970 000	45 382 752	1391	7 632	5 946

说明：生均占有值一栏，由于医学教育的特殊性，医学各专业学生后两年已全部进入附属医院或其他教学实习基地，基本不用院本部教学实验设备，故上述表中所列生均占有值并不准确。如按前期教学三年在校生计算，或将附属医院设备总值的 10%列入学院本部教学实验设备总值，生均占有值将远远超过表中所列数额。

表 10-7　兰大医学院在用 3 万元以上仪器设备表

设备名称	产地型号	数量	设备原值(元)	购置时间
双导液体闪烁计数器	中国 FJ-353	1	30 000	1979.5
25 万倍电子显微镜	日本 TEM-100X25	1	476 262	1980.5
超薄切片机	瑞典 LKB-5	1	137 120	1981.9
半薄切片机	瑞典 LKB-4804	1	48 000	1981.12
万能显微镜	日本 OLYMPHS	1	49 397	1983.4
高速离心机(4 千~4 万转)	日本 20PR-52	1	30 971	1984.7
微机	日本 PC8088	1	36 000	1984.12
录像机	日本 6530	1	62 025	1984.12
语音实验室成套设备	宁波 500 系列	1	149 602	1985.11
自动液体闪烁计数器	中国	1	100 000	1985.12
原子吸收分光光度计	北京 GJU-202	1	54 450	1986.12
低温恒冷切片机	美国	1	56 925	1988.3
超低温冰箱	日本-m35R-85c	1	31 445	1988.7
真空包埋装置	日本 VKR-23	1	59 020	1988.10
多道生理记录仪	成都 RM-6200C	1	45 000	1989.12
高速冷冻离心机	上海 GL-20B	1	31 000	1991.12
液相色谱仪	美国 SP8800	1	180 540	1991.12
二氧化碳培养箱	中国重庆	1	34 000	1994.9
紫外分光光度计	中国 731	1	44 460	1996.7
快速复录机	日本 CCP-2310F	1	39 500	1997.1
真彩色医学图像系统	中国 CNIAS-008	1	99 000	1997.10
彩色录像机	日本 UVW-1800	1	64 000	1997.11
非线性编辑机	日本 DPC-2	1	100 000	1997.11
彩色摄像机	日本 PVW-D30PF	1	151 000	1997.11
字幕机	日本	1	23 000	1997.11
二氧化碳培养箱	中国	1	35 000	1998.12
离心机	中国 BeckmanJ2-21	1	96 531	1999.5
荧光分光光度计	上海 960MC	1	35 000	1999.12
显微图像分析仪	北京 XSJ-HS	1	30 000	1999.12
全自动酶标仪	美国 FXL-800BK	1	45 060	2000.4
全自动酶标仪	美国 ELX800BK	1	68 040	2000.4
计算机服务器	中国 Cmpag	2	62 000	2000.4
二氧化碳培养箱	日本 MCO-15AC	1	39 600	2000.10
计算机网络设备	中国	2	92 420	2000.10
二氧化碳培养箱	日本三洋 MCO-15AC	2	79 200	2000.10

续表 10-7

设备名称	产地型号	数量	设备原值(元)	购置时间
超低温冰箱	日本 MDF-382E	1	66 800	2000.10
基因扩增仪	北京 4800	1	33 000	2000.11
荧光显微镜	日本 BX60-32FH	1	170 620	2000.11
荧光分光光度计	上海 970CRT	1	94 090	2000.11
凝胶成像定量分析系统	中国 4000	1	54 300	2000.11
离心机	德国 Biofuge	1	58 000	2000.11
倒置式生物显微镜	日本 IX50-S8F2	1	87 210	2000.11
紫外可见分光光度计	上海 760CRT	1	83 420	2000.12
全自动生化分析仪	意大利 AUTOLAB-1	1	291 540	2000.12
荧光分光光度计	上海 970CRT	1	94 090	2000.12
全自动血球计数仪	澳大利亚 ABACUSI.3LQ	1	258 200	2000.12
颌关节记录系统	中国	1	63 331	2000.12
口腔内窥镜	美国	1	68 000	2000.12
UPS 6kv	中国	1	35 000	2000.12
切片机	德国 RM2135	3	152 220	2000.12
凝胶成像定量分析系统	日本 P-300E	1	54 300	2000.12
制刀机	德国 EM KMR2	1	62 780	2000.12
高速离心机	德国	1	145 357	2000.12
超薄切片机	德国 UItracut	1	273 050	2000.12
全自动微生物分析仪	美国 AS-4	1	303 580	2000.12
显微操作仪	日本 TE300	1	450 000	2000.12
毛细管电泳仪	美国 P/ACE MDC	1	519 578	2000.12
遗传工作站	德国 DMRXA	1	669 940	2000.12
激光共聚焦显微镜	德国 TXSP2	1	1 640 880	2000.12
超速离心机	美国 XL-100K	1	802 105	2000.12
流式细胞仪	美国 EpicsXL-	1	989 000	2000.12
紫外分光光度计	上海 760CRT	1	83 420	2000.12
烤瓷炉	中国 LECTRA	1	44 250	2001.3
牙科综合治疗机	上海 F1S	9	569 700	2001.3
牙科综合治疗机	上海 F1	1	121 000	2001.3
倒置显微镜	日本 CK40-F200	2	90 000	2001.6
消毒柜	意大利	1	39 297	2001.7
种植设备	美国 Steri-oss	1	89 000	2001.7
便携式B超	中国 SSC-210	1	38 000	2001.9
病理显微图像分析系统	中国 130 万像素	1	74 000	2001.10

续表 10-7

设备名称	产地型号	数量	设备原值(元)	购置时间
PCR	美国 PE2700PCI	1	55 642	2001.10
投影仪	中国	1	52 300	2001.10
多参数监护仪	上海 PC-560	1	32 900	2001.10
超纯水蒸馏器	法国 Mi11i-Q	1	45 240	2001.10
全自动免疫分析仪	中国	1	774 000	2001.10
二氧化碳培养箱	中国 SEP-200	1	30 000	2001.12
SONY 投影仪	中国 CPL-PX31	2	126 000	2001.12
X 光机	日本	1	290 000	2001.12
HP 服务器	中国 2C2000	1	33 700	2001.12
医用低温保存箱	中国 MDFH332	2	43 600	2002.4
四元高效液相色谱仪	美国 Waters26	1	462 576	2002.4
二氧化碳培养箱	中国 SCP-200	1	30 000	2002.5
二氧化碳培养箱	中国 BB5060UV	1	395 300	2002.9
PCR	新加坡 SYS2400	2	68 764	2002.10
PCR	新加坡 PE9700	1	84 804	2002.10
烤瓷炉	中国 D63303	1	42 000	2002.10
数码体视显微镜	中国 SMZ-143	1	30 540	2002.12
细胞涂片离心机	美国 CYtofuye2	1	33 948	2002.12
制冰机	日本 SIM-124F	1	33 955	2002.12
防火墙	中国 PIX-515-1	1	33 800	2002.12
服务器	中国 TC4100P3	2	75 000	2002.12
细胞涂片离心机	美国 Cytofuye	1	33 948	2002.12
倒置荧光显微镜	日本 CK40-F200	1	62 139	2002.12
血流图仪	中国 LG-R-80A	1	68 000	2003.2
计算机服务器	美国 ML570	1	68 900	2003.4
凝胶成像分析系统	美国 GDS-8000	1	87 000	2003.6
语音实验室成套设备	中国	7	1 442 399	2003.10
检体诊断实验室成套设备	上海	3	604 000	2003.10
高速冷冻离心机	上海 GL-20G-II		51 000	2003.10
蒸发光散射监测器	美国	1	114 003	2003.10
图像分析系统	成都 BJ-2000	1	43 200	2003.10
紫外分光光度计	中国	1	49 000	2003.10
差动热分析仪	上海 CDR-1	1	54 800	2003.10
凝胶图像分析系统	上海 GIS-2010	1	50 000	2003.10
磁盘列阵	美国 Nstor4000FSAN	1	435 000	2003.10
服务器	美国 PowerEdge2600	1	40 000	2003.10

续表 10-7

设备名称	产地型号	数量	设备原值(元)	购置时间
液晶投影仪	中国 MT1060+	2	57 000	2003.10
网络测试仪	中国 FLUK4300	1	126 800	2003.10
企业级千兆多层交换机	中国 DCRS6512	1	64 200	2003.10
IBM 服务器	中国 X235-7AC	1	39 700	2003.10
投影仪	中国 MT1060+	3	79 800	2003.10
投影仪	中国 NEC1065+	1	135 200	2003.10
投影仪	中国 VT660 1024*768	4	83 200	2003.10
多媒体编辑机	中国 P4/512M80G/AV144G1	1	86 020	2003.10
教学视音频点播系统	中国 NC2000	1	213 000	2003.10
磁盘列阵	中国 PowerVauitowe	1	88 000	2003.10
组织细胞匀浆器	丹麦	1	66 946	2003.10
血气分析仪		1	139 200	2003.10
动物无创伤测压系统	BESN-IID4	2	95 600	2003.10
医学图像分析系统	泰盟科技 BI-2000	2	76 800	2003.10
存储服务器	DELLpv770N	1	169 880	2003.10
PCR 仪	2700	1	50 400	2003.10
显微图像分析系统	Motic	2	154 000	2003.10
显微图像传输系统	Leica	15	477 000	2003.10
高效液相色谱系统	LC-10ATVP	1	312 000	2003.10
合计		175	19 876 830	

二、医疗设备情况

1933 年 1 月,甘肃学院接收兰州中山医院为附设医院时,据当时接收清单统计,全院医疗设备和医疗器械,包括钳、夹、刀、剪、锤、针管、玻璃器皿等,除破旧不堪用者 25 件外,各类大小医疗器械共 429 件。

1935 年 2 月寒假期间,定购的 X 光机、太阳灯等 62 箱仪器药品到货后,甘肃学院附设中山医院医疗设备情况才逐渐得以改观。

1948 年 12 月,医学院在萃英门设立附属医院时(初期仅设门诊部),医疗设备极度缺乏,当时除有教育部将原配发给英士大学医学院逾期未领后指令拨给的 24 箱医药器械外,别无其他精密仪器,最好的设备为美制显微镜两架。外科器材寥寥无几,较复杂的手术根本无法进行,临床化验也仅能作一般常规检查。因此病人来医院就诊的很少。1949 年 4 月,附属医院设立住院部,开始收住病人,但医疗设备仍无变化,全院医疗器械总值仅 8 000 元。各项业务工作只能勉强维持,举步维艰,绝大多数疾病诊治主要凭临床经验进行,外科只能开展一般急腹症手术。

新中国成立后,党和政府十分关心医疗卫生事业的建设和发展。1951 年西北卫生部为医院调拨 1 台 X 光机,1955 年添置了大型 X 光机、万能手术床、心电图描写器等大型医疗设备。1957 年,附属医院东郊新址落成后,又陆续添置脑电波、基础代谢测定器、高速离心机以及各种理疗器械等医疗设备。1950—1957 年,附属医院投入设备购置费达 86.13 万元,购置千元以上医疗设备 263 台(件),是 1949 年全院医疗器械总值 8 000 元的 108 倍。

20 世纪 50 年代末到"文革"结束,两所附属医院的医疗设备,主要由省卫生厅计划分配,少量由单位自筹资金购置。这一阶段,由于受到国家三年自然灾害的影响,特别是"文化大革命"的破坏干扰,两所附属医院医疗设备建设发展缓慢。

党的十一届三中全会以后到 1985 年,两所附属医院在改革开放的大好形势下,全面开创工作新局面,医疗仪器设备建设也得到长足发展。1985 年的主要医疗器械设备有:第一附属医院,日产 1250 毫安 X 线诊断机、血气分析仪、钴 60 后装治疗机、临床生化分析仪、日产 280B 型超声诊断仪、麻醉机、眼底照相机、人工心肺机、日产纤维支气管镜、X 线体断层扫描装置(CT)、日产超高速离心机、荧光显微镜、全自动 PCR 扩增仪、R 免疫计数仪、R 心功能仪、同位素扫描仪、人工肾机、冷冻干燥机等。第二附属医院,800 毫安 X 线诊断机、头颅 CT、八导程生理记录仪、骨科 X 线电视检查台、泌尿系统 X 线电视检查台、尿流量测定仪、膀胱尿道前列腺切除镜、纤维膀胱镜、双目手术显微镜、全自动血气分析仪、高压液相色谱仪、日产眼底同步立体照相机(1983 年购)、电脑验光机、全自动生化分析仪、离心机(冷冻)、全颌面 X 光机、原子吸收分光光度计、万能显微镜、各种纤维内窥镜、心脏除颤器、日产 B 型超声波诊断仪、M 型超声诊断仪、超声心动图仪、放射免疫测定仪等。

20 世纪 90 年代以后,随着社会主义市场经济不断完善,两所附属医院坚持"一切为临床一线,一切为病人服务"的理念,通过外国政府贷款、设备租赁、国家专项设备资金投入、自筹资金等形式,广开渠道,大力加强医院医疗仪器设备建设。1990—2004 年的 15 年间,投入的设备购置费已达 22 056.2 万元,是前 40 年设备投资总和的 20 倍。目前,两所附属医院医疗仪器设备总值已达 5 亿余元,各类医疗仪器设备基本俱全,仅 10 万元以上设备就达 300 余台(件),许多为国际最新设备。

表 10-8　第一附属医院在用 10 万元以上仪器设备表

设备名称	产地型号	数量	设备原值(元)	购置时间
CT	德国 ARC	1	4 265 005	1995.2
全自动生化分析仪	美国 ex4	1	1 052 219	1995.7
γ 照相机	GZ-13	1	743 500	1995.9
多导生理记录仪	德国 RECORD	1	1 084 415	1995.11
数字检影 X 光机	德国 croskop.top	1	7 367 466	1997.10
腹腔镜	日本 300D	1	649 092	1998.7
中心心电监护仪	美国马馈特 4000	1	860 043	1998.8
ECT	以色列 elscint nm helix	1	4 597 579	1998.11
血液细胞分离机	美国 eobe spectra	1	594 000	1999.3
注解式细胞仪	美国临床型 epics-xl	1	903 000	1999.3
十二指肠镜	日本 TGF-240	1	676 665	1999.8
多普勒显影仪	美国 HP5500	1	2 299 812	1999.12
X 光机	德国 500MA	1	610 600	2000.1
数字胃肠机	美国 cf	1	2 984 200	2000.1
呼吸机	德国 900e	2	283 050	2000.1
心电监护仪	美国 8000 马馈特	1	352 800	2000.1
超激光疼痛治疗仪	日本 HA550	1	195 000	2000.4
免疫系统检测仪	芬兰多功能 victor 1420	1	586 846	2000.5.
主动脉气囊、反博泵	美国 S98	1	614 000	2000.6
除颤起博监护仪	美国 LIFEPAK90	1	137 000	2000.6
超清晰度骨髓细胞分析系统	重庆 MCDS-2010	1	148 000	2000.6
包埋机	德国 EG1140	1	149 600	2000.7
血液透析机	瑞典 AK-95	3	228 000	2000.7
机动门真空灭菌器	山东 XGIDM-1.5 单	1	197 760	2000.9
全自动组织脱水机	德国莱卡 TD 1020	1	149 000	2000.11
综合牙科椅	芬兰 TM2002 PROLINE	2	244 205	2001.1
综合牙科椅	芬兰 TM2 002 PROLINE 另配高速 S 机、高速配件各 1 套	3	418 328	2001.1
大输液快冷灭菌器	湖北	1	380 808	2001.1
纯水装置	常熟 2T	1	110 250	2001.1
高效蒸馏水机	常熟 CD 1000/T	1	180 000	2001.1
配料系统	常熟	1	221 750	2001.1
起搏器分析系统	美国 DMS 7.0	1	296 250	2001.1
综合牙科椅	芬兰 TM2002 PROLINE 另配低速马克 1 个	2	275 400	2001.1

续表 10-8

设备名称	产地型号	数量	设备原值(元)	购置时间
γ-计数器	安徽 GC-1200 型	1	108 000	2001.2
生殖中心洁净室	苏州	1	187 942	2001.3
精子分析仪	北京清华同方	1	140 000	2001.3
电子支气管镜	日本 EPM-1000	1	482 400	2001.3
电子胃镜	日本 EG-2901	1	236 000	2001.3
B 超	日本 SSP-1000	1	506 000	2001.4
离心泵系统	美国 550	1	484 450	2001.4
人工心肺机	意大利 stocks Ⅲ型	1	1 607 187	2001
多参数监护仪	美国马馈特DASH30002IBP+打印	1	104 025	2001.5
监护仪	美国马馈特 2IBP+CO+打印 DASH 3000	1	121 142	2001.5
中央监护仪	美国马馈特 MEI	1	629 850	2001.5
前列腺电切镜	日本 24FR	1	155 481	2001.7
反渗透纯水系统	广东 JY300 型	1	114 000	2001.7
中央工作站(心电监护仪)	德国 SZEMENS	1	640 597	2001.9
程序降温仪	英国 PLANER	1	287 240	2001.10
恒温超净平台	丹麦 K-SYSTEMS	1	247 336	2001.10
显微操纵系统	英国 RI	1	463 454	2001.10
全自动微生物分析仪	法国 V27K32	1	500 864	2001.11
全自动生化分析仪	美国 LX20	1	2 405 200	2001.11
全自动生化分析仪	美国 9120	1	301 000	2001.11
人工肝支持系统	德国 MARS	1	1 080 000	2001.11
超声骨强度仪	以色列 Omivzsense 研究型	1	534 600	2001.11
电泳仪	法国 sebid	1	350 000	2001.11
呼吸机	美国 750 PSV	1	195 000	2001.11
消毒锅	美国 Eagle Model 3017	1	250 800	2001.12
彩色心电监护仪	美国 EAG LE4000	1	240 000	2002.1
心电监护仪	美国 DASH 3000 马馈特	1	142 000	2002.7
高频电刀	德国 MBC601	1	118 800	2002.1
体内伽玛刀	上海 yykf-2001-13	1	700 000	2002.1
高效能血药浓度检测仪	美国 TDXFLX	1	400 958	2002.2
化学发光免疫分析仪	美国 1000	1	400 000	2002.3
数字化超声诊断仪	韩国 mysonotm 201	1	280 000	2002.3
伺服呼吸机	德国 SV 900C	1	250 000	2002.5

续表 10-8

设备名称	产地型号	数量	设备原值(元)	购置时间
插伸式重症监护仪	D-MMC 15.00	1	346 000	2002.6
数字化超声诊断仪	韩国 SA-6000C/PW	1	480 000	2002.7
中央遥测监视系统	美国 8 床 HP	1	600 000	2002.6
耳声发射分析仪	丹麦 CAPELLA	1	146 000	2002.8
激光破膜系统	德国 OCTAX	1	430 000	2002.9
十二导习电记录系统	美国 H-scribe	1	180 000	2002.9
动态血糖监测系统	美国 MMT-7102	2	310 000	2002.9
麻醉机	美国 Aestiva Lscompact	1	550 550	2002.10
彩超食道探头	飞利浦 21366A	1	336 000	2002.11
静脉曲张微创去除系统	美国 smith+nebhen	1	480 000	2003.1
尿沉渣工作站	日本 VF-100	1	775 200	2003.2
呼吸机	德国 SaVina	1	276 000	2003.3
充电移动式床旁 X 光机	上海 HF4003 型	1	108 000	2003.3
呼吸机	美国 NBP-840	1	477 600	2003.4
酶标仪洗板机	芬兰 RT-2100C RT-2600C	1	114 000	2003.4
血气分析仪	美国 I-STAT	1	106 800	2003.4
电生理记录仪	四川 LEAD2000 型 32 道	1	485 000	2003.4
全自动血球分析仪	日本 KX-21	1	110 000	2003.5
电子胃镜系统	日本 EG-2940	1	684 000	2003.5
呼吸机	德国 900C	1	300 000	2003.6
C 型臂	意大利 Eurabil-Digiarc 100 型	1	792 000	2003.6
手术显微镜	德国 Leioa MC-1	1	741 000	2003.6
脱水机	德国 TD1020	1	135 000	2003.6
定量 PCR	美国 PE-AB7000	1	684 900	2003.6
床旁 X 光机	美国 GE 公司	1	324 000	2003.7
数字化摄像系统	美国(主机)史塞克 688 型	1	328 434	2003.7
骨关节镜	美国与主机配套	1	520 068	2003.7
胸胱镜	美国与主机配套	1	234 612	2003.7
小儿股腕镜	美国与主机配套	1	205 086	2003.7
激光机	法国 vir3dis-L3te 光太 532	1	470 000	2003.9
呼吸机	德国 900-C	1	250 000	2003.9
肠镜	日本奥林巴斯	1	334 046	2003.10
血球计数仪	日本 MEK-63	1	130 000	2003.10
糖尿病早期病变检查仪	日本 Cn 6-45NM	1	280 000	2003.10
全自动血气分析仪	瑞典罗氏	1	182 000	2003.11

续表 10-8

设备名称	产地型号	数量	设备原值(元)	购置时间
宫腔镜	韩国 MIKKY	1	177 800	2003.11
彩色多普勒超声诊断仪	美国 LOPGIQ9	1	3 110 242	2004.1
核磁共振	美国 1.5T SIGNACV/1	1	15 804 830	2004.1
氩氦低温手术系统	美国 8D	1	9 000 000	2004.1
运动平板	美国 CHSE-8000	1	416 000	2004.1
十二导 HOLTER 记录器	美国 Martora 公司	2	106 000	2004.2
胎儿监护仪	加拿大 CORO 129E	1	262 000	2004.2
纤维咽喉镜	日本 ENT-T3 标准	1	108 000	2004.3
动态脑电图	秦皇岛 HOLTER cms4000	1	128 000	2004.3
生物光振治疗系统	德国 BICOM 2000	1	572 000	2004.4
全自动化学发光免疫分析仪	天津 IMMULITE1000	1	400 000	2004.4
彩色多普勒超声诊断仪	韩国 xono.ACE 8000EX	1	989 800	2004.4
插伸式监护仪	飞利浦 M1205A	1	190 000	2004.9
"鹰视"准分子激光系统	美国 Alleg retto cvave	1	6 107 860	2004.10
合计		124	98 798 797	

表 10-9　第二附属医院在用 10 万元以上仪器设备表

设备名称	产地型号	数量	设备原值(元)	购置时间
关节镜	WOYY	1	230 569.54	1986
骨科 X 线机	WHA-10	1	144 502.01	1988
关节镜手术器械	WDF	1	270 000.00	1988
全能麻醉机	Drager	1	125 000.00	1991
全身 CT	TCT-300S	1	3 120 000.00	1991
B 超机	SSD-500	1	194 000.00	1992
B 超机	SSD-620	1	181 000.00	1992
心脏彩超	ATL-9	1	1 331 170.59	1992
X 线机	F30-2G 200mA	1	174 500.00	1993
高压氧舱	12YC-2200	1	331 750.00	1993
X 线机	NXS40D	1	133 300.00	1994
麻醉机	EXCEL-110	1	185 680.20	1994
全自动生化分析仪	XOBAS EMIRA	1	343 508.93	1994
综合牙科治疗椅	3704	7	924 842.80	1995
中央监护仪	Vista 1140	1	302 796.54	1995
起搏除颤仪	Melu	1	125 000.00	1996

续表 10-9

设备名称	产地型号	数量	设备原值(元)	购置时间
双波长薄层扫描仪	CS-9301	1	190 000.00	1996
呼吸机	BP-7200	1	300 000.00	1996
十二指肠镜	JF-IT30	1	108 000.00	1996
电子内镜系统	EPM-3000	1	510 000.00	1997
体外振波碎石机	WD-ESWL91	1	250 000.00	1997
血药浓度检测仪	TDX	1	256 700.00	1997
冰冻切片机	CM1800	1	178 000.00	1997
监测仪	JCY	1	101 000.00	1997
人工肾	HD-SECRURA	1	192 532.24	1997
人工心肺机	HL-15	1	776 112.01	1997
呼吸机	S/T-30	1	135 000.00	1998
呼吸机	BEAR1000	1	182 000.00	1998
伽玛计数器	GC12	1	170 000.00	1998
内激光系统	VIRIDIS	1	544 000.00	1998
超声外科吸引器	CUSA-200	1	463 158.45	1998
血气分析仪	AVL-OMNI	1	314 500.00	1998
手术显微镜	M690	1	398 250.00	1998
螺旋 CT	PLUS 4	1	6 167 052.36	1998
酶标药敏细菌鉴定	ELX-800,AS-4	1	323 617.00	1998
彩色超声显像系统	HP8500GP	1	1 649 000.00	1998
监护仪	Eagle 3000	1	106 544.00	1998
层流病房	CLBF1999	1	151 000.00	1999
呼吸机	NPB-740	1	175 000.00	1999
血液透析机	AK95	2	440 000.00	1999
全自动电脑磨片机	ACCUYA	1	193 000.00	1999
紫外线可见分光光度计	UV-2401PC	1	100 000.00	1999
气压弹道碎石机	EMS+	1	150 000.00	1999
B 超机	SD-240	1	200 000.00	1999
组织脱水机	TP-1020	1	153 850.00	1999
高压注射器	Vistronct	1	110 000.00	1999
X 线机	POLY MOBIL	1	204 000.00	1999
口腔微型动力泵系统	EL-100	1	190 000.00	2000
鼻内窥镜	KARL STDRZ	1	280 933.50	2000
X 线机	SIREMOBIL	1	603 500.00	2000
X 线机	SIREGRAPH-CF	1	2 737 000.0	2000

续表 10-9

设备名称	产地型号	数量	设备原值(元)	购置时间
肺功能仪	Mastar Screen	1	573 750.00	2000
共焦激光扫描系统	HRA	1	833 000.00	2000
全自动生化分析仪	VITROS-250	1	505 750.00	2000
核磁共振成像系统	Harmonery 1.0	1	14 009 206.26	2000
非接触眼压计	AT-550	1	102 000.00	2000
监护仪	惠普插件式	1	173 245.90	2000
监护仪	AS/3AM	1	150 000.00	2000
麻醉机	Excel 210se/7900	1	615 406.00	2000
麻醉机	Excel 110se/7000	1	499 407.00	2000
柯达洗片机	X-2000	1	120 000.00	2000
呼吸机	SV 900C	1	349 650.00	2000
除颤起搏监护仪	HP1722B	1	126 400.00	2000
胎儿监护系统	MPN-100B	1	175 000.00	2000
尿沉渣分析工作站	DIASYS-2003	1	238 000.00	2000
血流分析仪	LNTRA-OLEN	1	225 750.00	2000
ECT	E-CAM	1	3 079 918.00	2000
黑白 B 超机	LQGIQ-400PRO B/W	1	458 000.00	2001
高压灭菌器	MG-1.2II	1	132 800.00	2001
净化空调系统	JHKTXT2001	1	225 000.00	2001
腹腔镜	WOLF 3CCD	1	380 000.00	2001
组合式尸体冷藏柜		1	140 000.00	2001
大输液生产线	BCZ-2	1	204 500.00	2001
骨密度仪	DPXIQ	1	877 200.00	2001
注射用水成套设备	0.5M	1	298 000.00	2001
脉动真空灭菌器	GM-0.6	1	106 400.00	2001
尿动力学分析仪	Ascend (BONITO)	1	301 000.00	2001
动态脑电图	CMS4000	1	320 000.00	2001
麻醉机	Aestiva/5compct	1	409 000.00	2001
节前激光机	Optimis-YAG	1	357 940.00	2002
DSA 诊断工作站	Medvision	1	140 000.00	2002
手术动力系统	TPS	1	823 210.00	2002
监护仪	DASH 3000	1	122 360.00	2002
电动手术床	Amsco 3085sp	1	284 984.70	2002
骨科配件	附件	1	186 064.45	2002
进口手术灯	SQ240	1	303 953.65	2002

续表 10-9

设备名称	产地型号	数量	设备原值(元)	购置时间
全自动五分类血液分析仪	SE-9000	1	387 000.00	2002
全自动三分类血液分析仪	KX-21	1	172 000.00	2002
超声切割止血刀	G220	1	330 000.00	2002
胰岛素泵	Minimed 508	2	112 000.00	2002
动态血糖监测系统	MMT-7102	1	155 000.00	2002
除颤监护仪	Responder	1	115 000.00	2002
动态血糖监测系统	MMT-T102	1	155 000.00	2002
手术显微镜	SOM2000C	1	100 000.00	2002
数字定量脑电图	KT88-2400	1	220 000.00	2002
数字化影像处理系统	ADC Compact plus	1	2 107 000.00	2002
眼电生理仪	Reti-scan K gamma	1	756 800.00	2002
全景 X 光机	OC-100	1	350 000.00	2002
血球计数器	MICROS 600T	1	168 000.00	2003
X 线机	HF4003 型 70MA	1	125 000.00	2003
电子支气管镜	EB-1830T3	1	361 200.00	2003
全自动生化分析仪	RX DAYTONA	1	420 000.00	2003
X 线机	Multimobil 2.5(西门子 70mA)	1	260 000.00	2003
全自动生化分析仪	7600-010	1	1 700 000.00	2003
聚合酶链反应荧光定量全自动仪	Lightcycler-2	1	434 030.00	2003
血液透析机	Dialog	1	165 000.00	2003
十二导 HOLTER 记录器	HS-3512	1	140 000.00	2003
十二导 HOLTER 记录器	H-Scribe2	1	223 000.00	2003
骨髓血细胞图像诊断系统	YC.YX-2050	1	264 100.00	2003
X 线机	HF4003	1	108 000.00	2003
放射微粒配置计划系统	YYKF-2001-B	1	700 000.00	2003
组织冰冻快速切片机	Lecia CM1100	1	116 000.00	2003
关节镜及十字韧带重建器械	史赛克 688i	1	312 000.00	2003
麻醉机	S/5Aesprie-100	1	313 500.00	2004
高压液相色谱仪	Agilent1100	1	440 000.00	2004
高档儿童呼吸机	servo-I universal	3	1 194 000.00	2004
视频脑电图机	Cadwell EasyIIMedilog Excel-IIIHolter	1	317 000.00	2004
24 小时动态心电系统	olter	1	259 000.00	2004
X 线机	(F52-8C)500mA	1	340 000.00	2004
高档成人呼吸机	Evita4	1	560 000.00	2004
血液透析水处理系统	DP4500(15-20 床)	1	118 000.00	2004

续表 10-9

设备名称	产地型号	数量	设备原值(元)	购置时间
全自动血凝仪	SYSMEX CA7000	1	848 000.00	2004
X 线机	F108-V(50MA)	1	189 000.00	2004
彩超工作站	IBM8194	1	156 000.00	2004
高档黑白 B 超	EUB-2000	1	398 000.00	2004
数字化便携式彩色超声诊断系统	LOGIQ BOOK	1	490 000.00	2004
全自动三分类血球分析仪	KX-21	1	105 000.00	2004
运动平板	瑞士 AT-104PC	1	118 000.00	2004
进口高档腹腔镜系统	988i	1	638 000.00	2004
全科全电动手术床	MARS	1	512 176.00	2004
电动手术床(平移)	SATURN	1	277 142.00	2004
电动手术床	SATURN	1	271 181.00	2004
机械/液压手术床	MERKUR 3.0	1	170 571.00	2004
机械/液压手术床	MERKUR 2.1	1	161 340.00	2004
倒置显微镜	IX71-22PH	1	145 000.00	2004
麻醉工作站	ORSA35300 电动电控	3	1 155 000.0	2004
电子胃镜系统	EVIS-260	1	828 180.00	2004
电子肠镜系统	EVIS-260	1	961 820.00	2004
除颤监护仪	M4735A(儿童专用)	1	100 000.00	2004
除颤监护仪	M4735A(手术室专用)	1	100 000.00	2004
全功能诊断型耳声发射系统	SmartOAE	1	135 000.00	2004
诊断型听觉诱发电位仪	SmartEP	1	255 000.00	2004
带摄像手术显微镜	M520 MS2	1	1 130 000.0	2004
带摄像手术显微镜	M520 MS2	1	1 130 000.0	2004
单人用血液透析装置	DBB-26	5	890 000.00	2004
单人用血液透析滤过装置	DBG-02	1	266 000.00	2004
中央监护系统(1+8)	HypervisorIII	1	386 000.00	2004
中央监护系统(1+4)	HypervisorIII	1	246 000.00	2004
法国康强麻醉机	ORSA35300 气动电控	4	912 000.00	2004
便携式经颅多普勒	COMPANION III	1	169 900.00	2004
数字多导睡眠监测系统	MONET-32	1	390 000.00	2004
耳鼻喉综合治疗台	MU-5000	2	212 000.00	2004
带中置摄像手术灯	HELION L/M	3	699 000.00	2004
共振吸脂系统	VACUSON 60L	1	395 000.00	2004
进口母子手术灯	HELION L/M	4	572 000.00	2004
机械/液压手术床	MERKUR2.1	2	322 680.00	2004
合计		182	84 700 886.13	

总之,从兰州医学院独立建院到 2004 年的 50 年里,教学和医疗设备经历了从无到有、从小到大的发展过程,充分体现了党和政府对医学教育和医疗卫生工作的重视和关怀,也充分凝聚了兰医人在困难环境下艰苦创业、勤俭奋斗的传统和精神以及克服种种困难的顽强毅力。如今,标志现代化文明的电教系统、电脑网络系统、电镜系统、实验技术系统、检测技术系统、科研技术系统、诊断技术系统、医疗技术系统、康复保健技术系统以及信息服务系统在兰大医学院已崭露头角。

第三节 图书信息服务

兰大医学院图书馆是一所中型的专业性图书馆,成立于 1954 年,是我国藏书比较丰富、较有影响的医学图书馆之一,其医药卫生类图书的收藏量,曾在全国 100 多所高等医药院校图书馆中名列第 19 位,多年来一直为学院师生和附属医院的医务人员提供信息保障。

一、图书资料建设

从甘肃学院医学专修科到西北医学院兰州分院的 14 年间,学校没有正规图书馆设置,医药卫生图书数据约 2 000 册左右,多陈旧不全,能供应教学参考之用的为数甚少,1947 年订阅的中文期刊不过十多种。

国立兰州大学时期,由于原甘肃学院由观成堂改成的图书馆已不能满足图书骤增的需要,于是辛树帜校长决定将至公堂辟为阅览室,把观成堂后作为书库的 20 间小屋拆除,建 1 616 平方米的二层楼积石堂作为图书馆,包括办公室、陈列室、书库及阅览室等,可藏 30 万册图书。但医药卫生图书依然甚少。医学图书连同医学期刊在内仅有 4 195 册,其中陈旧残缺者占 30%以上,能直接用于教学的书刊不足 3 000 册。

1954 年兰州医学院独立建院后,以兰州大学医学院所藏有关医药卫生图书为基础,经过调拨整理,设立了兰州医学院图书馆。其时图书馆设施和藏书基础都非常薄弱,仅有零散中外文书刊 9 556 册。为了改变藏书量少的状况,建院初期,学院及图书馆采取多种方式大力收集和补充质量较高的专业性与综合性的图书期刊,特别是有关前苏联最新医学和中医中药方面的书刊。到 1957 年图书藏量已达 52 159 册,其中医学书籍 36 511 册(包括中医书籍 2 967 册),政治理论书籍 10 431 册,文学以及其他书籍 1 217 册。1959 年甘肃省卫生学校并入兰州医学院,其馆藏图书 1 万余册也随之拨入。据 1961 年 3 月统计,学院有图书共计 152 491 册,其中医学专业图书 58 784 册(9 294 种),中医图书 7 593 册(1 530 种),一般图书 86 114 册。是建馆初期的 16 倍,订有各种中外文期刊 813 种,凡国内外重要的医学及其相关学科,如生物学的专业性期刊,基本上订购齐全。其中医药卫生、生物科学及自然科学专业性期刊 615 种,占 75%。这一段时间内,图书馆在藏书数量和质量以及业务开展上,都有了较大的发展,对学校教学医疗和科研工作起到了一定的作用。粗具规模的专业图书馆在当时图书馆界已颇有影响,得到小巧玲珑之美称,被吸纳为当时的甘肃省中心图书馆成员之一,并于 1958 年起参加全国图书联合目录的编制工作。

"文化大革命"中,图书馆藏书建设受到严重影响,专业图书和期刊的补充基本停顿。

"文革"后随着学院各项工作的恢复,图书馆建设重新纳入学院发展的轨道。1985 年,党委书记裴江陵和院长邢祖林在给卫生部汇报工作时,闻讯争取将尚未给部属院校配发完的 4 000 余套(册)外文原版图书拨给兰州医学院。到 1994 年共有藏书 41 万册,是建馆初期 9 556 册的 23.3 倍。订阅中外文期刊 1 700 余种,中文内部数据 1 290 种。逐步形成了以医药卫生及其相关的生物科学为主,兼藏其他学科一般著作的图书数据情报中心和西北地区医药卫生藏书中心的医学专业藏书体系。

20 世纪 90 年代中期,由于图书、期刊价格猛涨,每年拨付的图书经费已不能满足订购图书期刊的需求,在不得已的情况下,学院较大幅度地削减了图书期刊的订购数量,原版外文图书除特别需要外基本停止订购,中外文期刊的订购数量也由 1 200 余种减少到 700 余种。

20 世纪 90 年代后期,图书馆对所有馆藏图书进行剔旧整理工作,对"文革"期间的一些图书资料,除每册留有样本外,其余均予以销毁。在保证馆藏和读者查阅借读的数量外,一般科普读物、专业书刊、教材、文学读本等多余副本,分类支援了地县卫校和中小学校。经过多次的剔旧整理,到 1998 年,图书馆实有藏书 30.1 万余册。

1999 年后为了弥补经费不足、医学图书价格飞涨带来的馆藏新书的严重缺乏,图书馆不断开拓创新,与全国 10 余家主要的医学图书出版社签订展销协议,引进了最新版医学参考书 1 万余种、3 万余册,成立了新书阅览室,基本满足了学院读者对最新医学信息的需求。

在不断完善纸质文献收藏的同时,2000 年根据图书馆的基础设施和经费情况,还购进了 8 000 余种中文数字化全文期刊,29.3 万种电子版图书,3 175 种(盘、集)数字化音像信息资源和卫生部医学音像视听教材 400 余种。建成中国期刊网(CNKI)医药卫生专题全文数据库、中国期刊文献题录数据库、中国专利文献题录摘要数据库、中国学位论文全文数据库、中国学术会议论文全文数据库、中国科技成果数据库、中国科技论文引文数据库、中国科技文献数据库、中文科技期刊数据库全文版、中文科技期刊数据库文摘版和中文科技期刊数据库引文版等 12 个数据库的镜像站点。同时参加北京大学牵头的 CALIS 医学外文数字化期刊联合采购项目(全国 33 所医学图书馆参加),采购 LWW(Lippincott Williams&Wilkins)出版的全文数字化外文医学期刊 235 种,参加甘肃省高校图工委联合采购的 SpringerLink 全文数字化外文期刊 439 种。这些数字化馆藏信息资源的建设,为图书馆数字化信息服务奠定了物质基础,不但提高了业务工作的质量和水平,重要的是可为学院教学和科研提供切实有效的文献信息保障。2003 年,数字信息资源馆藏已达近 4000G,所有数字信息资源均可在图书馆局域网内使用。

截至 2004 年底,图书馆的馆藏信息资源总量已达 766 779 册(包括院部图书馆 611 143 册,其中印刷型文献 317 984 册、电子书刊 293 159 种,各临床医学院图书馆及二级单位资料室印刷型文献 155 636 册),按在校人数 8 529 计算,生均图书 89.90 册。

二、馆舍建设

建馆初期的近 20 年,图书馆没有固定的馆舍。1954 年建馆时,鉴于学校尚在建设之中,只能在学生宿舍楼内暂辟 100 余平方米作为馆舍。1959 年中医教学楼建成后,由于原使用计划变更,中医教学楼改造为学院图书馆,馆舍面积达到 2 478 平方米。除开设中外文图书期刊的普通阅览室外,还设立了祖国医学阅览室、社会科学阅览室,以及配合学校中心任务设立的共产主义、社会主义教育阅览室、教育革命资料阅览室等专门阅览室,共计阅览座位 300 个。

1970 年第二附属医院下放兰州市后,鉴于当时附属一院占地和房屋建设不足的实际,学院决定将医学院图书馆暂时改造为附属一院门诊部,图书馆则再次迁至原兰医中专部楼,即现在的甘肃中医学院教学楼。馆舍骤减至 1 000 余平方米。在不得已的情况下,当时图书馆因陋就简,把走道隔成图书出纳台,把有关教研室的实验台作为阅览桌,书架不够,就在两个书架间搭建相应层次的木板,或采取捆放多余副本的办法,以便增加或腾出架位等措施克服困难。

1974 年,由甘肃工业大学师生设计的图书馆楼建成,总建筑面积 3 014 平方米,其中书库三层 1 035 平方米,阅览室 1 245 平方米,设立了中外文书刊普通阅览室,教育革命资料阅览室,社会科学阅览室,以及配合学校中心任务设立的各种阅览室,共有阅览座位 280 个。尽管这座建筑极不合理,使用很不方便,基础处理得也很粗糙,数年后下沉、开裂的现象比较严重,但毕竟从这时起图书馆有了固定的馆舍。当时的图书馆设备非常简陋,除了一些书架、目录柜、阅览桌椅外,仅有缩微阅读机1台,中外文打字机6台以及期刊装订设备等。1985—1994年,又先后添置了复印机2台、录音机2台、彩电1台、幻灯机1台。

1995年,在学院党委、行政部门的积极努力下,学院图书馆建设受到省政府、省教育厅的高度重视,一个全新的图书馆开始建设。在新馆设计前期,学院先后派出多批工程技术人员,对国内十余所高校图书馆进行考察,对新馆建设,从外观到各项功能提出了设计意见。由于经费问题,初期设计建筑面积5 700余平方米,总投资450万元,后考虑到长远发展,又增加400平方米。经过近两年的建设,1997年5月28日,新图书馆落成,并举行开馆典礼。新图书馆,建筑面积为6 093平方米,书库主体6层坐落于整个建筑的后方,前厅四层环绕于主体前方,是中有天窗的环形建筑。书库正中二层和四层为借书处,面对大门和前厅,其旁设查目厅供读者查找和借阅全部馆藏书刊。前厅各楼层周围设有期刊阅览室、工具书阅览室、新书阅览室、文献检索阅览室等5个,设置阅览座位600个。2003年为迎接教育部本科教学水平评估,学院还在南校区建设了450平方米的综合阅览室,400平方米的新书阅览室,200平方米的电子阅览室和200平方米的音像阅览室。2004年并校后,这几个阅览室撤销。

1998年新馆建成后,图书馆设备也得到较大改善。书库内所有木质书架更换为铁制书架,更换了阅览室的椅子共400余把,增添了1台复印机、2台HP喷墨打印机、6台奔腾120微机和1台兼容机。2000年,图书馆自动化管理系统开始建设,采用ILAS5.0图书馆自动化管理软件,对馆藏图书实行了计算机自动化管理,先后购进HP服务器和备份微机各1台,终端机10台,工作电源6台、针式打印机2台、扫描仪、刻录机和交换机各1台、防盗仪2台、条码阅读器5个等现代化设备,初步建成了客户服务器模式的图书馆局域网。2001年,自筹资金购置了30套电脑桌椅、30台电脑,组建了以阅览电子资源为主的电子阅览室;购置30套电视机、放像机、耳机,组建了以阅览音像资料为主的音像资料阅览室。2002年以来,图书馆采用自筹资金、租赁等多种形式,使电子阅览室发展为80台电脑,音像资料阅览室增加到60套放像设备。2003年学院投资建成了由150台电脑和4T容量存储设备组成的现代化电子阅览室,还投资30万元,购进金盘图书馆集成管理系统GDLIS XP和金盘电子阅览室管理系统GDERS 2000等软硬件设备。另外,图书馆自筹资金建成配备有60台兼容机的医学文献检索实习室、在南校区新建配备40台微机的电子阅览室和40套放像设备的音像资料阅览室。截至2004年,图书馆已拥有微机260多台,录放像设备100套。图书馆的专业水平和自动化管理水平上了一个新的台阶。基本实现了应用电子计算机使图书情报工作管理自动化;应用光学记录技术使图书资料储存缩微化;应用现代通讯技术使图书情报资料传递网络化。

三、图书数据信息服务

1.分类编目

1954年建馆初期,时任馆长的朱允尧同志以适应医学专业图书馆的实际为出发点,参考当时各种图书分类法,自编了《兰州医学院图书馆分类法》,所有馆藏图书均以此进行分类,在类目分配上主要扩大医学及其相关的生物科学的类目,相应地压缩其他学科的类目。1975年《中国图书馆图书分类法》正式出版后,开始全部改用此法进行分类,同时采用《中文普通图书著录条例》和全国统编目录卡片,建立了比较健全的目录体系。其中中文和日文图书设分类、书名和著者三种目录;西文和俄文图书设分类和著者两种目录;中、日、俄、西文期刊各设刊名、字顺目录。方便了读者从不同角度和不同类型查找馆藏图书。为了广泛地向读者宣传和推荐馆藏和方便查阅参考,还先后编印了多种书本式目录索引。例如,《甘肃地区医药卫生图书联合目录》的中、日、俄、西文部分,《馆藏中外文期刊目录》、《祖国医学图书目录》、《馆藏针灸学文献索引》、《馆藏高血压文献索引》等。这些不同形式、多种多样的书本式目录索引,既满足了不同时期、不同读者的需要,也主动配合了学校各时期的教学、医疗、科研工作,较好地发挥了图书资料阅读的作用。

2.读者服务与参考咨询

在没有固定馆舍的20年中,由于阅览室小、座位少,读者服务对象基本限于本院教师和附属医院医务工作者。服务方式主要是等待读者上门,具体内容只有图书外借、期刊阅览。每年入馆读者仅数百人,借阅图书千余册次。1974年图书馆建成后,一改传统图书馆的静态服务模式,以读者需求为中心,以读者满意为目标,坚持"读者第一,服务至上"的理念,不断扩展和改进服务模式,挖掘深层次的服务内容,变被动服务为主动服务,提高文献信息的利用率。例如,向全体教职工和学生发放借书证;各类阅览室向学生开放;对教学、科研、医疗需要广泛利用书刊的教师,允许入库查阅参考资料;开展了全省医药卫生书刊的馆际互借和文献复制任务,同时还与全国743个兄弟院校和医学科研单位建立了馆际互借关系;通过北京中国医学科学院、中国科学院兰州分院、兰州大学图书馆和甘肃省图书馆的互借和复印等协作关系,解决了馆藏原版书刊不足的困难,有效地配合了教学、科研、医疗工作。1980年至1994年,每年借出图书5万册(次),馆内阅览12万人(次),借出馆外2万人(次),每年借阅书刊共计 14 万人次以上。

1998 年,新图书馆完成自动化建设后,书库实行全开架借阅,电子阅览室、音像资料阅览室和新书阅览室每周开放达 105 小时,这些举措大大提高了图书馆的利用率。到 2004 年,共接待读者 665 677 人次,外借文献 444 725 册次,年均外借率 26.7%,复制文献 579 143 页次。电子阅览室至开放以来,共接待读者 204 304 人次,音像资料阅览室共接待读者 349 140 人。馆际互借、实现文献资源共享共计 1 382 册次。

开展医学情报服务,将无序的文献信息以特定目的组织和编序,实施再创新。图书馆 1985 年开始开展医学情报服务工作。情报服务内容主要包括:定题服务、成果查新、情报调研、文献编译,编辑目录、题录、文摘等检索工具专题文献报导、文献信息检索及信息咨询等项目,例如经常展出新书卡片,定期编印中外文新书通报,分送教研室和临床单位,并配合重点课题汇集最新资料选编和积累专题资料,如肿瘤、高血压、老年慢性气管炎等;通过发放表格征集了解教师精通外语的文种,以便在新书订购中重点配合,如订购卫生系和传染病中的日文,神经精神病中的德文新书等;主编出版发行《大学图书馆实用指南》、《医学文献检索手册》、《科技文摘与索引指南》等。1998—2002 年,进行成果查新 191 项,文献检索 3 625 人次。

2.开展用户教育及医学文献检索课教学

用户教育是高校图书馆教育职能的重要体现。其教育实质是主动诱发和培养读者的求知意识,指导他们掌握文献检索的基本技能,有效利用图书馆资源,从而培养读者主动捕捉情报的信息意识、科学地搜集与积累所需的文献信息,提供自学能力和创新意识,进而不断提高图书馆的整体效益。图书馆自从 20 世纪 60 年代即开始此项工作,以讲座、专题报告等形式对研究生、本科生、中青年教师讲授国内外主要检索工具及各种参考工具书的查阅方法,深受广大师生青睐。

1984 年,教育部颁布了《印发〈关于在高等学校开设文献检索与利用课的意见〉》,将《文献检索与利用》课正式列入高校教学计划。《文献检索与利用》是在高校用户教育的基础上发展起来的,并形成新的教学体系。为此,图书馆于 1985 年正式成立医学文献检索教研室,当时在只有 3 名教师的情况下,先后在研究生、本科生中正式开设选修课,主编出版《新编医学文献检索》,并参加编写全国医药院校文献检索课的统编教材,专门设立文献检索阅览室,为学生实习与利用参考工具、检索工具提供了基地。《文献检索课》教学也分初、中、高三个阶段,分层次进行:①对新生入校进行用户初级教育,使他们掌握如何利用图书馆,提高他们利用图书馆的能力以促进专业学习,提高自学能力、培养信息意识等。②对本科生高年级学生以正式《医学文献检索》课教学为主,主要培养学生掌握参考工具和检索工具的使用技能、技巧,使其学会搜集与整理文献的方法, 为撰写毕业论文或科学实验收集与积累文献, 培养学生的信息意识、自学能力,使学生掌握终身学习的有效方法。③研究生用户教育乃是高层次的《文献检索课》教学。主要培养研究生熟练掌握中外文检索工具的技能、技巧,并掌握网络检索技术以及信息调研技能。为其科研课题进行专题检索与信息调研。几年来,共为 4 357 名本科生、713 名研究生,开设了《文献检索课》,总计达 2 363 学时。

附 录

兰州医学院大事记(1933—2004)

1933年

1月9日　附设中山医院选举院长,得票名次依次为宋子安、张仲毅。宋子安坚辞不就,选出张仲毅为院长。裴雷轩等上书甘肃学院院长邓春膏,表示反对。

1月10日　教育部训令甘肃学院:因甘肃国税收入未解中央,该学院增设农医两科,自应请由省府筹拨经费,似未便由中央另行补助。

1月18日　甘肃学院呈请甘肃省政府增设医学专修科。

3月　省政府批准建立甘肃学院医学专修科,学制5年;首任医科主任宋子安。

5月24日　甘肃学院正式公布执行经省政府主席邵力子批准的《甘肃学院附属中山医院暂行章程》,对其隶属关系、院长、科别、药局及其附属人员、医院、会议、院事、经费等都做了明确规定。

6月11日　邓春膏聘任李克生为附设中山医院院长。13日,李克生辞职,改聘张仲毅为院长。

1934年

1934年春　王景槐为附设中山医院院长。

1935年

2月　甘肃学院定购的X光机、太阳灯等62箱仪器药品到货,专门建筑实验室 13 间,年底落成。

1936 年

3 月　附设医院院长宋子安辞职,选举王兰亭为医院院长。

5 月　甘肃学院院长邓春膏辞职,省政府任命教育厅厅长田炯锦兼任。田炯锦任命王景槐为医科主任。

7 月　第一届医科学生已修业 4 学年,经再三呈请,教育部方准予立案。

8 月　医学专修科第一届学生毕业后,甘院医专暂时停办,奉省政府令,将附设中山医院归并于省立兰州医院,直属民政厅领导。

1937 年

10 月　中英庚款董事会派顾颉刚等 4 人来甘视察,甘肃学院要求将该董事会给予创办兽医畜牧科设备款改为医科设备费。

1938 年

2 月 26 日　王自治任甘肃学院院长,任命陈光世为医学专修科主任。

11 月 24 日　甘肃省民众抗敌后援会（由甘肃省当局组织）举行筹备会议,讨论救护训练班计划大纲,甘院医科代表宋子安参加。

11 月 25 日　甘院派宋子安为救护训练班教官,注册员张作哲为训导员。

1939 年

2 月　医科学生罢课数日,抗议学校对上学期交白卷学生的处分。

4 月　因对医科学生的处分,甘肃学院学生围困院长王自治数日。

7 月　教育部令,征调本届医科专业毕业生,到军事后防医院和国家医疗卫生机关工作。

1940 年

12 月 24 日　甘肃省政府决定,将戒烟医院拨归甘肃学院医学专修科,作为医科学生实习场所。

1941 年

1 月 30 日　甘肃省政府会议决定,由于光元任医科主任。

8 月　因教育部在兰州筹办国立西北医学专科学校,甘院医科停止招生。

12 月 21 日　颁布《甘肃省立甘肃学院医学专修科附属医院组织大纲》,规定"本医院以研究学术、专供医专学生实习,并为社会服务为宗旨"。

1942 年

4 月 8 日 教育部命令,以甘院医科为基础,在兰州创办"国立西北医学专科学校",聘请甘院医科教授于光元为筹备主任委员,校址迁往兰州市上西园。

8 月 国立西北医学专科学校正式成立,校长齐清心,教务长于光元,原甘院医科学生全部转入西北医专,计有三、五年级学生各一班。西北医专所招初中毕业生学制 6 年,高中毕业生学制 4 年。

1945 年

本年秋 国立西北医学专科学校并入国立西北医学院,改为西北医学院兰州分院,分院院长由西北医学院院长侯宗濂兼任。

1946 年

5 月 24 日 教育部电令国立西北医学院,停办兰州分院,改为正在筹办的国立兰州大学医学院。

8 月 1 日 国立兰州大学医学院正式成立,院长于光元。

11 月 医学院学生开始由小西湖迁往萃英门内原省立兰州高级助产职业学校新址暂驻。

11 月 29 日 国立兰州大学呈报教育部,将医学院学生全部列为公费生。

1947 年

3 月 4 日 教育部批准兰大要求,指定兰大医学院为医学教育中心,特拨经费充实医学院,并函告美国医药助华会配合援助。

3 月 8 日 教育部指令,将原配发英士大学医学院逾期未领的医药器械 24 箱拨给国立兰州大学医学院附设医院。

4 月 15 日 美国医药助华会捐助兰州医事中心 30 000 美元,国立兰州大学医学院实得该款 24 000 美元;于光元院长为兰州医事中心常委。

5 月 国立兰州大学"三山堂"即天山堂、祁连堂、贺兰堂建成,医学院由省立兰州高级助产职业学校旧址搬入贺兰堂,集教学、实验、办公为一体。

1948 年

1 月 13 日 教育部将美国医药助华会、美国红十字会捐赠的一批医药、器械、书刊拨给国立兰大医学院,在此前后还拨给数批药品器械。

2 月 7 日 国立兰州大学呈请教育部批准附设医院编制 158 名,其中医职人员 98 名、技工 20 名、工人 40 名。

4月1日　经教育部批准建立国立兰州大学医学院附设医院,由萃英门内旧平房改建,计划设100张病床及员工宿舍,并拟另建门诊楼。

4月2日　教育部核准拨给国立兰州大学医学院附设医院增设病床开办费法币5 000万元;7月又拨给医院修建补助费法币120亿元。

6月1日　国立兰州大学甘肃籍学生与外省籍学生发生冲突,医学院先修班湖南籍学生刘德让几天后因伤重身亡。

8月　国立兰州大学"五岳堂"(泰山堂、衡山堂、嵩山堂、华山堂、恒山堂)相继建成,医学院学生由省立兰州高级助产职业学校旧址全部迁入华山堂住宿。

10月20日　教育部通知联合国教科文组织将紧急援助捐款分拨国立兰州大学3 080美元。

12月28日　国立兰州大学医学院附设医院在萃英门内成立,设门诊部和内、外、妇产、小儿、五官、皮肤等科和检验室,医学院院长乔树民兼任院长。

1949 年

4月　附设医院开设住院部,设木板病床32张。

8月16日　国民党西北军政长官公署令国立兰州大学医学院附设医院为救护伤兵医院,接收伤病员两千人。

9月　国立兰州大学校务委员会成立,医学院院长乔树民和张爱诚教授为委员。

10月　国立兰州大学医学院附设医院更名为兰州大学医学院附设医院,院长由杨英福继任。

1950 年

6月　乔树民院长调大连医学院任教;曲正校长兼任医学院院长。

6月28日—7月5日　医学院组织三、四年级学生58人到市郊进行为期6天的防疫注射工作,同时进行减租减息、生产救灾、防特肃匪及土地改革等政策宣传。

9月17日　医学院团支部成立,选出3名支委。

10月22日　杨英福教授在附设医院首次使用WOIF-schinden半屈式金属胃镜对胃部疾病实行检查诊断获得成功。

1951 年

杨英福教授在北京举行的首届中华医学会年会上,作了题为"胃镜检查及其诊断价值"的学术报告,被公认为是我国最早关于胃镜应用研究的重要文献。

1952 年

1 月 12 日 医学院根据学校部署开始进行"三反"运动。

年初 唐家琛教授从美国留学归来,创建神经精神科,设病床 30 张,开展了腰穿、电休克、药物休克疗法,使附设医院成为当时国内较早建立精神病房的少数医院之一。

张令翔组建放射科,在全省最早开展常规透视、拍片及口服造影剂检查。

3 月 26 日—7 月 14 日 医学院根据学校部署开展知识分子思想改造运动。

4 月 17 日 附院医师王云香为患者常德炎首次实施左侧青光眼手术。

6 月 医学院增设医疗专业内科专修科,学制两年。

10 月 23 日 附设医院冯守诚实施全省首例开放性骨折内固定手术。

1953 年

1 月 13 日 附设医院尹良培、檀吉元实施全省首例胆囊切除术。

3 月 2 日 中央卫生部电示兰州大学:医学院领导关系将有改变,要王文义院长携移交资料赴京开会。

3 月 23 日 中央高教部、卫生部联合通知:兰州大学医学院因即将独立改名为兰州医学院,自本年 4 月 1 日起归中央卫生部直接领导。

4 月 25 日 根据中央高教部、卫生部指示,兰州医学院建校委员会成立,甘肃省卫生厅厅长刘允中、兰州大学医学院院长王文义分别担任主任、副主任委员。

6 月 25 日 卫生部、高教部联合通知:兰州大学医学院本年因基建及行政干部等条件准备不够,暂不独立建校,行政领导仍由兰州大学负责。该院业务由中央卫生部通过兰州大学进行指导。

7 月 省卫生厅、兰州医学院、省综合医院、兰州卫生学校联合组建选址征地委员会。兰州医学院校址占地面积 408.76 亩(包括附属医院基地 135 亩)。

9 月 16 日—10 月 15 日 学院分 5 个组对院部及附设医院行政工作进行全面检查。

10 月 5 日—1954 年 1 月 30 日 附设医院在兰州大学分学委会领导下,成立支学委会,领导医、护、总 3 个大组,12 个小组开展医疗作风的整顿和学习。

11 月 9 日 兰州大学第 68 次行政会议决议:医学院教务组业已成立,自即日起在贺兰堂楼上办公。

1954 年

2 月　附设医院成立制度编审委员会,初步提出医院组织大纲总则、医院各种制度、各级工作人员职责等。

4 月 7 日　医学院新址破土动工,兰州大学林迪生、陈时伟校长及医学院院长谭道先参加开工典礼并讲话。

5 月 10 日—17 日　医学院院长谭道先出席西北区高等学校 1953 年教学工作总结会议。

6 月　高教部下达医学院出国留学生名额:生理科、公共卫生科、解剖科、病理科各 1 名。

7 月　西北教育局核准医学院教学楼 12 000 平方米建设计划;该年先建西面一部三层,混合结构,计 3 560 平方米,总投资 58.4 亿元。

7 月 26 日—8 月 21 日　医学院举办首届巴甫洛夫学说学习班,参加学员 30 人。

7 月 21 日　学院成立迁校委员会,全面部署迁校工作。

8 月 6 日　西北行政委员会教育局(54)高校字第 1976 号及 2175 号函通知:批准兰州大学医学院独立建院,日期为 9 月 1 日。

8 月 20 日　医学院首批 7 000 平方米建设项目基本竣工。计有三层学生大楼(局部四层,含部分教室)一栋、砖木结构的饭厅及厨房平房一栋、二层甲级教授宿舍楼一栋。

8 月 20—26 日　除附设医院和学院病理、药理、基础科及大四、大五 110 名学生外,其余 141 名教工、256 名学生、大部分教学设备材料等全部迁入新院址。

9 月 6 日　西北行政委员会教育局通知:"接中央高等教育部(54)厅秘崔字第二二○号通知:今年暑期全国高等学校院系调整方案业经政务院批准,兰州大学医学院独立建院。"

9 月　经中共兰州市委批准,成立中共兰州医学院支部,支委由 9 人组成,支部书记谭道先。

9 月 15 日　上级颁发兰州医学院印信两枚启用。

9 月 21 日　兰州大学分党总支函告医学院支部:自医学院独立之日起划归市委学校总支领导。

9 月　受西北卫生局和甘肃省卫生厅的委托,增设妇产专修科,学制三年。主要是从西北五省选调工作三年以上的助产士,通过学习培养成妇产科医师。

10月11日　农业部、文化部、教育部、卫生部、体委、高教部联合发出《关于大区行政机构撤销后西北区高等学校管理办法的联合通知》,规定"兰州大学医学院已在今年暑假独立建校,由高教部委托卫生部管理,卫生部委托省政府管理"。

10月25日—11月25日　学院集中一个月在师生中开展学习讨论宪法(草案)。

11月17日　学院召开成立庆祝大会,谭道先院长致辞。大会收到贺信30余件。

12月　学院成立"兰州医学院科学委员会",这是兰州医学院历史上的第一个科研领导机构,标志着学院科学研究工作有了新的开端。

12月　学院一栋低标准的小二层职工宿舍楼(南灰楼)竣工。

1955 年

1月　全院正式开始进行有计划的科学研究工作,所订研究计划包括六个课题,其中两个列入国家计划。

2月21日　甘肃省人民委员会(55)会文办第0163号文批复"关于你院的领导关系……依照高教部委托卫生部管理的精神,本会指定卫生厅管理"。

5月30日　中共兰州市学校总支委员会来函通知,谭道先同志任兰州医学院分总支书记,丁自生任副书记兼保密保卫委员,王光清任统战委员,谢承忠任组织委员,吴天纵任宣传委员,葛子承任纪律检查委员,吴玮任青年委员。下设3个支部。

6月23日　附设医院尹良培、檀吉元为患者王忱实施了长江以北地区首例风湿性心脏病二尖瓣狭窄闭式分离术成功。

7月19日　附设医院尹良培等为患者田章娃实施全省首例心包剥离术获得成功。

11月4日　附设医院檀吉元、尹良培实施全省首例肺叶切除术获得成功。

本年　附院医师刘尚哲在省内首次开展白内障囊外摘除手术。

1956 年

1月7日　省人民政府批准,兰州医学院附设护士学校与甘肃省兰州卫生学校护士专业班合并,成立甘肃省兰州护士学校。

4月28日　兰州市人民委员会(56)会厅密字地139号文批准划拨附属二院面积13.4059公顷,合201.0885亩。

7月3日　中共兰州市委学校总支撤销,经市委组织部批准,兰州医学院分总支改称中国共产党兰州医学院总支委员会。

8月底 韩哲生教授经中央人民政府卫生部全国师资统一调配,由武汉医学院到兰州医学院附设医院工作。

9月 由附设医院韩哲生教授主刀,为一名天水地区患者施行甘肃省首例脑垂体瘤切除术获得成功。

10月 附设医院尹良培教授被评为全国先进生产者,并参加了全国先进生产者代表会议,担任大会主席团成员,受到毛泽东主席亲切接见。

12月12日 省委(56)288号文件同意兰州医学院成立党委并归省委领导,由省委文教部具体管理。

本年 附设医院邢祖林负责开设结核病专科门诊,开展了硬质气管镜检查、人工气胸、气腹、气管滴入疗法。

本年 兰州医学院院刊创刊(1957年因故停刊,1958年复刊,"文革"前又停刊,1986年1月1日又复刊)。

1957年

1月 学院召开首届教学经验交流会。各教研组提交经验交流材料30份,各教研组还分别设立展览室,展出图表、模型、实物。

2月14日 白彦博同志任兰州医学院党委书记。

3月9日 根据中共甘肃省委1956年12月13日288号批文、1957年2月14日第35号批文,学院正式成立中共兰州医学院委员会。白彦博、谭道先、丁自生、吴天纵、王光清、曹冬焱六位同志为医学院党委委员,党委下设6个支部。

4月 省计委确定萃英门附属二院基建工程全部投资总额104万元,工程项目包括混合结构,可设置病床250张的四层外科大楼(部分五层)1座,建筑面积7 300平方米;修缮日门诊量1 200人次门诊部一处,面积1 700平方米。

5月18日 根据中央指示和省委文教会议的指示精神,学院开展"整风运动"。

6月7日 群情激奋的校外群众涌入校园要求观看"整风运动",部分学生与来校围观群众发生冲突,造成所谓"六七事件"。

6月20日 附设医院外科教研组用脾肾静脉分流术治疗高血压症获得成功。

8月 院本部教学楼中部、东部竣工交付使用。至此,经过3年建设,总建筑面积12 594平方米,总投资1 585 003元的教学楼工程完成。

8 月　附设医院东郊新楼落成,医院遂自萃英门旧址迁往东郊新址,开设病床 330 张。同时与省综合医院合并的原附设医院人员全部返回。萃英门旧址则成为附设医院下属的门诊部,在此所诊治病人需住院者,由专车送往东郊。

8 月　附设医院赵国瑞、崔志孝分别组建检验科、妇产科。

9 月 7 日　附设医院举行隆重的新院开业典礼。

12 月 23 日　附设医院正式定名为兰州医学院附属医院。

1958 年

2 月 26 日至 7 月底　学院贯彻省委二届二次会议精神,开始首次整党工作,参加整党的党员 187 人。

3 月 5 日　甘肃省人民委员会甘办卫字第 0237 号文通知:"高教局(为主)和卫生厅依照规定,开始负责管理兰州医学院工作,在高教局未正式成立前有关高教局方面的工作,请教育厅负责。"

4 月 18 日　甘肃省人民委员会甘办沈字第 0505 号文,批复甘肃省教育厅和卫生厅"关于兰州医学院领导关系的意见",同意"领导关系以卫生厅为主,教育厅为辅,并即办理交接手续"。

7 月 26 日—9 月 3 日　学院部分教师及四年级学生 100 余人参加全省 40 县市流行病学调查工作。

9 月 19 日　学院党委书记白彦博同志率领 600 名师生员工赴甘肃武都龙家沟、康县解坝,在海拔 3 000 米的高山上大炼钢铁。

9 月 24 日　为贯彻"两条腿走路"方针,学院举办医科夜大学。

12 月　学院部分教师及四年级学生 89 人参加兰州市冬季多发病的调查防治和宣传工作,接受宣传的群众 82 700 人次,治疗麻疹患者 2 765 人、肺炎患者 2 658 人、百日咳患者 8 176 人、流感患者 761 人、痢疾患者 70 人、煤气中毒者 4 人。

12 月　中共兰州医学院附属医院总支委员会成立,曹冬焱任书记,齐有声任副书记。

12 月　附属医院成立理疗科、中医科。中医科由学院祖国医学教研室兼管。

本年　学院科研科并入教务科,成立技术革新委员会办公室。

本年　经省委批准,中共兰州医学院委员会下设办公室、组织部、宣传部、武装部、统战部。

本年　附属医院在全省率先开展脾肾静脉吻合术、肺叶切除术、总胆管空肠吻合术、卵巢囊肿切除术、宫颈环形切除术、骨关节韧带成形术等。

本年 附属医院眼科郑效惠首创球内异物取出术，引进视网膜脱离巩膜缩短术。

1959 年

1 月 根据卫生部保定中医中药会议和西安现场会议精神,从本月起,全院师生集中学习祖国医学 3 个月。参加学习 1 374 人。

1 月 26 日 奉省卫生厅(58)卫办字第 048 号文件指示,附属医院西关萃英门旧址正式命名为兰州医学院第二附属医院。

2 月 18 日 省委(59)166 号文件批复同意省卫生厅党委,"兰州卫校合并于兰州医学院"。兰州医学院设"中等专业部"。20 日,学院召开兰州卫校并入兰州医学院大会。

2 月 25 日 省卫生厅决定,从兰州卫校应届毕业生中选择 25 名,委托兰州医学院开办中级师资进修班,学制一年。

2 月 27 日 学院成立学报编委会。主任委员王文义,副主任委员王光清、杨英福,委员何裕、刘星元、宫敬忠、张爱诚、张从辛、杨浪明、韩哲生。同年开始正式编辑出版《兰州医学院学报》,作为不定期刊物内部交流。

2 月 甘肃省卫生厅召开全省医学教育会议,确定分级办学的原则,并确定医学院为甘肃医学教育中心,以培养所需师资,指导教学。

3 月 学院组织 1 580 人次,分三批在兰州市中心开展爱国卫生运动宣传,受教育群众达 4 万多人。

4 月 19 日 学院附属医院一分为二,地处东郊部分正式挂牌第一附属医院,西关萃英门旧址部分挂牌第二附属医院。均为正县级建制。第一附属医院由曹冬焱任总支书记,杨英福任院长,齐有声、许春晖任副院长。第二附属医院由全黄春任党支部书记,杨英福兼任院长。

5 月 学院公卫教研组教师与部分医学五年级学生到榆中县红旗人民公社进行人民公社卫生问题的调研。

8 月 学院增设卫生系和药学系,新增五年制卫生专业、四年制药学专业、三年制放射医学专业、二年制工业卫生专业。同时开设内科医师专修科、妇产科医师专修科和医疗专业医师专修科。预防医学是西北五省最早建立起来的公共卫生学专业。

9 月 20 日 兰州医学院首届院务委员会成立。主任委员谭道先、副主任委员王文义,委员有王光清、王扬宗、尹良培、张培棪、张从辛、张经济、张爱诚、张维新、刘华、刘星元、刘德山、刘守权、刘书俊、朱允尧、李崇山、许春晖、王通珍、何奇、何裕、劳卫宁、林明伟、杨英福、赵斌、赵明祥、宫敬忠、邝华俊、单德修、谢承忠、覃见效、黄迪重、漆荫棠、葛允新、韩哲生等35人。

9月20日 学院首届院务委员会成立大会在学院大操场举行。大会由赵斌主持,谭道先院长、陈楚平副书记、民主党派代表覃见效教授、两所附属医院代表许春晖副院长、工会代表李崇山主席、共青团代表赵明祥书记分别致辞讲话。大会收到祝贺信38件。

10月 省委(59)738号文件通知,免去陈楚平兰州医学院党委副书记,调任省妇联主任。

12月19日—24日 学院举行第一届科学报告会。王文义副院长传达了全国高等学校科学研究会议精神;其中14份材料为大会专题报告,41份供小组经验交流使用。

1960 年

2月11—14日 中共兰州医学院第一次党代表大会召开。出席大会的代表共139人,代表全院4个总支、2个直属支部553名党员。大会选举产生第一届党委,11名委员是陈楚平、谭道先、谢承忠、赵斌、曹冬焱、丁自生、单德修、赵明祥、齐有声、刘书俊、王光清。选举产生党的监委会,委员有谢承忠、赵斌、丁自生、齐有声。选举陈楚平为出席中国共产党甘肃省第三届代表大会代表。

9月 学院首次按计划分9个专业招收研究生11名,实际录取3人:内科学周也卿、病理生理学宋棠荣、人体解剖学刘思芝。

12月 第一附属医院尹良培教授在省内首次实行低温麻醉下心内直视手术——二尖瓣分离术成功。

12月14日 省委宣传部(60)105号文件通知:中央11月6日批准,董宏杰任兰州医学院党委书记。

本年 附属二院成立临床教务科。

本年 "兰医中专部"停办。

1961 年

4月8日 附属一院尹良培教授等实施全省首例肝叶切除术获得成功。

本年 试行《教育部直属高等学校暂行工作条例》(简称"高教六十条")后,实行党委领导下的院长分工负责制。

1962 年

5月2—5日 学院召开第二届党代表大会。选举吴中(书记)、何奇(副书记)、谭道先、王光清、丁自生、齐有声、赵明祥、李家驹、李崇山、王文义、刘书俊、林明伟、谢承忠、巫仰光、刘万珍等15人为新一届党委委员。

6月 甘肃省卫生厅根据卫生部广州全国高等医学教育会议精神,批准兰州医学院对专业设置进行调整,撤销卫生、药学专业和放射医学专业。

1963 年

本年 附属一院尹良培教授率先开展我国首例"下腔静脉梗塞、下腔静脉—右心房搭桥手术"并获得成功。

1964 年

5月3—4日 召开了第三次党代会,出席会议的正式代表79人,列席代表17人,代表5个党总支。

8月21日 省委批准吴中、王光清、王文义、丁自生、李崇山、齐有声、刘守权、林明伟、王哲、赵明祥、杨庆堂、刘书俊等12位同志为兰州医学院党委委员。王光清、王哲、程占清、田峻为兰州医学院监委委员,王光清同志兼任监委书记。

本年 附属二院冯守诚等在国内首次应用脊髓移位治疗脊柱侧突合并截瘫,在甘肃省率先实施胸椎结核病灶清除术,在国内首次施行髋关节结核、金属杯换置手术。对多发性骨关节结核的治疗提出分期手术的概念。

1965 年

2月24日 学院教学改革领导小组成立,共15人。吴中、谭道先、王文义为负责人;成员有刘书俊、刘守权、赵明祥、王哲、李华、许春晖、韩哲生、张训初、尹良培、邝华俊、张爱诚、张培棪。同时成立形态课、机能课、内科系、外科系、公共卫生学课和物理化学课等6个教改教研组。

5月22日 甘肃省委组织部文件(65)甘组字200号《关于兰州医学院党委、监委组成人员选举结果的批复》:1965年3月3日经中央批准,吴中继任兰州医学院党委书记。

本年 经甘肃省人民委员会批准,兰州医学院招收三年制医疗专科生,学生来源是"从公社来,回公社去,国家不包分配"。经各地保送和考试共招收学生96名。

本年 白银十一冶金公司发现233例急性氟矽酸钠中毒患者,附属一院职业病科积极参与抢救工作。

1967 年

12月30日 中国人民解放军兰州军区兰支办(67)341号文件,批准兰州医学院成立革命委员会。委员会由胡克强(军方代表)任主任,王哲、陈守良

(军方代表)、杜广照、路观生、陈子波任副主任。革委会成员由21人组成。

1968年

1月6日 8名驻兰医"军宣队员"撤出。

2月 附属一院革命委员会成立,军代表黄振荣任主任。

4月 附属二院革命委员会成立,林明伟任主任,韩哲生、张训初、安耀先、陈红玉、魏培胜、赵锦辉担任副主任,医院原职能科室改设为办公室、政工组、医教组、后勤组。

8月30日 工人毛泽东思想宣传队进驻学校。

1968年—1973年 为贯彻执行"6·26"指示,医院每年抽调40%多的医务人员组成多个医疗队,到甘南玛曲、通渭、文县等地的公社卫生院开展防病治病工作。

本年 学院组织机构改设为革命委员会办公室、政治部、校务部、训练部、武装部。教学组织设有公共课、基础课、临床课三个综合性教研组。

1969年

1月2日 遵照甘肃省革委会(69)2号文件,第二附属医院下放给兰州市管辖。

2月25日 兰州市革委会生产指挥部文件指示,第二附属医院更名为"兰州市综合医院"。

12月 成立附属二院党委,林明伟担任书记。

本年 共青团兰医二院总支委员会成立。

本年 附属一院首次为一患者成功地切除39斤多重的动脉血管瘤。

本年 附属二院神经外科顶着巨大压力为一患者摘除巨大葫芦型脊髓神经纤维瘤。

1970年

10月 甘肃省武山矿泉疗养院撤销,医护人员下放附近各县,其财产、设备和一部分行政管理、工勤人员由学院接受,成为兰州医学院武山教学分院。招收以天水、定西地区为主的工农兵学员。

本年 附属一院引进日产OLYMPUS CF-B2型光学纤维胃镜2套,并在省内率先开展纤维胃镜检查术。

1971年

3月20日 中共甘肃省委(批复)干字(1971)8号,裴罗克同志为兰州医学院革委会主任。

4月9日 根据甘肃省革委会通知［甘字（1971)10号]，"兰州市综合医院"恢复原名称兰州医学院第二附属医院，仍划归兰州医学院建制。

10月 甘肃省革命委员会决定，全省高等学校恢复招生。兰州医学院设置医疗、药学两系，两专业，首届工农兵学生831名入学，其中三年制医疗专业760名，药学专业71名。同年举办医疗、妇幼、儿科3个专业的在职人员脱产进修班，学制一年至一年半。

10月28—30日 医学院召开第四次党代会。出席会议的正式代表184人，大会通过了第三届党委的工作报告，选举了第四届委员会。

11月11日 中共甘肃省委组字(1971)69批复，同意兰州医学院第四届党代表大会选举产生的中共兰州医学院第四届委员会成员名单：裴罗克同志为中共兰州医学院委员会书记，魏勤身、吴中为副书记；裴罗克、魏勤身、吴中、吴守仁、王哲、王登先、王光清、刘怀中、韩继周9人为常委；丁自生、王哲、王文义、王光清、王登先、刘怀中、江汉夫、许连枝、李克忠、李崇山、杜广照、时立仕、吴中、吴守仁、林明伟、张文同、郭宗全、郭德辉、韩继周、濑兴义、裴罗克、燕真、魏勤身23人为中共兰州医学院委员会委员。

11月22日 第一附属医院党委正式成立，党委书记燕真。

1972年

9月1日 韩丰同志任兰州医学院党委书记，裴罗克同志调回兰州军区。

12月上旬 驻学院"军宣队"全部撤出。

本年 中央提出"抓革命、促生产"号召，附属一、二院逐步恢复正常的医疗秩序，取消"文革"领导小组，任命各科领导班子，医疗工作有所好转。

本年 武山分院撤销，学员归入兰州医学院。

1973年

10月 敦煌发生300人急性氮氧化物中毒，靖远煤矿40余名工人急性瓦斯中毒。附属一院职业病科闻讯后立即赴事发地参与抢救。

1974年

6月 学院首批工农兵学员毕业，共822名，其中医疗专业750名、药学专业72名。

7月5日 学院确定工宣队员、工人、教师、干部(20人)和工农兵学员(44人)，参加学院教育革命试点班，前往武威实行开门办学。

1975年

6月 附属一院职业病科参与临洮300例急性氟矽酸钠中毒农民的抢救。

8月　附属二院史培柱、贾金章、连瑞芳医师参加甘肃省首批援助马达加斯加医疗队,在张德生、王传加率领下,一行25人出发赴该国。

1976年

本年　附属一院选派93人参加了北京医疗队、唐山抗震救灾医疗队等5个医疗队的工作。

本年　附属一院购进钴–60治疗机、钼靶照相机及深部X线装置。

本年　附属一院雷仁义实施全省首例心内膜体外佩戴式起搏器安装术。

1977年

本年　学院恢复临床医学和药学两个专业,其学制前者五年、后者四年。

本年　学院恢复和建立党政、教学组织机构。院党委下设办公室、组织部、宣传部、纪律检查委员会、工会、团委。行政机构设院长办公室、教务处、总务处、财务处、人事处、保卫处等。

本年　附属一院外科楼竣工。总建筑面积7 800平方米,造价101万元。

12月　附属一院姚忠喜实施全省首例"体外循环下心内直视手术"。

1978年

3月15日　学院成立落实政策办公室。经过一年零四个月,共复查"文革"前处理的案件及"文革"中受到审查的案件383人。

4月24日　省卫生局批准恢复中国药学会甘肃分会,张培楸教授任分会理事长。

5月　学院在基础教研室的基础上成立学院医学基础部,下辖公共课和医学基础课教研室15个。

8月　附属二院撤销医教组,恢复成立医教处。

本年　附属一院雷道鑫率先开展全省首例"非开胸的食管剥脱术与内翻拔脱术",治疗食管与贲门癌。

本年　附属二院颅内动脉瘤手术成功。

本年　学院"治疗慢性气管炎药物列香杜鹃的研究"、附属二院"针麻应用于颅脑外科手术"获全国科学大会奖;附属二院"中西医结合诊断分型治疗慢性气管炎"、"泌尿系结石的研究"获全国医药卫生科学大会奖。

1979年

年初　省革命委员会决定将兰州医学院土地(中专部所在地)97亩及地面建筑14 000余平方米划归新建立的甘肃中医学院。

6月15日　医学微生物学及免疫学教授王文义任兰州医学院院长。

8月　为了推动全院学术活动的开展,加强对科研工作的组织领导,学院成立医疗科技处。

8月　学院恢复招收研究生。生理学、病理解剖学、药理学3个专业招收研究生4名。

9月　日本东北大学脑神经外科研究所所长铃木二郎教授来附属二院访问及学术交流。这是"文革"后来访的第一位外国客人。

9月18日　根据中共中央批转教育部党组"有关高等学校领导管理体制分级管理"的报告精神,兰州医学院由甘肃省政府领导,由甘肃省卫生厅及甘肃省教育厅实施管理。

12月30日　省委第一书记宋平同志、兰州军区第一政委肖华同志带领解放军指战员千余人来学院协助搞卫生。宋书记、肖政委指示学院要把环境卫生搞好,把道路修好,把绿化搞好,把职工的住房维修好。并指出"因为你们既是卫生工作单位,又是教育单位,因此对你们的要求要高一些。"

本年　《兰州医学院学报》复刊。

1980年

4月3日　中共甘肃省委组字(1980)80号批复:同意兰州医学院党委纪律检查委员会由丁自生、李崇山、杨庆堂、赵江洲、齐有声、张海涛、马基高、杜广照、杨玉林9人组成。丁自生任书记。

4月3日　甘肃省卫生厅核准学院发展规模为:医学专业年招生300名,五年1 500名;药学专业年招生50名,四年200名;卫生专业年招生60名,五年300名;口腔专业年招生30名,五年150名;研究生年招生10名,三年30名;在校学生总规模2 200名左右。

4月23日　教育部批准学院筹建公共卫生专业。

本年　省卫生厅对两所附属医院实行"五定",即"定任务、定床位、定编制、定业务技术指标、定经费补助";对医院经费补助实行"全额管理,定额补助,节余留用"的制度,将包工资办法改为按床位实行定额补助的办法。

1981年

7月　医学系1978级学生周诚获团中央、教育部授予的"全国优秀三好学生"称号。

8月　王扬宗院长应邀随卫生部出访日本医师会。这是改革开放后,学院领导最早的出访活动。

10月　附属二院恢复临床教务科。

11月3日　国务院学位委员会(81)学位字018号文件通知,学院被批准为首批硕士学位授予单位。人体解剖学、生理学、寄生虫学、病理解剖学、药理学、内科学(消化)、放射诊断学为硕士学位授予专业。

本年 学院参加全省大学生运动会获团体总分第一名;一个文艺节目获全国学联三等奖;四幅作品参加全国大学生书法展览,其中一幅获二等奖。

1982 年

3 月 2 日 第二附属医院为一名患者成功进行了同种异体肾脏移植。填补了我省空白。

3 月 学院集中 1 个月开展以治理"脏、乱、差"为中心的文明礼貌月活动。共出动三万四千余人次,汽车五百余台次,使校容院貌得到很大改善。

5 月 根据中央(1982)10 号文件和省委(1982)19 号文件精神,学院加强对落实知识分子工作的组织和领导,复查、纠正、平反了 83 人的冤、假、错案,其中教授、副教授 25 人,讲师、主治医师 36 人。

8 月 学院正式成立少数民族班,招收回、藏、满、白、土、保安、东乡、裕固、撒拉、哈萨克、蒙古等 12 个民族的 21 名学生。

9 月 日本秋田脑血管病研究所所长沓泽尚之教授、渡边胜洪博士来附属二院进行学术交流。

9 月 受卫生部委托,学院承办"全国医用物理学教学科研研讨会",全国各医学院校学者 100 余人参加。

本年 全院列入计划的科研项目共有 44 项,其中上级领导机关下达的 34 项。中西医结合治疗包虫病的研究引起了国内外的重视,药理教研室的抗癌药物研究出现了较好的苗头,中草药化学教研室的"10 种藏药中微量金属元素的分析"受到了全国民族药学学术会议的重视和好评。

11 月 由医学遗传学李崇高教授倡导并创办的《优生与遗传》杂志,出刊第 1 期。该刊每年 1 期,甘肃省出版局批准"内部交流"刊号。

1983 年

2 月 学院成立改革工作领导小组。

2 月 3 日 附属二院研制成功从猪血中提取用于人体止血的新药"猪凝血酶"并通过省级鉴定。

2 月 18 日 省教育厅教高字 045 号通知,学院恢复成人夜大学。招收 6 年制医科夜大本科学生 50 名。

5 月 学院按照卫生部(83)卫科教字第 6 号文件《对部属医学院校医学专业 1983 年应届毕业生实行业务统考》的要求,首次组织医疗专业 1978 级应届毕业生 279 人参加全国统考。

5 月 23 日 省卫生厅委托学院开办卫生行政管理干部专修科,学制两年,学习期满经考试合格者,按大专毕业生对待,发给毕业证书,回原单位工作。

8 月 17 日 甘肃省委甘机发(1983)388 号电报:裴江陵同志任兰州医学院党委书记,病理学教授王扬宗同志任院长。

9 月 在全省高校田径运动会上,学院获女子团体第一名和男子团体第二名。有 4 人 6 次打破 6 项省高校纪录,21 人获单项第一名,17 人达到国家二级和三级运动员水平。

10 月 附属一院护理部成立,裴香林任主任、常守娟任副主任。

本年 《兰州医学院学报》经中共甘肃省委宣传部批准,开始向全国发行征订,同全国 29 个省、市自治区 850 多个医药院校、医疗单位建立了资料交流关系,并被纳入国际联机检索系统。

本年 附属一院骨科与兰大化学系共同进行的"LZ 高分子宜用外固定材料临床研究"成果,经专家鉴定,属国内首创。

附属二院内科成功抢救一例因口服安眠药 60 片而致呼吸停止 96 小时的患者;脑系科抢救成功 4 例危重格林-巴利氏综合征患者,皆属国内罕见。

本年 学院获全省大学生文艺节目调演集体一等奖,4 人获个人表演一等奖,总获奖人数名列前茅。

11 月 王扬宗院长及附属二院院长、神经外科教授韩哲生参加甘肃医学考察团,出访日本国秋田县脑血管研究中心,进行学术交流,谋求合作达半个月。

12 月 经国务院批准,兰州医学院为首批授予学士学位高等学校之一。

1984 年

1 月 5 日 院党委提出:在"三个面向"方针指引下,以提高教学质量为中心,扬长避短,发挥优势,努力把兰医办成一所多学科、多层次、综合性、有特色的医学院校,多出人才、出好人才,为振兴甘肃经济多作贡献的办学指导思想。

1 月 24 日 附属一院建成教学、临床、科研三位一体的传染病研究中心。

2 月 经审核批准,学院增设五年制的卫生专业、三年制的口腔医学专业和两年制的卫生行政管理干部专修科。

2 月 20 日 根据中央文件精神和省委电报通知,学院开始对近几年落实知识分子政策情况进行全面检查。

4 月 11 日 学院召开临床教学法经验交流会。附属一、二院住院医师以上 200 余人参加。

5 月 6 日 卫生部兰州生物制品研究所血液病制剂室与兰州医学院共同研制,用于早期诊断恶性肿瘤的新药——"人血叶啉",经鉴定获阶段性成果。

5 月 19 日 教育部发文委托兰州医学院、重庆医学院共同筹办人类胚胎学暑期高级师资讲习班,并邀请侯家骧教授担任该讲习班学术主持人。

6 月 25 日 学院党委成立改革办公室并召开动员大会,并提出《关于改革干部管理体制和机关工作的几点意见》、《关于改革我院劳动人事制度的几点意见》、《关于药学系实行系主任负责制的意见》、《教师工作量试行办法》、《财务管理试行办法》、《学校基金试行办法》等改革文件。

7 月 18 日 省委书记李子奇到学院及附属一院视察工作,并分别与领导干部、部分副教授、副主任医师以上业务骨干,就当前和今后如何做好全省医学教育、医学科研和临床医疗卫生工作进行座谈。

7 月 23 日 省政府办公厅甘政办发(1984)143 号文批复,同意学院成立神经病研究所、骨科研究所、血液病研究所,均为医学院附设科研机构。所需编制在原有编制内调剂解决。

8 月 6 日 省卫生厅(1984)237 号文批复,同意学院成立环境医学、内分泌、传染病、皮肤病、泌尿外科研究室。

8 月 30 日 省卫生厅(1984)268 号文批复,同意学院成立附设性研究机构——中草药研究所。

本年 附属一院引进日本岛津 1 250 毫安大型 X 光机,增加了胃肠检查"摇篮"床、循环系统造影装置、多轨迹断层摄影和高压摄片等装置,使甘肃省的胃肠气钡检查、心血管造影、脑血管和肾血管等其他部位的 X 线检查达到了新的水平。

9 月 25 日 学院举行庆贺兰州医学院独立建院 30 周年大型茶话会。应邀出席的有省委副书记刘冰等领导,以及各有关厅局、各大专院校、省市医院的领导同志。曾在兰医工作过的老领导以及部分离退休干部、部分教授代表、在院工作 30 年的老同志。共计 250 余人。

12 月 5 日 省政府(1984)226 号文件通知,第一、第二附属医院由县级建制升格为副地级建制。

12 月 中共附属一院纪律检查委员会成立,杨志忠任书记。

12 月 甘计科(1984)176 号文件与甘卫计字(1984)127 号文件批示,在附属二院急诊科的基础上,组建甘肃省兰州急救中心。

1985 年

本年 1 月 10 日—1986 年 1 月 24 日　学院下属的 2 个附属医院党委、6 个直属总支、46 个基层党支部中,共有 898 名党员(包括预备党员)参加了整党;其中 698 名正式党员,有 697 名参加了党员登记。

1 月　学院副院长董天礼同志调任附属二院党委书记。

1 月 18 日　附属一院内科学教授、主任医师邢祖林同志任兰州医学院院长。

3 月 16 日　为满足附属一、二院护理工作的需要,省计委、省教育厅批复同意学院附设护士中专,在校学生 300 人,学制三年,招收高中毕业生;以后逐步实行招收初中毕业生,学制四年。

4 月　应国际包虫病学大会的邀请,蒋次鹏教授出席第十三届国际包虫病学术会议。其论文《人体包虫增殖生长的光镜显微观察》经大会评选,获"1985 年米格尔·贝佐国际特别奖",并吸收他为国际包虫病学会会员。

7 月　美国密西根(Michigah)州立大学医学院 M. Mahan 教授来院作为期 7 天的讲学和访问。

7 月　学院印发《兰州医学院教育和管理体制总体改革纲要》。

10 月　暨南大学任邦哲教授来学院进行"异常血红蛋白的研究"及"国外生化教学介绍"专题讲座。

1986 年

本年　学院制定了《兰州医学院关于加强思想政治工作的决定》,成立了学生工作领导小组。

本年　学院在临床医学本科基础上,新增加三年制临床医学专科;三年制临床检验专科。

本年　附属一院在全省医院检查评比中,继 1985 年名列第一之后,又荣获"文明医院"称号。

本年　附属一院沈明乾开展省内首例电子耳蜗植入术。

本年　附属二院心血管教授邝耀中所著《冠心病的心电图诊断》、儿科教授逯志超、刘筱坤合著《儿童保健手册》被省委、省政府评为甘肃省优秀图书。

本年　《兰州医学院学报》获得"国际标准连续出版物编号 ISSN 1000-2812"进入国际行列。同年加入中国高等学校文献数据库建设发展系统,CUJA 系统,代码 E62050A。

6 月 9 日—15 日　日本名古屋公共医学研究所所长、著名寄生虫学家加藤胜也博士一行来院访问讲学。

11月12日—15日　学院召开首届教职工代表大会,分7个代表团,正式代表111名、列席代表41名、特邀代表13名,邀请单位17个。会议听取审议了邢祖林院长行政工作报告、姚朴副院长财务福利工作报告;审议通过兰医"团结、奋进、严谨、求实"的校训、兰医教代会暂行条例、创收基金提取和分成办法、劳动人事制度若干规定。

12月30日　老山前线35191部队英模报告团张春燕、胡义州、殷书照来院作报告,在学生中引起强烈反响。

12月31日　省委决定,廖世伦同志任兰州医学院党委书记。

1987年

3月　学院蒋次鹏教授"人体包虫增殖生长的研究"荣获国家自然科学三等奖。

7月　学院成立学生工作处,改变了以往学生工作由教务处分管的状况。

8月2日—17日　美国俄克拉荷马大学健康科学中心医学院生理学教授罗格·蒂斯于应邀来学院讲学。

8月22日—24日　由西北五省十一所院校的校院长、教务长参加的"西北五省区高等医药院校专业设置论证会议"在学院召开。

9月12日　著名泌尿外科专家吴阶平教授来附属二院指导工作。

9月8日—24日　受世界卫生组织和卫生部委托,学院承办的全国包虫病防治讲习班开学授课。80名学员来自全国11个省市。担任授课教师的有英国剑桥大学E. J. L. Souisby教授、新西兰TOAGO大学M. A. Gemmeuhe医生和国内知名专家丁兆勋教授、蒋次鹏教授、刘德山教授等。

9月19日—28日　日本秋田县脑研所深泽仁、安井信之两位博士来学院神经病学研究所进行学术交流。

9月　经国务院学位委员会批准,学院的组织学与胚胎学、生物化学、内科学(内分泌、心血管、血液病)、外科学(泌尿)、妇产科学、眼科学、皮肤科学、中西医结合临床(内科)、生药学等11个专业获得硕士学位授予权。至此学院已有18个专业具有硕士学位授予权。

10月　学院首次高级职务聘任工作结束,共计聘任教授23名、副教授73名。

11月1日—6日　英国利物浦大学热带研究所Roger R. C. New和Salford大学生物系P. S. Craig两位博士应邀来学院进行寄生虫学方面的学术交流。

1988 年

1 月 14 日—16 日 学院召开首届教代会第二次会议、第八届工会会员代表大会,会议代表 102 名、特邀代表 17 人,党委副书记赵明祥致"双代会"开幕词、邢祖林院长作学院行政工作报告、工会主席王营通教授作"双代会"工作报告。会议审议通过《教书育人实施办法》。此次教代会共收到提案、建议和意见 38 条。

4 月 由医学遗传学李崇高教授倡导并创办的《优生与遗传》杂志,经甘肃省出版总社正式批准,并发给《报刊登记证》,刊号为(甘新出字)第 3102 号,作为半年刊正式出版发行。

6 月 经省教委批准,学院依托平凉、张掖两所卫校,开办了两个临床医学校外大专班。当年招收定向生 72 名。

7 月 学院开办学制一年的麻醉、人体解剖、药学、护理等 4 个专业的"专业证书班"。

本年 学院寄生虫学研究室与英国 Salford 大学生物系 Craig 教授合作,在欧共体资助下,进行为期三年的甘肃省包虫病的流行病学及动物宿主的调查工作。

7 月 学院根据省政府 (1988)88 号文件和卫生厅 (1988)180 号文件精神,对两个附属医院的承包工作进行部署。

8 月 两所附属医院承包工作全面铺开,附属一院选举史毅同志为院长,附属二院选举康笃伦同志为院长。

9 月 5 日 邢祖林院长代表学院授予法国中法学院院长马来基教授为学院名誉教授,同时受聘的还有法国里昂北医学院院长阿尼克·比内教授和里昂心血管肺医院放射科主任佛朗索瓦·比内教授。他们还分别在附属一、二院作了"肺部肿瘤"、"肺结核的诊断"和"肾肿瘤"及"经皮肾造瘘"等学术报告。

10 月 附属一院在省内率先引进、使用 OLYMPUS KW 型胃镜、OTV 电视内镜及 PENTAXFD-32A 型十二指肠镜。

1989 年

7 月 经国家教委批准,学院口腔医学专业三年制专科,改设为五年制本科,当年招收学生 25 名。

7 月 7 日 总务处汽车司机魏尚英获国家教委 1989 年度高校后勤工作先进个人。

9 月 侯家骥、刘晓军被国家教委分别授予"优秀教师"、"优秀教育工作者"荣誉称号。

9月1日—8日　学院举办兰州医学院独立建院35周年庆祝活动。

10月　马来西亚赵世忠教授、澳籍华人黄伦教授应邀来学院访问、讲学一周,并设立"黄伦奖学金"。

1990 年

2月　学院恢复成立党委统战部、学生工作部。

3月26日　省委甘任字(1990)51号决定,安俊明任兰州医学院党委副书记兼兰州医学院第二附属医院党委书记。

4月12日　省委决定血液病学教授王镜任兰州医学院院长。

5月11日　学院被正式接纳为西南、华南、华北、中南、西北12省市、17所医学院校协作组成员,王镜院长在福州福建医学院出席《协作议定书》签字仪式。

5月17日　省委甘任字(1990)71号决定,郭正田任兰州医学院党委书记。

5月19日—7月底　学院贯彻中央 (1990)12号文件和全省高校党建工作会议精神,院本部493名党员按要求全部参加了党员重新登记工作。

6月　省政府甘政发(1990)112号文件,将兰州医学院改由省教委领导管理,兰医第一、二附属医院由省卫生厅通过医学院进行领导管理,医学院直接领导其附属医院。

7月　附属二院邀请日本骨科专家,沿古丝绸之路开设了"骨科新技术讲座学习班",听课人数达2 000多人次。

8月　国家教委主任朱开轩、卫生部长陈敏章由张学忠副省长、省卫生厅、省教委领导陪同分别来学院视察工作,对学院在艰苦条件下的创业精神及成绩给予较高评价。

本年　由学院中草药研究所挖掘传统藏药研制成功的"独一味片"正式投入生产,这是我省第一个经卫生部批准投产的新药。

10月8日　学院业余党校成立,省委副书记卢克俭到会祝贺并讲话。

11月27日　由马来西亚著名企业家和华人医学家郑炎成先生捐款25 000港元设立的"郑炎成奖学金"在学院举行设立仪式。郑先生同时赠款12万元人民币与学院合作建立"兰州国际英语炎成培训中心"。

12月　学院被国家教委、民委评为"全国民族教育先进集体"。

本年　在省上有关部门的大力支持下,学院对基础部教学楼中部进行了加固加层工作,加固6 900平方米,加层3 800平方米。

1991 年

4 月 15 日—6 月 15 日 英国玛易亚·费西尔(Marie Fisher)女士,应邀来学院讲学。

5 月 附属二院理疗科开展"经直肠前列腺 B 超检查",为省内首创。

6 月 11 日 省委书记顾金池及省委办公厅、省委宣传部、省教委领导来学校调研,顾书记题词勉励学校"提高办学水平,培养合格人才","坚持办学方向,加强科学研究,把提高学生书本知识与实践经验紧密结合起来,为培养高素质的人才而努力"。

6 月 15 日 学院成立"医药科技开发中心",属企业性质,实行自主经营、自负盈亏、独立核算;并经批准成为兰州宁卧庄开发区高新技术企业。

6 月 18 日 学院召开首届学生思想政治工作研讨会,有 100 多人参加,交流论文 29 篇。

7 月 8 日 省卫生厅王陇德厅长检查附属二院门诊工作。

8 月 17 日至 9 月 3 日 日本国秋田县脑血管研究中心上村和夫所长及该中心神经外科主任铃木明义研究员、神经内科吴佐藤雄研究员,应邀来第二附属医院访问讲学并示范手术。

8 月 省委任命史毅同志为附属一院党委书记。

8 月中旬 "中日兰州骨科中心"在附属二院成立,省政府秘书长孔令鉴到会祝贺。该中心为中日骨科研修人员进行学术研究和技术合作开发的基地。

8 月 28 日 香港扶轮社会 10 人访问团,来附属二院考察投资 20 万港元建癫痫中心事宜。

9 月 8 日 法国特拉斯堡第三大学医学院教授、国际知名泌尿外科专家波拉克(Bollack)先生,来学院进行为期两周的学术交流活动。

9 月 17 日 日本神户大学柏木大治教授和睦则远来附属二院骨研所进行为期 12 天的访问,并进行手术示范、讲学。

10 月 附属二院全身 CT(日本东芝 TOT300 型)投入使用,总价值 310 万元。

11 月 学院投入 180 万元在附属二院修建的教学楼竣工。

1992 年

1 月 28 日 兰州地区医院门诊工作研讨现场会在附属二院召开,省政府、省人大、省卫生厅有关领导,医学院及各医院院长 40 余人出席会议。

2 月 王镜院长参加甘肃省中西医结合学会医学代表团,赴日本大阪、京都、三重进行为期 1 个月的访问和学术交流。

3月26日　经省卫生厅批准，附属二院人工晶体植入研究中心成立，并开展人工晶体植入术。

4月12日　省政府任命康笃伦为第二附属医院院长。

4月22日　省政府任命梁世章同志为附属一院院长。

5月19日　学院与甘肃省人民医院举行建立省院教学医院协议签订仪式。随后，学院又与金川公司职工医院，武威地、市人民医院签订了教学医院协议书。

6月8日　卫生部顾英奇副部长来附属一院视察工作。

6月　美国中华医学基金会资助的"中国西北地区 CME 项目"开始启动。该项目由兰州医学院与西安医科大学、宁夏医学院、青海医学院、新疆医学院共同协作完成（连续资助5年）。项目办公室设在兰州医学院。

6月27日　学院与天水市第一、第二人民医院签订"教学医院协议书"。

7月　王镜院长参加甘肃省生物医学科技协作考察团，赴英国曼彻斯特大学、Salford 大学、利物浦大学、热带医学院、伦敦大学医学院考察，并签订兰州医学院与 Salford 大学联合研究包虫病协议书。

7月　骨研所冯守诚所长、闵坤山副所长率甘肃省医院访日团，参加日本第二十四届软组织肿瘤学术会议，顺访部分医院。

7月25日　附属一院成立甘肃省首个小儿外科。

7月28日　附属一院开展特护、加床、加台手术的改革，系省卫生厅的试点工作。

7月30日　附属一院与中科院冰川所联营的 CT 机正式开始工作。

9月中旬　附属一院承办中国首次"神经心理学国际学术交流兰州研讨会"。美国加州大学医学院神经科主任谢里尔·H.韦茨、丹麦哥本哈根大学神经心理学博士皮特·劳尔森、日本大阪姬路循环器病中心神经科主任 Yomadori、芬兰坦佩雷大学医院神经科主任哈里·弗雷、神经心理研究室主任梅里·杰霍伦等国外专家应邀参加。

9月20日　附属二院的"猪凝血酶"、"骨形态发生蛋白"、"银霄片治疗寻常银屑症"获"首届丝绸之路节"优秀科技成果奖。

9月24日　附属一院的科研成果"胃康"获兰州高新科技开发区科技交流金杯奖，"皮肤病模型"获银杯奖。

9月29日　附属一院聘请泰国整形外科主任医师蔡正义、台湾妇产科主任医师吴金钟、新加坡眼科主任医师许政雄为名誉职工，聘期自1992年9月至1995年7月。

9月　学院在"甘肃省首届丝路节科技展交会"上，有13项成果参展，其中 2 项获金奖、2 项获银奖、5 项获优秀奖,并被大会评为优秀展团。

10 月 5 日　附属一院斥资 129 万元购进美国 ATL mark-9 型彩超投入使用。

10 月 12 日　省卫生厅通报定西空难事件,对附属一院的应急能力予以表彰。

10 月 15 日　附属二院成立"甘肃医学放射免疫检测中心"。

11 月　学院召开首届科技工作会议,会议总结了以往十多年科技工作的成绩和问题,制定并开始实施学院推动科技进步的若干规定。

12 月 1 日　附属一院核医学科伽玛相机正式使用。

1993 年

2 月 17 日　附属一院被兰州市政府命名为 1992 年度"园林化单位"。

2 月 22 日　附属一院肿瘤二部成立,设床位 20 张。

2 月 6 日至 3 月 2 日　郗瑞生副院长代表学院参加西北地区医学教育考察团,访问美国南卡大学医学院、威基尼亚大学健康研究中心、俄亥俄医学院、华盛顿大学医学院、华盛顿爱德华医院。在纽约,美中华医学基金会主席索耶会见了考察团,就该会资助的"中国西北地区 CME 项目"的进展情况等进行了磋商。

3 月 3 日　省卫生厅审批同意附属二院成立"甘肃男性病治疗中心",增设正式床位 10 张。

3 月 24 日　许自诚教授被省卫生厅授予"甘肃省皇甫谧中医药学基金奖"。

3 月 25 日—28 日　法国斯符拉斯堡市巴斯德医学院附属中心医院口腔颌面外科主任、著名整形美容及颌面外科专家 Maxime Champy 教授来附属二院讲学交流。

4 月 13 日　学院组织各课程专家首次赴定西、白银、武威、金昌等教学点进行示范教学工作。

4 月 28 日　以日本国柏木六治为局长的日本矫形外科学术访问团,来我院进行学术讲座和手术示范。

5 月 1 日　附属二院脑研所引进核磁共振(威达低磁)开展全身检查。

6 月 7 日　附属二院成立"甘肃骨代谢研究中心"。

6 月 8 日　省人大副主任姚文仓同志带领省人大代表、省人大科教文卫工作委员会成员等,对附属一院执行《药品管理法》情况进行视察。

6 月 17 日　俄罗斯眼科专家巴辛斯基、瓦洛嘉二人来附属二院开展"角膜放射状切开手术治疗近视眼"业务。

6月24日 省教委、省计委、省财政厅、省人事厅经请示省政府同意,决定自当年起,在兰州医学院进行新生缴费上学招生改革的试点工作。

7月15日 泌尿外科研究室扩建为泌尿外科研究所。

7月26日 附属二院被省卫生厅授予援外医疗先进单位。

9月 医学系年级主任张维义同志获全国教育系统优秀思想政治工作者称号。

9月3日 美国罗莎琳德、费尔德曼教授来附属一院作护理心理学等方面的讲座。

9月29日 美国纽约州立大学整形外科中心主任李烟景教授来学院进行学术交流。

10月18日—22日 英国Salford大学生物系Philip S. Craig教授来院访问讲学,并赴漳县考察包虫病防治项目的进展情况。

10月9日 新加坡卫生部官员来附属一院参观,并就劳务输出(护士培训)一事进行考察。

10月 学院对临床医学系管理机构进行改革,在附属一院、二院成立了临床医学一部、二部及一部、二部党总支,以加强对学生后期见习、实习、教育及生活的管理。

11月4日 附属一院派往柬埔寨金边开办诊所的4位同志王恒大、吕桂华、任保祯、杨丽华离兰赴京。

12月12日 卫生部陈敏章部长为附属二院题写院名。

12月23日 许自诚教授赴香港参加中国文化与中国医学国际会议,并被香港中医专业学院聘为"学术顾问"。

12月26日 学院举行纪念毛泽东诞辰一百周年大型演唱会和多种形式的纪念活动。

同年 学院将马列主义教研室更名为社会科学部;成立了院办产业管理办公室。

1994年

4月13日 省委组织部、宣传部领导来附属一院宣布干部任免通知:任命傅梧同志为医院院长。

4月20日 学院同意在白银公司职工医院设立兰医神经病学研究所分所。

4月24日—25日 学院1994年度临床教学工作会议在白银公司职工

医院召开,14所教学医院的领导及有关科室负责同志60余人出席会议。会议就当前学生实习中普遍存在的问题达成共识,并提出八条改进措施。

4月25日 学院图书馆获省教委、省计委批准立项建设,核定建设总投资450万元,建筑面积5 637平方米。

8月8日 美国康纳德复明组织的盖腾、南希等一行3人来附属一院进行为期4天的眼科义务手术和学术交流。

8月11日 台湾医学界知名人士考察团来学院访问,其中有原台湾大学医学院院长,两岸医学交流委员会主任委员杨思标,原台湾大学医学院院长、两岸医学交流委员会委员林国信,敏感综合医学院院长、两岸医学交流委员会委员杨敏盛,原台湾大学医学院院长、台大医学院细菌科主任杨照雄,台湾护理学会副会长、原台大医学院护理部主任叶曾美燕,台湾护理学会常务理事、原台大医学院护理部主任罗兰妹。

8月18日 财政部副部长刘积斌在陈绮玲副省长陪同下视察附属二院。

8月27日 附属一院通过省爱婴医院评估小组的验收,向国家评估组申请验收。

9月8日 附属一院购进德国西门子公司的全身CT扫描机经调试正式投入使用。

9月10日—13日 学院举行"兰州医学院始创62周年暨独立建院40周年庆典"。

9月15日 "中华医学会甘肃分会小儿外科学会成立及学术交流会"在附属一院举行,与会代表150余人,收到论文86篇,交流50余篇,涉及小儿普外、心、胸、脑、麻醉等多学科,是全省最大规模的小儿外科专科学术会议。

10月17日 美国国家癌症研究所奥伯莱恩博士一行3人到学院进行学术交流以及遗传学的科研协作等。

11月9日 省委任命彭振华同志为第二附属医院党委书记。

11月16日 学院从即日起开始进行课程评估工作。

11月22日 为了加强和稳定师资队伍,学院规定:凡学院(包括附属一、二院)在职研究生毕业后服从组织分配到本院工作的,免收学杂费。

12月9日 离休干部、副主任护师倪惠莲同志因病逝世,根据本人遗嘱,将其常年患心脏病的心脏捐献给医学教育事业。

12月15日 省教委同意兰州医学院成立成人教育学院,统一管理全院成人高等学历教育和非学历教育。

12月19日 基础部药理教研室划归药学系,并与药学系药理教研室合并。

12 月 21 日　学院成立学生工作委员会。

12 月 29 日　学院成立学风建设评估领导小组。

12 月 31 日　学院第 10 批援马医疗队从马达加斯加发来信息,该国《午报》和《论坛报》于 11 月 16 日刊登专题文章,称赞"在缺医少药设备极差的条件下,中国医生怀着一颗忠诚的心,不分昼夜为马达加斯加人民辛勤地工作,人民给予他们很大的信任"。

本年　学院被国际研究组织正式批准,参加由欧共体资助的以英、法、中(甘肃、新疆)三国四方的国际包虫病研治合作项目。

1995 年

1 月 10 日　基础教学工作会议在学院本部开幕, 交流总结了 1994 年基础教学工作的经验及部署 1995 年基础教学工作的重点。

2 月 14 日　省教委阎思圣主任、孙一峰副主任来附属一院视察住宅危房情况。

2 月 18 日　附属一院心外科的 AVL995HB 血气分析仪投入使用, 运转正常。

2 月 20 日　附属二院康笃伦院长与酒钢医院院长李俊签订了双方结为协作医院的协议书。

2 月 27 日　中共甘肃省委组织部组任字(1995)30 号文件通知,朱任之、姚培珍同志任中共兰州医学院委员会委员。

3 月 4 日　省人民政府甘政任字(1995)8 号文件决定任命:朱任之、姚培珍为兰州医学院副院长。

3 月 10 日　省卫生厅代表国家卫生部、联合国儿童基金会、世界卫生组织为附属一院颁发"爱婴医院"标牌。

3 月 14 日　学院组织对临床医学、药学、预防医学、口腔医学专业的 535 名学生进行体质健康调研。

3 月 17 日　白银市王岘乡中心小学发生氮氧化物集体中毒,9 名学生从白银转入附属二院儿科,经全力抢救,脱离危险。25 日附属二院康笃伦院长及儿科曹博儒副主任陪同省政府罗鸿福秘书长赴该中心小学慰问中毒学生及家属。

4 月 2 日　美国华盛顿爱德华医院心血管专家库勃尔教授,西安医科大学第一临床医学院副院长,心外科主任黄庆恒教授等来附属一院访问交流。

4 月 13 日　附属一院首届医疗设备管理委员会成立。

4 月 28 日　学院举行 1995 年度临床教学工作会议。大会对 11 个先进集体、19 位先进个人予以表彰。

5 月 13 日　学院遵照国务院通知,开始实行每周五天工作制。

5 月 18 日　法国贝藏松大学教授魏同女士等应邀来院访问。王镜院长会见魏同教授,并商定了与法国贝藏松大学正式建立校际关系事宜。

5 月 18 日　省委、省政府召开表彰第二批甘肃省优秀专家暨 1994 年度人事部批准的有突出贡献的中青年专家大会。学院荣获第二批省优秀专家的有赵健雄、陈一戎、邝耀中。赵健雄同时荣获 1994 年度国家有突出贡献的中青年专家。

6 月 7 日　学院第二届学生思想政治工作研讨会召开,共收到论文 55 篇。

6 月 8 日　学院在兰州铁路中心医院设立兰州医学院神经病学研究所分所。

6 月 13 日　美国芝加哥血液肿瘤中心吴世华教授来附属一院进行学术讲座和交流。

6 月 14 日　附属二院黄晓俊和马力成功为甘谷 13 岁女学生作了甘肃省首例巨大胃柿石碎石术。

7 月 1 日　附属一院小儿外科成功地为 1 名 6 个月婴儿实施了医院首例"胆总管切除肝管空肠吻合术"。

7 月 5 日—13 日　学院在兰州和敦煌市承办了全国协作医学院校深化改革研讨会。参加研讨会的有 17 所医学院校的党委书记、校(院)长,共 35 人。

7 月 7 日　附属一院利用以色列贷款引进 ECT 设备,并与中国投资银行总行在北京签订转贷协议。8 月 17 日动工建机房,11 月 22 日该设备全部运抵一院,26 日开始安装。

8 月 12 日　日本名和田教授等来附属一院进行学术交流。

8 月 15 日—16 日　学院召开"'95 兰州日中国际药理学学术会议"。参加会议的中外药理学专家、学者共 80 余人。

8 月 25 日　学院徐光远同志获"全国优秀教育工作者"称号,并被授予"全国优秀教育工作者"奖章。

8 月 28 日　附属一院隆重举行新门诊楼开诊庆典,全国政协常委、原省委书记李子奇同志为新门诊楼剪彩。同时义诊三天。

9 月 7 日　附属一院肿瘤科在全省首次成功地为一患者实施了肝极量切除术,摘除肝脏肿瘤重量达 5 000 g,体积为 28×20×18 cm。

9 月 18 日　国家爱婴医院评审团检查附属二院爱婴医院情况,评审结果符合国家爱婴医院标准。

9月21日 省卫生厅批复附属一院血液科、眼科、普外科为省重点科室。

9月22日 附属一院接受甘肃省等级医院评审检查团为期两天的三级甲等医院初评,基本达标。

9月24日—26日 由美国医学专家马克斯先生带领的美国"心连心"手术队一行10人,应邀来我院进行学术交流。其间在第一附属医院成功完成了四例心脏高难度手术。王镜院长代表学院与"心连心"手术队代表签订了长期友好合作协议。

9月28日 中共甘肃省委组织部组任字(1995)166号文同意彭振华同志任兰州医学院党委委员。

10月24日 甘肃省教委发(95)75号文确定学院景涛、侯一平、刘兴荣、吴勇杰、王志平、孙正义为省属高等学校首批跨世纪学科带头人。

10月24日 原兰州医学院院长,著名微生物学专家,二级教授,政协第四、五届全国委员,甘肃省第一、二、三届人民代表大会代表,政协甘肃省第一、二、三、四届委员,九三学社中央委员王文义教授因病于上午9:00逝世。

11月3日 在省委召开的《中华老字号》丛书甘肃分册编纂工作新闻发布会上,学院成为首批入选《中华老字号》丛书的88家单位之一,并获由国内贸易部颁发的《中华老字号》证书和铜牌。

11月8日 经过近一年筹备,口腔医学系口腔门诊部正式开业。

11月17日 根据省计委、省教委意见,学院决定从1996年起,设在张掖、平凉的两个大专班停止招收新生,其招收大专生计划由院本部执行。

11月24日 临床医学系1992级女生贺慧颖获全国"三好"学生,在北京参加表彰大会时受到李岚清副总理,雷洁琼、钱伟长副委员长等领导同志接见。

11月24日 基础医学题库建设开始启动。

11月29日 附属一院张钲进行首例"血管射频消融术",获得成功。

12月1日 附属一院被正式批准加入中国500所大型医院信息库。

12月11日 中国西部发展与研究促进会向学院赠送价值20万人民币的一套彩色录像监控设备。

12月12日 学院成立精神文明建设领导小组。

12月15日 国家卫生部批准附属一院进行LAK细胞及肿瘤生物治疗的研究。

12月18日 附属一院小儿外科为一例25天的婴儿实施"新生儿自发性胆总管穿孔修补术"获得成功。

12 月 20 日　附属二院投资 236 万元人民币定购西门子产 ANGISLOPD 型血管造影 X 线机一套。

12 月 26—27 日　学院举行 1995 年度基础教学工作会议,共收到基础教学工作经验总结及交流材料 32 份,有 12 位代表大会发言。会议深入研究讨论了《关于教师管理的几项补充规定》、《教书育人工作条例细则》等 6 个材料。

12 月 30 日　学院秦晓民、曹喜生主编的《兰州医学院基础教学论文集》由兰州大学出版社出版。这是学院第一部基础教学论文集。

1996 年

1 月 11 日—12 日　学院举行第二届一次教职工代表大会,168 位代表出席了会议。王镜院长作了题为"回顾八五、展望九五、抓住机遇、深化改革,为建设好兰医而努力奋斗"的讲话。大会以全票通过学院"九五"发展计划纲要。

2 月 8 日　附属二院泌尿外科成功地进行了一例肾移植手术,这是二院在时隔 13 年之后再次恢复该项业务。

2 月 18 日　附属一院小儿外科为一出生仅 2 小时的婴儿成功实施了巨型"先天性脐膨出"修补术,患儿腹壁先天性发育缺损 12×10 cm,肝脏、胃肠膨出,膨出高度 8 cm。

2 月 27 日　学院印发《1996 年度院领导工作责任制》。

2 月 27 日　学院在党员中开展建设有中国特色社会主义理论和党章学习活动。

3 月 5 日　全院各食堂实行售饭机售饭,结束了以往使用饭票的历史。

4 月 3 日　甘肃省政府以甘政函(1996)19 号文同意学院扩大学生缴费上学改革试点,招收 595 名缴费生。

4 月 19 日—21 日　中西医结合研究室主任、赵健雄教授参加在美国拉斯维加斯举行的第三届世界传统医学大会,并在大会上做了"敦煌医学研究"的学术报告,受到与会专家们的高度赞扬和好评。荣获世界传统医药突出贡献国际金奖一等奖、优秀成果奖,以及"百名民族医药之星"称号。

4 月 19 日　省卫生厅批复,附属一院成立"核医学诊断治疗中心",与现核医学科是一套机构、两块牌子,不增加人员编制及干部职数。

4 月 23 日　利用以色列政府贷款 55 万元购进的双探头单光子发射型计算机断层照相机(SPE CT)经安装调试,在附属一院正式投入运行。附属一院举行 ECT 开机典礼。

4 月 25 日　附属二院住院处收费管理全部实行计算机操作。

4 月 25 日　省卫生厅批复,附属一院成立"甘肃准分子激光治疗中心",

与眼科是一套机构,两块牌子,不增加人员编制及干部职数。

4月25日　以冈田聪为代表的日本国5位医学专家与附属二院骨科就学术交流等问题进行会谈。

5月6日　附属二院血管造影系统和数字减影(DSA)安装调试完毕,开始运行。

5月8日　日本东京女子医科大学脑神经外科研究所所长高苍公明,日本国际医疗中心手术部部长近藤,日本医科大学及神经外科主任寺本明教授,日本帝京大学脑神经外科教授田村晃到附属二院参观指导。

5月28日　附属二院开展"颅脑手术中脑自动牵开器应用"、"冠状动脉造影术"、"一般血管造影术"、"小针刀"等医疗项目。

6月1日　为进一步规范医疗文书,附属一院开始使用《医师交班报告本》、《疑难病例讨论》、《会诊记录》、《死亡讨论记录》等9种记录。

6月4日　法国世界介入神经放射学会主席 I. Picard 教授、世界介入神经放射学会常委 J. Mofet 教授、亚太地区介入与治疗神经放射学会联合会主席凌锋教授来附属二院讲学。

6月8日　经国务院学位委员会第十四次会议批准,学院外科学(普外)取得招收、培养硕士生以及授予硕士学位资格。

6月22日　中国预防医学科学院兰州分院成立大会暨授牌、授印仪式在学院举行。卫生部副部长王陇德、中国预防医学科学院院长王克安、省委副书记赵志宏对中国预防医学科学院与兰州医学院的紧密合作,给予了高度评价和积极的鼓励。

6月22日—23日　学院第二届科技工作会议召开。会议的主题是:着眼21世纪,锐意改革,开拓进取,全面开创兰医科技工作新局面。王镜院长作了题为《锐意改革,开拓进取,为振兴兰医科技工作而奋斗》的讲话。

7月22日　新加坡国立眼科中心陈永光先生和天津医科大学眼科教授袁佳琴等来附属二院讲学、考察。

7月28日　附属二院耳鼻喉科、B超室新开展"153 SM-EDTMP 治疗"、"OLYMPUS 纤维喉镜"、"超声引导下自动穿刺活栓"等新医疗项目。

8月26日　北京阜外医院院长朱晓东教授应邀来附属一院进行为期3天的学术交流,做心脏手术4例、学术报告1次。

9月3日　附属一院小儿外科成功地为一出生两个半月的婴儿实施巨大畸胎瘤切除术,畸胎瘤为18×12×9 cm,重量1 317克。经检索,此例手术在全世界系第61例,我国系第14例,附属一院为首例。

9月12日—19日　日本秋田县脑研中心放射学专家奥寺利男、管斡雄访问附属二院,并就"介入放射学诊断"进行了学术讲座。

9月20日—23日　附属二院院长康笃伦、金婉容主任在天津与新加坡国立眼科中心林少明院长初步达成协议:由新加坡国立眼科中心资助附属二院人工晶体中心新病房资金及技术合作。

9月26日　学院张掖、平凉医疗大专班迁回学校,由院本部直接管理。

10月6日—16日　附属二院院长康笃伦及陈庆和教授赴维也纳参加为期10天的国际学术交流会议。

10月16日　甘肃省慈善总会就"唇腭裂孤残儿童"手术脱残一事在附属一院举行新闻发布会。由附属一院承担这项任务,共为13位儿童进行手术,全部脱残成功。

10月21日　学院决定在大学生中加强"1234567"基础文明建设工程。

10月26日　韩哲生教授80寿辰暨从事医学教育60年座谈会在附属二院脑研所举行。

11月18日　学院500吨蓄水池工程竣工使用。至此,困扰学院多年的教学、科研、生活用水紧张状况得到缓解。

11月中旬　学院实验动物室通过省科委、省卫生厅实验动物管理委员会的检查、验收,并获得5个实验动物饲育设施合格证、5个实验动物合格证。其中SPF设施已达到国内先进水平。

11月19日　甘肃省卫生厅批复同意第一附属医院设置糖尿病防治研究室。

11月22日　学院对院属景泰农场实施委托经营,签订了为期10年的委托经营合同。

12月3日　附属二院召开职代会暨教育工会成立大会。

12月5日　附属一院沈国强副院长调任甘肃省人民医院院长。

12月20日　省计划委员会654号文同意附属二院利用外国政府贷款200万美元对部分医疗设备进行更新。

1997 年

1月1日　附属一院正式启动"急救绿化生命安全通道"。

1月8日　学院成立"兰州医学院口腔预防保健中心"。

1月13日　附属一院麻醉手术科开始实行24小时连台手术。

1月15日　药学系1993级团支部被授予1996年度全省"红旗团支部"称号。

1月21日　在共青团甘肃省委八届六次全委扩大会上,学院团委获1996

年实施"服务万村行动"工作成效突出的团组织金奖。

1月27日　学院调整新建教学实验室建制，成立基础医学形态学实验室、公共卫生学实验室、口腔医学中心实验室、药物分析实验室。并撤销上述单位各教研室所属的实验室。

2月1日　为缩短平均住院日，附属一院实施医技科室限时发报告制度，并将报告对外挂牌公布，接受患者监督。

2月7日　甘肃省委书记阎海旺、省人大主任卢克俭、省委秘书长仲兆隆、省人大秘书长汤九夫以及省卫生厅领导亲临附属一院，向工作在第一线的医护人员致以春节问候。

2月17日　附属一院住院处开始实行24小时办理出入院手续。

3月10日—11日　甘肃省卫生厅梁世章、刘克玲、王颖、马骅周等领导及"三甲"医院复审检查团胡振环等评委来附属二院进行三级甲等医院评审，评审结果为"附属二院符合三级甲等医院标准"。

3月12日　省教委阎思圣主任、李重庵副主任、高教处赵菊芳处长来学院与学院党政领导座谈与兰州大学合作办学一事。

4月　国务院学位委员会办公室来函同意兰州医学院开展在职人员以研究生毕业同等学力申请硕士学位工作。

4月18日　省委副书记赵志宏、省委宣传部副部长顾军、省教委副主任李重庵、省卫生厅副厅长梁世章等来院检查指导工作，并分别对学院工作作了重要指示。

4月23日　学院举行首届英语知识技能竞赛，参赛者共108人。经过听力、阅读、翻译三部分的比赛，药学系1994级1班刘晕同学获一等奖，蒲小勇等3名同学获二等奖，周海燕等5名同学获三等奖。

4月24日　学院完成全院硕士点评估工作。参加评估的21个硕士点有18个点验收合格，另3个点责其改进。

5月　根据国家教委、卫生部、中医药管理局《普通高等医学院校临床教学基地管理暂行规定》《高等医学教育临床基地评估指标体系》，学院从本月开始，对各教学、实习医院逐个进行评估。

5月12日　为严格科研管理，学院决定对全院(含两所附属医院)的各种科研项目的申报、成果鉴定和报奖实施统一管理。

5月28日　学院举行新图书馆开馆典礼，省教委李重庵副主任等莅临祝贺。新图书馆，建筑面积6 093 m²，各类藏书40余万册、中外文期刊800余种。

5月31日　附属二院被卫生部评为"三级甲等医院"。陈绮玲副省长等领导出席挂牌仪式。医院义诊活动两天，义诊收入全部捐赠给贫困山区卫生院。

6月6日 附属一院被卫生部评为"三级甲等医院"。郭琨副省长等领导出席挂牌仪式。医院义诊活动两天,义诊收入全部捐赠给贫困山区卫生院。

6月24日 卫生部常务副部长、党组副书记张文康一行到附属一院视察工作。

6月28日 附属二院康笃伦院长、倪安民、陈一戎副院长应日本秋田县脑血管研究中心邀请,参加为期两周的学术交流。

7月18日 附属一院引进的德国西门子公司生产的数字减影血管造影机,安装测试完毕投入使用。

7月29日 新加坡国立眼科中心给附属二院捐赠3.4万美元,用于开展人工晶体研究。

7月30日 学院教师王恒大、龚经伟被授予"甘肃省优秀教师"称号,并颁发"园丁奖"证书和奖章。

8月4日 附属一院血液科、心外科、内分泌科被省卫生厅确立为首批省级重点学科。

8月18日 卫生部药品评审中心主任王子厚等5人,到附属二院进行药理基地验收。

9月25日 学院决定从10月1日起至11月20日对学院所有重点学科、附设性研究机构进行一次全面评估。

9月 附属二院举办"冯守诚教授从医执教50周年学术研讨会"。

10月24日 郜瑞生教授"西北地区继续医学教育(CME)方法和途径的探索与实践",获1997年普通高等学校国家级教学成果一等奖。学院张甲翠等4名同学获得"恒安助学金"资助。张甲翠同学还作为甘肃省受此项资助的20名特困生代表在人民大会堂云南厅接受受助卡。

10月26日 美国犹他州大学盐湖城医院心导管室主任、世界著名的心导管专家米尔斯坦教授,西安医科大学附属一院博士生导师崔长琮教授,到附属一院进行为期3天的学术交流。并演示PTCAC冠状动脉球囊扩张术手术5例。

10月28日 附属一院血液科、心外科、内分泌科,附属二院泌尿科、神经科、骨科,被省卫生厅确定为省级第一批临床重点学科。

11月6日 "甘肃省心血管医院"挂牌仪式在附属一院举行,省卫生厅主持仪式,副省长陈绮玲亲自参加。

11月15日 由学院办公室收集、整理的《兰州医学院管理规章制度汇编》一书印制完成,全书收集全院各方面管理制度15类,144件。

11 月 20 日　附属一院先后两批 303 名临床教师获得国家教委和省教委颁发的中华人民共和国教师资格证。

11 月 27 日　中共甘肃省委授予学院临床医学二部为"甘肃省高等学校党的建设和思想政治工作先进集体";授予基础部党总支书记曹喜生同志"优秀党务工作者"称号。

12 月 1 日　学院基础部组织编写《1992—1997 年基础医学部著作·论文·获奖项目汇编》,共收录著作 81 部,教学、科研论文 482 篇,获奖项目 63 项。

12 月 22 日　王晓华、魏虎来、李敏、李玉民被评为甘肃省省属高等学校跨世纪学科带头人。教师高明堂同志、金玉同志获第四届全省高校青年教师成才奖。

12 月 24 日　省政府隆重举行表彰大会,学院被授予"甘肃省教师康居工程建设先进单位"称号并授予铜牌。宋江山同志获先进个人奖。

12 月 26 日　经甘肃省高等学校专业设置评议委员会评议并经省教委审定同意,学院新增妇幼卫生、护理学两个专科专业,学制均为三年。

12 月　学院实验动物室的 SPF 实验小组,培育出高品质小鼠 3 000 多只。其技术指标完全符合国家标准。

本年　学院图书馆中国学术期刊光盘版"医药卫生光盘检索与咨询一级站"开始运行,成为全省第一家"医药卫生光盘检索与咨询一级站"。

1998 年

1 月 4 日　卫生部、省卫生厅委托学院举办预防医学(鼠疫防治)专业成人脱产大专班。通过全国成人高等教育考试,到 2001 年,每年招收 30 名成人鼠疫防治专科生,学制三年。1998 年在部分省市、自治区招生 33 名。

1 月 7 日　国家档案局授予附属二院"国家二级科技事业单位档案管理"荣誉称号。

1 月 16 日　附属二院马力、高云荷二位同志当选为甘肃省政协常委。

1 月 30 日　兰州大学苏致兴书记、李发伸校长来院与学院党政领导共同座谈两校合作办学事宜。两校领导就合作办学的意义、双方的态度、合作的可能性和具体的合作细节基本上取得了共识。

2 月 24 日　北京中医大学第四届第一次学位委员会批准学院赵健雄教授为北京中医大学博士研究生指导教师(兼职)。

2 月 25 日　国家档案局副局长、中央档案馆副馆长刘国能来附属二院视察档案工作。省档案局副局长张前林、省卫生厅厅长梁世章等领导陪同视察。

3 月 7 日　为方便病人,附属一院开始实施双休日门诊。

3月11日　接卫生部国际交流中心《关于认可香港民安保险公司发行的"意外急救医疗保险卡"的函》,附属一院作为国际紧急医疗救援的网络医院,从今日起认可该保险卡。

3月14日　为贯彻国家三部委颁发的《高等医学教育临床教学基地评估指标体系》,学院全面部署临床教学基地评估工作。

3月18日　附属一院眼科主任白彩霞任甘肃省卫生厅"视觉第一中国行动"项目领导小组成员及专家技术指导组组长。

3月20日　以色列特拉维夫医院心外科库恩教授一行6人,到附属一院进行为期一周的学术交流及手术示范。

3月29日　天津医科大学总医院内分泌学主任医师、博士生导师,国家重点研究所负责人张镜宇、邱明才教授来附属一院,进行为期3天的查房及讲学。

4月4日　上午11时,学院(包括附属一、二院)在南山绿化点所承包的400亩绿化带被两青年野炊点燃,烧毁近200亩。

4月8日　附属一院泌尿外科开展经尿道前列腺电切气化术(TVP)治疗前列腺增生的新业务。

4月16日　附属一院投入37万元人民币购进日本产"SF-3000型五分类血球仪"在检验科投入使用。

4月16日　史大中、陈启武、任登先、孙正义获甘肃省委、省政府第三批"甘肃省优秀专家"称号。

4月20日　省卫生厅批复同意附属一院自筹资金建设4 000平方米的制剂楼,由职工集资建设8 000平方米的职工住宅楼(高职楼)。

4月20日　"兰州医学院医药科技开发中心"更名为"兰州高新医药科技开发中心"。

4月25日　中共甘肃省委组织部决定任命张合龙为兰州医学院党委委员。

4月28日　甘肃省人民政府决定任命张合龙为兰州医学院副院长。

4月30日　学院8个志愿者服务队正式成立,队员357人。

5月1日　附属一院引进的以色列产"电话心电图监测系统"在心内科投入使用。

5月7日　附属一院血液科、心血管、抗感染三专业经卫生部的考核、评估被定为临床药理基地。

5月　经省教育厅批准,学院建立护理学专业。当年招收大专层次护理专业学生,办学地点设在兰医护校。

5月15日　由学院纪委书记温作斌、附属二院党委书记彭振华率院扶贫医疗队 15 名专家赴武山第三次开展扶贫义诊。义诊病人 771 人次,会诊重危病人 4 人次,手术 1 例。

5月21日—22日　学院临床教学基地评估现场会在附属一院举行,甘肃省副省长李重庵、省教委主任罗鸿福、省卫生厅副厅长马登科等领导出席会议并作了重要讲话。

5月29日　省教委同意学院举办"临床医学"、"预防医学"、"药学"三个研究生课程进修班。当年实际招生 116 名。

5月31日　学院羽毛球队在 1998 年全省高校学生羽毛球赛中获团体第一名。

6月3日　从即日起,附属一院对持有劳动部颁发的《下岗证》的国企职工,免收便民门诊和平诊挂号费,专家门诊减收 40%,普通病房床位费减收 10%,部分大型设备检查治疗费减收 10%~15%。

6月19日　国务院学位委员会 (1998)44 号文批准学院内科学 (传染病)、儿科学、外科学(胸心外)、急诊医学、卫生毒理学为硕士学位授权专业。至此,学院硕士学位点(按新目录)累计达到 27 个,覆盖了 31 个学科专业。

6月30日　在职人员以研究生同等学力申请硕士学位工作开始实施。

6月30日　学院举办书画、篆刻、摄影集邮展,各类参展作品 635 幅,其中 53 幅作品参加了甘肃省第三届师生书画大赛。

7月6日　学院基础部形态学实验室、预防医学系公共卫生实验室和计算机教学中心等 3 个实验室被首批评为省级合格实验室,并授予铜牌和合格证书。

7月10日　总价值约 150 万元的德国最新莱卡 M690 型眼科手术显微镜、德国白内障超乳化玻璃切割系统在附属二院眼科运转。

7月21日—22日　美国眼科复明协会康纳德教授来附属二院进行讲学,并进行角膜移植术 8 例、白内障超乳手术 2 例。

7月23日　北京医科大学人民医院黎晓新教授来附属二院讲学并进行玻璃体—视网膜手术 8 例。

7月25日至26日　天津人工晶体培训中心汤新教授来附属二院为 9 名患者进行白内障超乳手术。

8月1日　附属一院购置的"电子计算机病理图像分析系统"在病理科投入使用。

8月5日　由省卫生厅牵头,附属二院在宁卧庄宾馆签订了"美国·甘肃眼科复明协会共同建立中国西部眼库合同"。

8月8日　具有现代化水平的附属二院住院部新大楼落成暨螺旋CT投入运转典礼举行,参加剪彩仪式的有原省人大副主任、副省长王金堂,省委宣传部副部长张天理等领导同志。新住院大楼共7层,使用面积达6 071平方米,设病床160余张。

8月18日　省委赵志宏副书记、李重庵副省长来学院主持召开现场办公会议,省委办公厅、省委宣传部、省教委、省财政厅、省计委、省卫生厅、兰州市政府等有关方面负责人参加了会议。重点解决了学院办学过程中存在的4个突出困难。

8月28日　在中华医学会眼科学会牵头举办的"全球华人眼科大会"上,附属一院白彩霞同志荣获"中华眼科学会奖"。

8月29日　附属二院与北京达美得科技发展有限公司协商,决定将国际上最为先进的一些医疗设备,以合作经营的方式,投放到医院使用,其中包括:(1)高功率半导体外科激光;(2)半导体激光泵专用激光;(3)歌德白内障超声乳化玻璃切割系统;(4)莱卡M690型眼科手术微镜。以上设备价值人民币450余万元。

8月30日　附属一院成功举办为期3天的西北五省区内镜新技术演示暨学术研讨会。中华消化内镜学会副主任委员、全军消化研究所所长、第一军医大学南方医院周殿元教授,中华消化内镜学会外科学组副组长、广东省人民医院内镜外科主任王卫东教授,第二军医大学东方肝胆医院胡冰博士到会演示。参加会议的有西北5省区70余家医院的180位代表。

8月　长江流域发生百年不遇的洪涝灾害,全院1 153名教职员工为灾区捐款67 484.80元。

9月2日　附属二院泌尿外科主任医师、医学博士王志平荣获1998年度"吴阶平泌尿外科医学奖"。

9月3日　附属二院宁淑敏同志荣获甘肃省"园丁奖"优秀教师称号。

10月8日　在全省职业道德建设先进单位表彰大会上附属一院被授予"全省职业道德建设先进单位"。

10月8日　附属一院投入217万元,购进奥林巴斯"电子十二指肠镜"、"电子结肠镜"、美国"多功能睡眠监测仪"、呼吸机、德国西门子"小狮王B超"机各1台(套)。

10月10日　美国犹他州大学布朗教授等来附属一院进行学术交流。并进行了9例难度较大的经皮冠状动脉成形术(PTCA)和4例支架(STENT)植入手术演示和指导。

10 月 27 日 甘肃省卫生厅甘卫医发(1998)第 382、383 号文件决定,撤销附属二院天水路门诊部、酒泉路门诊部、便民门诊部。

10 月 29 日 学院决定从 1997 级开始选拔品学兼优的专科学生(平均总成绩名列本专业、本年级前 10%者)升入本科继续深造。

10 月 29 日 附属一院 408 位医师(包括离退休医师)获甘肃省卫生厅颁发的《医师执业执照》。

11 月 6 日—7 日 学院基础部首届教学科研学术交流会隆重召开。交流会共安排 32 个报告,分为教学、科研、跨世纪学科带头人及其他三个板块。

11 月 8 日 学院开始由兰州第二热电厂集中供暖。至此,长期困扰学院发展的冬季供暖问题得到根本解决。

11 月 11 日 本年全国大学生数学建模竞赛结果揭晓,学院教师严定琪,学生慕仲元、余兰、幸颖获得甘肃赛区二等奖及成功参赛奖。

11 月 17 日 学院选送的《誓言》获"如意杯"全省高校广播节目展播优秀奖和最佳编排奖。

11 月 17 日 附属一院生化室被评为全国优秀实验室。

11 月 18 日 国务院学位办公室副主任顾海良来学院及附属二院视察增设博士点工作情况。

11 月 25 日 甘肃省卫生厅向卫生部推荐附属一院为全国"百佳医院"的候选单位。

11 月 应联邦制药董事长、总经理蔡金乐的邀请,学院院长王镜、附一党委书记张引芳、附二院长康笃伦访问珠海联邦制药有限公司,并出席了兰州医学院"联邦医学教育奖学金"签字仪式。联邦制药厂有限公司向兰州医学院捐赠人民币 59 万元,设立"联邦医学教育奖学金",并分别向附属一、二院各捐赠 1 套价值 6 万元人民币的触摸式电脑导诊系统。

11 月 经省科委审批,1998 年学院共获省科委课题 28 项,其中攻关项目 6 项,自然基金项目 16 项,中青年基金项目 6 项。

12 月 2 日 附属一院呼吸科、传染科被省卫生厅确定为省级重点学科。

12 月 2 日 吴碧莲副省长、卫生厅梁世章厅长等人来附属二院视察急救中心、新病房、骨普科、检验科检查工作。

12 月 5 日 为贯彻落实《中华人民共和国老年人权益保障法》,附属二院对 65 岁以上持有《老年优待证》者实行优先半价挂号、优先就诊、优先取药、优先住院以及享受医院实行的其他优待规定。

12 月 中国红十字会授予林玉同志"中国红十字会抗洪抗震救灾先进个人"称号。

12月16日　学院获甘肃省高校1996—1997年度科技进步奖共25项，其中一等奖2项、二等奖13项、三等奖10项；获社科成果奖1项。

12月16日　"兰州医学院微生物学教研室"更名为"兰州医学院微生物学免疫学教研室"。

12月17日　附属二院泌尿外科主任医师王志平的论文《前列腺素E和消炎病对膀胱癌患抗肿瘤免疫的影响》，荣获第二届中华医学会爱惜健康中青年优秀论文二等奖。

12月22日　本年全国高等学校计算机考试(甘肃考区)及甘肃省大学生"神速杯"计算机程序设计竞赛圆满结束。学院以2 036分、2 018分取得本科院校一级和BASIC语言组团体总分第一名。并获优秀组织奖和流动"神速杯"。学生王维斌、王先坤、刘平、卢嘉翰、王艳、孙征、汪鲲分别获得一、二、三等奖。

12月23日　省教委确定，学院倪京满、杨克虎、刘昕、吴强同志为甘肃省跨世纪学科带头人。

12月25日—26日　形态学实验室、公共卫生学实验室、计算机中心通过省教委专家组合格评估。成为学院首批省级合格实验室。

1999 年

1月5日　学院人体解剖实验室通过省高校基础课教学实验室评估专家组合格评估。评估使该实验室面貌发生了根本性的改变，成为学院对外展示的窗口。

1月26日　卫生部国际紧急救援中心认定附属二院为卫生部国际紧急救援中心网络医院，为境外人士提供医疗紧急救援服务。

2月—12月　学院获甘肃省大学生艺术节优秀组织奖；舞蹈《旗》获二等奖，《雪莲花》、《牧人浪漫曲》获三等奖；声乐《祖国颂》获一等奖；器乐《悲怆》获二等奖；小品《实习第一天》获一等奖及优秀创作奖。

3月19日　国际"心连心"组织专家一行16人来附属一院进行为期一周的手术活动。

4月　在国家科学技术学术著作出版基金委员会实施的"百部精品"工程中，蒋次鹏教授的学术专著《棘球蚴病的临床与基础研究》获该项基金的出版资助。这是学院第一部受到该项基金资助出版的学术专著。

4月1日　国际"微笑行动"组织一行48位专家来附属一院进行儿童唇腭裂手术，为期12天。

4月22日　"微笑列车"行动一行12人(其中外国专家7人)来到附属一

院视察,并商讨为残疾儿童进行手术事宜。

5月 省科技厅依托学院多学科、多专业联合组建的甘肃省中药新药临床前研究重点实验室成立。这是学院第一个省级重点实验室。

5月31日 甘肃省学位委员会同意学院举办基础医学、临床医学、预防医学、药学4个专业研究生课程进修班。

6月7日 美国眼科复明协会以康纳德教授为首的角膜移植、玻璃体视网、白内障及眼肌、斜弱视专家一行9人,来附属二院进行为期两周的手术演示及学术活动。

6月14日 根据《甘肃省普通高等本科院校选拔优秀专科生升入本科学习的暂行规定》,学院进行首批优秀专科生升本科工作,临床医学专业李波等8人,药学专业石传群等2人升入相应专业1997级本科学习。

6月23日 美国汤姆教授到附属一院进行"骨质疏松症"专题学术交流。

7月12日 附属二院与深圳市中立投资公司协商、合作开办的"甘肃省伽玛刀治疗研究中心",合作期限为20年。

7月29日 武汉同济医科大学研究生处一行13人来二院考察、调研联合培养博士生有关事宜。

8月4日 北京医科大学皮肤病教授、博士生导师李世荫来附属二院进行学术活动。

8月 附属一院被授予甘肃省"十佳医院"称号。

9月11日 学院举行第一届职工趣味运动会。

9月15日 学院外籍教师温迪·霍姆伍德(英国)获省政府颁发的甘肃省外国专家"敦煌奖"荣誉称号。

9月 附属一院被卫生部授予"全国百佳医院"称号。

9月22日 附属二院泌尿外科主任医师岳中瑾博士,被团中央、卫生部授予"全国卫生系统青年岗位能手"称号。

9月22日—24日 全省高校党的建设和思想政治工作检查评估组对学院党的建设和思想政治工作进行了全面检查评估。

9月27日 胸心外科主任医师王彤,被甘肃省委、省人民政府授予"甘肃省先进工作者"荣誉称号。

9月28日 附属二院隆重庆祝建院67周年及独立建院40周年。

10月19日 附属二院获甘肃省"十佳文明医院"称号。

10月 省计委批准同意学院建设教学楼工程。建筑面积16 000平方米。预计总投资2 194.16万元,其中由中央财政和省财政投资900万元,其余部分由学校自筹解决。

10 月　甘肃省新生儿疾病筛查中心在附属一院成立。

10 月 27 日　省人民政府甘政任字(1999)17 号文件通知,赵健雄为兰州医学院院长,景涛为兰州医学院副院长。

11 月　学院提出"上规模、上层次、上效益"目标,并作为学院一切工作的主线,引起了全院教职工的强烈反响和热烈拥护。

11 月　附属二院李智主任医师牵头的"妊高症发病机理探讨孕妇外周血中胎儿细胞作用"研究课题,获得国家基金资助经费 13 万元,实现了学院近 10 年来国家自然科学基金项目零的突破。

11 月 15 日《兰医一院通讯》创刊。

12 月 6 日　附属一院为荣获"全国百佳医院"和"全省十佳医院"荣誉称号隆重举行挂牌庆典。

12 月 17 日　兰州医学院高等职业技术学院成立,暂设临床医学、护理学、妇幼卫生 3 个专业。

12 月　附属一院再次荣获卫生部和人事部"全国卫生系统先进单位"称号。

2000 年

1 月 1 日零时 3 秒　西北师范大学图书馆职工刘怡在附属二院妇产科爱婴产房自然分娩一体重 3 150 克重的世纪男婴邢纪元。

2 月 5 日　副省长郭琨、省政协副主席杜大仕代表省委、省政府慰问附属二院春节期间仍在一线工作的医务人员。

2 月 26 日　院党委确定"确保一个重点,力争一个突破,实现三个优化,形成四个机制"的学院改革与发展目标。

3 月 14 日　省教育委员会批复学院自筹资金新建研究生楼。总面积控制在 6 500 平方米以内,总投资 650 万元。

3 月 20 日　学院召开"三讲"教育动员大会,全院科级以上干部,教授、副教授和教研室主任、副主任,部分离退休职工和学生代表共计 268 人参加了大会。

3 月 21 日　为了支持学院及附属医院引进国外先进医疗设备,授信额度为 1 亿元人民币和 100 万美元的银校合作协议在中国人民银行甘肃省分行正式签约。

3 月 24 日—29 日　北京阜外医院刘迎龙教授一行 4 人来附属二院进行学术交流,并作了 7 台示范手术。

3 月 24 日　李重庵副省长、省教委李廉副主任来学院视察,对学院人才培养、学科建设、办学重点、资源利用等方面作了重要指示。

3月27日　甘肃省人民政府任命倪安民同志为兰州医学院第二附属医院院长。

3月29日　天津公安医院院长、中华医学会检验学会副主任委员王金良教授来附属二院作"细菌耐药的几个问题"的学术报告。

4月20日　附属二院成立医院周边地界遗留问题协调工作小组。

4月29日—30日　学院在校本部召开临床教学工作会议,来自附属一、二院、各临床教学医院、防疫站主管领导、省级医院四大科主任等120余人出席,会议收到交流材料、论文17篇,6位同志进行大会交流。

5月2日　北京301医院黄志强院士来附属二院进行外科手术示范。

5月11日　甘肃省卫生厅批复同意附属二院设立甘肃省脊柱外科中心、甘肃省伽玛刀研究治疗中心。

5月12日　深夜,兰州七道梁隧道发生特大车祸,30余人受伤。附属二院、省急救中心调集车辆5台,急救医护人员20余名参加现场急救,医院相关科室50余人、学院实习生20余名也参加了抢救工作。

5月13日　学院与青岛市口腔医院签订建立口腔医学教学协议。

5月23日—6月23日　根据省残联统一部署,附属二院眼科副主任医师韩仪敏、杨阳二同志赴定西、岷县进行白内障复明手术254例,受到当地政府、人民的好评。

5月27日　附属二院陈一戎副院长前往北京人民大会堂,庆贺全国著名性科学专家、原附属二院史成礼教授从事性科学研究50周年。

6月6日18时59分　白银市景泰县境内发生5.9级地震,附属二院迅速组建医疗队,携带器械、药品紧急救援地震灾区。

6月26日　附属一院被评为全省思想政治工作先进单位,并被推荐为全国思想政治工作先进参评单位。

7月2日　"甘肃省男科医院"在附属一院挂牌成立。

7月　附属二院被中共兰州市委、兰州市人民政府、兰州军分区评为"爱心献功臣行动"先进单位。

7月11日　美国眼科复明协会廉纳德教授一行再次来院进行角膜移植手术示范及学术交流。

7月11日　学院开始试行兰州医学院硕士学位研究生指导教师工作实施细则。

7月14日　泌尿外科研究所和甘肃省泌尿外科专业委员会联合举办的"泌尿外科最新进展讲习班"在附属二院学术报告厅开幕。

7月30日　上海市瑞金医院郑民华教授来院进行学术交流及疑难手术

示范,并赠送 1 万余元的医疗手术器械。

8 月 2 日　德国柏林心脏中心医院副院长翁渝国教授来一院作心脏手术。

8 月 2 日　经教育厅、卫生厅同意,兰化职工医院加挂兰州医学院附属天浩医院院牌。

8 月 21 日　附属一院"病人选择医生"改革工作正式启动。

8 月 26 日　教育部副部长周远清来学院视察。

9 月 8 日　附属二院隆重召开庆祝教师节暨表彰著名专家大会。表彰奖励的首批著名专家有:韩哲生、冯守诚、王永铭、刘宝厚、刘铭锐、刘国栋、裴明德、邝耀中、沙鹏图、康笃伦、闵坤山。

9 月 26 日　甘肃省科学技术厅以学院为依托,组建甘肃省新药临床前安全性评价重点实验室。

10 月 15 日—16 日　学院第三届科技工作大会隆重召开,大会总结了过去 4 年来学院科技工作的经验和教训,确定了今后科技工作发展的方向和目标,并对优秀科技成果、优秀科技论文进行表彰。

10 月 15 日　香港联邦制药有限公司董事长、总经理蔡金乐先生亲临学院颁发 2000 年联邦医学教育奖学金并发表热情洋溢的讲话。该奖学金自 1998 年设立以来学院已有 425 位同学获奖。

10 月 18 日　附属二院岳中瑾博士成功完成亲属活体供肾移植手术,术后患者恢复良好,这在我省尚属首例。

10 月 18 日　省卫生厅在兰州宁卧庄宾馆隆重举行"省级卫生系统重点学科及中青年学术技术带头人授奖颁证大会"。附属二院神经内科、耳鼻喉科被新授予重点学科,张连生等 14 名中青年医师被授予中青年学术带头人。

10 月 20 日　学院老年医学、神经病学、精神病与精神卫生学、临床检验诊断学、麻醉学、药剂学等 6 个学科成为甘肃省首次自行审批的新增硕士学位授权点。

11 月 9 日　学院《甘肃省中草药研究及资源志》获 30 万元"科教兴省"省长基金资助。其内容涉及甘肃全省分布的 2 000 余种中草药的药用植物形态、产地、生活环境、采集加工、化学成分、民间应用、插图绘制等。

11 月 15 日　学院数学教师张敬媛、严定琪,学生侯作贤、杨小军、白长财获 2000 年全国大学生数学建模竞赛(甘肃赛区普通院校组)二等奖。

11 月 30 日—12 月 8 日　附属二院倪安民院长、眼科金婉容主任医师、张文芳副主任医师应邀前往新加坡,参加新加坡国立眼科成立 10 周年庆典活动及签订有关合作协议。

12月15日—16日　学院召开第三届科技工作会议,总结了第二届科技会议以来的发展情况、经验与教训,讨论了今后发展的有关文件草案,理清了基本思路,勾画了基本蓝图。25人在大会上作了学术报告。

12月26日—27日　学院召开教学改革工作会议,主要讨论学院教学改革方面的若干重大举措。

12月28日　经请示,省教育厅同意,白银有色金属公司职工医院加挂兰州医学院附属白银医院院牌、兰州铁路局兰州中心医院加挂兰州医学院附属金轮医院院牌、甘肃省妇幼保健院加挂兰州医学院教学医院院牌。

12月28日　学院提出专业建设五年规划。规划的基本原则是,坚持以医学本科专业为主体,坚持质量、结构、规模、效益协调发展,以新专业建设和专业结构调整为重点,构建以医学为主,适度发展医学相关学科的专业格局。规划提出2001年起要逐年减少专科专业的招生,2004年停止专科专业招生。

2001 年

1月10日—11日　学院第三届教职工代表大会暨第十次工会会员代表大会召开,正式代表123人、列席代表32人、特邀代表11人。赵健雄院长作《解放思想,深化改革,与时俱进开拓创新,努力创造兰医新世纪辉煌》的工作报告。会议原则通过工作报告和《校务公开实施办法》、《"三育人"工作条例》、《教职工代表大会实施细则》。

1月12日　省政府决定给学院260万美元的日本政府贷款,用于改善办学条件。学院成立日元贷款办公室。

2月6日　上海医院全国著名普外科专家蔡成机教授来附属二院进行学术交流,并为宁英远副院长实施了肠切手术,手术时间长达6小时之久。

2月12日　第一位晚期癌症患者入住附属一院宁养院,这标志着由香港实业家李嘉诚先生资助的慈善机构——宁养院正式启动。截至2008年共免费为178位晚期癌症患者提供约20余万元的药品,出诊约2 000余次。

2月12日　附属一院被甘肃省政府评为"省级文明单位"。

2月21日　香港李嘉诚先生来附属一院考察宁养院工作开展情况。

2月22日　省计委邵克文主任、省卫生厅侯生华厅长主持召开"省儿童医院基建移交二院基建管理"联席协调会,确定省儿童医院移交附属二院管理。

2月27日　甘肃省委甘任字(2001)79号文件,阎孟辉同志任兰州医学院党委书记。

3月1日　针对医学生课时多、负担过重的状况,学院从本学期开始推行

40 分钟课时制。通过改革,医学生课时量将压缩 20%。

3 月 3 日　上午 10 时许,来大西北采风的广州美院师生一行 48 人,在途经七道梁隧道时,发生恶性交通事故,造成多人重伤。附属二院迅速组建以神经外科、骨科、胸外科为主,医疗技术较强的医师实施抢救、手术等项工作。

3 月 6 日　经教育部备案批准,学院新增医学影像学(5 年)、护理学、医学检验(5 年)、公共事业管理 4 个本科专业,2002 年开始招生。

3 月 13 日　根据中共甘肃省委文件:陈一戎同志不再担任兰州医学院第二附属医院副院长职务,调任甘肃省人民医院党委书记兼副院长。

3 月 22 日　附属一院在全省率先开展让群众"明明白白"、争创"百姓放心"医院活动,旨在通过 3~5 年时间,建设社会认可、百姓放心、名副其实、享有盛誉的品牌医院。

4 月 3 日　省委组织部、省人事厅通知,学院王志平、李敏、景涛、李冲、张本忠、白德成、杨克虎、王丽京、郑天珍、苏海翔、刘昕、倪京满、郭赢仕、段建敏、张连生、张有成、戴恩来、金玉、李智、郭玉芬 20 位同志,为甘肃省培养造就跨世纪学术技术带头人"333 科技人才工程"第一、二层次第二批人选。

4 月 21 日　北京阜外医院小儿先天性心脏病研究室主任、心外科专家刘迎龙教授来附属二院示教,共同成功地实施了 6 例婴儿复杂畸形先天性心脏病微创手术。

4 月 21 日—28 日　国际"心连心"组织在附属一院开展心脏手术,该组织至此,共在甘肃开展心脏手术 220 例。

4 月 25 日　学院高职学院临床医学、医药贸易、口腔技师、护理等 4 个专业成为第一批经省教育厅备案的高职专业。

4 月 28 日—29 日　学院 2001 年度临床教学工作会议在平凉召开。107 名代表出席会议。会议表彰了省人民医院等 9 个先进集体和 14 位先进个人。为 31 个教学基地的 1 251 名代教人员颁发了聘书。其中兼职教授 195 人、兼职副教授 711 人、兼职讲师 345 人。

4 月　由香港李嘉诚先生资助的"甘肃省继续教育及边远少数民族地区医生培训"项目,给学院 65 万元项目资助。此外,李嘉诚先生还在援建的"宁养院"项目中,给第一附属医院资助 100 万元。

5 月　附属二院泌尿外科一次性成功完成 4 例肾移植手术,标志着该院肾移植手术达到国际先进水平。

5 月 9 日　附属一院监护中心被团中央、卫生部评为"全国青年文明号"。

5 月 12 日　省政府在宁卧庄礼堂隆重召开"表彰 1999 年度国务院政府特殊津贴及甘肃省第四批优秀专家大会",孙正义教授、王志平教授被授予享受国务院政府特殊津贴者;倪安民教授、马力教授被授予"甘肃省优秀专家"称号。

5月15日　甘肃省发展计划委员会同意建设兰州医学院总建筑面积4 000平方米的动物实验楼、总建筑面积4 700平方米的研究生实验楼,总投资1 000万元全部由学院自筹解决。

5月18日　拥有固定资产近200万元、高级综合治疗牙椅16台、建筑面积近600平方米的学院口腔门诊正式开业。

5月21日　甘肃伽玛刀治疗研究中心在附属二院隆重开业。

5月　国家自然科学基金委员会邀请学院专家评审国家自然基金项目共39项。其中骨科专业评审项目20项、泌尿外科专业评审项目10项、皮肤病专业评审项目7项、卫生毒理学专业评审项目2项。表明学院的部分专业和专家已在国内具有较高的知名度和学术水平。

5月21日—6月2日　美国眼科复明协会康纳德教授一行6人,来附属一院进行视网膜疾病、青光眼、角膜病、白内障等手术诊治、示范及开展学术活动。

5月29日　学院联合印发《兰州医学院内部管理体制改革方案》。

5月31日　学院内部管理体制改革动员大会在学术报告厅隆重举行,全院600多名教职员工参加了会议。

5月　甘肃省首家辅助生殖医学中心在附属一院正式挂牌成立。

6月　学院首次内部管理体制改革初获成果。

6月13日　甘肃省第一位由学院赵健雄教授(北京中医药大学的兼职博导)指导培养的医学博士戴恩来顺利通过博士论文答辩。答辩委员会一致认为其论文《扶正抑瘤汤的抗肿瘤作用及其细胞分子机理研究》为优秀博士论文。

6月18日　受学院及省生理学会邀请,美国国家健康与环境效应研究所教授格里斯道·弗·戈登博士来院作了题为"有机磷杀虫剂对大鼠体温及调血的影响"的学术报告。

6月21日　附属二院倪安民院长随同国家卫生部考察团前往美国考察医疗卫生保险。

6月28日　学院举行内部管理体制改革阶段性总结大会。党委书记阎孟辉对本次内部管理体制改革作了阶段性总结。赵健雄院长向竞聘上岗的47名正副处级干部、114名具有副高以上职称专业技术人员颁发了聘书并签订聘用协议。

6月30日　附属一院被省委命名为"先进基层党组织"。

7月16日 国家卫生部医政司副司长王羽来附属二院视察急救中心工作。

7月 学院护理学、医学影像学、医学检验、公共事业管理(卫生管理方向)4个本科专业获得批准,并于2002年开始招生。

7月 中国药品生物制品鉴定所专家王军志、王秀文、贺争鸣3位研究员来学院分别就"生物技术药物的开发现状与展望"、"国内外GLP发展现状和实施要求"、"我国实验动物工作进展及实验动物设施管理的基本条件"作学术报告。

7月13日 附属一院新购贝克曼大生化仪在检验科投入使用。

7月14日—18日 学院相继成立基础医学院、后勤、药学系、公共卫生系、护理系、机关、教学科研、社科、公共课、体育教学部、口腔系、继续教育学院、临床医学一部、临床医学二部共14个党总支委员会。

8月11日 附属一院首例肾移植手术在泌尿科获得成功。

9月3日 甘肃省第一例试管婴儿在医院辅助生殖医学中心成功植入母体发育。

9月3日 图书馆计算机自动化管理系统进入试运行,对20余万册中文图书及中、外文期刊的采访、编目和流通三个子系统实行计算机自动化管理。

9月4日 从本学年开始,学院对普通本科、专科学生(含高职)实施学年学分制教学管理,考试课成绩实行学分绩点制作为学分制的补充。考查课只计学分,不计绩点。

9月6日 学院秦晓民教授获教育部本年度"全国优秀教师"荣誉称号。

9月11日 日本秋田县脑血管研究中心所长安井信之一行来附属二院访问、讲学、手术示范。

9月16日 英国医学专家CUOCK教授来附属二院讲学指导。

9月20日 甘肃省第一例肝移植手术在附属一院普外科获得成功。

9月20日 应学院邀请,美国乔治城大学医学院肿瘤与遗传学中心苏彦安博士来院作题为"基因芯片的生产与应用"的学术报告。

10月12日 附属一院小儿科、心电介入病房被确定为省卫生厅重点学科。

10月18日 省教育厅同意学院和天浩医院合作修建学生公寓3 000平方米,供实习学生住宿,所需资金250万元由天浩医院解决。

10月18日 甘肃省卫生厅甘卫计发(2001)第95号文,批准附属一院外科综合楼立项,建设规模38 000平方米,总投资1.1亿元。

10月24日　根据《甘肃省〈教师资格条例〉实施细则》和教育部《关于首次认定教师资格工作若干问题的意见》的规定,学院开始进行首次教师资格认定工作。

10月29日　为建立长期稳定的口腔教学实习基地,银川市口腔医院加挂兰州医学院银川口腔教学医院院牌。

11月2日　武警甘肃总队医院举行"兰州医学院临床教学医院"挂牌仪式。

11月3日　学院本年42名硕士毕业生中,有16名分别考取了北京大学、复旦大学、同济大学、华西医科大学、中国协和医科大学、第一军医大学等名牌大学的博士研究生。《甘肃日报》在头版进行了报道。

11月9日　兰州市第一人民医院加挂兰州医学院教学医院院牌。

11月9日　中国医学科学院北京阜外医院心脏病外科专家刘迎龙教授一行,来院进行讲学及学术交流,并为8例心脏病患者施行手术。

11月14日　兰州医学院与兰州市商业银行就国家助学贷款协议在兰州市商业银行办公大楼签订。

11月16日　兰空医院举行"兰州医学院教学医院"挂牌仪式。

11月18日　香港镇泰集团名誉董事长、团长李治元先生一行来学院进行助学结对活动,镇泰集团副董事长卢沃堂先生的女儿卢嘉欣捐资10万元,并与付开霞等11名贫困大学生结对,资助这些同学顺利完成学业。

11月19日　附属一院荣获首批"全国百姓放心医院"称号。

11月20日　省教育厅全省高校重点学科评估专家组一行9人来我院评估中西医结合临床和泌尿外科学两个省级重点学科。

11月21日　甘肃省人事厅批准学院及附属一、二院等20家单位为第二批"甘肃省专业技术人员继续教育基地"。

11月22日　我省著名心血管专家、原附属二院副院长王永铭教授80华诞暨从医执教50周年庆祝会在胜利宾馆隆重举行。

11月30日　世界银行日元贷款项目签字仪式在省政府举行。该项目将在学院投资260万美元,95.5%的经费主要用于购置设备,4.5%用于人才培养。

12月11日　学院成立大学生调研中心。其宗旨是:立足实际,解放思想,实事求是,调查研究,反映情况,改进工作,服务学生。

12月17日　李重庵副省长来学院检查指导全科医师培训基地工作,并作了重要指示。

12月18日　学院后勤总公司成立大会在图书馆学术报告厅举行。

12 月 24 日　经省计委审批立项的学院新教学楼国债建设项目,通过竣工验收并投入使用。教学楼高 8 层,建筑面积 16 020 平方米,可同时容纳 7 000 名学生上课。

12 月 25 日　昆仑堂联运三司所占部分正式移交附属二院。

12 月 28 日　昆仑堂纸箱厂所占部分正式移交附属二院。至此,昆仑堂土地全部收回。

12 月 26 日　甘肃省人民政府决定任命何晓东为兰州医学院副院长。

12 月 29 日　中华慈善总会捐款 61 万余元开展的"微笑列车"在附属一院口腔科结束,共完成唇腭裂手术 256 例。

2002 年

1 月 4 日　兰州市第一人民医院正式挂牌为兰州医学院附属兰州医院,属于学院非行政隶属关系的附属医院。

1 月 6 日　学院召开临床医学专业本科教学协调会议。来自七所附属医院主管教学的院领导、教学管理干部 40 余人参加了会议。

1 月 10 日　由省卫生厅组织的"三下乡"医疗队赴靖远开展活动,附属一院、二院抽调部分医生参加,并在活动期间向当地免费赠送价值 66 900 元的药品及医疗器械。

1 月 10 日—11 日　学院第三届教职工代表大会暨第十次工会会员代表大会召开,会议有 166 名代表参加。赵健雄院长作了题为《解放思想深化改革与时俱进开拓创新,努力创造兰医新世纪辉煌》的工作报告。会议通过了《兰州医学院校务公开实施办法》、《兰州医学院"三育人"工作条例》、《兰州医学院执行(高等学校教职工代表大会暂行条例)的实施细则》。选举产生了兰州医学院教育工会第十届委员会委员、常委和常务副主席。

1 月 16 日　省人民政府决定张天龄为兰州医学院副院长,严祥为兰州医学院第一附属医院院长。

1 月 17 日　日本 JI DCA 援助组织、国家预防医学科学院、省疾病控制中心、省卫生厅等部门 11 位专家,来到附属一院检查新生儿乙肝的宣传教育、预防接种、监测、治疗及乙肝发作等工作的开展情况。

1 月　兰州医学院《后勤动态》创刊。

1 月　以朱任之副院长为团长,12 所高校领导组成的甘肃省教育考察团出访欧洲诸国, 重点考察学习欧洲 8 所高校继续医学教育和职业教育的成功经验。

2 月 21 日　甘肃省教育厅同意学院在解放军兰州医学高等专科学校设

立兰州医学院八一学院,作为兰州医学院的二级学院,开办医学专科和高等职业教育。

2月25日 按照医疗机构实行分类管理的改革举措,附属一院被卫生厅确定为"非营利性医疗机构"并给医院颁发铜牌。

2月26日 学院医学影像学、医学检验、护理学、公共事业管理4个本科专业经教育部备案批准设置。

3月1日 省保健委员会为附属一院拨专款200万元,用于改善干部病房的就医环境,并于当日开始修葺。

3月1日 学院为适应后勤社会化改革。决定撤销总务处,成立后勤管理处和基建处,将以前总务处的实体实行规范化剥离。

本年 学院成立医学工程系,数理教研室、化学教研室从公共课教学部分出并入该系;外文教研室从公共课教学部分出成立外文教学部。

3月6日 附属一院儿科金玉主任医师荣获"全国三八红旗手"。

3月11日 省教育厅公布学院高职专业目录:口腔保健与美容、医学检验技术、眼科验光与配镜技术、医学影像技术。并于当年招生。

3月27日 "科技兴省"省长基金资助项目"甘肃主要道地优质中药材质量标准的研究"实施方案论证会在学院举行。省科技厅刘长缨厅长及来自中国科学院兰州化物所等单位的8位专家参加了会议。经过答辩,专家一致认为该课题总体设计和技术路线合理,研究方法可行。建议进一步完善方案,加快速度,争取申报认可为国家标准。

3月29日 白银市第二人民医院加挂兰州医学院教学医院院牌。

4月2日 省政协副主席邓成诚及随行人员前往平凉途中发生重大车祸,3人伤势严重。附属二院接到省政府通知后,迅速选派骨科专家王栓科主任医师、董平副主任医师前往平凉救治。

4月4日 学院调整专业基础课教学实验室建制。

4月7日—9日 中国医学科学院北京阜外医院心脏病外科专家刘迎龙教授一行,来院进行讲学及学术交流,并为7例心脏病患者施行手术。

4月8日 学院与中国建设银行签订银校合作协议。根据协议,中国建设银行每年为我院1 000多名贫困生发放不少于600万元的国家助学贷款。

4月25日 附属二院荣获"全省残疾人扶贫先进集体"称号。

4月29日 附属一院生殖医学中心采用第二代试管婴儿技术(精子卵胞浆注射术)孕育的第二代首例试管婴儿在浙江盘安县人民医院顺利生产。这一技术的成功应用填补了甘、青、宁、新四省的空白,标志着我省生殖医学技术已进入全国先进行列。

5月1日　学院院长赵健雄教授荣获全国"五一劳动"奖章。

5月8日　科技部程津培副部长来学院视察工作。

5月20日　国际"心连心"组织在附属一院进行为期1周的学术交流,成功为15例重症心脏病患儿实施心脏手术。

5月20日—21日　2004年临床教学工作会议在安徽省黄山市召开,各附属医院、教学医院负责同志50余人参加了会议。

6月3日　英国泌尿外科专家 D. M. Wallace 教授来附属二院,为15位住院患者实施了手术。并就泌尿外科的发展、英国医生培养及专业分化、肾癌根治术策略、前列腺治疗进展、膀胱癌发病及治疗进展等方面进行了交流、学术讲座。

6月10日　根据教育部评估专家组的意见和学校实际,学院决定将继续教育学院的教学管理工作由教务处划归继续教育学院。

6月10日　学院首届以"建设与发展"为主题的中青年知识分子论坛开幕。景涛副院长主持了论坛,57名各学科年轻学术带头人,"333"一、二层次人才,教研室主任参加了论坛。

6月12日　兰州市第二人民医院获准成为学院第34所教学医院。

6月18日　附属二院泌尿外科教授、主任医师王志平被兰州大学聘为"生命科学"兼职博士生导师。

6月19日　国际"微笑行动"组织来附属一院活动,共同免费为127名唇腭裂患儿实施修补手术。

6月21日　党委决定对部分院内机构进行调整和命名。药学系为药学院、公共卫生系为公共卫生学院;在原公共课教学部的基础上成立医学工程系;原公共课教学部所属外语教研室独立成立外语教学部。科技处、研究生处分别建立,不再合署办公。

6月25日　复旦大学党委副书记、博士生导师、人解教研室彭裕文教授、复旦大学副校长、流行病学教研室徐忠教授来学院访问交流。并被聘为兼职教授。

6月27日　附属一院被国家建设部及省建设厅批准为"城市节水型企业(单位)"。

6月28日　中共甘肃省委甘任字(2002)99号文件:任命丁桂荣为兰州医学院第二附属医院党委书记,彭振华任兰州医学院纪委书记。

6月30日　为切实加强本科教学工作,提高教学质量和办学水平,学院成立教学指导委员会。主任赵健雄、副主任阎孟辉、朱任之、张合龙、景涛。委员29人。对全院研究生、普通本专科学生、成人生教学工作进行全面的指导、协调、监控和评估。

7月2日　中国科学院院士、博士生导师、南京大学化学生物学研究所所长和分析科学研究所所长陈洪渊教授,受聘学院兼职教授和公共卫生学院名誉院长。同时接受学院聘请的还有傅松涛博士。

7月10日　台湾长庚医院周大为教授来附属二院主讲医院管理先进经验。

7月10日　附属一院血液科为白血病患者实施非亲髓性的异型干细胞移植手术喜获成功,填补了我省空白。

7月16日　学院与兰州大学生命科学学院实施紧密合作办学协议签字仪式在学院图书馆学术报告厅举行。赵健雄院长向郑国锠院士颁发了学院名誉院长和兼职教授的聘书,向王锐教授、郑荣梁教授颁发了学院兼职教授聘书。随后,郑国锠院士为学院教学科研骨干做了《从干细胞到克隆技术》的学术报告。

7月17日　学院根据甘教高发(2002)050号文件《关于公布甘肃省第一批自主审定相关学科门类专业的高等学校名单的通知》精神,自主增设麻醉学、药物制剂、中药学3个普通本科专业,并于2003年开始招生。

7月21日　国家学位办李军副主任一行来学院视察学科建设。

7月27日　为了配合国家西部大开发的战略,促进学院长期可持续发展,学院报请教育厅批准增设中西医临床医学、应用心理学(医学心理方向)、市场营销3个本科专业。

7月28日　国务院体改办处长叶英、主任科员张俊浩、国家卫生部规财司副司长于德志、国家卫生部副处长张国新、国家卫生部处长孟建国、国家劳动保障部副处长董晓莉、国家药监局副处长陈谞、国家中医药管理局处长查德忠及甘肃省卫生厅医政处处长胡振环等同志来附属二院就"医药卫生体制三项改革"进行工作调研。

7月31日　石生泰同志任兰州医学院党委副书记。

8月2日　北京大学医学部副主任、肿瘤病理学教授柯杨,北京大学第一医院副院长、普外科主任医师刘雨村教授一行来学院交流访问,并被学院聘为名誉教授。

8月　学院以"同人民紧密结合,为祖国奉献青春"为主题的学生暑期"三下乡"社会实践活动受到社会各界的普遍欢迎和赞扬;共收到当地党政和有关单位送来的锦旗6面,寄来的表扬信、感谢信13封;甘肃电视台等多家媒体进行了宣传报道。

8月5日　日本近畿大学铃木庸之教授、李文雄教授来学院进行学术交流访问。学院向铃木庸之、李文雄教授颁发了名誉教授聘书。

8 月 17 日 两位前列腺癌患者在附属一院接受 1–125 放射性粒子组织间插植近距离放射治疗获得成功，标志着此项国际领先技术在甘肃首次获得应用。

8 月 18 日—24 日 甘肃省腹腔镜学术会议在附属二院学术厅召开。全国著名外科专家刘国礼教授、仇明教授到会作学术讲座。

8 月 23 日 中国工程院院士、第四军医大学樊代明教授莅临学院指导工作，并被聘为兰州医学院客座教授。

8 月 23 日 省卫生厅、省教育厅同意省人民医院在原有行政隶属关系不变的情况下和兰州医学院共建临床医学院，并加挂"兰州医学院第三临床医学院"院牌。

9 月 2 日 由省精神文明办周文武主任等 6 人组成的精神文明检查评估组来学院进行省级精神文明单位评估。学院以优秀标准获甘肃省精神文明建设"十大文明单位"。

9 月 9 日 附属一院院长严祥被中华医院管理学会评为"全国优秀医院院长"。

9 月 12 日 与学院合作开展活动的美国"心连心"组织主席克罗蒂娅·利博瑞特女士获国家外国专家局颁发的"友谊奖"，并被邀请参加国庆 53 周年典礼活动。

9 月 16 日 学院第一、二附属医院加挂第一、第二临床医学院院牌，甘肃省人民医院加挂兰州医学院第三临床医学院院牌。3 所临床医学院的挂牌，标志着我院在人才培养、科技创新等领域内再次跨上了一个新的台阶。

9 月 16 日 附属一院党委书记张引芳同志被全国省级医院政研会评为"优秀党委书记"。

9 月 22 日 我国形象学创始人、海南大学徐国定教授应邀来学院为广大师生作了题为《大学生形象塑造》的报告。

9 月 22 日 美国骨科专家林肯、甘博教授来附属二院讲学、进行手术示范。

9 月 23 日 学院八一学院举行揭牌仪式。甘肃省教育厅李廉副厅长宣读了省上关于设立兰州医学院八一学院的批复决定，省政府陈小江副秘书长和兰州军区联勤部占国桥副部长为八一学院揭牌。

9 月 30 日 经"李政道奖学金"评定委员会严格评审，基础医学院硕士研究生张福康获 2002 年"李政道奖学金"。

10 月 中药新药临床前研究重点实验室，通过甘肃省科技厅组织的专家验收,并正式对外开放。实验室主要研究方向是中药药理、中药毒理、中药质量控制、中药制剂等。

本年 经甘肃省卫生厅批准,学院在原口腔门诊的基础上开始筹建兰州医学院附属口腔医院。

10月10日 附属一院计算机中心开通了《中国医院知识仓库》(CHKD),CHKD是中国第一个医院网络数字图书馆,收录了1994年至今以来的780多种国内公开发表的医药卫生期刊,2300多种科技期刊及相关专业文献。

10月16日 附属一院小儿外科、生殖中心、介入心脏生理科通过省卫生厅专家组评审,定为省级重点科室。

10月24日 省委组织部副部长杜小平等来二院宣布甘肃省人民政府决定:孙正义任兰州医学院第二附属医院院长。

10月29日 美国得克萨斯大学休斯敦医疗中心邹长坪、Robert教授来附属一院进行学术访问。

10月29日 美中友好志愿者协会医疗官员戴维德来附属一院考察紧急救援工作实施情况。

10月 2000—2001年度甘肃省高等学校科技进步奖暨社科成果奖评奖结果近日揭晓,学院共获得科技进步奖22项,其中一等奖3项、二等奖9项、三等奖10项。获奖数目在省属高校科技进步奖中名列第一。

11月2日 教育部周济副部长、教育部人事司副司长张兰春、教育部直属办副主任陈维嘉、国务院学位办副主任王亚杰以及省政府办公厅副秘书长孙公平,省教育厅李膺厅长来学院视察指导工作。

11月10日 附属一院举行外科综合住院部大楼奠基、开工仪式。

11月18日 美国伊利诺伊州州务卿等3人来附属二院参观访问。

11月18日 学院今年应届普通本专科毕业生751人,截至派遣时,已有706名毕业生就业,一次性就业率达到94.01%,比上年同期增长5%。

11月25日 靖远煤炭总公司总医院加挂兰州医学院教学医院的院牌,至此,我院临床教学医院增至35所。

12月4日 北京大学第三医院呼吸科主任贺蓓教授在我院进行"COPD"学术讲座。

12月6日 卫生部科技司技术处于修成处长率全国生殖医学专家9人来附属一院,对生殖医学中心申请开展人类辅助生殖技术进行评估审批。

12月10日 附属一院生殖中心被确定为省卫生厅重点学科。

12月11日 本年全国高校计算机考试(甘肃考区)及甘肃省大学生"神速杯"计算机程序设计竞赛结束,兰州医学院以16101分获本科院校一级组团体总分第一名。

12 月 12 日 日本政府援助调查组千代健和广部孝昌来附属二院考察急救中心援助项目。

12 月 总投资 350 万元的"西部大学校园计算机网络建设工程"项目在学院正式启动,该项目是经国务院批准、国家计委批复立项、由教育部组织实施的重点建设项目。

12 月 18 日 附属一院因在白内障复明工作中成绩显著,被卫生部、民政部、财政部、公安部、教育部、全国残联等六部委联合授予"全国残疾人康复工作先进集体"。

12 月 22 日 学院中西医结合、药学、外科学、内科学、劳动卫生与环境卫生学被确定为"2002—2005 年度甘肃高校省级重点学科"。

12 月 25 日 附属一院被甘肃省委宣传部等九个部门联合授予甘肃省文化、科技、卫生"三下乡"先进集体。

12 月 27 日 学院遗体捐献中心被正式命名为红十字会兰医遗体接受站,承办全省有关遗体捐献、遗体接受有关事宜,成为第一批正式挂牌可接受遗体捐献的单位。甘肃日报等新闻媒体进行了报道。

12 月 27 日 附属一院小儿科金玉主任医师荣获第四届"中国十大女杰"提名奖。

12 月 27 日 学院组建成立教学督导团。主任朱任之,副主任姚侃、秦晓民;团成员由 23 位专家教授组成。

12 月 28 日 美国弗吉尼亚州立大学药学院副教授、美国 PPDI 公司研发部实验室主任、首席科学家张宗平博士来院作了"美国药学新进展"的学术报告。

12 月 30 日 甘肃省首例非血缘关系不全相合的脐带血干细胞移植手术在附属一院血液科喜获成功,来自天水地区的 3 岁白血病患者李子帅顺利从层流室出仓,医院还为小患者捐款 1 万元用于术后康复。

12 月 31 日 接省教育厅通报,学院生物化学与分子生物学实验室、物理实验室、化学实验室、医学机能学实验室、药学基础实验室、口腔医学实验室通过高校基础课教学实验室合格评估。

2003 年

1 月 14 日 省委、省人民政府省委发(2003)3 号文件,授予学院"精神文明先进单位"称号。

1 月 18 日 省委决定贾宝全同志任兰州医学院第一附属医院党委书

记。

1月21日 附属一院荣获首批"医疗优质高效"为主题的全国"百姓放心医院"称号。

1月 第二附属医院教授、主任医师王志平、郭玉芬获得卫生部"有突出贡献中青年专家"称号。

2月13日 19时15分,中央电视台一套新闻联播节目报道:国家计委通报,附属二院在排位较差的10个单位之中。院领导班子针对问题,认真开会讨论研究,决定以自查自纠、整改为重点,坚决按规章制度办,并向省卫生厅汇报了整改意见。

2月17日 接省卫生厅通知,第一附属医院辅助生殖医学中心、第二附属医院麻醉手术科、肾病内科、学院中西医结合基础被确定为甘肃省医疗卫生重点学科;余勤、张学红、周永宁、高明太、任海军、焦海胜、郭钰珍、张文芳、万毅新、张灵、岳凤珍、康宏为甘肃省医疗卫生中青年学术技术带头人。

2月18日 附属一院健康体检中心开业,卫生厅李存文副厅长等领导参加开业典礼。

3月3日 省教育厅公布2002年度新增本科专业名单,学院市场营销(4年)、药物制剂(4年)、中药学(4年)、麻醉学(5年)、应用心理学(5年)5个专业在列,从2003年开始招生。

3月11日 接教育部办公厅通知,学院被确定为该年48所接受评估的高校之一,按照教育部的工作安排,教育部专家组将在下半年对学院进行评估。

3月15日 《兰医二院报》创刊。

3月22日 卫生部科技司于修诚处长一行来院考察生殖中心硬件及技术水平,经论证,附属一院生殖中心已具备开展辅助生殖的相关条件和技术,成为西北首家获得卫生部技术准入资质的辅助生殖医疗机构。

3月25日 根据教育部《关于加强高等学校本科教学工作提高教学质量的若干意见》,学院就本科教学的12个主要环节提出基本要求,以此作为规范教学工作的依据。

3月27日 学院召开迎接教育部本科教学水平评估动员大会。赵健雄院长代表党委行政作动员报告。

3月29日 由省人事厅与兰州医学院联合举办的"甘肃省2003届医药卫生类毕业生就业洽谈会"在学院举行。来自省内外的70家用人单位,140余名代表参加了洽谈会。省内医药院校的毕业生及家长约3 000多人前来洽谈,签订意向性合同和正式协议626份。

3月31日　教育厅白继忠厅长来学院检查指导工作。

4月11日　学院被授予"省级文明单位"。

4月13日下午　中央政治局常委、全国政协主席贾庆林来附属二院看望住院的省委副书记、省政协主席仲兆隆,并与省卫生厅厅长侯生华、二院领导合影留念。

4月22日　定西地区发现两例输入性非典型肺炎,附属一院被省卫生厅确定为定点收治医院和涉外救治医院。

4月23日—24日　甘肃省中医药管理局组织的全省中医药实验室评估专家组一行对学院药理学、药剂学、生药学、病理生理学、病理解剖学5个实验室进行评估验收。

4月25日　根据省卫生厅统一部署,附属二院投入300万元、历时72小时,建成了具有独立的污水处理系统、设备齐全的规范发热门诊和隔离病房,并制定了患者"零死亡"实施方案、工作人员零感染方案等技术方案。

4月28日　国务院"非典"督察小组来附属一院检查防治工作开展情况。

5月5日　学院发布学生防控"非典"行为规范和10条准则。

5月20日　经甘肃省司法厅批准,学院设立面向社会服务的司法鉴定机构——兰州医学院司法医学鉴定中心,业务范围为法医临床鉴定、法医物证鉴定。

5月23日　根据教育部办公厅《关于加强预防医学相关课程教学的通知》精神,学院立即对2003届普通本、专科(含高职)毕业生安排《突发公共卫生事件应急条例》和新修订的《传染病防治法》的理论教学。同时安排群体预防、社会医学、"非典"治疗与防护等专题讲座。

5月　附属一院院歌、院徽在附属一院职代会上通过。

6月4日　深圳麦迪克公司向附属一院捐赠10万元抗击"非典"专款。

6月　附属一院副院长、呼吸科主任医师余勤因在抗击非典中工作突出,被中央组织部授予"先进共产党员"称号。

6月28日　学院在白银召开临床教研室主任协调会议。来自3所附属医院、临床医学院主管教学的院领导、教学管理干部、任课教研室主任共110余人参加了会议。

7月2日　卫生部为附属一院"光明行动"配备的眼科手术车及设备到院。

7月3日　经省学位委员会审核批准,学院外科学(二级学科)、内科学(二级学科)、流行病与卫生统计学、口腔临床医学、中西医结合基础、耳鼻咽喉科学、免疫学、药物分析学8个学科获硕士学位授予权。至此,学院30个二级学科、44 个专业具有了硕士学位授予权。

经省卫生厅组织有关专家严格审核，学院中西医结合基础、第一临床医学院辅助生殖医学中心、第二临床医学院麻醉手术科、肾病内科 4 个科室新增为甘肃省医疗卫生重点学科。至此，学院省级医疗卫生重点学科增至 33 个。

7 月 15 日　学院隆重举行兰州医学院思想政治工作研究会成立大会暨第三届思想政治工作研讨会。党委书记阎孟辉作了题为《总结经验，与时俱进，努力开创我院思想政治工作新局面》的报告。会议收到论文 49 篇。

7 月 26 日　学院全面启动"精品课程"建设。

8 月 14 日　在 2003 年度甘肃省皇甫谧中医药科技奖中，学院程体娟教授主持的"嘛呢骨痹液的新药开发"获一等奖；杨永健教授主持的"甘肃鹅绒藤属药用植物资源研究"获二等奖。

8 月 28 日　附属一院被评为全国医院感染管理系统抗击"非典"先进集体。

8 月　学院现教中心重新改建计算机中心，新增计算机 200 台。同时建立了"医学信息网络"、"软件研究室"、"数据工程"3 个专业实验室，并引进 5 套较先进的电教设备。

9 月 6 日　由日本政府资助的、中日友好医院负责实施的远程会诊项目在附属一院开通。

9 月　附属二院被省人事厅、省卫生厅评为全省防治"非典"工作先进单位。

9 月 8 日　国务院学位委员会第二十次会议批准，新增兰州医学院为博士学位授予单位。同时被批准的博士学位点有两个：外科学博士点(包括普外、骨外、泌尿外、胸心外、神外、烧伤等专业)，中西医结合临床博士点。结束了甘肃省内不能招收、培养医学博士的历史，填补了甘、宁、新三省(区)高层次医学人才培养的空白。

9 月 9 日　接国务院学位委员会学位办(2003)99 号文，学院被批准新增为专业学位研究生培养单位(临床医学硕士)。至此，学院硕士层次的研究生培养工作由过去单一的科研型发展到科研型与专业型学位并举的阶段，对于培养临床实用型高层次人才具有重要意义。

9 月 15 日　教育部吴启迪副部长、李膺副省长、省长助理郝远、省教育厅白继忠厅长一行来学院视察指导工作。

9 月 17 日　学院副院长、病理学朱任之教授荣获"2003 年度甘肃省高等学校教学名师奖"。

9 月 17 日　附属二院组建全省突发公共事件应急救治专家库，共 58 位专家入选。

9月29日　内蒙古医学院党委书记王延彬一行4人来学院考察交流。

10月10日　兰州医学院在新礼堂隆重召开"庆贺兰州医学院新增列为博士学位授予单位庆祝大会",副省长李膺等领导出席了开幕式,兰州大学等高校领导到会祝贺。

10月10日—11日　学院召开有史以来第一次学位与研究生培养工作会议。景涛副院长作了题为《奋发图强,再接再厉,全面开创我院学位与研究生教育新局面》的工作报告。

10月17日—18日　学院第二届中青年教师讲课比赛隆重举行。

10月20日—12月　学院在全院范围内开展学生宿舍文化建设活动。

11月4日　由团省委等单位联合举办的第六届"甘肃省十大杰出青年"评选揭晓,附属二院泌尿外科主任医师岳中瑾博士荣膺"十杰"第一名。

11月11日　甘肃省发展计划委员会批准学院原1号住宅楼翻建项目为经济适用住房投资项目,计划投资1 600万元。

11月11日　《兰州医学院教师风采录》、《兰州医学院校友风采录》由甘肃人民出版社出版。

11月11日　附属二院成功实施了西北五省首例胰肾联合移植手术,填补了甘肃省大器官联合移植的空白,并首开西北五省胰肾联合移植之先河。

11月17日　为加强学院博士生导师队伍建设,规范博士生导师遴选工作,学院颁布《兰州医学院博士生指导教师遴选工作细则》。

12月3日　学院《病理解剖学》、《生理学》两门课程被授予"甘肃省高等学校精品课程"荣誉称号,并被推荐参加全国高等学校精品课程评选。

12月14日—19日　以中南大学陈服文教授为组长的教育部本科教学水平评估专家组一行11人进校评估。

12月18日　教育部评估专家组召开"兰州医学院本科教学工作水平评估结论反馈会",省政府、省教育厅、省卫生厅及学院党政领导参加了反馈会。专家组在反馈意见中对学院七十余年的办学情况进行了系统总结和评价,对学院的本科教学和评建工作给予了充分的肯定,同时提出了4点整改意见。

12月31日　由陆凡老师为指导,吴飞、宋建根、后明月同学组成的大学生数学建模代表队获2003年全国大学生数学建模竞赛大专组甘肃赛区二等奖。

12月　附属二院血液、肿瘤科历经4年多的悉心研究,成功制备出理想的肿瘤疫苗,并进入临床试用阶段。

12月　附属二院耳鼻喉科成功开展鼻窦镜下经蝶垂体腺瘤切除术,这在西北地区尚属首家。

2004 年

1月16日　附属二院隆重举行首届科学技术大会。

1月8日　附属一院张钲、附属二院李徐生获甘肃省委、省政府第五批"甘肃省优秀专家"称号。

1月17日　附属一院举行新外科大楼主楼封顶仪式。

3月2日　经请示省委组织部,结合院长助理人选公示情况,决定任命杨克虎为兰州医学院院长助理。

3月9日　世界卫生组织(WHO)官员 Dr. Mukund Wamanuplekar(印度籍)Dr. Kunt Jakob Lonnroth（瑞士籍)、WHO 驻华代表林岩先生 3 人来院考察医疗机构在实现结核病控制目标中的作用, 探讨结核病防治系统与医疗系统合作的可行性。

3月30日　兰州医学院附属肿瘤研究中心在甘肃省医学科学院(甘肃省肿瘤医院)建立。

4月2日　为保证兰州医学院并入兰州大学工作的顺利进行,维持学校正常的教学、科研和工作秩序,省教育厅研究并请示省政府同意,以甘教高(2004)25 号文件通知对兰州医学院有关工作实行冻结。

4月4日　附属一院再次召开医疗综合大楼设计方案论证会,参加论证会的有铁道设计院、冶金设计院、省建筑勘察设计院的专家及我院临床科主任、护士长共计 100 多人。

4月27日　附属一院党委为全院共产党员配发胸牌,要求每位党员上班时必须佩戴,便于患者监督。

5月15日—22日　国际"心连心"组织医疗队一行 20 人第 7 次来附属一院进行学术交流活动, 省人民政府刘晓明秘书长会见了全体美国专家。活动期间,专家们免费为 6 名贫困先天性心脏病患儿施行了手术,并签订了新的 5 年合作协议。

6月4日　两名双胞胎试管婴儿在附属一院诞生, 这两名幸运的女婴是生殖医学中心培育的第 100 例和第 101 例试管婴儿。

6月8日　附属一院全体医务工作者踊跃参加"捍卫医务工作者尊严,拒绝红包、回扣,诚信服务患者"为主题的大型签名活动。

6月13日　附属一院为在该院出生的 108 名试管婴儿举行了大型联欢会,并成立"佳韵成长俱乐部"。其中有男婴 51 名、女婴 57 名,双胞胎 24 对、龙凤胎 15 对,最大的 2 岁,最小的只有 6 天。

6月14日　附属一院计算机中心与泾川县人民医院成功开通了远程医疗教学系统。至此,由日本协力集团援助的远程医疗教学系统,按计划完成了上端连接日本大阪医科大学,中端连接北京中日友好医院,下端连接基层泾川县医院的远程联通,远程会诊与远程教学都达到了预期效果。

6月16日　教育部办公厅公布学院本科教学工作评估结论为良好。

7月13日　学院病理生理学副教授潘兴斌获2004年甘肃省"园丁奖"。

7月20日　附属二院甘肃省儿童医院试运行。

7月26日　附属一院又获"绿色医疗环境百姓放心医院"称号、"全国百姓放心示范医院"的荣誉称号,严祥院长还荣获"全国百姓放心示范医院优秀管理者"称号。

8月6日—11日　附属一院和中国普外基础与临床杂志编辑委员会共同主办"第十一届全国普外基础与临床进展学术大会"。省人民政府副省长李膺、省卫生厅厅长侯生华出席大会并致词。大会设"肠内外营养的现状与展望"、"中国器官移植的现状与展望"等21个研讨主题,并邀请了40余位国内知名专家就普外基础与临床进展作了专题报告。

8月23日　由日本山形大学校长仙道富士郎教授率领的专家一行6人对学院进行了参观访问。

8月29日　中国工程院院士、著名儿科血液病专家胡亚美到附属一院指导工作,并题词"全心全意为人民服务"以资勉励。

9月10日　学院在不增加人员编制、不增加经费,原行政隶属关系不变的情况下,设立兰州医学院骨科研究所张掖、天水、陇南分所。

9月10日　附属一院直线加速器机房开工建设,建筑面积807平方米。直线加速器是附属一院今年以融资租赁的方式引进的最大医疗设备项目,价值150万美元。

本年　附属一院生殖医学中心已成功妊娠试管婴儿290例,出生141个,其中男婴69个、女婴72个,双胞胎37对、三胞胎2胎。在减少移植胚胎数的基础上(3枚→2枚)成功率稳步增长,试管婴儿临床妊娠率为46%,多胎妊娠率显著下降(31%→24%),试管婴儿及其衍生技术已达到国内先进水平。

9月15日—23日　"国际微笑行动"组织医疗队第4次来附属一院进行学术和手术交流。在院期间,37位外国专家与一院医护人员共同合作,为107名贫困唇腭裂患儿施行了矫治手术,全部获得成功。

9月18日　根据甘肃省学位委员会《关于新增博士学位授予单位博士生指导教师遴选结果的通知》,学院首次聘任6位教授为博士研究生导师。他们是中西医结合临床学赵健雄、朱玉真,外科学陈一戎、孙正义、王志平、高秉仁。

9月28日—30日　附属一院主办"2004兰州消化系疾病研究进展国际学术会议",香港中文大学医学院 Joseph Sung 教授、澳大利亚悉尼大学医学院 Jacob George 教授、Stephen Williams 教授、澳大利亚悉尼大学医学院肝病研究所于君博士、乔梁博士到会作了专题讲座,并进行了内镜操作演示。

10月27日　附属一院首次在全省公开招聘护理人员,通过公开、公平、公正的业务考试和面试,正式招聘了50名护理人员。这些新护士在进行岗前教育和业务培训后,将主要充实到外科系统。

11月　附属一院心外科独立完成了省内首例冠心病合并主动脉瓣狭窄、关闭不全,在体外循环下冠状动脉搭桥术及主动脉瓣替换术。

11月18日　兰州医学院并入兰州大学大会在兰州大学信息楼学术报告厅隆重举行。教育部副部长吴启迪,甘肃省委副书记马西林,甘肃省委常委、兰州市委书记王军,甘肃省副省长吴碧莲出席大会。大会结束后,教育部吴启迪副部长、兰州大学党委书记陈德文、校长李发伸等领导到医学院举行简短换挂校牌仪式。至此,独立建院50周年的兰州医学院画上了句号。

后　记

在饱蘸医学院过去及现在全体教职员工和校友的心血写成的这段历史剧拉上帷幕之时,我们谨向舞台的主角们——尊敬的诸位领导、老师、校友对本编的阅览及惠言指正致以崇高的敬意!

向兰州大学百年校史编写委员会各位领导,特别是张克非老师的悉心帮助和指导,表示最衷心的感谢!

向兰州大学档案馆、兰大一院档案室、兰大二院档案室及为我们查询索取数据资料提供方便的刘月梅、李田妹等同志表示最诚挚的感谢!

在本编修撰过程中,不少老领导、老同志提出了宝贵的修改意见,尤其是赵明祥、郭正田、阎孟辉、赵健雄、安俊明、朱任之、景涛等曾在兰医担任过书记、院长的领导给予了负责任的指点和帮助。值此一并致以衷心的感谢。

2005年6月,为准备庆祝兰州大学建校100周年,学校决定成立《兰州大学百年校史》编写委员会。鉴于兰州医学院刚刚并入兰州大学,为尊重历史,保持历史的本来面貌,遂决定《兰州大学百年校史》设《医学编》,主要记录原兰州医学院50年的办学历程,并责成周正荣、张毓人、靳职雄、杨平同志负责编撰工作。

《医学编》编撰的原则是,以马列主义、毛泽东思想为指导,坚持以党的方针政策为准绳,坚持历史唯物主义理论的指导和实事求是的精神,以翔实、大量的第一手资料为基础,据实直书;以重点人和重点事为主线,力求详略得当,生动、形象、具体地展示学校的传统、精神和风格,总结学院发展历程中宝贵的经验和教训;全书以文为主,辅以表、图,力求文字表述上朴实、简练、规范、通畅、有可读性和感染力。

《医学编》为保持史实的连续性,上限追溯到1933年甘肃学院医学专修科,下限则断至2004年兰州医学院并入兰州大学。全书从学院实际出发,本着略前详后的原则,以主要篇幅,重点记述独立建院以来学院事业发展的史实。

《医学编》的主要依据是兰州大学档案馆(原兰州医学院档案室)保存的文稿、电报、书信、讲话记录、会议记录。同时,参考了一些老同志的访问记录、回忆录,纪实笔记,以及各种档案、志书、旧闻等。

为了压缩文字,在不失其原意的前提下,对经常出现的名称使用了简称,如中共甘肃省委简称"省委",甘肃省卫生厅简称"省卫生厅",兰州医学院简称"兰医"或"医学院"、"学院",兰州医学院第一附属医院简称"附属一院","文化大革命"简称"文革";新中国成立前或成立后,均指1949年中华人民共和国成立前或后。

《医学编》在记述上采用编年体,共分为十章;结构分章、节、目三个层次。因一些内容散见于各章节中,部分内容互有交叉,略有重复之嫌,故将大事记亦列入附录中。参加编写的人员除第八章由张毓人同志撰稿外,其他各章及大事记由周正荣同志撰稿。杨平、靳职雄同志参加了部分资料的收集查询工作。

编撰《医学编》,是一项浩繁的系统工程,涉及面广,时间跨度长,纵贯72年,横跨学校事业发展的各个方面。审慎处理好史料方面的因果关系,以及收集、筛选、整理、考证史料,是十分艰巨而复杂的任务。参与编撰工作的同志在完成本职工作的前提下,以高度的责任感热诚细致地埋头苦干,克服重重困难,终于使《医学编》得以完成。

2009年6月,打印出《医学编》征求意见稿,奉送有关领导、专家学者。郭正田、赵健雄、景涛、严祥、姚侃、侯家骥、王效琪等许多领导、学者都冒着酷暑,在百忙中拨冗仔细审读书稿,以不同方式订正讹误、弥补遗漏,提出不少宝贵意见和建议。我们谨向他们表示诚挚的谢意,并已尽可能地认真吸收采纳。校史编写组负责人张克非教授等也几次对书稿进行了校订。

遗憾的是,由于一些历史档案严重缺失,没有年鉴,没有大事记,重大事件的文字记载也甚少。特别是2004年底兰州医学院并入兰州大学之后,原有机构均不存在,人员也进行了较大调整,故资料收集困难很大,许多细节不得不删减或省略。

惭愧的是,虽尽全力,但由于编撰水平有限,文字处理不够严密,遗漏失误在所难免。在此,尚祈诸位热心的读者批评、指正。

青山遮不住,毕竟东流去。兰大医学院72年的发展改革创新,没有休止符;72年艰苦创业的精神,永远是现在进行时……

周正荣
2009年8月于金城